城区需求侧
能源规划和能源微网技术
（上册）

Demand Side Community Energy Planning and Energy Micro-net Technologies（Ⅰ）

龙惟定　主　编
白　玮　副主编

中国建筑工业出版社

图书在版编目（CIP）数据

城区需求侧能源规划和能源微网技术（上册）/龙惟定主编.
北京：中国建筑工业出版社，2016.9
ISBN 978-7-112-19485-8

Ⅰ.①城… Ⅱ.①龙… Ⅲ.①城市规划-能源规划-研究-中国 Ⅳ.①F426.22

中国版本图书馆CIP数据核字（2016）第124124号

本书针对实际工程中的问题，提出需求侧能源规划的概念及其方法论（即目标设定、资源分析、需求预测、规划协调、系统优化、影响评价六步法），提出基于可再生能源的能源微网构建方法。书中关于城区产业结构绿色评价的方法、目标设定的KPI指数、负荷预测方法、建筑节能作为能源供应的资源、热电联产+热泵的系统配置、集成未利用能源的能源总线等内容，都具有创新性，并已经在国内一些城区能源规划和能源系统的工程实践中得到应用。本册主要包括城区需求侧能源规划等内容，相关的能源规划案例可参考本书的下册。

本书可供新建和改造城区的决策者、管理者、投资人、规划师、能源规划专业人员、项目经理、能源供应商、运行管理人员以及高校相关专业的教师和学生等参考。

* * *

责任编辑：张文胜 姚荣华
责任设计：李志立
责任校对：王宇枢 刘梦然

城区需求侧能源规划和能源微网技术（上册）
Demand Side Community Energy Planning and Energy Micro-net Technologies（Ⅰ）
龙惟定 主 编
白 玮 副主编
*
中国建筑工业出版社出版、发行（北京西郊百万庄）
各地新华书店、建筑书店经销
北京科地亚盟排版公司制版
北京圣夫亚美印刷有限公司印刷
*
开本：787×1092毫米 1/16 印张：31¼ 字数：777千字
2016年10月第一版 2016年10月第一次印刷
定价：**78.00**元
ISBN 978-7-112-19485-8
（28747）

版权所有 翻印必究
如有印装质量问题，可寄本社退换
（邮政编码100037）

本书编委会

主　编：龙惟定

副主编：白　玮

编　委（以姓氏拼音排序）：

樊　瑛　　冯小平　　黄子硕　　蒋　骞　　梁　浩

刘魁星　　刘志渊　　马宏权　　马素贞　　潘毅群

寿青云　　于　航　　苑　翔　　张蓓红　　张改景

赵英汝　　周　辉

序　　一

本书是龙惟定教授近年来和他的同仁团队所关注的能源互联网技术的研究课题。能有那么多的专家学者致力于这一课题研究，是值得欣慰的。

进入 21 世纪以来，新的科技革命和产业革命的车轮开始加速前进，从低碳经济理论，到第三次工业革命理论，再到德国人提出的工业革命 4.0 理论，直至 2015 年李克强总理在政府工作报告中提出"互联网+"。能源互联网被预言可能是 21 世纪推动我国能源革命最重要技术之一。分布式在终端用户侧的智能微网是能源互联网的基本结构，通过智能电网将这些微网有机连接、集中调配。在能源互联网中，智能微网与大电网形成互补关系，减少可再生能源的不稳定性对大电网的冲击，是能源生产实现供需平衡、最优化配置不可或缺的部分。

在城区尺度上的需求侧能源规划，强调不仅仅从供应的角度、从传统能源生产、转化与供给角度满足增长的能源需求，还充分考虑与当地资源特点相结合的可再生能源、分布式供能、集中利用未利用能源的总能系统，这是一个寻求节能、环保、经济最优，追求经济发展与资源平衡的方案，大有开发实践的前景。

本书提供了丰富的理论和详实的案例，是国内迄今为止全面阐释城区需求侧能源规划的思路、方法以及智能微网构建的第一部著作，对于我们成功迈进能源互联网时代具有相当的启迪和引领作用。希望本书的出版能给我们在建筑节能以至能源革命事业上带来新的变化！

2016 年 6 月于上海

序 二

龙惟定教授是我大学时代的老同学。20 世纪 60 年代中期，我们同在清华大学土木建筑系学习，我学的是建筑学专业，他学的是暖通空调专业，但住在同一栋楼，因此也相当熟悉。我后来主要从事建筑技术科学的研究与教学，与他更有许多交集。2012 年，我主持中国科学院咨询项目"推行绿色建筑，促进节能减排，改善人居环境"，龙教授也是咨询课题组骨干成员之一。我们的报告上报国务院后，得到当时国务院几位高层领导的高度重视，并作出重要批示。2013 年，国家发展和改革委员会与住房和城乡建设部出台"绿色建筑行动方案"前，国家发展和改革委员会有关负责人还专门征求了我们课题组的意见。我与龙教授就曾出席与国家发展和改革委员会的座谈会。此后，我们又数次在有关绿色建筑与生态城市的论坛上，作为特邀嘉宾共同出席。因此，我对他的研究工作，还是比较了解的。光阴荏苒，转眼间我们已从青葱少年走近古稀之年。龙惟定教授已经退休，本可安享晚年，但他仍在孜孜以求，不断开拓新的研究领域。获悉他与其同事和学生共同完成的新作《城区需求侧能源规划和能源微网技术》即将付梓出版，感到非常高兴。我们这一代人，历经动荡和坎坷，但仍然不忘肩负的责任，追求梦想的实现，诚属难能可贵也。

中国正处在城镇化的关键时期，面临人口、资源和环境的多重压力，其中能源是最重要的资源。能源是维系人类活动之动力，是保持城乡活力的源泉，是我们须臾不可或缺、弥足珍贵之物。但人类目前正面临化石能源日益匮乏且过度依赖不可再生能源会带来环境恶化后果的危机。因此，人类不得不日益倚重太阳能、风能、地热能等可再生或洁净能源，而这些能源都属于分布式能源，必须分布式地来加以利用。另一方面，建筑的运行能耗比高达 25%，是耗能大户，而建筑物又是分布式的，因此，推行绿色建筑与生态城市，利用建筑物作为分布式能源利用之载体和产生能源的工作站，无疑是人类解决能源与环境危机的根本出路之所在。绿色建筑、储能技术、能源微网与相关能源规划相结合，是大有前途的事业。过去的城市规划，往往不够重视能源规划，或者是建筑规划与能源规划形成"两张皮"。目前强调多规合一，理应将能源规划作为城市规划的一项重要的专业规划予以高度重视。过去的城市开发中，即使将电力、燃气和热力供应规划作为城市规划的组成部分，但终端建筑通过提高能效、改善用能方式、利用可再生能源和利用被动式技术等所节约的能源，却没有进入规划范畴。这必然造成城市用能不合理、甚至能源浪费的后果。本书提出的需求侧能源规划的方法是解决这一问题的很好的尝试。

本书的另一个主题是能源微网技术。在第三次工业革命的大背景下，未来的城市能源系统，需要产能、供能、用能、蓄能和节能的相互协调，通过能源互联网，融合电力网、热力网和信息网，把分散的用能和分布式的产能互相连通、实现资源共享。本书提出的能源微网技术，将有望改变城市中传统的大集中、大一统、大规模的供能用能模式和单向管理架构，为最大限度地利用可再生能源，降低城市、区域与建筑能耗提供新鲜思路。

相信本书的出版对城市管理者、规划师、建筑师和能源工程师都极具参考价值，对我国的城镇化和建筑节能事业将会起到有力的推动作用。

中国科学院院士
华南理工大学亚热带建筑科学国家重点实验室教授

前　　言

读者在拿到这本书时可能会产生一个疑问：不是都在说"供给侧改革"吗？为什么会出这么一本"需求侧"能源规划的书？

首先要介绍一下写这本书的初衷。近年来随着城镇化进程的加速，笔者接触到许多城市和城区开发中的能源规划项目，发现多数的能源规划思路是秉承供应侧规划的可靠性原则，即能源供应必须保证最大负荷和极端条件下的用能。这一指导思想，在以大型制造企业为供能对象的工业化时代，因为负荷稳定，所以没有什么问题。但在我国新型城镇化的新常态下，供能对象已经变为服务业、轻制造业、先进制造业和居民生活，都是以建筑为依托，因此，城区供能对象主要是建筑的冷热电的需求。建筑用能负荷呈现出不稳定的特点，不仅是时间上的不稳定，而且是空间分布上的不稳定，从而带来城区能源系统一系列的问题：

第一，因为能源系统是政府投资，因此，以"安全可靠"的名义尽量扩大产能、争取更多预算，就成了城区建设各利益相关方的共同目的，也为项目决策和审批部门提供了权力寻租的空间。

第二，为了达到争取更大政府投资的目的，在技术上就得算"大"负荷、做"大"系统、选"大"设备、建"大"能源站，有的能源站在设计中就考虑一部分站房面积作为房产出租的需要，而且把所有基础设施，包括站房、管沟等全部计入成本（这些其实已经在土地出让的配套费中涵盖了），加之我国新建园区由于产业定位和规划导向的失误，迟迟形不成规模，导致这些"大"系统长期在极低负荷下运行，长期亏损，没有回报，要靠国家"输血"补贴，成为投资"黑洞"。

第三，我国能源业长期在垄断机制下运转，形成庞大的利益集团。任何新技术，只要触动利益，就很难行得通。分布式能源的电力上网难、利用地表水的热泵项目审批难、可再生能源弃风弃光严重而煤电优先等现象，使得区域能源系统中新技术推广举步维艰，也严重挫伤投资者的积极性。

第四，新建建筑中越来越多地采取高于国家标准的节能措施，但到了园区层面的能源规划中，负荷预测却沿用指标法。这种数十年不变的冷热负荷指标，将终端节能的努力顷刻化为乌有，用户的节能并不能转化为能源系统的节能。甚至出现用户端越节能，区域能源系统越不节能的悖论。

第五，能源市场机制的不健全导致投资商、供应商为扩大自己的利润空间，而选择仅以新能源技术（如热电联产技术）为点缀。例如，只用极小比例的热电联产，大部分负荷由燃气直燃机和燃气锅炉承担，致使综合能源效率远低于电动空调能效；再如，以"以热定电"的名义，尽量放大热需求，从而增加发电量，以分布式能源的名义建小发电厂。

第六，行政公权力介入区域能源供应商与用户之间的市场关系，"保证用户接入"成为园区行政部门与供应商合资经营的重要承诺，并计入园区行政部门的出资份额；以前，园区行政部门会用"红头文件"的形式强制用户接受供冷供热价格和收费方式，现在，遇到供能收费纠纷，既当裁判员又当运动员的园区行政部门则采取回避和不作为。

总体而言，由于系统规划沿用了供应侧规划的思路、系统配置沿用了单体建筑空调设计的方法，国内建成的城区能源系统在用能合理性和运行经济性方面只能找到个别成功案例。造成这些问题，除了体制机制上的原因之外，主要是供应侧能源规划的思路完全不能适应当前城镇开发和节能减排的形势。

所谓"供应侧"能源规划，有如下特点：

（1）我国现有的城市规划体系中供应侧能源规划主要是城市供电、供热和供气规划，各自孤立地考虑需求，造成负荷的重复计算。当前国内出现的产能过剩、发电运行小时数达历史最低、大规模弃风弃光的现象，正源于规划高估需求、产能不适应需求变化。

（2）基于可靠性原则的供应侧能源规划高估负荷。在城区开发之初，入住率低、负荷小，供大于求，能源供应商的利益得不到保证。为了利益最大化，供应商就采用各种措施鼓励能源消费。而到了城区比较成熟，入住率比较高，原来规划的供应量满足不了需求时，能源供应商则采取扩容和扩建的措施，扩大供给、满足需求。扩建后，又开始新一轮鼓励消费、扩大需求的循环。这样周而复始，造成资源的浪费和用能的不合理，形成"消费—供应—扩大消费—扩大供应"的恶性循环。

（3）重能源生产、轻能源管理。能源的生产/转换/消费三大环节以及能源消费的产业/交通/建筑三大耗能领域的横向之间缺乏内在联系，纵向上也缺乏全过程的系统性指导。能源和城市的各行业主管部门之间缺乏联动，更缺乏城市节能的顶层设计。

（4）在需求侧，建筑节能、可再生能源和未利用能源的利用是分散的或者是用户的个体行为，而且不为供应侧接受和认可，更没有作为资源进入能源规划。因此，在高密度城市中，可再生能源利用只能局限在路灯、部分卫生热水供应等很窄的范围内，无法发挥规模效应，成了形象"点缀"或"景观"工程；而建筑节能的成果完全被淹没在供应侧的粗放化负荷和需求预测之中。

需求侧能源规划，则是遵循"综合资源规划"（Integrated Resources Planning，IRP）原则，将需求侧的节能视为供应侧的资源，在能源领域，就是将节能视为煤、石油、天然气、核能和可再生能源之外的第六大能源。而需求侧能源规划的原则，正顺应了供给侧结构性改革的要求。即从提高城区能源供应的质量出发，推进能源结构调整，矫正要素配置扭曲，扩大有效供给，提高能源供给结构对需求变化的适应性和灵活性，提高综合能源效率，更好地满足生产和消费的需要，促进经济社会持续健康发展。

笔者在2011年出版的《低碳城市的区域建筑能源规划》（中国建筑工业出版社）一书中已经提出了需求侧能源规划的思想，当时更多地局限于概念的阐述和理论的分析。经过5年多的研究和实践，使需求侧能源规划的体系更加完善，技术路线更加清晰。需求侧能源规划的方法论可以归纳成所谓"六步法"，即：目标设定、资源分析、需求预测、规划协调、系统优化、影响评价。作者团队对这六个方面都有比较深入的研究，并在一些工程实践中得到应用，取得了很好的效果。在国家提出供给侧改革的背景下，我们觉得有必要将需求侧能源规划的思想和方法提供给业界一同分享，因此，萌生了编写本书的愿望，在中国建筑工业出版社的支持下，经过一年多的努力，终于将本书呈现给大家。希望需求侧能源规划的理念和方法在实践中得到进一步的完善和提高。

这里，可以举出国际上的两个典型案例，来说明供应侧能源规划与需求侧能源规划之间的差别：

2014年俄罗斯索契冬奥会是典型的供应侧能源规划。2009年时，索契市的电力负荷为424MW，而预计冬奥会能源需求将新增360MW，于是在2012年建成一个天然气联合循环热电联产的阿德勒斯卡亚热电厂（370MW），机组效率达到52%，供热能力为227Gcal/h，同时扩容电力网络2.5倍。热电厂通过2km长、公称直径为700mm的供热管网向竞技场馆、奥林匹克公园以及周边住宅区供热❶。但是，冬奥结束之后，这一能源系统出现了产能过剩，运行时间不足等问题。所以，俄罗斯政府不断地在索契举办各种国际性赛事和大型活动，力图提高场馆利用率、释放能源系统产能。

而2012年英国伦敦夏季奥运会则具备需求侧能源规划的特点。组织方首先订立了以2006年英国建筑规范为基准线，到2013年要实现减少CO_2排放50%的目标（最后实现47%）。根据这个目标提出3项措施：①要求所有场馆在2006年标准的基础上再节能15%；②整个奥林匹克园区通过提高热电冷联供系统的能量转换和输配效率，至少减少20%的CO_2排放；③整个奥林匹克园区安装现场可再生能源发电系统，至少相当于20%的CO_2排放（最后未能完全实现）。为此，相关部门编写了设计导则，将上述目标列入招标书和设计任务书，组织多次相关方的研讨会和报告会。并要求设计单位完成任务后，按照导则规定的统一的模型和计算方法交出项目的碳减排报告。在终端节能的基础上再来规划奥运园区能源系统，设置2个能源中心，共3台3.3MW的燃气发动机，热电冷联供。场馆设计充分考虑设施的可持续应用。主体育场采用可拆卸的装配式钢结构，在开闭幕式时可容纳8万人，奥运会后经简单改造成为伦敦一家英超俱乐部的主场，可容纳3万观众。能源中心由政府授予40年特许经营权，交由民营公司投资、建设、运营、管理❷。

上述两个案例的区别十分明显，供应侧能源规划是从顶到底的模式，能耗做加法；需求侧规划是从底到顶的模式，将终端节能作为替代资源，从而实现能耗的少增加即增量节能。但伦敦和索契也有共同点，即能源系统均采用大集中的供能方式。如阿德勒斯卡亚热电厂的供水温度115℃，设计管道压降1.6MPa，牺牲了压力也牺牲了能源品位；伦敦的区域能源管网总长40km，在供冷时会有较大损失。可见，以建筑供冷供热为目的的需求侧能源规划，还需要能源系统的优化。

由此引出本书的第二个主题，即能源微网技术。

对以供冷供热为目的的城区能源系统究竟是不是节能，一直是国内有争议的问题。赞成者认为区域供冷供热可以体现规模效益，能源中心可以采用能效很高的大型设备，特别是可以节省人力资源、减少用地、变分散排放为集中排放，从而改善环境、减缓热岛效应；反对者则认为，由于城区建筑负荷的波动性和不稳定性，区域供冷供热系统的系统效率不可能在高效率点运行，大型设备的高效率也完全不能被体现出来。而常规区域供冷供热系统相当于将一台就近安装的分体空调室外机，生生安装到数百米甚至数公里之外。分布式能源热电联产作为冷热源用，综合一次能效率70%，供暖比不上燃气锅炉（90%），

---

❶ International District Energy Association, District energy heats up Winter Olympics in Sochi Olympic Park. http://www.districtenergy.org./.

❷ Dan Epstein etc., The Olympic Park Energy Strategy, Olympic Delivery Authority, Oct. 2011. http://london2012.com/learninglegacy.

供冷更比不上电力驱动的制冷机。两种看法都有一定道理，但也都有片面性。要使城区能源系统扬长避短，发挥优势，补足短板，必须要有创新的思维。本书依据"互联网＋"的思想，提出城区能源微网的整体解决方案。

城区能源微网有核心层、框架层和管理层三个层次，是集成了可再生能源和清洁能源的现场发电系统、分布式热泵、能源总线、蓄冷蓄热、网络技术、物联网和云计算技术的综合性能源系统，可以使能源效率和经济效益均达到最佳。能源微网的技术优势和发展潜力已逐渐为业内所接受，并已经在好几个开发项目中得到应用。

本书在负荷预测、负荷平准化、与城市设计的关联、燃料电池应用、产业的绿色指数、热电联产＋热泵的系统构成、能源总线、城市更新中的能源系统以及城区能源微网的构建等方面，都提出了一些创新性的技术方案。

本书集结了近20位专家学者的智慧，可以说是知识传播的一次"众筹"。各章的主要作者是：

（上册）

第1章　龙惟定，马素贞
第2章　龙惟定
第3章　龙惟定
第4章　张蓓红，周辉，潘毅群
第5章　梁浩
第6章　张改景，潘毅群，张蓓红
第7章　潘毅群，苑翔
第8章　潘毅群
第9章　龙惟定，马宏权，白玮，赵英汝，刘魁星
第10章　樊瑛，张改景，蒋骞，刘魁星，梁浩
第11章　于航，黄子硕

（下册）

第12章　龙惟定
第13章　赵英汝，龙惟定
第14章　龙惟定，马宏权
第15章　白玮，刘魁星，龙惟定
第16章　于航，刘志渊
第17章　白玮，马宏权
第18章　马宏权，冯小平
第19章　张改景
第20章　白玮，蒋骞，于航
第21章　刘魁星，寿青云

本书由白玮、龙惟定统稿。

这一作者团队，很庞大，也有很强的实力，其中有的已经是国内外知名的专家。但实事求是地说，正因为作者队伍人数众多，使本书的完整性、系统性会打一点折扣。而工程经验的积累是一件好事，但也会带来一些片面性。书中多处出现内容重复、转换参数不一

致、名词术语不统一、变量符号不一样等问题。但为了保持某一主题论述的体系，我们没有大动干戈地做调整。回过头来审视本书，还是充满遗憾。因此，我们特别希望能听到读者对本书的意见，能够使本书进一步得到充实和提高。需求侧能源规划的方法论还需要在实践中不断完善，能源微网系统更需要在工程项目的应用中发挥其效能，即使在国际上目前也并未见到需求侧能源规划的文献，国外对能源微网的研究也刚起步，与我们处于同一起跑线。特别是，国外没有像中国这样的开发规模和实践机会。因此，本书试图起到抛砖引玉的作用，希望有更多的第一线的决策者、管理者、投资人、规划师、能源工程师、项目经理、能源供应商、运行管理人员以及高校相关专业的教师和学生加入到研究和实践的行列中来，使体现中国特色的需求侧能源规划和能源微网技术能在中国城镇化进程中发挥更大的作用，并能推广到国际上去。

  本书分上、下两册。上册主要是需求侧能源规划的理论、方法、步骤和应用；下册主要是能源微网技术的理论、方法、分析和技术方案。并对能源微网的经济技术特点进行了分析。另外还给出国内外的能源规划和能源系统的典型案例。上、下册要结合起来阅读。

  本书得到全球环境基金（GEF）和世界银行（World Bank）的"基于需求侧节能的综合能源规划实施路径研究"技术援助项目（由住房和城乡建设部主持），以及住房和城乡建设部科技计划项目"基于分布式能源和可再生能源的建筑智慧能源微网发展路径研究"的支持；本书得到法国电力、新奥智能能源、中节能城市节能研究院、江苏紫融能源投资有限公司、江苏特克诺节能技术有限公司、意大利克莱门特集团、美国江森自控、苏州必信空调有限公司、华东建筑设计研究总院、悉地国际设计顾问有限公司、上海誉德集团、美国SOM建筑设计咨询有限公司等单位提供技术资料，法国电力（EDF）中国研发中心的专家还为本书（下册）撰写了第21章的第4节；本书（上册）封面出色的摄影作品由同济大学王伟强教授提供；中国建筑工业出版社的张文胜先生、姚荣华女士为本书的出版付出了大量的辛劳。在此一并表示由衷的感谢。

目 录

城区需求侧能源规划

第1章 绿色生态城区 ··· 3
- 1.1 史无前例的中国城镇化 ······························· 3
- 1.2 绿色、生态、低碳：概念的辨析 ····················· 11
- 1.3 绿色生态城区的城市形态 ···························· 16
- 1.4 绿色生态城区的绿色建筑 ···························· 26
- 1.5 绿色生态城区的交通 ································· 30
- 1.6 绿色生态城区的环境 ································· 36
- 1.7 绿色生态城区的能源生产 ···························· 37
- 1.8 旧城改造中的绿色生态理念 ························· 59
- 1.9 绿色生态城区的评价即国内外指标体系案例 ······· 64
- 本章参考文献 ·· 74

第2章 城区需求侧能源规划 ······························· 78
- 2.1 城市能源与城市碳排放 ······························· 78
- 2.2 我国新型城镇化的能源利用特点 ···················· 81
- 2.3 生产性能耗、消费性能耗和民生性能耗 ············ 98
- 2.4 综合资源规划（IRP）理论在能源规划中的应用 ··· 102
- 2.5 需求侧能源规划与供应侧能源规划 ················· 103
- 2.6 需求侧能源规划的3种形式 ·························· 106
- 2.7 需求侧能源规划的步骤 ······························ 111
- 2.8 城区能源规划的尺度 ································· 118
- 本章参考文献 ·· 120

第3章 需求侧能源规划的目标设定 ······················· 123
- 3.1 需求侧能源规划目标设定的SMART原则 ·········· 123
- 3.2 能耗和碳排放的需求预测和总量控制 ··············· 124
- 3.3 生产性能耗的规划目标设定方法 ···················· 127
- 3.4 消费性能耗的规划目标设定方法 ···················· 133
- 3.5 城区能源基础设施的规划目标设定方法 ············ 141
- 3.6 推进行为节能的规划目标设定方法 ················· 152
- 3.7 城市能源管理体系 ···································· 154
- 本章参考文献 ·· 155

第4章	建筑能耗模型校验与能耗限额制定	156
4.1	国内部分建筑能耗分析软件的适用情况	156
4.2	建筑能耗模型的校验	162
4.3	建筑能耗限额的制订	174
4.4	建筑能耗对标	179
4.5	城区建筑能耗监测	181
	本章参考文献	182

第5章	产业节能是需求侧能源规划的根本	184
5.1	产业结构选择中的绿色化	184
5.2	制造业的绿色评价指标	185
5.3	产业绿色化的门槛值	199
	本章参考文献	221

第6章	绿色生态城区的资源分析	223
6.1	无穷的太阳能只能有限的利用	223
6.2	城区用风力发电现实吗？	229
6.3	生物质发电：有多少秸秆够你烧？	233
6.4	垃圾发电：敏感而困难的选择	237
6.5	土壤源热泵：将大地当作蓄电池	242
6.6	水源热泵：流动的冷热源	246
6.7	空气源热泵：怎样提高效率？	250
6.8	规划节能有很大的潜力	255
6.9	终端节能的资源化评估	259
	本章参考文献	263

第7章	绿色生态城区的能源负荷预测	265
7.1	城区建筑负荷预测的特点	265
7.2	城市形态和规划元素对建筑负荷的影响	268
7.3	用户建筑节能措施对负荷预测的影响	270
7.4	气候变化对负荷预测的影响	271
7.5	预测方法之一：基于能耗模拟的城区建筑负荷预测	274
7.6	预测方法之二：基于能耗实测数据挖掘和EUI控制的城区建筑负荷预测	275
7.7	预测方法之三：基于空间重构的城区建筑负荷预测	275
7.8	参考性负荷指标	280
7.9	案例应用	282
	本章参考文献	286

第8章	城市气候设计与规划节能	288
8.1	城市空间形态与建筑能耗	288
8.2	被动式节能——城市风环境分析与城市通风	301
8.3	日照环境分析	306
8.4	混合功能城区的负荷平准化	313

本章参考文献 ·· 318

第9章　城区能源系统的优化配置 ·· 320
9.1　城区能源系统的配置原则 ··· 320
9.2　区域供冷供热系统的利与弊 ·· 322
9.3　分布式水源热泵系统 ··· 330
9.4　能源总线系统 ·· 333
9.5　热电厂蒸汽直接驱动离心式热泵 ·· 349
9.6　基于集中供热热网的吸收式热泵系统 ·································· 355
9.7　电动汽车充电系统的规划 ··· 362
9.8　旧城区更新改造中的能源系统 ··· 369
本章参考文献 ·· 378

第10章　城区能源规划的评价方法和工具 ···································· 381
10.1　城区分布式能源系统的节能量分摊 ···································· 381
10.2　城区能源系统的碳减排率评价 ·· 395
10.3　城区能源系统的能效评价 ·· 398
10.4　城区能源系统的㶲效率评价 ··· 404
10.5　城区能源系统的能值分析 ·· 411
10.6　绿色生态城区的生态足迹评价 ·· 427
10.7　城区能源规划的软件工具 ·· 430
本章参考文献 ·· 449

第11章　需求侧能源规划在城市规划中的地位和作用 ····················· 453
11.1　城市规划概述 ··· 453
11.2　需求侧能源规划在城市规划体系中的功能定位 ····················· 456
11.3　城区总体规划中的需求侧能源规划 ···································· 458
11.4　控制性详细规划中的节能控制性指标 ································· 462
11.5　修建性详细规划中的能源系统规划 ···································· 466
本章参考文献 ·· 467

附录1　部分彩色插图 ·· 469
附录2　下册目录 ·· 483

城区需求侧能源规划

第1章 绿色生态城区

1.1 史无前例的中国城镇化

1.1.1 城镇化是现代化的必由之路

2008年,世界城市化率超过50%,意味着全球一半以上的人口居住在城市里。城市是人口、建筑、交通、工业、物流的集散地。全世界100万人口以上的大城市从1950年的75个增加到2011年的447个;全球100个最大城市的平均人口也从200万人增加到760万[1]。城市的一次能源需求占全球总量的67%,与能源消耗有关的温室气体排放量占世界总排放量的71%[2]。我国287个地级以上城市的能耗占全国总能耗的56%,CO_2 排放量占全国总排放量59%[3]。我国600多个城市贡献了75%的一次能源需求,到2030年这一数字有望提高到83%,碳排放比例达到85%。

2014年国务院发布的《国家新型城镇化规划(2014—2020年)》指出,城镇化是伴随工业化发展,非农产业在城镇集聚、农村人口向城镇集中的自然历史过程,是人类社会发展的客观趋势,是国家现代化的重要标志。该规划指出,我国城镇化是现代化的必由之路;是保持经济持续健康发展的强大引擎;是加快产业结构转型升级的重要抓手;是解决农业农村农民问题的重要途径;是推动城区协调发展的有力支撑;是促进社会全面进步的必然要求。这表明,城镇化绝不是一场"圈地运动"或"造城运动",而是经济社会的深刻变革。因此,在研究城市能源利用问题时,应该要有更宽广的视野。

2014年,我国城镇常住人口为74916万人,城镇化率已达到54.77%[4]。1978年,我国只有不到20%的城镇人口,而预计到2020年,我国城镇化率将达到60%,2030年将达到70%以上,届时将有10亿人口生活在城市里。城市化从20%到50%的跨越,英国、美国、法国分别经历了100年、60年和65年,我国仅花了30年[5]。

1978年,我国只有29个100万人口以上的城市,现在已经达到了142个。其中,1000万人口以上的城市有6个、500~1000万人口的城市有10个。

2014年末,全国设市的城市653个,其中,直辖市4个,地级市288个,县级市361个。城市建成区面积4.98万 km^2,人口密度2362人/km^2。

由于经济发展水平、地理位置等不同,各城市在城市规模、人民生活水平、城市化与人口集聚程度等都存在巨大差异,而且属同一个行政级别的城市之间也存在巨大差异。有许多学者用不同评价指标将城市分级,例如一线城市、二线城市等。其中比较多的是按商品房价格划分。而麦肯锡公司用麦肯锡城市群(ClusterMap)方法将中国城市分为22个城市群(见表1-1),每个城市群围绕1~2个中心城市发展。为了确保这种方法是可行并适用的,所有的卫星城距离1个中心城市不超过300km,并且每个城市群的GDP都超过中国城市总GDP的1%[6]。

中国城市群（2009年数据）　　　　　　　　　　　　　表1-1

城市群	城市数	城市群GDP占比	中心城市GDP占比
超大型城市群			
京津冀	37	10.8%	7.9%
上海	19	10.8%	6.2%
山东半岛	67	9.0%	2.1%
杭州	38	6.7%	1.6%
广州	24	6.6%	2.6%
南京	27	4.8%	1.8%
深圳	2	4.3%	2.9%
大型城市群			
辽中南	30	4.3%	2.4%
厦门-福州	42	4.2%	1.4%
长江中下游	42	4.0%	1.8%
中原	40	3.8%	0.7%
长春-哈尔滨	36	3.6%	1.6%
成都	29	3.2%	1.6%
合肥	29	2.8%	0.8%
长株潭	28	2.2%	0.8%
关中	15	1.9%	1.2%
重庆	6	1.8%	1.5%
小型城市群			
南宁	28	1.8%	0.3%
南昌	22	1.7%	0.6%
太原	19	1.4%	0.5%
呼和浩特	10	1.3%	0.4%
昆明	16	1.1%	0.5%

根据麦肯锡全球研究院（McKinsey Global Institute）的一项研究预测，到2025年，我国将有221个百万人口以上的城市（欧洲只有25个），并有500万以上人口特大城市23个。到2030年，我国将出现15个平均人口为2500万的超大城市，或11个总人口在6000万以上的城市群[7]。我国的城市发展速度在世界城市化进程中是史无前例的，将对世界的发展产生深远的影响。

诺贝尔经济学奖得主斯蒂格利茨（Joseph E. Stiglize）说过："中国的城市化与美国的高科技发展将是深刻影响21世纪人类发展的两大关键"（*The urbanization in China and the high-tech development in the United States will be the two keys to influence the human development in the 21st century deeply*）[8]。

从2010年到2030年的20年间，我国城镇将新增3.2亿人口，这相当于现在整个美国的人口。为了满足如此大规模的人口的需求，我国已经在城市建设和基础设施建设方面投入了巨大的人力、物力和财力。我国每年新建建筑约为19亿~20亿 m²，是世界新建建筑的一半。根据美国著名咨询机构 ARCADIS 的研究，2015年中国的总建成资产（Built asset）达到47.6万亿美元，超过美国的36.8万亿美元，居世界第一[9]。

据美国高层建筑与城市人居环境理事会（CTBUH）的统计，世界上已经建成的最高的100幢建筑中，有34幢在中国；世界上正在建设中的最高的100幢建筑中，也有34幢在中国。美国高层建筑最多的纽约市有高层建筑5937幢，100m以上超高层建筑有725幢；而中国的上海，8层以上的高层建筑近23000幢（22998幢），30层（100m）以上的超高层建筑则超过1000幢（1403幢）。单从数量来说，上海已经超过纽约。2012年，中国已成为世界高层建筑最多的国家。150m以上的超高层建筑，已竣工的就有989幢，在建的还有483幢。而300m以上的摩天大楼，已竣工的有24幢，在建的有77幢[10]。高层建筑数量的增长，标志着中国建筑业巨大的技术进步、标志着中国经济迅速的发展，也标志着中国城市天际线和城市形态翻天覆地的变化。但人们对高层建筑的认识，也正经历着从盲目的追捧到更加理性的反思。有报告用中美两国数据分析，美国每幢152m以上高度的非住宅类建筑，对应第三产业产值为1431亿美元；而中国只有436亿美元。报告由此认为，因为摩天大楼对应的经济基础为第三产业，所以中国内地摩天大楼数量已呈泡沫化[11]。

1.1.2　中国城镇化对资源和环境的压力

中国的城市建设规模和城镇化发展速度给我国资源和环境都带来很大的压力。

2013年底，全国共有耕地20.27亿亩，建设用地3745.64万公顷。2014年共批准建设用地40.38万公顷[12]。在耕地红线不能突破、生态建设用地必须保障的前提下，大量农村宅基地并未相对减少，导致农村播种面积连年骤减，严重威胁了中国粮食安全[13]。

从平均人口密度上来看，中国与世界水平相比并不算高。同时，中国城市的人口密度存在着较大的空间差异，往往是老城区人口密度太高，而城市外围的"新区"、"开发区"密度则低得多。而且，中国城市是按行政区划区分的，往往在一个行政城区内既有都市化的建成区，又有农业城区。以上海为例，上海2013年人口密度是3809人/km²，人口密度最高的老城区有35757人/km²，而人口密度最低的崇明县（农业县）只有588人/km²。按行政城区计算建筑容积率，地处CBD的静安区容积率为2.4，而浦东新区则因为还有大面积农田，所以容积率只有0.18。不能笼统地说中国城市的容积率和人口密度都低于发达国家城市，因为中外对城区的界定并不是同一个标准。

我国土地利用率也比较低。例如，2013年美国纽约市以783.8km²的面积创造了8100亿美元的GMP（Global Metropolitan Production），日本东京都以2162km²的土地面积创造了7740亿美元的GMP，其单位土地面积产值分别为10.33亿美元和3.58亿美元。而2014年上海市的GMP是3843亿美元，以上海市行政城区面积6340.5km²计算，折合0.6亿美元/km²。但是，如果以人口密度和建筑容积率都比较高的上海市静安区计算，2014年以7.62km²的土地面积创造了732.07亿元人民币的GMP，约为15.67亿美元/km²，远高于纽约市和东京都。而服务业和金融业集中的北京市西城区，2013年以50.70km²的土地面积创造了2825.7亿元人民币的GMP，约折合9亿美元/km²，也超过东京，接近纽约（见表1-2）。

部分城市和城区单位土地面积GMP　　　　　　　　　表1-2

城市	面积（km²）	单位面积产值（亿美元/km²）	年份
纽约市	783.8	10.33	2013
东京都	2162	3.58	2013
伦敦市	1737.9	3.2	2013
洛杉矶市	1302	4.76	2013
巴黎市	2844.8	2.57	2010
新加坡	716.1	3.77	2013
香港	1105.6	2.6	2014
法兰克福	248.31	8.69	2010
北京市	16411	0.19	2014
上海市	6340.5	0.60	2014
广州市	7434.4	0.36	2013
深圳市	1991.64	1.31	2013
北京市西城区	50.70	9.09	2014
上海市静安区	7.62	15.67	2014
北京中关村国家自主创新示范区	232.5	5.53	2013
上海漕河泾新兴技术开发区	14.28	12.80	2014
上海金桥经济技术开发区	27.38	11.78	2014
上海松江出口加工区	11.5	22.45	2014
上海张江高科技园区	25	4.04	2014
上海陆家嘴金融贸易区	31.78	9.34	2012
深圳高新技术产业开发区	11.5	76.07	2013
天津滨海新区	2240	0.66	2014
苏州工业园区	288	1.08	2013

单位面积产值与规划中很多因素有关，如产业结构、城区各类建筑组成比例、当地经济发展水平等。一般而言，有较大住宅面积或较大绿地面积的城区，其单位土地面积产值不会很高，但可能会有宜居的环境和较高的职住比。因此，在土地利用规划中要考虑几个重要因素：

（1）产业是基础。发展何种产业、能够产生多大效益，必须根据自身条件和城市发展战略确定。不是所有的城区都适合成为总部经济区或知识产业区。中国还是一个以制造业立国的发展中国家，不可能完全撇开制造业而发展虚拟经济，而金融等高端服务业也必须以实体经济为依托，因此只有部分中心城市可以发展成为国际的或地区的服务业集聚区、高科技园区或金融和商贸中心。

（2）适当的人口密度。上海中心城区（外环以内）到2020年人口密度预期达到15000人左右，与东京的14151人/km²和纽约的10452人/km²差距不很大。然而，上海的拥挤、交通堵塞和空气污染都比东京和纽约更为严重。主要原因在于，第一，空间利用不合理，土地一经批租，便"画地为牢"，成了一个个"围城"；公共空间很少，各种社会和商业活动都集中在大街上，与行人和汽车争道。第二，公共交通的发展赶不上人口和需求的增长，公共交通的效率和舒适性很差，加大了私人汽车通勤和出行的比重，从而加重了交通拥堵。第三，由于房地产泡沫，市中心区大量住房空置，使得城市中心"空心化"，迫使城市"摊大饼"式扩张[14]，形成钟摆式交通，在大型和特大型城市尤甚。在一份参与者超 300 万人、覆盖全国 300 余城市的调查数据中，北京、上海、广州、深圳四大城市的上班距离及用时居于前十名。其中，北京以平均距离 19.20km、平均单程用时 52min 居首，上海以平均距离 18.82km、平均用时 51min 位列次席[15]。这说明，城市的职住分布严重失调，城市的混合度严重不足。与此同时，我国 2012 年城市按城区面积统计的人口密度为 2307 人/km^2，如果按建成区面积统计，则为 9267 人/km^2，基本满足 1 万人/km^2 的标准[16]。

（3）重视城市功能的集约化，发展混合社区。紧凑型的城市形态可以在很大程度上遏制城市蔓延、节约土地资源、保护自然生态，同时也可以有效缩短交通距离，降低居民对小汽车的依赖，鼓励步行和自行车出行，显著降低交通能耗。功能混合的城区可以充分利用有限的城市空间，开展更多的商务活动。尤其对于现代服务业而言，可以实现土地资源、基础设施、公共服务设施和商务资源的共享，实现规模效益。特别是可以通过能源总线集成应用能量密度低的可再生能源，通过能源互联网实现能源系统效率的最大化。

除了土地利用，在我国城镇化发展中还面临许多紧迫的问题：

（1）水资源严重短缺。我国水资源总量位居世界第 6 位，但人均占有量居于世界第 110 位，接近中度缺水水平。资源性和水质型缺水危机日趋严重。我国人均水资源占有量仅为 2220m^3，约为世界人均量的 1/4。中国是世界 13 个最贫水国家之一。我国目前有 16 个省（区、市）人均水资源量（不包括过境水）低于 1000m^3（重度缺水），有 6 个省、区（宁夏、河北、山东、河南、山西、江苏）人均水资源量低于 500m^3（极度缺水）。全国有 400 余座城市供水不足，严重缺水的城市有 114 座。在一定程度上，我国水资源短缺比能源问题更为严重，已经成为我国城镇化发展的刚性约束。

（2）能源资源紧缺。能源供不应求的局面是未来城镇化发展的主要障碍之一。我国化石能源资源总量相对比较丰富，其中以煤炭占主导地位。2013 年，煤炭探明资源储量 14842 亿 t；但已探明的石油、天然气资源储量相对不足，油页岩、煤层气等非常规化石能源储量潜力较大（见表 1-3）。

我国化石能源资源量   表 1-3

	已探明可采储量	储采比（按现在的开采强度还能维持多少年）
石油	33.3 亿 t	11
天然气	4.4 万亿 m^3	29
煤	1842 亿 t	31
页岩气	31.55 万亿 m^3	（世界第一）
页岩油	>100 万亿 t	—
煤层气	>10 万亿 m^3	—

资料来源：根据国土资源部《中国矿产资源报告》等资料整理。

我国能源资源的地域分布不均，80%的能源资源分布在西部和北部地区，而 60%的能源消费在经济比较发达的东部和南部地区。因此，大规模、长距离的北煤南运、北油南运、西气东输、西电东送，给我国能源带来巨大运输压力。煤炭运量占铁路运量的 40%，煤炭运输过程中还会造成沿线的环境污染。

城镇化的发展对能源的需求加大。由于资源匮乏和需求旺盛，使得我国能源和矿产资源类产品的对外依存度越来越高，2014年，我国原油进口3.1亿t，进口值1.4万亿元（人民币）。石油的对外依存度达到了59.6%，对国家安全带来严重的威胁。

我国还拥有较为丰富的可再生能源资源。但可再生能源消费占我国能源消费总量的比重还很低，技术进步缓慢，产业基础薄弱。与煤炭等化石能源相比，我国可再生能源利用的成本还很高。我国可再生能源资源潜力大、发展前景好的主要是水能、生物质能、风能和太阳能。提高可再生能源的利用效率，推进可再生能源的广泛应用，是今后城镇化进程中的重要课题。

水能资源是我国最丰富的可再生能源资源。全国水能资源技术可开发装机容量为5.4亿kW，年发电量2.47万亿kWh；经济可开发装机容量为4亿kW，年发电量1.75万亿kWh，居世界首位。水能资源主要分布在西部地区，约70%在西南地区。长江、金沙江、雅砻江、大渡河、乌江、红水河、澜沧江、黄河和怒江等大江大河的干流水能资源丰富，总装机容量约占全国经济可开发量的60%，具有集中开发和规模外送的良好条件。而我国农村还有丰富的12000kW以下的小水电资源，可开发的资源为7000万kW，在全国2300多个县中，有1104个县的可开发资源超过1万kW。

尽管水力发电是无碳的可再生能源，但在水电开发尤其是大型水电站开发过程中对生态和环境的影响不容忽视，这种影响包括对水文、局部气候、水质、地质、土壤、水体、水生物等的长期影响[17]。因此，在获取能源的同时必须全面权衡生态环境影响。大型水电仍然是当前世界上最大的可再生能源，以有竞争力的价格，提供了世界电力的16%[18]。

我国陆地可利用的风能资源约为3亿kW，近岸海域（水深15m以上）可利用风能资源约为7亿kW。主要分布在两大风带：陆地是"三北地区"（东北、华北北部和西北地区），以及东部沿海陆地和岛屿；海上主要是东部近岸海域。

我国太阳能资源丰富，在2/3的国土面积上年日照小时数在2200h以上，年太阳辐射总量大于5000MJ/m²，属于太阳能利用条件较好的地区。西藏、青海、新疆、甘肃、内蒙古、山西、陕西、河北、山东、辽宁、吉林、云南、广东、福建、海南等地区的太阳辐射能量较大，尤其是青藏高原地区太阳能资源最为丰富。

生物质能资源指的是农林废弃物、水生植物、油料作物、工业加工废弃物和人畜粪便及城市污水和垃圾等。我国可利用的生物质能源资源中，以农业、林业的废弃物占最大比重。

（3）生态环境承载力超过极限。城市和城区性环境污染严重，威胁居民身心健康。2014年我国主要河流中，Ⅳ类水占15.0%、Ⅴ类水占4.8%、劣Ⅴ类水占9.0%，主要污染指标为化学需氧量、五日生化需氧量和总磷。2014年，全国62个重点湖泊（水库）中，15个为Ⅳ类，4个为Ⅴ类，5个为劣Ⅴ类。主要污染指标为总磷、化学需氧量和高锰酸盐指数。在总数为4896个的地下水监测点中，较差的监测点比例为45.4%，极差级的监测点比例为16.1%，主要超标指标为总硬度、溶解性总固体、铁、锰、"三氮"（亚硝酸盐氮、硝酸盐氮和氨氮）、氟化物、硫酸盐等。由于地下水的污染是不可逆的，所以这是对部分地区生态的极大的威胁。

我国近海海域中，四类水监测点占7.6%，劣四类占18.6%，主要污染指标为无机氮和活性磷酸盐。从地理分布上看，四类和劣四类水主要分布在长江口和杭州湾，这也是我国城市化最发达的地区。

2014年，在空气质量监测的161个地级及以上城市中，只有16个城市空气质量达标（好于国家二级标准），占9.9%；145个城市空气质量超标，占90.1%。由于我国的能源以煤炭为主，煤炭燃烧是我国工业、供电和北方地区冬季供暖的主要方式。因此，燃煤过程排放的粉尘、硫化物和氮氧化物是城市大气污染的主要来源。这种由燃煤引起的大气污染称为"煤烟型"污染，或称为"第一代"大气污染。排放的汽车尾气中的一氧化碳和氮氧化物在太阳紫外线作用下发生一系列复杂的化学反应，形成光化学烟雾，对人的呼吸系统有很强的危害。其中所含的粒径小于5μm的颗粒物（属可吸入尘）具有强烈的致癌作用。这种燃用石油制品所引起的大气污染是所谓"第二代污染"。很多城市更是出现第一代和第二代空气污染的叠加效应。

近年来我国城市中引起人们强烈关注的大气污染物就是$PM_{2.5}$。PM是英文Particulate Matter（颗粒物）的首字母缩写。所谓$PM_{2.5}$，是指空气动力学直径为2.5μm的颗粒物。空气中的颗粒物并非是规则的球形，如果颗粒物在通过检测仪器时所表现出的空气动力学特征与直径小于或等于2.5μm且密度为$1g/cm^3$的球形颗粒一致，那就称其为$PM_{2.5}$。$PM_{2.5}$的直接排放主要来自燃烧过程，比如化石燃料的燃烧、生物质（秸秆、木柴）的燃烧、垃圾焚烧等。在空气中转化成$PM_{2.5}$的气体污染物主要有二氧化硫、氮氧化物、氨气、挥发性有机物。其他的人为来源包括：道路扬尘、建筑施工扬尘、工业粉尘、厨房烟气等。自然来源则包括：风扬尘土、火山灰、森林火灾、漂浮的海盐、花粉、真菌孢子、细菌等。

$PM_{2.5}$的主要成分是元素碳、有机碳化合物、硫酸盐、硝酸盐、铵盐。其他常见的成分包括各种金属元素，既有钠、镁、钙、铝、铁等地壳中含量丰富的元素，也有铅、锌、砷、镉、铜等主要源自人类污染的重金属元素。$PM_{2.5}$主要对人的呼吸系统和心血管系统造成伤害，包括呼吸道受刺激、咳嗽、呼吸困难、降低肺功能、加重哮喘、导致慢性支气管炎、心律失常、非致命性的心脏病、心肺病患者的过早死。老人、小孩以及心肺疾病患者是$PM_{2.5}$污染的敏感人群[19]。

2003年以前，我国年均雾霾日数均低于常年值9d，而2004年以来增长迅速，年均值达到12～20d；2013年我国年均雾霾日数高达36d。在许多城市中，大气$PM_{2.5}$浓度超标已经常态化。

我国城市严重的空气污染主要源自能源消费。我国能源结构以煤为主，电力、钢铁、建材、燃煤锅炉、居民生活以及煤化工等行业和部门消费了90%以上的煤炭[20]。我国85%的二氧化硫排放量、67%的氮氧化物排放量、70%的烟尘排放量以及80%的二氧化碳排放量都来自于燃煤。解决这个问题还要实行严格立法、调整经济结构、推广普及清洁能源和可再生能源、提高能源利用效率等积极措施。

（4）碳排放和气候变化对城镇化的影响。2013年9月，联合国政府间气候变化专门委员会（IPCC）第一工作组的第五次评估报告发布。报告指出，全球气候系统变暖的事实是毋庸置疑的，自1950年以来，气候系统观测到的许多变化是过去几十年甚至近千年以来史无前例的。全球几乎所有地区都经历了升温过程，变暖体现在地球表面气温和海洋温度的上升、海平面的上升、格陵兰和南极冰盖消融和冰川退缩、极端气候事件频率的增加等方面。全球地表持续升温，1880～2012年间全球平均温度已升高0.85℃；过去30年间，每10年地表温度的增暖幅度高于1850年以来的任何时期。在北半球，1983～2012年可能是最近 1400 年来气温最高的 30 年。特别是 1971～2010 年间，海洋变暖所吸收热量占地球气候系统热能储量的 90％以上，海洋上层（0～700m）已经变暖。与此同时，1979～2012 年间北极海冰面积每 10 年以 3.5％～4.1％的速度减少；自 20 世纪 80 年代初以来，大多数地区多年冻土层的温度已升高。全球气候变化是由自然影响因素和人为影响因素共同作用形成的，但对于 1950 年以来观测到的变化，人为因素极有可能是显著和主要的影响因素。目前，大气中温室气体浓度持续显著上升，CO_2、CH_4 和 N_2O 等温室气体的浓度已上升到过去 80 万年来的最高水平[21]。

温室气体排放和气候变化对城市的影响巨大。气候变化影响了降水的分布、强度和频率，改变了水资源的空间格局，加剧了城市内涝风险。在气候变化的影响下，极端天气事件逐渐增多，如干旱、暴雨、飓风和雾霾。同时，全球气温升高带来海平面的上升，引起沿海城市咸潮、土地盐碱化和排涝不畅。气温升高会加剧城市热岛效应、降低空调系统效率、增加空调能耗，同时也会引起某些热带疾病的流行。我国《国家应对气候变化规划（2014-2020 年）》指出，要"将减缓和适应气候变化要求融入经济社会发展各方面和全过程，加快构建中国特色的绿色低碳发展模式"；还指出"城乡建设规划要充分考虑气候变化影响，新城选址、城区扩建、乡镇建设要进行气候变化风险评估"。联合国也提出建设"弹性城市"（Resilient City）的目标，在城市规划和基础设施建设方面，加强城市应对气候变化能力。

2013 年全球人类活动碳排放量达到 360 亿 t，平均每人排放 5t 二氧化碳，创下历史新纪录。其中，碳排放总量最大的国家为我国，首次破百达 104 亿 t，占 29％；其次是美国，占 15％；欧洲占 10％，而印度占 7.1％。我国人均排放 7.2t，已经超过欧洲的人均排放 6.8t[22]。

但一个好消息是，我国 2014 年的碳排放总量相比 2013 年同期下降了 2％。这主要因为，2014 年，我国采用了更多的可再生能源发电，减少了煤炭的消耗。同时经济增速的减缓，也降低了煤炭的需求。2014 年我国煤炭消耗量比前一年下降了 2.9％，是 10 年来的首次下降。我国的能源消耗增速也降至 3.8％，是自 1998 年来最低的。由于我国和经合组织（OECD）发达国家的共同作用，使得 2014 年全世界碳排放量与 2013 年基本持平。

2014 年 11 月 12 日，习近平主席与奥巴马总统会见后，中美双方共同发表了《中美气候变化联合声明》。美方承诺到 2025 年在 2005 年基础上减排 26％～28％；中方承诺在 2030 年之前二氧化碳排放达到峰值。

2015 年 12 月 12 日，参加在法国巴黎举行的第 21 届联合国气候变化大会（COP21）的《联合国气候变化框架公约》近 200 个缔约方一致同意通过《巴黎协议》。这一全球气候变化新协议将为 2020 年后全球应对气候变化行动作出安排。协议共 29 条，包括目标、减缓、适应、损失损害、资金、技术、能力建设、透明度、全球盘点等内容。我国在这次峰会上发挥了举足轻重的作用。我国承诺的目标是在 2030 年左右达到二氧化碳排放峰值，为此，我国已经就控制煤炭消费总量、推进能源转型展开多种举措，有望在 2020 年实现煤炭消费在总能耗中的占比从 2014 年的 66％下降到 57％，提早实现碳排放峰值。

从现在到 2030 年，是我国实现城镇化和实现碳排放达峰的关键时期。因此，我国的城镇化必须走绿色生态低碳的发展道路，既要减少资源消耗、降低二氧化碳排放、保护环境，又要实现经济和社会的可持续发展。

1.2 绿色、生态、低碳：概念的辨析

关于绿色、生态、低碳三者的概念及其辨析，国内有过许多文章，但一直没有哪篇文章能够讲清楚。而历来各种建设绿色城市、生态城市和低碳城市的活动，更是一直在混淆概念，而建设内容又是大同小异，令人无所适从。

1.2.1 绿色城市

绿色城区的概念源自于绿色建筑。绿色建筑就是"资源有效利用"（Resource Efficient Buildings）的建筑。有人把绿色建筑归结为具备"4R"的建筑。即：

（1）"Reduce"：减少建筑材料的使用、减少对资源和环境的破坏、减少不可再生能源的使用；

（2）"Renew"：利用可再生能源和未利用能源；对废弃材料、废水和建筑垃圾进行处理，使其再次使用或多次使用；

（3）"Recycle"：回收废弃物、余热和排热、废旧材料和废水，重复利用、循环使用；

（4）"Reuse"：重新使用旧材料；对旧建筑进行适当改造、重新利用。

因此，我们同样可以认为，绿色城市是"4R"城市，即四节一环保（节地、节能、节水、节材和环境优良）的城市。

考古发现人类最早的城市是两河流域中下游公元前3500年时代。最早的城市的形成，是为了满足随着家畜驯养和农耕方式的传播而相应产生的定居生活方式的需要。而后发展为出于安全和防御，满足军事目的的需要。到中世纪，城市更是为满足商业贸易、宗教文化以及艺术技术发展的需要。其中东方城市，如中国唐代都城长安，已经达到高度发达的境界[23]。但古代的城市，脱胎于农田山野，消耗可再生的资源，点灯用豆油、交通用畜力、取暖用木炭、建筑用土木。唐代诗人白居易的《卖炭翁》就生动地描绘了当时供暖能源的供求关系。可以说，古代城市是天然"绿色"的，是在当时经济水平下的绿色。

西方工业革命之后，由于有了动力机械和电力，实现了规模生产，使大量新材料、新设备源源不断地进入建筑业。由于工业发展，大批农民离井背乡，集聚到城市。工业发展和人口膨胀对建筑提出更大需求。而钢材、水泥等建筑材料的应用，带动了建筑结构理论的发展，使建筑物在高度上已经没有技术障碍。动力机械和电力的应用，锅炉、电气照明、电梯、空调等标志现代文明的设施使西方国家富裕起来的人们有条件去追求建筑的舒适性。尤其是第二次世界大战后，西方国家的"战后复兴"建设规模巨大，城市进一步扩张，对自然资源进行掠夺式开发，对自然界的破坏力也是空前巨大的。到20世纪中叶，由于现代服务业和先进制造业的发展，发达国家将重化工业产能转移到包括中国在内的发展中国家，受过良好教育和有较高技能的中产阶级成了新兴工业的主力，都市里大量兴建高层和超高层建筑，出现了全封闭的、完全靠空调和人工照明来维持室内环境而与自然界隔绝的人造生物圈。人类与自然界之间的和谐被打破了。人类由于掌握了现代技术，有恃无恐地试图征服自然、扭转乾坤。而现代技术是建立在大量消耗矿物燃料的基础之上的。全世界在20世纪最后30年所消耗的矿产资源，是整个文明史以来所消耗总量的3～4倍。与此同时，空气污染、水污染和食品安全一直在困扰城市居民，城市变成灰色。工业革命

最早的英国就饱受能源消耗所带来的大气污染之苦。由于当时大批工厂集中在伦敦，而居民又以燃煤取暖，致使伦敦上空终日烟雾弥漫。老舍先生曾经把伦敦雾描绘为："乌黑的、浑黄的、绛紫的，以致辛辣的、呛人的"。1952年12月4日，伦敦风力微弱、湿度高，使污染物难以扩散。呛人的浓厚烟雾弥漫全城达5天之久，几天内死亡人数比平时增加了4000人，这就是著名的"伦敦大雾"事件。我国近年大范围严重雾霾，也正是这种超常发展的后果。

早在一百多年前恩格斯就曾指出："人类不能陶醉于对自然的胜利，每次胜利之后，都是自然的报复。"但至今仍有许多人对于征服自然的"壮举"津津乐道。是大自然大规模的报复引发的一系列环境和生态事件，使人类中的有识之士开始觉醒。

1993年，在国际建筑师协会（UIA）和美国建筑师学会（AIA）召开的世界建筑师大会上通过的关系宣言中确认，建筑和建筑环境在人类对自然环境和生活质量的影响中扮演了重要角色。如果将可持续设计的原则结合到建筑项目之中，能够得到包括资源和能源的有效利用、有益健康的建筑物和建筑材料、对生态和社会敏感的土地利用、有效的交通等多方面的效益，并能增强地方经济和社会。

如果一座城市的所有建筑都是绿色建筑，如果城市的建设完全依照绿色建筑的理念，那么这样一座城市就是绿色城市。因此，绿色建筑就是构成绿色城市的一个个细胞。

世界各国都在以绿色城市为目标谋求城市的发展，很多城市实现了有限制地使用各种资源，并使环境污染有所减缓，但这样的城市还只是"浅绿色"城市，而只有根本改变发展模式的城市才能称为深绿色城市。

1.2.2 生态城市

生态城市理论把城市看作是生命循环系统的有机部分；从生态的角度来研究和规划城市。生态城市的基本思想是将城市（或建筑群、城区）视为一个基本完整的生态圈，努力使其中的满足人的需求的生态环境达到平衡。这种自行循环和自给自足的生态建筑也有很大的局限性，要保证建筑物生态循环的环境容量势必需要较大的占地面积。

人类历史上有过建造小型生态城的科学实验。美国于1991年在亚利桑那州图森市以北的Oracle沙漠中建造了生物圈2号（Biosphere-2）。所谓生物圈2号，是把地球本身称作生物圈1号（Biosphere-1）。这座生态城，占地3.15公顷，全封闭、与外界完全隔绝，只有阳光可以进入。它有一个完全独立的微型人工生态循环系统，包括7个生态系统的3800个植物和动物物种。由美国前橄榄球运动员约翰·艾伦发起并与几家财团联手出资，空间生物圈投资公司（SBV）设计建造，历时8年，耗资1.5亿美元[24]。

1991年9月26日，4男4女共8名科研人员首次入驻生物圈2号，这8个人的生存完全自给自足：食物是自己种的，喝的是再生水，呼吸的氧气则来源于植物的光合作用。但随后发现，生物圈2号内部的氧气浓度以每月0.5%的稳定速率不断下降。到1993年1月，空气中的氧含量已经非常低了，好几位科学家开始出现不良生理反应。因此，外界管理团队不得不开始从外界泵入纯氧。直到1993年6月26日8位科学家走出生物圈2号，第一次进驻生物圈2号的实验宣告失败。但科学家们在生物圈2号内停留共计21个月，在各自的研究领域内均积累了丰富的科学数据和实践经验。而后，来自4个国家的4男3女实验人员在对首批结果进行评估并改进技术后，于1994年3月16日第二次入驻，计划于1995年1月走出，但由于管理公司的财务困难，最终于9个月后结束。后来，美国哥伦比亚大学租下这座生态城，作为科研之用。直到2003年，由于运行费用太高，哥伦比亚大学也不得不放弃这一实验场所。此后，生态城一度沦为旅游景点，甚至差一点被拆除以发展房地产。直到2007年才由投资方将整个生态城捐赠给亚利桑那大学。

生物圈2号是世界上最大的闭式人工生态系统（见图1-1），它使人类首次能够在整体水平上研究生态学。当然，它的主要目的是研究永久生态再生式系统应用于人类未来的地外星球定居的可行性。

图1-1 美国亚利桑那的生物圈2号实验生态城❶

资料来源：http://www.portal.environment.arizona.edu/events/1439

生物圈2号的实验表明，真正意义上的生态城市是一个十分复杂的系统，以今天的科技水平还不足以掌握和控制它。

"生态城市"（Eco city 或 Ecological City）这一概念产生于联合国教科文组织1971年发起的"人与生物圈计划（MAB）"。生态城市追求人类和自然的健康与活力，在人类社会内部及人类与自然之间实现生态上平衡的城市。简言之，就是以生态方式建设城市，不仅要保护，还要修复和保持所有生命所依赖的生态系统。

举例来说，城市建设中很重视绿化，但人工造林普遍存在着"绿色沙漠"问题。由于种植的树木种类单一，年龄和高矮比较接近，十分密集，树下缺乏灌木层和地表植被，使得地表植被覆盖很差，土地保水能力很弱，生物多样性水平极低，森林中营养循环过程被阻断，土壤营养日益匮乏，生态状况十分脆弱，几乎看不到动物。解决办法是可以通过人工方法实现"生态恢复"，即按自然规律恢复天然的生态系统，重新创造、引导或加速自然演化过程。人类没有能力恢复出真正的天然生态系统，但是我们可以帮助自然，把一个地区所需要的基本植物和动物放在一起，提供基本的条件，然后让它自然演化，最后实现生态恢复[25]。

城市就像一个巨大的有机体，也有自身的吐故纳新、新陈代谢。按传统规划理念，城市输入食品、能源、水等各种物资，输出固体废弃物、污废水、废气和温室气体。过去，大量废弃物排入大气、江河湖海和土壤之中，造成严重污染和环境问题（见图1-2）。这种

---

❶ 彩图见本书附录1。

线性新陈代谢方式,显然是不可持续的。

图 1-2 城市的线性新陈代谢

资料来源:http://www.wageningenur.nl/en/

生态城市的主要指导思想,就是循环新陈代谢的理念(见图 1-3)。认为所有的废弃物,只是放错地方的资源。输入城市的所有资源,都应该"吃干用尽",实现零排放或零废弃。例如,能源和水资源的梯级利用、垃圾发电、旧建材的回收利用、旧建筑的改造再利用等。

图 1-3 城市的循环新陈代谢

资料来源:http://www.wageningenur.nl/en/

1.2.3 低碳城市

联合国政府间气候变化专门委员会(IPCC)于 2014 年发布了《IPCC 第五次评估报告》,其《综合报告》非常肯定地指出,温室气体排放以及其他人为驱动因子已成为自 20 世纪中期以来观测到气候变暖的主要原因。人类对气候系统的影响是明确的,而且这种影响在不断增强,在世界各个大洲都已观测到这种影响。如果任其发展,气候变化将会增强对人类和生态系统造成严重、普遍和不可逆转影响的可能性。IPCC 的专家指出,应对气候变化所带来风险的策略,第一是适应(Adaption),"适应会在降低这些风险中起到关键的作用"。第二是减缓(Mitigation),当前有多种减缓途径可促使在未来几十年实现温室气体的大幅减排,大幅减排是将升温限制至 2℃ 所必需的,而将升温限制至 2℃ 又是各国政府所设定的目标,现在实现这一目标的机会是大于 66%。IPCC 专家指出,我们越晚采取行动,适应和减缓气候变化的成本将越高[26]。

当地时间 2015 年 12 月 12 日 7 点多,雷鸣般的掌声响彻巴黎市北郊的布尔歇展览中心。历经13天的艰苦谈判,随着大会主席敲下手中的小锤子,《联合国气候变化框架公约》195个缔约方一致同意通过《巴黎协议》,《联合国气候变化框架公约》第21次缔约方大会宣告圆满结束[27]。

《巴黎协议》的关键内容包括:遵循《联合国气候变化框架公约》原则,包括以公平为基础并体现共同但有区别的责任和各自能力的原则,兼顾各国国情差异,以"自主贡献"方式参与全球气候应对;缔约国承诺在工业化前(1750年)水平上,把全球平均气温升幅控制在2℃以内,并争取1.5℃内的理想目标;签约国尽早使气体排放达到峰值,但承认发展中国家需要更多时间;自2020年起,发达国家每年至少联合拨款1000亿美元给发展中国家,在2025年前各缔约国再确定新的资助金额;此协议生效后,缔约方将在2023年后每5年重新回顾协议内容,以便必要时进行修改或补充[28]。

2003年英国能源白皮书《我们能源的未来:创建低碳经济》第一次提出了低碳经济的概念。2006年前世界银行首席经济学家Nicolas Stern发表的斯特恩报告(The Economics of Climate Change, The Stern Review)从经济的角度考虑应对气候变化的紧迫性。其核心观点是:为了避免气候变化的最坏影响,各国政府必须立即采取有效的减排行动,否则气候变化将对经济增长和社会发展造成严重影响,其损失和风险将相当于每年全球GDP的5%~20%,而且损失将一直延续。如果立即行动,将大气中温室气体浓度稳定在500~550ml/m^3 CO_{2e}(二氧化碳当量)的成本可以被控制在每年全球GDP的1%左右[29]。

无论减排还是适应,都与城市密切相关。IPCC的统计数据表明,城市人口占全世界总人口的55%,城市地区的排放占全球温室气体总量的一半以上,占能源相关排放的70%。许多城市对气候变化不断加剧所产出的影响具有高度脆弱性[30]。因此,发展低碳城市是各国面临的迫在眉睫的大事。

第一个发布城市级"应对气候变化方案"的是英国的伦敦。伦敦提出的目标是2025年的CO_2排放量将比1990年的基准线减少60%。

中国的许多城市都是高碳排放源,这是因为,第一,中国城市是针对国内市场和国际出口市场产品的重要工业生产中心,因此,工业和发电是中国城市碳排放主要贡献者;第二,煤在城市能源构成中占主导地位。中国城市中40%以上的碳排放都是来自于发电和工业活动。中国城市的人均碳排放也要远高于亚洲和欧洲的发达国家城市(见图1-4)。

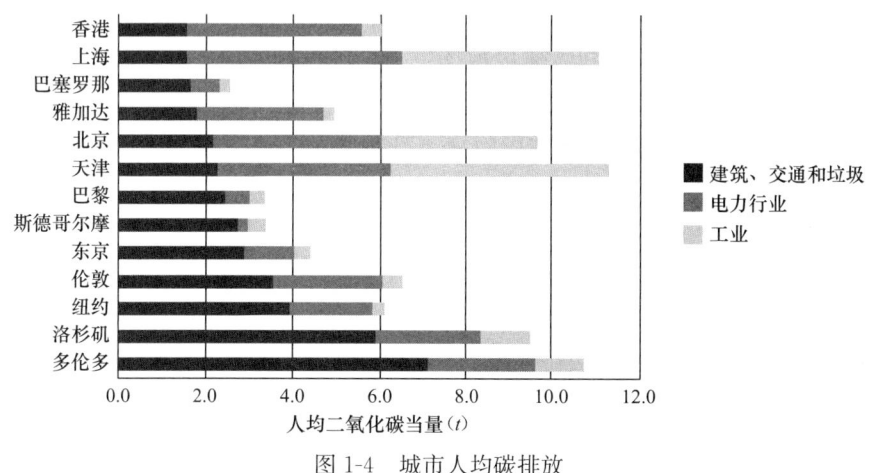

图1-4 城市人均碳排放

城市碳排放主要有两个来源：首先是能源利用，其次是土地利用。能源利用主要包括工业、交通和建筑三大领域。而土地利用则主要是三方面内容，即城市的低密度蔓延式开发造成交通能耗大幅度增长；将原有天然的绿地、耕地、湿地变成建设用地，使得通过植物光合作用固化在土壤中的 CO_2 重新释放到大气中，增加了碳源；植被的减少和土地的硬质化降低了土地的碳汇功能。

最近，由国际"可持续城镇化促进联盟"的 6 家核心成员单位（美国环保协会 EDF、能源基金会 EFC、可持续发展社区协会 ISC、自然资源保护协会 NRDC、世界资源研究所 WRI 和世界自然基金会 WWF）联合编撰了《绿色低碳城市发展十项要则》，并与另外 13 家关心中国城市发展的公益组织联合对外发布与推荐。十项原则分三个部分[31]：

（1）低碳的城市布局

原则 1：在新区建设和旧城改造中，将提高土地利用效率放在首位，进行紧凑、高效、适度混合、功能均衡的布局。

原则 2：在城市交通规划与管理中，将慢行交通作为公共交通的重要一环，建立步行、自行车、公交一体化的交通网络。

原则 3：通过合理的城市布局、高效的公共交通网络以及交通需求管理来减少私人汽车的使用。

原则 4：建设和维护更多面向公众、功能性强、环境良好的高质量公共空间。

（2）高效的资源利用

原则 5：城市工商业的低碳发展，不仅要注重技术设备的更新换代，更需重视生产和运营过程中对能源和资源利用效率的监测与管理，同时还需寻求产业共生、发展循环经济。

原则 6：在推动建筑能效提升和绿色建筑发展过程中，将建筑实际运营能耗和对环境影响的降低作为最终目标。

原则 7：把城市固体废弃物看作"城市矿产"，建立和完善城市垃圾回收系统，设计和实施垃圾减量和低碳化的机制。

原则 8：提高水资源利用效率应考虑扩大中水的适用范围，并以低冲击的生态化解决方案修复和改善城市生态水循环体系。

（3）包容性的城市治理

原则 9：从"城市管理"转向"城市治理"，完善信息公开，支持公众参与和监督，培育多元共治的低碳社区。

原则 10：设置明确的社会环境效益门槛及评估机制，使城市投融资向绿色低碳发展倾斜。

1.3 绿色生态城区的城市形态

1.3.1 绿色生态城区的四种发展模式

绿色生态城区的理念，是在经济发展到了一定水平后，通过对经济和城市化中一系列弊病的反思而发展起来的。尽管有很多学者专家认为这种"先污染，后治理"的路径是不正确的,绿色生态与经济增长是可以相辅相成的,但很难说服一些后发国家和地区。归结起来,世界绿色生态城区的发展有以下4种模式:

(1) 发达国家的模式。欧美发达国家已经进入后工业化发展阶段,如瑞典的马尔默(Malmo)。马尔默有27万人口,是瑞典第三大城市,始建于13世纪末,如今是瑞典南部的商业中心。其人口结构中,40%的人在35岁以下,24%的人口出生在国外,36%以上的人受过研究生以上的教育。20世纪,马尔默是瑞典主要的工业和港口城市,机电制造工业发达。其西港区是造船业、汽车制造业等工业的聚集地。21世纪,马尔默实现彻底的经济转型,从传统制造业转变为金融、ICT、贸易和服务业。原来造船厂所在的西港区,通过旧城改造和旧建筑再利用,成为"明日之城"——滨海的大型居住区(见图1-5)。该城区百分之百利用可再生能源;废弃物回收制沼气;用了雨水回收、屋顶绿化、环保材料等绿色技术。明日之城建了600套公寓,非常好的滨海环境和公共设施,却有70%的住房房价是普通工薪阶层负担得起的。当然,瑞典也是世界上贫富差距最小的国家之一。明日之城建筑的全年能耗在$105kWh/m^2$以内(瑞典节能标准是$175kWh/m^2$)。相比其他建筑,其能源需求减少20%~31%,人均对土地和基础设施的占用减少45%~59%,人均节水10%,建材总需求量减少10%,废弃物量减少20%。汽车只允许在干道行驶,不允许驶入社区和街坊,鼓励自行车交通。

图1-5 瑞典马尔默的明日之城❶

资料来源:瑞典NORDRIGIO网站,http://www.nordregio.se/en/Metameny/About-Nordregio/Journal-of-Nordregio/2009/Journal-of-Nordregio-no-4-2009/Malmo-towards-a-carbon-neutral-future/

发达国家的城市能源消耗以建筑能耗为主,建筑能耗中又以居住建筑能耗为主,理所当然地在绿色生态城市发展中强调建筑节能,特别是住宅建筑节能。而在公共建筑中,则更重视室内环境品质,因为室内环境品质直接关系劳工保护和健康。像瑞典这样的发达国家已经完成了工业化和城市化,是一种低增长、高福利的经济结构。像马尔默的造船工业,很显然是向中国这样的低劳动力成本国家转移。传统制造业留下的劳动力,因为教育程度高,只需稍经培训,很容易转入现代服务业实现再就业。

(2) 富裕国家的模式。如阿联酋的马斯达(Masdar)(见图1-6)。马斯达是在沙漠中通过造城建立的$9km^2$的新城,9万人口,其中5万常住人口,建筑面积600万m^2,主要为住宅、政府办公楼、大学、博物馆以及各种教育、娱乐设施,城内的商业区能容纳1500

---

❶ 彩图见本书附录1。

家公司。马斯达除了服务业，没有任何传统意义上的工业。根据世界自然基金会（WWF）的报告，阿联酋的人均碳排放是世界上最高的国家之一，阿联酋按购买力评价（PPP）计算的单位GDP碳排放为1.15kgCO_2当量/美元，是世界平均水平的2.5倍，是中国的1.9倍，是美国的2.3倍。而马斯达是沙漠中的一叶绿洲。它拥有总投资70亿美元、面积27.2万m^2、10MW、中东最大的光伏电站。能源消费中垃圾发电占8%、太阳能集热占15%、聚光太阳能热发电占35%、光伏占42%。

图1-6　阿联酋马斯达尔市（Masdar City）❶

资料来源：英国e-architect网站，http://www.e-architect.co.uk/dubai/masdar-abu-dhabi

马斯达在城市设计和建筑设计中大量采用被动式节能减排技术，如，根据风向和遮阳的要求确定建筑朝向；利用传统阿拉伯建筑的风塔形成自然通风、排出室内热空气；高密度开发、减小建筑间距、街道限宽为10英尺，通过街道树木遮荫和建筑庭院为城市降温；在城区上空覆盖用特殊材料制成的滤网降低沙漠炽热的太阳辐射，改善步行环境。马斯达还利用"城墙"这种当地传统设施，将整个城市封闭起来，使城市免受沙漠风暴的侵袭。利用当地材料和可重复使用的材料；通过真空系统和电动卡车收集废弃物进行堆肥再利用；由海水转化而来的淡水反复回收利用。马斯达的一个最大特点是城内没有汽车，取而代之的是完善的电动公共交通系统，从城内任何地点到公交站点走路都不超过200m。这些先进技术的应用，目标是使马斯达成为碳中和（Carbon Neutral）和零排放的城市。

马斯达的特点是高技术和高投入，如果只计算当地的能耗和碳排放而不考虑与之相关的整个供应链上的能耗和碳排放，只注重技术的先进性而不计成本（成本和金钱也是能耗，也有碳排放），马斯达确是一座"零碳"城市。

（3）发展中国家的模式。如上海市的崇明岛（见图1-7）。崇明岛面积1411km^2，占上海市的1/5，2013年人口68.2万，由于交通的不便成为紧邻高度城市化地区的欠发达地区，与上海市不同的是近年人口负增长。2006年，崇明人均碳排放量仅为1.4t CO_2当量，不到我国综合型城市人均碳排放量的1/10。由于崇明岛工业经济不发达，2008年，总人

---

❶　彩图见本书附录1。

口中75.5%从事农业。2013人均GDP只有上海市的1/4。因此,其森林、农田、湿地等生态资源都保存得很好,人均碳汇资源有1.2t CO_2 当量。可以看出,贫穷、欠发达、低城市化是可以维持很好的低碳环境的,但低碳不应等同于不发展,保留落后状态绝不应该是低碳城市所追求的目标。崇明岛的发展目标是成为中国乃至世界的低碳示范区。对崇明的建设规划、产业结构、建筑、能源、交通和生态环境需要做全面的研究。发展中国家的绿色生态城区,首先要有明确的功能定位,要把绿色生态理念的实现与当地的产业发展和经济增长结合起来。

图1-7　崇明东滩湿地❶
资料来源:作者自摄。

"十三五"期间,崇明拟全面完成生态岛建设纲要,奠定现代化生态岛基本框架。森林花园、生态人居、休闲度假、生态农业、海洋装备、科技研创六大功能协调推进,着重打造东滩、西沙和东平国家森林公园等三大旅游功能区,拟建成自然生态、产业生态和人居生态高度协调发展的现代化生态岛。崇明岛将以其良好的生态环境作为资源,发展高端服务业,使隔江相望的高度密集的上海市,能够有一片"望得见山、看得见水、记得住乡愁"的生态净土。

(4) 欠发达国家的典型。如尼日利亚拉各斯(Lagos, Nigeria)。尼日利亚是世界上最贫穷的国家之一,而其经济首都拉各斯是世界上增长最快的城市之一,也是世界上人口最密集的城市之一。它的城区有1000km^2,都市区3577km^2,人口2132万人,城区人口密度14500人/$km^{2[32]}$。2004年拉各斯的人均GDP仅为549美元,但2010年就迅速上升到3649美元。经济高速增长的重要原因之一是拉各斯有着世界上最大的电子垃圾(e-waste)和废旧家用电器处理业。2010年拉各斯处理了54万t电子垃圾,其中10万t是非法进口,16万t由私人家庭处理。通过旧电器的拆解、回收贵金属、整修后的家电进入非洲内地的二手市场。通过回收贵金属和出口二手电器,迅速拉动了经济。回收废旧家电和消费类电子产品中的贵金属有显著的减排效益,例如,回收一台废旧台式电脑的金属可以减少5.23kg的CO_2。但电子垃圾里有大量的汞、铅、镉等有害物质,拉各斯这种无序化对电子垃圾的处理,如对回收金属的熔融、废弃材料的热解、废旧塑料件的焚烧,都是高污染

---

❶　彩图见本书附录1。

的过程。如果说废旧电子产品的处理也算是一种服务业的话，那么这种服务业除了碳排放之外其他污染没有一项是低的，被称为"肮脏的服务业"。这个世界上既然有人制造了垃圾，就一定要有人去处理这些垃圾。拉各斯的电子垃圾，几乎全部来自于欧美等发达国家。发达国家制造了垃圾，通过全球化的分工，将这些垃圾出口到如尼日利亚这样的欠发达国家（以前也运送到中国）进行处理，把这些欠发达国家死死地按在高排放和高污染的产业链底端。美国是世界上最大的电子垃圾出口国，却至今没有加入《巴塞尔公约》。尼日利亚环境部的专家基坦·奥古布伊女士呼吁："要让运送和倾倒毒垃圾的人知道，这是一种侵犯人权的犯罪行为"[33]。因此，尽管拉各斯人均二氧化碳排放只有1.8t（2015年），但它被列为世界上十大污染最严重的城市之一。由于公共服务和基础设施跟不上发展，拉各斯也成为埃博拉疫情蔓延、恐怖活动猖獗、贫富分化加剧、交通严重拥堵、贫民窟泛滥、犯罪率高居不下的重灾城市，曾被评为世界上最不宜居城市的第三位。

1.3.2 绿色生态城区的规划理念

城市规划首先面对的是土地的有效利用问题，有"市"才有"城"。城市如果失去了产业依托，没有经济活动，就成了"鬼城"。因此，绿色生态城区要依仗绿色产业的发展。

城市产业发展规划与城市规划之间有很强的联动和互补关系。没有产业的发展，城市就没有经济动力，城市规划也就失去了基础；而没有一个好的城市规划，产业的布局不合理，产业发展也就失去了人力资源、物流、信息和金融环境的支持。

19世纪的第一次工业革命造就了使用动力机械的大型工厂，以及围绕这些工厂而发展起来的密集的城市住区；20世纪，第二次工业革命造就了高度依赖化石能源的钢铁、化工和汽车工业，从而催生了城市蔓延，带动了房地产业以及工业区的繁荣；到了21世纪，第三次工业革命通过信息化和互联网，将会大大地推动生产型服务业和文化型服务业的发展。中国正处于经济转型期，新城开发和旧城改造毫无疑义地应以服务业的集约发展和能级提升为产业发展重点。即使是我国西部地区新建的东部产业转移的承接区，也要将节能环保技术以及先进的工业4.0技术融入这些传统产业，进行升级换代，决不能将高能耗、低质量、重污染的传统产业照单全收。

新常态下城区产业结构调整具有以下8个特点：

(1) 从单纯产品制造向研发和营销的两头服务延伸；

(2) 从简单的劳动力密集型产品向高端、高技术含量和高附加值的个性化产品转变；

(3) 发展技术服务业，如创意、策划、咨询、设计、项目管理等，以及相应的金融服务；

(4) 生产过程的全球化，以及相应的物流、外包等产业的发展；

(5) 部分中心城市或城市群将发展成为国际的或地区的服务业集聚区或金融和商贸中心；

(6) 可再生能源资源丰富的城市将发展成为地区的甚至全球的数据、网络和云服务中心；

(7) 有条件的城市将发展旅游、游乐设施、演艺、艺术品交易、邮轮空港等的服务中心；

(8) 提供与结构调整相适应的人才培养和人员培训。

最近，中央提出了加快建设创新型国家的发展方向，一些城市也提出了创新型城市的发展目标。创新型产业，实际就是智力型服务业。而智力型服务业，也分成不同层次（见表1-4）。

智力服务业的业态领域   表1-4

智力型服务业	智力劳动力密集型	有限创造型	创意型	咨询研发
典型业态举例	软件外包 呼叫中心 数据采集 城市管理 金融网点 电子商务	工程规划设计 大数据分析 标准化产品 程式化流程 会展游乐 旅游策划	个性化服务 产品定制 视觉艺术设计 艺术品制作 软件开发	高端智库 工业设计 投资理财 解决方案提供 人力资源开发 重大项目管理

现代服务业和智力服务业的业态，需要依托建筑环境、高水平的基础设施、紧凑型的城市形态。所谓"紧凑型城市"，是一种高密度的城市土地开发利用模式，可以归结为"三高＋一高"的城市形态，即高人口密度、高容积率和高层建筑，而由此节约的土地和保护的湿地就可以实现另一个"高"，即"高绿化率"。高密度的紧凑型城市可以充分利用有限的城市空间，开展更多的商务活动，尤其对于现代服务业可以实现土地资源、基础设施、公共服务设施和商务资源的共享，实现规模效益。因此，紧凑型城市首先对现代服务业和创意型产业等绿色产业的发展有利。同时，紧凑型城市形态可以在很大程度上遏制城市蔓延、节约土地资源、保护自然生态，也可以有效缩短交通距离，降低居民对小汽车的依赖，鼓励步行和自行车出行，显著降低交通能耗。特别是可以通过能源总线集成应用能量密度低的可再生能源，通过能源互联网将分布式发电和分布式产冷（热）系统连接，实现能源基础设施系统效率最大化。加拿大学者通过在多伦多市中心一处高密度社区和市郊一处低密度社区的调研和生命周期分析，得出的结果如表1-5所示。

多伦多市高密度社区与低密度社区的能耗比较   表1-5

	单位土地面积能耗 [MJ/(km^2·a)]		人均能耗 [MJ/(p·a)]	
	低密度社区	高密度社区	低密度社区	高密度社区
建筑材料隐含能耗（50年寿命）	91.5	109.3	7365	4678
建筑运行能耗	619	643	49800	27500
私人汽车能耗	341	175	27500	7490
公共交通能耗	16.5	9.1	1300	390

资料来源：J. Norman, etc., Comparing High and Low Residential Density: Life-CycleAnalysis of Energy Use and Greenhouse Gas Emissions, JOURNAL OF URBAN PLANNING AND DEVELOPMENT © ASCE/MARCH 2006/

这个调研清楚地表明，高密度社区的人均建筑能耗是低密度社区的55%，而人均交通能耗只有低密度社区的27%[34]。

集约型社区是在高密度城市的基础上发展起来的，所谓"集约"，主要是指充分利用空间，实现城市功能的集约、能源和水资源利用的集约，以及生活方式的多样化。改变过去将居住、工作、休闲等功能割裂的规划模式，避免"睡城"、"鬼城"等规划误区。在大城市里，可以形成邻里中心—社区中心—城镇中心（副都心）—城市中心等不同层级的多中心和多核的格局。居民的日常所需，基本可以在城镇中心以下得到满足，从而减少对机动车交通的需求，增加自行车和步行等慢行交通。同时，可以根据不同城市功能，实现能源和水资源的梯级利用以及可再生能源的综合利用。

所谓"混合型"社区，是将居住建筑与工作场所、零售商业建筑、娱乐休闲建筑、医疗教育等公共服务设施进行混合布局，以便在最短的通勤距离内提供更多的就业岗位、在步行距离内提供基本的生活便利，从而降低交通需求，减少能源消耗，提高生活质量，密切人际关系，形成所谓"社区自治"的良好社区文化。同时，由于不同功能建筑的用能负荷的分布不同，因此混合型社区还可以实现建筑用能负荷的平准化，削峰填谷。

我国近年来将绿色生态城市的发展作为城镇化进程中的重要环节。但不可否认，我国多数已建的绿色生态城市还仅限于"城市"与"生态"的简单叠加，以及将原来"灰色"的城市染上一抹绿色。几乎所有大城市都采取蔓延式的城市发展策略（环线交通、摊大饼式扩张、郊区化居住、社区功能分离和单一、低密度社区、汽车依赖型社区、市中心空心化），这种以汽车交通为导向（COD）的规划理念使交通能耗迅速增长、交通拥堵日益严重、停车位矛盾突出、空气污染和雾霾围城、钟摆式通勤。而为了片面追求土地价值，又会造成民用建筑能源消费结构的二元化格局，即三个"并存"——建筑的低能耗和低环境品质并存、能源浪费和能源贫困并存、大处浪费和小处节约并存。绿色生态城市的发展，一定要走上重实效、重结果、重居住者体验的技术路线。

1.3.3 绿色生态城区的城市设计理念❶

城市规划主要关注城市土地利用的合理性，而城市设计则主要关注城市空间利用的科学性。但当前对绿色生态城市设计的研究，普遍将目标定位于建筑和景观，有的还加上交通路网设置和水资源保护的内容。这样的城市设计由于忽略了能源利用，难以实现城区的气候友好，也无法完成绿色生态城市应对气候变化的减排（mitigation）和适应（adaption）功能。

国外在城市空间形态对能耗影响方面的研究不多，国内同济大学等少数团队的研究刚起步，详情请参阅本书第8章。文献［35］中对城市设计影响建筑能耗（碳排放）的主要因素作了归纳：

1. 总体布局

（1）城市规模，即土地开发强度，会影响城市热岛效应。根据英国的一项研究，伦敦市中心的重型结构办公楼，由于热岛效应会增加供冷电耗13%（采取夜间通风等技术措施），却会降低供暖燃气消耗近40%，所以总体是有利的[36]。日本的一项研究得到相同的结论，在东京地区，热岛效应能降低建筑总能耗，因为热岛效应所降低的供暖能耗量要大于增加的供冷能耗量[37]。而国内一项研究表明，热岛效应会增加办公建筑的全年能耗，减少住宅建筑的全年能耗，但影响并不明显[38]。

（2）用地增长方式。城市的蔓延式扩张、郊区化居住，会导致交通能耗的增加。美国

---

❶ 本节内容主要参考：邱红. 以低碳为导向的城市设计策略研究［D］. 哈尔滨：哈尔滨工业大学，2011.

的经验证明，城市交通所需要的能源及温室气体排放增长迅速而且难以控制。中国城市也出现这样的趋势。尽管技术的进步能减少汽车的能耗水平和废气排放，但是城市蔓延与小汽车使用存在很强的锁定关系，使得技术进步的作用将很快被抵消[39]。

（3）用地结构。单中心还是多中心，星形城市还是环形城市，点状分布还是面状分布。研究表明：多中心之间走廊式的空间形态比其他的交通网络空间形态分布方式减少30%左右的交通出行量。

2. 城市密度

（1）人口密度。在国家标准《城市用地分类与规划建设用地标准》GB 50137—2011中，规定人均城市建设用地标准为 $65.0 \sim 115.0 m^2$，新建城市为 $85.1 \sim 105.0 m^2$。而在《国家新型城镇化规划（2014—2020年）》中，则进一步严格要求新型城镇化主要指标之一是"人均城市建设用地（平方米）$\leqslant 100$"，也就是每 km^2 不得少于1万人。但根据对 2006~2010 年的数据分析，中国城市城区总人口密度和非农产业单位就业密度均显著降低，人口密度从 1.0666 万人/km^2 降低到 0.9167 万人/km^2，就业密度从 0.2360 万人/km^2 降低到 0.2103 万人/km^2，由此反映出土地利用的不合理[40]。在城市中，人口密度小会增加机动车出行的需求。对美国城市的研究表明，当城市人口密度小于 2000 人/km^2 时，小汽车的出行比重一般保持在 80% 以上[41]。就是说，人口密度与交通能耗是正相关的。图 1-8 是一幅引用率很高的图，它充分反映了人口密度与交通能耗的关系。

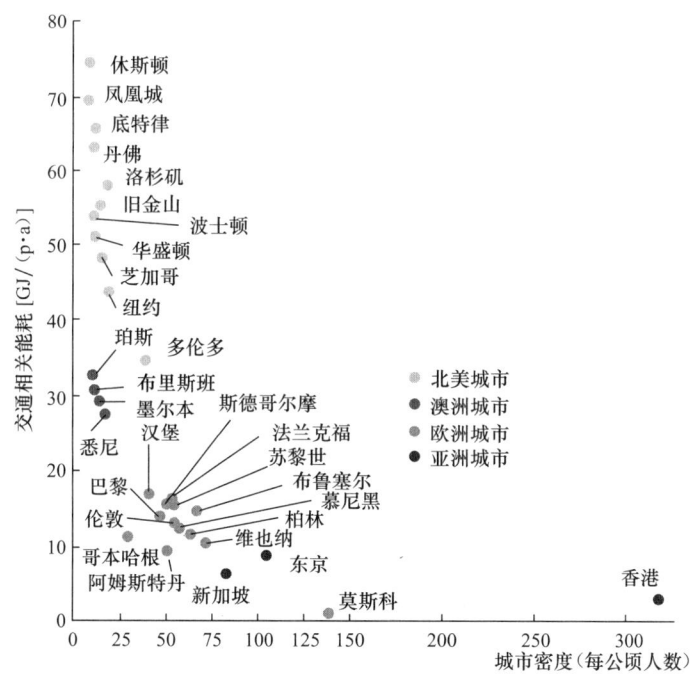

图 1-8　城市人口密度与交通能耗的关系

资料来源：转引自宾夕法尼亚大学，城市世界中的全球化研究，https://globalizationstudies.sas.upenn.edu/node/737?size=original

（2）城市空间密度。空间密度，包括了建筑覆盖率、容积率和高度。空间密度即城市空间形态对建筑能耗的影响很大，详见本书第8章。

(3) 城市功能密度。单一功能城区，不但造成较大的交通能耗，而且会造成城区能源系统供能较大的峰谷差、降低设备利用率、增加系统装机量。城区中最好有一定比例的不同功能建筑（例如：酒店、办公、商场）、不同层次的相同功能建筑（例如，不同档次的办公楼和酒店）以及商用和居住建筑（例如，在 CBD 地区不能全是豪宅，也要有一定量的酒店式公寓和保障性住房）。详见本书第 2 章。

3. 混合度

(1) 职住平衡。其基本内涵是指在某一给定的地域范围内，居民中劳动者的数量和就业岗位的数量大致相等，大部分居民可以就近工作；通勤交通可采用步行、自行车或者其他的非机动车方式；即使是使用机动车，出行距离和时间也比较短，限定在一个合理的范围内，这样就有利于减少机动车尤其是小汽车的使用，从而减少交通拥堵和空气污染[42]。但对于通勤距离的长短，并没有统一的标准。对职住平衡的评价，最常用的就是"职住比"（jobs-housing ratio），即就业岗位数量与人口数量的比值。职住比的数值与所评价的城区尺度有关，例如在城市尺度，职住比小于 1；在城市核心区，则职住比可能大于 1。加州大学伯克利分校城市与城区规划系的教授 Robert Cervero 曾为"职住平衡"下的定义是："城市在规模合理的一定范围内所提供的就业岗位数量与该范围内居民中的就业人口数量大致相等，并且大部分有工作的居民可以就近工作，能够通过非机动车的交通方式解决大部分通勤问题，机动车的出行次数少、出行距离和时间均较短"[43]。当然，考量职住平衡的不仅仅是单个节能指标。也有观点认为，产业集聚能够带来经济效益，因此"职住分离"的空间格局有利于企业更加有效地集中，享受集聚经济优势，提高劳动生产力[44]。图 1-9 反映出城市上班族通勤的艰辛。

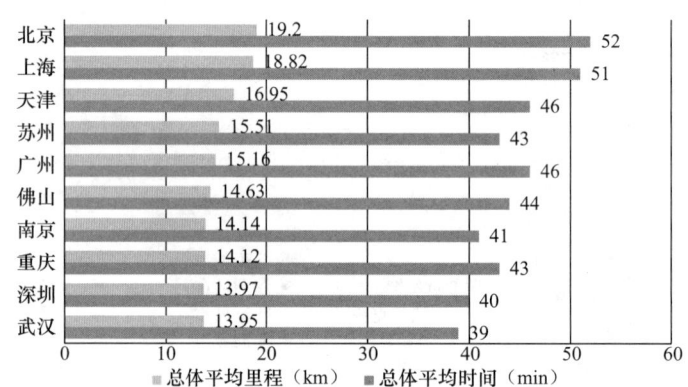

图 1-9 2014 年全国城市上班距离及时间排行榜（前十名）

资料来源：人民网，全国 50 城市上班族通勤距离及用时排行出炉，北京居首，2015，http://travel.people.com.cn/n/2015/0128/c41570-26463574.html

(2) 公共服务设施。为市民提供公共服务产品的各种设施，包括教育、医疗卫生、文化娱乐、交通、体育、社会福利与保障、行政管理与社区服务、邮政电信和商业金融服务等。在城市设计中，要考虑这些服务设施的可达性。例如，《重庆市宜居社区建设导则》将构建社区购物网络形象地称为"51015"，即居民出家步行 5min 可达便利店；10min 可达超市和餐饮店；骑车 15min 可达购物中心；要求孩子步行 10～20min 可上学；出门 100m 可以找到体育锻炼场所；步行 15min 到达社区卫生服务站的居民户比例不应小于

80%，实现"小病不出社区，康复回社区"；距离社区出口 300m 范围内应有公共交通设施；社区应建应急避难场所。公共服务设施的配套和完善，有力地减少市民机动车出行的需求。

（3）基础设施综合利用水平。在"互联网＋"时代，城市基础设施应更多地实现共享和分享，应把终端的资源节约当作替代资源，以提高资源利用效率。评价基础设施综合利用水平一是看城区用能的峰谷差，峰谷差小，说明用能比较均衡，负荷平准，城区能源系统可以长时间在高效率下运行，同时也可以减少城区能源系统装机量。二是看城区（尤其工业园区）余热能不能得到充分利用，往往 A 建筑的余热或废热，恰好是 B 建筑的资源（见图 1-10）。这就需要在规划和能源交易机制上加以协调。三是如果城区用了分布式能源热电联产系统，要看系统的全年运行小时数以及热和电的自用程度，看系统的投资回报。

图 1-10 热能的梯级利用

在城市设计中，可以调节以下这些因素：

（1）气候因素。主要采取被动式的适应技术，例如太阳辐射、大气环流、地形地貌等。可以采用主动技术调节气候的是城市下垫面的构造。

（2）热环境。例如，多中心空间布局可以减缓热岛效应；调整建筑布局利用主导风和气候自身调节能力；利用绿化、地表水、湿地等改善温湿度等微气候环境。

（3）风环境。建立城市风道；建设绿化风障；利用空间形态的渐变建立缓冲区等，都是在城市设计中可以采用的降低能耗的措施。

详情参阅本书第 8 章。

1.4 绿色生态城区的绿色建筑[❶]

绿色生态城区是绿色建筑规模化发展的重要载体和途径，同时，绿色建筑规模化发展也是绿色生态城区发展的重要抓手和基础性工作。绿色建筑的推进思路主要是：示范项目带动绿色小区的建设，绿色小区的发展带动绿色城区的发展，由点到线，由线到面，循序渐进地推进。绿色生态城区各领域的发展为绿色建筑规模化、城区化发展奠定了基础；从城区和城区尺度的调控出发，使单体建筑与城区、城区的可持续发展紧密匹配，可扩大单体建筑的规模化效益，也可更大幅度、多重效应地降低城市对生态环境的影响和自然资源的索取。绿色生态城区从规划引领，技术集成及管理落实等方面进一步强化落实绿色建筑的目标要求，使具体的技术措施及管理手段具备实施操作性。

绿色生态城区中的绿色建筑基本要求为100%执行绿色建筑标准，30%以上不低于二星级及以上要求。

为了确保绿色生态城区中绿色建筑的科学有序地推进，绿色建筑的实施主要从绿色建筑星级目标定位、绿色建筑星级布局、绿色建筑适宜的技术体系、绿色建筑示范以及绿色建筑保障管理机制五个步骤着手。

1. 绿色建筑星级目标定位

绿色建筑星级目标定位是在满足绿色生态城区基本要求的前提下，权衡节能减排效果以及经济成本，以节能效率最优点分析制定绿色生态城区内各星级绿色建筑合理比例[45]。绿色建筑的最终目的是要实现建筑的可持续发展，最大限度节能，在全寿命周期中实现高效率利用资源，故用年总节能减排量除以平均增量成本即可得到单位面积成本的节能效率，以节能效率最优点（即投入成本低节能减排效果大的最佳点）作为绿色建筑星级比例目标，以实现最低的成本投入，最大的节能减排效益（见图1-11）。绿色建筑星级目标分析需要的基础数据包括生态城区本身建筑总量、不同类型建筑量配比以及各星级绿色建筑增量成本和节能量的历史统计数据。

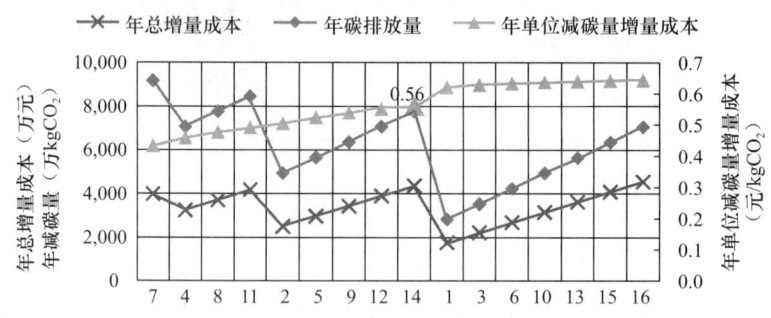

图1-11 某绿色生态城区16种公共建筑星级组合情况分析

2. 绿色建筑星级布局

绿色建筑星级布局是将绿色建筑总体目标进行分解，落实到各个地块中，通过对场地现状的综合评价，结合地块的自身资源禀赋和外部环境条件，对各个地块的影响因子（包

[❶] 本节作者为马素贞、李芳艳。

括区位条件、用地性质、投资主体、生活便利性、生态基底等，不同的城区可以结合具体情况进行影响因子的选择）进行叠加分析，进而提出各个地块针对性的绿色建筑星级控制要求，完成绿色建筑星级潜力的布局规划（如图 1-12 和图 1-13 所示）。

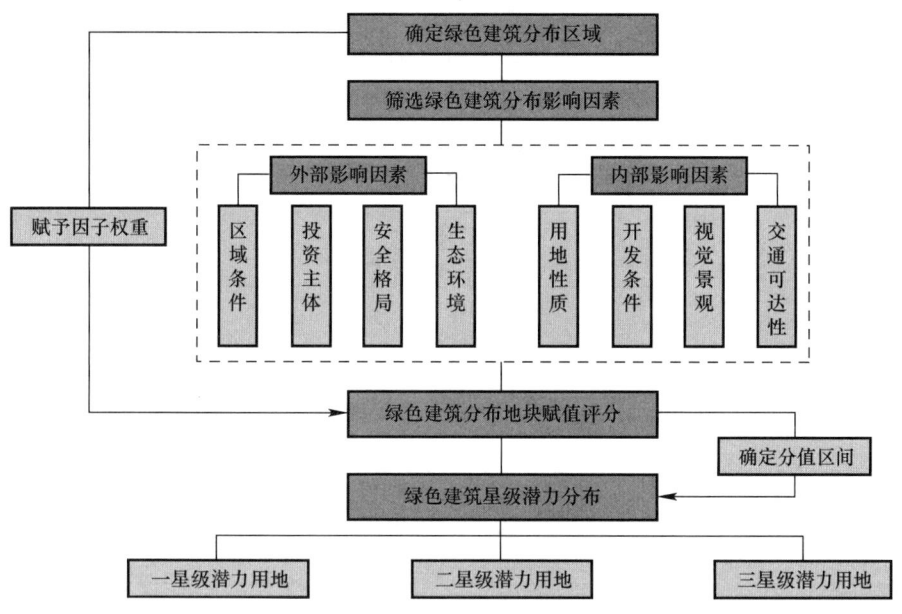

图 1-12 绿色建筑星级潜力布局分析流程

图 1-13 绿色建筑星级潜力布局图❶

---

❶ 彩图见本书附录 1。

3. 绿色建筑适宜技术体系分析

绿色建筑适宜技术体系分析是指结合本地的气候资源条件、社会经济状况、绿色建筑相关产业发展现状、技术经济成本、实施难易程度，以及综合考虑前瞻性和示范性等因素，制定与该绿色生态城区中绿色建筑相适宜的绿色建筑技术体系，并针对不同星级和不同类型建筑提出推荐的技术目录，为绿色建筑方案的制定提供指导（见表1-6）。

节地与室外环境适宜技术一览表　　　　　　　　　　　　　　　　表1-6

技术分类	适宜技术措施	技术适宜等级
场地安全	环境影响评估技术	△△△
	基地危险检测技术	△△△
环境保护	原有地形地貌和资源保护和利用	△△
	生态恢复或补偿措施	△
	幕墙光污染控制	△△△
	夜景照明光污染控制	△△
物理环境规划	CFD风环境模拟优化技术	△△△
	日照分析技术	△△△
	自然采光模拟技术	△△△
	环境噪声模拟技术	△△
	隔声降噪技术	△△
	热岛强度模拟技术	△△
	户外活动场地遮荫	△△
	道路、建筑立面、屋面高反射材料	△△
土地利用	地下空间合理开发利用	△△
便利公共服务	向社会公众提供开发的公共空间	△△
	室外活动场地错时向周边居民免费开放	△△
绿色出行服务	连续的无障碍人行通道设计	△△
	合理的自行车停车设施	△△
绿色雨水基础设施	绿地或水体雨水调蓄设施	△△△
	透水铺装材料	△△△
绿化方式	本地植物和复层绿化	△△△
	屋顶绿化或垂直绿化	△△

4. 绿色建筑示范项目

绿色建筑示范项目结合绿色生态城区中绿色建筑的开发时序和建筑功能，遴选适宜的普遍性绿色建筑和高星级的绿色建筑作为绿色建筑示范项目，普适性绿色建筑示范具有低成本、低消耗、低环境影响和高舒适性的特点，主要以国内外已经成熟的绿色建筑技术集成为主；另一种高端绿色建筑示范，代表的是国内外绿色建筑发展的趋势，具有一定的前瞻性。通过绿色建筑项目示范，一方面提供整个城区绿色建筑建设的样本工程，为后期绿色建筑的开发和建设提供借鉴，起到以点带面的示范效应；另一方面在示范项目中对绿色生态城区的规划、建设和运营进行综合展示，成为城区对外集中宣传和展示的窗口（见图1-14）。

5. 绿色建筑保障管理机制

绿色建筑的实施需要一系列的保障管理机制，需从项目土地出让指标、立项、可研、环评、规划设计审批、初步设计、施工图设计审查、施工监管、竣工验收、运营管理等各

1.4 绿色生态城区的绿色建筑

图 1-14 某绿色生态城展示平台界面示意❶

阶段进行绿色建筑要求的落实和审批。要确保各个阶段绿色建筑要求的落实和审批,首先要需要政府部门为主导,完善政府组织架构,明确各部门在绿色建筑建设周期的职责;其次,政府部门应该出台相关的管理办法,明晰绿色建筑全过程涉及利益相关群体(含规划设计单位、政府监管部门、施工单位、物业管理、各相关厂家、用户以及其他一些技术支撑单位)相互间领导与分工体系。最后,为了绿色建筑更好更快的实施,需要研究制定绿色建筑技术导引、激励政策、绿色建筑监管审核要点、开展调动民众的多渠道多形式的宣传和推广等(见图 1-15 和图 1-16)。

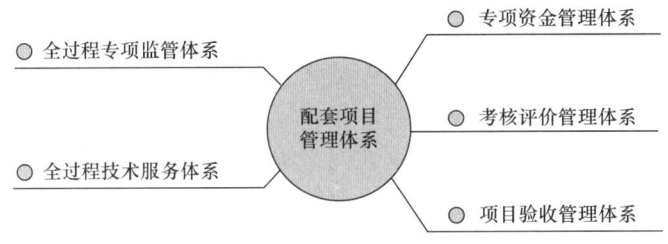

图 1-15 绿色建筑项目管理体系框架

民众可以感知的绿色建筑、互联网与绿色建筑相融合的"互联网+绿色建筑"和更加生态美好人性化的绿色建筑是未来绿色建筑发展的三个方向[46],绿色生态城区中的绿色建筑应该紧跟发展的潮流,先试先行,将这三个方向的理念应用到其规划、设计、建设和运营中,使绿色建筑形成以政府引导、市场主导、全社会共同参与的良性发展态势,并协调城区可持续发展中的其他体系,扩大绿色建筑规模化效益,更大幅度实现城区的节能减排效益。

---

❶ 彩图见本书附录 1。

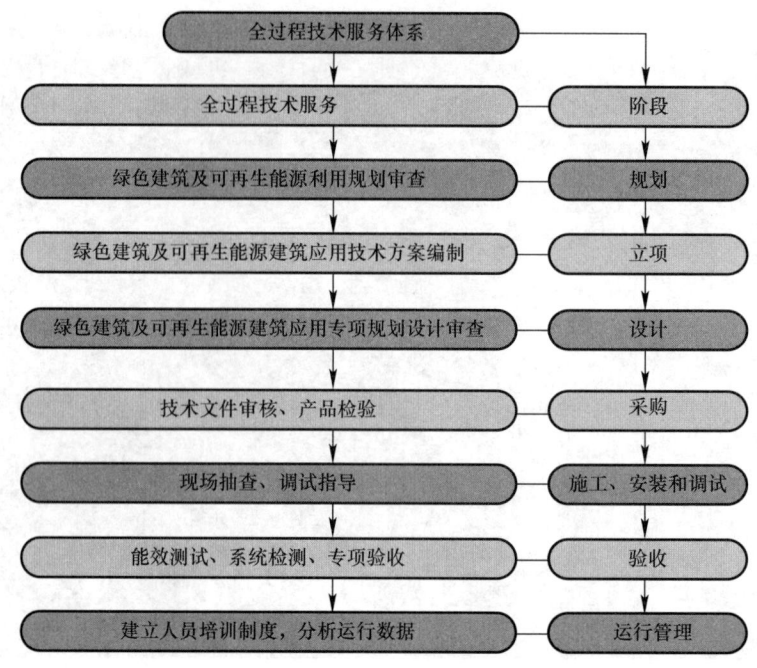

图 1-16　绿色建筑全过程技术服务体系

1.5　绿色生态城区的交通❶

1.5.1　道路和公交体系

随着国内城市快速化发展，居民出行问题成为各大城市的焦点，政府也陆续出台相关文件及导则推动城区交通的绿色化发展，如《国务院关于城市优先发展公共交通的指导意见》，因此加快公共交通发展，引导居民出行向公共交通方式转变，促进城市交通体系健康、可持续发展成为未来绿色交通发展的必然趋势。而生态城区公共交通系统规划建设宜着重从交通路网、交通管理及方式选择上保障实施。

传统的城市交通规划中对于交通网络的构建更多地关注机动车道路网的密度、运行条件的改善，基于绿色交通的城市交通规划在网络构建上则更多地关注绿色交通方式网络的构建，也就是要合理的规划交通网络，减少交通需求，扩大道路容量，实现高密度集约化的发展。

道路是交通活动的载体，道路网的布局、等级、路网密度等都直接关系到绿色交通的实现。传统的道路网规划更多地关注道路的"畅"的保证，而忽略了"通"的功能，只有合理的分配路网等级，优化各级道路间的构成比例，才能真正实现交通的"畅"和"通"。过多的次干路、支路等低等级的道路连接到主干路上，会严重影响主干路的通行，降低交通效率，导致资源的浪费和环境污染。因此，生态城区交通规划过程中应提高支路和次干路的比例，实现主干路：次干路：支路＝1：2：4的金字塔形的比例（见表 1-7）。在优化

---

❶ 本节作者为马素贞、湛江平。

1.5 绿色生态城区的交通

道路网结构中本着提高道路可达性的目的,完善各交通功能分区内部、区与区之间的道路连续性,使得各区间能够安全、便捷、舒适地交通联系。明确划分交通性和生活性的道路,明确不同交通的路权,减少不同交通流间的干扰影响,缓解道路上的交通拥挤现状,保障交通出行的安全。

绿色交通理念要求在保证主干路、次干路、支路所承担的交通功能的前提下,结合土地利用性质与规模,优化交通网络,充分利用道路资源。快速路尽量从交通区的外围通过,重要次干路贯穿交通区中心;公共设施用地采用小街区,路网密度在 $8\sim10km/km^2$;居住用地采用中型街区,路网密度在 $8km/km^2$ 左右;工业用地采用大型街区,路网密度在 $5km/km^2$ 左右。

交通路网布局 表1-7

快速路	快速干道	连续快速通行的机动车专用路
主干路	交通型干道	城市交通的主通道,用于传输大量、快速的交通流
次干路	连接型道路	用于汇集多条支路上的交通,并将其传送到交通主干路
支路	生活型道路	用以衔接日常活动与交通出行,主要承担工作、购物、休闲等进出集散交通

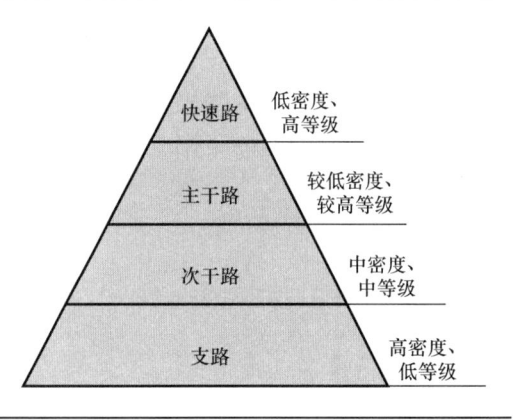

在规划道路网的同时,生态城市的公交线网也需融入绿色交通理念,规划应充分调查沿线的客流出行特征,区分出公交干线、公交次干线和公交支线,公交干线承担大运量快速的通勤交通,公交次干线和支线作为辅助,以此填补干线服务的空白,提高公交的可达性和吸引力,实现资源的合理分配。建议城市中心区公交线网密度达到 $3\sim4km/km^2$,城市边缘地区达到 $2\sim2.5km/km^2$。

为了缓解城市交通拥堵、减少交通事故、有效利用能源、改善环境质量,实现居民的绿色出行,实行"交通需求管理"是发展城市绿色交通的重要策略。

交通运行管理是指根据交通出行产生的内在动力,出行过程中所表现出来的时空消耗特性,通过各种政策、法令、现代化信息设备、合理开发土地使用等对交通需求进行管理、控制、限制或诱导,减少出行的发生,降低出行过程中时空消耗,建立平衡可达的交通系统[47]。交通需求管理强调的是客货流的移动,而不仅是机动车辆,因此在拥挤的城市环境下,它给予了公共交通、乘坐比率以及非机动模式发展更多的优先权。现今,国内外广泛采用的交通需求管理方式有大力发展公共交通、智慧交通、错时上下班、单双号车辆出行、拥挤收费等,这些措施一定程度上影响人们出行时对出行方式、出行时间等的选择,从源头上减少了交通需求量,过程中引导交通线路选择。因此,加强生态城区交通管理主要从以下几个方面控制实施:

(1)采取差别化停车供应与收费政策,调节小汽车使用区位与时间。在中心区限量供应公共停车位,实现交通减量;在支路街巷开辟夜间停车位,满足周边居住用地的基本停车需求;在路内停车高收费,商业区高收费,高峰时段高收费。

(2)运用信息化技术进行交通运行的监控与管理,实时发布路况信息,引导居民线路选择;其次,通过收集信息在流量大的城区构建动态红绿类系统;并根据收集的信息有效调整公共交通线路。

(3)采取拥挤收费措施,缓解中心区拥堵。

(4)提高小汽车实载率,实现交通节能;鼓励小汽车合乘,设置高利用车辆优先车道。

(5)实行牌照费制度,限制购买小汽车。

依据国家《城市公共交通分类标准》,按公共交通方式分为城市道路公共交通、城市轨道交通、城市水上公共交通和城市其他公共交通共四大类。城区主要交通则以城市道路公共交通和城市轨道交通为主体进行规划、建设。根据系统承载客运能力的不同,城市道路公共交通和城市轨道交通可分为高运量、大运量、中运量和低运量公共交通系统,同时在路权形式上也分别对应了专用路权、隔离路权和共享路权。通常高运量、大中运量公共交通系统都采用专用路权形式,如地铁、轻轨、单轨、磁浮、自动导向轨道系统,而低运量系统一般为隔离路权或共享路权,如有轨电车、快速公交、常规公共汽车等[48],见图1-17。

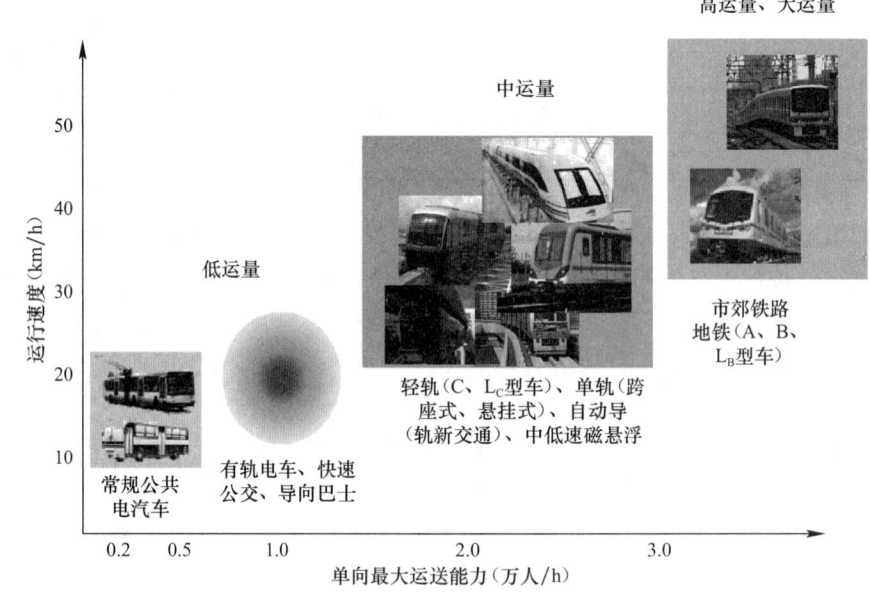

图1-17 公共交通系统运量等级划分

基于能源消耗及碳排放情况划分,容量越大的公共交通人均碳排放量一般较低,且高运量、大运量、中运量和低运量的人均碳排放量依次增加。而目前国内多数城市的公共交通体系多以低运量的公共交通为主导及常规公共汽车,为推动生态城区交通能耗的有效降低,着重推动生态城区建设过程中有效考虑中低运量轨道系统、无轨运输系统(快速公共汽车系统)和复合运输系统(轨道—道路双模式系统)等公共交通系统的发展,相关交通方式分类及特点见表1-8。

1.5 绿色生态城区的交通

公共交通方式分类及特点　　　　　　　　表 1-8

交通类型	特点	示例
中低速磁悬浮	乘坐舒适、线路适应性强、低噪声、运量大、安全可靠、建设及运营成本低	
直线电机轮轨	牵引力不受轮轨黏着系数的限制，列车爬坡能力强，可达 60%～80%，很适合"起伏多，坡度大"的地形	
单轨	所占空间小，亦不大影响视线	
自动导向轨道	车辆运行噪声低，客运能力比公共汽车高，而建设成本比轻轨、地铁又低很多	
有轨电车	车辆性能优良，供电制式多样化，安全舒适，节能环保	
巴士快速公交	BRT 舒适的乘车环境；比轨道交通节省巨额的投资建设费用	
无轨电车	加速和制动平稳，爬坡能力强；零排放、无污染的"绿色交通"	

1.5.2 慢行交通体系

慢行交通是指以步行交通与自行车交通为主体、以低速环保型助动车（最高车速不大于 20km/h，噪声较低，制动良好）为过渡性补充的非机动交通系统。慢行系统对于城市快速化进程中缓解城市交通问题、提升居民身体素质、改善小城区环境质量具有重要意义，通过慢行系统的人流分担可以实现该部分人流的零能耗、零碳排放，推动生态城区交通绿色化发展，为降低城区能源消耗做出应有贡献。与此同时，为推动国内城市合理化发展慢行系统，住房和城乡建设部于2013年12月发布《关于印发城市步行和自行车交通系统规划设计导则的通知》，以此引导城市慢行交通系统的合理化建设、发展，促进居民零碳出行。

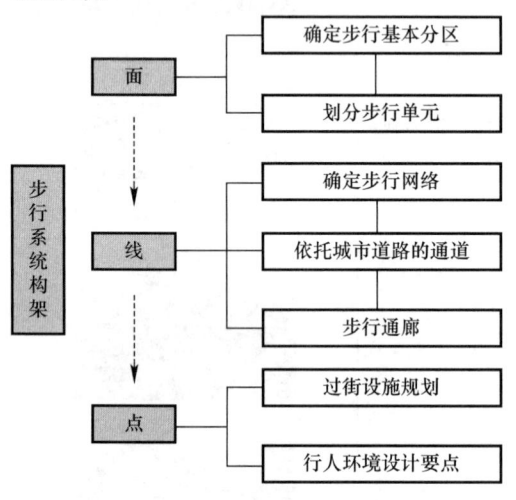

图1-18 步行系统建设构架

生态城区步行系统大多是在步行道和行人过街步行通道等基本设施上完成，而步行道又包括日常的步行道路网和休闲步网。因此，在规划过程中重点对这些步行设施进行规划。在步行系统规划上，采取点线面的相结合的规划方法（见图1-18）。首先从"面"入手，即宏观上从规划城市的各功能片区着手，根据步行的适宜范围，依托城市道路网和天然的屏障进行步行系统的基本分区和步行单元的划分。一般步行单元主要分为中心区步行单元、居住区步行单元、混合功能区步行单元、文教区步行单元、工业仓储区步行单元等。其次从"线"入手，即中观层面上的各个步行单元内的步行道路网络的构建和整合，在此阶段应综合考虑不同步行单元的不同功能和用地布局。最后是从"点"入手，即微观层面上的行人过街设施、道路路肩、景观绿化的布置等[49]。

重要步行系统主要由城市步行道系统和过街及配套设施构成，因此规划需首先保证系统的延续性和畅通性，人行道的通行宽度宜不小于3个人行宽度（2.25～2.7m）；在道路绿带较宽的路段应结合绿地安排休息设施，具体规划应结合道路功能、沿街建筑物性质、人流密度、人行道下埋设地下管线等的要求，根据《城市道路路线设计规范》、《城市步行和自行车交通系统规划设计导则》等相关规范进行各城区、线路、点位的步行系统规划。过街通道的设置根据其两侧用地功能的不同而采用不同标准，一般路段间距为300～500m，商业路段间距为200～300m，规划应结合重要步行系统的交叉口、人流量大的次级道路路口、公交站点根据《城市道路交通规划设计规范》进行规划建设（见图1-19）。

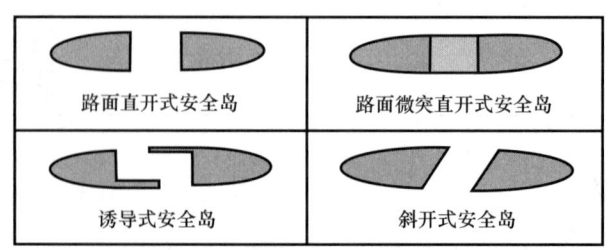

图1-19 过街安全岛的主要形式

随着人们对生活水平的要求逐步提高，自行车交通出行不仅仅定位为交通性，还包括休闲性的功能。相应的，自行车车道的功能定位也分为廊道、集散道路、连通道路和休闲道路。在规划时，为实现机非分离，需要依据行政区划、天然屏障和现状城市快速路、交通干道等道路网络对城市城区进行慢行区的划分，尽可能实现自行车的出行在单个的慢性城区内完成。自行车廊道承担着贯通不同慢行区间的道路，需要保障道路的连续性和畅通性，道路的行驶条件良好。同时，布局自行车廊道时，应确保线路畅通、路面平坦、绿化遮荫好、坡度小、有较好的景观，并尽量保证穿过大型居住区、商业服务中心、学校、换乘需求量大的枢纽站点和游憩地等。

自行车道路网密度与道路间距规划宜根据《城市道路交通规划设计规范》的规定进行，且合理考量自行车网络的规划（见表1-9），关注网络是否能够覆盖城市中的关键公共活动中心，同时维护网络的连续与完整性，进而保障网络的通达性。

自行车道路网密度与道路间距规范表　　　　　　　　　　　　　　表1-9

自行车道路与机动车道的分隔方式	道路网密度（km/km²）	主间距（m）
自行车专用道	1.5~2	1000~1200
与机动车道间用设施分隔	3~5	400~600
路面划线	10~15	150~200

按照《中华人民共和国城乡规划法》的规定，城市总体规划依法审批后，可以对总体规划涉及的各项专业规划进一步深化，单独制定专项规划。在慢行交通专项规划和公共交通专项规划中，公共自行车系统应该作为其中的一部分，也可以为公共自行车单独制定专项规划。因此，生态城区在规划建设过程中就有效进行自行车公共系统的规划布局，规划过程中应从自行车、站点、自行车道网、停保基地、调度车和后台管理系统等方面进行，确保系统的合理与完善，推动城区公共系统的健康发展。

生态城区公共自行车系统租赁点规划应强调城市主要公共交通服务设施与各生活空间的良好衔接，重点方便短距离的交通换乘。租借点宜设置在各地铁站点附近、公交（含BRT）站、大中型公共停车场以及市区级行政中心、购物中心、公园、风景旅游区、住宅区等人流集中的公共服务设施周边，方便市民换乘。时间维度上，规划选取需求量大、实施条件较成熟的地区优先布局，其他通过试点引路后期分步实施。空间维度上，中心城区保持300m一个站点，其他城区保持400~500m一个站点[50]。

自行车停车场和机动车停车场相比，自行车停车设施（见图1-20）占用土地资源少，布局方式灵活，在进行交通管理与规划时应侧重于考虑合理停车位置的选择设置，并尽量减少对其他交通方式和交通设施的干扰。自行车停车场的设置首先应该达到方便停放的目的，为此将自行车停车场分散在多个地方，以满足多数人的需求。通常自行车停车场设置在支路、街巷或者住宅旁的空地上，也可在居住区和商业区等人流密集地方，可多点、中小型规模设置。对于停车场入口和出口的设置，一般放在与支路的连接处，这样能够防止与主干路和次干路上的机动车等发生相互干扰。自行车停车场通常设置在商场、超市以及轨道交通点和公交枢纽点。此外，自行车停车场的入口与出口应该设置在不同的方向，使得进入停车的人与取车离开的人分开行使，避免发生冲突。如果停车场较大，出现多排停放的情况，应该将过道设计的足够宽敞。

图 1-20　自行车停车设施❶

1.6　绿色生态城区的环境

"环境"（environment）是相对于某中心事物而言的，在环境科学中，多数采用"以人或人类作为主体，其他生命体和非生命物质被视为环境要素，即环境即指人类的生存环境"；而在生态学中，往往采用"以生物体（界）作为环境主体，不把人以外的生物看成环境要素"[51-53]。目前，世界上对"环境"的定义不尽相同，其科学基础有的侧重环境科学，有的侧重生态学。我国现行环境法律中唯一对"环境"给出了定义的是《中华人民共和国环境保护法》，其第二条规定："本法所称环境，是指影响人类生存和发展的各种天然的和经过人工改造的自然因素的总体，包括大气、水、海洋、土地、矿藏、森林、草原、湿地、野生生物、自然遗迹、人文遗迹、自然保护区、风景名胜区、城市和乡村等。"采用的是以人为中心事物的环境概念。此外，斯里兰卡、越南等国家也采用的是以人为主体的环境概念。而部分国家如埃及、墨西哥、新西兰等，其对"环境"的定义是不以人类为中心的[54]。

"环境"又是由一系列环境要素组成的整体或者综合体[54]。《世界大百科全书》对环境的定义是"环境是指生物体周围的物理和生物要素，其包括生物性要素（如植物、动物、微生物）和非生物性要素（如温度、土壤、大气和辐射）"。《中国大百科全书》对环境的定义是，"围绕着人群的空间及其中可以直接、间接影响人类生活和发展的各种自然因素和社会因素的总体"。联合国环境规划署（UNEP）则将环境定义为"影响生物个体或群落的外部因素和条件的总和，其包括生物体周围的自然要素和人为要素"[55]。世界各国法律规定的环境要素也不尽相同。部分国家（如中国）法律规定的环境要素只包括自然要素，而部分国家（如智利）法律规定的环境要素不仅包括自然要素，还包括社会要素等[55]。

可见，"环境"是相对于某一主体而言，并由一系列环境要素组成。主体包括人在内的生物体，客体包括自然要素、人工要素和社会要素。对应的可以将环境划分为自然环境、人工环境和社会环境[52][55,56]。

目前，国内外都没有对绿色生态城区的"环境"给出具体定义。笔者调研了国内外绿

---

❶　彩图见本书附录 1。

色生态城区相关标准的指标体系[57]中的环境相关指标，如《联合国人居署人居议程》的环境指标侧重于"减少环境污染"，《全球城市指数》侧重于"环境质量"，《欧洲绿色城市指标体系》的环境指标包括"空气质量"、"环境管理"，《美国耶鲁大学和哥伦比亚大学环境可持续发展指标体系》包括"环境健康"、"生态系统活力"；我国的《国家生态园林城市标准》、《国家生态市建设指标》、《人居环境奖基本指标体系》均采用了"生态环境"作为环境指标类别，其中《人居环境奖基本指标体系》的生态环境又包括城市生态、城市绿化、环境质量。

可见，绿色生态城区的"环境"主要指"生态环境"，是包括人在内的生命体的环境，是由生态关系组成的环境，是生命有机体赖以生存、发展、繁衍、进化的各种生态因子和生态关系的总和[58]，既不局限于环境科学，也不局限于生态学，也不是环境学和生态学的加和，而是两者的融合，从生态学角度看环境问题、解决环境问题。其内涵主要包括：

(1) 环境污染控制：对影响生物体生存及发展的污染因子进行控制，减少环境污染，包括水环境、大气环境、固体废物、声环境、土壤污染等。

(2) 生态环境保护：对生物体及自然环境进行保护，包括生物多样性保护、湿地保护等。

(3) 生态环境管理：通过制定政策、制度等对生态环境进行有序管理，包括制定环境考核指标、鼓励公众参与环境保护、重视环境保护投资、规范环境影响评价制度等。

绿色生态城区的环境规划，在层级、内容及策略上，均不等同于传统意义上的环境规划。传统意义上的环境规划，多是对一个城区（或城市），为使环境与经济社会协调发展而对自身活动和环境所做的时间和空间的合理安排，包括制定功能区划、质量目标、控制指标及各种措施以及工程项目，给人们提供环境保护工作的方向和要求[59]。而绿色生态城区的环境规划是基于总体规划、控制性详细规划、城区环境规划等上位规划，对绿色生态城区规划范围内的生态环境现状进行调查分析，将上位环境质量目标作为基本要求，制定体现规划区特点的更全面、更细致的生态环境指标，并在综合考虑城区已有工程项目的基础上，提出生态环境保护、改善、治理的工程及管理措施，侧重于采用生态工程措施解决环境问题，并从源头上控制环境问题产生，在过程中解决环境问题，而不是局限于环境末端治理。

1.7 绿色生态城区的能源生产

1.7.1 高效率城市能源供应

城市是经济和技术发展的发动机。世界20%的国内生产总值是由世界十个经济最强劲的特大城市创造的。80%的未来经济增长将由城市实现。当今，2%的地球表面上生活着50%的人类，到2030年将达到60%。全世界75%的商品能源在城市中消耗，城市排放全球85%的人类温室气体[60]。

联合国人类住区规划署（UNHABITAT）的报告《人类住区的能源消费》中指出，发展中国家城市所面临的能源问题，是"要增加能源生产以加快发展，提高人民生活水平，同时还要降低能源生产成本，减少与能源相关的污染。提高能源使用效率以降低污染效应以及促进可再生能源的使用,必须是为保护城市环境所采取的所有行动中的重点"[61]。

在城市层面,能源供应侧的主要任务是一次能源转换(生产)成二次能源,因此,提高能源效率主要指提高能源转换效率(以一次能源为燃料生产二次能源的过程,主要是电力)以及能源的长距离传输效率。表 1-10 给出城市能源和城区能源以及相应的供应侧与需求侧能源规划的区别。本节主要集中在城市电力生产环节。

城市能源与城区能源的比较　　　　表 1-10

领域	能源生产	能源消费	能源运输	时空尺度
城市层面(供应侧能源规划)	火电、水电、核电、风电、大规模光伏光热等电厂建设	化石燃料需求,电力需求	公路、铁路、水运运输,长距离燃气管网,国家电网骨干网	10km^2 以上空间尺度,10 年或者 20 年中长期需求预测和能源规划。
城区层面(需求侧能源规划)	供热、供冷、供热水、清洁燃料、部分电力生产	冷量、热量、电力、热源/热汇及燃料需求	城区热力管网、配电网络、燃气输配管网及能源总线	城区、社区、邻里等1km^2 以下的空间尺度。配合详规和修规

我国多数城市还是以燃煤火力发电为主。我国西部省份,尽管水力资源丰富,建设了许多大型水电站,但因为体制问题(大型水电站几乎都是以国家投资为主,而火力发电厂很多是由地方投资,或由国家与地方合资),所以水电站发出的电力通过国家骨干电网(近年发展特高压电网)输送到东部,而本省城市供电还是以本地火力发电厂为主。

提高火力发电的效率最好的技术途径是利用联合循环(Combined Cycle)。联合循环发电是热机的组合,将同一热源的热能依次转换为机械能,从而驱动发电机。其工作原理是在第一台热机完成其循环后,其工作流体的熵仍然足够低,第二台后续的热机可以从第一台热机工作流体的余热中提取能量。这样可以使系统总热效率达到 50%～60%。通俗地说,这就是一种"电电联产"模式。

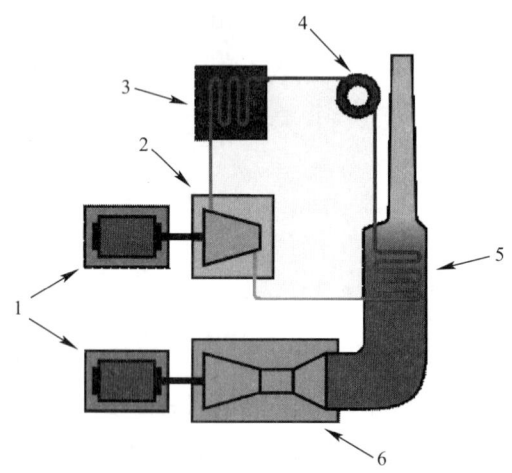

图 1-21　联合循环流程示意图
1—发电机;2—汽轮机;3—冷凝器;4—水泵;
5—热回收锅炉(HRSG);6—燃气轮机
资料来源:维基百科, Combined Cycle。

在图 1-21 中,燃料燃烧(900～1400℃)首先驱动燃气轮机发电,燃气轮机的排烟温度高(450～650℃),可以通过热回收锅炉产生 420～520℃的蒸汽,驱动汽轮机再次发电,余热通过冷凝器降温后循环回水至热回收锅炉。这就形成联合循环发电(Combined Cycle Power Plant,CCPP)。当然也可以将汽轮机发电后的余热用来供热,实现联合循环热电联产。

联合循环发电最主要的燃料是天然气,当然也可以用页岩气、煤层气、煤制气和生物质气。我国主要一次能源来源于煤,可以通过整体煤气化联合循环技术(Integrated Gasification Combined Cycle,IGCC),作为煤的清洁燃烧关键技术之一。

1.7 绿色生态城区的能源生产

IGCC 由两大部分组成，即煤的气化与净化部分和燃气—蒸汽联合循环发电部分（见图 1-22）。第一部分的主要设备有气化炉、空分装置、煤气净化设备（包括硫的回收装置）；第二部分的主要设备有燃气轮机发电系统、余热锅炉、蒸汽轮机发电系统。IGCC 的工艺过程如下：煤经气化成为中低热值煤气，经过净化，除去煤气中的硫化物、氮化物、粉尘等污染物，变为清洁的气体燃料，然后送入燃气轮机的燃烧室燃烧，驱动燃气轮机作功，燃气轮机排气进入余热锅炉加热给水，产生过热蒸汽驱动蒸汽轮机作功[62]。

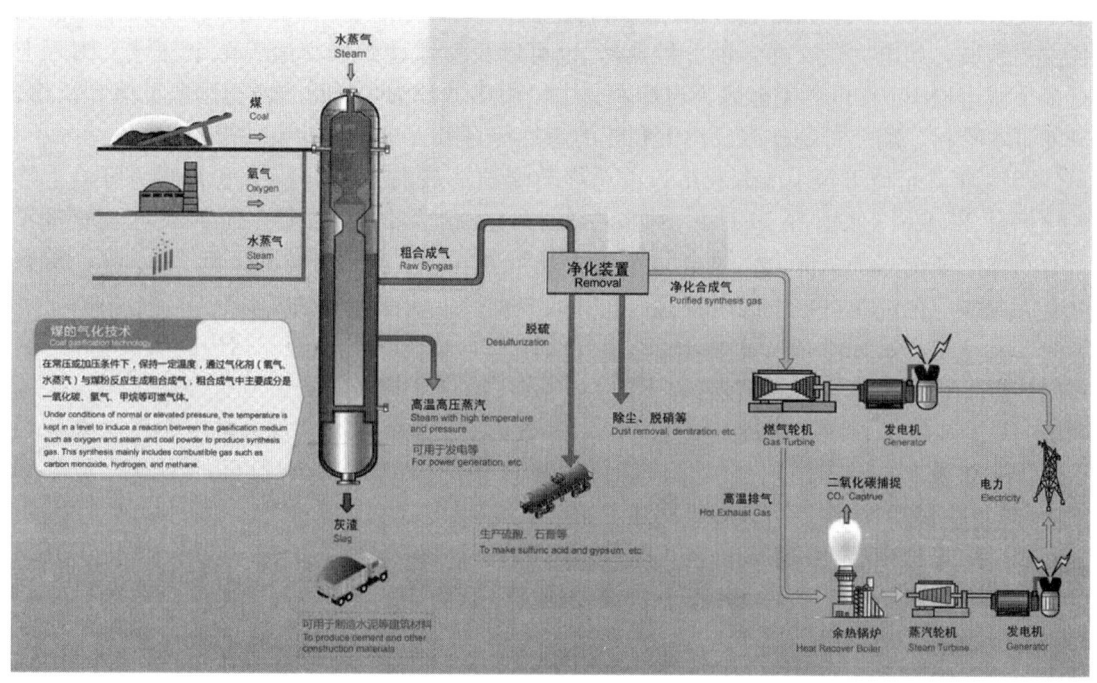

图 1-22　整体煤气化燃气-蒸汽联合循环（IGCC）发电技术流程示意❶
资料来源：上海科学节能展示馆，http://www.ssecm.org/zh/exp/Voo.asp?id=5X002

国际上效率最高的联合循环发电效率已达到 59%。联合循环发电还能有效降低 CO_2 排放，减少污染，有利于环境保护（污染物排放量仅为常规燃煤电站的 1/10，脱硫效率达 99%，氮氧化物排放只有常规电站的 15%～20%，耗水只有常规电站的 1/2～1/3）。

1989 年 11 月 3 日，清华大学核能所建造的世界第一座具有固有安全性的 5MW 壳式低温核供热反应堆首次临界试运行获得成功。2015 年，我国低温核供热堆产业化进入了实质性工作阶段。

我国低温核供热的主力堆型是 200MW 单纯供热的核反应堆。这种核反应堆具有良好的固有安全性，对环境污染小，供热效率高。低温核供热可满足城市供热的需求，由于降低了反应堆压力参数，使安全性大大提高。正常运行对周围环境的放射性辐照量比燃煤热电厂还低，更不排放烟尘、CO_2、SO_2 等有害物质。由于它的能量密度高，能源站可以占很少的土地，集中生产热能[63]。

---

❶ 彩图见本书附录 1。

1.7.2 改变城市能源结构

规模化应用可再生能源，增加能源供应中的可再生能源比例，是城市能源供应的重要环节。利用新能源和可再生能源成为世界上很多城市减排的重要手段。我国将核能利用作为新能源的重要组成。在日本福岛核危机之后，发达国家则排斥核能，而只提"建设可再生能源城市"，并且提出"100%可再生能源城市"的目标。所谓"100%可再生能源"是指零化石燃料及零核燃料。它可以是以可再生能源覆盖城市的全部能耗（包括城市用能的各主要领域，如电力、交通、供冷供热），也可以只覆盖建筑、交通等单个领域。国际上有多个城市以100%可再生能源为目标，其中以中小城镇为主。也有像德国慕尼黑和汉堡、丹麦哥本哈根、瑞典哥德堡以及澳大利亚的悉尼等百万人口以上的大城市。

2014年，全球可再生能源利用只占总终端能源消耗的19%，其中电力部门可再生能源比例是22.8%（水电占16.6%，风电占3.3%）。有学者研究表明，到2030年，全世界所有新增的能源需求全部交由风电、光伏发电和水电来生产是可行的。到2050年，所有既有能源供应全部由可再生能源替代，而其成本则接近现在的能源成本[64]。

要实现这一目标，必须着力改变占世界能耗75%以上的城市能源结构。所谓100%可再生能源城市（见表1-11），包含以下内容[65]：

(1) 在电力、供暖、供冷、交通等领域（或其中一个领域）实现可再生能源全覆盖；
(2) 在城市的居住、工作和休闲等功能（或其中一个功能）中实现可再生能源全覆盖；
(3) 新城和旧城改造可以有不同考量；
(4) 由于城市的空间限制，可再生能源可以来自任何地方；
(5) 在可能条件下尽量利用既有基础设施。

100%可再生能源城市实施行动矩阵　　　　　　　　　　　　表1-11

	功能	结构	行为
能效和节能	建筑保温隔热	城市规划和能源规划	采用高效率设备
可再生能源	太阳能光伏和光热	现场产能	改变交通出行方式

资料来源：参考DolfGielen, IRENA overview and the technology roadmap project, IRENA Workshop, Bonn, 12 May 2012

我国国家能源局于2012年发出《关于申报新能源示范城市和产业园区的通知》，要求新能源示范城市必须同时符合两项基本条件，即"城市综合能力达标"和"城市新能源消费基础比重达标"。其中对新能源示范城市的评价指标包括3类：

(1) 城市新能源占能源消费比重达到6%以上；
(2) 某一种新能源利用方式在城市的利用程度，包括太阳能、风能、生物质能、地热能等。申报城市可根据自身资源特点至少选择下述情况中的2类。

1) 太阳能热利用量指标和光伏发电安装量指标，两类指标可任选其一。指标要求分别为：累计太阳能热水器集热面积达到100万m^2，或人均太阳能集热面积大于每千人360m^2；累计城市太阳能分布式光伏发装机规模大于2万kW。

2) 累计分布式风电装机容量大于10万kW。

3) 生物质替代城市能源消费量大于10万tce（选择该类指标的此项为必选项）；具有科学合理的城市沼气、污泥资源化利用方案（此项为任选项）。

4) 新增地热（热泵）供暖或制冷建筑面积大于 300 万 m^2。
5) 上述利用方式之外的其他新能源利用，其年利用量达到 5 万 tce。

(3) 地方政策支持、公共服务平台建设、配套设施建设和宣传教育等。前 3 项为必选项，后 1 项为参考项。

国家能源局的这一指标，对新能源城市的技术路线做了界定，有利于推动城市能源中可再生能源的规模化应用。

1.7.3 太阳能利用

太阳能光电利用主要是太阳能光伏电池（Photovoltaic，PV）（见图 1-23、图 1-24）。1954 年世界第一块实用化太阳能电池在美国贝尔实验室诞生，首先被应用于空间航天技术，当时的光伏转换效率为 8%。最初，太阳能光伏电池是作为独立的离网分散电源使用，近年来并网光伏发电的发展很快。依据光电效应原理，当光线照射在导体或半导体上时，光子与导体或半导体中的电子的作用，会造成电子的流动，光的波长越短，频率越高，电子所具有的能量就越高。紫外线的能量便高于红外线。光伏电池按照其制作材料可分为硅基半导体电池、碲化镉（CdTe）薄膜电池、铜铟镓硒（CIGS）薄膜电池、染料敏化薄膜电池、有机材料电池等。其中硅电池又分为单晶硅、多晶硅和非晶硅薄膜电池等。

图 1-23 光伏电池单元（PV）　　　　图 1-24 太阳能光伏阵列

目前在实验室所研发的硅基太阳能电池中，单晶硅电池效率为 25.0%，多晶硅电池效率为 20.4%，CIGS 薄膜电池效率达 19.6%，CdTe 薄膜电池效率达 16.7%，非晶硅薄膜电池的效率为 10.1%。但是，电池单元的效率并不等于光伏系统的效率，光伏系统是由太阳能电池方阵、蓄电池组、充放电控制器、逆变器、交流配电柜等设备组成。商用光伏系统的转换效率在 7%～17% 之间。

太阳能光伏发电系统按安装容量可分为下列三种系统：
(1) 小型光伏发电系统：安装容量小于或等于 1MWp。
(2) 中型光伏发电系统：安装容量大于 1MWp 和小于或等于 30MWp。
(3) 大型光伏发电系统：安装容量大于 30MWp。

在城区中应用太阳能光电主要有三种形式：
(1) 光伏建筑一体化（Building Integrated Photovoltaic，BIPV）。光伏建筑一体化（BIPV）技术将太阳能光伏产品集成到建筑上，用来替代建筑材料，成为建筑的组件（屋面、立面、天窗、挑檐等）和建筑围护结构的组成部分。它兼有外围护结构和发电的双重功能。由于太阳能电池板是建筑外围护结构的一部分，因此在很大程度上由建筑师在建筑设计中综合考虑。由于光伏电池与建筑构造配合，很难保证光伏发电效率，因此在规划阶段对光伏面积和发电量都难以确定。它基本上是小型系统。

（2）建筑附着光伏系统（Building Attached Photovoltaic，BAPV）。光伏系统只是简单附着在建筑之上，采用的是普通太阳能电池组件，太阳能电池组件用支架安装在屋顶上，光伏产品并不属于建筑物的一部分，有可能会影响建筑的美观。拆除此BAPV建筑上的光伏组件，并不会影响原有建筑的基本功能。在规划中，首先要考虑有多少可利用的屋顶面积，其次考虑建筑屋顶的承受能力、光伏系统对原建筑结构的破坏、对建筑风格的影响等问题，并不是所有建筑都适合建造BAPV系统。基本上是小型和中型系统。中大型BAPV工程都应报建，经过有关部门审批。

BAPV在城区中应用要注意资源配置中的问题：

1）屋顶空间是一种资源，可以有多种用途。即使在可再生能源利用领域，也会与太阳能热水系统安装产生空间资源的矛盾。另外，屋顶需要用来安装冷却塔、电梯驱动、天线、空调屋顶机组等设备，也有做成屋顶花园、露天餐饮，甚至运动场所的。而屋顶绿化也是绿色建筑技术中的选项之一。需要很好地协调。

2）在大规模城区开发项目中，土地批租给二级开发商。屋顶空间使用权属于二级开发商，因此，业主成为BAPV的利益相关方。为了避免物权方面的纠葛，一般都是在自有产权的建筑屋顶进行开发，比较适合大型展馆、体育场馆、工业厂房、车站空港等开发商和业主是同一法人的项目。

3）光伏电站。大型光伏电站一般作为单独项目立项，光伏电站建设应遵循相关规范和标准[66,67]。

也有一些项目，利用大型建筑综合体屋面，由电力部门投资建设大型光伏电站。电力部门一般会给予业主一定的优惠电价，相当于租赁屋面。规划中考虑此类项目时首先考虑与建筑的协调（例如采光屋顶的位置、屋顶的荷载），其次考虑光伏板对环境的影响（如光污染）。

太阳能热利用是我国可再生能源领域推广应用最普遍的技术之一。人们所熟知的家用太阳能热水器是最常见的热利用形式。太阳能热水器是太阳能的低温热利用形式，热利用效率低。而在城区尺度上太阳能的中高温利用将有更大的潜力（低温利用，温度＜200℃；中温利用，温度介于200～800℃之间；高温利用，温度＞800℃）。

太阳能热利用中的关键技术是集热器。集热器用来采集太阳能，按照形式分主要有平板型、真空管和聚焦型3种；按照传热工质分主要有液体集热器和空气集热器两种；按照采光方式分则可分为聚光型集热器和吸热型集热器两种。平板集热器和真空管集热器能够利用太阳辐射中的直射辐射和散射辐射，集热温度和效率较低；而聚光型集热器能将阳光聚焦在面积较小的吸热面上，可获得较高的温度，但只能利用直射辐射，需要自动跟踪太阳光。

太阳能热发电是太阳能中高温热应用中的重要形式。当前太阳能热发电系统常用的聚光方法主要是抛物槽式（集热温度100～500℃）、定日镜塔式（300～2000℃）、碟式（150～1000℃以上），如图1-25所示。2012年8月，我国首座，同时也是亚洲最大的塔式太阳能热发电电站——八达岭太阳能热发电实验电站在北京延庆建成，并成功发电。其发电能力为 1MW，全年可发电 200 万 kWh。但这几种发电形式都需要较大土地面积，更适于在我国西部地区发展。

塔式系统
基本形式是利用一组独立跟踪太阳的定日镜，将阳光聚焦到一个固定在塔顶部的接收器上，用以产生高温，进而产生水蒸气或高温气体，推动汽轮发电机发电。

槽式系统
利用抛物柱面槽式反射器将阳光聚焦到管状的接收器上，将管内的传热工管内的传质加热。产生水蒸气，推动汽轮发电机发电。

碟式系统
碟式系统由许多镜子组成的抛物面反射镜组成，接收器在抛物面的焦点上，接收器内的传热工质被加热到750℃左右，驱动斯特林发动机进行发电。

图 1-25　太阳能光热发电的三种形式

太阳能中低温热利用主要有太阳能热水、太阳能供冷、太阳能供暖和太阳能热泵等应用方式。中国是太阳能热水器最大的生产国和最大的应用国，2013 年中国的太阳能集热器容量就占世界总量的 70%[68]。

家用太阳能热水器一般分户独立安装，独户安装时也可利用热压重力流作用，不设水泵。在集合式住宅中，由于安装位置的局限，也可设水泵循环的多户共享系统，这时需要较大的储水箱或中间储热罐。而在公共建筑中，低温太阳能热水器往往需要辅助锅炉，所以需要更大的空间。

太阳能制冷和空调技术发展仅约 50 年的历史。夏季最热的时候，是制冷空调的负荷最大的时候，恰恰也是太阳辐射最强的时候。

图 1-26 总结了实现太阳能制冷空调的技术路线。但这些技术的能源转换效率都不高，尚处于研发阶段。虽然太阳能空调可以利用太阳能资源，但由于自然条件下的太阳辐照度不高，因此需要很大的集热器采光面积。例如效率最高的聚光集热器＋溴化锂吸收式制冷，在承担办公楼空调时大约 $4m^2$ 空调面积需要 $1m^2$ 的集热面积，因此目前只适用于层数不多、面积不大的建筑，而且在没有阳光或阳光不足的时候还需要有其他辅助制冷措施。虽然太阳能空调可以大大减少常规能源的消耗，大幅度降低运行费用，但目前系统的初投资仍然偏高，只适用于有限的示范建筑。距大规模推广还有很长的一段距离。

将太阳能作为热泵热源的热泵系统称为太阳能热泵系统。太阳能热泵系统由集热器、热泵、蓄热器等组成,利用集热器进行太阳能低温集热(10～20℃),然后通过热泵热力循环,将水温提升到供暖供热水所需要的温度(30～50℃)。在热泵运行过程中需要消耗电力。在太阳能利用中一种很有应用前景的技术是"太阳能热电联产",即光伏＋光热系统(Photovoltaic＋Thermal,PVT)。最简单的就是在太阳能光伏板背面加上吸热水盘管,接受透过光伏板的太阳辐射,回收光伏板发电过程中的产热(见图1-27)。在底部衬上保温材料。

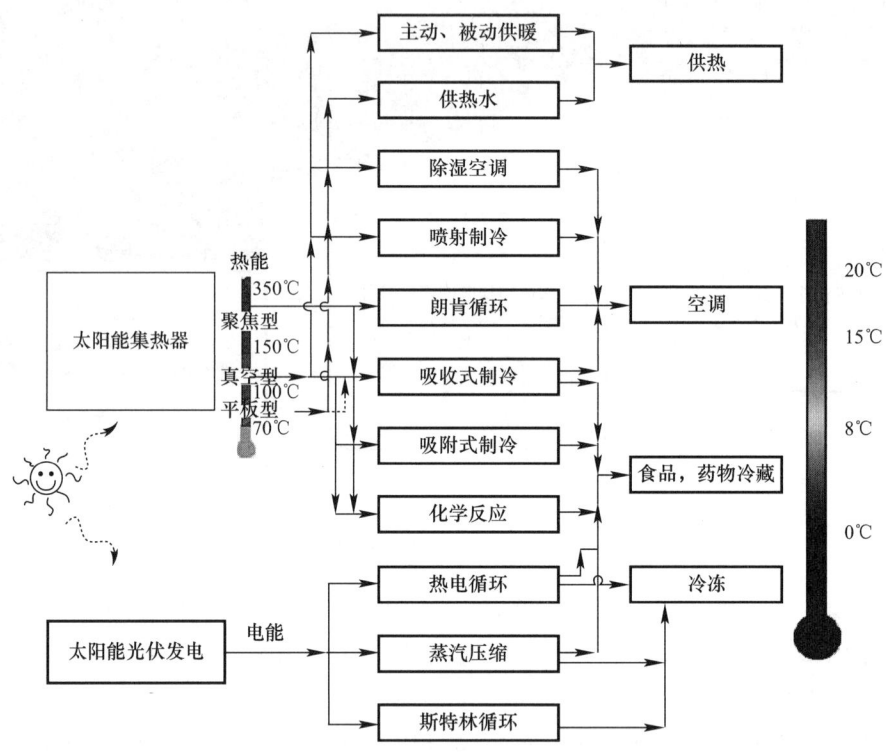

图1-26　太阳能制冷空调的几种方式
资料来源:代彦军,王如竹. 太阳能空调制冷技术. 太阳能,2010,5.

图1-27　PVT的示意图
资料来源:http://www.newformenergy.com/technology/photovoltaic-thermal-pvt

建筑利用太阳能的方式,分被动式和主动式两种。

所谓"被动式太阳房(简称太阳房)"[69]是通过建筑朝向和周围环境的合理布置、内部空间和外部形体的巧妙处理以及建筑材料和结构的恰当选择,使建筑物能收集、蓄存和分配太阳热能。它不仅能在不同程度上满足建筑物在冬季的供暖需求,也能在夏季起到遮蔽太阳辐射、散逸室内热量、降低室内温度的作用。被动式太阳房一般不需要机械设备及动力,这是它区别于主动式太阳房的主要特点。

被动式太阳房的主要类型有:

(1)直接受益式。这是被动式太阳房中最简单而又最常用的一种。冬季阳光通过较大面积的南向玻璃窗,直接照射到室内的地面、墙壁和家具上,使其吸收大部分热量,温度升高,少部分阳光被反射到室内的其他表面,再次进行阳光的吸收、反射作用(或通过窗户透出室外)。被围护结构内表面和家具吸收的太阳能,一部分以辐射和对流的方式在室内空间传递,一部分导入围护结构和家具的蓄热体内,然后逐渐释放出热量,使房间在晚上和阴天也能保持一定的温度。直接受益式太阳房南向应安装较大面积的玻璃窗,同时要求窗扇的密封性能较好并配有保温窗帘。另外,要求外围护结构具有较大的热阻,室内要有足够的重质材料,蓄热性能好。目前,人们所用的最普遍的两类蓄热材料是重质材料和水。重质材料包括砖石、混凝土和土坯。一般来说,围护结构的室内侧至少要有1/2或2/3采用较厚的砖石材料建造,以确保内表面积有足够的外露重质材料,用以充分地吸收和贮存热量。

(2)集热蓄热墙式。这种太阳房主要是利用南向垂直集热蓄热墙(Trombe Wall)吸收穿过玻璃采光面的阳光,然后通过传导、辐射及对流,把热量送到室内。集热蓄热墙通常是由蓄热性能好的混凝土、砖、土坯或贮水装置构成,墙的外表面一般被涂成黑色或某种暗颜色,以便有效地吸收阳光。

Trombe Wall 的构造一般是在南向建实体墙,外覆玻璃罩盖,在墙的上、下侧开有通风孔(见图1-28),太阳辐射通过玻璃被墙壁吸收。被集热墙吸收的太阳辐射热可通过两种途径传入室内:第一种方式是通过墙体热传导,使热量到达墙体内表面,再由墙体内表面通过对流和辐射将热量传入室内;第二种方式是由集热墙外表面通过对流方式将热量传递给集热墙和玻璃罩盖之间的夹层空气,被加热的夹层空气经由集热墙上、下风口与房间空气形成对流,将热量传给房间,达到供暖的目的。夏季关闭集热墙上部的通风口,打开北墙调节窗和南墙玻璃盖层上通向室外的排气窗,利用夹层的"烟囱效应",将室内热空气排出,达到降温的目的。如果将玻璃罩盖的空间加大,可以形成"附加阳光间(Attached Sunspace)"式太阳房(见图1-29)。阳光间得到阳光照射被加热,其内部温度始终高于外环境温度。既可以在白天通过对流给房间供暖,又可在夜间作为缓冲区,减少房间热损失[70]。

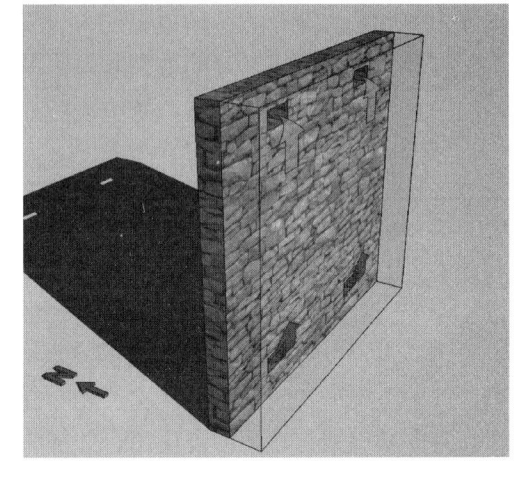

图1-28 蓄热墙(Trombe Wall)示意
资料来源:维基百科,http://en.wikipedia.org/wiki/Trombe wall

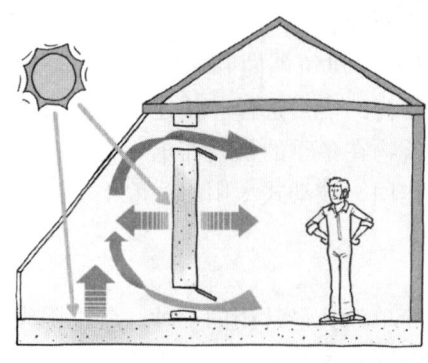 

图 1-29　附加阳光房＋Trombe 墙的供暖原理

资料来源：http://sustainabilityworkshop.autodesk.com/buildings/trombe-wall-and-attached-sunspace

主动式太阳房与被动式太阳房一样，它的围护结构应具有良好的保温隔热性能。所谓主动式太阳能建筑，是用太阳能光伏板和太阳能热水器代替部分传统建筑材料和构件，使建筑与太阳能利用完美结合。建筑的屋顶、外墙、天窗、幕墙、阳台围栏、雨棚和外遮阳设施都是可以利用的位置。这也就是前文提及的太阳能一体化建筑。国内正在推广建筑工业化和装配式建筑，实现主动太阳房具备技术上的条件。

1.7.4　风能利用技术

风能是空气运动产生的动能。由于阳光照射到地面的不均匀性，造成地面温度差异，加热或冷却了地表附近的空气。冷的空气密度大，热的空气密度小，这就使冷的空气有较高的压力，引起空气流动，形成了风。而风力发电，就是利用类似飞机螺旋桨那样的装置，在风力驱动下转动，从而产生电力。它其实就是逆向的电风扇，电风扇是由电机驱动桨叶产生风，而风力发电机是由风力驱动桨叶，带动发电机发出电力。

风力发电机有横轴和竖轴两种，桨叶的驱动轴水平安装的是横轴风力发电机，一般往大型化发展。目前正在建造中的世界最大的风力发电机高 131m，直径 177m，每个叶片的翼展为 80m，比波音 747 的机翼还长，发电功率达到 8000kW。

大型风力发电机又分陆地型和海上型两种（见图 1-30 和图 1-31）。陆地上的各种地形都可以建风力发电厂，正常运转所需的风速应大于 3m/s，但是风速太强（>25m/s）也不能正常工作。风速在 10~16m/s 时风力发电机达到满载。建设风电厂除了需要丰富的风力资源之外，还要考虑充足的投资（目前我国在 8000~10000 元/kW 区间，国外陆上风电 900~1100 美元/kW，海上风电 1500~1600 美元/kW）、建设地点土地的获取、维修的便利度、发电机的高度（在机场附近航路上对飞航安全可能造成威胁）、与供电城区的距离以及对生态的破坏（噪声和影响候鸟迁徙）等相关问题。

相比横轴风力发电机，竖轴风力发电机（Vertical Axis Wind Turbine）有着三大优势，即发电机设备的重心低、构造相对简单、可以在微风环境中运行。因此，它特别适合在高密度城市中与建筑结合应用，并成为建筑物的一部分（见图 1-32）。

截至 2014 年年底，全球风电总装机容量达到 370GW，中国已成为世界最大风电装机国家。中国的风电总装机量 114.6GW，占世界总量的 31%，提前实现我国"十二五"风电发展规划中 1 亿 kW 装机量的目标。中国的装机量，是位于第二名的美国的 1.74 倍。

1.7 绿色生态城区的能源生产

图1-30 我国东海海上大型风力发电厂（上海东海大桥100MW海上风电示范项目）❶
资料来源：http://www.fishery.org.cn/shaquaria/article.jsp?id=1345079437611

图1-31 我国新疆大型陆地风力发电厂（达坂城125MW风电项目）❶
资料来源：http://www.chinaxinjiang.cn/xjjj/jjxw/t20050927_58483.htm

但是，风力发电机的体积还是过大，致使风力发电厂的装机还不可能达到很大的规模。现阶段世界最大风力发电厂不过30多万kW，相对上百万kW的水力、火力和核能发电厂，在多数国家风力发电厂的装置容量尚不可能成为发电的主力。由于风能无法控制，风力发电厂也不可能持续满载发电，装置容量的提高，并不能保证发电量的有效增加。从电网安全角度来看，还需要核能、火力发电厂作为基载电力。目前英国正在北海上建设120万kW规模的世界最大海上风电厂。

由于种种原因，我国尽管有世界最大的风电装机，但风电应用遇到很多障碍，2014年，风电平均利用小时数只有1905h，弃风限电现象十分严重，2014年弃风达162亿kWh。我国北方城市用能结构扭曲。北方城市供暖用能占全国建筑能耗的一半，但大量采用燃煤锅炉。北方供暖区的省会城市集中供暖中热电联产占比近50%，其余部分由散烧锅炉供暖。地级市热电联产集中供暖占比约20%，大部分为散烧锅炉。而县乡级城镇基本都

---

❶ 彩图见本书附录1。

依靠散烧煤炭。这种用能方式能效低下、污染严重,是中国雾霾肆虐的重要原因之一。但另一方面,北方城市又是弃风的重灾区,大量投资和宝贵的可再生能源被浪费[71]。

图1-32 竖轴风力发电机(VAWT)

风电供暖有3种方式[72]:

(1)离网型风电机组独立供暖。即风电输出电能直接接入电加热锅炉(见图1-33)。

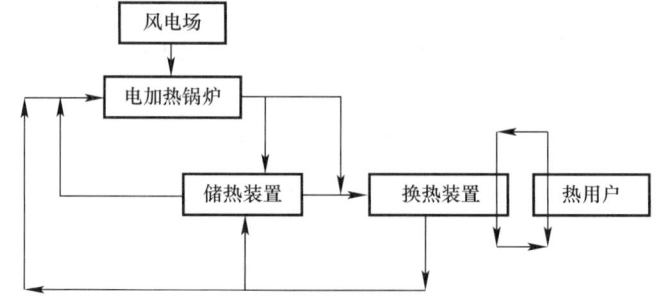

图1-33 离网型风电机组独立供暖结构示意图

资料来源:张新宇,李斌,姚远. 风电供暖技术方法研究. 电网与清洁能源,2014,(30)1.

该方案适合离风场较近的热用户且远离主电网时的供暖方法,但由于风力发电的随机波动性,控制难度较大,因此其效率和可靠性不高。

(2) 风电互补型供暖。利用风力发电机作为电力供暖的主要能源，以电网电源作为控制电源和供暖辅助能源。风电与市电互补型供暖方案也比较适合离风场较近的热用户供暖。

(3) 风光互补型供暖。在严寒地区，可利用太阳能热水系统和风电加热对进入燃煤/燃气锅炉的冷水进行预热；在寒冷和夏热冬冷地区，可利用太阳能和风能发电加热热水，直接对建筑低温辐射供暖。

(4) 风电、光电及电网互补变功率蓄能供暖。顾名思义，这是利用风电、光电及电网互补供电，通过蓄热装置供暖的系统。它一方面可以充分利用可再生能源，另一方面可以充分利用市电电网的低谷电，从而降供暖成本。

(5) 风电和燃气热电联产机组联合供暖。风电和热电联产电力共同驱动热泵供暖，热电联产热力参与供暖。这种系统的能效比最高，而且可以兼顾供冷，本书将在能源微网部分详述。

目前，发展风电供暖的最大瓶颈还在供暖价格。例如，北京市的居民热计量热价为 0.16 元/kWh（2015 年），而风电的上网标杆电价就在 0.47～0.60 元/kWh 之间，这笔账无论如何是平衡不了的。解决的办法一是靠政府补贴（这是不可持续的）；二是尽量不要用风电直接加热（电锅炉或电热取暖器），而是通过驱动热泵来提高供暖效率，使 1kWh 风电能获得 3kWh 以上的供热量。当然，这需要有合适的热泵热源。

1.7.5 生物质能

生物质能（biomass energy），是太阳能以化学能形式贮存在生物质中的能量形式，即以生物质为载体的能量。生物质能蕴藏在植物、动物和微生物等可以生长的有机物中，它是由太阳能转化而来的。有机物中除矿物燃料以外的所有来源于动植物的能源物质均属于生物质能[73]。地球上每年生长的生物质达 1400～1800 亿 t（干重），如果全部作为能源加以利用，是现在全世界年能耗的 10 倍（表 1-12）。

生物质能源的种类　　　　　　　　　　　　　　　表 1-12

	纤维素类（燃烧或转换）	油脂类（生物柴油）	淀粉和糖类（乙醇）	其他有机物（沼气）
农业废弃物	秸秆			畜禽粪便
林业废弃物	林木砍伐废弃物			
生活垃圾	木材/纸张	餐饮废油		厨余
工业垃圾	木材加工废弃物			有机废水废渣
能源作物			甜高粱/薯类	
能源林木	薪柴林	油料作物		

资料来源：赵勇强，中国生物质能源资源状况，国家发改委能源所，http://cdm.ccchina.gov.cn/WebSite/CDM/UpFile/2008/200812162455700.pdf

我国可作为能源利用的生物质资源总量每年约 4.6 亿 tce，目前已利用量约 2200 万 tce，还有约 4.4 亿 tce 可作为能源利用。随着我国经济社会发展、生态文明建设和农林业的进一步发展，生物质能源利用潜力将进一步增大（见表 1-13）。

2014 年，全世界由生物质能源提供的一次能源需求大约是 16250TWh，占总一次能源供应的10%。我国在可再生能源利用方面，有多项领先世界，但恰恰在生物质能源利用领域，相对比较落后。根据表1-14，我国的生物质能源利用规模实在太小，与我国的国力和资源禀赋不相匹配。

我国生物质能源利用潜力 表1-13

资源来源	可利用资源量		已利用资源量		剩余可利用资源量	
	实物量（万t）	折合标煤量（万t）	实物量（万t）	折合标煤量（万t）	实物量（万t）	折合标煤量（万t）
农作物秸秆	34000	17000	800	400	33200	16600
农产品加工剩余物	6000	3000	200	100	5800	2900
林业木质剩余物	35000	20000	300	170	34700	19830
畜禽粪便	84000	2800	30000	1000	54000	1800
城市生活垃圾	7500	1200	2800	500	4700	700
有机废水	435000	1600	2700	10	432300	1590
有机废渣	95000	400	4800	20	90200	380
合计		46000		2200		43800

注：加上生产燃料乙醇的陈化粮等，已利用资源量为2400万tce。
资料来源：国家能源局，《生物质能发展"十二五"规划》。

我国各类生物质能利用规模 表1-14

利用方式	利用规模		年产能量		折标煤
	数量	单位	数量	单位	万t/a
生物质发电	550	万kW	330	亿kWh	1020
户用沼气	4000	万户	130	亿m^3	930
大型沼气工程	50000	处	10	亿m^3	70
生物质成型燃料	300	万t			150
生物燃料乙醇	180	万t			160
生物柴油	50	万t			70
总计					2400

资料来源：同表1-13。

我国生物质能源的利用方式主要集中在生物质直燃发电、气化发电及燃气集中供应、生物质成型燃料用于炊事和供热等方面。随着我国城镇化进程的加快，城市垃圾处理已成为不容忽视的问题。我国城区的生活垃圾无害化处理率，2014年已达91.8%。但如果加上市辖区的农村部分，则无害化处理率均值仅为62.02%。接近40%的垃圾（主要指农村的垃圾）没有收集或收集了只是简单堆放，尚未进行无害化处理[74]。我国城市历年堆存的垃圾已高达70亿t，1/3的城市处于垃圾的包围之中。国内外广泛采用的城市生活垃圾处理方式主要有焚烧、卫生填埋和堆肥三种。由于可以利用焚烧产生的热能发电，因此将垃圾焚烧发电归入生物质能源利用技术之一。

国内外垃圾焚烧（直接利用）技术主要有三大类：层状燃烧技术、流化床燃烧技术和旋转燃烧技术（也称回转窑式）[75]。

（1）层状燃烧技术是发展较为成熟的技术。层状燃烧的关键技术是炉排。垃圾在炉排上通过三个区：预热干燥区、主燃区和燃烬区。垃圾在炉排上着火，已着火的垃圾在炉排的作用下，强烈地翻动和搅动垃圾层，有助于垃圾的着火和燃烧。

（2）流化床燃烧技术已发展得日趋成熟。其热强度高，适宜燃烧发热值低、含水分高的垃圾。同时，由于其炉内蓄热量大，在燃烧垃圾时基本上可以不用助燃。为了保证入炉垃圾的充分流化，要求对垃圾进行筛选和粉碎，使其粒径<15cm。床层物料为石英砂，空气通过布风板经由风帽送入流化层，二次风由流化层上部送入。采用燃油预热料层，当石英料层温度达到600℃左右时投入垃圾焚烧。

（3）旋转焚烧炉的燃烧设备主要是一个缓慢旋转的回转窑，内壁用耐火砖砌筑，也可采用管式水冷壁，直径为4～6m，长度为10～20m，倾斜安装。每台垃圾处理量可达到300t/d（直径4m，长14m）。回转窑过去主要用于处理有毒有害的医院垃圾和化工废料。通过炉体滚筒的缓慢转动，使垃圾在筒内翻滚，与空气充分接触，进行较完全的燃烧。通过烟气的充分燃烧，其温度可达1000～1200℃。

垃圾间接利用技术有[76]：

（1）垃圾填埋气发电。垃圾填埋气发电是将垃圾填埋场中的有机物经降解后产生的填埋气（富含甲烷）作为燃料进行发电的技术。

（2）垃圾气化发电。垃圾气化发电是指直接将垃圾制成可燃气体作为燃料进行发电。垃圾气化技术有熔融气化、热解气化、反火气化等。

为了使经过焚烧处理的垃圾中的细菌、病毒被彻底杀灭，各种恶臭气体被分解，有害气体（如二噁英）经处理达标后排放，要求焚烧温度>850℃，垃圾在炉内停留时间在3～4s。高温烟气可以用来发电。垃圾焚烧发电是实现城市垃圾无害化、减量化和资源化最有效的手段之一，也是最好的生物质能利用方式之一。图1-34是一个典型的垃圾焚烧发电厂的工艺流程。大部分工艺是围绕着焚烧发电过程中排放的废气、废渣和污水的处理。确保垃圾电厂的安全、清洁、可靠运行，是垃圾电厂规划中最重要的原则。

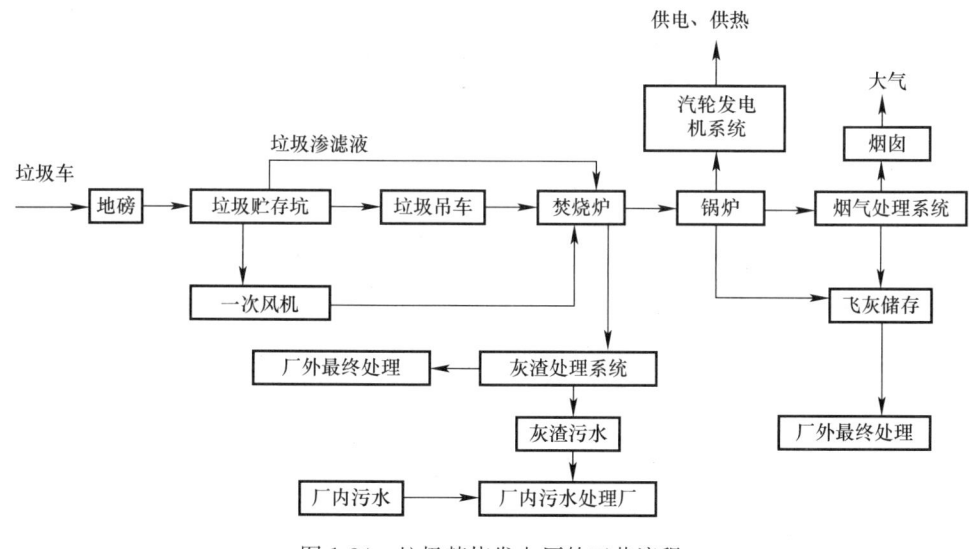

图1-34 垃圾焚烧发电厂的工艺流程

资料来源：http://www.cn-hw.net

垃圾焚烧要求垃圾的低位热值在5000kJ/kg以上。有人说，我国城市生活垃圾没有得到很好的分拣，其实不然。我国多数城市都有废品回收网络，还有众多拾荒者。在废弃物进入垃圾箱之前，所有比较值钱的垃圾，如纸张、金属、各种容器、旧衣物、木制品等，都提前进入了其他流通渠道。进入垃圾箱的，都是一些厨余垃圾、剩余食品以及大量的塑料袋，而这些垃圾的热值低、易产生二次污染，不适合燃烧处理（见表1-15）。此外，还有大量建筑工程和二次装修产生的建筑垃圾，甚至可能对焚烧炉带来损害。但随着城市生活日趋消费化，以及通货膨胀和产能过剩等因素，使得废品回收的边际价值小于或低于边际成本。同时，由于电子商务、电子阅读和物流的发展，原来成摞成捆的旧报刊和书籍等有利用价值的"废品"变成大大小小零散的包装袋和纸箱，使得纸张等高热值物品又重回固废行列。

各种有机垃圾的热值[77]   表1-15

垃圾成分	原始容量（kg/m³）	含水率（%）	热值（kJ/kg）
食品垃圾	290	70	4584
废纸	80	6	16832
废纸板	50	5	16379
废塑料	65	2	32727
纺织品	65	10	17534
废橡胶	130	2	23772
废皮革	160	10	7286
园林废弃物	105	60	6542

此外，垃圾发电的国内装备水平与发达国家相比差距较大，关键设备需要进口，尤其是大容量设备的国产化率很低。因此，与其他技术成熟的可再生能源发电相比，项目投资高。由于生活垃圾含水率高、热值低，因此在焚烧时需添加大量燃料助燃，如果不考虑垃圾处理的社会效益，仅单纯考虑发电收益，发电成本在1元/kWh左右。根据国家发展改革委2012年发布的《关于完善垃圾焚烧发电价格政策的通知》，规定垃圾发电上网电价为0.65元/kWh。此外，电厂还可以得到各地政府特许经营的垃圾处理费，从每吨80元到150元不等。

垃圾发电最大的隐患是焚烧尾气的二次污染问题。尾气中的二噁英对人体、环境的危害极大。二噁英，即1,3-2-二氧杂环己二烯（$C_4H_4O_2$），是一个单环有机化合物。其中毒性最强的是2,3,7,8-四氯二苯并二噁英（TCDD）。TCDD的毒性要比氢氰酸强10000倍以上，比眼镜蛇毒强1000倍，比河豚毒素毒性强100倍。二噁英对机体影响大致归纳为三方面：降低免疫功能、改变生殖和遗传功能以及恶性肿瘤的易感性等。二噁英可以通过皮肤、呼吸道、消化道等途径进入人体，而通过食物特别是脂类经消化道进入人体的剂量要占90%以上，动物实验显示TCDD对某些物种的动物具有高度致癌性，但是要超过某一门槛剂量才会发生。而对人类的致癌性目前尚在研究中[78]，尚无定论。但这是困扰垃圾焚烧发电厂规划选址的主要问题之一。如果在某个地区建设垃圾焚烧发电厂，则该地区的土地价值也会随之下降。从而给当地居民带来经济上的损失和心理上的负担。于是当地居民会千方百计地阻碍工程的实施，从而造成与政府之间对峙僵持的局面。在国外，这种现象被称为"Not In My Backyard（NIMBY）"，译成中文就是"邻避"现象。

同样，在大型风力发电和大规模太阳能工程中，也会产生邻避现象，但不会像垃圾发电项目这样严重。解决的办法，一是采用先进可靠的技术和更加严格的管理措施，这需要增加投入，需要政府增加财政补贴；二是增加规划的透明度和公众参与度，把问题藏着掖着，或视公众为假想敌，反而会将事情复杂化。

1.7.6 地热资源

地热能是蕴藏于地球深处的热能。按照现有开发技术的可能性，地热能资源的范围一般指在地壳表层以下5000m以内岩石和地热流体所含的热量。我国是以中低温为主的地热资源大国，全国地热资源潜力接近全球的8%。我国地热资源遍布全国各地[79]。我国浅层地温能资源量相当于95亿tce。每年浅层地温能可利用资源量相当于3.5亿tce，如全部有效开发利用，则每年可节约标准煤2.5亿t，减少二氧化碳排放5亿t；全国沉积盆地地热资源储量折合标准煤8530亿t；每年可利用的常规地热资源总量相当于6.4亿tce，每年可减少CO_2排放13亿t。我国3000～10000m深处干热岩资源总计相当于860万亿tce，是目前年度能源消耗总量的26万倍。

到2020年，我国非化石能源占一次能源总消费的比重要提高到15%，地热能开发年利用量要达到5000万tce；2030年我国非化石能源占一次能源总消费的比重要继续提高到20%，地热能开发年利用量要达到1亿tce[80]。

地热资源可分为浅层地热能、水热型地热能和干热岩型地热能（增强型地热系统）三种类型，如表1-16所示。

地热资源分类　　　　　表1-16

分类	浅层地热能	水热型地热能			增强型地热能（干热岩）
		低温地热能	中温地热能	高温地热能	
温度范围	深度<200m 温度<25℃	温度<90℃	90℃≤温度<150℃	温度>150℃	温度>200℃

资料来源：周总瑛，刘世良，刘金侠．中国地热资源特点与发展对策．自然资源学报，2015，30（7）．

1. 浅层地热能

地源热泵（Ground source heat pump），是以所谓浅层地热能（土壤、地下水、地表水、低温地热水和尾水）作为热泵的热源/热汇，是21世纪以来国内城市地热能利用的一个重要发展方向。严格讲，浅层土壤的温度变化为热泵提供的热源，并不是地热能，而只是地下含水层、土壤、岩石的蓄热。因此，当地源热泵从土壤取热（或向土壤放热）时，必须要保持热量的平衡，即夏季向土壤累计排放的热量应等于冬季从土壤累计吸取的热量。因此，在本质上，地源热泵利用的是夏储冬用的土壤蓄热，就像蓄电池，要有外部能量充电，才能放电利用。土壤本身并不会"生产"能量，它与来自地球内部熔岩并作为可再生能源的地热能是不一样的。土壤源并不是取之不尽、用之不竭的地热源。它的蓄热能力，除了与土壤热特性有关外，还与使用强度有关。就像手机电池，可以待机（不使用）上百小时，也可以在数小时之内（打爆）消耗殆尽。而且，热泵还需要外加能源才能将25℃以下的蓄热提升到供暖或供热水的温度。但是，也可以从另一个角度理解，浅层地热能实际蓄存的是太阳能,可以认为是"可再生热源"。

地源热泵的节能减排优势在冬季供暖。地源热泵的应用,能有效取代燃煤锅炉,为减少碳排放和降低雾霾做出贡献。截至2015年,国内已有近5亿 m^2 的建筑采用地源热泵,我国也成为世界上地源热泵应用最广的国家,最大的项目有数十万平方米的建筑或建筑群,地埋管也在数千根以上。土壤源热泵应用成败的关键是土壤的热平衡,在我国严寒地区,建筑冬季供暖负荷要大于夏季供冷负荷;而在夏热冬冷地区,甚至在部分寒冷地区(如京津等城市)则相反。相对锅炉供暖而言,土壤源热泵冬季供暖有很好的节能减排效益(见表1-17),但供水温度偏低。为保证冬季水温,一般选用以螺杆式压缩机为主机的土壤源热泵,此类机型用于夏季供冷的能效比不及以离心式压缩机为主机的制冷机。因此,为保持土壤热平衡,在严寒地区宜按夏季负荷确定土壤源热泵容量,冬季不足部分用其他辅助热源补充;在夏热冬冷地区宜按冬季负荷配置土壤源热泵,夏季不足部分用其他冷源补充。

热泵的能源利用系数 PER(Primary Energy Ratio)定义为[13]:

$$PER = \frac{热泵的供热量}{热泵消耗的初级能源}$$

对于以电能驱动的热泵,若热泵制热性能系数为 COP_h,供电效率为 η,则这种热泵的能源利用系数为 $PER=\eta \times COP_h$。假定一台空气源热泵的性能系数为2.86,电网的平均供电效率为35%,可知这台空气源热泵的能源利用系数 PER 为1.0。

由表1-17可以看出,电动热泵的制热性能系数只要大于2.3,从能源利用观点看,热泵就会比热效率为80%的城区锅炉房节能。

与不同 PER 的锅炉供热相对应的电动热泵的制热性能系数　　　表1-17

城区锅炉房 PER	0.6	0.65	0.7	0.75	0.8
电动热泵相应的制热性能系数 ϵ_h	1.72	1.86	2.0	2.15	2.29

土壤源热泵通过地埋管换热器与岩土体进行热能交换,也称地耦合系统(Closed-loop ground coupled heat pump system)。土壤埋管有水平埋管和垂直埋管两种形式,水平埋管施工比较简单,但需要较大的埋管面积。垂直埋管方式可以在较小的占地面积下获得较大的换热能力,但必须考虑地温恢复和地下热平衡问题。地下垂直埋管换热器有两种基本形式:U形管式和套管式,U形管式埋管换热器可以用于较大埋深,目前利用U形管式埋管换热器的埋深可达180m。套管式埋管换热器则可以充分利用钻孔,其外表面与岩土间的换热面积较大,因此其单位孔深换热能力比U形管要高16%。但因为施工技术要求高,所以目前大多数工程还都是应用U形管[81]。

地下水地源热泵是利用地下水作为水源热泵的低温热源。地下水地源热泵又分开式地下水系统和闭式地下水系统。在开式地下水系统中,地下水直接供给水源热泵机组;在闭式地下水系统中,使用板式换热器把建筑物内循环水系统和地下水系统分开。地下水热泵系统需要两口井,即抽水井(Production well),用于从地下含水层中取水;以及回灌井(Injection well),用于向含水层灌注回水。

地下水源热泵具有较好的节能性。地下水温度稳定,一般比当地全年平均气温高1~2℃左右,机组的供热季节性能系数和能效比都很高。夏季,温度较低的地下水,可直接供应到末端用于空调,不用开启制冷机,实现"免费供冷"。地下水源热泵的制热性能系数可达3.5~4.4,比空气源热泵的制热性能系数要高40%[82]。但是更需要引起注意的是地下水源热泵对环境的破坏作用。其应用中的主要问题有:

(1) 由于地质条件复杂,经换热后的回水回灌是一件比较困难的事情。

(2) 如果不能保证100%回灌,则会浪费宝贵的地下水,使地下水位下降,甚至引起地面沉降。据报道,我国发生地面沉降灾害的城市超过50个,累计地面沉降量超过200mm的地区达到$7.9/km^2$[83]。上海、南京等城市都严格禁止在城区内利用地下水。

(3) 尽管地下水源热泵的水换热过程是在密闭管道中进行的,但地下水经升(降)温并与管道内壁接触,很可能带有金属离子、滋生微生物。这样的水回灌到地下,对地下水生态会有什么样的影响(尤其是长期影响),目前并没有明确的结论,而地下水的污染是不可逆的,利用地下水需要非常谨慎。否则是对子孙后代的不负责任。

(4) 地下水是自然界赐予人类的宝贵资源,究竟如何利用才能发挥它的价值?恐怕作为人类的清洁饮用水源以及在城市中作为自然灾害情况下的应急水源才是更合适的。

2. 水热型地热能

低温可以用于建筑或城区的集中供热;中温可用于城区的城区供热;高温可用于发电。

2014年,国家能源局综合司和国土资源部办公厅发出《关于组织编制地热能开发利用规划的通知》,要求"在城镇供能体系中统筹地热能开发利用"。

水热型地热能的直接利用在城市中用途极为广泛,包括城区供热、洗浴、温室、水产、园艺灌溉、工业用热、夏季空调供冷,以及道路融雪等。

地热能用于城区集中供热时,一般应考虑梯级利用(见图1-35)。

水热型地热供暖供热量稳定,供热面积大,单井供暖面积在20万m^2左右。初始费用与运营费用要远低于集中供暖和燃气锅炉供暖。其初始投资在100元$/m^2$,运营成本在12元$/m^2$。环境效益巨大,尤其是在污染严重的今天,利用地热供暖可以有效地减少温室气体排放,降低雾霾污染[84]。

地热能用于城区供热时,有几个问题需要在实践中解决:

(1) 尽管是抽取埋深千米以下的地下热水,但只采不回同样会引起地下水位降低和地面沉降问题,矿化度比较高的地热尾水排放到地表又会造成地面环境污染。一般尾水回灌采用同层回灌、异层回灌等方式,回灌井的位置和参数选择都需要做一系列技术经济分析。我国多地经验证明,以节能减排名义对地热能进行掠夺性破坏性开采,致使地热储水层的压力和平均水位迅速下降,导致长期利用难以为继。

(2) 地热水温度较高,含有多种腐蚀性化学成分,如铁、锰、钙、镁、CO_2、溶解氧、氯离子、硫酸根等,因此设备的防腐问题一直是地热能开发中的关键。所以,要用换热器将地热水与供暖热水隔离成2个独立环路,板式换热器材质用钛板。

(3) 由于地热井深度较大,因此抽水水泵的能耗很大。

在某些旅游度假园区开发中,可以先考虑地下热水作洗浴游泳之用,然后利用尾水作热泵的热源。此时的尾水已经被污染,不能再回灌。

3. 干热岩(Hot Dry Rock,HDR),也称增强型地热系统(Enhanced Geothermal System,EGS)

干热岩是埋深数千米,温度大于200℃,内部不存在流体或仅有少量流体的高温岩体。

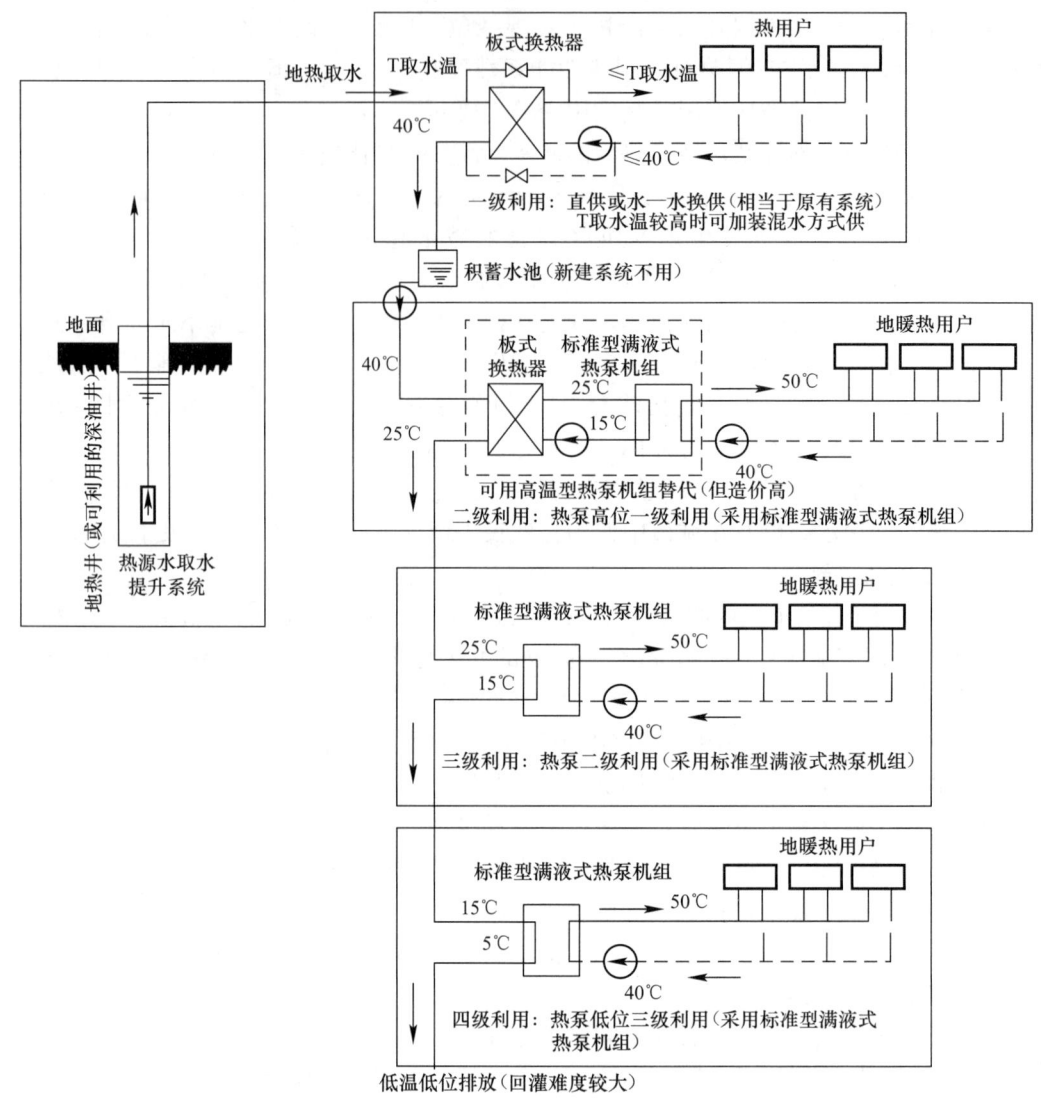

图 1-35 地热＋热泵供暖系统地热能梯级利用示意图
资料来源：董君永，王丽晓．浅议采用热泵技术梯级利用地热尾水实施城市集中供热．城区供热，2010，1.

干热岩地热能的应用有两种方法：

（1）用于发电。从地表往干热岩中打一眼井（注入井），封闭井孔后向井中高压注入温度较低的水，由于地下的高温，因此产生了非常高的压力。在岩体致密无裂隙的情况下，高压水会使岩体在垂直于最小地应力的方向生成许多裂缝。而如果岩体中本来就有少量天然纹理，则高压水会使之扩充成更大的裂缝。随着低温水的不断注入，裂缝不断增加、扩大，相互连通，最终形成一个网状的储热构造（见图1-36）。注入的水沿着裂隙运动并与周边的岩石发生热交换，产生了温度高达200~300℃的高温水或水汽混合物。在距注入井一定距离的位置钻几口井并贯通储热构造，这些井用来回收高温水和蒸汽，称之为生产井。生产井提取的高温蒸汽，用于地热发电。利用之后的温水又通过注入井回灌到干热岩中，循环利用[85]。

(2) 用于供暖。供暖不需要高温高压,因此用上述发电的方法未免小题大做,而且供暖成本也会提高。一般方法是打一眼 2000~3000m 的竖井,在 2000m 以下的部位,用 DN200 的筛管。在 DN200 的管子里面,放置一根 DN50~DN65 的钢管,即注水管。这样冷水通过中间这根注水管注入井底,再从 DN200 的套管内返回。通过管壁与周边地层换热。从井中提取的热水,大约在 40~60℃,可以通过换热器进行热交换后直接供暖,而经过热交换器的回水,再注入井底;也可以将热水作为热泵热源,进一步提升其品位,达到 60~80℃,可以适合城区供热。

我国干热岩资源极其丰富,但利用干热岩供暖的研究才刚刚起步。由于深层地下的地质条件极其复杂,需要非常专业的技术队伍,因此发展干热岩供暖决不能采取前些年一哄而上发展地源热泵那样的模式,而是需要认真调研试点。我国目前利用干热岩进行供暖的实验区可以选择板块构造带或者构造活动带,例如滇藏、东南沿海、京津冀、环渤海以及陕西等地区,具备干热岩地热资源形成的地质构造条件。也可选择一些沉积盆地地区,例如四川、青海等省区。

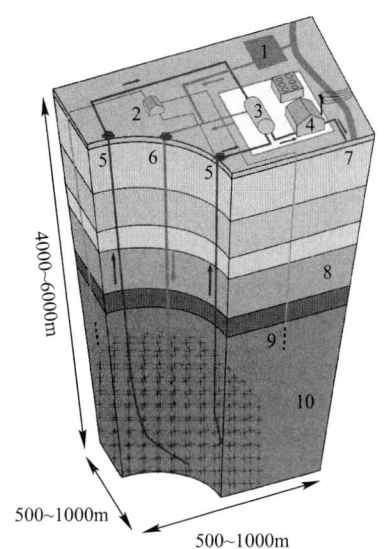

图 1-36 热干岩发电技术示意图
1—蓄水池;2—泵房;3—热交换器;4—汽轮机发电机组;5—生产井;6—注入井;7—供暖热水;8—多孔沉积层;9—观察井;10—结晶基岩
资料来源:维基百科,Enhanced geothermal system。

目前,干热岩供暖的钻井建设成本还相当高,打井费用都在百万元以上;对地下资源情况和地质条件难以准确把握;采用供暖的套管方式难以兼顾在夏季供冷。这些都是干热岩技术在城市能源供应中发挥更大作用的障碍,需要与地矿、石油天然气、勘探等专业密切配合,加以克服。

1.7.7 城市能源的可获得性

联合国人类住区规划署(UNHABITAT)的报告《人类住区的能源消费》中特别强调,要将全球注意力聚焦在世界城市贫穷人口,特别是居住在非正规住区人口的能源需求上。报告估计,在发展中国家城市的非正规住区中,有超过 10 亿人口烧饭和取暖仍依赖于木材、动物及作物废弃物等传统燃料[1]。2011 年联合国提出"人人享有可持续能源(Sustainable Energy for All,缩写 SE4All)"倡议。2015 年 9 月 25 日,联合国可持续发展峰会在纽约总部召开,联合国 193 个会员国在峰会上正式通过了 17 个可持续发展目标。其中目标 7 提出,到 2030 年要确保人人获得负担得起的、可靠和可持续的现代能源[86];提出力争在 2030 年实现在全球普及现代能源服务、能源利用效率增加一倍和可再生能源在全球能源消费中所占比例增加一倍等具体目标。

能源贫困(energy poverty,也可称为燃料贫困 fuel poverty)问题的存在是保障民生的阻碍。所谓能源贫困,有多种定义,"燃料贫困"的概念源自英国,早期的定义是,如果一个家庭用其 10% 的年收入尚无法维持适当的供暖温度(一间起居室 21℃,一间卧室 18℃),照明和炊事的能源支出,则这个家庭就被定义为"燃料贫困家庭",就可以得到政府的帮助[87]。英国政府的能源白皮书认为，造成燃料贫困有3个主要原因：建筑物的能源效率低下；能源价格高涨；居民的收入偏低[88]。这一定义也被称为"10%"定义。2012年以后，该定义被修改为："当一个家庭所需要的燃料成本在统计数据的中位数以上，且如果这个家庭支付了能源费后的剩余收入落到官方制订的贫困线以下"，则就是燃料贫困家庭。这一定义也被称为"LIHC"（即 Low Income High Costs）定义[89]。很明显，后一种方法是从需求出发的方法。英国相关报告指出，能源贫困带来的直接影响是对居民健康乃至生命的影响，受影响最大的是老年人和婴幼儿。在英国各项评价指标家庭使用的商品能源中，都不包括煤炭，因为没有烟囱和排烟罩的煤炉和明火燃烧，会引起室内环境的严重污染。

国际能源机构（IEA）曾提出能源可持续指标（EDI），被联合国采用作为千年发展目标的一部分，并作为人类发展报告（HDR）中的评价指标。其中有4个指标关系到能源贫困：

（1）每人商品能源消耗；

（2）每人电力消耗；

（3）住宅能耗中现代燃料的份额；

（4）可获得电力供应的人口比例。

很明显，英国的燃料贫困和能源贫困概念，很注重环境质量，即保证能源贫困家庭基本的生活质量。这反映了发达国家的思路。而 IEA 和联合国更关注最不发达国家的能源贫困人群，例如在非洲下撒哈拉地区，电气化率只有31%，80%的人口使用传统生物质能源[90]。而我国的情况正好介乎二者之间。随着我国经济社会的不断发展进步，我国整体能源贫困状况呈不断减缓趋势。该时期黄河中游、长江中游和东北地区的能源贫困状况相对显著，而北部沿海、西南和西北地区的能源贫困状况相对较轻。全国约有800万户农村居民还没有用上电力，将传统生物质能作为主要炊事能源的农村家庭达1.33亿户[91]。因此，我国中西部农村地区适用联合国的能源贫困标准，需要通过发展电力和现代可再生能源，并实施能源扶贫。我国农村的能源贫困的主要特征是以传统和低效方式广泛使用生物质燃料，从而限制了农村经济社会的发展[92]：

（1）收集燃料占用了从事其他生产活动的时间；

（2）用农业生物质作燃料，砍柴伐树，造成生态破坏；

（3）呼吸室内生物质燃料炉灶烟气的农村居民健康受到严重影响；

（4）秸秆燃烧的能源利用效率低下；

（5）大量使用生物质能减少了农业生产所需的有机肥料。

但国内对城市中能源贫困的表现几乎没有研究。如果说农村能源贫困的基准是商品化能源的有和无，那么城市里则是能源利用的好和差，即能不能满足城市生活的基本需求。城市能源贫困可以用以下条件评价：

（1）按当地标准家庭收入在平均线以下。

（2）用家庭月收入的10%，尚不能支付能源费用，以保证冬季有一间房间全天保证室内温度在18℃以上，夏季有一间房间室内温度在30℃以下；每人每天洗一次热水澡；保证每日三餐的烹饪，以吃上熟食和热食；有一台带有冷藏和冷冻功能的冰箱；有一台洗衣机；有用于娱乐或教育的收音机或电视机。

(3) 有高龄老人的家庭需要室内所有房间保持均衡温度。

(4) 有身患大病的病人，需要室内有较高的环境标准。

(5) 使用电力、燃气、液化石油气等清洁能源以外的任何能源，尽管能够承担能源费用，但造成室内环境的严重污染。

我国城市已经进入老龄化、少子化时期。外来人口大量涌入，形成棚户区、城中村等低品质社区，城市能源贫困事实上已经存在。解决城市能源贫困问题，就是要在城区能源规划中将"以人为本"的指导思想贯彻始终。

(1) 政府对在工资收入中不含取暖费的夏热冬冷地区的低收入家庭和老龄化家庭实行电费补助，使他们冬季至少维持一间房间的温度在健康水平之上。这笔资金出自于实施阶梯电价后多收取的电费。

(2) 对既有住宅建筑进行围护结构节能改造，以改善居住环境、降低供暖能耗。

(3) 对既有住宅建筑，鼓励居民实施门窗的改造，以门窗传热系数降低50%为目标，同时对承担改造任务的企业采取扶持政策，降低门窗改造的成本。

(4) 生产更多价廉、高效、节能、安全的家电产品，让能源贫困家庭能够买得起、用得起。更要杜绝前些年"家电下乡"时，不良商家将库存积压的高能耗产品卖到农村的现象。

(5) 在有需要的新建小区（例如各地正在兴建的养老社区或长者社区）建设基于可再生能源的集中供暖系统。

(6) 在"阶梯电价"的制度设计中更多地考虑能源贫困家庭的合理用电需求。

(7) 通过供应侧能源规划和建筑设计，在养老社区和新建保障性住宅要预留供暖设施和家电的安装位置；要预留配电量和提供三相电。

1.8 旧城改造中的绿色生态理念[1]

1.8.1 国内外旧城改造历程及主要理念

始于英国产业革命的城市化带来了大规模的农村人口涌向城市，而城市规模的快速扩张引发了诸如居住质量下降、社会治安恶化、城市特色消失等一系列问题，随之"逆城市化"出现……为解决城市的种种衰败与退化，恢复城市既往的繁华与活力，旧城改造作为城市的自我调节机制真正成为各国应对城市问题的主要措施，并在长久以来的探索与发展中，逐渐形成当前体系日趋完善、目标更加广泛、内容较为多元的旧城改造理论与实践。

1. 西方旧城改造历程及主要理念

自第二次世界大战以来，西方在旧城改造理论和实践方面相较于其他地区较为成熟。随着城市发展阶段性焦点的转变和城市规划理论的发展完善，西方的旧城改造理论与实践也出现了明显的阶段性特征，大致可以划分为：20世纪40~50年代的城市重建（urban reconstruction）、20世纪60年代的城市复苏（urban revitalization）、20世纪70年代的城市更新（urban renewal）、20世纪80年代的城市再开发（urban redevelopment）、20世纪

---

[1] 本节作者为马素贞、房佳琳。

90年代的城市再生（urban regeneration）以及21世纪以来的城市复兴（urban renaissance）六个发展阶段[93,94]。

城市重建时期的旧城改造理念主要是从形体出发的城市改造思想，典型代表是伦敦战后重建、柯布西耶的"光辉城市"以及国际现代建筑协会的"功能主义"思想等，倾向于扫除现有城市结构，代之以一种崭新的新理性秩序。

经历了大量贫民窟清除、住宅区建设等实践后，城市研究者发现大规模的以形体规划为思想基础的旧城改造并没有取得预期的成功，相反有些甚至给城市带来了极大的破坏，各国开始进入了更加敏感的城市复苏阶段，由此诞生了"人本"思想，强调城市发展中对人的物质和精神需求的尊重。

20世纪70年代以来逐渐占据主导的后现代主义思潮引发了对传统的物质空间规划和城市设计的质疑，尤其是对大规模城市改建的严厉批评，各国陆续出现了一系列呼吁城市规划中"公众参与"、"环境保护"等的社会运动，渐进式规划和小规模改建为主的旧城改造方式引起了社会的关注，"文脉主义"思想得以发展。

20世纪80年代传统工业的衰退带来了诸如失业、社会隔离、种族歧视等一系列严重问题，由里根-撒切尔推行的"新自由主义"思想占据优势，各国希望通过自由竞争、权力分散摆脱经济危机，刺激经济增长。此时，内城衰退再次成为城市规划的中心议题，提出了城市再开发，主张保护性和紧凑型的改造方式。

进入20世纪90年代，环境的可持续发展和改善成为共识，生态城市和可持续发展的思想得以蓬勃发展，生态理念第一次被运用在旧城改造实践，并形成了城市再生理论。该理论重点关注已失去的经济活力的再生和振兴，恢复已经部分失去的社会功能，处理那些未被人们关注的社会问题，以及改善生态平衡等。

1999年，英国"城市工作专题组"发表了《走向强有力的城市复兴》报告，第一次提出了城市复兴的概念，成为新世纪之交有关城市问题最重要的纲领性文件之一。该理念提出用可持续的社区文化和前瞻性的城市规划来恢复城市的人文性，同时整合现代生活的诸多要素，再造城市社区活力，使经济衰退的城市重获发展，提高城市的竞争力，丰富了旧城生态可持续发展的内涵。

总的说来，西方旧城改造的发展和研究经历了从贫民窟清理到社区更新，从物质改造到综合更新，走向了建立在科学的社会基础和现实基础的系统规划，其对绿色生态理念的理解和认识也在不断加深。

2. 中国旧城改造历程及主要理念

相较而言，基于复杂的社会历史原因，我国真正意义的产业革命始于改革开放，也逐渐进入高速城市化阶段。根据国家统计局发布的数据，2014年末，全国城镇常住人口74916万人，比上年末增加1805万人，乡村常住人口61866万人，减少1095万人，常住人口城镇化率为54.77%。根据人口学的纳瑟姆曲线❶，城市化率超过70%将进入较为稳

---

❶ "纳瑟姆曲线"是1979年由美国城市地理学家Ray. M. Northam首先发现并提出的，揭示世界城市化发展共同规律：当城市化水平在30%以下，国家处于经济发展势头较为缓慢的准备阶段的农业社会；当城市化水平超过30%时，第一个拐点出现，代表经济发展势头极为迅猛的高速阶段，这个国家进入工业社会；城市化水平继续提高到超过70%之后，出现第二个拐点，代表经济发展势头再次趋于平缓的成熟阶段，这时，这个国家也就基本实现了现代化，进入后工业社会。

定阶段,故我国仍处于城镇化稳步发展的重要阶段,旧城改造也日益成为城市发展的重要主题。

20世纪90年代以前,我国尽管也有一些旧城改造活动,但由于当时管理体制不健全,经济条件有限,以及历史文化保护观念淡薄,大规模的城市改造常常造成"建设性"破坏,为城市的健康发展留下了隐患[95]。

20世纪90年代后,随着城市整体经济实力的增长和房地产市场的推动,旧城改造以空前的规模和速度展开,并朝着决策多元化、目标多元化、体系综合化的方向发展。随着城市规划法的颁布,确立了历史文化名城、名镇、名村保护制度,并明确规定由国务院制定保护办法。然而,城市层面的规范却直到近年才出现。

21世纪以来更高水平的城市化和可持续发展的目标逐渐将绿色生态理念融入旧城改造。人们逐渐认识到,旧城改造不仅是旧有建筑设施的翻新、一种城市建设的技术手段、一种房地产开发为导向的经济行为,还具有深刻的环境、社会和人文内涵。功能提升、环境改善、历史街区保护和特色重塑等理念被越来越多运用在旧城改造的实践中。

2009年,深圳出台了《深圳市城市更新办法》,是我国城市更新领域法律法规的一次突破。该办法及2012年出台的《深圳市城市更新办法实施细则》,2014年出台的《关于加强和改进城市更新实施工作的暂行措施》等一系列文件,规范了深圳市行政城区范围内的城市更新活动。2015年,上海市发布了《上海市城市更新实施办法》,广州市的《广州城市更新办法》目前也在酝酿出炉。各地逐渐开始探索旧城改造的制度,但更大范围内的旧城改造制度还有待完善。

1.8.2 绿色生态旧城改造的规划方法

当前,生态建设是全球范围内的趋势之一,涉及并融入经济活动和生产、社会文化思想、城市发展与建设等多领域。在城市发展与建设中,生态理念也被运用在城市总体布局、人类行为、建筑工程、交通系统等不同方面,足以显示绿色生态理念在城市领域的普遍性[96]。

纵观中西方城市更新的发展历程,可持续和生态理念从20世纪90年代始被引入旧城改造,已经经过二十多年,卓有成效。1996年,瑞典斯德哥尔摩哈默比湖城老工业区的改造设计,将生态理念引入,通过建立本地区的循环经济系统,节能减排,实现环境问题最小化,并融入城市功能,使老工业区成功与现代城市环境的交融,成为可持续性城市建设的典范[97]。国内较有影响力的项目之一是"扬州可持续的老城更新"项目,该项目运用生态理论对老城区进行规划与管理,力求在延续历史文脉与社会形态的同时实现居住环境的提升[98]。我国许多城市当前正面临变外延扩张模式为存量优化模式的城市发展转型,旧城改造的生态化过程是建设生态城市的必然途径和客观要求。

从生态学的视角,旧城中存在的诸多问题的源头是人与环境的关系的问题。当前旧城区存在的如人与人、人与土地、人与空间等矛盾,诸如人口密度超过环境容量、绿化缺失等影响着城市居民的健康和生态空间及系统的稳定性。

在旧城改造中引入绿色生态理念,即以生态的角度看待旧城,通过在旧城改造规划的决策、编制、实施中植入绿色生态观念,利用生态学理论和方法对旧城资源环境各项关系进行调整和再配置[99]。

尽管绿色生态旧城改造实践由来已久，但目前尚未形成较为普遍的绿色生态旧城改造的规划方法论，此处援引刘刚、沈清基等的研究[100]，并结合笔者对绿色生态旧城改造的认识，总结出如下方法。

绿色生态旧城改造，可以将旧城区看作一个生态单元，基于人口—环境—经济—社会—文化的复合生态系统，对生态单元进行评估分析，辨析生态改造更新的主要环节和问题，及经济社会活动与旧城生态环境承载力的关系；然后通过对旧城水资源、土地资源等生态环境容量的分析，确定生态开发极限和合理的旧城改造人口规模、经济开发强度等，制定绿色生态改造的目标和内容。最后，利用生态绿色生态化的策略进行建设实施，定期对规划实施进行评价以修正并完善并规划策略，确保旧城健康发展。流程如图1-37所示。

绿色生态城市更新的策略众多，包括空间资源改造重组、适度提高开发强度、产业低碳生态化改造、基础设施生态更新、既有建筑绿色化改造、生态补偿绿地建设、城市生物多样性保护或恢复、城市环境改善、历史文化遗存改造更新、传统文化与生活方式维系、节能环保技术工艺推广、生态社会治理等。此处以历史文化遗存改造更新为例进行阐述。

城市的特色文化、风俗风貌、传统街巷格局，是城市宝贵的历史记忆，会随着时间流逝而愈加珍贵[101]。然而，在现实中，这些珍贵的历史遗存也存在基础设施匮乏、卫生条件恶劣等问题。旧城改造中如何兼顾旧城生活环境的改善并保存历史遗迹是绿色生态旧城更新长期以来不断探索的课题。旧城历史街巷、历史建筑的改造更新，应是一种面向历史和未来、低冲击可持续的发展，既要延续历史文脉，同时还应激发传统空间的活力，而非静态的保护。首先应划定历史文本保护街区的范围，进行整体性的保护和环境整治，注重对传统文脉和街巷肌理的修复，形成完整的历史空间感受。其次应运用生态技术手段，通过立面整

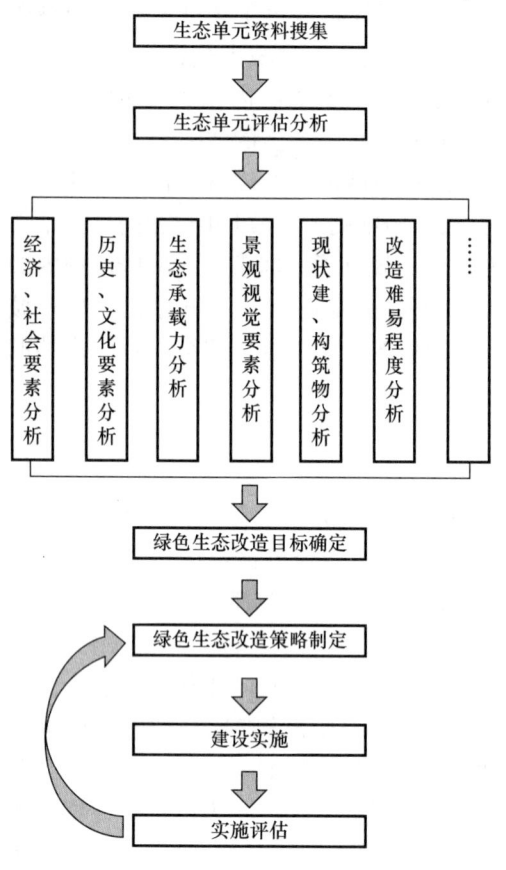

图1-37 绿色生态旧城改造规划方法

治、部分改造、基础设施更新、景观美化、功能置换等方式，将现代功能与历史空间有机融合，赋予旧城新的活力。此外，街区范围之外的风貌控制区，也应注重在建筑形式、色彩等方面与保护街区的协调。

1.8.3 绿色生态旧城改造的价值转变

城市管理者和规划师对于城市现象的价值取向将直接影响城市规划和管理策略，也会导致不同的城市建设和旧城改造结果。通过绿色生态旧城改造建设生态城市首先应建立适应时代发展趋势及其内在逻辑的价值观。

1.8 旧城改造中的绿色生态理念

长期以来各国都在奉行城市增长主义的逻辑体系，其核心内涵是经济的增长。各国通过各种制度设计来保证增长主义逻辑的最终实现，并在其城市发展改造的目标中延续这一传统的增长主义价值观[102]。

英国最近一次规划改革的核心文件《国家规划政策框架》及三项重要辅助性文件《开放规划绿皮书》、《地方主义法案》和《发展和基础设施法案》中，除"规划"（planning）出现的频率最高外，"发展"（development）位列其次，重点讨论规划与发展的关系，而"可持续"（sustainable）、"绿色"（green）等词频较低，且没有对"可持续发展"给出明确定义，造成了实际工程工作的困难[103]。

美国城市规划则倾向于在旧城核心区通过可以带来增长价值的旗舰项目来带动城市增长，如美国锈带地区的中心城市之一克利夫兰，其重点项目滨道改造工程计划将西滨道打造为滨水慢行道路，并将一个旧电池厂的棕地再开发，提供一种特殊的邻里体验[104]。该项目和其他一些以增长为目标的"大工程"一样，实施后在一定程度上带动了临近几个社区的点状人口和经济增长，但也加速了城市绅士化而加剧了社会分化[105]。

我国在改革开放以来，增长主义的影响十分深远，不仅局限于经济领域，更被作为一种发展工具渗透在从中央到地方的整个发展体系[106]。以GDP为代表的经济指标成为衡量地方政府政绩的标杆，推动了地方政府治理模式的转型。20世纪90年代中后期以来中国经济"世界上从未出现过的大规模持久的增长"[107]，也由此导致了城市发展中大量的问题与矛盾，更有可能对长远经济发展带来危害[100,108,109]。

事实上，21世纪初，当人们还在关注城市增长时，德国人就已在谈论"城市萎缩"了。无论是英国、美国、德国，还是俄罗斯、日本和中国，城市收缩现象无处不在，并在全球蔓延。去工业化、人口流失、老龄化、高失业率、资源枯竭等都是导致收缩的原因，而全球化、社会体制转变等因素又加速了这一过程。

关于"收缩城市"的定义援引名为"收缩城市国际研究网络"（Shrinking City International Research Network）的学术机构给出的基本定义：人口规模在1万人以上的城市城区，面临人口流失超过两年，并经历结构性的经济危机[110]。统计显示，全球人口数量超过10万人的大城市中，有不少于1/4的城市正在经历收缩[111]。尽管全球城市化进程仍在继续，但收缩城市的数量也将不可避免地增加，并且大多分布在工业化和城市化程度较高的城区[97]。

近年来以德国为代表的奉行改善市民生活环境为主的精简主义价值观被越来越多地认为是一种先锋的增长主义价值观转变。"柏林国际建筑展"（IBA）针对旧城区提出了"谨慎的城市更新"概念，其目标整合了物质空间和社会生活两方面的需求，旨在更新后能创造一个宜居的、交通便捷的、宁静的、居民易于参与融入的城市[112]。该旧城改造模式将教育、健康、经济、社会、文化等问题与规划相结合，关注城市存量空间的环境改善，主张以"在地性"（locality）策略引导旧城改造，尽管旧城改造项目本身对经济没有带动效应，但由此带来的人口增长、环境改善、基础设施效率提升等效益终将为城市的发展提供新的机遇[113]。

德国马格德堡市的易北河同居旧城改造项目（Living Beside and with the Elbe）脱离了增长主义价值观，不以投资带动经济增长为前提，而是通过对旧仓库进行公共使用属性的改造和基础设施投资，从整体上引导城市的复兴和激发公众的参与意识，提高居民生活质量，为旧城中心区及周边地区吸引更多的居民和企业，提升了城市密度和基础设施的使用效率，既有利于降低公共开支，还能促进社会融合[114]。

在当前国际社会经济转型期，增长主义目标下的旧城改造逐渐遇到瓶颈，绿色生态旧城改造就是在认识上适应这种价值观转型，重塑旧城改造的生态规划价值观，不断探索并形成与增长主义不同的替代性规划范式，引导旧城复兴。

1.9 绿色生态城区的评价即国内外指标体系案例

"指标"一词源于阿拉伯文的"点"一词，它作为一种衡量参照的标准，可以对事物进行相互比较。指标可以确定事物所处的状态、要达到的目标和引导如何达到该目标[115]。对绿色生态城区来说，其规划建设的目标是实现可持续发展，指导其规划建设的理论体系是生态学，即关注社会、经济、自然子系统在"关系"上的协调，因此绿色生态城区的指标体系即是在社会、经济、自然三个维度评价城区规划和建设成效，并引导其实现资源节约、环境友好、经济持续、社会和谐的最终目标。

"没有政策就没有指标，没有指标也就没有政策"。政策和指标两者是紧密关联的，一旦政策制定而且付诸实施，相应的指标体系就开始设立，用于检测和评价政策，同时随着政策的改变而做相应的调整[116]。绿色生态城区的指标体系也是因政策而定，2011年住房和城乡建设部印发了《住房和城乡建设部低碳生态试点城（镇）申报管理暂行办法》，提出要建设低碳生态城（镇），2012年4月财政部和住房和城乡建设部联合发布的《关于加快推动我国绿色建筑发展的实施意见》中，首次明确积极发展绿色生态城区。2012年，低碳生态试点城（镇）和绿色生态城区统一称为"绿色生态城区"。绿色生态城区的评价主要依据指标体系来开展，指标体系不仅是绿色生态城区内涵的具体化，而且是其规划和建设成效的度量。

1.9.1 国外指标体系

随着全球环境恶化和资源紧缺，建设可持续的低碳、生态城已成为全球的共识。目前，国外学者更加倾向使用"生态城市"，他们关注更多的是生态城市的内涵、规划设计原则、方法的讨论，国外的指标体系主要关注城市尺度的各个方面，是针对城市管理而开发出的一套适用于政策制定、监测和评估的指标体系。如联合国人居议程指标、联合国可持续发展指标、全球城市指数、欧洲绿色城市指标体系、环境可持续发展指标体系等。这些城市尺度的指标体系主要关注社会发展、经济发展、环境管理、城市管理、国际合作等内容，国外相关指标体系的框架及适用对象见表1-18。

国外相关指标体系分类框架设置对比　　　　表1-18

体系名称	建设框架	适用对象
联合国人居议程指标	三个层级 六大部分：住房、社会发展和消除贫困现象、环境管理、经济发展、城市管理、国际合作	主要适用于城市级别

续表

体系名称	建设框架	适用对象
联合国可持续发展指标体系	四个层级 四个维度：经济、社会、环境、制度	主要适用于国家尺度的决策
欧洲绿色城市指数	二个层级 八大方面：二氧化碳排放、能源、建筑、交通、水、空气、废物、土地使用和环境治理	主要针对欧洲的30个主要城市
亚洲绿色城市指数	二个层级 八大方面：能源供应和二氧化碳排放、建筑和土地使用、交通、垃圾、水资源、卫生、空气质量和环境治理	主要针对主要亚洲国家的首都或主要的商业中心
环境可持续发展指标体系	三个层级 两个方面：环境健康、生态系统活力	使用不同国家的环境状况

下面详细介绍几个指标体系[116]：

1. 联合国人居议程指标

联合国人居署从1991年就开始制定住房指数项目，关注城市住房的监测，并逐渐完善其指数数据库。为指导联合国会员国针对千年发展目标之一的"确保环境的可持续"，联合国人居署制定了"人居议程指标"：

20项关键指标：既对政策制定有很大帮助，又容易收集的指标，可以为具体数值、百分比或比例。

9项选项列表指标：对不容易监测的指标项目进行定量的评价，进而根据回答是或否进行评价。

13项扩展指标：为更加深入了解某方面的问题而设置的指标，以更加完整地、定量化地阐释关键指标。

指标涵盖了住房、社会发展和消除贫困现象、环境管理、经济发展、城市管理、国际合作6个方面的内容。

2. 联合国可持续发展指标

为响应《21世纪议程》呼吁各国和国际社会开发研究可持续发展指标的号召，联合国可持续发展委员会于1995年批准了《可持续发展指标工作计划》，并于同年4月在委员会的第三届会员大会上通过了可持续发展指标工作方案。该指标从可持续发展的4个主要方面——社会、经济、环境和制度着手建立，采用"驱动力—状态—响应"模型，共有134个指标（United Nations，2001）。

该指标体系在2006年完成了更新，2007版的指标体系由一套核心指标组成，而这些核心指标又来自更大的一套约132个指标。

3. 欧洲绿色城市指数 & 亚洲城市指数

欧洲绿色城市指数是西门子公司委托欧洲经济学人智库进行开发的指标体系，用来定量比较欧洲30个城市的环境保护表现。该指标体系对每个城市进行30项指标的定量评价，评价领域涉及二氧化碳排放、能源、建筑、交通、水、空气、废物、土地使用和环境治理8个领域。

2010年，西门子和经济学人智库在欧洲绿色城市指数基础上，继续对亚洲约20个主要商业城市在环境可持续发展方面的表现进行比较。评估的环境指标共有8类,包括能源供应和二氧化碳排放、交通、水资源、卫生和绿色治理等。

4. 环境可持续发展指标体系

2000年,美国耶鲁大学和哥伦比亚大学合作开发了环境可持续性指标ESI,对不同国家的环境状况进行系统化、定量化的比较,包含5个组成部分,21个指标和64个变量。2006年,美国耶鲁大学和哥伦比亚大学的研究者们在ESI的基础上发展出了环境绩效指数EPI,包含环境健康、空气质量、水资源、生物多样性和栖息地、生产性自然资源和可持续能源等6大类别中的16项指数。

除了关注城市尺度的生态发展,国外还比较关注社区层面的绿色发展,例如,美国绿色建筑委员会(U. S. Green Building Council, USGBC)建立并推行的绿色社区认证体系(Leadership in Energy and Environmental Design for Neighborhood Development, LEED-ND),主要从精明选址及连通性、邻里模式和设计、绿色基础设施三方面对社区的可持续规划建设提出要求,以实现绿色、健康的社区开发目标;日本可持续建筑协会(The Japan Sustainable Building Consortium, JSBC)推出了建筑物综合环境性能评价系统社区版(Comprehensive Assessment System for Building Environmental Efficiency for Urban Development, CASBEE-UD),主要从环境负荷和建筑质量两方面对城市的可持续发展进行评估,即要求对环境产生尽可能小的负荷下保证尽可能高的质量;英国建筑研究院(Building Research Establishment, BRE)开发建立了绿色建筑评估体系社区版(BREEAM Communities),从气候和能源、交通、生态环境、商业和社区五方面阐述了关键的环境、社会和经济可持续目标、规划政策需求和实施策略。这些绿色社区的评估体系在欧洲、北美、亚洲等主要国家开展了实质性建设实践,国内知名的上海世博城市最佳实践区就申请了LEED-ND,目前已获得铂金级预认证。

1.9.2 国内指标体系

国内的指标体系主要有两类:一类是从社会、经济、自然3个子系统的分析出发构成的指标体系,这类指标体系的应用较广泛;另一类是从城市生态系统的结构、功能、协调度考虑建立的指标体系,指标综合的方法也主要以加权平均为主。绿色生态城区规划建设的目的是实现社会—经济—自然复合生态系统的高度协调和可持续发展,所以也可以用环境、资源核算作为评价指标。对指标体系中指标的数量问题,主要存在两种观点,一种是少而精,一种是详细而全面。但是两者在应用上都存在争议,过少的指标会被认为不够全面,而过多的指标会因为指标间的相关性导致指标间关系复杂,指标综合结果无法正确反映各指标的重要性。

我国各建设主管部门制定了一些生态、绿色、低碳相关的指标体系,如《国家生态园林城市》设定了城市生态环境、城市生活环境、城市基础设施三大类指标;《绿色低碳重点小城镇建设评价指标(试行)》主要包含社会经济发展水平、规划建设管理水平、建设用地集约性、资源环境保护与节能减排、基础设施与园林绿化、公共服务水平、历史文化保护与特色建设7大指标内容;中国人居环境奖评价指标体系则是借鉴联合国人居环境的评价要求,主要关注居住环境、生态环境、社会和谐、公共安全、经济发展、资源节约的各个方面。见表1-19。

1.9 绿色生态城区的评价即国内外指标体系案例

国内相关指标体系分类框架设置对比　　　　　　　　　　　表1-19

体系名称	建设框架	标准的对象
《国家生态园林城市标准》	本标准由组织管理、一般性要求和基本指标要求三部分组成。 基本指标要求包括城市生态环境指标、城市生活环境指标、城市基础设施指标三部分	我国县级以上、已获得"国家园林城市"称号的城市
《绿色低碳重点小城镇建设评价指标（试行）》	三个层级，62个指标 七个大类：社会经济发展水平、规划建设管理水平、建设用地集约性、资源环境保护与节能减排、基础设施与园林绿化、公共服务水平、历史文化保护与特色建设	重点小城镇
中国人居环境奖评价指标体系	三个层级，63个指标 六个大类：居住环境、生态环境、社会和谐、公共安全、经济发展、资源节约	参评人居环境奖的县、市
生态县、生态市、生态省建设指标体系	两个层级，19个指标 三个大类：经济发展、生态环境保护、社会进步	参评的县、市

此外，在城区和社区层面，我国正在编制的有国家标准《绿色生态城区评价标准》，评价指标体系分为土地利用、生态环境、绿色建筑、资源与碳排放、绿色交通、信息化管理、产业与经济、人文8类指标，每类指标均包括控制项和评分项；国家发展改革委办公厅2015年印发了《低碳社区试点建设指南》，其中区分了新建、既有和农村三类低碳社区，分别建立了不同的指标体系对其进行评价。

下面对其中部分绿色生态评价指标体系进行详细阐述：

1. 《国家生态园林城市标准》

为推动城市生态环境建设，实施可持续发展战略，落实"全面建设小康社会"的任务，努力为广大人民群众创造优美、舒适、健康、方便的生活环境，住房和城乡建设部决定在创建"园林城市"的基础上开展创建"生态园林城市"活动。该标准由组织管理、一般性要求和基本指标要求三部分组成。基本指标要求包括城市生态环境指标、城市生活环境指标、城市基础设施指标三部分。

与国家园林城市评比中侧重城市的园林绿化指标不同，"生态园林城市"的评估更注重城市生态环境质量。较之"园林城市"的评比标准，"生态园林城市"的评估增加了衡量一个地区生态保护、生态建设与恢复水平的综合物种指数、本地植物指数、建成区道路广场用地中透水面积的比重、城市热岛效应程度、公众对城市生态环境的满意度等评估指标。

国家生态园林城市是国家园林城市的更高层次，更加注重城市生态功能提升，更加注重生物物种多样性、自然资源、人文资源的保护，更加注重城市生态安全保障及城市可持续发展能力，更加注重城市生活品质及人与自然的和谐。在"园林城市"的基础上，利用环境生态学原理，规划、建设和管理城市，进一步完善城市绿地系统，有效防治和减少城市大气污染、水污染、土壤污染、噪声污染和各种废弃物，实施清洁生产、绿色交通、绿色建筑，促进城市中人与自然的和谐，使环境更加清洁、安全、优美、舒适。

2. 《绿色低碳重点小城镇建设评价指标（试行）》

开展绿色低碳重点小城镇建设评价和试点示范，有利于引导城乡建设模式转型，增强节能减排能力，缓解大城市人口压力，推进城镇化可持续发展；有利于增强小城镇居住功能和公共服务功能，提高人口和经济集聚程度，统筹城乡经济社会发展；有利于增强城乡居民消费能力，加快服务业发展，促进扩大内需，推进经济结构调整。

绿色低碳重点小城镇建设评价为 100 分制。评判依据是统计年报、文件档案、公开信息和现场调查结果，由专家进行计算并独立打分。所有专家打分的平均值即为该镇最终的得分。总分在一定分数以上，且一票否决项符合要求，可以作为绿色低碳重点小城镇试点示范的候选。

绿色低碳重点小城镇建设评价指标分社会经济发展水平、规划建设管理水平、建设用地集约性、资源环境保护与节能减排、基础设施与园林绿化、公共服务水平、历史文化保护与特色建设 7 个类型，分解为 35 个项目、62 项指标。其中 6 项指标为一票否决项，是绿色低碳重点小城镇的先决条件。

3. 中国人居环境奖评价指标体系

为深入贯彻落实科学发展观，住房和城乡建设部于 2010 年重新组织制定了《中国人居环境奖评价指标体系（试行）》，并对《中国人居环境奖评评选主题及内容》进行修订，编制了《中国人居环境奖评指标体系说明》。

中国人居环境奖指标体系由两部分内容组成：人居环境建设基本指标体系和改善人居环境的城市实践案例。人居环境建设基本指标体系包括 6 个一级指标，24 个二级指标，60 个三级指标。

中国人居环境奖评价指标体系的特点如下：

（1）本奖项的指标体系能够全面反映人居环境建设的范畴，并与健康城镇化、经济社会转型发展、社会保障、改善民生、节能减排等近期国家发展的政策要求相结合。

（2）借鉴其他部委的荣誉奖项的经验，详细规定每一单项指标的指标解释、计算方法以及数据来源，确保申报数据的准确性和可比性。结合相关统计、国家规范、其他部委指标体系的标准，确定各项指标的参考值，用于评选过程中打分参照。

（3）适应地区差异性的要求，鼓励城市发挥特色。在指标标准的设置上，通过避免加入自然地理、气候等先天性的评价因子；以定量指标为主，适当减少定性指标；采用人均指标、平均值指标，避免采用总量指标等措施弱化地区差异、发展阶段差异和城市规模的差异。借鉴联合国人居奖的评选办法，以实践案例为载体，增加对人居环境切实改善的动态指标考察，促进不同地区的城市根据自身特点有重点的加强人居环境建设。

（4）结合中国人居环境发展的趋势，突出对城市基础设施建设的促进作用。通过对指标权重的设计，使奖项的评选与近期城市建设工作的重点结合起来。

（5）加强指标体系的可操作性。采用经济、社会、环境与资源保护等领域中应用较为成熟的指标，如建成区绿地率、人均 GDP、城市生活污水集中处理率等，保证指标的数据可采集，相对准确。在人口和空间范围的统计口径方面，与国家权威统计部门的统计数据相衔接，重点参考《城市建设统计年鉴》（住房和城乡建设部）和《城市统计年鉴》（国家统计局）。根据人居环境未来发展的趋势和要求，适当增加新指标的应用，如生物多样性、慢行交通系统、循环经济等。

4. 绿色生态城区评价标准

国家标准《绿色生态城区评价标准》（征求意见稿）中，在充分考虑绿色生态城区的特点以及绿色生态城区今后发展方向的基础上，将绿色生态城区评价指标体系分为土地利用、生态环境、绿色建筑、资源与碳排放能源、绿色交通、信息化与管理和人文 8 类指标，每类指标均包括控制项和评分项，且每类指标的评分项总分为 100 分。此外，为鼓励生态城区建设突出本地特色，评价体系还统一设置了创新项。该标准着眼于人—环境—社会三者之间的和谐，创新性地引入碳排放和人文作为指标来评价申报对象，引导绿色生态城区的发展向着绿色、低碳、人性化方向发展。

该标准主要基于对生态城区的内涵、特征、基本因素、主要问题进行分析、比较，选择重要的、针对性较强的、能反映本质和内涵的指标作为条文控制项和评分项，通过条文合理设置，采取分级打分措施，可根据条文达标程度获得不同分数，增加了标准的灵活性，充分考虑了地域差异性，加强了城区整体性能评价，体现了因地制宜的原则。此外，评价指标体系还通过设立创新项来鼓励绿色生态城区建设突出当地特色。

5. 低碳社区试点建设指南

该指南将低碳社区分为三类，新建社区、既有社区、农村社区，每类社区均设置约束性指标和引导性指标，其中，约束性指标是试点建设必须要达到目标参考值要求的指标，引导性指标是试点建设可根据自身情况确定目标参考值的指标。三种类型的低碳社区分别有所侧重，新建社区试点建设指标体系设置强调从规划建设环节提出高标准的准入要求，基于前瞻性和可操作性，设定了 10 类一级指标和 46 个二级指标，覆盖了社区低碳规划、建设、运营管理的全过程；既有社区试点建设指标体系设置突出降低社区碳排放量，覆盖了既有建筑、基础设施的改造和社区环境、运营管理和生活方式的提升等方面，共设定了 9 类一级指标和 32 个二级指标。农村社区试点建设指标体系设置突出以低碳发展支撑农村人居环境改善，围绕村庄规划、建设和管理，设定了 10 类一级指标和 28 个二级指标。

1.9.3 指标体系案例

目前国内新建绿色生态城区大都制定了指导其规划建设的具体的指标体系，采取的分类框架基本为目标导向的指标体系，基本都采用的三个层级的指标体系。如天津中新生态城采用三层指标：第一层为生态城发展的目标，包括生态环境健康、社会和谐进步、经济蓬勃高效、城区协调融合四个目标；第二层为自然环境良好、人工环境协调；生活模式健康、基础设施完善、管理机制健全；经济发展持续、科技创新活跃、就业综合平衡；自然生态协调、城区政策协调、社会文化协调、城区经济协调几个分类；第三层为针对每个发展目标而选取的指标。

1. 中新天津生态城指标体系

中新天津生态城是我国生态城市建设较早的践行者，其建设在很多方面有着其自身的特色，如：以绿色交通系统为主导的交通发展模式，"生态社区"模式，生态城市管理创新模式等。中新天津生态城的指标体系旨在节地节水、节能减排、生态宜居等规划理念和建设标准方面实现突破，通过对生态城规划的引导，将生态城建设成体现科学发展观和生态文明的城市典范。借鉴新加坡等先进国家的经验，结合选址城区的实际，围绕生态环境健康、社会和谐进步、经济蓬勃高效和城区协调融合 4 个方面，确定了 22 项控制性指标和 4 项引导性指标,如表 1-20 所示。

中新天津生态城指标体系是生态城实现可持续发展的政策工具,引领城市公共管理能够满足规划的目标和要求。

中新天津生态城建设指标体系　　　　　　　　表 1-20

目标	指标层	序号	二级指标	单位	指标值	时限
控制性指标							
生态环境健康	自然环境良好	1	区内环境空气质量	天数	好于等于二级标准的天数≥310 天/年（相当于全年的85%）	即日开始
				天数	SO_2 和 NO_x 好于等于一级标准天数≥155 天/年（相当于达到二级指标天数的50%）	即日开始
					达到《环境空气质量标准》GB 3095—1996	2013
		2	区内地表水环境质量		达到《地表水环境质量标准》GB 3838—2002 现行标准Ⅳ类水体水质要求	2020
		3	水喉水达标率	%	100	即日开始
		4	功能区噪声达标率	%	100	即日开始
		5	单位 GDP 碳排放强度	吨-C/百万美元	150	即日开始
		6	自然湿地净损失率		0	即日开始
	人工环境协调	7	绿色建筑比例	%	100	即日开始
		8	本地植物指数		≥0.7	即日开始
		9	人均公共绿地	m²/人	≥12	2013 年
社会和谐进步	生活模式健康	10	日平均生活耗水量	L/(人·d)	≤120	2013 年
		11	日人均垃圾产生量	kg/(人·d)	≤0.8	2013 年
		12	绿色出行所占比例	%	≥30	2013 年前
					≥90	2020 年
	基础设施完善	13	垃圾回收利用率	%	≥60	2013 年
		14	步行 500m 范围内有免费文体设施的居住区比例	%	100	2013 年
		15	危废与生活垃圾（无害化）处理率	%	100	即日开始
		16	无障碍设施率	%	100	即日开始
		17	市政管网普及率	%	100	2013 年
	管理机制健全	18	经济适用房、廉租房占本区住宅总量的比例	%	≥20	2013 年
经济蓬勃高效	经济发展持续	19	可再生能源使用率	%	≥20	2020 年
		20	非传统水资源利用率	%	≥50	2020 年
	科技创新活跃	21	每万劳动力中 R&D 科学家和工程师全时当量	人年	≥50	2020 年
	就业综合平衡	22	就业住房平衡指数	%	≥50	2013 年

续表

目标	指标层	序号	二级指标	指标描述
引导性指标				
城区协调融合	自然生态协调	1	生态安全健康、绿色消费、低碳出行	考虑城区环境承载力，并从资源、能源的合理利用角度出发，保持城区生态一体化格局，强化生态安全，建立健全城区生态保障体系
	城区政策协调	2	创新政策先行、联合治污政策到位	积极参与并推动城区合作，观测公共服务均等化原则；实行分类管理的城区政策，保障城区政策的协调统一，建立城区性政策制度，保证周边城区的环境改善
	社会文化协调	3	河口文化特征突出	城市规划和建筑设计延续历史，传承文化，突出特色，保护民族、文化遗产和风景名胜资源；安全生产和社会治安均有保障
	城区经济协调	4	循环产业互补	健全市场机制，打破行政区划的局限，带动周边地区合理发展，促进城区智能分工合理、市场有序，经济发展水平相对均衡，职住比平衡

2. 梅溪湖新城绿色生态指标体系

梅溪湖新城是湖南省长沙市的一号项目，位于长沙大河西先导区的梅溪湖片区。梅溪湖新城处于梅溪湖片区的核心位置，距市政府6km，位于二三环之间，距市中心约8km，交通便利。城区占地面积为7.6km²，约11452亩，规划后，总建筑面积约945万m²，综合容积率约3.36。

梅溪湖新城绿色生态规划指标体系以"碳排放总量指标＋平行生态规划指标"为特色，既明确碳排放量的总体指导目标，又根据总体目标平行展开几大类的分解，提前协调各分类内容，将整个绿色生态规划的各个部分有机地整合在一起。

梅溪湖绿色生态规划指标体系的总体目标为人均碳排放量，平行分类包括城区规划、建筑、能源、水资源、生态环境、固体废弃物、交通、绿色人文8个方面，共计47个指标。

梅溪湖新城指标属性分为控制性和引导性两类，结合指标实施的难易程度和对低碳生态城市建设关键性对各个指标进行属性划分。此外，还考虑到该项目由金茂投资（长沙）有限公司来整体规划建设，故该指标体系还考虑了一级开发及二级开发的要求，将指标落实到规划层面和地块层面（见表1-21）。

梅溪湖新城生态规划指标体系 表1-21

大类	小类	序号	编号	指标	单位	指标值	指标特性	指标分层	执行主体
总指标		1	S1	人均碳排放量	t/(人·a)	4.3	引导性	城区	一级开发&二级开发
城区规划	场地开发	2	S2	拥有混合使用功能的街坊比例	%	≥70	引导性	城区&街区	一级开发
		3	S3	地下空间开发利用率	%	≥35	引导性	地块	一级开发&二级开发
	街区开发	4	S4	街区尺度达标率（100~250×100~250街区尺度）	%	≥80	引导性	城区	一级开发
		5	S5	街道中临街建筑高度与街宽比大于1:2的比例	%	≥40	引导性	街区	一级开发&二级开发

第1章 绿色生态城区

续表

大类	小类	序号	编号	指标	单位	指标值	指标特性	指标分层	执行主体
城区规划	公共设施	6	P1	市政管网普及率	%	100	控制性	城区	一级开发
城区规划	公共设施	7	P2	无障碍设施设置率	%	100	控制性	城区	一级开发
建筑规划	绿色建筑	8	P3	绿色建筑比例	%	100（二星级及以上不低于30%）	控制性	城区&地块	一级开发&二级开发
建筑规划	建筑节材	9	S6	全装修住宅比例	%	≥50	引导性	地块	二级开发
建筑规划	建筑节材	10	S7	本地建材比例	%	≥70	引导性	城区&地块	一级开发&二级开发
建筑规划	绿色施工	11	P4	绿色施工比例	%	100	控制性	城区&地块	一级开发&二级开发
建筑规划	建筑管理	12	P5	建筑智能化普及率	%	100	控制性	地块	二级开发
能源规划	建筑节能	13	P6	建筑设计节能率	%	≥65	控制性	地块	一级开发&二级开发
能源规划	建筑节能	14	S8	单位面积建筑能耗	kWh/(m²·a)	公共建筑≤100 居住建筑≤40	引导性	地块	二级开发
能源规划	建筑节能	15	P7	公共建筑能耗监测覆盖率	%	100	控制性	地块	一级开发
能源规划	可再生能源利用	16	P8	可再生能源利用率	%	≥10	控制性	城区&地块	一级开发&二级开发
能源规划	城区能源规划	17	S9	公共建筑区域供冷供热覆盖率	%	≥45	引导性	地块	一级开发&二级开发
能源规划	城区能源规划	18	S10	公共建筑智能电网覆盖率	%	≥29	引导性	地块	一级开发&二级开发
水资源规划	水资源循环利用	19	S11	非传统水源利用率	%	≥10	引导性	城区&地块	一级开发&二级开发
水资源规划	水资源循环利用	20	P9	场地综合径流系数	—	≤0.54	控制性	城区&地块	一级开发
水资源规划	水资源节约	21	P10	建筑节水率	%	公共建筑≥10 居住建筑≥9	控制性	地块	二级开发
水资源规划	水资源节约	22	P11	供水管网漏损率	%	≤8	控制性	城区	一级开发
水资源规划	水资源节约	23	P12	用水分项计量普及率	%	100	控制性	城区	一级开发
生态环境规划	城区自然环境	24	S12	原有生态保持率	%	100	引导性	城区	一级开发
生态环境规划	城区自然环境	25	P13	环境噪声达标区覆盖率	%	100	控制性	城区&地块	一级开发
生态环境规划	城区自然环境	26	S13	地表水域质量	—	GB 3838—88 Ⅲ类水质	引导性	城区	一级开发

续表

大类	小类	序号	编号	指标	单位	指标值	指标特性	指标分层	执行主体
生态环境规划	微气候环境	27	P14	人行区风速	m/s	≤5	控制性	街区	一级开发
		28	S14	室外日平均热岛强度	℃	≤1.3	引导性	街区	一级开发&二级开发
	景观环境	29	P15	本地植物指数	—	≥0.8	控制性	地块	二级开发
		30	S15	清凉屋面覆盖率	%	≥50	引导性	地块	二级开发
		31	S16	慢行道路遮荫率	%	≥80	引导性	街区&地块	一级开发&二级开发
交通规划	公共交通	32	P16	300m范围内可达公交站点比例	%	≥90	控制性	城区	一级开发
	慢行交通	33	S17	慢行道路宽度	m	≥2	引导性	城区	一级开发
		34	S18	自行车停车位数量	车位/人	公共建筑≥0.1 居住建筑≥0.3	引导性	地块	一级开发&二级开发
	清洁能源交通	35	S19	清洁能源公交比例	%	≥30	引导性	城区	一级开发
		36	P17	优先停车位比例	%	≥10	控制性	地块	二级开发
固体废弃物规划	垃圾排放减量	37	S20	日人均生活垃圾排放量	kg/(人·d)	≤0.8	引导性	城区	一级开发
		38	S21	建筑垃圾排放量	t/万m²	≤350	引导性	地块	二级开发
	垃圾分类收集	39	P18	生活垃圾分类收集设施达标率	%	100	控制性	城区	一级开发
	垃圾处理和利用	40	S22	垃圾回收再利用率	%	生活垃圾≥50 建筑垃圾≥30	引导性	城区	一级开发
		41	P19	垃圾无害化处理率	%	100	控制性	城区	一级开发
绿色人文规划	城区管理	42	S23	管理和服务信息化的社区比例	%	100	引导性	城区	一级开发
	绿色社区建设	43	S24	绿色社区创建率	%	100	引导性	街区	一级开发
		44	S25	绿色感受度	%	≥80	引导性	城区&街区	一级开发&二级开发
		45	P20	绿色学校（幼儿园、小学）创建数	所	7	控制性	地块	一级开发
		46	S26	绿色出行比例	%	公共≥40 慢行交通≥40	引导性	城区	一级开发
		47	S27	居住与就业平衡指数	%	≥15	引导性	城区	一级开发
	碳排放计量	48	S28	碳排放覆盖率	%	100	引导性	城区	一级开发&二级开发

本章参考文献

[1] UN Habitat, CITIES AND CLIMATE CHANGE, GLOBAL REPORT ON HUMAN SETTLEMENTS 2011.

[2] International Energy Agency, The World Energy Outlook 2008, http://www.iea.org.

[3] 中国科学院可持续发展战略研究组, 2009 中国可持续发展战略报告, 探索中国特色的低碳道路. 北京: 科学出版社, 2009.

[4] 国家统计局. 2014 年国民经济和社会发展统计公报, 2015 年 2 月 26 日.

[5] 世界银行. 中国: 推进高效、包容、可持续的城镇化, 2013.

[6] McKinsey. 一个国家, 多个市场——使用麦肯锡 Cluster Map 瞄准中国消费者, 2009 年 9 月.

[7] 麦肯锡全球研究院 (MGI). 迎接中国 10 亿城市大军, 2008 年.

[8] 人民网, China to push forward urbanization steadily [EB/OL], http://www.people.com.cn.

[9] ARCADIS. Global Built Asset Wealth Index 2015.

[10] The Council on Tall Buildings and Urban Habitat (CTBUH), http://www.ctbuh.org/.

[11] 摩天城市网站. 2012 中国摩天城市报告, http://www.motiancity.com/.

[12] 国土资源部. 2014 国土资源报告, 2015 年 4 月.

[13] 国际欧亚科学院等. 中国城市状况报告 2014/2015. 北京: 中国城市出版社, 2014.

[14] 龙惟定, 梁浩, 范蕊, 张峰. 中国城市化进程中的规划节能问题. 建筑科学, 2012, 28 (6).

[15] 新华网. 全国 50 城市上班族通勤调查, 2015 年 1 月 26 日, http://www.sh.xinhuanet.com/2015-01/26/c_133947915.htm.

[16] 国家经济统计数据库, 万方数据. http://stats.wanfangdata.com.cn/.

[17] 孙晓岩. 浅议水利水电工程建设对生态环境的影响分析. 中国水运, 2012, 12 (10).

[18] IEA. Technology Roadmap of Hydropower, 2012.

[19] 谭知还. 关于 PM2.5 的十个问答. 科学松鼠会, http://songshuhui.net/archives/62570, 2011 年 12 月 6 日.

[20] 中国煤炭消费总量控制方案和政策研究课题组. 煤炭使用对中国大气污染的贡献. 中国煤控项目专题报告, 2014 年 10 月.

[21] 沈永平, 王国亚. IPCC 第一工作组第五次评估报告对全球气候变化认知的最新科学要点. 冰川冻土, 2013, 35 (5).

[22] [美] 乔尔·科特金著. 全球城市史. 王旭等译. 北京: 社会科学文献出版社, 2014.

[23] 郭双生, 孙金镖. 美国生物圈 2 号及其研究. 中国航天, 1996, 4.

[24] 百度百科, 绿色沙漠, http://baike.baidu.com/view/89459.htm#8.

[25] 政府间气候变化专家委员会 (IPCC), 新闻通稿, 2014 年 11 月 2 日, http://www.ipcc.ch/pdf/ar5/prpc_syr/11022014_syr_copenhagen_zh.pdf.

[26] 李俊峰, 樊星, 陈济. 全球气候治理里程碑——《巴黎协议》达成! 中国能源报微信平台, 2015 年 12 月 13 日.

[27] 马晓霖. 巴黎协议: 世界联手拯救地球"拐点". 华夏时报微信平台, 2015 年 12 月 29 日.

[28] "斯特恩报告 2.0": 增长与减排如何兼得? 瞭望观察网, http://www.lwgcw.com, 2014 年 4 月 1 日.

[29] 点绿网. http://www.inggreen.com/Home/ArticleDetail/2063?type=news, 2015 年 12 月 7 日.

[30] 可持续城镇化促进联盟. 绿色低碳城市发展十项要则——为中国新型城镇化助力, http://www.nrdc.cn/phpcms/userfiles/download/201512/03/《绿色低碳城市发展十项要则》.pdf, 2015 年 12 月.

[31] 维基百科, Lagos, https://en.wikipedia.org/wiki/Lagos.

本章参考文献

[32] 张乐. 第三世界成电子毒垃圾倾倒场. 新京报, 2010年7月25日.

[33] J. Norman, etc., Comparing High and Low Residential Density: Life-CycleAnalysis of Energy Use and Greenhouse Gas Emissions, JOURNAL OF URBAN PLANNING AND DEVELOPMENT © ASCE/MARCH 2006.

[34] 邱红. 以低碳为导向的城市设计策略研究. 哈尔滨: 哈尔滨工业大学, 2011.

[35] M. Kolokotroni etc.. London's urban heat island: Impact on current and future energy consumption in office buildings. *Energy and Buildings*, 2012, 47: 302-311.

[36] Y. Hirano etc.. Evaluation of the impact of the urban heat island on residential and commercial energy consumption in Tokyo. *Energy*, 2012, 37: 371-383.

[37] 田喆. 城市热岛效应分析及其对建筑空调采暖能耗影响的研究. 天津: 天津大学, 2005.

[38] 潘海啸. 低碳城市的交通与土地使用模式. 建设科技, 2009, 17.

[39] 苏红键, 魏后凯. 密度效应、最优城市人口密度与集约型城镇化. 中国工业经济, 2013, 307 (10).

[40] 孔涛, 张春生. 城市人口密度与交通方式——对美国部分城市的研究. 道路交通与安全, 2001, 1.

[41] 城乡规划百科. 职住平衡, http://www.china-up.com/hdwiki/.

[42] 王鹏, 郝新华, 谢力唯. 大数据论证: 你的上班路为何会变成漫长取经路? (北京) http://www.36dsj.com/archives/34177.

[43] 郑思齐, 徐杨菲, 谷一桢, 如何应对"职住分离": "疏"还是"堵"? http://www.cre.tsinghua.edu.cn/publish/cre/9554/20150709/86971436452115618.pdf.

[44] 李芳艳. 马素贞. 绿色生态城区中绿色建筑星级比例研究. 施工技术, 2013, 3: 1-4.

[45] 仇保兴. 新常态、新绿建——中国绿色建筑的现状与发展前景. 住宅产业, 2015, 6: 13-18.

[46] 孙翔. 现代城市交通规划的弹性思考. 武汉城市建设学院学报, 2000, 4.

[47] 张谦. 基于工效学的新型城市快递交通工具设计研究. 上海: 上海交通大学, 2013.

[48] 张娴. 步行系统规划的探索及实践. 上海城市规划, 2009, 5.

[49] 黄建德. 城市公共自行车系统发展研究. 武汉: 华中科技大学, 2013.

[50] 李本纲, 冷疏影. 二十一世纪的环境科学——应对复杂环境系统的挑战. 环境科学学报, 2001, 6.

[51] 张合平, 刘云过. 环境生态学. 北京: 中国林业出版社, 2002.

[52] 胡乔木主编. 中国大百科全书. 第2版. 北京: 中国大百科全书出版社, 2009.

[53] 李挚萍. "环境法基本法中环境"定义的考究. 政法论丛, 2014: 48.

[54] 李本纲, 冷疏影. 二十一世纪的环境科学——应对复杂环境系统的挑战. 环境科学学报, 2001, 31 (6).

[55] 周训芳. 环境概念的选择与公民环境权体系的构建. 湖北: 中国法学会环境资源法学研究会"2002年中国环境资源法学研讨会", 2002-10-22.

[56] 仇保兴. 兼顾理想与现实——中国低碳生态城市指标体系构建与实践示范初探. 北京: 中国建筑工业出版社, 2012.

[57] 张林波等. "生态环境"一次的合理性与科学性辨析. 生态学杂志, 2006, 10: 1296-1300.

[58] 桑燕鸿. 环境规划浅析. 大学研究生学刊(自然科学版), 2001, 2: 29-33.

[59] 德国能源署DENA. Felicitas Kraus, 城市中有效利用能源, http://www.dena.de/fileadmin/user_upload/Veranstaltungen/2010/city-dialog/Kraus_cn.pdf.

[60] UNHABITAT, 执行主任的报告(增编). 人类住区的能源消费, 2007年4月16-20日.

[61] 中国轻工业清洁生产中心. 整体煤气化联合循环(IGCC)发电技术. http://www.ccpcli.com/Html/Article/20110609/1012.html.

[62] 李彤彦. 大连市供热工程技术经济分析. 大连: 大连理工大学, 2001.

[63] 维基百科. 100% renewable energy.

[64] DolfGielen. IRENA overview and the technology roadmap project. IRENA Workshop, Bonn, 12 May 2012.

[65] GB 50797—2012. 光伏发电站设计规范. 北京：中国计划出版社，2012.

[66] GD001—2011. 光伏发电工程规划报告编制办法.

[67] REN21. RENEWABLES 2015 GLOBAL STATUS REPORT, http://www.ren21.net/wp-content/uploads/2015/07/REN12-GSR2015_Onlinebook_low1.pdf.

[68] 李元哲主编. 被动式太阳房热工设计手册. 北京：清华大学出版社，1993.

[69] 百度百科. http://b.baidu.com/view/1146261.htm.

[70] 新浪财经. 风电供暖发展模式偏差背后：北方用能结构扭曲，2015年07月30日，http://finance.sina.com.cn/energy/news/20150730/113122832535.shtml.

[71] 张新宇，李斌，姚远. 风电供暖技术方法研究. 电网与清洁能源，2014，30（1）.

[72] 互动百科. http://www.baike.com/.

[73] 中国人民大学国家战略与发展研究院. 我国城市生活垃圾管理状况评估，2015年5月.

[74] 互动百科. 生活垃圾焚烧技术，http://www.baike.com/wiki/.

[75] 钟瑾，朱庚富. 垃圾发电技术综述. 中国资源综合利用，2006，24（10）.

[76] 袁振宏. 吴创之，马隆龙等编著. 生物质能利用原理与技术. 北京：化学工业出版社，2005.

[77] 维基百科. http://zh.wikipedia.org/wiki/.

[78] 科技部. 中国地热能利用技术及应用，2012.

[79] 中国石化网站. 我国地热能利用量将达5000万吨标煤，http://www.sinopecgroup.com/group/xwzx/tpxw/20141125/news_20141125_635625497785.shtml.

[80] 徐伟，刘志坚. 地源热泵技术研究现状与发展趋势. 建设科技，2013，20.

[81] 龙惟定，武涌主编. 建筑节能技术. 北京：中国建筑工业出版社，2009.

[82] 地面沉降——城市不能承受之"重"，财经热点调查，http://jingji.cntv.cn/cjrddc/dimianjiang/.

[83] 郭森等. 我国地热供暖的现状及展望. 西北地质，2015，4.

[84] 根据百度百科中"干热岩"条目改写.

[85] 联合国可持续发展目标网站. http://www.un.org/sustainabledevelopment/zh/.

[86] Department of Energy & Climate Change, UK. The UK fuel poverty strategy, November 2001, http://www.decc.gov.uk/en/content/cms/funding/fuel_poverty/strategy/strategy.aspx.

[87] Department of Energy & Climate Change, UK, Energy white paper 2007: Meeting the energy challenge, MAY 2007, http://www.decc.gov.uk/en/content/cms/legislation/white_papers/white_paper_07/white_paper_07.aspx.

[88] 维基百科，Fuel poverty.

[89] IEA, Energy Poverty: How to Make Modern Energy Access Universal?, Special early excerpt of the World Energy Outlook 2010 for the UN General Assembly on the Millennium Development Goals, Sept. 2010.

[90] 李慷，刘春锋，魏一鸣. 中国能源贫困问题现状分析. 中国能源，2011，33（8）.

[91] 朱成章. 关注能源贫困. 大众用电，2006，8.

[92] 阳建强. 西欧城市更新. 南京：东南大学出版社，2012.

[93] Roberts P. Sykes H. Urban Regeneration: a handbook. London: SAGE Publications, 2000.

[94] 阳建强. 中国城市更新的现况、特征及趋向. 城市规划，2000，4.

[95] 沈清基. 城市空间结构生态化基本原理研究. 中国人口、资源与环境，2004，4.

[96] 哈罗纳德·维纳斯坦. 哈默比湖城——可持续性城市建设的杰出范例. 顾震弘译. 世界建筑，

2007，7.

[97] 徐琴. 公众参与和可持续的老城更新——扬州老城更新的实践与启示. 现代城市研究，2007，12.
[98] 刘刚，沈清基. 旧城更新生态化研究. 城市观察，2012，6.
[99] 李海青. "更加注重社会公平"是对"效率优先、兼顾公平"的批判与否定么？——一种基于文本解读的理论反思. 伦理学研究，2010，6.
[100] 中国城市科学研究会. 中国低碳生态城市发展报告2012. 北京：中国建筑工业出版社，2012.
[101] Oswalt P，Shrinking Cities. Vol. 1：International Research. Ostfildern：HatjeCrantz，2005.
[102] 徐瑾，顾朝林. 英格兰城市规划体系改革新动态. 国际城市规划，2015，3：30.
[103] Cleveland Planning Commission. Connecting Cleveland 2020. City Wide Plan [R/OL]，2010.
[104] 李翔，陈可石，郭新. 增长主义价值观转变背景下的收缩城市复兴策略比较——以美国与德国为例. 国际城市规划，2015，2：30
[105] 张京祥，赵丹，陈浩. 增长主义的终结与中国城市规划的转型. 城市规划，2013，1.
[106] 斯蒂格利茨. 中国大规模的增长世上从未有过. 新华每日电讯，2006-03-21.
[107] 迟福林. 改变"增长主义"政府倾向. 行政管理改革，2012，8.
[108] 姚先国. 转型发展如何摆脱"增长主义". 人民论坛·学术前沿，2012，5.
[109] 杨东峰，殷成志. 如何拯救收缩的城市：英国老工业城市转型经验及启示. 国际城市规划，2013，6.
[110] Oswalt P，Rienitz T. Atlas of Shrinking Cities. Ostfildern：HatjeCrantz，2006.
[111] 杨波，陈可石. 谨慎城市更新策略及其实施保障——以柏林施潘道郊区为例. 国际城市规划（S1），2015.
[112] Brandstetter B，Lang T，Pfeifer A. Umgangmit der SchrumpfendenStadt—einDebattenüberblick. Berliner Debatte Initial（16），2005（16）.
[113] Magdeburg-Living Beside and with the Elbe [R/OL]，2010，http：//www. iba-stadtumbau. de/index. php？magdeburg-en
[114] 沈建国，宁登. 城市指标与城市管理——联合国人居署"城市指标项目"回顾与展望. 城市发展研究（3），2004：42～46
[115] 仇保兴. 兼顾理想与现实——中国低碳生态城市指标体系构建与实践示范初探. 北京：中国建筑工业出版社，2012.
[116] 宋永昌，戚仁海，由文辉等. 生态城市的指标体系与评价方法. 城市环境与城市生态，1999，5：16-19.

第 2 章 城区需求侧能源规划

2.1 城市能源与城市碳排放

2.1.1 我国的城市能源

随着城镇化步伐的加快,我国部分城镇规模过度扩张,土地资源利用的浪费现象突出。1981~2013 年我国建设用地由 7438km² 增加到 47109km²,年均增加 1239.7km²,年均增长率 6%。城市建设的不断扩张,占用了大量耕地,造成我国耕地资源流失,再加上人口的不断增加,使得我国人均耕地面积逐年减少,威胁着我国的粮食安全。第二次全国土地调查数据显示,我国耕地面积为 13538.5 万 hm²,约合 20.3077 亿亩。全国人均耕地 0.101 公顷(1.52 亩),不到世界人均水平的一半[1],只有美国的 1/6、阿根廷的 1/9、加拿大的 1/14。

城市碳排放主要来自两个方面:土地利用和能源利用。在土地利用中,城市开发使大量原来作为碳汇的植被被破坏,原先能够作为碳中和的耕地被征用后不能复原;旧城改造的土地,大量拆除的旧建筑和由此产生的建筑垃圾也会产生碳排放。据测算,我国建设用地的碳排放强度达到 204.6t 二氧化碳当量/公顷[2]。

在能源利用方面,首先是化石燃料的燃烧过程所释放的 CO_2。我国的能源结构以煤为主,2013 年的能源数据显示,66% 的能源消费来自煤炭,18.4% 来自石油,天然气为 5.8%,水电风电核电为 9.8%。2012 年,我国的电力工业中火力发电量占全部发电量的比重为 78.58%;水电发电量为 15.76%;核电发电量为 2.02%,余下为风电光伏等可再生能源发电。因此,我国电力的碳排放因子也比较高。表 2-1 是国家发展改革委颁布的我国五大电网 2014 年的边际碳排放因子的平均值。

2014 中国区域电网基准线排放因子(单位:tCO_2/MWh)　　　　表 2-1

区域	排放因子
华北区域电网	1.0580
东北区域电网	1.1281
华东区域电网	0.8095
华中区域电网	0.9724
西北区域电网	0.9578
南方区域电网	0.9183

资料来源:国家发展改革委,2014 中国区域电网基准线排放因子,http://www.ccchina.gov.cn/archiver/cdmcn/UpFile/Files/Default/20150204155537627092.pdf

其次，我国的经济还是以高能源强度的传统制造业为主。我国有220多种工业品产量居世界第一位，制造业净出口居世界第一位，制造业增加值在世界占比达到20.8%。制造业贡献了我国GDP的40%以上。2014年我国粗钢产量达8.23亿t，约为全球产量的49.5%，是排名第二的日本粗钢产量的7.43倍[3]。2014年我国水泥产量达24.76亿t，中国的水泥产量和消耗量均占全球的60%左右。2011~2013年期间，我国消耗了66亿t水泥，超过美国在整个20世纪的消耗量[4]。

2013年，国内水泥熟料吨能耗平均达到112kgce，而国外先进企业能耗为95kgce，2014年，全国平均吨钢综合能耗为584.7kgce/t，已经优于国外平均水平。我国2014年平均供电能耗水平为318g/kWh，而上海外高桥第三发电厂能耗水平达到270g/kWh，是世界先进水平。所以，要再把我国高能耗的原因归咎于能源利用率低，已经不很确切。我国高能耗的主要原因是工业规模过大、产能过剩。2013年全国粗钢产能已达10.4亿t，产能利用率仅72%，产能严重过剩。与产能过剩相伴的是钢铁库存量大、钢材品种附加值低、各钢铁企业间主要靠低价竞争、利润大幅下滑，甚至钢材卖出"白菜价"。钢铁业作为产能过剩的大户，将需在未来5年压缩8000万t的总产能[5]。2014年全国6000kW及以上电厂发电设备平均利用小时为4286h，同比减少235h，是1978年以来的最低水平[6]。与此同时，作为可再生能源的风电，却由于电网接纳能力不足导致部分风电场风机暂停的现象，大量浪费了风资源。

我国几乎所有城市都有庞大的重型制造业作为城市经济的支撑，它提供了投资、税收、产值和就业岗位。我国城市经济主要靠投资拉动和土地财政，并不很好考量自身实力、资源禀赋和城市容量，这与国外尤其是欧洲城市很不一样。国外市长主要考虑如何为市民提供公共服务、提高生活质量，即使城市里有大型和重型的工业制造业，其经营发展也是企业自身的事情，市政府只是提供配套服务、关注环境保护，并不干预企业生产。因此，城市发展的是服务业和都市型工业，即"轻"产业。一个有趣的现象是，发达国家城市人均碳排放往往低于全国平均值，而我国城市的人均碳排放却高于甚至远高于全国平均值。

以上海为例，2013年工业能耗占比54%，工业能耗中的81%来自于制造业能耗。而制造业能耗中钢铁工业的能耗占比就高达27%。就是说钢铁行业的能耗就占据上海市总能耗的12%，而钢铁工业提供的产值只占上海总产值的7%，提供税收占上海总税收的0.7%，就业人数仅占当年上海市总就业人口的0.4%，单位生产总值能耗（0.9tce/万元）也远高于上海市的平均值（0.545tce/万元）[7]。上海的钢铁企业有很高的技术水平，应生产附加值高的特种钢、军工钢，下决心将产量和能耗压下来，将经济效益提上去。

2.1.2 中国城市的碳排放

除了产业结构，城市人均碳排放量的高低还与许多因素有关。其中重要的是能源结构。我国的主要城市都是以煤为主，近几年来为了改善环境，各地利用天然气替代煤炭、在城市中心区拔除燃煤锅炉、关停污染严重的燃煤工厂、对产能过剩行业进行减产能或去产能，使得城市燃煤比例下降。如上海2015年预期能源比例是：煤炭40.5%、石油30%、天然气11%、市外来电17.5%（多为西部水电）、其他（可再生能源）1%。2013年上海天然气用量达到68.1亿m³，在10年时间里用量增长了10倍。

第 2 章 城区需求侧能源规划

2014 年我国天然气表观消费量达到 1930 亿 m^3，预计 2020 年天然气消费量将达到 3500 亿 m^3，在一次能源消费中的比例将达到 9.8%。逐渐降低燃料燃烧中的碳排放量。

城市形态也是影响城市碳排放的重要因素。根据总部在德国的碳信息披露项目 (CDP) 2012 年在世界 72 座城市（中国城市没有参加）中的调研，人均碳排放量最高的是人口少于 160 万人的小型城市 [$12.1 tCO_2/(p·a)$]；最低的是人口大于 160 万的大型城市 [$5.2 tCO_2/(p·a)$]。而城市密度小于 $4000 p/km^2$ 的低密度城市人均碳排放量为 $9.9 tCO_2/(p·a)$，密度大于 $4000 p/km^2$ 的高密度城市人均碳排放量为 $7.4 tCO_2/(p·a)$（见表 2-2）。

所以，城市碳排放是一个综合问题。要实现我国在 2030 年碳排放量封顶的承诺，根本解决办法是控制能源消耗的总量。

表 2-2 部分城市的人均碳排放量

年份	城市	人均年排放量 [t/(p·a)]	年份	城市	人均年排放量 [t/(p·a)]
2005	德国法兰克福	12.8	2010	法国巴黎	5.0
2007	德国汉堡	9.1	2005	西班牙马德里	6.1
2007	加拿大多伦多	9.3	2005	瑞士日内瓦	7.4
2013	中国上海	8.8	2010	中国天津	11.1
2008	美国纽约	6.4	2010	日本东京	5.1
2010	中国北京	10.1	2005	瑞典斯德哥尔摩	3.4
2010	英国伦敦	5.9	2010	美国洛杉矶	9.6
2005	希腊雅典	9.0	2005	挪威奥斯陆	3.2
2006	德国慕尼黑	7.3	2010	中国香港	6.0
2010	美国旧金山	9.1	2010	美国西雅图	11.3
2007	德国柏林	5.6	2010	澳大利亚悉尼	11.7
2010	意大利米兰	11.9	2010	日本横滨	5.4
2010	丹麦哥本哈根	5.1	2010	美国波士顿	12.0
2008	新加坡	8.7	2010	美国芝加哥	13.0

资料来源：The Carbon Disclosure Project, Measurement for Management, CDP Cities 2012 Global Report; Siemens: German Green City Index, 2011

2.1.3 城市能源的 P-U-C 环节

一座城市的能源系统有三个环节，即能源的生产（Production, P）、转换（Utility, U）和消费（Consumer, C）。在 P-U-C 三个环节上，P 提供产品、U 提供服务，在市场经济条件下一切应该围绕 C（见图 2-1）。

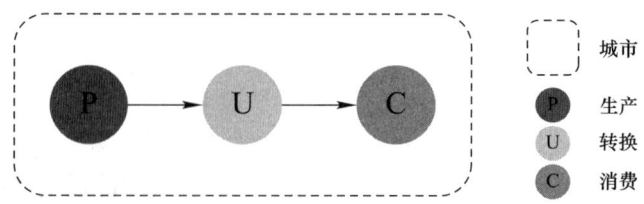

图 2-1 城市能源系统的 P-U-C 环节

资料来源：根据 A. Cuchí; J. Mourão; A. Pagés, A framework to take account of CO_2 on urban planning, 45th ISOCARP Congress 2009 重新绘制

城市能源涉及城市—城区—终端（Urban-Community-End Use）三个层面。此处的"终端"，指的是能源的最终利用点，它可以是一幢楼，也可以是一户家庭。能源的生产环节主要在城市层面；能源的转换环节则主要集中在城市和城区层面，即将一次能源转换成二次能源（电、热、冷）、将高品位能源（电、热）转换成与用户需求对位的能源（热、冷），或者将低品位热源（来自可再生能源和未利用能源）提升成为与用户需求对位的能源。终端用户则主要是能源的合理利用（见表2-3）。

三个层次三个环节的技术矩阵　　　　　表2-3

	生产（Production）	转换（Utility）	用户（Consumer）
城市 （City）	发电、热电联产； 大规模光伏光热系统； 大规模风力发电； 生物质热电联产	高压直流输电； 智能电网 舒适便捷的公共交通系统	需求侧管理； 虚拟电厂； 能耗计量与监测平台； ICT技术
城区 （Community）	分布式能源； 可再生能源	基于可再生能源的能源总线； 分布式能源热电冷联供； 区域供冷供热； 智能微电网； 热泵技术集成应用低品位能源； 基于可再生能源的电动车充电微网； 基于燃料电池的热微网； 慢行交通系统	设定绿色建筑等级的门槛要求； 能耗分户计量与监测； 能源管理； 绿色出行
终端 （End Use）	光伏、光热与建筑一体化（BIPV/BIPT）	高效率用能设备； 燃料电池； 微型、小型热电冷联产； 热泵技术	小型独立式可再生能源应用 能源管理； 系统调适； 围护结构和照明节能； 行为节能

归结起来，P-U-C三个环节的节能减排措施可以用3个D来表示：

Production	Utility	Consumer
Decarburization	**D**ecentralized	**D**emand reduction

生产环节是能源的脱碳化，更多采用可再生能源和低碳清洁能源；转换环节是系统的分布化，建立基于可再生能源和清洁能源的分布式系统；用户环节是需求的减量化，通过节能技术措施和用户行为节能降低负荷和能耗强度。

2.2　我国新型城镇化的能源利用特点

2.2.1　我国的新型城镇化

城镇化是振兴中国的必由之路，城镇化进程是我国经济社会发展的必然趋势，也是经济资源以及劳动力、资本和土地等生产要素在城乡间重新配置的过程。新型城镇化是我国在新时期的国家战略。与"旧"城镇化相比，新型城镇化有几个转变：

（1）从注重发展数量转向提高发展质量，追求经济结构优化、高附加值、高效、包容和可持续；

(2) 从以投资、土地和廉价劳动力为主要驱动力转向强调发挥创新、集聚、要素流动和专业化效应，以效率提高为主要驱动力。

(3) 从"千城一面"的同质化发展模式，转向强调创新型和智慧型城市建设，倡导差别化和个性化发展。

(4) 从过度依赖土地财政和城市的蔓延扩张，甚至出现"空城"、"鬼城"，转向发展紧凑型城市，鼓励高密度开发、公交优先、土地混合利用、内涵式发展。

(5) 从高度集中的"特大城市"化转向在中心城市周围布局中小城市和小城镇的城市群发展。我国将沿新亚欧大陆桥和长江通道的两条横轴，以及沿海、京哈京广、包昆通道的三条纵轴推进以城市群为主体形态的城镇化。

(6) 从各城镇按行政区划各自为政、相互分割、重复建设，转向空间一体化、协同发展、协调规划、资源共享。进而推进城市之间、城乡之间基础设施互联互通、基本公共服务均等化、建立跨地区的城区共同市场和共同治理结构。

(7) 从政府主导转向市场在资源配置中起决定性作用，强调市场主导，人口、土地、资本的自由流动[8]。

我国新型城镇化进程中将主要面对人口众多、土地紧缺、资源紧缺（包括能源和水资源）和环境污染严重等问题的挑战。而我国的城市规划，目前还是以形态设计和空间布局为主导，能源和资源的意识还较为薄弱。尽管有些城区开发引入"可持续发展"、"生态"、"低碳"、"绿色"等理念，但并没有对城市的发展规模、当地自然生态系统的承载力、产业结构的绿色化、市民的参与，以及能源的合理应用等要素进行深入的考量。在控制性规划中也没有把量化的节能目标作为控制性指标[9]。截至 2012 年年底，在我国 287 个地级城市中，以"生态城"、"生态新城"和"生态新区"命名的新城开发项目就有 153 项[10]。但很多新城项目对节能的考量还流于一般，并没有作为一个核心问题对待。

我国的城镇化，伴随着经济的转型，逐步向后工业化社会发展。我国新型城镇化过程中的能源消耗也出现了几个明显特点。

2.2.2 传统制造业正在向现代制造业发展

现代制造业都是环境依赖性产业，其生产设备趋于轻型化和自动化，而其生产工艺和产品质量很大程度上依靠建筑环境的保障（如恒温恒湿和超净），生产工艺能耗转化为建筑环境保障能耗。室内环境品质的改善能够提高现代制造业的产品附加值、降低能耗强度。

图 2-2 是工业洁净室的 9 个等级标准。需要生产环境满足这些标准的制造行业有：制药、生物制品、实验研究、手术室、医疗辅助用房、食品、电子、精密电器、计算机、半导体、精密制陶、印刷、合成树脂、精密机械加工、光学仪器等。有些生产行业还有严格的室内温湿度标准。像集成电路芯片制造厂的能耗中，空调能耗占据 60% 以上。生产性能耗逐渐向建筑能耗转移。或者说，建筑能耗逐渐与产业能耗融合。

2.2.3 现代服务业的能源利用特点

现代服务业的发展，使室内环境成为安全运营的关键因素，最典型的如数据中心、网络中心；而基于办公楼的服务业，如银行、保险、咨询等，室内环境同时也是提高白领工人工作效率的主要因素之一。

从图2-3可以看出，数据中心的空调（供冷）负荷占电力负荷中的一半。其昼夜不间断运行的密集的电脑服务器和起到保障作用的全年供冷的空调（室温需常年维持在24℃以下），使这类建筑每平方米电力负荷在1kW以上，是普通办公楼的10倍。因此，人们把数据中心或云服务中心戏称为"服务器农庄（Server Farm）"。高峰时期，美国硅谷附近圣何塞的互联网中心用电需求高达12万kW，相当于3个钢铁厂。

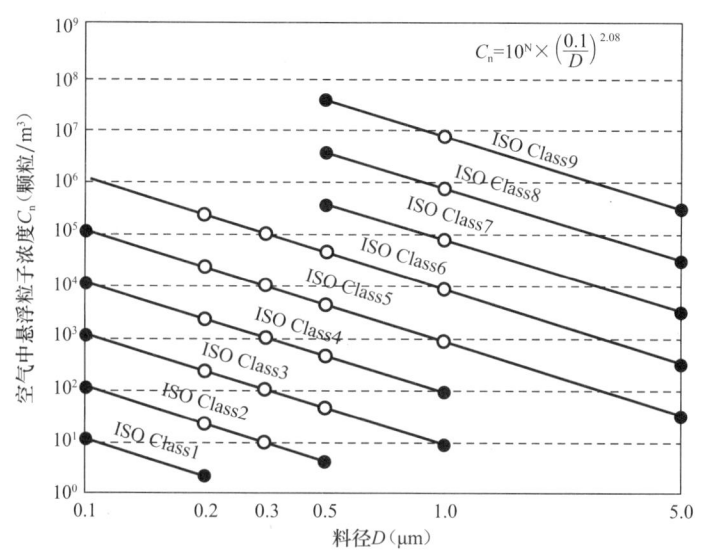

图2-2 基于颗粒物粒径和浓度的洁净室分级标准

注：N 为 classification number.

资料来源：ISO 14644-1 空气洁净度等级划分。

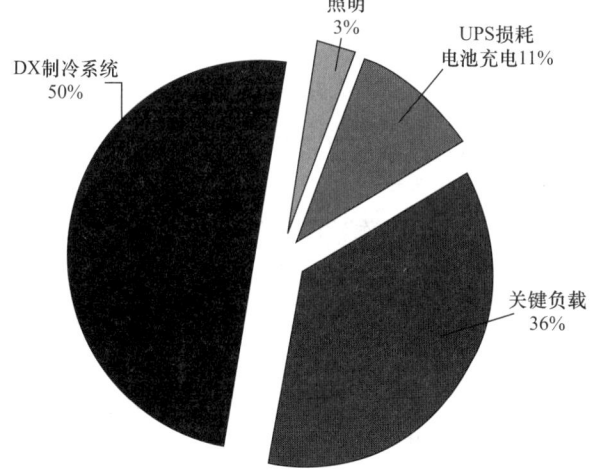

图2-3 数据中心负荷分布

资料来源：Victor Avelar，计算数据中心的总功率需求，施耐德电气数据中心科研中心。

近年来，我国的数据中心发展迅猛，总量已超过40万个，年耗电量超过全社会用电量的1.5%。数据中心能耗评价用PUE作为指标，PUE即Power Usage Effectiveness（能量使用效率），其定义式为：

$$PUE = \frac{数据中心总能耗}{数据中心IT设备能耗}$$

PUE是大于1的数。PUE越大，说明数据中心维持室内环境的空调能耗越大。我国大多数数据中心的平均PUE普遍大于2.2，高于美国的1.9。而谷歌公司旗下所有数据中心的平均PUE达到1.12（见图2-4）。因此，各地在发展"智慧城市"时往往把数据中心当成"智慧"的标志而着力引进，实在是一种非理性的选择。数据中心要建，但在数据传输技术如此发达的今天，完全可以更多地建到我国西部和北方寒冷和严寒地区。例如内蒙古，气温适宜，又有大量风电资源，是非常适合建设数据中心的地区。与其花巨资建特高压电网西电东送，还不如将大规模数据中心建到西部和北部，用光缆传输数据。南方一些城市像当年盲目引进钢铁石化企业那样争先恐后地引进数据中心，到若干年后也会像钢铁石化那样，成为"尾大不掉"的高能耗"鸡肋"。而且现在已经出现房地产那样的"泡沫"，重复建设严重、机架空置率高。

图2-4 Google公司数据中心巨大的制冷机房❶

资料来源：http://socialmediatoday.com/chris-horton/935606/google-s-utopian-quest-benevolent-tech-monopoly-future

金融业、咨询业、信息服务业、设计以及传媒产业，都是以办公楼为生产基地的现代服务业。这些产业的正常经营完全依靠大量的电子信息设备，因此，其单位面积的设备负荷（插座负荷）高达$50W/m^2$，每一工作站的电源密度达$65W/m^2$，设备的同时使用系数在0.9[11]。以全年工作220d、每天工作10h计算（有些行业甚至全年无休），这些电子设备的全年电耗就高达$100kWh/(m^2 \cdot a)$。而且，这些办公楼多为超高层密闭建筑，电子设备的负荷大，意味着设备的发热量大，完全要靠空调系统把这些热量带走，因此，也会相应增大空调系统的能耗。当然，这些信息设备的功率和能耗在逐年降低，但现代服务业使用电子设备数量增加的速度，超过单体设备能耗降低的速度。图2-5是位于纽约曼哈顿的美洲银行大厦室内景象，平均每个工作站有5台显示器。

---

❶ 彩图见本书附录1。

图 2-5 纽约美洲银行大厦的交易楼层一瞥❶

资料来源：Lloyd Alter，LEED-bashing：Is the Bank of America Building really a "toxic tower"？ http://www.treehugger.com/green-architecture/leed-bashing-bank-america-building-really-toxic-tower.html.

2.2.4 交通能耗的增长快于建筑能耗的增长

从图 2-6 可以看出，近年上海居民生活能耗中汽油消耗的增长（即交通能耗）对经济增长的弹性系数要远高于电力消耗（即建筑能耗）增长的弹性系数。而且交通能耗在人均生活能耗中的占比已近 1/4。

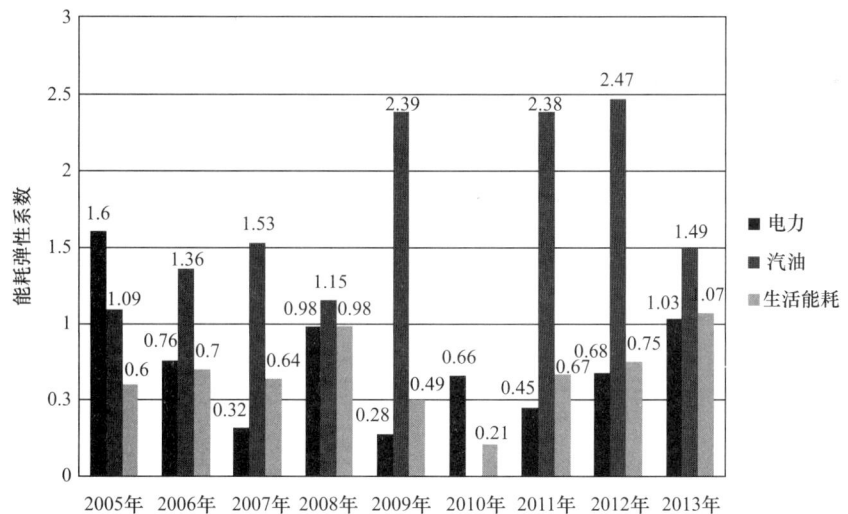

图 2-6 上海居民生活能耗增长对经济增长的弹性系数（缺 2010 年汽油消耗增长数据）

资料来源：作者根据上海市统计年鉴绘制。

弹性系数是一定时期内相互联系的两个经济指标增长速度的比率，图 2-6 中分别是上海居民的生活能耗、生活电耗（即居民住宅能耗）和生活油耗（即居民汽车能耗）的增长

---

❶ 彩图见本书附录 1。

率与上海 GDP 增长率的比值。历年生活油耗的弹性系数都在 1.0 以上，近几年更攀升到 2.0 以上，说明居民汽车能耗增长远高于经济增长（见表 2-4）。除去 2010 年，其余 8 年的平均弹性系数高达 1.73。而居民建筑能耗（电耗）的增长基本上低于或等于经济增长，处于正常区间。而且多次出现建筑能耗增长弹性系数低于 0.5 的情况。交通能耗的快速增长要引起注意。

部分城市每百户家庭私人汽车拥有量　　　　表 2-4

城市	数据年份	拥有量（辆）	城市	数据年份	拥有量（辆）
北京	2013	63	广州	2013	38
上海	2013	31	武汉	2013	24.5
天津	2013	30.4	厦门	2013	34
杭州	2013	42.1	重庆	2013	15.7
南京	2013	32.5	长沙	2013	37.7
无锡	2013	37	济南	2012	27.8
湖州	2014	49	青岛	2013	32
台州	2014	39	海口	2013	64.5
苏州	2013	59.2	宁波	2013	41.9
西安	2013	27.5	沈阳	2013	27.2

资料来源：根据各地统计年鉴和统计局发布的信息整理。

近年来，我国城镇家用汽车拥有量以每年 40% 的增速激增，2014 年我国民用汽车保有量达 1.54 亿辆，仅次于美国，居世界第二位。我国私家汽车数量已达到 1.04 亿辆，平均每百户家庭已拥有 25 辆[12]。而以汽车为主导的规划理念（COD），使得我国城市家用车的使用频率也比较高，平均每 1 辆车每天耗油量大概是发达国家的两倍以上。我国平均每辆车全年消耗汽油或柴油 2.15t，而在德国和日本都不超过 1t[13]。由于汽车使用频率高，造成各城市严重的交通拥堵，使得车辆长时间处于怠速和停车不熄火状态，进一步加大油耗和污染物排放。

国务院 2012 年颁布的《节能与新能源汽车产业发展规划（2012—2020 年）》中提出，以纯电驱动为新能源汽车发展和汽车工业转型的主要战略取向，重点推进纯电动汽车和插电式混合动力汽车产业化。要求按集约化利用土地、标准化施工建设、满足消费者需求的原则，将充电设施纳入城市综合交通运输体系规划和城市建设相关行业规划，科学确定建设规模和选址分布，适度超前建设，积极试行个人和公共停车位分散慢充等充电技术模式。

电动汽车（electric car）指所有使用电能驱动电动机在道路上行驶的车辆（automobile）。但不包括不能脱离供电接触网的单电源无轨电车和在电气化铁路路轨上行驶的铁路列车[14]。

电动汽车的充电方式有四种：

第一种，常规充电。即家用普通电源插座和车载或外置充电机充电。

第二种，充电桩模式。交流或直流充电桩为电动汽车充电。除马路外，安装充电桩的停车场多附属于建筑物。

第三种，充电站模式。街头充电站采用大电流快速充电方式对电动汽车电池进行充电。

第四种，换电站模式。即利用给汽车更换电池的方法代替漫长的充电过程。

上述第一和第二种充电模式，都是将交通能耗转化为建筑物的插座能耗。以一辆家用轿车年行驶里程2万km计算，需要耗电3000kWh。

2.2.5 能源消耗的总量控制

十八大报告提出了"推动能源生产和消费革命，控制能源消费总量"的战略目标。2014年，习近平主席就推动能源生产和消费革命提出5点要求，即推动能源消费革命、供给革命、技术革命、体制革命和全方位加强国际合作。其中对能源消费革命强调了抑制不合理能源消费，坚决控制能源消费总量，有效落实节能优先方针，把节能贯穿于经济社会发展全过程和各领域，坚定调整产业结构，高度重视城镇化节能，树立勤俭节约的消费观，加快形成能源节约型社会。同年，中美双方在北京发布应对气候变化的联合声明。美国首次提出到2025年温室气体排放较2005年整体下降26%~28%。中方首次正式提出2030年左右中国碳排放达到峰值，并将于2030年将非化石能源在一次能源中的比重提升到20%。

总量控制战略表明我国坚持走可持续发展道路的决心。从"十二五"开始，国家实行总量控制与能效提升的双重约束，并将总量控制目标科学分解到各地区。地方各级政府要对本行政城区的控制能源消费总量工作负总责。2014年11月，国务院办公厅发布了《能源发展战略行动计划（2014~2020年）》，正式提出了中期能源消费及煤炭消费总量的双控目标，即到2020年，一次能源消费总量控制在48亿tce左右，煤炭消费总量控制在42亿t左右。

有研究从实现全球温升控制在2℃以内的目标出发，提出2020年的全国一次能源消费总量控制在48亿tce以内，其中煤炭消费量控制在40亿t以下，煤炭在一次能源消费中比重下降至57%左右，非化石能源占比提高至15%以上；2030年的全国一次能源消费总量控制在55亿tce以内，煤炭在一次能源消费中比重下降至45%左右，非化石能源占比提高至20%以上[15]。

这标志着我国能源战略已经从保供给为主，向控制能源消费总量转变[16]，就是从能源的供应侧管理向需求侧管理转变、从相对值节能向能耗限额转变、从能源消耗的增量节能（即"少增加"）向存量节能（即"多减少"）转变。

2.2.6 建筑能耗在总能耗中所占比例提高

建筑能耗在总能耗中的比例可以看作是一个国家或一个城市经济发展水平的标志。发达国家城市建筑能耗比例高，相应的城市产值也高，表明以建筑为依托的现代服务业高度发展，有较大的附加价值。零售、餐饮等传统第三产业，金融保险、信息、房地产和旅游等新兴第三产业，以及设计咨询、娱乐传媒和中介等现代服务业，其工艺能耗已经很低甚至为零，但对于室内环境品质的要求越来越高，这些产业的能耗的主要形式是建筑能耗。在国家层面这一现象更明显。

从表2-5可以看出，建筑能耗在总能耗中的比例与3个因素有关：①服务业越发达，建筑能耗比例越高；②人均收入越高，建筑能耗比例越高；③城市化率越高，建筑能耗比例越高。

城市化率、经济发展水平与建筑能耗　　　　　表 2-5

国家或地区	各部分能耗比例（%）			三次产业在 GDP 中的比例（%）			城市化率（%）	人均 GDP 购买力平价美元（2011）
	产业	交通	建筑	工业	农业	服务业		
美国（2011）	31.8	27.7	40.5	19.2	1.2	78.6	82	48300
欧盟	28.4	31.7	39.9	27.3	2.1	70.5	76	34100
德国	26.2	26.7	47.1	28.2	0.8	71	74	38100
日本	43.9	22.9	33.2	24	1.4	74.6	66	34700
中国（2011）	66.0	15.8	18.2	51.6	4.6	43.7	51	8400

资料来源：根据 IEA，EIA，Wikipedia，各国统计以及王庆一论文等资料计算。

建筑能耗比例与国家经济发展阶段有关，图 2-7 是几个发展中国家的一次能耗比例。可以发现，与中国发展相近的巴西和南非（同属金砖五国），其建筑能耗比例与中国相近。而欠发达的尼日利亚和孟加拉，包括发展水平低于中国的印度尼西亚，建筑能耗比例都比较高。我们可以把经济发展的阶段分为前工业化、工业化和后工业化三个阶段。在前工业化阶段，因为没有制造业，能耗总量不高，所以住宅能耗比例就比较突出，而且住宅能耗局限于炊事和照明等低水平用能。在工业化中期，经济基础是制造业，尤其是投资拉动的重化工业，人民生活水平也正从简单温饱型（吃饱饭、有衣穿）向小康型过渡（有舒适的住房、有安全健康的食品），理所当然地以工业能耗为主。中国正处于向后工业化过渡的转型期，建筑能耗比例的增加是必然的趋势。

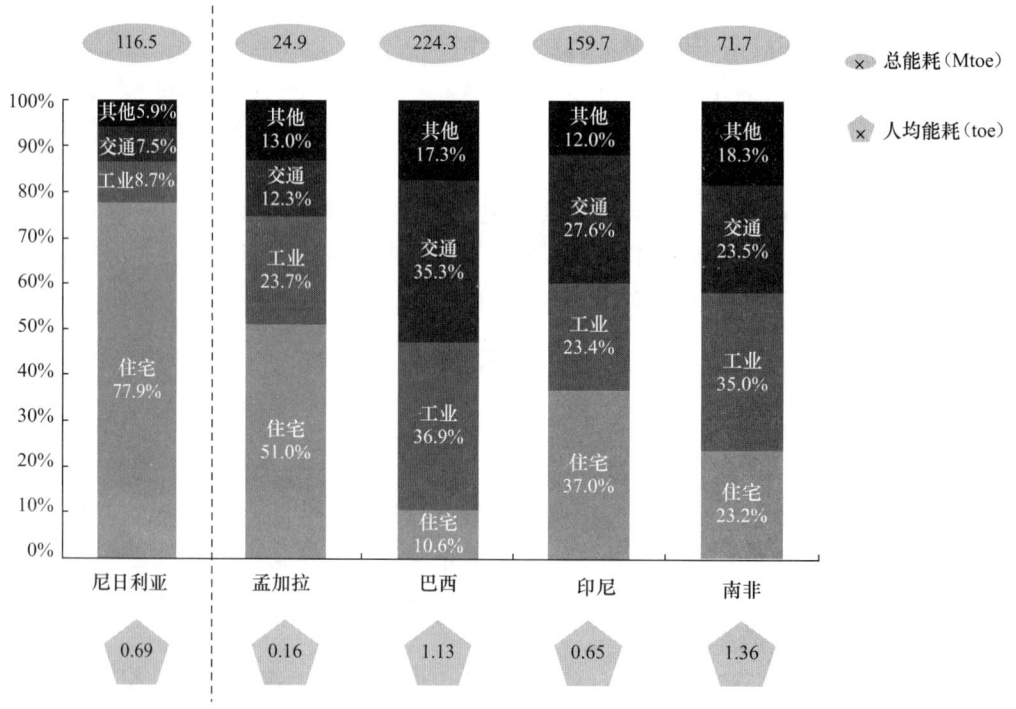

图 2-7　发展中国家的能耗比例

资料来源：GIZ，The Nigerian Energy Sector，2nd Edition，June 2015

2.2 我国新型城镇化的能源利用特点

当然,建筑能耗与气候因素也相关。我国城市的供暖度日数普遍高于同纬度甚至更高纬度的发达国家城市,而我国城市 7 月的平均温度也要高于同纬度乃至低纬度的发达国家城市(见表 2-6)。而且,我国城市的供暖度日数是在各地规定的供暖期内统计的,忽略掉了供暖期外的供暖度日数。这说明我国城市的供暖需求比发达国家大得多。而且除了供暖需求,夏季也有较大的供冷需求。

我国城市气候与国外同纬度或高纬度城市气候的比较　　表 2-6

城市	纬度	供暖度日数	1月平均气温	7月平均气温
柏林	52	2540	−0.4℃	17.9℃
汉堡	53~55	3073	0.5℃	16.8℃
纽伦堡	49~51	3010	−0.8℃	18.3℃
慕尼黑	47~49	3061	−2.2℃	17.3℃
纽约	40.77	2614	0℃	24℃
西雅图	47.53	2471	5℃	19℃
罗马	42	1570	6.9℃	25℃
伦敦	51	2558	4℃	17℃
温哥华	49.18	2820	3℃	17℃
哈尔滨	45	5032	−19.2℃	22.8℃
长春	43.9	4642	−14.6℃	23℃
沈阳	41.77	3929	−11℃	24.6℃
呼和浩特	40.82	4186	−10.9℃	22.2℃
乌鲁木齐	43.8	4329	−12.6℃	23.7℃
北京	40	2699	−4.3℃	25.9℃
天津	39.1	2743	−3.5℃	27.5℃
银川	38.47	3472	−7.2℃	24℃
兰州	36.05	3094	−4.2℃	22.2℃
西宁	36.62	4478	−6.1℃	18.1℃
太原	37.78	3160	−4.9℃	26.8℃
济南	36.6	2211	−0.4℃	27.5℃
西安	34.3	2178	−0.1℃	27℃
拉萨	29.67	3425	−0.9℃	15.1℃
东京	35.7	1579	5.2℃	25.2℃
旧金山	37.6	1675	9℃	17℃
亚特兰大	33.7	1662	5.0℃	26.0℃
洛杉矶	34	1274	14.6℃	23.5℃
达维斯	38.7	1527	7.3℃	24.0℃
休斯敦	29.7	1371	10℃	28℃
凤凰城	33.7	871	12℃	27.5℃
罗马	41.7	1283	7.5℃	24.1℃

续表

城市	纬度	供暖度日数	1月平均气温	7月平均气温
马德里	40.5	1864	6.2℃	25.6℃
雅典	37.9	1476	10.2℃	28.5℃
塞维利亚	37.4	1011	10.6℃	28.2℃
巴塞罗那	41.3	1069	8.8℃	23.9℃
那不勒斯	40.9	1205	8.1℃	23.6℃
上海	31	1691	3.7℃	27.8℃
南京	32	1967	3.0℃	28.0℃
杭州	30.2	1647	4.0℃	28.6℃
武汉	30.6	1501	3.8℃	28.7℃
合肥	31.8	1725	3.1℃	28.1℃
成都	30.7	1344	6.0℃	25℃
重庆	29.6	1089	8.1℃	29℃
长沙	28.2	1466	5.1℃	29℃
南昌	28.6	1326	5.7℃	29.2℃

资料来源：建筑节能气象参数标准（报批稿）。

根据表2-5，可以粗略计算出2011年我国的建筑能耗总量约为7亿tce，美国的建筑能耗总量约为12.5亿tce。随着我国加快城镇化进程，每年新建建筑面积在19～20亿m^2，同时服务业比重加大、居民生活水平和生活质量提高、对室内环境品质更加重视等因素，决定了建筑能耗必将呈现刚性增长的态势。

我国现有民用建筑保有量可以根据下面的数据估算：2012年城镇人均住房32.9m^2，农村人均住房37.1m^2，则城镇居住建筑面积234.3亿m^2，农村居住建筑面积238.2亿m^2，按人口计算总住宅面积472.43亿m^2。2012年我国民用建筑总量558亿m^2，其中城乡公共建筑面积85.6亿m^2[17]，近10年来平均每年新增建筑面积约27亿m^2。

表2-7是对城镇民用建筑发展的预测，是基于人口需求的预测。

我国城市住宅和公共建筑的发展预测　　　　表2-7

城市化水平（%）	60%（2020年）	70%（2030年）
城镇人口总数（亿人）	8.7	10.5
城镇住房人均建筑面积（m^2）	35	37
城镇住宅建筑总面积（亿m^2）	304	388
城镇人均公共建筑面积（m^2）	10.5	11.1
城镇公共建筑总面积（亿m^2）	91	116
城镇民用建筑总面积（亿m^2）	395	504
农村人口总数（亿人）	5.3	4.5
农村住宅建筑总面积（亿m^2）	240	240
农村公共建筑总面积（亿m^2）	12	12
农村民用建筑总面积（亿m^2）	252	252
全国民用建筑总面积（亿m^2）	650	750

2.2 我国新型城镇化的能源利用特点

设城市公共建筑占住宅建筑的比例为30%，农村公共建筑占住宅建筑的比例为5%，因为农村人口减少，很多人转入城市定居，所以设农村住宅建筑面积基本维持不变，为240亿 m^2，农村公共建筑面积12亿 m^2，从而可以计算出2020年我国民用建筑总量约为650亿 m^2，而2030年我国建筑总量可达750亿 m^2。设2030年我国南方城市居民人均建筑能耗600kgce/a，北方城市人均建筑能耗900kgce/a（集中供暖），农村建筑按城市人均能耗的75%计算，则城镇住宅能耗6.4亿 t、公共建筑能耗3.6亿 t、农村建筑能耗2.5亿 t。民用建筑能耗总计约14亿 t。

我国2020年全国能耗总量控制在48亿 tce，根据多项预测，2030年全国总能耗约为56亿 tce，上述估计的民用建筑能耗约占总量的25%。建筑能耗总量比美国现在的建筑能耗总量略高，建筑能耗占总能耗的比例值则相当于日本在20世纪末的水平。

所有的预测，都不准确。因为经济社会的发展，不会刻板地按照某一数学模型的轨迹发展。但预测还是必需的，因为它可以预见各种发展趋势。我国的民用建筑能耗总量，2020年应控制在10亿 tce，2030年应控制在14亿 tce。我国已经承诺，2030年我国二氧化碳排放达到峰值。多项预测表明，我国能源消耗的峰值将到2040年才能到来。而一项研究表明，在煤炭总量控制情景下，建筑领域的煤炭消耗将在2020年达到峰值[18]，这也就意味着，2020后建筑能耗的增量，必须由清洁能源和可再生能源承担。

如果进一步强化建筑节能，实现新建公共建筑暖通空调能耗15kWh/m^2·a（4.5kgce）、总能耗13.5kgce的"近零能耗"目标，那么建筑能耗总量还可以进一步下降。另一方面，还要控制建设规模，撇清泡沫。之所以在预测中用人均值而不用单位建筑面积能耗强度值，正是为避免我国大量房屋建筑空置带来的能耗虚低现象。

在城市层面，建筑能耗比例与城市定位有关。从图2-8可以看出，作为国际经济贸易和金融中心的发达国家城市，其建筑能耗比例都在50%以上，而上海人均生活能耗分别只

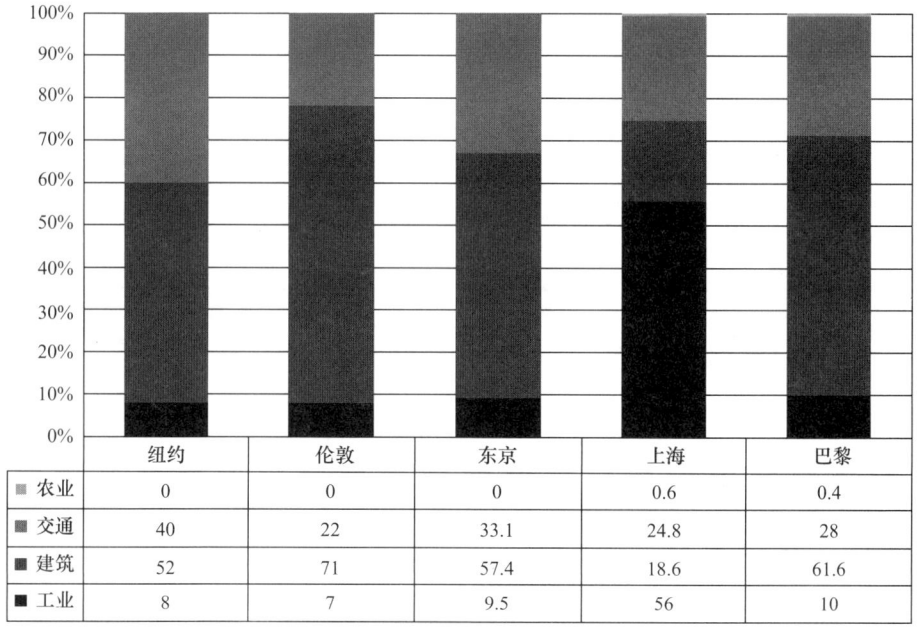

图2-8 五个国际大都市的能源消费比较[19]

有伦敦的 31%，纽约的 28.4%，巴黎的 44% 以及东京的 58%。这与产业结构和居民生活水平有密切关系（见表 2-8）。

五个国际大都市生活能耗和经济水平的比较[20]   表 2-8

	纽约	伦敦	东京	上海	巴黎
人均生活能耗（toe）	0.951	0.875	0.465	0.27	0.61
服务业比重（%）	80	86.5	86.3	50.6	76.6
人均收入（美元）	60800	57600	61694	6482	36966
人均 GDP（美元）	119709	59396	113857	11005	46511

但城市建筑能耗高也不一定是经济结构合理的象征。从另一个方面来看，也可能是工业不发达的标志。比如非洲尼日利亚的大城市拉各斯，2012 年人均 GDP 为 4333 美元，居住用电占总电耗的 70.6%。而 2014 年的上海，人均 GDP 为 15705 美元（按当年汇率），居住用电仅占总电耗的 12.7%，工业用电则占了 60%。这表明上海的实体制造业比较发达，而拉各斯经济发展水平还比较低，没有像样的制造业。拉各斯还有 60% 的居民住在非正规住宅（棚户区和贫民窟）中，还有 40% 人口用不上电，主要依靠传统生物质能生活[21]。

2.2.7 城市能源结构的优化

我国能源结构以煤为主（见图 2-9 和图 2-10）。与石油、天然气等相比，煤炭生产同样多的能量，其二氧化碳排放和二氧化硫（SO_2）、氮氧化物（NO_x）、颗粒物（烟粉尘或一次 $PM_{2.5}$）、汞（Hg）等重金属等大气污染物都更多。煤炭使用过程中排放的大气污染物，以及以煤炭为支撑的工业过程中排放的大气污染物，是造成我国大气污染的重要原因（见图 2-11）。

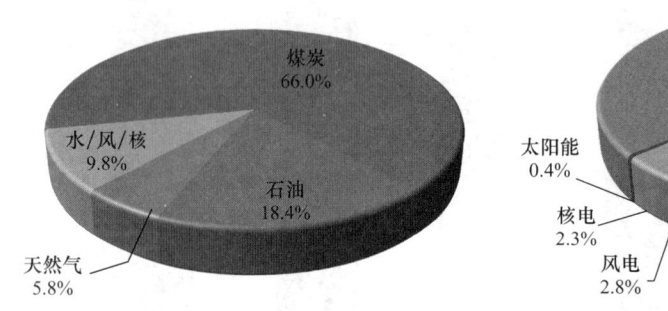

图 2-9　2013 年我国一次能源消费结构

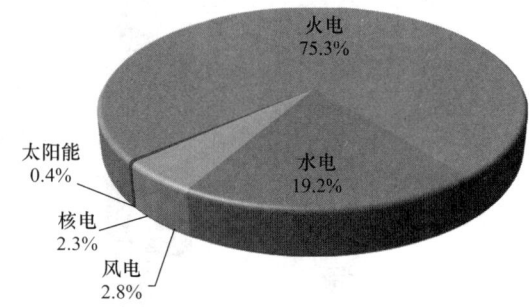

图 2-10　2014 年我国电力结构

根据国际能源结构 IEA 的统计，2012 年全世界 CO_2 排放量比 2002 年增加了 83.98 亿 t，而其中来自中国煤炭燃烧所增加的排量占 54%[22]。

2014 年我国煤炭消费总量出现首次同比下降，2014 年煤炭消费量比 2013 年下降 2.9%。

我国在可再生能源利用方面已经取得令世人瞩目的成就。从表 2-9 可以看出，我国有多项可再生能源设备的装机量居世界第一。

2.2 我国新型城镇化的能源利用特点

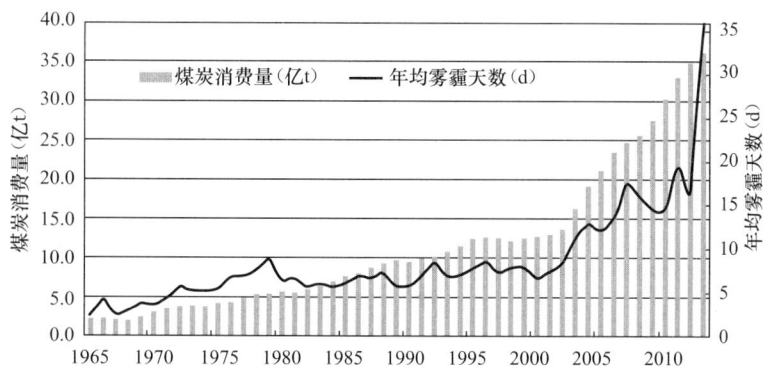

图 2-11 中国历史煤炭消费量与年均雾霾天数
资料来源：中国煤控项目专题报告，煤炭使用对中国大气污染的贡献，2014年10月。

2014 年世界可再生能源总装机量排名 表 2-9

名次	1	2	3	4	5
可再生能源发电（含水电）	中国	美国	巴西	加拿大	德国
可再生能源发电（不含水电）	中国	美国	德国	西班牙/意大利	日本/意大利
生物质发电	美国	德国	中国	巴西	日本
地热发电	美国	菲律宾	印尼	墨西哥	新西兰
水电	中国	巴西	美国	加拿大	俄罗斯
太阳能聚焦热发电	西班牙	美国	印度	阿联酋	阿尔及利亚
太阳能光伏发电	德国	中国	日本	意大利	美国
风力发电	中国	美国	德国	西班牙	印度
太阳能热水器	中国	美国	德国	土耳其	巴西
地热	中国	土耳其	日本	冰岛	印度

资料来源：REN21：Renewables 2015，GLOBAL STATUS REPORT。

根据国家发展改革委能源研究所在能源基金会资助下完成的《中国2050高比例可再生能源发展情景暨路径研究》报告预测，2050年将是可再生能源能够提供我国60%以上一次能源供应，终端能源需求60%以上为电力的高比例可再生能源发展情景。2050年的能源系统是一个高效率的系统，能源效率比2010年提高90%。届时一次能源供应量仅为34亿tce，可再生能源占一次能源比例达到62%[23]。而煤炭比例降低到10%以下（见图2-12）。这也是迄今为止国内外对我国未来能源结构最乐观的预测。

而根据美国劳伦斯伯克利国家实验室（LBNL）的研究报告《China's Energy and Carbon Emissions Outlook to 2050》中"加速改善"情景（AIS）分析预测，2050年中国一次能源消费约为45.58亿tce，煤炭比例30%，由可再生能源和核电产生的一次电力占能源消费的32%[24]。

不管哪一种预测，都要求我国大大增加可再生能源在一次能源消费中的比例。过去，城区规划中对能源结构和能源品种没有选择，只能服从供应侧能源规划（电力和燃气供应规划），认为可再生能源应用是"大"能源和国家层面的事情。而在新型城镇化进程中，由于有了能耗和排放的总量控制，规划必须统筹考虑城区可再生能源占比以及可再生能源就地产能的问题。

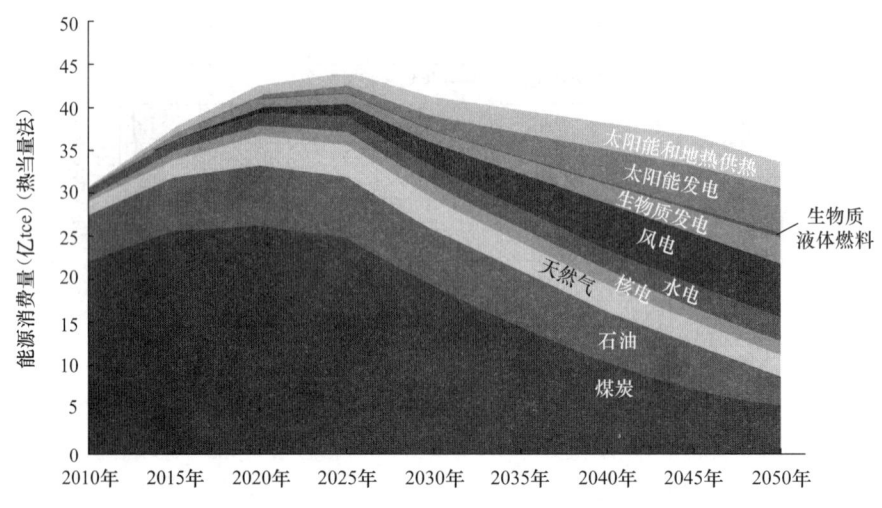

图 2-12 中国一次能源消费预测[23]

2.2.8 能源品位的考量

在重化工业为经济主体的工业化时代，城市能源需要满足工艺所需的能源品位。例如钢铁厂一台 100t 炼钢电弧炉其变压器就需要 50000kVA，加热炉炉温达到 1300℃ 以上，轧钢机的主驱动电机功率可在 800kW 以上。即需要的是高温高压高品位的能源。而且在重化工业企业正常生产时期，用能负荷是稳定的，一旦发生能源供应中断，或能源品位满足不了工艺需要，所造成的经济损失不可估量，严重的甚至造成设备的损毁和人身伤亡事故。因此，在为工业企业做能源规划时，以保证能源供应的可靠性为原则。负荷计算中将各生产环节的最大负荷叠加，还要加上占总负荷 5%~15% 的所谓保安负荷[25]。

因此，工业化时代能源应用的一个特点是"大"，即大负荷、大设备、大系统、大输配网；另一个特点是"高"，即高温、高压（高电压、高蒸汽/热水压力）、高品位，以适应大工业的能源需求。化石能源（煤、石油、天然气）的燃烧，能够满足这一需求。而正因为"三高"的特点，它可以通过降温减压，即牺牲能源的品位满足多样的能源需求。

我国新型城镇化的一个重要任务就是实现经济和产业的结构转型。经济上，要实现拉动内需、鼓励消费、创新驱动、科技领先；产业上，要发展现代服务业和先进制造业；通过"互联网+"和"工业4.0"，推动传统产业的升级改造；通过科技创新提高传统制造业的效率和效能，使我国逐步向后工业化和信息时代迈进，实现我国发展成为中等发达国家的愿景。

在后工业化和信息时代，工业生产过程逐渐以建筑和建筑环境为依托，服务业和虚拟经济，建筑环境更是其生产过程的重要保障。其工艺过程和生产设备的能耗已经降到最低，建筑环境能耗要占到其生产能耗的一半以上。能源需求也成为低温（室温）、低压（移动通信设备只有 5V，台式电脑最高 12V）和低品位（都在 100℃ 以下）。正由于"三低"的特点，完全有条件利用可再生能源（太阳能热水）和低品位的未利用能源（用热泵提升的自然界热源），也完全有条件将高品位化石燃料的产能加以梯级利用，使化石能源物尽其用，提高综合一次能源效率和㶲效率。也正由于"三低"的特点，决定了供能系统不可能很大，避免造成输送损失。

所以，后工业化时代能源应用的特点是"分"，即分散式产能、分布式系统、分众式用能、分享式资源。能源规划也必须转变思路，适应能源应用特点。

2.2.9 城市生活能耗需求的刚性增长

习近平主席指出："人民对美好生活的向往，就是我们的奋斗目标"。城市生活能耗（urban life energy）是指城市居民日常衣食住行和休闲娱乐的能耗。它包括：居民住宅的建筑能耗（供冷供热、热水、照明、家用电器、炊事烹饪、电梯等的能耗）、日常通勤的交通能耗（公共交通车辆）。

图2-6中已经显示出上海城市居民生活能耗增长情况。图2-13则将上海每户平均家庭生活电耗（2013年）与美国全国平均家庭电耗（2009年）和纽约市平均家庭电耗（2009年）做了比较。可以看出，上海家庭平均电耗是纽约的36%，是美国全国的1/5。仔细分析可以看到以下一些特点：

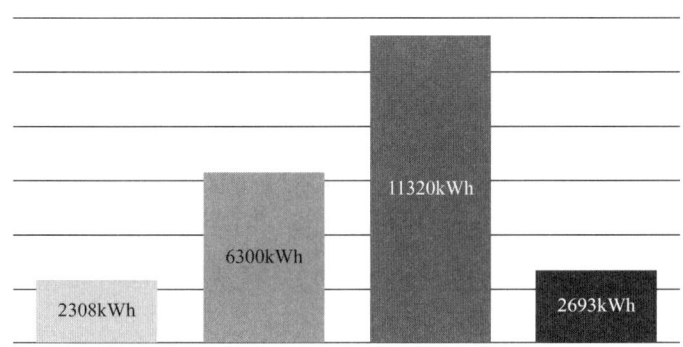

图2-13 上海家庭电耗与美国和纽约市的比较
资料来源：上海市统计年鉴，美国能源信息署EIA。

（1）居民收入水平是影响城市生活能耗的主要因素。纽约市2009～2010年度的人均税前收入是30170美元，约192273元人民币[26]，上海市2013年的人均可支配收入为43851元人民币，纽约约为上海的4.4倍。按照购买力平价计算，上海市人均收入约为64900元人民币，纽约约为上海的3倍。家庭收入越高，生活能耗越大。2009年，纽约市家庭平均电费开支1200美元，占家庭年收入的1.5%；2013年，上海市家庭平均电费开支1520元人民币，占家庭年收入的1.2%。二者相差不大。说明随着经济收入的增长，能源费用开支在经济收入中维持一定比例，能耗量会相应增长。

（2）上海家庭空调供暖的需求，基本都是靠房间空调器（空气源热泵）解决的。根据调研，上海家庭电耗中大约1/3用于空调和供暖。上海家庭使用燃气主要用于烹饪和热水供应。纽约市居民除了用电解决空调和部分供暖外，还用其他能源品种（如燃气、燃油）供暖。但多数家庭使用电炊具烹饪和大功率家电（如干衣机、洗碗机等）。

（3）纽约市的家庭生活电耗低于全美平均值，这是由纽约的城市形态所决定的。纽约是高人口密度的城市，尤其在市中心区（曼哈顿），建筑容积率很高，住宅形式也以高层公寓为主[27]，说明城市形态不仅影响交通能耗，也会影响建筑能耗。一般而言，在高密度城市建筑能耗总量高,但单位能耗低。

(4) 美国人使用空调供暖的方式导致高能耗。见表2-10。

美国家庭供暖空调的使用方式　　　　　　　　　　表2-10

使用方式	百分比(%)
家庭能耗分布	供暖41.5,空调6.2,热水17.7,家电/电子/照明34.6
有供暖设备家庭	97
有空调设备家庭	82.7
有集中供暖家庭	89
有集中空调家庭	61.3
有供暖家庭的供暖能源	天然气50.6,电34.6
有供暖家庭中设定温度在21℃以上的家庭比例	56.8
有空调家庭家中设定温度在25℃以下的家庭比例	42
有供暖家庭家中无人时设定室温在21℃以上的家庭比例	35
有空调家庭家中无人时设定室温在25℃以下的家庭比例	33.3

资料来源:U. S. Energy Information Administration, RESIDENTIAL ENERGY CONSUMPTION SURVEY (RECS) 2009。

从表2-10可以看出,美国家庭已将空调供暖的使用和室内热舒适做到了极致:供暖设定温度高而供冷设定温度低;1/3的家庭保持室内恒温;大部分家庭用集中供暖和集中空调(国内所谓"户式中央空调"),保持住宅所有空间温度无差别;由于大部分家庭是独立式住宅(国内所谓"别墅"),因此相比集合式住宅(公寓)有更大的负荷;当然更重要的是美国的电费便宜,一般1kWh在美金1毛钱以下,相对美国人的收入水平并不在意。因此造就了美国人追求"及时行乐"的价值观和浪费资源的生活方式。当然也不可否认,能源消耗也为美国带来更高的财富积累的效率。有趣的是,美国用能方式"极端"的家庭比例最高的反倒不是高收入家庭,而是年收入4万~8万美元的中产家庭。这是不是可以解读为中产阶级面对的压力比较大,更希望有比较舒适的居家环境作为休憩的港湾?

所以,我们要看到城市生活能耗刚性增长的趋势,也要看到,没有市民自觉的行为节能,试图用限制用能的行政手段和"不用能即节能"的管理理念来遏制生活能耗的增长,只能是杯水车薪。行为节能需要引导,需要通过大数据的分析来研究市民能源消费的特点。这方面,美国能源部发布的住宅能耗调查(RECS)是很好的范例。

2.2.10　新型城镇化面临的能源挑战

城市能源供求的变化,给新型城镇化中的能源系统带来了挑战,需要我们进一步研究。简单归纳起来有以下十大挑战:

(1) 能耗总量控制的目标设定和能耗基准线。传统制造业的单位产值能耗和单位产品能耗都有相应的标准和指标。2014年工业和信息化部颁布了《全国工业能效指南》,给出重化工业和传统制造行业和产品的综合能耗指标。现在尚不清晰的是服务业的能耗指标以及各类建筑的能耗指标。因此,需要建立服务业用能效率的标准和各种功能建筑在不同气候区的能耗基准。

(2) 重化工业工艺过程能耗的稳定需求变为建筑能源利用的不稳定需求。这需要做精细的负荷预测和运行工况分析。不能简单沿用指标法。

(3) 大集中系统和远距离输送带来的能量损失和㶲损失。必须有合适的输送距离，尤其是供冷，最佳输送冷水的距离 400m，最大输送冷水距离在 1km 以下。如果负荷饱满，保持较大的输送温差，则输送能耗损失完全可以控制在输送能量的 2.5% 以下。

(4) 高密度城镇空间布局与低密度可再生能源生产之间的矛盾。需要在城市规划阶段做出布局，进行协调。但需要方法论的支撑。

(5) 可再生能源生产的波动性与负荷变动的不同步。需要蓄能设施加以平衡。

(6) 可再生能源资源的空间分布与用户空间分布的不一致性。通过城市规划的协调和系统的集成，使可再生能源成为城区基础设施的一部分，实现资源的共享和分享。

(7) 城市空间形态对微环境的重大影响。通过气候设计、调整城市形态和建筑形态，使建筑有更多的被动空间以利用自然资源，从环境中获取更多的"利得"。

(8) 个性化应用与集中式供应之间的矛盾。采用分布式系统，贴近用户，对位供能。同时要有泛在能源管理系统，实现供需双向管理。

(9) 能源领域的市场化进程与高度集中的能源供应机制之间的矛盾。今后的能源供应商将彻底变身为能源服务商，打破垄断。

(10) 巨大的需求与资源环境容量之间的矛盾。各级都要实行严格的能耗和排放的总量控制，建立能耗限额、能耗基准线、能效对标和能耗公示制度。

2.2.11 城镇发展的可持续性与能源利用

近年来国内外通过对以往城市发展理念的反思，不断提出城市可持续发展和建设的新的指导思想。例如，著名的伦敦经济和政治科学学院的城市研究团队提出城市可持续发展的"3C"模型[28]，即：

(1) 紧凑型的城市增长（Compact urban growth）。通过对城市扩张和改造的管理，鼓励高密度的、连片的发展，鼓励功能和社会形态混合的邻里社区，发展适宜步行的、以人为尺度的局部社区环境，既有的棕地（即原先的工业用地）再开发，以及绿色空间的保障。

(2) 互联的基础设施（Connected infrastructure）。通过投资建设智能公共交通和快速公交（BRT）、自行车专用道、汽车和自行车的共享、交通信息系统、电动车充电系统、智能电网、建筑节能、以及有效的供水、卫生设备和废弃物处理等基础设施，能够大大减少城市交通压力，推进市民分享基础设施的公平性。

(3) 协同管理（Coordinated governance）。倡导城市规划的公众参与、国家/地区/城市政策的协调、城市管理的透明化和信息化。鼓励在城市基础设施建设和城市土地利用的变动（动迁）中的 PPP 模式，即有公共部门、民营企业和市民社会的参与。

世界自然基金会（WWF）在其《中国生态足迹报告》中为我国城市发展提出了"CIRCLE"原则[29]，即：

(1) 紧凑型城市（Compact）：在我国高速城市化进程中，应采取城市集约化发展策略，即空间形态的紧凑化和城市土地功能的紧凑化，遏制城市膨胀、保留和保护碳汇。

(2) 个人负责任的消费（Individual）：即在衣食住行等各个消费层面提倡节约、环保、节能和低碳。

(3) 资源消耗的减量化（Reduce）：提高资源、能源的利用效率，减少转换和输运环节、就地提高资源富集程度。

（4）减少碳足迹（Carbon）：节能和提高能源转化效率、用可再生能源和未利用能源（untapped energy）替代常规化石能源、提高现有电厂的发电效率和应用碳捕集和碳储存（CCS）技术。

（5）保持土地的生态和碳汇功能（Land）：保持和修复城市的自然生态、建设都市森林、发展都市农业。

（6）提高资源效率和发展循环经济（Efficiency）：即将城市产生的废弃物资源化和再利用。

可以将可持续城市的基本要求与能耗的关系归结为：

（1）紧凑性是城市空间结构可持续发展的重要规划设计理念。城市空间保持适度的密度，不但可以减少对机动车交通的依赖、降低交通能耗，还可以降低建筑能耗强度（单位面积的或人均的建筑能耗）。

（2）土地的功能混合利用，可以减少居住使用者的出行、适合步行自行车等慢性交通；也可以利用不同功能建筑用能的时间差异，降低城区能源系统的负荷。

（3）保持土地自然生态有利于减缓城市热岛效应，改善城市微环境，为建筑创造利用太阳能、自然通风和天然采光等被动技术的条件，同时降低空调负荷。

（4）城市大规模利用可再生能源，需要建立能源互联网理念，实现能源系统的互联互通。

（5）无论城市形态如何，人的能耗行为和节能意识都是第一位的，特别对城市开发项目，需要从土地开发和能源消耗的不同视角审视，以考量其合理性。

加拿大康戈迪亚大学（Concordia University）和多伦多大学合作的一个平行研究[30]，用建筑运行能耗、交通能耗和太阳能可利用率3个因素，对能耗与城市密度的关系做了权衡计算，得到图2-14。

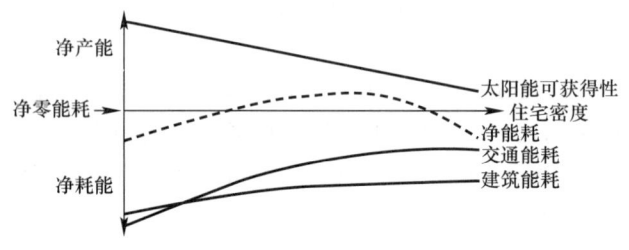

图 2-14　建筑密度与能耗的关系

由图 2-14 可见，建筑密度越大，交通能耗和建筑能耗都有所降低，但太阳能的可获得性也会降低。而且，随着建筑密度的加大，交通能耗和建筑能耗的下降幅度有所减缓。所以，建筑密度增大而导致的节能是有一定范围的。这个最佳值随地理条件和气候条件的不同而不同。

2.3　生产性能耗、消费性能耗和民生性能耗

从终端能源消费的特点来看，城市能源消费可以分成三大领域和三种类型。三大领域

分别是：产业、交通、建筑；三大类型是生产性能耗、消费性能耗和民生性能耗。

城市的所有社会产出，都需要有劳动力和资本的投入。能源就是作为一种自然资本的投入，从而有产品和服务的产出，并创造价值。因此，生产性能耗简而言之就是直接创造价值的能耗。在城市中，产业、国际城际交通、物流、工业建筑、商用建筑、非公益性公共建筑的能耗，即制造业和服务业的能耗，都会直接创造价值，因此都属于生产性能耗，可以用效率性指标如单位GDP能耗和单位GDP碳排放来评价。

消费性能耗，包括所有公益性建筑（如学校、医院）、行政办公建筑、住宅建筑的建筑能耗，公务车、城市公交和私家车的能耗。人们通过消耗能源，满足生产过程之外的生活功能，间接创造价值。在城市里，消费性能耗又被称为"城市生活能耗（urban life energy）"，要用强度性指标例如单位面积能耗（排放）和人均能耗（排放）来评价。

消费性能耗是用来满足城市生活中人的各种需求的。"需求"这个词，在英文里有 demand 和 need 两重含义。前者带有很强的个性化色彩，是个人或群体对生活的愿景，需要通过个人努力再加上一点机遇才可能实现，当然也有很大的可能不能实现。而后者则是共性的事物，是维持人的健康和生存之必需。所以，也可以把满足人们健康和生存必需的能耗，归结为民生性能耗。

在我国大多数城市，生产性能耗都是主要能耗，占当地总能耗的50%以上。因此，城市节能首先是生产性能耗的降低。离开产业能耗仅谈建筑节能是没有意义的。生产性能耗主要通过产业结构调整、提高产品附加值、先进工艺和规模化生产、提高劳动生产率等途径实现节能减排。

传统制造业的生产性能耗属于"重"能耗，它需要高电压、高温度和高压力的"三高"能源，能耗强度大。例如，我国生产1t钢的综合能耗约为600kgce，这些能耗足够北京市一个70m^{2}的住宅整个冬天的供暖。

为了满足传统制造业的"重"能耗需求，工业化时代的城市能源是基于大电厂、大电网、大集中的供能模式，以及高密度、高强度、高品位的用能模式。能量密度、转换效率和温度品位比较低的可再生能源和未利用能源（untapped energy）无法满足传统制造业的需求。例如，生产1t钢的能耗，大约相当于50000m^{2}的太阳能光伏电池1h的发电量。因此，工业化时代即使有低品位能源的需求，往往也是采取降低温度品位，牺牲热能品质实现的。例如我国北方城市的集中供暖，有很多是采用高压蒸汽作为输送热媒，经长距离管路（长达十余千米）的损失，到用户入口还要减压降温。

后工业化时代，由于以建筑为主要生产设施的现代服务业的发展，使得生产性能耗的重心转移到建筑的供电、供冷、供热和供应热水方面。主要终端用能需求成为低压电器和信息设备、7℃的冷水、50～70℃的供暖热水，以及60℃的生活热水，使得低温度品位的可再生能源和未利用能源的应用有了可能。

消费性能耗中，对于用财政支出支付能源费用的公益性和行政建筑以及公务车消费，应加以限制。例如，设定政府办公建筑的能耗限额和能耗基准线。党的十八大以后，公务车改革力度很大，从配车标准到用车管理，都进行了严格的限制。而另一方面，对于居民日常生活的能耗，例如住宅和私家车能耗，则是正当的消费。我国经济转型的重要方向就是从投资和出口拉动转向内需和消费拉动。

从图2-15可以看出，2000～2013年，上海的人均生活电力消耗的平均增长率为

7.4%，此期间上海人均GDP从4180美元增长到13524美元，年均增长9.4%。生活电力消费弹性系数（即年均生活电力增长率与年均GDP增长率之比）为0.78。可见，上海住宅电力消耗的增长速度低于经济增长速度，属于正常。而2000～2013年，中国香港的人均生活电力消耗的平均增长率为1.1%，而人均GDP从25144美元增长到38135美元，年均增长3.2%。香港的生活电力消费弹性系数是0.34，低于上海。这说明在经济高增长期消费性能耗会随着经济增长而增长，但当经济发展到较高水平时能耗增长会保持相对平稳的增速甚至负增长。因此，城市住宅建筑的节能策略是控制能耗增长的弹性系数和能耗总量。即通过不断提高新建建筑的节能设计标准，通过对既有建筑进行节能改造、提高各种家用耗能设备的能效、倡导和鼓励行为节能等，将能耗增长的弹性系数降低到0.5以下，并保持城市住宅能耗总量的低增长和零增长。也可以通过城市总体协调，通过生产性节能和关停过剩产能，将一部分生产性能耗转移到住宅建筑能耗中，保持总能耗的低增长或负增长。

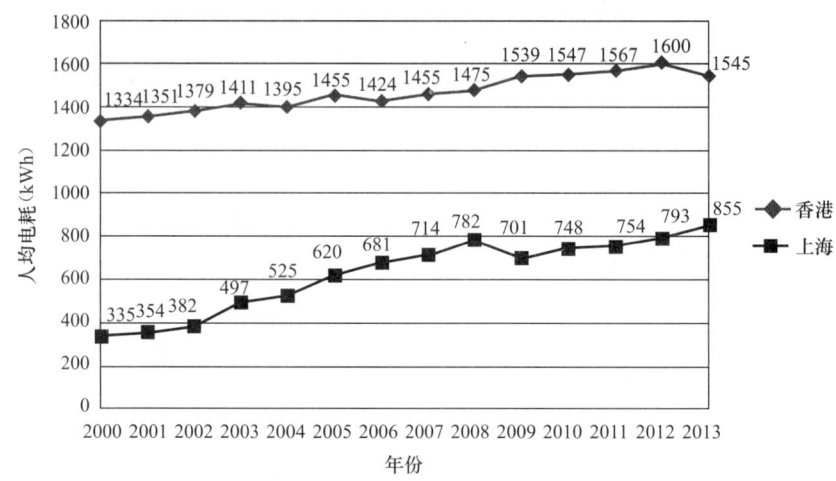

图 2-15　香港与上海人均生活电耗的比较

注：2009年上海人口基数由原先户籍人口统计数改变为常住人口统计数，因此，2009年的人均生活电力消费较2008年有所下降。

消费性节能需要通过政策和经济手段的引导加以实现。尽管我国城市住宅能耗远低于发达国家，我国私家车拥有量也低于发达国家，但近年来有逐步向发达国家生活方式靠拢的趋势。特别是高能耗的休闲娱乐设施（南方的"冰雪世界"、北方的"热带雨林"）以及超豪华的生活居住设施（带泳池的别墅、冲浪浴缸、炫目的城市照明景观亮化工程，以及大排量汽车等），这些在发达国家都非普及的设施必须加以限制。

美国心理学家马斯洛将人的需求分为5个层次[31]（见图2-16），即生理的需求，安全的需求，社交的需求，受尊重的需求和自我价值实现的需求。

前两种需求是人的最基本需求，即need。过去常说要实现温饱，即有御寒的衣服和能果腹的食物，这已经不能成为小康社会要达到的目标了。现在的温饱应该理解为"有温暖的住所，洗上热水澡，吃到安全和健康的食物"。作为以"以人为本"为执政理念的服务型政府，就是要努力满足最大多数人的最基本的需求。

马斯洛为"基本需求"的事物提出5条定义，其中有两条："缺少它会引起疾病，有了它能免于疾病"，满足基本需求的能耗就是民生性能耗。

2.3 生产性能耗、消费性能耗和民生性能耗

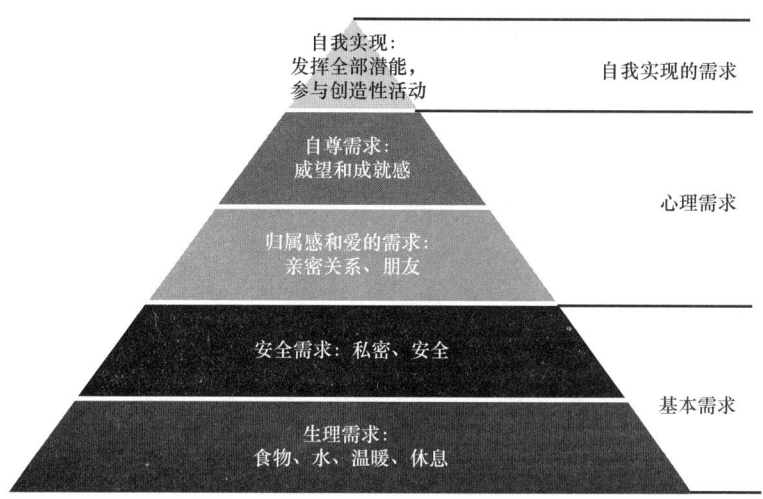

图 2-16 马斯洛的需求层次理论

表 2-11 是冬季室温对人体健康的影响[32]。预防医学将人体"冷耐受"的下限温度定为 11℃，对 60 岁以上的老年人则提高到 14℃。世界卫生组织（WHO）的研究报告表明，80% 的老年人的热舒适温度范围是 18～30℃。因此，冬季住宅供暖是保证人的健康的基本需求，是人们生存权的一部分，住宅供暖是民生问题，供暖能耗应视为民生能耗。

室温对健康的影响　　　　　　　　　表 2-11

室温	对健康的影响
21℃	推荐的起居室温度
18℃	没有健康危害的最低温度
16℃	减少呼吸系统疾病的最低温度
9～12℃	血压升高，会引起心血管疾病
5℃	低体温症危险

在民生能耗中，要特别重视"能源贫困"（欧洲称为"燃料贫困"）问题。能源贫困在国际上有不同的定义。针对特别贫困地区（如非洲部分地区），是指家庭收入负担不起最基本的能源需求（不同国家有不同定义），下面是基本能源需求的一种定义[33]：

（1）每人每年能有相当于 35kg 液化石油气（LPG）的液体、气体或改善的固体燃料用于烹饪，具备有效率的和清洁的炉子。所谓"改善"的固体燃料，是指每周每个家庭用于燃料收集（如砍柴）的时间少于 4h，而且室内空气品质要满足世界卫生组织的标准（即室内一氧化碳浓度在 24h 周期内小于 $30mg/m^3$，在 8h 周期内小于 $10mg/m^3$，燃烧总效率不低于 25%）

（2）每人每年有 120kWh 电力用于照明，能够得到最基本的服务（饮用水、通信、改善的健康服务、教育及其他）。

在我国西部后发地区可以适用这一"能源贫困"标准，但对我国多数城市，更适合建立类似欧洲"燃料贫困"标准。最早提出"燃料贫困"的英国，在 2013 年给出"燃料贫困"新的定义：家庭花费在必需的燃料的钱超过平均水平，使得该家庭剩余的收入落到官方公布的贫困线以下[34]。

对这个定义可以做如下解读：第一，家庭燃料花费超过平均水平表明其居住空间的围护结构热工性能很差，或其使用的耗能设备能效较低；第二，家庭付出的能源费过高，表明其消耗能源的价格超出其承受能力。因此，政府对燃料贫困家庭的补助，可以有3种方法：

(1) 住宅节能改造。改善围护结构保温隔热，改善供暖系统效率。
(2) 给予一定的能源费补贴。
(3) 给予一定量的免费能源。

各地实行阶梯电价政策，据说可以促进行为节能。阶梯电价确实能够节能吗？恐怕只有理论上的可能性。在整体住宅用电水平不高的前提下，实行能耗阶梯电价只会使原来舍不得用电的能源贫困家庭更不敢用电，生活品质也停留在最低台阶。正确做法是，将阶梯电价多收的电费用来补助燃料贫困家庭，使他们能和大多数人一样享受基本的住宅供暖［例如，保证一间居室室温达到保证健康的最低温度（16℃）］。

另外，民生能耗还需要对城市的弱势群体的冬季室温加以保障。在我国东部城市进入老龄化的阶段，弱势群体首先是老年人群体。国际上通常把60岁以上的人口占总人口比例达到10%，或65岁以上人口占总人口的比重达到7%作为国家或地区进入老龄化社会的标准。2014年末我国60周岁及以上人口数为21242万人，占总人口比重为15.5%；65周岁及以上人口数为13755万人，占比10.1%。同年，上海市60岁及以上老年人口已占总人口的28.8%；65岁及以上老年人口占总人口的18.8%。

为什么将老年归入"弱势"群体呢？这主要是因为，大部分老年人的身体状况需要冬季供暖，这是自然规律，与老人的经济状况无关；一部分老年人收入较低；一部分老年人缺乏用能知识，用简单但不安全的方式取暖；一部分老年人非常节俭，舍不得用现代设备；一部分老年人没有能力掌握空调热泵等分散式供暖设备的运行维护。因此，对老年人群体聚居的住区（例如近年来比较"热"的养老社区），应该考虑集中式的有专业管理的供暖设施，营造所有空间所有时间的室内供暖。这点能源用不多、省不得。

2.4 综合资源规划（IRP）理论在能源规划中的应用

20世纪80年代，正值石油危机和中东战争之后，美国学者提出了电力部门的需求侧管理（Demand Side Management，DSM）理论。其中心思想是通过用户端的节能和提高能效，降低电力负荷和电力消耗量，从而减少供应端新建电厂的容量，节约投资。

将需求侧管理的思想与能源规划结合，就产生了全新的综合资源规划方法。联合国环境计划署（UNEP）在1997年基于需求侧管理理论（Demand Side Management，DSM）提出了综合资源规划方法[35]（Integrated Resource Planning，IRP），即将供应侧和需求侧的各种资源作为一个整体进行协调的规划方法。联合国认为，IRP方法特别适合在发展中国家推广应用。

IRP方法的基本思路是：除供应侧资源外，也把需求侧通过运行节能所减少的能耗和需求侧通过设计节能所降低的负荷视为一种资源同时参与能源规划，对供能方案和节能方案进行成本效益分析，经过优选组合，形成对社会、供能企业和用户等各方受益，成本最低，满足同样能源服务的综合规划方案。

IRP 方法的核心是：改变过去单纯以增加资源供给来满足日益增长的需求的思维定式，将提高需求侧的能源利用率从而节约的资源统一作为一种替代资源看待，并给予像其他传统资源供给方式同等的重视，在比较需求和供应两方面的资源供给费用和效益的基础上选择一种资源组合方案作为城区能源利用的最终方案[36]。简而言之，就是节能的资源化，将终端节能视为煤、石油、天然气、核能和可再生能源之外的第六能源。

当然，将节能作为资源，需要建立比较的基准。所有的节能量都是相对于某个能耗基准线而言的。工业项目，可参照工业和信息化部颁布的《全国工业能效指南（2014版）》，以及各省市颁布的工业能效指南（如上海市经信委颁布的《上海产业结构调整负面清单和能效指南［2014版］》）以及各行业的产品能源消耗限额的国家标准。建筑项目，可参照各省市的各类建筑能耗限额标准（或指南），以及行将颁布的国家建筑能耗标准。本书第4章有详细分析。

2.5　需求侧能源规划与供应侧能源规划

在我国城市规划体系中，城区电力规划、燃气规划以及北方城市的集中供热规划都占有重要位置。这些规划都属于能源供应侧规划，由能源供应单位的专业规划机构完成。

在 2.1.3 节介绍的城市能源链的 P-U-C 三个环节中，城市能源的生产端，可以视为能源的供应侧；城市能源的消费端，可以视为能源的需求侧。而能源的转换则比较复杂，如发电供电是二次能源的生产，对一次能源（煤和天然气）而言是需求侧，对用户而言却又是供应侧。

对于一座城市而言，一次能源（煤、石油、天然气和一次电力）和一部分二次能源（调入火力发电）的生产在市外；少部分的一次能源（风电、光伏发电）生产和大部分的二次能源（火力发电、生物质发电、热力、煤制气等）的生产（转换）在市内。最终由产业（包括工业和农业）、交通和建筑（包括商业和居民）三个领域消费。消费环节主要在市内，也有一部分由航空、水运、公铁等交通工具在市外消费。

本书所述及的能源规划，主要面对的是转换和消费的环节，即城市能源的需求侧规划。城区的能源消费需求可以分成三大领域和三大部分。三大领域分别是产业、交通和建筑；三大部分是生产性能耗、消费性能耗和民生保障性能耗。

在图 2-17 中，供应侧能源规划主要承担图中左边部分和部分中间部分（生产和集中加工转换，例如发电），而需求侧能源规划主要承担图中右边部分和部分中间部分（终端消费和就地加工转换，例如分布式能源）。

在我国经济转型的新常态下，能源利用的新特点（见 2.2 节），使城市能源应用的形态出现了新变化：

（1）产业结构的升级和转型，推进现代服务业和先进制造业的发展。这些产业均以建筑为生产基地，都属于建筑环境依赖型产业。

（2）我国多数新建城区（包括各种工业园区、科技城和金融商务区）和旧城改造，都以发展现代服务业和先进制造业为目标。由于产业结构转型，过去工业化时代高温、高压、高品位能源需求逐渐向后工业时代低温、低压、低品位能源需求转化，能源的主要用途是保障建筑环境的照明、供暖、供冷和供热水。

第 2 章 城区需求侧能源规划

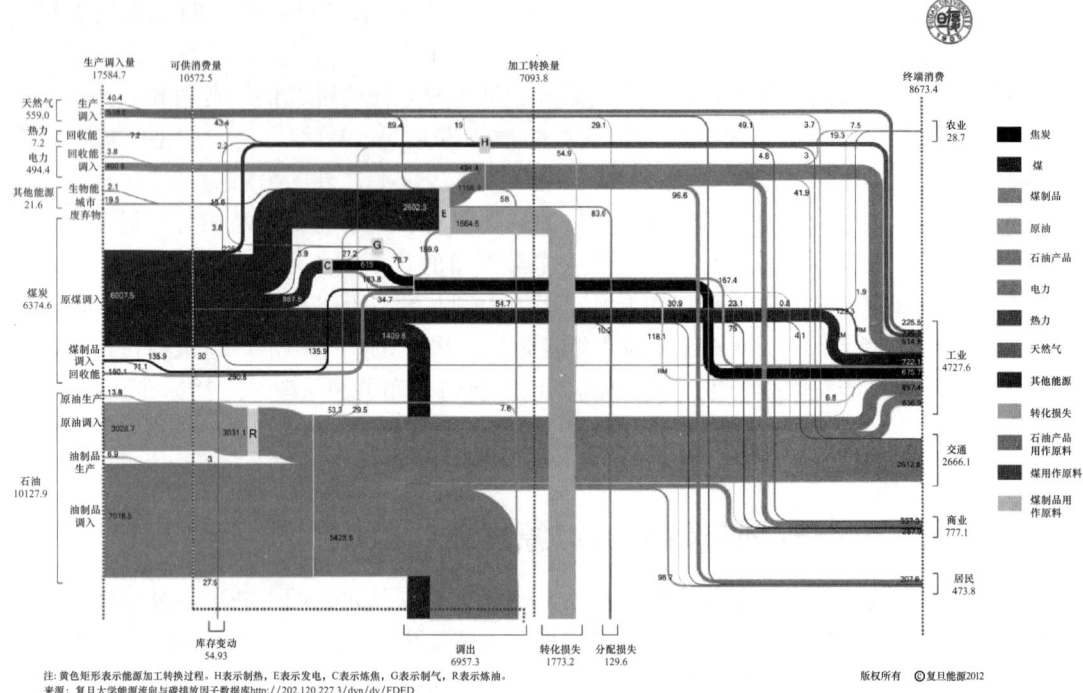

图 2-17　2010 年上海能流图（单位：万 tce）❶

资料来源：复旦大学能源流向与碳排放因子数据库，http://202.120.227.3/dvn/dv/FDED。

（3）城市生活消费性能源需求持续增长。我国经济逐渐从投资和出口拉动转向以消费为主的结构。越来越多的人追求健康舒适的建筑室内环境，而基本室内环境的保障措施将形成法律。应该鼓励并倡导科学合理的能源消费。

（4）由于能源资源紧缺和环境污染压力，我国已做出 2030 年温室气体排放将达到顶峰的承诺，国家将实行更严格的能耗总量控制和排污量控制措施。因此，需要进一步提高能源效率、提高可再生能源应用比例，能源消费从"少增长"到"多减少"。

（5）公众和社区对环境保护的意识增强，因此，新建城区和旧城改造，都以绿色生态为目标，需要在能源合理利用方面体现节能减排理念。各项能耗和排放指标应优于当地水平。在有条件的城区，还要积极开发利用可再生能源和小型天然气热电联产。

（6）不同利益诉求的机构、企业和社会群体的参与意识增强，他们希望能主动进入规划过程而不是被动接受规划结果。

这些变化，为城市能源规划带来一系列新的课题，在宏观层面要解决：

（1）能耗与碳排放总量；

（2）能耗与碳排放的基准线；

（3）能耗和碳排放的控制量在三个消费领域的调节和分配；

（4）建筑、交通和工业三大部分能耗的节能目标和关键性绩效指标；

（5）建筑、交通和工业跨领域的能耗分析；

---

❶　彩图见本书附录 1。

(6) 政府对城市能源的管理转变为服务，协调政府部门间的节能政策；
(7) 开放能源市场（Deregulation），建立能源交易机制；
(8) 可再生能源利用比例；
(9) 产业准入的能耗门槛设置；
(10) 能源基础设施的优化；
(11) 能源系统的市场化运营模式，建立合理的供能价格机制。
(12) 各种利益群体之间的协调，实现共赢。

能源应用形态的变化，使城市能源成为一个多领域交错的综合问题，仅靠能源供应的保障即供应侧的规划，或仅靠需求侧能源消费单个领域的个别节能措施是无法根本解决的，需要在更高的层面上权衡、统筹和协调。而城市规划正是一门为了实现一定时期内城市的经济和社会发展目标，确定城市性质、规模和发展方向，合理利用城市土地，协调城市空间布局和各项建设做出综合部署和具体安排的科学。然而，现行城乡规划体系中缺少了需求侧能源规划这一环节，而在城市总体规划中也没有涉及能源消费的内容，在整体上缺乏对城市和城区级别能源问题的宏观认识和发展现状的理解，缺乏开展城市和城区级能源利用的基础数据，也没有城市和城区级节能的规范性、纲领性、系统性的指南、政策和标准。目前的节能工作要么偏重于工业、交通和建筑的某一方面，要么偏重于具体的设计、施工、运行等某一环节，三大耗能领域横向之间缺乏内在联系，纵向上也缺乏全过程的系统性指导。因为三大耗能领域各有行业主管部门，互相之间也缺乏联动。因此在城市规划阶段必须要有需求侧专项能源规划，统筹考虑能源利用和节能的各个方面，对城市节能进行顶层设计，才是解决城市节能问题的根本途径。

那么，需求侧能源规划与传统的供应侧能源规划有什么区别呢？可以用表2-12进行比较。

供应侧能源规划与需求侧能源规划的区别 表 2-12

供应侧能源规划	需求侧能源规划
技术路线	
基于可靠性和经济效益最大化原则	基于综合资源规划（IRP）理论，终端节能资源化
单源系统，以化石能源为主	多源系统。集成可再生能源和未利用能源
大集中系统，垂直化管理	能源互联网，扁平化管理
适应工业化时代需求，高温高压高品位能源产品，稳定的负荷	适应后工业化时代需求，低温低压低品位能源产品，变动的负荷
集中产能，远程输送	现场产能，用户既是消费者也是生产者，通过能源互联网互联互通
单向供应	双向供应
从顶到底的规划思想	从底到顶的规划思想
方法论	
负荷预测：极端用能情况下的高峰负荷	负荷预测：用户采取节能措施后的减量化负荷
指标法粗放型预测负荷。取单位建设用地、单位建筑面积、人均生活用电、人均综合用电等经验值指标，取其中大者。装机留有裕量，做加法	精细化预测负荷。采取各类建筑、各种情景下的逐时负荷叠加，实现负荷平准化和错峰，装机做减法
选择大机组大集中系统，发挥大机组的高能效	分布式产能，灵活运行，适应分散式个性化用能

续表

供应侧能源规划	需求侧能源规划
方法论	
系统大部分时间在部分负荷下运行，输送能耗占比提高，系统能效降低。形成节能的悖论：即需求侧用能越多，系统能效反而越高，供应侧经济效益也越好	系统满负荷运行时段延长，系统能效提高
热电联产系统，电力依赖上网或并网，重视余热利用，综合一次能利用效率要求在70%以上	热电联产系统，电力自用为主，多余电量上网。用发出电力驱动热泵，与余热共同承担供热（冷）任务，综合一次能利用效率可以高达200%
进入法定城市规划系列，有成熟的技术标准	没有进入法定城市规划体系，未形成技术标准
效益比较	
用户对能源品种、供应方式只有唯一选择	用户有多种选择，必须有灵活的价格机制和周到的服务。系统运行的商业化模式，是需求侧能源规划中必须考量的要素
利用价格杠杆推动需求响应、用足存量、降低增量，用户节钱不节能/节能不节钱	根据市场交易原则，选取最有利的运行模式，既节能又节钱
保障供应侧利益，实行按面积收费等不合理收费制度	供需双赢、计量收费、有吸引力的合理价格
带有行政公权力，既当裁判又当运动员	完全是一种服务
只有一个投资主体	多个投资主体，多种投资形式，非常适合采取公私合营（PPP）模式
上下游利益独享	既是供应者又是用户，必须与用户分享效益

最主要的区别在于规划原则的不同。即供应侧能源规划基于可靠性原则，系统要有充足的冗余量和容量储备。因为供应侧能源是大系统，影响因素很多、影响面很广，只有确保万无一失，才能保证可靠性。而需求侧能源规划基于综合资源规划原则，将终端节能视为一种资源，将降低的负荷视为虚拟电厂。相对而言，需求侧能源系统的影响因素比较少，因此，它可以利用同时负荷系数、负荷参差率等降低负荷、减少系统装机，同时通过"互联网+"概念下分布式能源系统的设备联网、资源共享等措施保证了可靠性。

另一方面，供应侧能源规划是单项规划，电力、燃气、热力都是自成体系，独立规划，彼此间很少考虑协同、协调。近年来有些城市的可再生能源也做供应侧规划，甚至风电、光伏、光热都在做分项规划，造成负荷的重复计算和资源的浪费。而且，供应侧能源规划往往与城市空间规划脱节，没有充分利用城市形态的节能潜力。需求侧能源规划综合考量可利用的所有资源，包括终端节能。可以很好地整合供应侧能源、需求侧节能、城市空间形态及终端可再生能源的应用。

2.6 需求侧能源规划的3种形式

根据需求不同，需求侧能源规划可分为3种形式，即综合能源规划、建筑能源规划和能源系统规划。

2.6.1 综合能源规划（能源与绿色经济）

综合能源规划主要解决经济发展与能源应用的关系。包括生产性能耗、消费性能耗和民生保障性能耗，涵盖产业、交通、建筑三个领域。它的主要内容是：

（1）能耗、碳排和污染物的总量控制和分解：经济发展必须在节能减排的"篮子"中，根据当地条件，将总量分摊到各领域，并作为重要的控制性指标。

（2）设定产业、交通、建筑以及能源基础设施的规划目标，建立能源绩效评价指标体系；即关键绩效指标（Key Performance Indicators），这些指标必须是可测量、可报告、可核查的。

（3）资源分析：当地可再生能源和低品位未利用能源的资源分析，特别是节能潜力的分析。

（4）需求预测：通过对城区发展战略的深化，预测中远期的能源需求，并在总量控制前提下，在各领域之间进行调剂。

（5）建立城市能源管理体系；依据 ISO 50001 和国家标准《能源管理体系要求》GB/T 23331—2009，强调对城市能源管理的过程控制，规定能源管理体系的运行模式，为了兑现总量控制和实现能源规划目标而进行"策划—实施—检查与纠正—持续改进"（PDCA，即 Plan/Do/Check/Action）的管理过程。

（6）建立产业的资源消耗门槛；城镇化的基础是产业，尤其在我国，大多数城市能耗来自于工业生产，必须从能耗、水耗和土地消耗等几个方面，推进绿色产业发展、限制高资源消耗产业的进入，倒逼产业进行技术改造。

（7）制订建筑和交通节能技术路线图，包括实现技术路线所需要的政策。

（8）经济技术环境分析。

在综合能源规划中，也有一些问题没有解决，如何界定服务业能耗？服务业有高端产业，如软件业、信息服务业、咨询业等，企业之间的能耗相差不大，但产值相差很大，有时甚至有数十倍的差距。因此，仅用单位产值能耗这类指标很难做出正确评价。有人建议用产值能耗和设施能耗（例如，办公建筑能耗、企业所拥有的所有云存储中心和数据中心能耗等）双重指标评价。

2.6.2 建筑能源规划（能源与绿色建筑）

建筑能源规划主要关注如何通过城市规划调整和不同能源方案的比较，实现建筑能效的提升。它的主要内容是：

（1）设定建筑能效提升的目标，制定或采用各类建筑的能效基准或能耗定额。

（2）当地可利用的资源分析。这里特别要强调"可利用"，即在高空间密度的城区里如何有效利用低能量密度的可再生能源和未利用能源资源。比如利用光伏，除了有当地太阳辐射强度的基本条件之外，还必须考虑可安装光伏板的屋面等空间资源。再如利用地源热泵，除了当地土壤温度等基本条件之外，还要考虑有多大的可埋管土地面积以及土地的权属等决定项目成败的因素。

（3）建筑能源的负荷和能耗预测。采用不同的建筑能源系统，其能源负荷是不一样的。城区集中能源系统可以利用负荷的参差率和同时使用系数，其负荷一定会小于单栋楼宇负荷的叠加；分散系统（如分体空调）没有覆盖建筑物的所有面积（如走廊等公共空间），也不考虑新风和换气，所以它的负荷一定小于集中空调。用计算机模拟技术，结合建筑采用的节能措施以及各类建筑的运行时间表，计算得到各类建筑负荷。有了计算负荷，再结合当地各类建筑能耗实测值，便可以计算得到空调全年满负荷当量小时数，再根据不同能源系统的效率，可以预测出全年能耗。再根据城区预计人口数，预估城区住宅建筑能耗，由此得出建筑总能耗。

（4）光伏与建筑一体化（Building-integrated photovoltaic，BIPV）。光伏建筑一体化可分为两大类：一类是光伏与建筑的结合，另一类是光伏与建筑的集成。如光电瓦屋顶、光电幕墙和光电采光顶等。规划中应根据可用的屋面面积，以及光伏的投资来源、经营模式、各种光伏组件的效率等，确定光伏安装位置和功率。

（5）与城市规划和建筑设计的空间协调。紧凑型的城市形态，使得可再生能源的应用遇到可利用的空间资源不足的制约。例如，$1m^2$ 的光伏板，在满负荷条件下的产电大约只能满足 $2m^2$ 办公楼建筑面积的电力需求。因此，找寻足够的安装面积、利用各建筑电力需求的非同时性、通过建筑节能措施尽量降低建筑的需求，是能源规划中的重要课题。而未利用能源的集成应用，同样有空间利用问题。例如，$2m^2$ 办公楼的供冷供热如果靠土壤源热泵来满足，就需要大约 $0.5\sim 1m^2$ 的室外埋管面积，在容积率较高的城区，几乎不可能在建筑物的规划红线内找到这么大的埋管面积，只有作为一种公用设施，在公共土地上埋管，而且可能是多处埋管，需要进行协调。

（6）城市形态节能分析及气候设计。这是建筑能源规划的重要一环。城市形态的调整，不仅能优化交通网络、降低机动车能耗，而且能够优化城区微气候环境、有利于建筑被动节能、降低建筑能耗。

（7）城区绿色建筑建设规划。根据城区的具体条件，确定城区内各星级绿色建筑的占比。绿色生态城区应该做到所有建筑均能达到一星级，为此，要在国家和地方相关标准的基础上，制订城区绿色建筑建设导则，选择合适技术，要求所有利益相关者遵循。

（8）建筑能源管理和能耗限额。制订城区公共建筑能耗监测系统的规划和实施导则，规定单位建筑面积能耗的上限值和先进值，建立城区建筑能源的管理体系和管理组织，订立城区建筑能耗对标和能耗公示制度。

（9）建筑能源系统方案及可行性研究。各种能源系统（包括城区的和分散的）所采用技术的适宜性和技术经济比较。特别要注意多种能源的综合利用，以及多种能源与负荷的匹配。

2.6.3 能源系统规划（绿色能源）

一般而言，全分散的能源系统（例如以单栋建筑为单位的空调供暖系统和以单个房间为单位的分体空调系统）不需要做需求侧能源规划，但出现以下 5 种情况时则一定需要能源规划：

（1）分散系统通过能源总线集成应用可再生能源或未利用能源（例如土壤源、地表水源）。

（2）分散系统通过能源微网共享资源（例如小型燃料电池和分布式能源直供电）。

（3）分散系统，但有余热资源可以利用。

（4）旧建筑改造时，将各独立的分散系统联网，实现互联互通。

（5）城区分散系统通过"规划指导下的清洁发展机制（PCDM）"整体进行碳交易。

近年来国内建设很多城区能源系统（包括城区供热供冷 DHC 和分布式能源冷热电联

供 DCHP），投入运行之后，大致有以下几种情况：

（1）经济效益和能源效率俱佳；

（2）经济效益好，能效低；

（3）经济效益和能源效率俱差，成为能耗大户和投资黑洞。

其中第一种情况属凤毛麟角；第二种情况往往有大客户或政府托底，保证其收益，但此类特例不可复制；第三种情况主要应归咎于我国城市开发中的误区，即园区土地和建筑均供大于求，入住率多年不能达标，形成多个"空城"，能源系统长时间处于极低负荷下运行；但不可否认，在系统规划中的不正确理念也是造成高能耗和低收益的重要原因。本书也正是以提供解决办法为编写的宗旨。

需求侧能源系统规划主要服务于有效整合各种资源的城区综合能源系统，它不一定是传统意义上的城区集中系统，也可以是用能源互联网或能源微网连接起来的分散系统，在统一平台上实现资源共享。用户既用能也产能（Producer＋Consumer＝Prosumer），每一栋建筑都可能是一个微型发电厂，在城区范围实现多源产能、多级应用、多元经营。其主要内容包括：

（1）设定城区能源系统的能耗、能效、减碳和降低需求的目标。特别是系统一次能效率和碳减排率的控制指标。能源效率应以能源站输入能量到用户入口端所提供的冷热量计算，包括输送系统全部能耗。集中系统的能效应与用户自设系统相比，能耗应降低15%以上。切忌没有量化目标，只有宽泛的口号（例如"达到国际一流"）；没有比较基准，只有夸大的相对目标（例如"节能80%"，同谁比？）。

（2）资源分析。城区可再生能源、未利用能源可利用的资源量，城区清洁能源（电力和天然气）的供应量（须与城区电力、燃气规划协调），以及可利用的热力资源（附近热电厂的供应能力，热力品位、价格、输送距离、管网的可达性）。

（3）精细化负荷预测。城区所有建筑的围护结构热工参数和室内环境设计参数取值均按照满足国家和当地的建筑节能设计标准的最低要求考虑。负荷预测应用情景分析方法，选取城区内典型的建筑功能类型，提出各类建筑较为常见的内部负荷（人员、照明、设备）分布的情景，包括突发性负荷（如大型会展期间）的分布情景；分析各种情景负荷的出现概率（同时系数）和风险（各种因素出现异常而引起的小概率负荷下的运行工况），预测供能城区内建筑群的逐时负荷；得出设计日各能源站的逐时总负荷和设计总负荷；提供3个季节（冬季、夏季、过渡季）典型日的逐时总负荷和设计总负荷。负荷预测应使用经校准的能耗模拟软件作为预测工具。切忌沿用单体建筑设计中的负荷指标，严重高估负荷，无视单体建筑所采取的节能措施。

（4）可利用的资源分析。分供应侧资源和需求侧资源。供应侧资源包括：

1）公用事业供能网络提供的电力、热水、燃气、蒸汽等商品能源，购买得到的石油制品、液化石油气、煤炭等商品能源；

2）当地可获得和值得应用的可再生能源，如生物质能（森林废弃物、农作物秸秆、生活垃圾）、太阳能、风能、地热能、小水电等资源；

3）有应用价值的余热、废热以及自然界的低品位能源（地表水、土壤等），即所谓"未利用能源"。

需求侧资源是指通过降低负荷和提高能源利用效率而得到的虚拟资源，包括：

1) 新建建筑由于采取了比国家节能设计标准更严格的建筑节能措施而减少的能耗；

2) 确定城区各类建筑的能耗基准线，从而控制建筑能耗总量；

3) 通过某些技术措施引导用户改变消费行为，从而减少用能所降低的能耗；

4) 通过规划措施调整城市形态更多利用被动技术，降低供冷供热负荷所节约的能耗；

5) 采用城区能源系统，利用负荷错峰和负荷参差率而减少的能耗；

6) 用户采用更高能效的末端设备（例如辐射供冷供暖、热湿独立处理等）所降低的能耗。

特别注意"可利用"这三个字。尤其是可再生能源的应用必须因地制宜，根据当时当地条件和经济性决定用量，不能一刀切，更不能强求某一应用比例。比如太阳能，要考虑城区范围内有多大的采集面积；比如土壤源热泵，要考虑有多少可供埋管的土地面积，以及这些土地面积的用地性质和与其他地下空间构筑物的关系。在可再生热源中，最容易利用的便是空气。正由于空气无处不在，也就没有必要将空气源热泵系统做成城区集中系统，增加庞大的冷热水输送系统，增加无谓的能源消耗。在有分布式能源的城区，可以考虑直供电模式，远离能源中心的位置采用高效的空气源热泵贴近用户供冷供热；如果为避免分散空气源系统所带来的热岛效应，那么也可以将冷却塔/热源塔和辅助加热系统集中设置，将冷机/热泵分散布置，成为能源总线系统，尽量缩短供冷距离。

(5) 设备选型和系统集成。城区能源系统要根据负荷分布和运行经济性比较进行配置，切忌"大马拉小车"，也切忌没有条件勉强上可再生能源和未利用能源。城区能源系统要考虑合理的供冷供热半径。这其中也要确定能源站的选址、管网的路由、未利用能源的空间分布等因素的优化。

(6) 与城市规划和建筑设计的空间协调。

1) 通过城市形态的调整和优化，更多地利用昼光照明和自然通风，降低能源系统能耗。

2) 通过城区功能混合，可以使城区能源系统的负荷平准化。

3) 城区能源站的选址所涉及的用地、地块属性、产权、排放等诸多问题，需要城市规划进行统筹。

4) 对于集成利用可再生能源的能源站点（例如，城市垃圾电厂和小型水力发电站）的选址，涉及环境影响的评估，是规划中必须面对的问题。

5) 城区能源系统的管网布置，应与路网规划协调，尽量减少管道穿越道路。

6) 管道最佳输送半径与地块分区之间的协调。

(7) 城区能源系统运行工况分析。供冷供热系统应计算25%、50%、75%和100%负荷分别出现的累计小时数，分析冬季、夏季和过渡季至少各一个典型日的负荷分布，设定室内不同情景下的负荷分布，并确定相应的运行策略。

(8) 能源系统的环境影响分析，例如，热电联产系统的污染物排放是否达标、地表水源热泵取排热对水体生态（水温变化）的影响是否达标等。

(9) 能源微网的总体方案和智能能源管理系统的架构方案。

(10) 能源系统的技术经济分析。包括：

1) 与基准能源系统相比的节能量；

2) 与基准能源系统相比的二氧化碳减排量；

3）建成系统的总预算；
4）多赢的系统运营商业模式设计；
5）系统的投资回报；
6）系统的风险评估和敏感性分析。

2.7 需求侧能源规划的步骤

综合 2.6 节，需求侧能源规划应包括以下步骤：

2.7.1 第一步，现状分析和目标设定

收集当地到规划制订时为止的经济、社会、城市发展以及能源供应的数据，必要时要开展现状调研，获取第一手资料。根据收集和整理的数据，进行 SWOT 分析，即优势 S（Strength），弱势 W（Weakness），机会 O（Opportunity），威胁 T（Threat），其中，S、W 是内部因素，O、T 是外部因素。特别是要找出终端节能的有利和不利因素。

定义项目边界，包括空间边界、时间边界、交易边界、能耗品种边界。

遵循 SMART 原则（见第 3 章）制定规划目标。目标必须是可测量、可报告、可核查的。

2.7.2 第二步，负荷和需求预测

城区能源负荷和需求可以采用自上而下或自下而上方法估算。也可采用情景分析方法进行分析。一般而言，对综合性能源规划和生产性能耗领域，宜采用自上而下的预测方法。自上而下方法通常依据国家能源消耗和碳排放的历史时间序列数据，从宏观层面研究能源与经济之间的内在关系。相关参数包括宏观经济学指标 GDP、人口、就业率、建筑面积和产业结构等，以及当地的地理和气象参数（包括对气候变化的预测）。而自下而上方法考虑了室内环境参数、建筑性能、设备能效和运行特点等细节，以具有代表性的典型建筑能耗为基础，预测和模拟城区、地区乃至国家尺度的建筑能源需求。自下而上方法的模型又可分为 3 种，即物理模型、统计模型和混合模型。物理模型是指搭建各类建筑的典型建筑模型，统计模型基于回归分析，由单体建筑能耗推算城区建筑能耗和碳排放量，混合模型则是物理模型与统计模型的结合[37]。

在这一步里，还应该对建筑负荷的分布及各种情景下的动态负荷加以分析（见图 2-18），以便为系统设备选型和系统运行策略提供支撑。

负荷预测有很多种数学建模方法和解析工具，但基本都是针对单体建筑所开发的。目前还没有城区尺度建筑群冷热负荷预测的成熟软件。在规划阶段还是需要用各种负荷指标来做城区大尺度的负荷预测应采用下面两种方法的结合：

第一种方法，基于计算机模拟技术的城区建筑负荷预测。

（1）根据城区总体规划和节能设计标准，设定各类建筑基准负荷的参数，做归一化处理[38]后建立各类型建筑基准负荷预测模型，做计算机模拟。基准负荷的模拟工作可以按照不同地区的节能标准，事先离线做好，并建立按地区和建筑类型区分的基准负荷数据库。

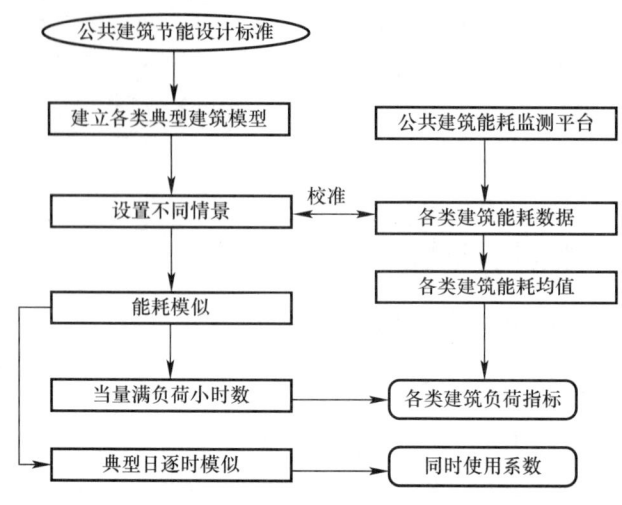

图 2-18　生成负荷指标的流程

(2) 根据规划区建筑功能特点、人口变动趋势确定变动负荷情景参数，做不同情景下的负荷模拟[39]。

(3) 给出各类建筑负荷指标，并与第二种方法的结果进行比对。

第二种方法，基于数据挖掘的城区建筑负荷预测方法。

(1) 对规划城区所在地公共建筑能耗监测平台实测的各类建筑能耗数据进行分析，并对模拟结果进行校准。

(2) 结合模拟结果生成负荷指标。

需要两种方法结合生成负荷指标。

2.7.3　第三步，资源分析

这一步是体现综合资源规划（IRP）理论的重要环节。在第一步中，已经分析了城区的能源供应（电力、燃气和城市热网）情况，对综合性能源规划，要考虑找到更便宜、更可靠的能源资源。例如，沿海港口城市可以考虑通过外贸，自营进口优质价廉的液化天然气；有大面积森林资源的城市，可以考虑应用生物质发电；有山地和河流的城市，可以考虑小水电和风电。对建筑能源规划，重要的是在控制性详细规划中设定城区各类建筑的能耗基准线，并编制相应导则，指导二级开发。对能源系统规划，则要研究如何提高系统效率，如何形成能源的梯级利用（在工业园区中，可以通过调整空间布局，形成不同生产工艺和不同企业之间余热废热的梯度）。

这三种规划共同的资源便是太阳能光伏利用的可行性和可利用性。资源分析中要充分考虑到未来技术进步。例如，根据 IEA 的分析，2020 年太阳能光伏的价格将降低到 2010 年价格的 20%，其中我国的价格将最低，达到 1000 美元/kW[40]。这样，如果在我国太阳能资源 3 类地区，年当量满负荷小时数是 1000h，而光伏寿命为 20 年的话，每千瓦时电力的净成本只有 0.30 元，有非常好的推广普及前景。

建筑节能作为资源有 3 个方面：

(1) 通过改变城区建筑的功能混合度使供冷供热负荷平准化，从而降低能源系统装机量，延长系统满负荷工作小时数，让设备始终处于高效区运行。

图 2-19 中表现出功能多样化的建筑群，负荷叠加以后使城区负荷平准化，没有明显的负荷高峰和低谷。还可以用图 2-20 中的案例来说明。

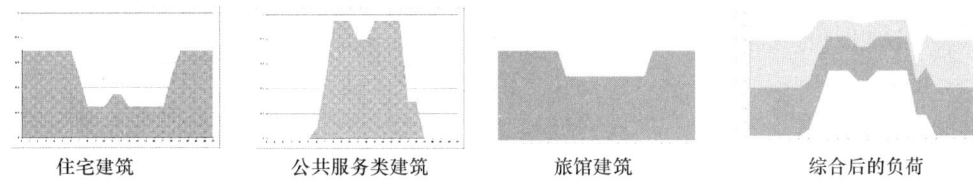

图 2-19　负荷平准化示意

资料来源：法国电力 EDF，低碳城市之能源规划（PPT），2015 GEF Project Workshop：城区能源规划的方法与实施路径，2015 年 12 月 2 日。

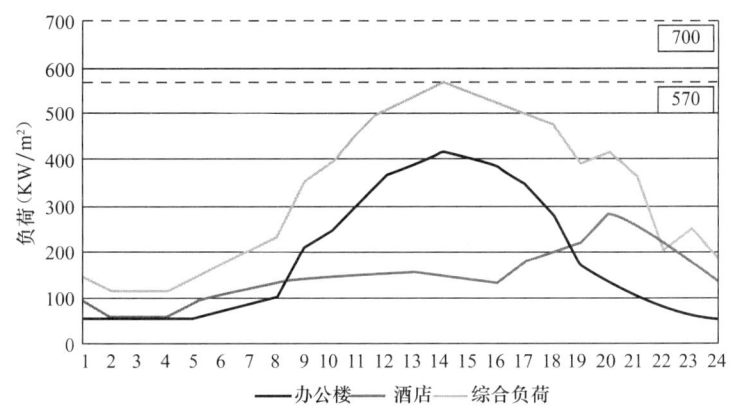

图 2-20　多样化功能建筑的负荷叠加

功能混合（Mixed Uses）是指在同一地块内或相邻地块间布置三种或三种以上相互兼容、相互支持的土地或者空间功能状态[41]。图 2-20 表现出办公楼和酒店的负荷特性。假定某园区中由同一个能源中心向办公楼和酒店供冷。园区中有同样面积的 10 幢楼，其中 3 间酒店，7 座办公楼，假定酒店负荷 93W/m²，办公楼负荷 60W/m²，则 3 间酒店总计负荷 280W/m²，7 座办公楼总计负荷 420W/m²，随时负荷叠加，最大负荷 570W/m²，负荷高峰出现在 14：00。如果按供应侧能源规划的思想，将酒店和办公楼的总负荷叠加，则为 700W/m²，且全天负荷率在 57% 以下。如果按供应侧规划思想选制冷机，装机量要（0.70×总面积）kW×安全系数；现在按需求侧规划思想选制冷机，装机量只要（0.57×总面积）kW。同时可以发现，在一天中大部分时段，制冷机负荷率都可以落在 70% 以上的高效率区。所以，社区功能的混合，可以在一定程度上降低峰值，减小装机，延长高效率运行区间。在本例中，相当于安装了 130kW 的虚拟制冷机。

（2）通过建筑围护结构热工性能的改善，降低建筑负荷，从而降低能源系统装机量和能源需求。

（3）通过能耗限额和能耗基准量的设定，取得比现行节能设计标准更低的实际能耗量。

空间规划中应尽量使建筑群或一个集中能源系统的功能即负荷需求多样化，尽量避免大片单一功能的建筑群，形成所谓"鬼城"和"睡城"，造成潮汐式的交通和冲击式的能源负荷。另外，由于我国城市住宅空置率很高，很多大型住宅区几乎没有人入住，因此，目前在我国城市的新建住宅区不宜设集中能源系统。

2.7.4 第四步：气候设计和城区能源系统的规划影响因素分析

这是城区规划与城区能源结合的重要环节。主要影响因素包括：

(1) 气候因素。尤其是全球气候变化带来的未来气候的不确定性。气候变暖、气候变冷、极端气候出现频率等都会影响建筑能耗和能源系统的配置。尽管这样的预测也有规律可循，也可以建立相应的模型，但相比负荷预测，准确性更差，不同模型的预测结果相差更大。尽管如此，还是可以通过规划城区所在地区的气候趋势性预测，对中长期负荷和能耗的变化做出简单预判。

(2) 规划因素。城区的容积率、功能混合度、建筑密度、人口等规划和城市形态要素都会对建筑基准负荷产生影响，同时它也会影响能源系统的选择和配置、影响规划城区的微气候。通过规划的合理调整，可以降低负荷。

(3) 建筑因素。建筑高度、体形系数、围护结构形式等对建筑负荷有显著影响，特别是影响到建筑对自然资源（如天然采光和自然通风）的利用及被动式节能技术的有效性。建筑设计与节能方案的权衡，应该是建筑信息模型（BIM）的重要内容。

(4) 政策因素。当地能源政策，如能源价格因素、能源消费总量控制因素、当地对绿色建筑占比的要求，以及电力部门的需求管理（DM）等，都需要对负荷加以控制。我国正酝酿中的 2030 年建筑能效提升工程路线图，就可能要求供暖供冷的能耗水平达到"近零"，即 $15kWh/(m^2 \cdot a)$ 以下。要实现这一近零目标，供冷供热负荷就要降低到 $40W/m^2$ 以下，单靠围护结构的节能是远远不够的，是一个很大的挑战。

一个好的需求侧能源规划，应对城区做气候设计。所谓"城市气候设计"是用以解决城市空间形态的气候合理性的问题[42]，通过气候设计使城市形态具有适应当地气候环境的内在逻辑性。

城市的小气候环境状况与具体的城市空间形态特征之间存在着关联性。例如，城市热岛的强度与空间分布，就直接受到城市用地结构、空间形态布局乃至城市绿化体系结构等因素的影响。现在可以借助现代的研究手段（如 GIS、遥感、CFD、数值模拟）能揭示城市空间形态要素与气候要素之间明确的关联关系[43]。

气候影响有不同尺度（见表 2-13），本书所涉及的主要是小气候尺度，即局地气候和微气候。城市气候设计主要围绕以下几方面开展：

气候尺度分级系统　　　　　　　　　　　表 2-13

系统	气候特征的大致尺度		时间范围
	水平范围（km）	竖向范围（km）	
全球性风带气候	2000	3~10	1~6 个月
地区性大气候	500~1000	1~10	1~6 个月
局地（地形）气候	1~10	0.01~1	1~24h
微气候	0.1~1	0.1	24h

资料来源：宋德萱、魏瑞涵. 气候适应性城市设计研究，第十一届国际绿色建筑与建筑节能大会论文集，城市发展研究 22 卷，2015 年增刊 1。

(1) 营造良好的风环境。关系到污染物及时和充分的扩散；城区能够源源不断获得新鲜和干净的空气；城区内公共空间的舒适性（夏季凉爽，冬季温暖）；建筑物利用被动式自然通风的可能性；城市形态有利于夏季清凉风的导入和冬季刺骨寒风的规避。

（2）营造良好的日照环境。冬季获得尽可能多的阳光，夏季利用植物创造尽可能多的遮荫；而白天尽量使城区内建筑室内获得充足的昼光照明（daylighting）。

（3）营造城区内良好的温度环境。模拟分析城区形成的热岛和自然植被及湖泊等形成的冷岛；分析城区内水平和垂直方向的气温分布。

（4）营造安全的气候环境。在高层、超高层建筑云集的城区，要调整建筑的分布和高度，避免"城市风"对行人的伤害，避免长时间的强风对建筑结构的破坏。

（5）调整城市形态（高度、密度、容积率、功能混合度等）以更多地利用未利用能源（untapped energy）和可再生能源、降低城区能源系统负荷、提高能源利用效率、优化管网路由、协调未利用能源的采集位置（如地源热泵埋地管、水源热泵取水口、光伏或风电安装位置等）。将城区能源系统管网与城区路网放在同一平台上考量，减少管道穿越路面、缩短供冷供热距离。

城区能源系统的能源中心选址和能源中心的面积一直是困扰规划和能源专业的问题。我国尚没有相关的标准和法规，因此在能源中心选址和确定面积时，往往带有功利色彩和寻租企图。能源中心的建筑面积，可以参考日本地域冷暖房协会出版的《地域冷暖房技术指南》一书（见表2-14）。

城区能源系统能源中心建筑面积　　　　　　　　　　表 2-14

冷热源方式	拟合公式
电气方式	$y=46.516x^{0.4374}$
燃气方式	$y=12.144x^{0.6131}$
电气+燃气方式	$y=16.859x^{0.6244}$

y——机房建筑面积，m^2；x——冷热源容量，RT。

资料来源：日本地域冷暖房协会，地域冷暖房技术手册书（改订新版），2002年3月。

2.7.5 第五步，城区能源系统的配置与优化❶

因为城区能源系统是一个复杂系统，所以对技术方案需要全方位的、多元的评价，不同情况下对各种因素会有不同的侧重，会强调某一方面，忽略某一方面。例如在图2-21中，在对能源系统的评价中，特别重视减碳和能效两个要素，分别赋予了95%和80%的权重。而在实际工程中，也可能对经济性更加重视，这都是很正常的。但任何情况下都不能只顾一点，不及其余。而根据我国国情，在任何情况下都应该把节能、减碳置于优先考虑的位置。确定城区能源系统方案有以下几条原则❷：

（1）对各种影响因素赋以不同权重，综合研究方案的可行性。

（2）根据当地资源禀赋和负荷特点确定系统方案。

（3）绿色生态城区的能源系统（无论集中还是分散）一定是多种能源（包括可再生能源）复合的系统。

---

❶ 本节内容引自叶祖达、龙惟定编著，低碳生态城市规划编制——总体规划和控制性详细规划。

❷ 内容引自：龙惟定，城区需求侧能源规划，暖通空调HV&AC，2015年第45卷第2期。

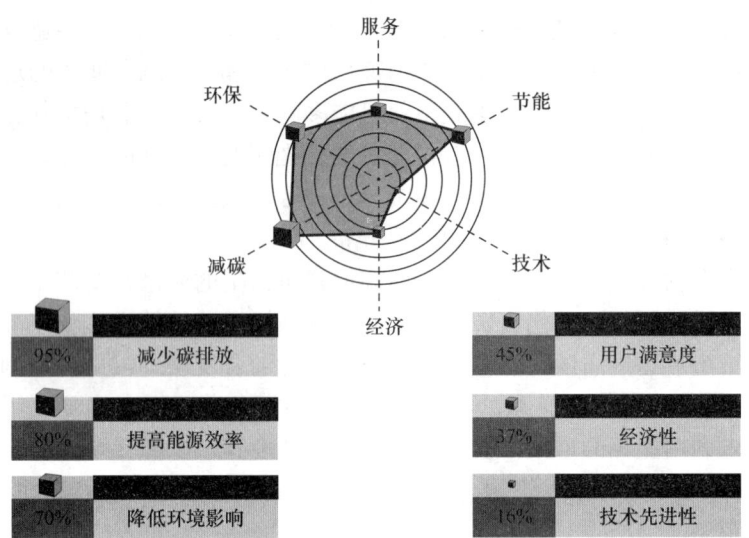

图 2-21 城区能源系统方案需要多元评价

(4) 集中系统或能源总线系统的管网（包括管廊）属基础设施，应由城区开发者投资，并分摊到土地招拍挂的费用之中，在能源使用费或接入费中不应重复收费。

(5) 尽量缩短供冷半径，一般应在 500m 以下，最大不得超过 1000m。

(6) 集中式城区能源系统（包括分布式能源系统）其输入和输出的综合一次能源效率应大于 130%。

符合下列情况之一，经技术经济的可行性研究，可采用区域供冷供热系统：

(1) 建筑密度在 30% 以上，或建筑容积率在 2.0 以上。如有城区供冷，则区块面积最大不宜超过 $0.5km^2$（$0.7km \times 0.7km$）。如果与路网协调，则比较适合的是 $0.35km \times 0.35km$，即区块面积 $0.1225km^2$，建筑面积约 20 万~25 万 m^2，以控制供冷半径。

(2) 城区内建筑负荷（建筑功能）多样化。

(3) 有可利用的可再生能源或可再生热源的资源，包括地表水热源、地热源及可供埋管的土地面积。

(4) 有稳定供应的工业余热、废热资源。

(5) 严寒和寒冷地区结合市政城区供热管网的夏季热利用。

(6) 在因环境要求不能在建筑上安装冷却塔的城区。

符合下列情况之一，并经技术经济的可行性研究，可采用分布式能源冷热电联供系统：

(1) 建筑密度在 30% 以上，或建筑容积率在 2.0 以上。

(2) 混合功能社区，城区内建筑负荷分布多样化，各类建筑负荷错峰，冷热负荷叠加后的总负荷曲线比较平坦。

(3) 有可利用的可再生能源资源，包括生物质燃料、气化固体废弃物等。

(4) 有稳定的天然气供应，当地每立方米天然气价格不高于当地平均每千瓦时电力价格的 4 倍。

(5) 优先考虑自发电的自用。以供冷供热为主的系统，自发电力优先用来驱动热泵。

在城区能源系统配置中，应优先选用基于清洁能源和可再生能源的能源微网系统和集成应用低品位能源的分布式热泵能源总线系统,实现效率和效益的最大化。

能源微网/能源总线系统有以下几个特点:

(1) 多源系统。综合利用市政基础设施的电力、燃气、热力以及现场发电的可再生能源和热电联产系统,并集成利用低品位可再生热源。

(2) 以热定电。根据热电联产的能效和电力驱动热泵系统的 COP,确定冷热电分摊比例,将建筑冷热负荷分别由热泵系统和热电联产的余热系统承担,从而确定热泵机组、发电机组、余热锅炉等设备的容量。可以降低装机量、减少天然气耗量。

(3) 系统集成。通过并网方式,将分布在不同建筑屋顶和不同空间的光伏发电系统以及热电联产发电系统的电力联网;通过能源总线管网,将分布在不同位置的低品位热源热汇(土壤埋地管群、地表水取水口、冷却塔或热源塔以及太阳能热水器等)集成联网。

(4) 高效高收益。能源微网系统供冷供热的综合一次能效率可以高达 200% 以上。如果冷热量定价在 0.50 元/kWh,则每立方米天然气得到的最终收益可以达到 10 元以上。

2.7.6 第六步,经济性、能源效率、环境影响和碳足迹分析[1]

选择城区能源系统,无论分散系统、集中系统还是分布式系统,都必须是技术上可行、经济上合理的项目。切忌以"绿色"、"生态"的名义,不顾成本、不计回报、无视环境影响地采用先进技术,以下这些在国内城区能源系统发展中出现的乱象必须加以避免:

(1) 为了争取更多国家投资,而做大负荷、做大系统;

(2) 为了拿到国家补贴,不顾实际条件上某项技术,在系统投运之后实际并不使用,成了摆设;

(3) 为了在某些绿色建筑或生态城市评价体系中得分,不计成本投资某些技术;

(4) 地方政府用红头文件形式推某项技术,所有项目不分青红皂白利用某项技术,无形的手干扰有形的市场;

(5) 在设备选择和采购中,"选贵不选对"。

城区能源系统的经济性与系统的能源效率和碳足迹有紧密的关系,同时,也与能源系统的投融资方式相关。

(1) 能效高则运行成本低,经济回报高。

(2) 如果城区能源系统碳排放量低于基准线,则减碳量可以用来交易变现。

(3) 通过城区能源规划,可以实施"规划方案下的清洁发展机制",集成分散的减排量,形成规模化交易量。

(4) 城区能源系统,最有可能实现能源领域体制改革的突破,可以实行如建设—经营—转让(BOT)、建设—拥有—经营(BOO)、合同能源管理(CEM)、公私合作(PPP)、特许经营(Franchise)等各类经营方式。而城区能源系统的配置和运行,依不同的经营方式会有所不同。

(5) 能效和经济性的关键因素是终端能源的价格。城区需求侧能源系统主要用于建筑的供冷供热,它不像电力供应具有垄断性和唯一性。冷热量可以用很多方法来获得,如果

---

[1] 本节内容引自:叶祖达,龙惟定编著,低碳生态城市规划编制——总体规划和控制性详细规划;龙惟定,城区需求侧能源规划,暖通空调 HV&AC, 2015 年第 45 卷第 2 期。

供冷供热价格不合理，用户完全可以改用其他方式。例如，一台售价 3000 元的空气源热泵分体空调（功率 1kW，COP=3），假定全年满负荷当量小时数为 2000h，使用寿命为 10 年，电费为 1.00 元/kWh，则折合单位冷热量成本不到 0.4 元/kWh。如果加上供冷供热品质和服务的考量，城区能源系统的冷热价格也必须低于 0.55 元/kWh 才有竞争力。而要实现这一目标，必须从降低负荷（减少装机量）和提高系统能效（包括输送系统能耗）两个方面努力。

所谓"碳足迹"，是测量一种活动或一个产品生命周期中各阶段累计造成的直接和间接碳排放量。而在现阶段，对城区能源系统生命周期的碳排放评价还十分困难，因此在能源规划中，主要关注预测运行期内能耗引起的碳排放。而在能源方案的可行性研究时，为做各种方案的比较，也会考虑可再生能源（例如太阳能光伏）设备在制造过程中的隐含碳。

在能源规划中推荐应用"碳减排效率"方法，它是一个投入产出分析过程，即投入隐含碳、间接碳和直接碳，产出"避免碳排放量"的效率。

城区能源系统在利用可再生能源和可再生热源等资源后，一定会产生对环境的影响和对资源的不合理占用。所以，在能源规划中一定要权衡利弊，加以协调。

主要的环境影响有：
（1）设备排热造成的热岛效应；
（2）冷却塔飘水造成的军团菌散播；
（3）燃料燃烧带来的空气污染，如二氧化硫、氮氧化物，以及细微颗粒物 $PM_{2.5}$ 等；
（4）燃料制造和燃烧过程的残渣（如沼气废液、秸秆灰分，以及生物质能源运输过程中的飘散等）；
（5）光伏或光热装置的光污染；
（6）汽车废弃电池的处置；
（7）地下水水源热泵对地下水的潜在污染；
（8）水源热泵从江河湖海中取水时对水生物潜在的伤害危险；
（9）水源热泵向江河湖海中排水时对水域的热污染和对水域生态的破坏。

主要的资源分配问题有：
（1）土壤源热泵的地下埋管与地下空间利用之间的矛盾；
（2）地下管线与道路等地面构筑物以及土地权属之间的矛盾；
（3）光伏和光热装置的安装与屋顶权属和建筑红线之间的矛盾；
（4）生物质能源资源与农业对有机肥的需求之间的矛盾；
（5）地表水取水口和排水口的布置与景观设计之间的矛盾；
（6）能源站位置与土地利用价值之间的矛盾；
（7）需求侧与供应侧能源规划之间在数量和空间布局上的不匹配；
（8）城区开发进度与能源系统建设进度的不一致。

这些矛盾和问题，只有通过各利益相关方的协调才能解决。因此，要强调需求侧能源规划是城区总体规划的组成，规划者要有大局观、整体观和包容性。

2.8 城区能源规划的尺度

城市（或城区）规模和尺度的定义已经成了"著名"的难题。对城市的定义方法，不外乎以下几种：

第一，以居民人数作为城市概念的标准。海南省三沙市是国务院于 2007 年 11 月批准设立的县级市，管辖位于中国南海，隶属海南省的西沙、南沙、中沙三个群岛及周围海洋，面积 260 万 km^2，相当于中国领土的 1/4，但人口只有 444 人（2010 年），是中国现在人口最少的城市。而根据国家统计局发布的第六次全国人口普查主要数据公报，重庆市常住人口为 28846170 人，成为中国人口最多的城市。显然，居民人数无法决定城市还是城区。

第二，以人口密度的大小作为标准。在全球人口最稠密的城市排行前 20 名中，中国有 5 个城市"榜上有名"，分别是：深圳、台北、上海、北京、天津，而深圳以 17150 人/km^2 的人口密度排在全球第五位，成为中国人口密度最大的城市[44]。如果以人口密度为标准，恐怕中国的很多村庄都可以变身为大城市。

第三，以地理界线和行政区划的建制和规定作为标准。在中国这是最简单的方法。上千平方千米可以只是一个"区"，数十平方千米也可以是一个"市"。而且，中国的城市还有行政级别：省级直辖市、副省级市、地级市……；厅局级区、处级区……。

但是，如果考虑到设置城区能源系统，这样的区划都无法适用。城市热电厂的热电联供系统合适的供热半径为 10km，因此，一座热电厂，如果位置在负荷中心，其供热覆盖范围最大为 $314km^2$，如果位置在城区的边缘，则其供热覆盖范围最大只有 $157km^2$。对于城区供冷系统，因为供冷温差小，输送损失大，所以最大的供冷半径不应超过 1km。所以，一座位于负荷中心的能源站能够覆盖的供冷范围大约 $3km^2$。此外，人可接受的最大步行距离约为 800~1000m，因此一个无汽车的步行社区覆盖面积大约 0.32~$0.5km^2$。结合考虑步行和路网布置、考虑分布式能源站往往设置在社区的角落上等因素，带有供冷的城区能源系统，适宜的供能应在 0.35km×0.35km，即 $0.1225km^2$（大约 12~13hm^2）、对角线 500m 的街区范围内。最大不超过 0.7km×0.7km，即 $0.5km^2$。能源规划中，应与城市规划和交通规划密切协同[45]。

日本专家提出了"细胞城市（cellular city）"或称"单元城市"的概念。并以此作为旧城改造的目标，即小面积的部分自立（能源和配套设施）的分散型的城市（见图 2-22）。首先，将蔓延型的巨大的市区进行分割，形成紧凑型的市街地（社区单元）的集合体。然后将以绿地为中心的城区（绿色单元）插入社区单元之间的空间。从而形成都市的一个一个"细胞"。这些细胞，具有自立的"小循环"，形成物质和能量的再生和再利用。这些小循环系统形成一个网络，作为一个整体相互补充，并与现有的基础设施协调，成为可持续的城市系统之一[46]。

美国麻省理工学院（MIT）也对细胞城市的概念展开了研究。他们提出的细胞城市是紧凑型的，适于步行和休闲互动但又不影响与大都市环境的联系。这种细胞城市是高度自治的，但又提供弹性的、持续功能性的和优雅的城市设计。最重要的是，细胞城市能够适应经济和社会结构的变动以及气候变化。对于这样的细胞城市，MIT 提出的是可再生能源发电、智能电网和直流家居的能源方案。

假定细胞城市是 700m×700m，即 $0.5km^2$ 的尺度，容积率 2，密度 30%，则细胞城市（城区）中有 100 万 m^2 建筑，约 15 万 m^2 的屋面面积。以单位建筑面积平均（冷热）负荷为 40W 计（超低能耗建筑），整个城区总负荷为 40MW。采用燃气发电＋可再生能源发电＋驱动热泵＋余热回收的供能方式。

图 2-22　未来的细胞城市❶

资料来源：【日】清水建设，インターセルシティ，https://www.shimz.co.jp/theme/dream/intercellcity.html。

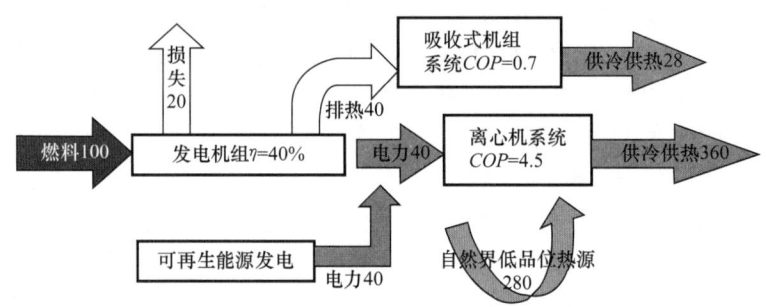

图 2-23　细胞城市的能源微网供能系统能流

从图 2-23 可以看出，提供细胞城区的冷热量约需要 4MW 的燃气发电机组，4MW 的光伏发电（约占整个城区屋面面积的 1/3）。700m 见方的城区，对角线大约 1km，如果采用城区集中供冷，而能源中心设在城区的角上，则达到供冷的最大距离。但如果采用能源微网，直供电方式，则没有距离限制。但要考虑光伏和热电联产并网位置。这样大的城区，需要 35kV 的变电站。

本章参考文献

[1] 中国网. 中国人均耕地降至 1.52 亩，不到世界人均水平一半，http://news.china.com.cn/2013-12/30/content_31040350.htm.

[2] 国土资源部网站. 低碳排放：土地利用调控新课题，http://www.mlr.gov.cn/tdsc/lltt/200912/t20091228_131048.htm.

[3] 国际钢铁协会. 2014 年全球粗钢产量增长 1.2%，http://www.worldsteel.org/zh/media-centre/press-releases/2015/World-crude-steel-output-increases-by-1.2--in-2014.html.

---

❶　彩图见本书附录 1。

本章参考文献

[4] 中国水泥网. 世界首富比尔·盖茨对中国水泥行业的思考, http://www.ccement.com/zhuanti/ht/20150126/.

[5] 国务院关于化解产能严重过剩矛盾的指导意见, 国发【2013】41号, 2013年10月15日.

[6] 证券日报. 火电利用小时数降至36年最低煤炭消费总量首现下降, 2015年1月23日.

[7] 凌云. 上海低碳实践和展望, 2015年6月.

[8] http://www.un.org/en/ecosoc/integration/pdf/0526yang_speech_cn.pdf

[9] 黄聪健. 城区分布式综合能源系统视角下的控制性详细规划编制研究. 广州：华南理工大学, 2012.

[10] 中国城市科学研究会. 中国低碳生态城市发展报告2013. 北京：中国建筑工业出版社, 2013.

[11] 龙惟定, 程大章. 智能化大楼的建筑设备. 北京：中国建筑工业出版社, 1997.

[12] 人民日报海外版. 中国每百户家庭拥有25辆汽车, 2014年11月28日, 第04版.

[13] 熊传林. 中国平均每辆车耗油量超发达国家两倍多, 凤凰网, 2011年09月03日, http://auto.ifeng.com/news/special/2011qichechanye/20110903/667811.shtml.

[14] 维基百科, 电动汽车, www.wikipedia.org.

[15] 国家应对气候变化战略研究和国际合作中心, 气候变化与煤炭消费总量控制. 中国煤控项目专题报告, 2015年5月.

[16] 林伯强. 能源消费总量控制：中央与地方的多重弈局, 凤凰网, http://blog.caijing.com.cn/topic_article-24-51083.shtml.

[17] 中国煤控项目. 建筑领域煤炭（电力）消费总量控制研究, 2015年5月.

[18] 住房和城乡建设部科技与产业化发展中心. 建筑领域煤炭（电力）消费总量控制研究, 2015年5月.

[19] 作者依据"维基百科"等统计资料测算.

[20] 作者依据"维基百科"等统计资料测算.

[21] ATKINS, FUTURE PROOFINGCITIES, THE LAGOS ENERGY SECTOR, http://www.atkinsglobal.com/~/media/Files/A/Atkins-Corporate/group/sectors-documents/urban-development/FPC_Lagos_Leaflet_Lowres.pdf.

[22] Li Shuo and Lauri Myllyvirta. The End ofChina's Coal Boom, Greenpeace, April 2014.

[23] 国家发改委能源研究所. 中国2050高比例可再生能源发展情景暨路径研究, CHINA 2050 HIGH RENEWABLE ENERGY PENETRATION SCENARIOAND ROADMAP STUDY, 能源基金会, 2015年4月.

[24] Nan Zhou, David Fridley, Michael McNeil, Nina Zheng, Jing Ke, and Mark Levine. China's Energy and Carbon Emissions Outlook to 2050, China Energy Group, Lawrence Berkeley National Laboratory, April 2011.

[25] 本书编委会. 钢铁企业电力设计手册（上下册）. 北京：冶金工业出版社, 1996.

[26] 人民网, 强国论坛. 纽约人均可支配收入是上海的6倍, 2012年7月12日.

[27] EIA. Household Energy Use in New York, www.eia.gov/consumption/residential/.

[28] The Global Commission On The Economy And Climate, *Better Growth Better Climate*, *The New Climate Economy Report*, September 2014.

[29] CCICED-WWF. Report on Ecological Footprint in China [EB/OL] [R]. http://www.footprint-network.org/.

[30] W. O'Brien, C. Kennedy, A. Athienitis and T. Kesik, THE RELATIONSHIP BETWEEN PERSONAL NET ENERGY USE AND THE URBANDENSITY OF SOLAR BUILDINGS, http://sbrn.solarbuildings.ca/c/sbn/file_db/Pres_Pdf/Spatial-Considerations-of-Energy.pdf.

［31］ 弗兰克·G·戈布尔．第三思潮——马斯洛心理学．上海：译文出版社，2006．

［32］ 英国卫生部．Keep Warm Keep Well，supporting vulnerable people during cold weather，2008，www.dh.gov.uk/publications．

［33］ Wikipedia．Energy Poverty．

［34］ John Hills．Getting the measure of fuel poverty．Final Report of the Fuel Poverty Review，March，2012．

［35］ UNEP．Tools and Methods for Integrated Resource Planning，November，1997．

［36］ 张改景，龙惟定．城区建筑能源规划中资源潜力分析方法．西安建筑科技大学学报，2010，42(5)．

［37］ 潘毅群等．城区建筑负荷与能耗预测研究综述．暖通空调，2015，45(3)．

［38］ 苑翔，龙惟定，张洁．相同材质的城区建筑冷负荷预测的整合模型．暖通空调，2010，40(10)．

［39］ 苑翔，龙惟定．应用情景分析法预测城区建筑冷负荷．上海市制冷学会2007年学术年会论文集，2007．

［40］ International Energy Agency．Renewable Energy Medium-term Market Report，2013．

［41］ Urban Land Institute．Mixed Use Development Handbook，Urban LandInstitute，2003．

［42］ 柏春．城市气候设计——城市空间形态气候合理性实现的途径．北京：中国建筑工业出版社，2009．

［43］ 宋德萱，魏瑞涵．气候适应性城市设计研究//第十一届国际绿色建筑与建筑节能大会论文集．城市发展研究，2015，22．

［44］ 中国城市发展网．2010全球人口最稠密城市排行榜，http://www.chinacity.org.cn/．

［45］ 龙惟定，范蕊，梁浩．城市节能．暖通空调，2012，42(2)．

［46］ 【日】清水建设，インターセルシティ，持续可能な環境調和型都市を目指して，https://www.shimz.co.jp/theme/dream/intercellcity.html．

第 3 章　需求侧能源规划的目标设定

3.1　需求侧能源规划目标设定的 SMART 原则[1]

所有规划中，规划目标是不可或缺的。一般而言，城市总体规划明确了城市的定位、确定了城市的规模和发展方向、建立了城市的经济和社会发展目标。城市总规是具有法律效应的，其发展目标比较宏观。对于下一个层次，即新城区建设和旧城区改造的总体规划中，要十分明确地提出低碳和生态的发展目标。而对于能源专项规划，则需要将低碳和生态的理念具体化，将城市的宏观发展目标和城区的低碳生态发展目标分解并"落地"。

绩效目标管理是管理专家彼得·德鲁克（Peter Drucker）于 1954 年在其名著《管理实践》中最先提出的。根据目标管理的理论，如果一个领域没有特定目标，则这个领域必然会被忽视；如果没有一定的目标指导项目的开展，则项目的规模越大、涉及的专业、人员以及利益相关方越多，发生冲突和浪费的可能性也就越大[2]。

需求侧能源规划是全新理念，对它的理解还有待深化。有人认为，需求侧能源规划就是城区供热供冷（DHC）或冷热电联产，也有人认为，需求侧能源规划就是对"节能"、"新能源"等做一些不着边际的概念炒作，致使能源规划无法落地，或者最终的能源系统大而无当。因此，在规划中设定明晰的目标，清楚地界定规划要达到的关键绩效指标（Key Performance Indicators，KPI），对于建成真正意义上的绿色生态城区具有特别重要的意义。尤其是像能源规划这种下位专项规划，更需要有量化的、非常明确而具体的 KPI 指标。绿色生态城区必须通过一系列目标的实现来证明它的"绿色"和"生态"并不是浪得虚名。

城区能源规划目标设定遵循"SMART"原则，即：

Special，规划目标要符合当时当地的特定情况。这是专项规划，不是用一个"模板"到处套用；更不能"千城一面"，所有城市都用一样的 KPI。所以，需求侧能源规划必须对当地资源、背景、现状做全面的"SWOT"分析，即优势（Strengths）、劣势（Weaknesses）、机会（Opportunities）和挑战（Threats）。一般是建立如下的矩阵，需要分析的有：供应侧能源（包括其可获得性、价格、管理政策）、可再生能源和未利用能源（包括可获得性、可靠性、成本、政策）、城区低能耗建筑（包括可行性、成本、激励政策）。

	优势	劣势
机会		
挑战		

Measureable，目标 KPI 指标要量化。要遵从气候变化领域"可测量、可报告、可核查"（Measurable，Reportable，and Verifiable，MRV）原则，要避免目标的空洞化、虚

拟化和泡沫化。所谓"可测量",是指规划目标(如能耗总量)是量化的,可以通过计量检测和统计分析的方法得出实际值;如果设定的是相对值目标,则一定要有基准线。这一基准线可以是某一时间节点的实际值,也可以是某一城区或某一领域的实物量统计值。所谓"可报告"是指所有目标都有明确的时间周期和时间节点,到时能够提供可靠的统计数据或实测数据的证据,表明目标的实现。所谓"可核查",是指要有一定的参照标准和规范作为比对。

Achievable,目标是可实现的。制定目标要根据当地的资源条件、城区的定位和功能、开发力度和投资规模。特别要注意不能照搬国外的KPI指标。

Relevant,能源规划目标应与城市总体规划、控制性详细规划、社会和经济发展规划、产业规划、生态规划和其他专项规划相协调,避免相互矛盾和相互抵消。特别要避免"各唱各调",即各个规划的目标高低不平、参差不齐。因此,在城区开发中,低碳生态的所有专项规划最好能由一个统一的团队完成。

Timely,有两重含义:一是明确目标的时间节点,可以有近期、中期和远期的目标;二是注重目标的与时俱进,即考虑技术进步所带来的目标的先进性,以及政策的发展(如绿色建筑的普及程度)。

3.2 能耗和碳排放的需求预测和总量控制

国务院发布的《能源发展"十二五"规划》中提出了"坚持节约优先,实施能源消费强度和消费总量双控制"的基本原则。而在国务院发布的《能源发展战略行动计划(2014—2020年)》中更是明确提出"到2020年,一次能源消费总量控制在48亿吨标准煤左右,煤炭消费总量控制在42亿吨左右"的目标。从"十二五"开始,国家实行能源消费总量控制,并将总量控制目标科学分解到各地区。地方各级政府要对本行政城区的控制能源消费总量工作负总责。这标志着我国能源战略已经从保供给为主,向控制能源消费总量转变[3],就是从能源的供应侧管理转向需求侧管理。

这意味着,能源规划从供应侧的"增加供应,满足需求"转向需求侧的"降低需求,减少能耗";建筑节能从前瞻情景性的增量节能,转向基于历史基准线的存量节能;节能量的考核从相对量的计算,转向实物量的验证。

从图3-1可以看出,首先假定不采取某些节能措施,对建筑物做能耗模拟分析,可以得出参考情景下的"虚拟"能耗;然后针对采取了节能措施后的节能情景再做能耗模拟分

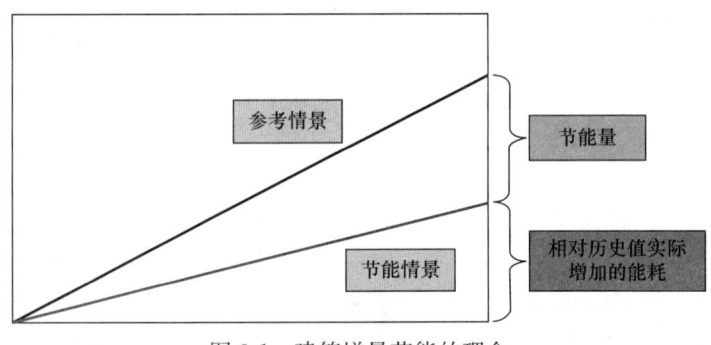

图3-1 建筑增量节能的理念

析，得出节能情景下的"预测"能耗，二者差值便是节能量。实际上，相对过去能耗值是增加的，只是将少增加的增量作为节能量。因此，在考核节能量时，只能用模拟计算值，甚至只能核查项目是否采取了节能措施、是否应用了某项节能技术。

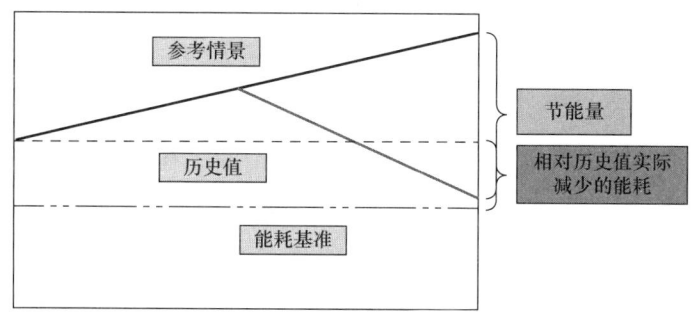

图 3-2 建筑存量节能的概念

从图 3-2 看出，首先根据能耗监测系统或能源账单统计得出历史上某一年份的"实际"能耗值，然后根据能耗总量控制的要求制定能耗基准值，并按照能耗增长趋势和不采取任何节能措施的情景（即 BAU 情景，Business As Usual），模拟得到 BAU 情景下的能耗量，考虑到需求的增长，这一能耗量应高于历史值。再通过采取一系列节能措施使实际能耗达到或低于能耗基准，这一实际能耗值不但大大低于 BAU 情景的预测能耗值（即增量节能），也低于历史上的实际能耗值（即存量节能）。这一能耗基准，可以是能耗强度[例如，$kWh/(m^2 \cdot a)$]，也可以是能耗总量（例如，tce）。

我国所颁布实施的多个建筑节能设计标准，都把"节能50%（65%）"作为节能目标。所谓"节能50%"，是以20世纪80年代改革开放初期建造的建筑作为比较能耗的基础，称为"基准建筑"（Baseline）。"基准建筑"的围护结构、暖通空调设备及系统、照明设备的参数，都按当时情况选取。在保持与目前标准约定的室内环境参数的条件下，计算"基准建筑"全年的暖通空调和照明能耗，将它作为100%。再将这"基准建筑"按节能设计标准的规定进行参数调整，即围护结构、暖通空调、照明参数均按节能设计标准的规定设定，计算其全年的暖通空调和照明能耗，应该相当于基准建筑能耗的50%。这就是"节能50%"的内涵，而"节能65%"则是在此基础上再节能30%。

可以看出，节能50%和节能65%，只是为设计计算提供了依据，即设计中用什么样技术才有可能达到节能标准。20世纪80年代我国经济发展还十分落后，住宅建筑和公共建筑除了照明和少量电器外，没有什么耗能设备。因此在能耗实物量上，与现在的建筑没有可比性。

另一方面，也有人将降低建筑能耗在总能耗中所占比例作为建筑节能的目标，这是误解或误导。首先要明确，一个国家建筑能耗比例的高低，只能说明这个国家的经济发展到了什么阶段，以及这个国家的气候特点和人民生活水平。这里又分两种情况，处在后工业化时期、服务业高度发展、人均收入在数万美元的发达国家城市，建筑能耗比例高达40%以上；另一方面，还没有实现工业化、人民生活水平很低、能耗总量也很低的欠发达国家，建筑能耗比例也很高，如非洲国家城市建筑电力消耗比例高达75%，但在农村这一比例却又很低，因为很多家庭还用不上商品能源。我国的发展阶段介于两者之间，正在从工

第3章 需求侧能源规划的目标设定

业化逐步向后工业化转型，我们要关心的是建筑能耗的绝对值和建筑能耗的强度。同时，建筑能耗又同居住者的工作效率和健康舒适相关，所以它又带上了人文关怀的色彩，不能用简单粗暴的方法管理。

表 3-1 是一个总量分解的实际例子，上海市人民政府将能耗总量指标分解，作为给各区县的配额。在城镇化过程中，新建和改建的城区不能给这些指标增加负面影响，要尽量减少对所在地能耗增加值的贡献率。能源规划必须充分考虑这一要求。

上海市政府下达的各区县用能总量控制和单位增加值能耗下降目标　　　表 3-1

区县	2010 年能源消费量基数（万 tce）	"十二五"单位增加值能耗下降率（%）	2015 年能源消费量控制目标（万 tce）
金山	151	16	218
奉贤	173	16	250
崇明	52	16	73
嘉定	214	18	270
宝山	149	18	188
松江	249	18	314
浦东	659	18	813
长宁	76	17	95
闸北	52	17	65
青浦	175	17	216
闵行	277	17	342
杨浦	63	17	78
普陀	66	17	82
虹口	72	17	88
徐汇	130	17	158
黄浦	121	15	149
静安	53	15	65

资料来源：上海市人民政府官网，http://www.shanghai.gov.cn/shanghai/node2314/node2319/node2404/n29419/n29420/u26ai31146.html。

表 3-2 是上海市政府根据各行业特点给出的节能目标，有基准值，也有目标值。新建城区相关行业的规划目标，还必须满足行业目标的约束。需求侧能源规划中应将总量目标分解到城区内各主要相关行业，并满足当地行业分摊限额的约束。规划目标必须可落地，不能再用虚而空、没有内涵没有数值的目标。

上海市政府下达的各相关领域用能总量控制及提高能效目标　　　表 3-2

领域	指标名称	单位	2010 年能源消费基数	2015 年目标	性质	责任部门
工业	万元增加值能耗下降率	%		22	约束性	市经济信息化委
工业	用能总量	万 tce	5569	6169	控制性	市经济信息化委
电信业	单位建筑面积能耗下降率	%		6	约束性	市经济信息化委
电信业	能源消费总量	万 tce	38	54	控制性	市经济信息化委

3.3 生产性能耗的规划目标设定方法

续表

领域	指标名称	单位	2010年能源消费基数	2015年目标	性质	责任部门
交通运输业	营运船舶单位运输周转量能耗下降率	%		20	约束性	市建设交通委
	航空客货运输业单位运输周转量能耗下降率	%		18	约束性	
	能源消费总量	万tce	1702	2282	控制性	
建筑施工业	万元增加值能耗下降率	%		15	约束性	
	能源消费总量	万tce	218	228	控制性	
商业	单位建筑面积能耗下降率	%		8	约束性	市商务委
	能源消费总量	万tce	25	37	控制性	
旅游饭店	单位建筑面积能耗下降率	%		8	约束性	市旅游局
	能源消费总量	万tce	38	58	控制性	
卫生	单位建筑面积能耗下降率	%		8	约束性	市卫生局
	能源消费总量	万tce	18	28	控制性	
市级机关	单位建筑面积能耗下降率	%		10	约束性	市政府机管局
	能源消费总量	万tce	7.3	7.3	控制性	
金融业	单位建筑面积能耗下降率	%		6	约束性	市金融办
	能源消费总量	万tce	36	52	控制性	
教育	单位建筑面积能耗上升率	%		不超过	约束性	市教委
	能源消费总量	万tce	32	46	控制性	

资料来源：同表3-1。

需求侧能源规划中，应设定城区能耗总量的目标，即生产性能耗预测值加上消费性能耗预测值。目标值应与当地总能耗限额以及行业总能耗分摊值相协调。规划目标必须可落地，不能再用虚而空、没有内涵没有数值没有基准的"三无"目标。

3.3 生产性能耗的规划目标设定方法

生产性能耗应该用效率性指标来评价。主要指标为：

3.3.1 单位产值能耗（tce/万元）

单位产值能耗与单位增加值能耗是不同的概念。总产值所反映的是生产活动的总成果，包括原材料和劳务等转移到产品中的价值量，是生产的总周转量。而增加值所反映的是生产活动的最终成果，不包括原材料等一次性转移到产品中的价值量和付出的劳务支出，是生产过程中新增加的价值量。所以，产值大于增加值，产值能耗则小于增加值能耗。通常所说的GDP能耗，应该是产值能耗。

我国大多数城市还是以传统工业产值为主，但一些发达城市和旅游城市第三产业比重正在增大（见表3-3），已经超过了50%，其中北京市已经基本达到发达国家水平。

从图3-3中可以看出，我国城市单位GDP（万元）能耗值是在逐年下降。其中北京市最低，这是因为作为首都，近年来其产业结构做了主动调整，首钢的涉钢业务2010年底全部退出，北京形成以现代服务业为主的产业结构，而首都的政治中心地位，又加快总部经济的发展，从而使北京的能耗水平大幅下降。而深圳市则是我国第一个创建创新型城市

第3章 需求侧能源规划的目标设定

部分城市 2013 年 GDP 中三次产业比重（%）   表 3-3

城市	一产	二产	三产	城市	一产	二产	三产
北京	0.8	22.3	76.9	杭州	3.2	43.9	52.9
上海	0.6	37.2	62.2	无锡	1.8	52.2	46.0
广州	1.6	34.8	63.6	海口	6.5	24.0	69.5
深圳	0.1	43.4	56.6	大连	3.2	55.4	41.4
天津	1.3	50.6	48.1	三亚	14.1	20.6	65.3
重庆	7.9	50.5	41.6	西安	4.5	43.3	52.2
南京	2.3	43.3	54.4	青岛	4.4	45.5	50.1
宁波	3.9	52.2	43.6	厦门	0.9	47.5	51.6

资料来源：各地统计年鉴和统计公报。

的示范，以制造业为主的深圳，对产品结构做了主动调整，同样的制造业，产品技术含量提高、附加值增加、能耗降低。所以，深圳的能耗水平在国内一直处于领先地位。而上海则处于北京和深圳之间，总部经济不及北京、创新力度不及深圳，正处于经济转型的"阵痛期"。但上海有广阔的腹地，对长三角和长江经济带都有很强的辐射能力。因此，2014年上海的万元 GDP 能耗是全国下降幅度最大的城市。可见，降低城市能耗，最主要的措施就是调整产业结构。

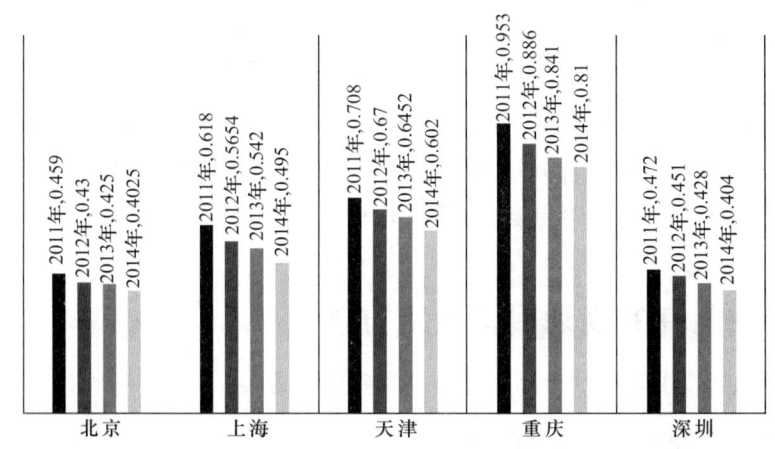

图 3-3 我国主要城市的万元 GDP 能耗（单位：tce）

资料来源：深圳市中鹏智创新管理研究院．深圳建设国家创新型城市报告（2014），2015 年 6 月；各地统计公报。

但是，如果同发达国家的大都市相比，我国城市的能耗水平要高很多。表 3-4 中给出四个国际性大都市的能耗水平（折算到每万元人民币的能耗，tce）。可以看出，与中国城市的差距几乎是一个数量级。

国际大都市的能耗水平   表 3-4

城市	每万元 GDP（人民币）能耗（tce）	年份
纽约	0.09	2005
伦敦	0.08	2006
巴黎	0.09	2008
东京	0.06	2008

资料来源：美国劳伦斯．伯克利国家实验室（LBNL），为中国开发的低碳指标体系，2011 年 11 月

对于我国新建城区而言，对城区内的产业结构必须有明确的定位。我国不可能所有城区都是"服务业集聚区"、"国际金融区"，或"总部经济区"；也不可能像发达国家那样将传统制造业统统转移到欠发达国家。新建城区可以根据工业和信息化部颁布的《全国工业能效指南（2014版）》和各地发布的产业能效指南来设定主要制造业产业的能耗入门标准。如上海市颁布的《上海产业结构调整负面清单及能效指南（2014版）》中的"负面清单"收录了涉及化工、钢铁、有色、建材、机械等12个行业、386项限制类、淘汰类生产工艺、装备、产品的指导目录，汇总107项工业产品单耗限额值、569项重点用能设备能效限定值；而"能效指南"遴选了60种工业产品的117项国际国内能效标杆值，4类非工业行业的39项节能评价值，5类重点用能设备561项节能评价值，整理45个工业产品单耗的行业平均水平，及35个大类行业、155个中类行业的产值能效平均水平。同时，还引入了机关、医院、饭店、商场等行业的能效评价体系。以传统制造业为主的城区（工业区），可以根据能效指南中的产业产值能耗限额以及规划中该产业产值份额，加权计算出城区的GDP能耗指标。

很多新建城区的发展方向和既有城区的转型方向都是"现代服务业"。按照国民经济行业分类标准，所谓现代服务业主要包括以下部分：①基础服务（信息传输、计算机服务和软件业）；②生产性服务（金融业，租赁和商务服务业，科学研究、技术服务和地质勘查业）；③公共服务（水利、环境和公共设施管理业，教育、卫生、社会保障和社会福利业，公共管理和社会组织）；④个人消费服务（房地产业，文化、体育和娱乐业）。而目前的能效指南还仅限于传统制造业，对于新兴产业和现代服务业，因为发展迅速，尚难以给出相应能耗指标。例如，我国软件业人均年产值仅30万元人民币（最高145万元），而韩国软件业则达到11.7万美元，美国的谷歌（Google）公司为119万美元，苹果（Apple）公司更高达139万美元。根据国家发展改革委统计，2013年我国114家国家级高新区的人均工业总产值达到103.7万元人民币[4]，但也有一些地处开发区的高新技术企业，人均产值仅为十几万元人民币。国内对现代服务业的能耗评价研究不多，少数对服务业能耗的研究其数据来源也仅是国家统计局颁布的7大行业（即①农林牧渔和水利）；②工业；③建筑业；④交运仓储及邮电通信；⑤批零贸易及餐饮；⑥生活消费；⑦其他）中的④、⑤和⑦，并不能完全代表全部的服务业。近年来服务业能耗增长速度要高于第一和第二产业，因此，如何确定现代服务业和战略性新兴产业（包括节能环保、新兴信息技术、生物、高端装备制造、新能源、新能源汽车、新材料7大产业）的单位GDP能耗，是亟需研究的重要课题。

图3-4中给出了服务业与能耗的大致关系。服务业并不一定都节能，图中分了4个象限区分不同的服务业：

第Ⅰ象限，即低能耗高产值，比较容易理解。多数以办公楼建筑为载体的服务业，能耗相对较低。

第Ⅱ象限，即高能耗高产值。如数据中心是高耗能的，如美国硅谷的圣何塞（San Jose），集中了多家IT公司的数据中心，其电力消耗相当于3座钢铁厂。根据研究，互联网上1GB的数据量，在数据中心要消耗2.67kWh的电力，数据传输消耗0.7kWh，而终端用户要消耗1.96kWh[5]。因此，数据中心建设切忌一哄而上，如果当地年均气温低、有丰富的可再生能源资源，如我国河北北部、内蒙古、黑龙江等地，可以把数据中心作为主导产业发展。而所谓"反季节娱乐设施",是指近年来休闲娱乐中的奢靡现象,如炎热的南方建室内滑雪场,寒冷的北方建室内热带雨林,以及如中东国家建带有空调的室内足球场等。这些都应该限制发展。

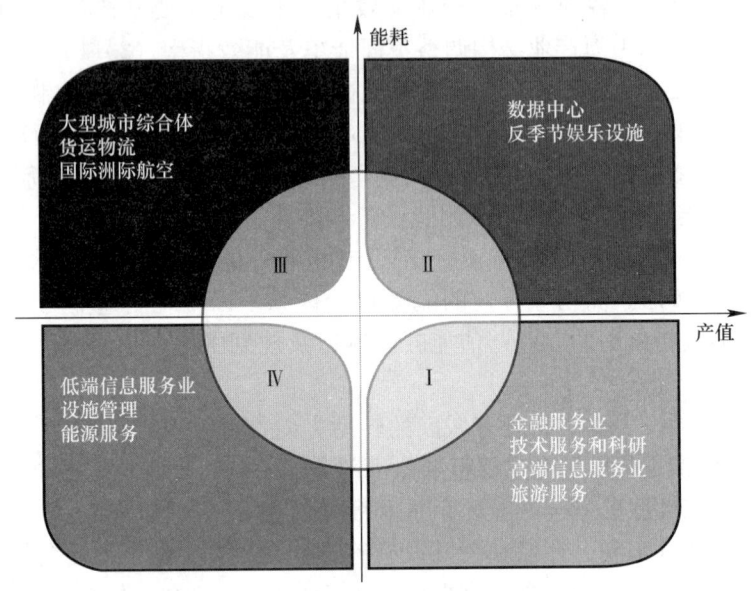

图 3-4　各种服务业产值与能耗特点

第Ⅲ象限,即高能耗低产值。例如在电子商务冲击下,多数大型零售业陷入困境。很多购物中心逐渐改成电子商务还替代不了的"餐饮综合体"。而前些年油价高企,加上高速公路凶猛的收费,使汽车物流成为微利或亏损行业。而一些运营成本较高的航空公司的经营难以为继。尽管现在油价下跌,但这些行业已经元气大伤。

第Ⅳ象限,即低能耗低产值,或投资回报期很长的服务业。

作为以发展现代服务业为主的城区,要根据当地特定条件和产业配套情况,特别是有没有吸引相关人才的优势,来决定自己的主打产业。

在没有详尽资料数据时,也可以参照国内比较先进地区的产值能耗指标。

图 3-5 中的北京西城区和上海静安区都是现代服务业集聚的城区,第三产业产值都达到 90% 以上。而如深圳福田区、广州天河区、重庆渝中区等城区,第三产业产值也都在 70% 左右。其他几个城区都是现代服务业和先进制造业混合的城区。产值能耗指标可以结合本地情况,参照这些城区确定。

有了万元 GDP 能耗指标,便可以计算出万元 GDP 碳排放量。只要将能耗值(tce)乘以碳排放系数即可。但要注意的是,所用碳排放系数应考虑当地能源结构,根据下文中能源系统的碳足迹确定。

与此相关的控制指标还有国土资源部颁布的《工业项目建设用地控制指标》(国土资发〔2008〕24 号)以及国务院《关于实行最严格水资源管理制度的意见》(国发〔2012〕3 号)等都是规划中最重要的依据。

需求侧能源规划中制订城区的生产性能耗目标,即单位 GDP(增加值)能耗时,可参考以下 5 种方法:

3.3 生产性能耗的规划目标设定方法

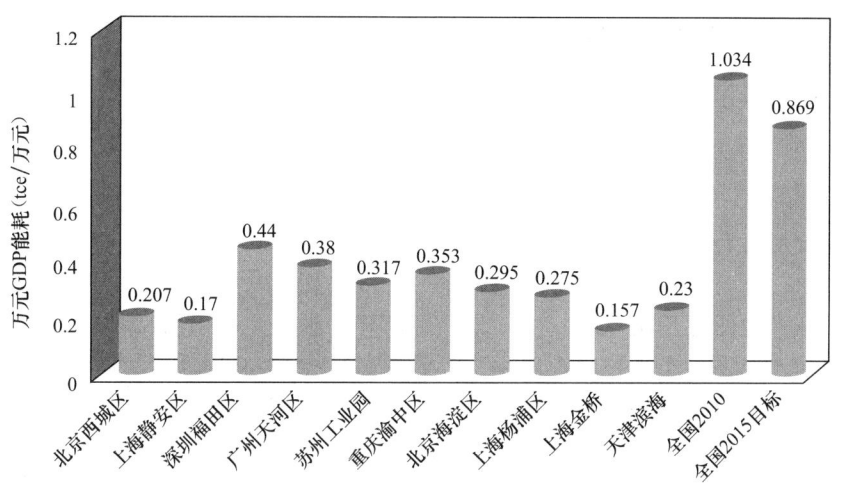

图 3-5 全国主要城区的万元 GDP 能耗
资料来源：根据各地统计资料绘制。

(1) 根据城区的主导产业，了解国内外相关产业的人均产值和单位 GDP 能耗，再根据总规中城区该产业就业人数得出 GDP 和总能耗。

(2) 了解国内外功能和产业结构相近的城区、开发区、产业园区的地均产值水平和单位 GDP 能耗，再根据总规中城区土地面积得出 GDP 和总能耗。

(3) 了解国内外功能相近的城区、开发区、产业园区的单位 GDP 能耗，再根据园区的定位，确定 GDP 能耗水平。

(4) 对服务业为主的园区，除了单位产值（或增加值）能耗这一指标外，还应加上行业的能耗强度指标（如酒店每间客房每昼夜能耗、物流业的交通吨公里能耗、金融咨询业的单位建筑面积能耗等）。

(5) 以服务业为主的城区也可以将生产性能耗目标设定为"万元 GDP 能耗是当地同期水平的 Y%"。

生产性能耗可用下述公式计算：

$$E = \sum_{i=1}^{n}(PGDP_i \times P_i) \times EI_i \tag{3-1}$$

式中 E——城区总生产性能耗水平，tce；
n——新城区重点发展的产业数；
$PGDP_i$——第 i 个产业的人均产值，万元；
P_i——第 i 个产业的预期就业人数；
EI_i——第 i 个产业万元 GDP 能耗强度目标，tce/万元。

或

$$E = \sum_{i=1}^{n} TGDP_i \times EI_i \tag{3-2}$$

式中 E——城区总生产性能耗水平，tce；
n——新城区重点发展的产业数；
$TGDP_i$——第 i 个产业的规划总产值，万元；

EI_i——第 i 个产业万元 GDP 能耗强度目标，tce/万元。

3.3.2 地均能耗

地均产值，即地均 GDP，是每平方公里土地创造的 GDP，是衡量土地利用效率的重要指标，反映城区中产业密集程度和集约化水平。有了地均产值，乘以单位 GDP 能耗，便可以得到地均能耗指标。

地均产值指标与土地用途、建筑容积率、产业结构以及园区的成熟度有很大关系。上海市制订的《产业用地指南（2012 版）》对上百个行业的产业项目的容积率、固定资产投资强度、土地产出率、土地税收产出率、建筑系数、行政办公及生活服务设施用地所占比重、绿地率 7 项用地指标的控制标准做了规定，其中对容积率、土地产出率和土地税收产出率 3 项指标设置了均值、控制值、推荐值和调整值；对固定资产投资强度设置了均值、控制值和调整值。而广州市颁布的《产业用地指南（2013 版）》则首次对服务业用地指标做了规定。

国外大都市的地均产值都远高于我国城市，主要因为这些城市现代服务业集约度高。例如伦敦的就业人数超过 10% 的行业中，商务服务业占到了 25.2%、批发零售业占到了 15.3%、技术密集型制造业占到了 12.3%、文化创意产业占到了 11.4%，在 10% 以下的有金融保险业、科技服务业和房地产业。现代服务业创造的增加值高，而这些城市的布局也比较紧凑，因此地均产值高。我国城市中，深圳市创造价值高，土地面积相对较小（2050km²），因此是我国唯一进入单位土地产出亿美元俱乐部的城市。但是，如果考察下我国发展较快和相对成熟的一些城区和开发区，因为它们都是现代服务业、先进制造业和高科技产业集聚的城区，有些城区基本没有住宅等消费性社区，因此其地均产值甚至由于发达国家的中心城市（参见第 1 章中表 1-2）。

几个城区的地均能耗　　　　　　　　表 3-5

	地均能耗（tce/km²）	年份
北京市西城区	85424	2012
上海漕河泾新兴技术开发区	113400	2012
上海静安区	131632	2013
上海金桥出口加工区	23203	2011
天津滨海新区	157541	2013
苏州工业园区	84005	2011

从表 3-5 可以看出，各种城区地均能耗差别很大。在单位产值能耗相差不大的情况下，会产生产值越高，地均能耗也越高的现象。直接用地均能耗来作为一个地区的能耗评价指标显然不合理。可以采用单位面积能耗弹性系数概念。设规划区所处城市当年单位土地面积能耗为 E（tce/km²），单位土地面积产值为 P（亿元/km²）；规划区的单位土地面积能耗为 E_c，单位土地面积产值为 P_c。则有地均能耗弹性系数 CE 为：

$$CE = \frac{E_c/E}{P_c/P} \qquad (3-3)$$

以上海静安区为例，$E_c = 131632\,\text{tce/km}^2$，$P_c = 86.6$ 亿元/km²。而 2013 年上海市的 $E = 17921\,\text{tce/km}^2$，$P = 3.2$ 亿元/km²，可以得出 $CE = 7.345/27.062 = 0.271$。

从算例可以看出，规划区的地均能耗往往大于当地地均能耗，即 $E_c \geqslant E$；而如果规划区创造的增加值低于当地，即 $P_c \leqslant P$，则 $CE>1$。说明规划区投资的是高能耗、低产出的产业，这样的投资是不合理的。所以地均能耗弹性系数 CE 应小于1，且越小越好。

地均能耗指标将能源消耗与土地利用和产业结构挂钩，在新型城镇化的新区开发中要重点加以考虑。

3.3.3 生产性能耗的碳排放量

每吨标准煤的碳排放系数可用下式计算[6]：

$$K = \alpha \times 3.765 + \beta \times 1.432 + \gamma \times 0.912 + \delta \times 0.0 (吨二氧化碳当量) \quad (3-4)$$

式中，α、β、γ、δ 分别是煤炭、石油、天然气和无碳可再生能源占总能源消费的比例。

$$\alpha + \beta + \gamma + \delta = 1 \quad (3-5)$$

要降低 K 值，可以采取以下措施：
(1) 降低煤炭、石油在能源消费中的比例（降低 α 和 β 值）；
(2) 改善能源转换技术，降低碳排放（降低 α、β 和 γ 的系数值，直至为零）；
(3) 适当增加天然气比例（提高 γ 值）；
(4) 增加无碳可再生能源（风、光、核、水）规模化应用比例（提高 δ 值）。

城区层面是能源的需求侧，要采取第一项措施不现实。比较可行的是在城区层面采用基于天然气的或基于生物质气的热电冷联供技术，提高能源转换效率和天然气比例；在城区层面采用热泵集成应用低品位可再生热源（如空气、土壤、地表水和污水）；太阳能光伏光热系统的集成应用。

3.4 消费性能耗的规划目标设定方法

消费性能耗应采用实物量来评价，也就是用量化的强度性指标来评价，使得消费性能耗可测量、可核查、可报告。即使采用相对性指标（如百分比指标），也一定要有明确的基准线，基准线应指某一具体的能耗强度限值，或某一时间节点的实际能耗强度值。有些人习惯使用的描述性语言（如"明显降低""大幅度增长"等）和没有明确比较对象的相对性指标（如"降低若干个百分点"）都不能成为关键性能指标。

3.4.1 能耗基准线（Energy Consumption Baseline）的建立

建立能耗基准，在需求侧能源规划中有非常重要的作用：
(1) 在总规中建立能耗基准，实现对规划区能耗的总量控制；
(2) 在控规中建立各类产业的能耗基准，有利于控制产业的能源效率和规划区能耗总量；
(3) 在控规中建立各类公共建筑的能耗基准，可控制规划区各类公共建筑能耗强度；
(4) 在控规中建立人均消费性能耗基准，有利于控制规划区能耗总量和推进行为节能；
(5) 在控规中确定规划区基础设施的能耗和碳排放基准，有利于改善能源结构和提升能源效率；
(6) 有各类建筑的能耗基准，就可以在规划区中实现土地招拍挂与能耗基准挂钩、提高运行管理水平、实现能源管理市场化、建立超能耗加价和节能量交易等管理制度。

（7）在规划区中实行公共建筑能耗对标（Benchmarking）活动，是推动建筑节能、提升能效的重要措施。所谓"对标"，就是在同等使用条件下，将公共建筑的实际能耗与能耗基准线做比较，或者将公共建筑的能耗特性（Energy Performance）与同类建筑的能耗特性进行比较。

表 3-6 给出了各规划阶段相应建立的能耗基准线及控制手段。

各规划阶段建立的能耗基准线　　　　　　　　　　　表 3-6

	总规	控规	建筑设计/运行
能耗基准线	能耗总量（城镇）； 各门类能耗（建筑/交通/产业）总量； 能源效率（单位 GMP 产值能耗）； 各类燃料占比	能耗总量（城区）； 生产性能耗总量； 消费性能耗总量； 能源效率（单位增加值能耗/地均能耗弹性系数）； 能耗强度（各类建筑 EUI 指标/人均生活能耗指标）	建筑 EUI 指标（低于基准线）； 各系统能耗基准（照明/HVAC/热水/电梯）
控制手段	能效对标； 能耗公示； 能源规划； 能耗监测平台	能效对标； 土地招拍挂； 能源规划； 建筑能耗监测平台	系统调适； 运行优化； 能耗监控/分项计量

有关建筑能耗基准线的制订方法，请详见本书第 4 章。

3.4.2　公共建筑单位面积能源消耗低于当地的能耗定额

各地都在研究制定公共建筑的能耗定额。因为经过前几年的建设，主要城市都建立了大型公共建筑能耗监测系统，开展过各类公共建筑的能源审计，收集了海量的公共建筑运行能耗数据，因此，完全可以通过统计分析和数据处理，得到基于实际情况的公共建筑能耗定额值。目前以上海市和北京市的能耗定额（建筑用能指南）覆盖的建筑类型最全，上海市的指南按"合理值"和"先进值"分别规定了入门的最低标准（即能耗基准线）和较为节能的标准。因此，规划中应要求公共建筑的实际能耗低于当地各相应功能建筑的能效定额。

表 3-7 是上海市制定的各类建筑能耗定额的先进值。

上海市公共建筑的能效定额先进值　　　　　　　　　　　表 3-7

公共建筑类型		单位建筑面积综合能耗 [$kgce/(m^2 \cdot a)$]
医院		≤60
酒店	五星级饭店	≤55
	四星级饭店	≤48
	一至三星级饭店	≤41
商业建筑	百货店及购物中心商业建筑	≤65
	超市及仓储店商业建筑	≤75
	家电专业店商业建筑	≤35
	餐饮店商业建筑	≤150
	浴场商业建筑	≤110

续表

公共建筑类型		单位建筑面积综合能耗 [kgce/(m²·a)]
高校		≤15 或生均 350kgce/(cap·a)
党政机关办公建筑	建筑面积≤2万 m²，用分体空调	≤32
	建筑面积≤2万 m²，用集中空调	≤34
	建筑面积>2万 m²，用分体空调	≤36
	建筑面积>2万 m²，用集中空调	≤38

在国务院节能减排"十二五"规划[7]中，对公共机构的建筑能耗给出了节能目标，见表 3-8。

国务院节能减排"十二五"规划公共机构节能目标　　　　表 3-8

	2010 年	2015 年
公共机构单位建筑面积能耗（kgce/m²）	23.9	21
公共机构人均能耗（kgce/人）	447.4	380

河北省的公共机构能耗限额中还对公务车能耗作了规定，见表 3-9。

河北省公共机构单位综合能耗、电耗、油耗限额限定值　　　　表 3-9

单位建筑面积综合能耗 [kgce/(m²·a)]	单位建筑面积电耗 [kWh/(m²·a)]	人均综合能耗 [kgce/(人·a)]	人均综合电耗 [kWh/(人·a)]	百公里油耗 (L/100km)
≤20	≤58	≤430	≤2450	≤15

3.4.3 人均日常生活能耗指标

我国城市居民生活能耗尚处在很低的水平。例如，上海市居民用电阶梯电价中的起步电价是按每户全年 3120kWh 计算的，据说覆盖全市 80% 的家庭。上海的居民用电是国内各城市中最高的，但上海大多数家庭用电中包含了夏季空调，也包含了冬季供暖（电动热泵），有的家庭还包括生活热水（电热水器，或太阳能热水器用电力辅助加热）和饮用水（饮水机）。相比之下，美国 2005 年全国平均每户电耗 11566kWh，是上海一般家庭的 3.7 倍。美国家庭用电中不包括供暖能耗，因为美国家庭都有燃油或燃气锅炉用于供暖和供热水。

当然，美国的生活方式中有许多不应效仿之处，例如，有 40% 以上的美国家庭整个夏天是不关空调的；多数美国家庭是用电炊具做饭的；美国人洗衣服是用干衣机烘干的；美国人无论冬夏都要喝冰水放冰块；美国人夏季空调设定温度是没得很低的（一般在 21℃ 左右）……。

所谓"日常生活能耗"，是保证人的生活需求，即满足日常衣食住行的能耗。"衣食住"的能耗，体现在住宅能耗中，以建筑能耗的形式出现；而"行"的能耗，主要指城市居民每天通勤上班的交通能耗。可以看出，日常生活能耗中，没有包括人们休闲、娱乐、健身、旅游等的能耗。因为人们这些活动的能耗，只能通过大数据分析才能掌握其规律性

1998 年，瑞士苏黎世理工学院（ETH）提出名为 2kW 社会（2000W Society）的节能愿景[8]，即在 2050 年前，发达国家在不降低生活质量的前提下将人均能源负荷控制在

2kW，即一个发达国家居民一天的能耗（总能耗的人口平均）为48kWh，相当于6kgce/d。2008年，瑞士人的能源负荷是5.1kW，其中1.5kW用于生活和办公空间的供暖/热水能耗；1.1kW用于食品和日常消费活动（包括去商店或超市的交通）；600W是电力负荷；500W是汽车交通负荷；250W是航空交通负荷；150W是公共交通负荷。撇开办公、航空等非日常生活能耗，估计1位瑞士人的日常生活能源负荷约为3.5～4kW，平均每天能源消耗约为12kgce。

借助瑞士提出的2kW社会的概念，来衡量一下我国城市中居民日常生活的能源负荷。2009年，上海市的人均生活能耗为500kgce/a，从2005至2009年的5年中，年均增速为8%。设到2020年的10年间年均增速为7%（与经济增速相比的弹性系数为1.0），可估算出人均生活能耗将达到980kgce/a，约合2.7kgce/d，是瑞士现在人均日常生活能耗的23%，并低于瑞士人均2kW（其中日常生活部分）负荷的能源愿景。

这些能耗可以达到什么样的生活水平呢？大致如下：

人均居住建筑面积35m^2（基本达到国家小康生活目标——人均37m^2）；居住建筑单位面积能耗22kgce/(m^2·a)[比现在上海市平均水平多了8kgce/(m^2·a)]，即人均居住建筑能耗770kgce/a，2.1kgce/d。

如果人均日通勤出行距离为10km，出行方式如表3-10所示（公交出行比例达60%的绿色出行方式），可得出人均日生活能耗（包括衣食住行）约为2.4kgce/d，可以维持较好的生活水平。

出行方式及能耗　　　　　　　　　　　　　　　　　　　　　表3-10

出行方式	人公里能耗（kgce）	使用人数比例（%）	人均日能耗（kgce/d）
私人汽车	0.09503	20	0.19
公共汽车	0.0243	30	0.073
地铁	0.011	30	0.033
电动自行车	0.0046	5	0.0023
自行车	0.0022	10	0.0022
步行	0.0112	5	0.0056
合计		100	0.306

按上面的测算，预测2020年在上海地区人们日常衣食住行能耗正好是2.7kgce/d。

严寒和寒冷地区有集中供暖的住宅，情况就比较复杂。推广供暖分户计量的工作开展多年，收效甚微。因此，多数能耗统计来源于集中供暖锅炉房的煤耗数据。这其中的"水分"非常大，全国平均高达20kgce/(m^2·a)。如果相应减少其他住宅能耗（如空调热泵的供暖能耗），再加上这部分供暖能耗，就要达到人均4kgce/d。

既然将节能作为一种资源看待，规划中应该按照需求侧的耗热量指标控制能耗。表3-11是北京市住宅建筑供暖能耗指标。按照其中的新设计标准，供暖能耗达到5.8kgce/(m^2·a)，可以把人均能耗控制在3kgce/d以下。

另一个重要的影响因素是通勤距离。在北上广深等一线城市中，由于市区房价高，迫使越来越多的上班族居住到远郊，甚至有跨省通勤。每天通勤距离高达100km（如上海到昆山花桥，北京到河北燕郊）。这就会大大提高人均日常生活交通能耗。

因此，在新城区开发中，要考虑一定的职住比，安排一定量的保障性住房和公租房，并有相应的公共建筑配套设施，避免远郊化居住、超长距离通勤，以及"空城"、"睡城"等现象的出现。

北京市住宅建筑供暖能耗指标 表 3-11

节能标准	通用设计标准 1980-1981	设计标准 DBJ01-4-88 (30%)	设计标准 DBJ01-602-97 (50%)	设计标准 DBJ11-602-2006 (65%)	新设计标准 DB11-891-2012 (75%)
耗热量指标（W/m²）	31.7	25.3	20.6	14.7	10.5
耗煤指标 [kg/(m²·a)]	25	17.5	12.4	8.8	5.8
热耗热量指标（GJ/m²）	0.7	0.5	0.4	0.4	0.17
锅炉效率	55%	60%	68%	68%	75%
管网效率	85%	90%	90%	90%	93%

资料来源：百度文库。

需求侧能源规划中，要根据所在城市的实际情况，设定不同情景，计算人均日常生活能耗指标。也可以按照每个永久居民每人每天 2.5kgce（全年 900kgce）的能耗量来控制日常生活的能耗总量。在北方集中供暖地区，则可以按照每个永久居民每人每天 3.0kgce（全年 1.1tce）能耗量控制。

3.4.4 建筑使用过程中的人均碳排放指标

建筑生命周期的碳排放清单计算，因为涉及面广、不确定因素多，是一个非常复杂的难题。在 2013 年由世界资源研究所等国际团体发布的《城区规模的温室气体排放清单的全球协议》中包括了固定能源站、交通、废弃物、工业工艺过程和产品使用、农业、森林和其他土地利用等项目的排放清单计算方法，就是没有建筑物[9]。

因此，我们仅对建筑使用过程中的碳排放进行评价，并不涉及材料设备和建造过程中的生命周期排放，此处用了建筑使用者人均碳排放的强度指标。建筑使用过程中的碳排放源有两个，即土地利用和能源利用。如果仅用单位建筑面积能耗（碳排放）强度指标有一定的局限性。例如，占有 10m² 建筑面积的人和占有 100m² 建筑面积的人，后者占有的资源会是前者的数倍，但后者的单位建筑面积能耗（或碳排放）却很可能低于前者。

建筑使用过程中的人均碳排放指标用下式计算：

$$C = CA \times PA \times DDR \tag{3-6}$$

式中 C——建筑利用中的人均碳排放量指标；$kgCO_2e/cap$

CA——为城区内平均单位建筑面积能耗产生的碳排放量，$kgCO_{2e}/m^2$；由城区内建筑单位面积全年能耗量 EA（$kgce/m^2a$）转换得来，即：

$$CA = K \times EA \tag{3-7}$$

K——每千克标准煤的碳排放系数；

PA——城区内建筑物使用者平均占有的建筑面积（可以以城区内规划人口除以城区内总建筑面积）；m^2/p；

DDR——当地的相对供暖供冷度日数。

$$DDR = DDR_h \times DDR_c \tag{3-8}$$

式中 DDR_h，DDR_c——分别为相对供热度日数和相对供冷度日数。

相对供热度日数：

$$DDR_h = \frac{HDD_L}{HDD_B} \tag{3-9}$$

式中　HDD_B——北京市以18℃为基准的供热度日数，HDD_B＝2699℃·d；
　　　HDD_L——当地供热度日数，℃·d。

相对供冷度日数：

$$DDR_c = \frac{CDD_L}{CDD_S}$$

式中　CDD_S——上海市以26℃为基准的供冷度日数，CDD_S＝164℃·d；
　　　CDD_L——当地供冷度日数，℃·d。

以浙江省宁波市为例，其CDD_{26}＝235℃·d，HDD_{18}＝1429℃·d。如果单位居住建筑面积能耗以18kgce/(m²·a)为目标，人均居住面积为35m²，浙江省平均碳排放系数为2.53kgCO₂/kgce，则可以得到宁波市居住建筑使用过程中人均碳排放指标为1211kgCO₂/cap。

各地均可按照当地的人口数（包括常住人口和就业人口）、人均各类建筑面积、各类建筑单位建筑面积能耗量以及当地平均碳排放系数，计算得到建筑使用过程中人均碳排放量。

3.4.5　城市生活能源消费碳指数 CI_{dl}

所谓能源消费的碳指数，就是将每人每天生活能源的实际消耗量，乘以实际碳排放系数（如果能源消耗中有较大比例的可再生能源，则实际碳排放系数将低于标准碳排放系数），然后除以碳排放基准得出的。碳排放基准是以人均日生活能耗控制指标2.5kgce/d（或3.0kgce/d），乘以国家发展改革委能源研究所推荐的标准煤的碳排放系数（推荐值为0.67kgC/kgce，折算为2.45kgCO₂/kgce），得出每人每天城市生活能源消费性碳排放基准为6.125kgCO₂/d。有两个途径计算能源消费碳指数：

第一个途径：通过节能使人均日城市生活能源消费低于2.5kgce/d，即得到实际能耗值W_s，则城市生活能源消费碳指数值为：

$$CI_{dl} = \frac{W_s \times 2.5}{6.125} \tag{3-10}$$

举例：如果实际人均日城市生活能源消费为W_s＝1.8kgce/d，则城市生活能源消费碳指数值为$\frac{1.8 \times 2.5}{6.25}$＝0.735。

第二个途径：通过应用可再生能源，改变能源结构，即改变碳排放系数。计算新的综合碳排放系数C_x，则城市生活能源消费碳指数值为

$$CI_{dl} = \frac{6.25 - C_x}{6.125} \tag{3-11}$$

在利用太阳能情况下，也可计算太阳能提供的能源量，将这部分碳排放量扣除。

举例，某家庭应用太阳能热水器，平均每天提供100L热水，假定热水从10℃加热到45℃，则太阳能提供热量为100×(45－10)＝3500kcal，相当于0.5kgce。家庭人口按2.5人计算，平均每人消耗的太阳能相当于0.2kgce，折合碳排放量0.5kgCO₂。则城市生活能

源消费碳指数值为：$\frac{6.125-0.5}{6.125}=0.92$。

3.4.6 绿色出行比例大于60%

根据上海市最近的一次调查，市民使用公共交通工具出行的次数占出行总次数的37.1%，占使用交通工具出行总次数比例的49.9%，占使用机动车出行总次数的68.5%；通勤交通中，使用公共交通出行的比例更高，公共交通占出行总次数的47%[10]。上海市"十二五"规划提出的目标是公交出行率50%。

减少私家车使用，增加公共交通和自行车、步行等慢行交通是城市节能的重要方面。但我国城市在公共交通的发展方面还比较滞后，甚至一度停止对城市公交的投入，认为"不赚钱"。我国多数城市公交车保有量为每万人5~12辆，而发达国家的公交车保有量则在每万人17辆以上。公共交通在数量上的不足，导致公交在舒适性、安全性、便利性等方面都无法与私家车相媲美，使越来越多的人宁可堵车，也要开车。

世界主要城市轨道交通里程和人均长度　　　　表3-12

城市	人均里程数（mm）	总里程数（km）	站台数	每万人拥有站台数
纽约	44.3	373	421	0.5
伦敦	47.6	408	270	0.315
柏林	43.2	147	173	0.5
巴黎	21.7	222	371	0.36
马德里	51.4	284	294	0.67
东京	23.8	316.3	290	0.218
首尔	37.7	922.9	553	0.226
香港	29.9	218.2	171	0.234
北京	22.1	527	318	0.133
上海	23.5	567	337	0.14
广州	20.1	260.5	164	0.127
深圳	16.8	177	131	0.124

资料来源：作者根据维基百科等资料测算。

从表3-12可以看出，我国一线城市，如北京和上海，地铁总里程数已位居世界前列，但由于庞大的人口，所以按常住人口计算的平均里程数，尤其是每万人拥有的站台数与发达地区城市还有很大差距，如果再加上我国所特有的主要利用地铁等交通工具的流动人口，则差距更大。如上海等城市出现的高峰时段地铁车站严重的拥挤和一直排到站外马路上的候车队伍，说明我国城市公交还远远满足不了日益增长的需求，规划也往往滞后于发展速度。提高公交出行率，不仅要增加公交里程和覆盖面，还要在公交的速度、班次密度、安全、舒适性、换乘便利和服务质量方面达到能与私人轿车匹敌的水平。否则，用什么样的措施也抑制不了市民购车和开车的欲望。

欧盟27国在2009年时每千人汽车拥有量为473辆，而2012年中国汽车保有量第一的北京市是每千人251辆。但欧洲主要城市都保持了很高的公交/自行车/步行出行率，见表3-13。

欧盟部分国家首都的公交/自行车/步行出行率　　　　　表3-13

国家	首都	公交/自行车/步行出行率（%）
奥地利	维也纳	68
比利时	布鲁塞尔	37
荷兰	阿姆斯特丹	62
捷克	布拉格	67
德国	柏林	54.8
丹麦	哥本哈根	68
爱沙尼亚	塔林	61
希腊	雅典	65.5
西班牙	马德里	54
芬兰	赫尔辛基	44.7
法国	巴黎	40.4
英国	伦敦	63
匈牙利	布达佩斯	69
爱尔兰	都柏林	33
意大利	罗马	44
立陶宛	维尔纽斯	69.4
拉脱维亚	里加	73.4
波兰	华沙	70
葡萄牙	里斯本	66
瑞典	斯德哥尔摩	93
斯洛文尼亚	卢布尔雅那	36.4
斯洛伐克	布拉迪斯拉发	73.9
罗马尼亚	布加勒斯特	76
保加利亚	索菲亚	75.4

资料来源：西门子研究院，European Green City Index, http://wenku.baidu.com/view/b9897b244b35eefdc8d3335f.html。

近10年来，我国城镇家用汽车拥有量以每年40%的增速激增，2012年底，城镇居民家庭平均每百户拥有家用汽车21.5辆。而以汽车为主导的规划理念（COD），使得我国城市家用车的使用频率也比较高，平均每一辆车每天耗油大概是发达国家的两倍以上。我国平均每辆车全年消耗汽油或柴油2.15t，而在德国和日本都不超过1t[11]。由于汽车使用频率高，造成各城市严重的交通拥堵，使得车辆长时间处于怠速和停车不熄火状态，进一步加大油耗和污染物排放。据统计，在停车怠速的情况下，每3min相当于行驶1km，以每辆车平均油耗每百公里8L计算，则每3min的停车油耗为0.08L。城市交通拥堵日益加重、交通能耗成为增长最快的能耗种类。

近年来国家对纯电动汽车的扶持力度正在不断加大，各地在税收、上牌、限行等各方面给予纯电动汽车相当大的优惠。相比汽油汽车，纯电动汽车尽管消耗二次能源电力，而且我国又是以燃煤发电为主，但还是表现出节约能源和降低排放的优势。

从表3-14可以看出，纯电动汽车的能耗，只有汽油汽车的60%左右。

从表3-15可以看出，电动汽车的CO_2排放低于汽油汽车，对于减碳是有利的。但纯电动汽车的氮氧化物和二氧化硫的排放都高于汽油汽车，这对已经很严重的城市雾霾是一个负面的贡献。所以，在新建城区中，最好能为纯电动汽车建立独立的可再生能源供电系统。使纯电动汽车成为名副其实的零碳零排放车。

纯电动汽车与传统汽油汽车的能效比较 表 3-14

	传统汽车	纯电动汽车
百公里能耗（KJ）	250119	155136
折标煤（kg）	8.5	5.3
综合效率（%）	18	22
比能耗[KJ/(t·km)]	2274	1231

资料来源：郭胜等．纯电动汽车与传统汽车能耗与排放对比分析．北京汽车，2014年第1期．

传统汽车与电动汽车排放性比较（kg/100km） 表 3-15

污染物	传统汽车排放	电动汽车排放
CO	0.0394	0
HC	0.0046	0
NO_x	0.0022	0.041
CO_2	16.85	11.6358
SO_2	0.0022	0.02838

表3-16是国内纯电动汽车几种典型车型的特性。

三种电动汽车典型车型 表 3-16

种类	典型型号	长×宽×高（mm×mm×mm）	整车质量（kg）	电池容量（kWh）	百公里耗电量（kWh）
城市公交	K9	12000×2550×3300	18000	270	120
紧凑型	F3DM	4533×1705×1520	1560	16	16
MPV	E6	4554×1822×1630	2020	58	21.5

在所有电动汽车中，最具特色的当属美国特斯拉（Tesla）电动汽车。它用了8142节笔记本电脑用的18650钴酸锂电池，电池容量85kWh。并有一个非常先进的BMS电池管理系统，也就是一个能源互联网系统，优化电池组的连接路由和充放电过程，使特斯拉汽车远比其他电动汽车更节能。TeslaModel S基础型号的能耗仅相当于油耗2.64L/100km（在我国约8.3kWh电力）；其快速充电时间达到5min，已经与燃油汽车加满油的时间相当；一次充电的续航里程达到500km（很快要提高到1000km）。有人戏称特斯拉汽车就是一部移动的笔记本电脑，并不为过。由于应用了能源互联网概念，特斯拉汽车的出现，可以算得上是电动汽车领域的一场革命。未来的电动汽车具有很大的节能潜力。

关于燃料电池汽车，本书将在第13章中做进一步讨论。

归根结底，还是要以规划为导向，加大绿色出行比例和公交出行比例，降低私家汽车的使用率，从而降低交通能耗和碳排放，这应是绿色生态城区能源规划中重要任务。理想的目标是绿色出行占90%，公交出行占60%以上。

3.5 城区能源基础设施的规划目标设定方法

3.5.1 城区能源基础设施的规划问题

能源基础设施由以下几部分组成：

(1) 一次能源的生产。包括煤炭石油天然气的开采、大型水电站核电站的建设,属于国家级(至少是城市级)能源基础设施,即供应侧能源规划范畴。

(2) 一次能源的输运。石油天然气的管道输运、煤炭的铁路航路输运、石油和液化天然气的船运,以及超高压特高压输电网,都是国家级能源基础设施。由于涉及国家安全,所以其重要性不言而喻。其规划理所当然地属于供应侧能源规划范畴。

(3) 一次能源到二次能源的转换。发电厂、热电厂,一般都是城市级的能源基础设施。但在某些大于数平方公里的大型园区中,也有可能作为城区的基础设施,在城区规划中加以统筹。利用天然气的小型热电联产系统(按国家发展改革委规定,作为分布式能源的热电联产系统其发电功率在6MW以下)、城区集中供热锅炉房等则应该在城区级的能源规划中加以考虑。它的地位介于供应侧能源规划和需求侧能源规划之间。

(4) 二次能源的输运和转换。根据我国电力法,城区的变电站、配电网都由电力部门建设管理。城区的现场发电(On-site generation)原则上应并入区内配电网。比如分布式能源的热电联产,根据国家电网公司的意见,"位于用户附近,所发电能就地利用,以10kV及以下电压等级接入电网,且单个并网点总装机容量不超过6MW的发电项目。包括太阳能、天然气、生物质能、风能、地热能、海洋能、资源综合利用发电等类型"[12]。城区的现场产热(包括集中供应的冷、热、热水)的输运系统(管网),则需要由开发者作为基础设施建设,其投入的资金应包含在土地批租费用中。变电站选址应符合城市总体规划用地布局要求[13]。

(5) 城区能源系统。可持续的城区能源系统是从可再生能源或高效的热电联产满足当地城区的能源需求的方法。它可以看作分布式发电概念的发展。系统基于城区供热、城区供冷,加上通过专用电缆相互联网的电力系统(称作"发电岛"),从而避免了大电网的输送损失,提高了稳定性[14]。

图3-6表示上述能源基础设施的各部分与之相对应的能源规划。

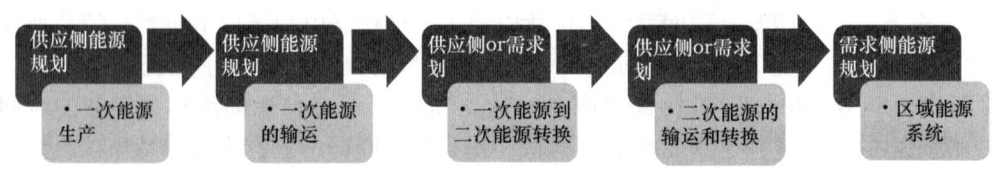

图3-6 城市能源基础设施及相应的能源规划

在第三次工业革命大背景下的城区能源系统带有如下特点:

第一,分布式产能和分散式用能。通过能源互联网让多源的、分散的、低能量密度的可再生能源得到利用,是另一种形式的规模化生产,同时,在能源使用中又是个性化的、按需供应的、精细计量的,大大提升了能源利用效率。

第二,变传统能源的垂直化管理为互联网的扁平化管理。每一幢建筑、每一个用户,都是能源互联网中的一个节点,既是生产者,也是消费者。《第三次工业革命》一书作者杰瑞米·里夫金描述道:"……能源互联网,让亿万人能够在自己的家中、办公室里和工厂里生产绿色可再生能源。多余的能源则可以与他人分享,就像我们现在网络上分享信息一样。"

第三,能源管理系统具备交易功能。通过能源管理平台,减少能源的交易环节,使能源成本降低。在传统能源体系里，自家的太阳能发的电用不完只能卖给电网，电网承担了专卖商和中间商角色。而在能源互联网中，可以通过能源管理系统，直接把多余的电卖给需要电的其他用户，并进行结算。使消费者（同时也是生产者）有了更加自主的选择权。

第四，用发电高峰和供热（供冷）低谷时的电力驱动建筑物的热泵蓄热（蓄冷），在发电低谷和用热（冷）高峰时使用，是成本最低的间接蓄电技术，可以将不稳定的可再生能源生产与供应脱钩，确保供需平衡。这种技术称为"电网交互式蓄热"（Grid-interactive Electric Thermal Storage），或"智能电网备份热泵"（Smart-grid ready heat pump）。

3.5.2 城区能源系统的能效

很多人用主机设备在额定工况下的一次能源效率来评价能源系统的能效，因此，设备越大，能效越高。由此得出结论，集中度越高，城区能源系统的能效越高。也有人用城区供冷系统的实际运行实绩与分散式空调（甚至分体空调）的额定能效去比较，得出城区供冷系统能效还不如分体空调。这两种看法都失之偏颇。前者忽略了系统越大，距供应对象越远，所需要的输送能耗及输送损失就越大的现象。而且目前多数城区能源系统的规划和设计，是沿用单体建筑空调设计的思路，即套用负荷指标、不考虑负荷率、忽略同时使用系数，加之我国多数新建城区长时间保持低入住率，导致系统长期处于"大马拉小车"的状态，管网输送温差小，输送能耗大。有的园区，输送的供回水温差甚至低至 0.8℃，输送能耗占总能耗的比重高达 40%。

近几年在国家补贴下，建起不少可再生能源应用系统。因为把地源热泵系统算作可再生能源，所以很多城市不顾条件，积极发展城区地源热泵集中供冷供热系统，而且规模越来越大。地源热泵系统包括 3 个部分，即地源侧输送系统（包括地埋管）、热泵机组和用户侧输送系统。这三个部分各自的能耗直接影响系统的能效。随着热泵机组和冷水机组的技术改进，机组的效率相比过去有了很大的提高，机组能耗占地源热泵系统总能耗的比例降低。因此，地源侧和用户侧输送系统的能耗对地源热泵系统能耗特性的影响较大，尤其是在部分负荷和负荷率很低的情况下系统能效比也很低。

根据多份公开发表的一些地源热泵系统的实测数据，其系统制冷能效比分布在 2.36～5.07 之间，有很大差距。计算平均能效比为 3.72[15,16]。根据上海建筑科学研究院在华东地区的调研，在供热工况下，机组平均 $COP=3.9$，系统平均 $COP=3.0$；在供冷工况下，机组平均 $COP=4.6$，系统平均 $COP=3.3$[17]。影响地源热泵系统效率的主要因素包括负荷率、输送系统效率、地温或水温的变化等。

在中小规模公共建筑中应用很广的变冷媒流量多联机（VRF）有较高的机组效率，使用灵活方便。

多联式分体空调（热泵）机组的制冷综合性能系数 $IPLV(C)$ 表 3-17

额定制冷量 (kW)	制冷综合性能系数 $IPLV(C)$					
	严寒A、B区	严寒C区	温和地区	寒冷地区	夏热冬冷地区	夏热冬暖地区
≤28	3.80	3.85	3.85	3.90	4.00	4.00
28～84	3.75	3.80	3.80	3.85	3.95	3.95
>84	3.65	3.70	3.70	3.75	3.80	3.80

多联机机组的能效，用综合性能系数（Integrated Partial Load Value）衡量（见表3-17）。在不同气候区，多联机的能效都很高。但在实际运行中，受到多种因素影响，使性能系数有所降低。

从表3-18的测量数据来看，多联机在实验室内的测量性能较好，随着直流调速技术的应用，多联机在额定工况下能效比很高。但实测运行中的实际系统的能效水平则普遍不高。运行中的多联机能效，受到负荷率、环境参数，甚至不同房间负荷占比等多种因素的影响[18]。

多联机的实际运行测量数据　　　　表3-18

项目	性质	能效比（kWh/kWh）
比利时列日大学实验室	实验	2～2.2
同济大学实验室	实验	2.8～3.1
上海交大实验室	实验	4～5
比利时某办公楼	实测	1.5～2
北京某办公楼	实测	2.7～3
武汉某医院	实测	2.32（负荷率60%）
日本东京某办公楼	实测	1.76
日本横滨某办公楼	实测	1.90
日本神奈川某办公楼	实测/实验	1.93

资料来源：赵伟，多联式空调系统部分负荷特性分析，清华大学硕士论文，2009年5月。

因此，不能说集中系统一定不节能，或分散系统一定节能。节能都是相对的，事在人为，能源系统没有优劣之分，设计和运行却有良莠之差。如果一个城区能源集中系统的运行能效能够与分散系统的运行能效持平，那么集中系统的其他优势便可发挥出来。这可以作为城区能源系统决策中的原则之一。

用系统一次能源效率评价城区能源系统，是常用的方法，直观、简单、可比。但如果分析考察能源转换过程中各种形式的能量传递、转变、品位降低的情况，有学者提出通过从能量转换为做功的能力来判断能量优劣，采用能质系数（即㶲在总能中所占比例）来表明能量品质的方法。利用能质系数的概念可计算出各种用能方式的能量转换效率ECC（Energy Conversion Coefficient），从而可对能源利用方式的质量进行量化评价，作为确定能源系统的决策依据[19]。

将不同能源对外所能够做的功和其总能量的比值定义为这种能源的能质系数，用λ表示，其计算公式如下：

$$\lambda = \frac{W}{Q} \tag{3-12}$$

式中　Q——该种形式能源的总能量，kJ；

W——总能量中可以转化为功的部分，kJ。

能质系数的概念可以反映出各种能源以及建筑物耗热量、耗冷量的能量品位高低。电是最高品位的能源，可以完全转换为功，其能质系数λ_e为1，其余能源形式的能质系数则根据其对外做功的能力来分别确定。

根据热力学原理，得出相应一次能源和二次能源的能质系数公式：

(1) 天然气：$\lambda_{\text{gas}} = \eta \cdot \left(1 - \dfrac{T_0}{T_{\text{gas}} - T_0} \ln \dfrac{T_{\text{gas}}}{T_0}\right)$

T_{gas}是天然气完全燃烧的温度，取为1773K（1500℃）；T_0是参考温度，平均转化效率η取为0.8。

(2) 煤：$\lambda_{\text{coal}} = \eta \cdot \left(1 - \dfrac{T_0}{T_{\text{coal}} - T_0} \ln \dfrac{T_{\text{coal}}}{T_0}\right)$

式中 T_{coal}——煤在蒸汽动力装置中完全燃烧的温度，考虑到现有的蒸汽动力装置的最高蒸汽温度为823K（550℃）

(3) 空调耗冷量的能质系数为：

$$\lambda_c = \dfrac{T_0}{T} - 1$$

(4) 建筑耗热量能质系数

空调耗热量的能质系数为：

$$\lambda_H = 1 - \dfrac{T_0}{T}$$

夏季选择空气调节日平均温度作为参考温度；冬季选择日平均温度≤5℃期间的平均温度作为参考温度。可以得到北京市的夏季参考温度为29.0℃，冬季参考温度为－1.3℃；上海市的夏季参考温度为30.8℃，冬季参考温度为2.2℃。夏季取室温26℃、相对湿度60％时的露点温度为17.6℃；冬季取室温20℃。计算结果见表3-19。

能质系数 表3-19

名称	夏季能质系数		冬季能质系数		备注
	北京	上海	北京	上海	
耗冷量	0.039	0.045	—	—	
耗热量	—	—	0.072	0.061	
天然气	0.51	0.51	0.53	0.53	
煤	0.34	0.34	0.36	0.36	
市政热水	0.1～0.2		0.2～0.3		与供回水温度有关；
市政蒸汽	0.2～0.35		0.3～0.4		与使用的蒸汽压力有关；
冷冻水	0.07		—		与供回水温度有关；0.07是供回水为7～12℃时的能质系数。

资料来源：薛志峰，大型公共建筑节能研究，清华大学博士学位论文，2005年10月。

能量转换效率都统一采用能量转换效率ECC（Energy Conversion Coefficient）进行评价，其计算方法见下式：

$$ECC_i = \dfrac{Q_i \cdot \lambda_Q}{E_i \cdot \lambda_E} \tag{3-13}$$

式中 Q_i——能量转换环节的收益，对建筑用能环节即建筑物耗冷量、耗热量和除冷热源外其他设备的用电量；

λ_Q——上述收益对应的能质系数。

E_i——能量转换环节的消耗，即建筑物消耗的各种能源。

λ_E——上述消耗对应的能质系数。

ECC_i 数值越大,说明在满足同样需求的前提下能耗越小,能源利用效率越高。

如果选择的冷热源设备能效如表 3-20 所示,则可以得到不同供暖和供冷方式的转换效率 ECC(见图 3-7 和图 3-8)。

不同冷热源设备的能效比   表 3-20

供冷形式 COP	离心式制冷机	蒸汽吸收机	热水吸收机	直燃机	风冷热泵	水源热泵
	5.0	1.2	0.7	1.3	3.0	4.5
供暖形式效率或 COP	天然气锅炉	直燃机	燃煤锅炉	电采暖	风冷热泵	水源热泵
	0.9	0.9	0.75	1.0	2.5	3.0

资料来源:薛志峰,大型公共建筑节能研究,清华大学博士学位论文,2005 年 10 月。

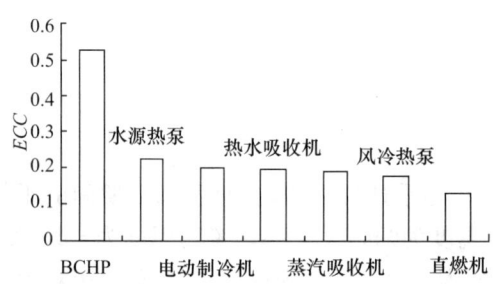

图 3-7 供冷工况下各种冷热源的能量转换系数
资料来源:江亿等,能源转换系统评价指标的研究,中国能源,第 26 卷第 3 期,2004 年 3 月。

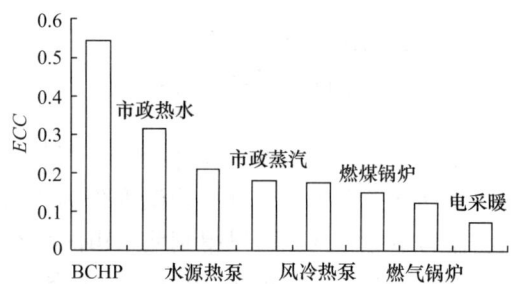

图 3-8 供热工况下各种冷热源的能量转换系数
资料来源:江亿等,能源转换系统评价指标的研究,中国能源,第 26 卷第 3 期,2004 年 3 月。

从图 3-7 和 3-8 可以看出,能质系数最高的系统是楼宇冷热电联供(BCHP)系统,即国家很长时间以来所力推的分布式能源系统。有关分布式能源系统的规划原则,请详见本书第 9 章。

3.5.3 城区能源基础设施的碳减排效率

可再生能源的利用有利于降低碳排放,很多人把它当作"零碳"能源。但可再生能源装置在制造过程中也要耗能,像大型水电站要建造大坝、要淹没一部分土地作为水库,被淹没的生物质会释放甲烷等温室气体。这些都成为能源系统的"隐含碳(Embedded Carbon)",应该在规划中选择和评价能源系统时加以考虑。

表 3-21 中是国际气候变化专家委员会(IPCC)根据调研得到的覆盖全球的数据。国内一些研究者也根据中国国情给出了各种供电系统生命周期的碳排放(见表 3-22)。

部分供电技术的生命周期 CO_2 排放系数(gCO_2/kWh)   表 3-21

技术	最小值	中位值	最大值
现时已经商业化的技术			
煤燃烧	740	820	910
生物质与煤混燃	620	740	890
燃气联合循环	410	490	650
生物质单独	130	230	420

3.5 城区能源基础设施的规划目标设定方法

续表

技术	最小值	中位值	最大值
现时已经商业化的技术			
太阳能光伏——电站规模	18	48	180
太阳能光伏——屋顶	26	41	60
地热	6.0	38	79
聚光太阳能发电	8.8	27	63
水电	1.0	24	63
海上风电	8.0	12	35
核电	3.7	12	110
陆上风电	7.0	11	56
试商业化技术			
碳捕集+燃煤燃烧	190	220	250
碳捕集+燃煤煤气化联合循环	170	200	230
碳捕集+燃气联合循环	94	170	340
碳捕集+燃煤富氧燃烧	100	160	200
海洋能（潮汐能和波浪能）	5.6	17	28

资料来源：① "IPCC Working Group Ⅲ-Mitigation of Climate Change, Annex Ⅲ: Technology-specific cost and performance parameters" (PDF). IPCC. 2014, p.10, Retrieved 1 August 2014。
② "IPCC Working Group Ⅲ-Mitigation of Climate Change, Annex Ⅱ: Metrics and Methodology. P.37 to 40, 41" (PDF)。

各种供电方式生命周期 CO_2 排放系数（国内测算，gCO_2/kWh）　　　　表 3-22

供电方式	生命周期 CO_2 排放
煤电链	1303
核电链	13.7
水电链	243.1
光伏发电	150
风电（陆上）	12
风电（海上）	11

资料来源：马忠海，中国几种主要能源温室气体排放系数的比较评价研究，中国原子能科学研究院博士学位论文，2002年6月。

较新的研究见表 3-23。

中国发电行业各种燃料的 CO_2 排放系数及成本系数　　　　表 3-23

发电技术	温室气体排放系数（gCO_2/kWh）	发电成本系数（元/kWh）
煤电	1075	0.240
核电	15.0~25.0	0.254
水电	20.0~25.0	0.130
风电	6.5	0.546
光伏发电	50.0	0.338
生物质发电	20.0~70.0	1.365

续表

发电技术	温室气体排放系数（gCO$_2$/kWh）	发电成本系数（元/kWh）
天然气发电	905.0~973.0	0.403
超临界和超超临界	999.8	0.280
煤气化联合循环IGCC	967.5	0.300

资料来源：廖夏伟等，中国发电行业生命周期温室气体减排潜力及成本分析，北京大学学报（自然科学版），2013年5月。

这几种计算数据相互间相差比较大，这是因为生命周期计算采集数据较困难、数据处理方法有差异、可再生能源发电的不稳定等原因，如果用来作为评价标准则缺乏可靠性。而且，一个城市的电力供应，来源是多元化的，作为末端用户而言，很难确定发电的燃料结构。因此，在需求侧能源规划目标和KPI指标设定过程中，电力碳排放系数可以用国家发改委每年发布的《中国城区电网基准线排放因子》的数据，2014年数据见表3-24。

2014中国城区电网基准线排放因子　　表3-24

	$EF_{grid,OM,y}$（tCO$_2$/MWh）	$EF_{grid,BM,y}$（tCO$_2$/MWh）
华北区域电网	1.0580	0.5410
东北区域电网	1.1281	0.5537
华东区域电网	0.8095	0.6861
华中区域电网	0.9724	0.4737
西北区域电网	0.9578	0.4512
南方区域电网	0.9183	0.4367

注：1. 表中OM为2010~2012年电量边际排放因子的加权平均值；BM为截至2012年的容量边际排放因子。
　　2. 本结果以公开的上网电厂的汇总数据为基础计算得出。
资料来源：国家发改委，2014年中国城区电网基准线排放因子。

其他燃料，可参考表3-25。

各种能源折标准煤及碳排放参考系数　　表3-25

能源名称	平均低位发热量（kJ/kg）	折标准煤系数（kgce/kg）	二氧化碳排放系数（kgCO$_2$/kg）
原煤	20908	0.7143	1.9003
焦炭	28435	0.9714	2.8604
原油	41816	1.4286	3.0202
燃料油	41816	1.4286	3.1705
汽油	43070	1.4714	2.9251
煤油	43070	1.4714	3.0179
柴油	42652	1.4571	3.0959
液化石油气	50179	1.7143	3.1013
炼厂干气	46055	1.5714	3.0119
油田天然气	38931	1.3300	2.1622

注：1. 上表前两列来源于《综合能耗计算通则》GB/T 2589—2008。
　　2. 上表后一列来源于《省级温室气体清单编制指南》（发改办气候［2011］1041号）。
资料来源：厦门节能公共服务网，http://xmecc.xmsme.gov.cn/2012-3/2012318123734.htm。

作为城区能源基础设施的供冷供热系统，以普通电力驱动的空气源冷水机组（$COP=2.6$）作为冷源的比较对象；以燃煤供暖锅炉（热效率60%）作为热源的比较对象。假定各种冷热源的末端系统的能源效率、输送系数是一样的。由此得出的冷热源的排碳量与比较对象相比所得到的减排量，被称为"避免碳排放量（avoided CO_2 emission）"。

城区能源基础设施的碳减排效率，是一个投入产出分析过程，即投入隐含碳、间接碳和直接碳，产出"避免碳排放量"的效率。定义碳减排效率系数为ECM，有：

$$ECM = \frac{ACE}{(EC + IC + DC)} \quad (3-14)$$

式中　ECM——碳减排效率，Efficiency of Carbon Mitigation，%；
　　　ACE——避免碳排放，Avoided Carbon Emission，kg；
　　　EC——隐含碳排放，Embedded Carbon Emission，kg；
　　　IC——间接碳排放，Indirect Carbon Emission，kg；
　　　DC——直接碳排放，Direct Carbon Emission，kg。

间接碳排放量主要来自电力，当然与电力的碳禀赋即发电燃料和供电效率相关；直接碳排放量主要来自现场产能（如热电冷联供）中燃料的直接燃烧；而常用的可再生能源设备在运行使用过程中可以认为是零碳排放，所以，要将其生命周期中的"隐含碳"考虑在内。表3-26和表3-27分别给出了常用建筑供冷供热系统的碳减排效率。

各种能源设备供热的碳减排效率　　　　　　　　　　　　表3-26

	一（二）次能源	一次能效（%）	10kWh供热排放CO_2量（kg）	碳减排效率系数ECM
燃煤锅炉	燃煤	60	5.45	0
燃气锅炉	天然气	90	2.4	1.27
电锅炉	华东电网平均碳排放	34	7.3	−0.253
空气源电动热泵 COP=3.0	华东电网平均碳排放	114	2.67	1.04
地源热泵 COP=4.0	华东电网平均碳排放	152	2.02	1.70
燃气热泵 COP=3.5	天然气	160	0.62	7.79
直燃机	天然气	90	2.4	1.27
热电联产+电力驱动热泵	天然气	259	0.083	64.66

资料来源：龙惟定等，城市节能的关键性能指标，暖通空调，2012年第42卷第12期，本书重新计算。

各种能源设备供冷的碳排放比较　　　　　　　　　　　　表3-27

	一（二）次能源	一次能效（%）	10kWh供冷排放CO_2量（kg）	碳减排效率系数ECM
空气源电动制冷机 COP=2.6	电力	98.8	3.11	0
地源热泵供冷 COP=4.5	电力	171	1.80	0.73
水冷离心式制冷机 COP=6.0	电力	228	1.35	1.30
燃气热泵 COP=3.5	天然气	350	0.618	4.03
直燃机 COP=1.3	天然气	130	1.663	0.87
热电联产（发动机）+电力驱动离心制冷机+单效吸收式制冷机	天然气	286	0.035	87.86

资料来源：龙惟定等，城市节能的关键性能指标，暖通空调，2012年第42卷第12期，本书重新计算。

我国太阳能光伏产业规模已是世界第一，但生产工艺落后，能耗高。因为我国电力供应的燃料结构又是以煤为主，因此国内生产光伏的隐含碳很高。而其避免碳排放的基准值可以有两种取值方法：第一种是按国家发展改革委每年公布的 6 大电网的碳排放因子。2014 年的公布值中最大值是东北电网 1.1281 $kgCO_2/kWh$，最小值是华东电网 0.8095 $kgCO_2/kWh$。这种方法的优点是可以清楚地看出太阳能光伏在当地应用所能得到的减排效益，缺点是没有考虑煤电链的生命周期碳排放。第二种是按测算得到的全国平均煤电生命周期碳排放作为基准（见表 3-21，取值 1300 gCO_2/kWh），优点是考虑了煤电生命周期碳排放，缺点是可能高估光伏的碳减排效益。另一方面，光伏碳减排效率系数随着太阳年辐照量和光伏系统效率有很大的变化。在太阳辐照的资源一般区（如我国长江流域），同时又是电网碳排放因子比较低的地区，在利用光伏时对经济性要仔细测算（见表 3-28）。

不同系统效率和不同地区太阳能光伏的碳减排效率　　　　表 3-28

系统效率	水平面上年太阳辐照量 $MJ/(m^2·a)$			单位发电量 CO_2 排放量（$g\ CO_2/kWh$）	碳减排效率系数 ECM_1	碳减排效率系数 ECM_2
8%	Ⅰ	8400		278	3.06/1.91	3.68
	Ⅱ	6700		348	2.24/1.33	2.74
		Ⅲ₁	5400	432	1.61/0.87	2.01
			5000	468	1.41/0.73	1.78
		Ⅲ₂	4200	557	1.02/0.45	1.33
10%	Ⅰ	8400		222	4.08/2.65	4.86
	Ⅱ	6700		279	3.04/1.90	3.66
		Ⅲ₁	5400	346	2.26/1.34	2.76
			5000	375	2.01/1.16	2.47
		Ⅲ₂	4200	446	1.53/0.82	1.91
12%	Ⅰ	8400		185	5.10/3.38	6.02
	Ⅱ	6700		232	3.86/2.49	4.60
		Ⅲ₁	5400	288	2.92/1.81	3.51
			5000	311	2.63/1.60	3.18
		Ⅲ₂	4200	371	2.04/1.18	2.50
14%	Ⅰ	8400		159	6.09/4.09	7.18
	Ⅱ	6700		199	4.67/3.07	5.53
		Ⅲ₁	5400	247	3.57/2.28	4.26
			5000	267	3.23/2.03	3.87
		Ⅲ₂	4200	318	2.55/1.55	3.09
16%	Ⅰ	8400		139	7.12/4.82	8.35
	Ⅱ	6700		174	5.48/3.65	6.47
		Ⅲ₁	5400	216	4.22/2.75	5.02
			5000	233	3.84/2.47	4.58
		Ⅲ₂	4200	278	3.06/1.91	3.68

注：Ⅰ 资源丰富区，水平面上年太阳辐照量 $6700\sim8400\ MJ/(m^2·a)$，年日照时数为 $3200\sim3300h$；Ⅱ 资源较丰富区，水平面上年太阳辐照量为 $5400\sim6700\ MJ/(m^2·a)$，年日照时数为 $3000\sim3200h$；Ⅲ₁ 资源一般区，水平面上年太阳辐照量为 $5000\sim5400\ MJ/(m^2·a)$，年日照时数为 $2200\sim3000h$；Ⅲ₂ 资源一般区，水平面上年太阳辐照量为 $4200\sim5000\ MJ/(m^2·a)$，年日照时数为 $1400\sim2200h$。

资料来源：张改景，低碳城区建筑可利用能源资源综合评价研究，同济大学博士学位论文，2010 年 7 月，本书做了部分重新计算。

相对而言，风电的影响因素更为复杂，风电发电小时数变化更加随机，因此对风电生命周期碳排放的研究成果也比较稀缺。此处简单取风电生命周期碳排放量为46.6g/kWh（设年满负荷发电1600h，风力发电机服役期为20a）[20]。因此可知风力发电以煤电生命周期碳排放为基准的碳减排效率系数为26.90，明显高于光伏。

3.5.4 最终能源消费中的碳足迹

这一指标用来测算城区或建筑能源系统的相对碳排放量。首先计算城区能源系统的碳排放总量，可用下式计算：

$$G_t = E_c \times \delta_c + E_o \times \delta_o + E_n \times \delta_n + E_b \times \delta_b + E_r \times \delta_r + E_e \times \delta_e \quad (3-15)$$

式中 G_t——城区能源系统的碳排放总量；

E_c——煤炭消耗实物量，t，

δ_c——煤炭消耗的碳排放转换系数，$t\,CO_2e/t$；

E_o——石油消耗实物量，t，

δ_o——石油消耗的碳排放转换系数，$t\,CO_2e/t$；

E_n——天然气消耗量，t，

δ_n——天然气消耗的碳排放转换系数，$t\,CO_2e/t$；

E_b——生物质能源消耗量，t，

δ_b——生物质能源消耗的碳排放转换系数，$t\,CO_2e/t$；

E_r——其他可再生能源消耗量，tce；

δ_r——可再生能源消耗的碳排放转换系数，取$\delta_r=0$；

E_e——电力消耗的实物量，kWh；

δ_e——电力消耗的碳排放转换系数，$t\,CO_2e/MWh$。

各种燃料的碳排放转换系数可采用IPCC的数据（见表3-18）。国家电网中电力的碳排放系数根据国家发展改革委《中国城区电网基准线排放因子》取值（见表3-21）。各类能源折算标准煤的系数根据国家标准《综合能耗计算通则》GB/T 2589—2008取值。

将城区消耗的所有能源转换为标准煤。其中，将太阳能热水所提供的热量按热力折算，将太阳能光伏、风力以及生物质发电按电力折算。将所有能源标准煤量加总得到城区总能耗 E_t（tce）。

计算城区的最不利碳排放量 G_p：

$$G_p = E_t \times 2.5 (t\,CO_{2e}) \quad (3-16)$$

根据城区内实际碳排放量 G_t 和最不利碳排放量 G_p 可以计算出城区能源系统的相对碳足迹系数 C_f：

$$C_f = \frac{G_t}{G_p} \quad (3-17)$$

如果 $C_f<0.8$，相当于城区利用可再生能源比例达到20%以上。

3.5.5 可再生能源在最终能源消费中的比例

在城区范围要实现高比例的可再生能源利用，目前还不太现实，很大程度上还要依靠国家电网中水电、风电比例的增加。可再生能源比例的计算，应该以使用量而不是装机量作为基准。尤其不要夸大太阳能光伏和地源热泵的作用。计算方法如下：

太阳能光伏的产能量，有两种简易计算方法：

方法一，园区光伏电池总装机功率×当地太阳能光伏当量满负荷小时数（例如，上海地区为 1000h），kWh。然后按当年火力发电标准煤耗折算为标准煤量。

方法二，全年总辐射量（MJ/m²）×光伏面积×10%（14%×70%），MJ。然后按 29.27MJ=1kgce 的换算系数折算成标准煤量。

太阳能热水的产能量：每平方米太阳能热水器每年产能约 125kgce。

风力发电的产能量：

风力发电机的装机功率×当地风力发电可利用时间（满负荷小时数），kWh。无数据时可取 2000h。然后按当年火力发电标准煤耗折算为标准煤量。

各种热泵应用中的可再生能源利用量：

$$HPRE = \frac{35 \times COP - 100}{35 \times COP} \times 100\% \tag{3-18}$$

式中　　$HPRE$——热泵应用中的可再生能源比例，%；

　　　　COP——热泵的性能系数。

最后将所有可再生能源产能量除以总能源需求量，可得到园区可再生能源比例。

3.5.6　各种终端能源消费与电力消费的比价

这一评价指标主要是针对在城区开发中为了达到某些绿色指标而不计成本的"烧钱"行为。定义各种终端能源消费与电力消费的比价：

$$终端能源消费与电力消费的比价 = \frac{终端能源消费单位当量热值的价格}{电力单位当量热值的价格}$$

电力价格宜按当地峰谷电价的加权平均值计算。一般指标：终端能源消费与电力消费的比价≤0.8；先进指标：终端能源消费与电力消费的比价≤0.33。

例如，假定某城区的冷热收费为 0.45 元/kWh，当地平均电力价格为 0.75 元/kWh，则终端能源消费与电力消费的比价是 0.6。

3.6　推进行为节能的规划目标设定方法

3.6.1　城市生活中 ICT 技术覆盖程度

为实现城区的绿色低碳发展，要通过一些可操作的量化指标体系，在民众中倡导低碳生活方式。其中很重要的环节，是在工作和生活中广泛利用信息/通信技术（ICT），以减少出行、减少对高碳交通工具的依赖。

ICT 是信息、通信和技术三个英文单词的词头组合（Information Communication Technology，ICT）。通过建设 ICT 基础设施，构建城市发展的智慧环境，形成基于海量信息和智能处理的生活、产业发展和社会管理的新模式，是一种全新的城市形态。

根据气候集团（The Climate Group）的预测，2020 年全球 ICT 的碳足迹是 14 亿 t CO_2e（其中通信基础设施和装置占 25%，数据中心占 18%，PC 机和打印机占 57%），但 ICT 技术在常规情景（BAU）下对各行各业所产生的减排作用是 78 亿 t CO_2e（其中智能建筑 16.8 亿 t，智能电网 20.3 亿 t，智能物流 15.2 亿 t，智能电机和工艺 9.7 亿 t）。即 ICT 技术的碳减排效率系数为 5.57。ICT 技术的减排主要通过去物质化（无纸办公、远程办公、视频和电话会议、在线音乐等）、工业驱动智能化（变速电机优化、工艺过程自动化）、交通需求的减少（交通和物流的优化、在家办公和远程办公、燃料燃烧的优化等）、建筑节能（智能调适、暖通空调和建筑设备的优化控制、能耗监控系统等）以及智能电网（减少输配损失、集成可再生能源、减少用户浪费、需求侧管理等）来实现的。

世界自然基金会（WWF）对到 2030 年 ICT 技术的减排潜力分高、中、低三档做出预测，如表 3-29 所示。

2030 年 ICT 技术的减排潜力　　　　　　　　　表 3-29

	预测到 2030 年 ICT 技术的减排潜力（$MtCO_2$）		
	低	中	高
智能建筑：既有建筑	121	545	969
智能建筑：新建建筑的设计和运行	46	439	832
智能城市规划：交通模式的转变	68	159	404
智能车辆和智能交通基础设施	581	1486	2646
电子商务和去物质化	198	927	1822
ICT 用于工业节能	100	815	1530
ICT 用于能源供应系统	17	59	128
总减排量	1168	4620	8711

资料来源：WWF，The potential global CO_2 reductions from ICT use。

ICT 技术对人们生活的影响主要在教育、医疗、购物、交通、安保、公共服务、能源服务 7 方面，而移动通信技术的发展，又可以使 ICT 技术的应用覆盖所有空间。大数据、云计算等技术，可以迅速及时地反映人们的各种需求、提高服务的质量。因此，在新建城区中，要做到 ICT 技术在上述 7 个领域中的全面覆盖。在既有城区的改造中，最容易也是最快能实施的节能减排措施就是 ICT 技术，在 7 个领域中至少覆盖 4 个。

3.6.2　城市生活能源消费碳护照

按本书 3.4.3 节的论述，将人均日消费性能耗控制在 2.5kgce/d，取国家发展改革委公布的标准煤的碳排放系数 $2.5tCO_2/tce$，则确定每人每天城市生活能源消费性碳排放基准为 $6.25kgCO_2/d$。可通过两个途径计算能源消费碳护照：

（1）通过节能，使人均日城市生活能源消费低于 2.5kgce/d，则将 2.5kgce 减去节能量，得到实际能耗值 W_s，则城市生活能源消费碳护照值 CP 为：

$$CP = \frac{W_s \times 2.5}{6.25} \tag{3-19}$$

例如，如果实际人均日城市生活能源消费为 $W_s=2.0$kgce/d，则城市生活能源消费碳护照值为 $\frac{2.0 \times 2.5}{6.25}=0.8$。

（2）通过应用可再生能源，改变能源结构，即改变碳排放系数。可通过式（3-6）计算新的综合碳排放系数 C_x，则城市生活能源消费碳护照值为：

$$CP = \frac{6.25 - C_x}{6.25} \tag{3-20}$$

在利用太阳能的情况下,也可计算太阳能提供的能源量,将这部分碳排放量扣除。

例如,某家庭应用太阳能热水器,平均每天提供 100L 热水,假定热水从 10℃ 加热到 45℃,则太阳能提供的热量为 $100 \times (45-10) = 3500$ kcal,相当于 0.5kgce。家庭人口按 2.8 人计算,平均每人消耗 0.18kgce,折合碳排放量 1.125 kgCO_2。则城市生活能源消费碳护照值为:$\frac{6.25 - 1.125}{6.25} = 0.82$。

3.7 城市能源管理体系

国家标准《能源管理体系要求》GB/T 23331—2009 已于 2009 年 11 月 1 日正式实施。2008 年 4 月,国际标准化组织 ISO 成立专门的项目委员会 ISO/PC 242,由中国、美国、英国、巴西等国负责起草"能源管理体系"国际标准。2011 年发布《能源管理体系要求》ISO 50001 正式标准。

这些标准强调对能源管理的过程控制,规定了能源管理体系的运行模式,即为了兑现管理承诺和实现能源方针所应进行的策划－实施－检查与纠正－持续改进(PDCA,即 Plan/Do/Check/Action)的管理过程,如图 3-9 所示。

根据能源管理的侧重面的不同,可以分别给出管理层面和技术层面对能源管理体系不同的实施要点:

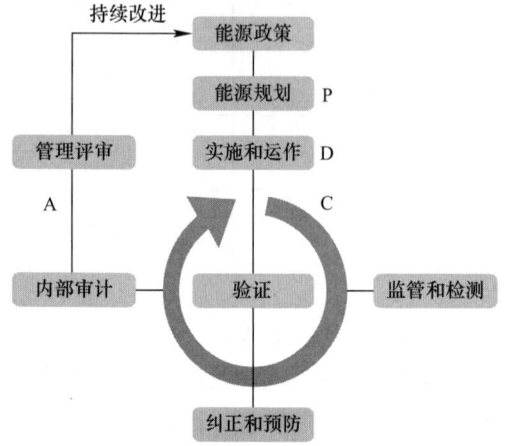

图 3-9 城市能效管理的 PDCA 流程

	管理层面实施要点
P	• 制定可测量、可核查、可报告的能源目标(P/U/C 三个方面) • 制定能源管理的政策、标准和市场化模式(PPP,EMC,BOO) • 能源资源分析(能源供应/可再生能源/节能资源化) • 制定产业和人口导入政策和能耗门槛
D	• 能源规划的听证(Charrette) • 建立能源管理组织和责任制 • 培训和沟通(包括能源价格的议价) • 过程控制
C	• 能源审计 • 能耗公示 • 能耗警示 • 改正及预防措施
A	• 能源管理的绩效考核 • 能源管理政策的改进

	技术层面实施要点
P	• 制订能耗基准线（产业/交通/建筑） • 确定能耗和碳排放总量 • 制订能源绩效指标（Energy Performance Indicators） • 制订能源规划
D	• 制订能源规划 • 确定现场产能和外购能源的占比 • 提出能源系统方案
C	• 建立能耗监测系统 • 节能绩效的检测与验证（M&V） • 能耗统计和大数据分析
A	• 能耗对标（Benchmarking） • 运维改善

需要强调的是，城区能源管理是一件日常工作，而不是突击性任务。

本章参考文献

[1] 龙惟定，梁浩. 低碳生态城区能源规划的目标设定. 城市发展研究，2011，18（12）.
[2] 百度百科，http://baike.baidu.com/view/54093.htm.
[3] 林伯强，能源消费总量控制：中央与地方的多重弈局. 凤凰网，http://blog.caijing.com.cn/topic_article-24-51083.shtml.
[4] 科技部创新发展司. 2013年国家高新技术产业开发区经济状况分析. 科技统计报告，2015，562（5）.
[5] David Costenaro and Anthony Duer. The Megawatts behind Your Megabytes：Going from Data-Center to Desktop. 2012 ACEEE Summer Study on Energy Efficiency in Buildings.
[6] 梁朝晖. 上海市碳排放的历史特征与远期趋势分析. 上海经济研究，2009，7：79-87.
[7] 国务院办公厅. 国务院关于印发节能减排"十二五"规划的通知，http://www.gov.cn/zwgk/2012-08/21/content_2207867.htm.
[8] Wikipedia. 2000-watt society，www.wikipedia.org.
[9] WRI，C40 & ICLEI. Global Protocol for Community-Scale Greenhouse Gas Emission Inventories—An Accounting and Reporting Standard for Cities，2014.
[10] 东方网. 上海公交调查，http://sh.eastday.com/m/20120720/u1a6718960.html，2012年7月20日.
[11] 熊传林. 中国平均每辆车耗油量超发达国家两倍多，凤凰网，http://auto.ifeng.com/news/special/2011qichechanye/20110903/667811.shtml.
[12] 国家电网公司，关于做好分布式电源并网服务工作的意见，2013年2月.
[13] 筑龙网，城市变电所规划选址要求，http://wiki.zhulong.com/dq4/type48/topic181834_4.html.
[14] Wikipedia. Sustainable community energy system，https://en.wikipedia.org/wiki/Sustainable_community_energy_system.
[15] 丁勇等. 水（地）源热泵空调系统测试及能效影响因素分析. 暖通空调，2014，44（4）.
[16] 姚远. 基于实测的地埋管地源热泵空调技术的节能与应用分析. 武汉：武汉科技大学，2010.
[17] 张伟强. 华东地区地源热泵示范项目的测试与评估. 建设科技，2013，20.
[18] 赵伟. 多联式空调系统部分负荷特性分析. 北京：清华大学，2009.
[19] 薛志峰. 大型公共建筑节能研究. 北京：清华大学，2005.
[20] 李龙君等. 风力发电系统的全生命周期分析. 风机技术，2015，2.

第4章 建筑能耗模型校验与能耗限额制定

4.1 国内部分建筑能耗分析软件的适用情况

4.1.1 能耗分析软件的比对

建筑能耗分析软件是建筑能耗总量控制和能耗限额一项重要的技术依托，但目前能耗分析软件种类较多，计算原理不尽相同，导致不同软件计算结果之间的差别。为了保证建筑能耗限额具有可比性、公正性、合理性，必须排除软件本身的影响，定量化计算建筑的能耗量水平和节能率水平，符合《建筑能效标识测评导则》的要求。

2007年中国建筑科学研究院曾联合有关部门对目前国内应用较多的6种能耗分析软件，即 DEST、PKPM-PBEC（PKPM-CHEC）、天正-TBEC、斯维尔、TRNSYS 和 BEED 开展了能耗计算的比对工作。

比对工作的预期目标是保证各种建筑能效计算中的可比性、公正性、合理性，确保适用软件的结果基本一致以及能效对标和能效测评的可靠性。

在软件比对的技术方案中，明确规定了软件比对的计算模型、边界条件、提交报告的格式和内容。计算基准模型和参数主要依据我国现行节能设计标准。计算的基准建筑模型包括单栋典型办公建筑和典型居住建筑。气象数据采用北京、上海和广州的典型年气象数据。

软件比对主要包括软件基本功能的比对及计算能耗相对值的比对两方面。比对过程主要参照美国 ASHRAE Standard 140-2004 标准，采用了标准测试法（SMOT），这是国际能源组织 IEA 的 Annex18 的一项研究成果，也是一种国际通行的软件测试方法。

软件比对结果判定采用专家判定和定量化计算相结合的方式。专家判定根据测评软件基本功能情况表，进行综合评价。定量化计算以全年能耗相对值为主要对比评判依据；取所有软件的计算结果平均值作为真值。要求各软件所得值与真值之间相对误差小于15%。

整个比对工作分两次进行。第一次建筑能效测评软件比对采用"背靠背"方式，6种软件分别按照规定的计算条件独立完成、开卷考试，计算周期一周。建筑为办公建筑和住宅，分2个气候区，共进行4次权衡计算。

第二次建筑能效测评软件比对采用现场复现比对形式，当场提交结果，模型建筑为办公建筑和住宅，分3个气候区，共进行5次权衡计算。

按照比对方案，比对分析分为两个层次：输入参数比对分析和计算结果分析。输入参数比对分析主要考察各个软件对工程图纸的简化方式、与能耗计算结果相关的输入参数（建筑面积、立面面积、窗墙面积比以及围护结构传热系数、设备容量效率等）的准确程度；而计算结果分析主要考察各个软件单位建筑面积冷热负荷、各种设备总的一次能耗量以及节能率。

4.1.2 各软件的基本功能比较

六种常用软件的基本功能比较如表4-1～表4-4所示。

4.1 国内部分建筑能耗分析软件的适用情况

各软件适用范围与特点

表 4-1

	PKPM	天正	斯维尔	DEST	TRNSYS	BEED
适用的建筑类型	公共建筑/居住建筑	公共建筑/居住建筑	公共建筑/居住建筑	公共建筑/居住建筑	公共建筑/居住建筑	公共建筑/居住建筑
开发时间	CHEC 于 2004 年 3 月通过建设部科技司鉴定；PBEC 于 2005 年 12 月通过建设部的课题验收	TBEC 于 2004 年 3 月通过建设部科技司组织的技术鉴定	2004 年 10 月～2007 年 11 月	DEST 于 2004 年 4 月通过建设部科技司组织的技术鉴定	V15：1998～2000 年 V16：2002～2004 年	
开发单位	中国建筑科学研究院软件所	北京天正软件公司	深圳斯维尔软件公司	清华大学	美国威斯康星大学太阳能实验室，法国 CSTB	北京恰好思建筑科技发展有限公司
是否能结合节能设计标准，进行权衡判断	是	是	是	是	是	是
与建筑（或结构）设计软件接口	有	有	无	无	无	无
计算内核	本身为第三方软件，核心为 DOE2	本身为第三方软件，核心为 DOE2	本身为第三方软件，核心为 DOE2	独立核心	独立核心	独立核心
参加过国际间的权威对比试验	DOE2 本身参加过 BESTTEST 验证过程	DOE2 本身参加过 BESTTEST 验证过程	DOE2 本身参加过 BESTTEST 验证过程	参加过 BRE 等组织的对比验证	参加过 BESTTEST 验证过程	—
手册	有中文用户手册和参考指南 DOE-2 basics，user's manual，reference manual，engineer's manual	有中文用户手册 DOE-2 basics，user's manual，reference manual，engineer's manual	有中文用户手册和参考指南 DOE-2 basics，user's manual，reference manual，engineer's manual	有中文用户参考指南、技术手册	TRNSYS user's manual，reference manual，engineer's manual	有中文用户手册
计算方法	围护结构：逐时反应系数法；空间热平衡：逐时加权系数法	围护结构：逐时反应系数法；空间热平衡：逐时加权系数法	围护结构：逐时反应系数法；空间热平衡：逐时加权系数法	围护结构：逐时动态算法；空间热平衡：热平衡法	围护结构：逐时反应系数法；空间热平衡：热平衡法	我国暖通空调设计规范中采用的方法（简化的反应系数法）

第4章 建筑能耗模型校验与能耗限额制定

各软件的工作界面　　　　　　　　　　　　　　　　　　　　　表 4-2

	PKPM	天正	斯维尔	DEST	TRNSYS	BEED
用户界面	Windows界面，以CAD为平台	Windows界面，以CAD为平台	Windows界面，以CAD为平台	Windows界面，以CAD为平台	Windows界面，有第三方CAD软件Sim-CAD	Windows界面
对计算机要求	Win98/2000/NT/XP，64 MB of RAM，400 M硬盘	Win98/2000/NT/XP	Win98/2000/NT/XP，64 MB of RAM，400 M硬盘	Win98/2000/NT/XP	Win98/2000/NT/XP	Win98/2000/NT/XP
建筑模型	按建筑实际外形建模	按建筑实际外形建模	按建筑实际外形建模	按建筑实际外形建模	窗墙屋顶按朝向，而非按外形建模	窗墙屋顶按朝向，而非按外形建模
模型及参数的输入方式	CAD平台下建模；对话框模式下输入参数	CAD平台下建模，对话框模式下输入参数	CAD平台下建模，对话框模式下输入参数	CAD平台下建模，对话框模式下输入参数	对话框模式下建模及输入参数	对话框模式下建模及输入参数
是否支持CAD读图功能	是	是	是	否	否	否
终端用户的熟练程度要求	需要训练并大量使用才能熟练掌握	需要训练并大量使用才能熟练掌握	需要训练并大量使用才能熟练掌握	需要训练并大量使用才能熟练掌握	专业工具，需要训练并大量使用并能熟练掌握	能够自建模，使得程序使用很方便
建模时子模块连接方式	自动连接	自动连接	自动连接	自动连接	手动连接信号流图	自动连接
结果输出类别	能按设定输入输出参数校验报告、设备性能报告，详细的能耗报告，及逐时输出	能按设定输出输入参数校验报告、设备性能报告，详细的能耗报告，及逐时输出	能按设定输出性能报告，详细的能耗报告，及逐时输出	能按设定输出性能报告，详细的能耗报告，及逐时输出	能按设定输出详细的能耗报告，及逐时输出	能按设定输出输入参数校验报告，详细围护结构热工性能报告、简单的能耗报告
默认值	提供默认值	提供默认值	提供默认值	提供默认值	不提供	提供默认值
设备自动选型	有	有	有	有	无	无
输入错误检查	有	有	有	有	有	有

4.1 国内部分建筑能耗分析软件的适用情况

各软件的基础数据库

表 4-3

	PKPM	天正	斯维尔	DEST	TRNSYS	BEED
支持的气象数据格式、气象数据来源	TMY、TRY、WYEC、CTZ、CD144、1440、9685 formats	TMY、TRY、WYEC、CTZ、CD144、1440、9685 formats	TMY、TRY、WYEC、CTZ、CD144、1440、9685 formats	单独的气象数据（中央气象局提供转成TMY）	TMY、TRY、CTZ、WYEC formats	单独的气象数据（中央气象局）
预定义材料库	有预定义的国内建筑材料库	有预定义的国内建筑材料库	有预定义的国内建筑材料库	有预定义的国内建筑材料库	无	有预定义的国内建筑材料库
预定义构造库	有预定义的国内建筑构造库	有预定义的国内建筑构造库	有预定义的国内建筑构造库	有预定义的国内建筑构造库	无	有预定义的国内建筑构造库
内热源模式库	128种灯、人员、办公设备运行模式定义	128种灯、人员、办公设备运行模式定义	128种灯、人员、办公设备运行模式定义	100种灯、人员、办公设备运行模式定义	有灯、人员、办公设备运行模式定义	有灯、人员、办公设备运行模式定义
空调系统类型库	共预定义 Terminal reheat Single zone 等14种系统类型模块	共预定义 Terminal reheat Single zone 等14种系统类型模块	共预定义 Terminal reheat Single zone 等14种系统类型模块	多种空调类型	共预定义 solar energy system、cooling coil 等11种空调系统类型模块	无
冷热源类型库	3类锅炉、4类冷机、2类冷却塔、2类蓄能装置	3类锅炉、4类冷机、2类冷却塔、2类蓄能装置	3类锅炉、4类冷机、2类冷却塔、2类蓄能装置	3类锅炉、5类冷机、2类冷却塔	2类锅炉、6类冷机、2类冷却塔、2类蓄能装置	无
冷热源效率曲线库	DOE2预定义大量设备效率曲线，可直接调用	DOE2预定义大量设备效率曲线，可直接调用	DOE2预定义大量设备效率曲线，可直接调用	预定义许多国内设备效率曲线	无	无

159

软件的可扩展性

表 4-4

	PKPM	天正	斯维尔	DEST	TRNSYS	BEED
地源耦合模型	无	无	无	无	可以定义又地源耦合模型，模拟地源热泵	无
遮阳	固定外遮阳、活动外遮阳、内遮阳	固定外遮阳、内遮阳	固定外遮阳、活动外遮阳、内遮阳	固定外遮阳、活动外遮阳、内遮阳	固定外遮阳、内遮阳	
自然通风	可以，但仅对 residential systems 有效	无	可以，但仅对 residential systems 有效	可定义又可变换气次数的通风模式	无	无
空调系统类型可扩充	目前国内尚无人扩充	目前国内尚无人扩充	目前国内尚无人扩充	可扩充	可扩充	可扩充
空调设备控制器模式	反馈控制、风机优化启动等	反馈控制、风机优化启动等	反馈控制、风机优化启动等	反馈控制	用户可自己选择控制器模式	无
能耗经济性分析	目前只作到一次能耗分析，DOE2 本身可以进行费效分析	目前只作到一次能耗分析，DOE2 本身可以进行费效分析	目前只作到一次能耗分析，DOE2 本身可以进行费效分析	目前只作到一次能耗分析，无 LCC 分析	只作一次能耗分析	可以进行一次能耗分析和费效分析

4.1.3 软件计算结果比对情况

图 4-1 是用 6 种软件计算不同气候区的同一公共建筑（办公楼）负荷的计算结果的比较。

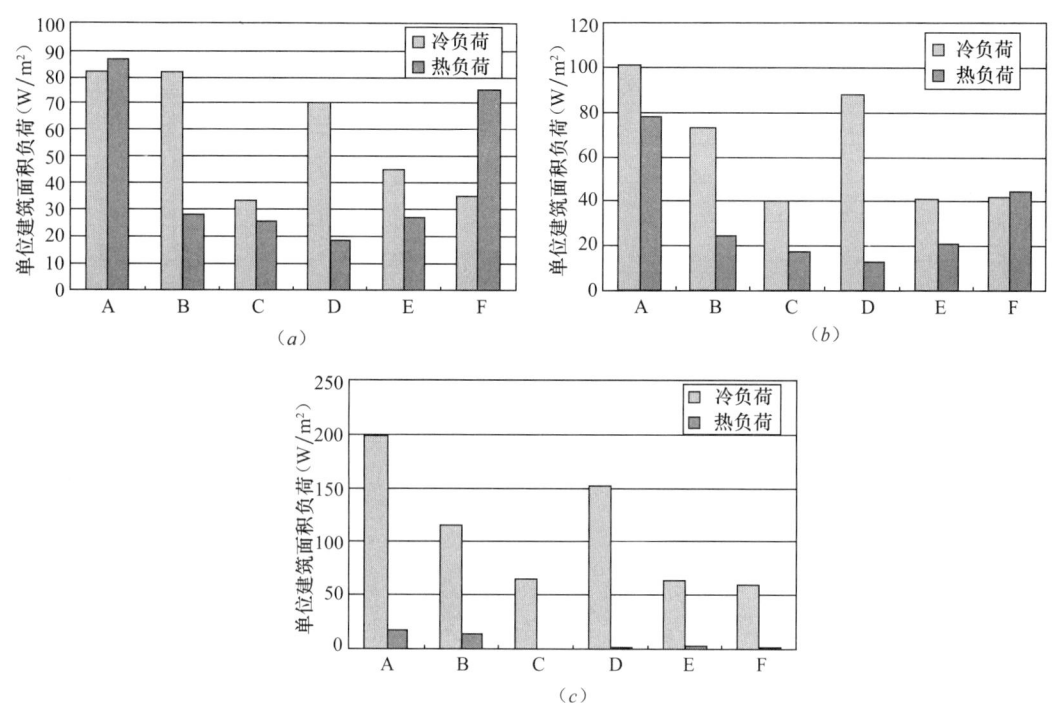

图 4-1 不同气候区公共建筑负荷计算结果比较
(a) 北京；(b) 上海；(c) 广州

图 4-2 则反映了 6 个软件通过能耗模拟计算得出在不同气候区同一建筑采取同样节能措施之后所能得到的节能率。

从上述软件比对研究中可以发现，不同软件进行计算时，无论是单位建筑面积冷热负荷还是设备能耗绝对量，均存在差异。而对参考建筑参数约定的不一致，也可能会导致用相对法计算节能率时存在差异。

综合软件比对的结果，可以得出以下结论：

(1) 各软件都能用于节能设计和能耗分析。

(2) 输入界面均为 Windows，使用较为方便。有 5 个软件具备 CAD 图形界面输入能力，在使用上更为灵活。

(3) 国产软件均有较强大的数据库，可提供较完整的国内材料和构造库。

(4) 除 BEED 之外，其余软件均可直接输出建筑负荷与设备能耗。

(5) 6 种软件均能提供详细报告。

(6) 几种软件的核心相同，而计算结果有偏差。说明不同使用者简化方式的不同会对计算结果产生一定影响。

(7) 能耗计算软件应与 BIM 软件结合，具备三维模型视图查看功能，以检查建筑模型的准确程度。

（8）由于计算结果存在差异，因此在能源规划中对实际运行能耗进行模拟时，必须用实际的建筑资料和历史能耗数据对软件进行校准。

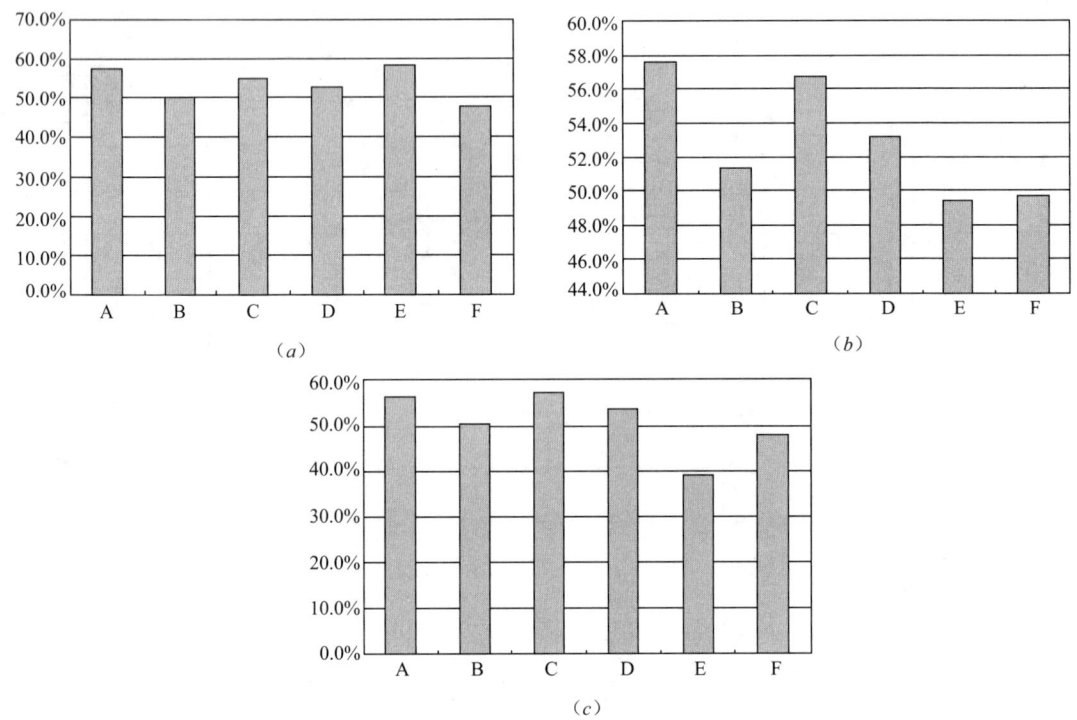

图 4-2 不同气候区公共建筑节能率计算结果比较
(*a*) 北京；(*b*) 上海；(*c*) 广州

4.2 建筑能耗模型的校验

在采用现有的建筑能耗模拟软件对建筑及其系统的实际运行能耗进行模拟时，非常重要的一个工作就是用实际的建筑资料和历史能耗数据对计算机模型进行校验，没有经过校验的计算机模拟是无法对建筑能耗进行准确预测的，也就无法在该计算机模型上进行进一步的研究工作，如预测某种节能措施的节能效果等。

4.2.1 模型校验的基本方法和步骤

校验模拟是采用逐时能耗模拟软件根据建筑基本信息建立模型，将建筑实际能耗数据和能源账单与模型输出结果进行比对，经过多次调整和修正模型输入参数后，使得模拟结果与实际能耗的误差在相关标准规定的范围之内，则可以确定能耗基准模型。该基准模型就可以被用来模拟计算各种节能方案的节能效果，作为评估的依据。通过校验模拟所建立的建筑能耗分析模型还可用于分析和预测建筑系统将来可能的变化所造成的能耗变化。根据某一气候城区的某种类型建筑所建立的典型建筑模型（Prototype Model）在采用实际建筑的能源统计数据进行校验之后，也可以用于城区的建筑负荷和能耗的预测。

1. 校验模拟的级别

根据可获得实际数据的级别（逐年、逐月、逐时）和可以花费在校验上的时间和人力，模拟校验所能耗获得的模型的准确度是不同的。ASHRAE 的研究报告[1]中对校验模拟的等级进行了划分，如表 4-5 所示。一般来说，能够获得的数据的详细程度最多仅能达到 3 级，用于校验的数据一般也只能有逐月的能耗数据，3 级的校验也基本上能够获得较为准确的模型。

校验模拟等级划分　　　　　　　　　　　　　　　表 4-5

校验等级	可用于校验的建筑基本信息和性能数据							校验所需花费时间*	
	全年逐月能耗账单	竣工图	初级审计 Walk-through	详细（投资级）审计	短期监测终端分项能耗	逐时（半小时）分项电力数据（全年）	长期监测逐时分项能耗数据	数据收集	数据分析
1 级	X	X						30 分钟	1～2 小时
2 级	X	X	X					2～4 小时	2～4 小时
3 级	X	X	X	X				1～2 天	4～8 小时
4 级	X	X	X	X	X			2～3 天	1～2 天
5 级	X	X	X	X	X	X		2～4 天	2～4 天
6 级	X	X	X	X	X	X	X	4～6 月	6～10 天

* 不包括模型模拟运算的时间。

2. 校验模拟评价标准

用来校验模型的能耗数据可以是逐时的，也可以是逐月的，前者可以获得较为精确的模型。模型的校验可以用平均偏差（MBE）和均方差变异系数 CV（RMSE）来判定。MBR 为某个时段内模拟能耗与实际能耗的误差，可以是月误差（ERR_{month}）、年误差（ERR_{year}）或逐时平均偏差（MBR_{hour}）。CV（RMSE）是均方差变异系数，为标准差与平均数的比值，反映数据的离散性，是变量分散性的一个度量。MBR 和 CV（RMSE）可以用来判定模拟结果与实际建筑吻合的程度。MBR 和 CV（RMSE）越小，则校验做得越好。

相关的标准都对校验模拟的误差指标做了规定，见表 4-6。我国的《公共建筑节能改造技术规范》比较接近 FEMP 的指标规定。

可接受的误差指标范围　　　　　　　　　　　　　　　表 4-6

指标	公共建筑节能改造技术规范[2]	IPMVP[3]	ASHRAE14[4]	FEMP[5]
ERR_{month}	±15%	±20%	±5%	±15%
ERR_{year}	没有规定	没有规定	没有规定	±10%
CV（$RMSE_{month}$）	10%	5%	15%	10%

采用逐时能耗数据（全楼或分项）校验能耗模型能改进模型的准确度。计算公式同上，只是时段为逐时。ASHRAE-14 规定 MBE_{hour} 不大于±10%，CV（$RMSE_{hour}$）不大于 30%。

3. 校验模拟的步骤

ASHRAE-14 给出了一套完整的用于计算节能改造的节能量的校验模拟方法，共分 8 个步骤：

(1) 制定一个校验模拟计划

在进行校验模拟之前，必须首先制定校验计划，计划应包括以下内容：

1) 模拟程序；

2) 用逐月数据还是用逐时数据进行校正；

3) 验证误差指标；

4) 对建筑系统性能的现场短期测量。

(2) 收集数据

需收集的数据包括：建筑围护结构特性参数、几何尺寸、逐月和逐时的能耗数据、空调系统和其他系统的铭牌数据、运行时间表、部分空调系统和其他系统的现场测试数据、天气参数等。在收集数据时，可以通过获取建筑图纸、检查能耗数据、现场调查、点测和短期测量等方法。

(3) 将收集的数据输入软件，建立模型

在输入时，应注意以下几点：

1) 建筑几何描述应与实际建筑基本相符，可以采用能够输出三维几何图形的软件，以保证这一点。

2) 空调系统分区应区分"外扰驱动"的简单建筑和"内扰驱动"的复杂建筑。"外扰驱动"的简单建筑是指几何外形简单、体量小、内部负荷小的建筑，分区较为简单，也无需分内外区；而"内扰驱动"的复杂建筑是指体量大、内部负荷大的建筑，需要分内外区。

3) 尽量减少缺省数据。检查并全面地理解模拟程序中的"缺省"输入数据，因为很多缺省数据与实际建筑不符。缺省数据越少，而且所做的修改都是合理的，模型也就越能反映实际建筑。但是，任何缺省数据的修改都要用文件记录下来。

4) 模型纠错包括输入检查和输出检查。输入检查：建筑朝向、分区、围护结构特性（朝向、面积、热阻、遮阳系数）、照明和插座负荷功率密度、运行时间、空调系统特性（风量、输入功率、服务城区、最小新风量、系统类型、供热量和供冷量、风机运行时间）、设备特性（类型、容量、额定效率、部分负荷效率）。输出检查：空调系统能够满足供热负荷和供冷负荷；照明和设备运行时间设置合理；风机运行时间合理；新风负荷合理；空调设备效率合理。

(4) 将模拟结果与实际能耗数据进行比较

根据可获得的实测数据的不同，这个步骤有所不同。最简单的，将模拟结果与逐月能耗账单及现场测试数据进行比较；最好则是将模拟结果与逐时数据比较。可以用图示和统计两种方法进行比较。图示法一般在校验过程中起辅助作用，但最终决定校验是否符合标准仍须采用统计方法。统计方法用 MBE 和 CV（RMSE）进行模型准确度的判定，通常取得较低的 MBE 比 CV（RMSE）要容易得多。

(5) 调整模型使模拟结果与实际能耗数据的误差可以接受

如果模拟结果与实际能耗数据的比较结果不符合标准，就需要对模型进行修正，经过多次修正，直至达到标准的要求。校验过程可分为两步进行：第一步，校验模型的天气依赖性，即将模拟能耗的残差随室外温度的变化绘制成图，再与能耗特征签名比较，以确定主要的造成差别的输入参数，进行适当调整；第二步，将某一天的测试数据与模拟能耗进行逐时比较，再依据经验进行参数调整。

为了提高模型的准确度和降低随机性，一些数学优化方法被采用，目标为逐月（或者逐时）模拟与实测能耗的均方差最小，找寻最优输入参数组合。此方法由程序自动确定需要调整的参数和调整量，利用程序迭代的方法，用实测逐时能耗数据及能耗分项数据对模型进行校验，得到准确度较高的模型。

（6）建立基准模型和改造后模型

基准模型表示未采用节能措施的建筑，改造后模型表示节能改造措施实施之后的建筑。在基准模型的基础上建立改造后模型可以省去很多的重复工作。

（7）计算节能量

节能量等于基准模型的能耗减去改造后模型的能耗，用来计算节能量的基准模型和改造后模型的所有输入条件保持一致，并采用同一气象参数文件。

（8）撰写节能量评估报告

报告包括摘要、基准模型描述、节能改造措施描述、校验模拟计划、校验方法与指标、结果、附录等。

用于其他研究用途的模型校验也基本上遵循这几个基本步骤。

图 4-3 所示为建筑能耗模型与校验的基本流程。

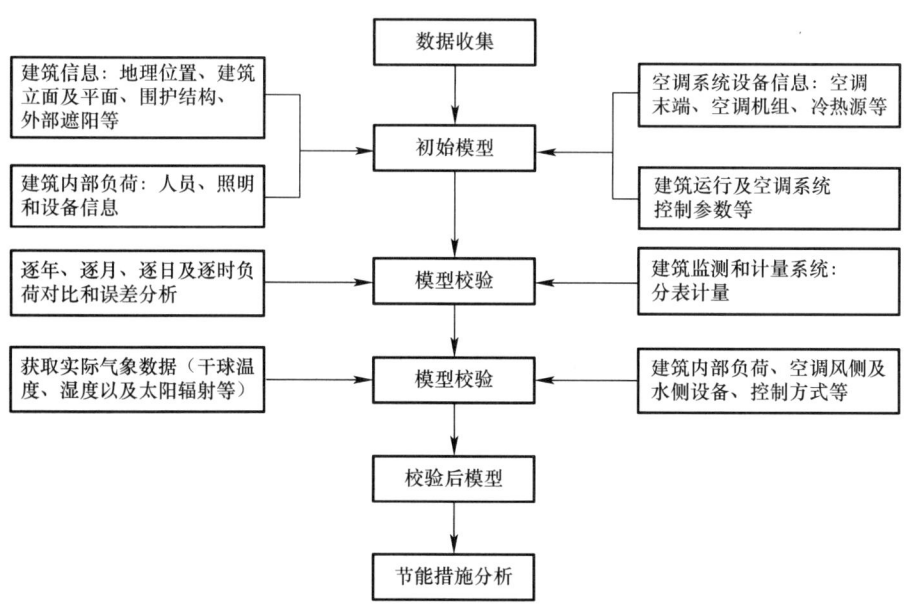

图 4-3　模型建立与校验的基本流程

4.2.2 校验模拟案例

这里介绍利用能耗模拟工具 EnergyPlus 的既有校园办公建筑校验模拟案例[6]。

1. 建筑描述

如图 4-4 所示，该建筑是一个 7 层大学办公建筑，建于 2008 年。建筑面积约为 13000m^2，其功能区包括教室、办公室、实验室以及一个容纳 149 个座位的礼堂。整个建筑主要分为两部分：办公楼和纳米实验室。该两部分区域共享建筑的冷热源，但各自有独立的空调系统。由于纳米实验室的清洁室等级需要，纳米实验室的空调系统类型为独立新风系统；办公区域的空调系统类型为变风量空调系统。建筑的冷源为两台冷机，制冷量均为 600Rt（2110kW）。其中一台为吸收式制冷机组，另外一台是离心式冷水机组。两台机组全年交替运行，冬季时段运行离心式冷水机组，室外温度较低，离心式冷水机组的运行效率相对提高；夏季时段运行吸收式制冷，通过建筑内的热交换器利用校园内夏季多余的蒸汽来驱动吸收式制冷机组。

图 4-4　校园办公建筑示例

该建筑具有非常完备的监测、控制以及能源计量系统。如图 4-5 和图 4-6 所示，建筑能源计量系统包括两个主要的计量点 MSA 和 MSB。该建筑办公区域的计量点有 CH2、CD41A、ATS-E01、ATS-ES、ATS-MDC、CD4RA 和 CB4A。有关具体计量点所包括的设备如下：

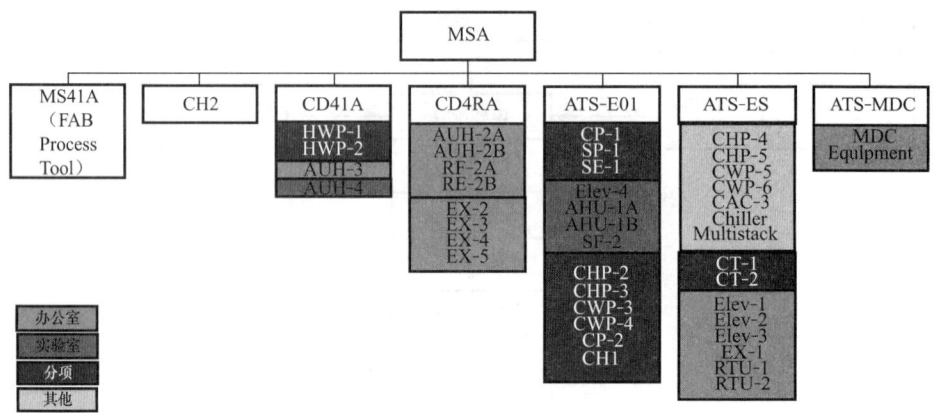

图 4-5　建筑能源计量监测系统 MSA

(1) CH2：离心式冷水机组；

(2) CD41A：热水供水水泵 HWP-1 和 HWP-2 以及一层空调机组 AHU-2 和 AHU-4；

(3) ATS-E01：冷水水泵（CHP-1 和 CHP-2）与冷却水水泵（CWP-3 和 CWP-4）；

(4) ATS-ES：校园内 IT 设备所用的冷水机组、冷却塔（CT-1 和 CT-2）以及办公区域电气间单独的机组（RTU-1 和 RTU-2）；

(5) CB4A：建筑每一层的办公照明与设备用电。

4.2 建筑能耗模型的校验

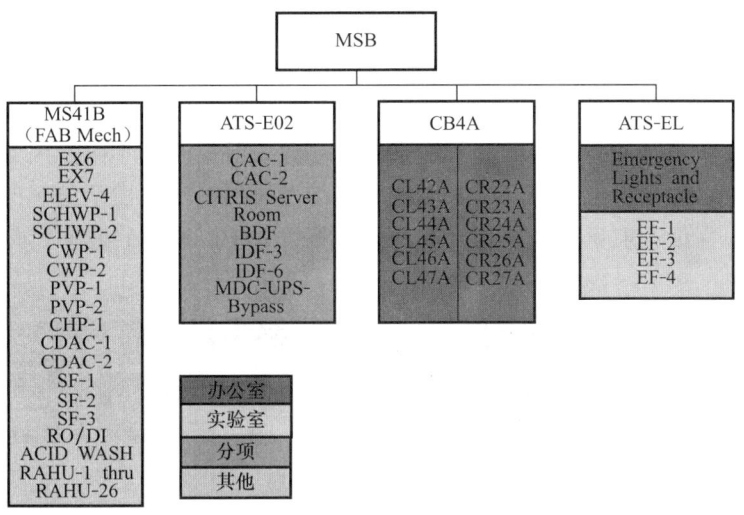

图 4-6 建筑计量监测系统 MSB

2. 建立初始模型

该建筑的初始模型根据能耗模型建立的标准步骤来完成基本模型信息的输入，并对其中诸如气象参数、内部负荷及空调系统和冷热源中涉及不确定的模型输入参数则根据相关的 ASHRAE 标准进行了假设输入，并在以后的步骤中逐一校验。尽管前期模型的输入与实际建筑尽可能接近，但模型的模拟结果与实际对比相差依然甚远。图 4-7 所示为建筑模型的三维图。

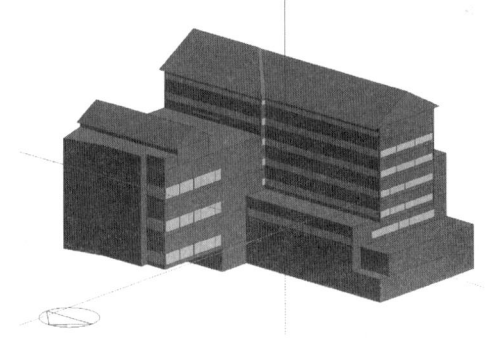

图 4-7 建筑能耗模型的三维图

（1）气象数据

气象参数作为独立的模型输入参数，是模型建立与校验中尤为重要的一步。通常模型的气象参数通过国家气象站来获取，选择一个距离建筑最近的气象站作为模型的气象参数。但对于该建筑所处的气候区域，是非常特殊的微气候区域。因此在建筑附近设立一个独立的气象站来获取准确以及实时的气象数据，其中包括室外干球温度、露点温度、相对湿度、太阳辐射、风速、风向以及降雨量等。所有实测的气象数据应用气象数据转换工具生成模拟所需要的 EnergyPlus 气象文件。

（2）系统分区

模型分区是模型建立初期阶段的基础（见图 4-8），后期模拟所需要的输入参数均建立在该基础上。模型分区在一定程度上决定了后期建模的工作、模型校验及模型的准确程度。从另外一个角度来看，非常详细的建筑区域分区能够提高模型的准确性，但相对于模型带来的建模时间、计算时间以及每个分区的热平衡计算迭代等问题却得不偿失。因此，如何做到模型分区的简化并能够保证模型的准确性是尤为重要的建模技巧。模型分区的程度还取决于模型的应用，例如建筑设计方案、能耗标准的达标分析、绿色建筑评价系统、节能措施的分析等目的。

既有建筑模型的分区则有它特殊的一面，其原则是如何能够充分利用建筑信息以及空调系统分区信息。在该案例模型中，建筑管理系统（Building Management System）提供所有建筑系统的信息及运行数据。以变风量空调末端（VAV）为例，基本信息包括冷热模式下最小/最大送风量、风阀位置、再热水阀位置都可以从建筑管理系统中获取。每一个变风量末端的负责区域与分区的一般原则基本一致，但也有所不同。因此，为了保证每一个空调系统分区的模拟准确性，将变风量末端的送风区域作为模型分区的第一原则。依据该原则下可以保证获取每一个空调末端的运行参数并用以后期的模型校验。

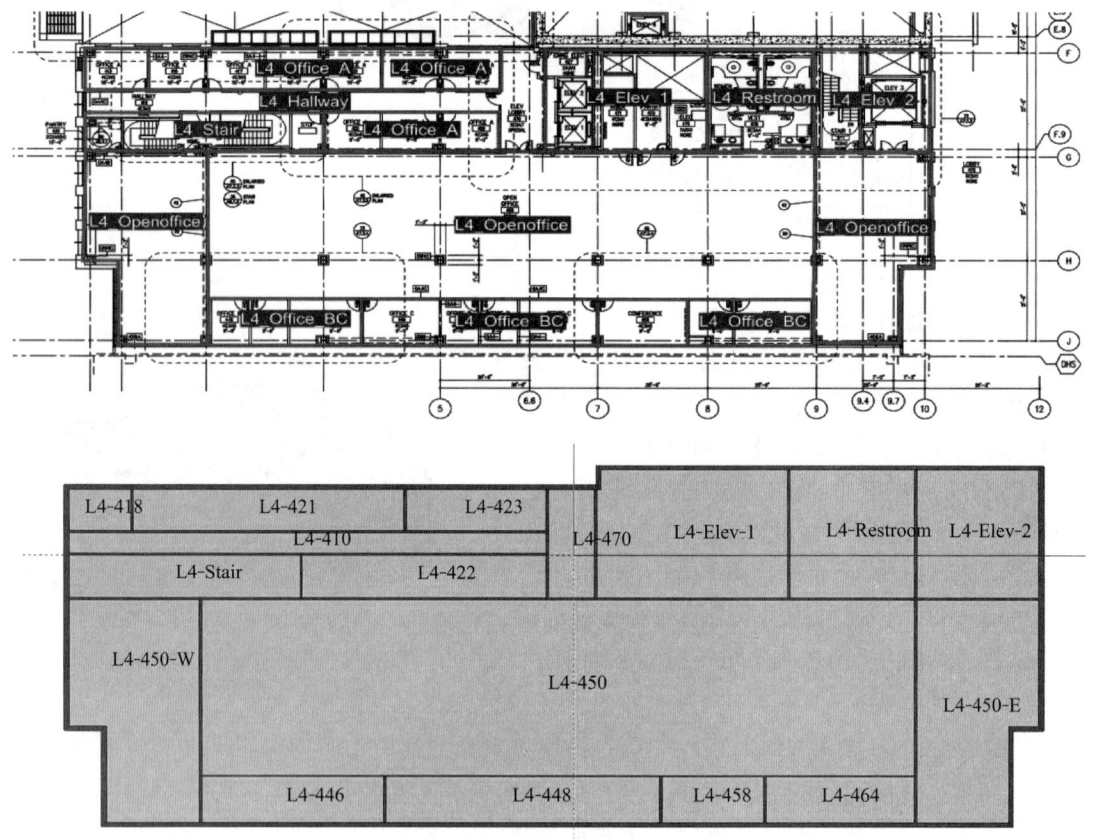

图 4-8　建筑模型的第 4 层分区

（3）内部负荷

大部分建筑没有相应的末端计量系统用以监测和统计建筑系统设备的能源使用情况。然而，初始模型的内部照明和设备的实际用电情况可能与标准建议的能耗密度以及运行情况有或多或少的差别，从而造成模型的不准确性。但作为初始模型的输入参数，依据相关标准，能够对人员、照明和设备的密度与运行情况有最佳的估计和预测（见图 4-9），具体如下：

1）人员密度依据 ASHRAE 62.1 标准[7]；
2）办公城区照明密度 10.76W/m^2；
3）办公城区设备密度 10.76W/m^2；
4）人员、照明和设备的运行情况依据 ASHRAE 189.1-2009[8]。

4.2 建筑能耗模型的校验

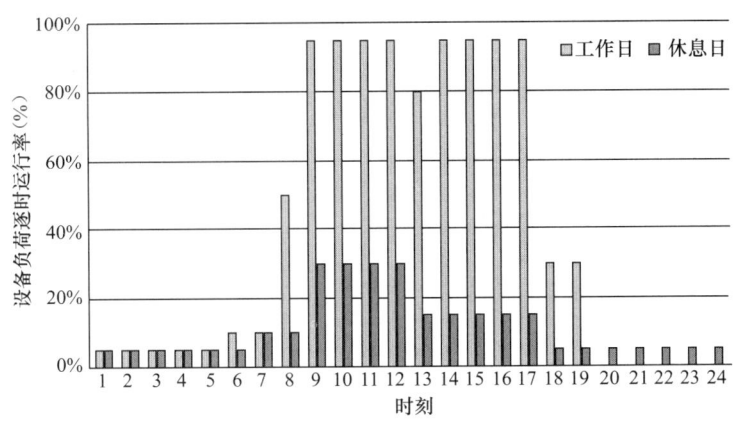

图 4-9 照明与设备的逐时运行情况

（4）建筑系统负荷

完成建筑负荷侧的模型输入后，后面的工作主要侧重于建筑系统的模型建立。该部分工作与前面工作一样需要详细的系统信息收集，主要包括建筑系统设备的清单及相应的设备参数，例如风侧设备（变风量末端、空调机组、送风/回风/排风风机等）和水侧设备（冷水机组、冷却塔、冷冻水/冷却水泵、风冷机组、锅炉、热水水泵等）。对于每一种设备所需要的参数，如表 4-7 所示。

建筑空调系统设备模型的重要输入参数　　　　表 4-7

风侧设备	设备参数	水侧设备	设备参数
空调设定温度	每一个空调系统分区的设定温度	吸收式制冷机组	额定制冷容量、设计工况下蒸发器与冷却器送回水温度以及水流量、蒸汽负荷、附属水泵功率、部分负荷曲线以及实际运行工况的设定温度
变风量末端	冷暖模式下的最小及最大送风量	离心式冷水机组	额定制冷容量、设计工况下蒸发器与冷却器送回水温度以及水流量、部分负荷曲线以及实际运行工况的设定温度
空调机组内的送回风机	额定送风量、额定功率、风机效率、风压以及部分负荷曲线	水泵	水泵类型、额定功率、水流量
排风风机	额定功率、排放量以及风机效率	冷却塔	额定容量、设计工况下送回水温度以及水流量、冷却风机额定功率、部分负荷曲线以及实际运行工况的设定温度
空调机组冷水盘管	设计工况下制冷容量、送回风温度以及水流量	风冷机组	额定制冷容量、风机与制冷盘管特性

3. 模型校验

实际建筑能耗模型有不同用途，但前提是模型能够准确地模拟并预测实际建筑的能源消耗情况。因此，如何能够评价一个模型的好与坏也是建筑能耗模拟一个重要的环节。

相比于其他常规的模型校验，本案例模型的目的不仅是评价整个建筑的运行性能，同时还用以模拟预测建筑系统设备部件的运行性能。因此,对于本案例,我们采用了自下而上的方法,首先对每一个建筑终端负荷进行校验,一旦完成这部分工作,那么对于整个建筑能耗的校验就可以水到渠成。模型的校验需要收集大量的数据并对这部分数据进行筛选和处理,以得到能耗模型所需要的输入参数。这部分的工作所花费的时间之多是显而易见的,因此如何能够实现模型的自动校验是该案例模型的亮点之一。首先,一个好的数据库平台是整个工作的基础,该数据库平台能够在建筑监测管理系统(BMS)和能耗模型(Model)之间架起一座数据交互的纽带,通过监测数据的实时读取与在线处理,将所需要的模型输入信息能够快速传递到能耗模型中,保证所有数据的准确度和敏捷度,最终实现能耗模型的自动校验功能。该项目使用 sMAP(The Simple Measuring and Actuation Profile)作为所有数据交互的平台,sMAP 是由加州大学伯克利分校的计算机科学 David Culler 研究小组开发,可实现建筑管理系统的监测数据的收集、管理、分析、报告以及在线控制等功能(见图 4-10)。

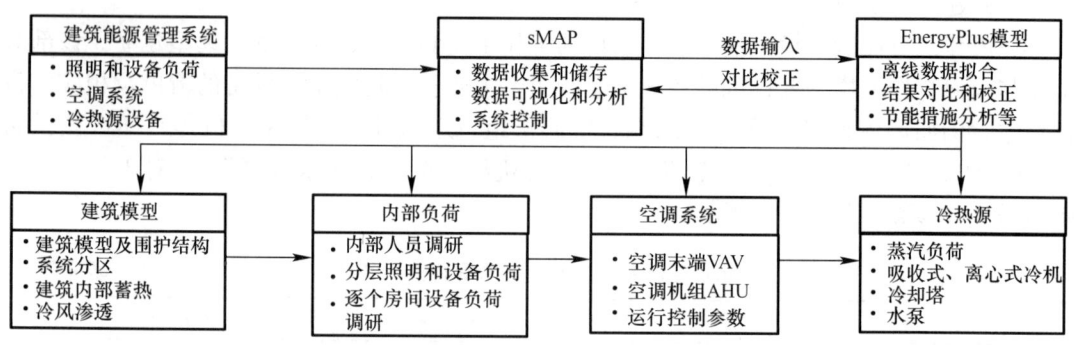

图 4-10 EnergyPlus 能耗模型的自动校验

(1)内部负荷

该模型提取监测系统中每一层各个分区的照明和设备用电负荷数据并转为相应分区的照明及设备的密度以及逐时运行时刻表。如图 4-11 所示,实测的照明和设备负荷实时数据可以直接通过 sMAP 平台与能耗模型进行交互。

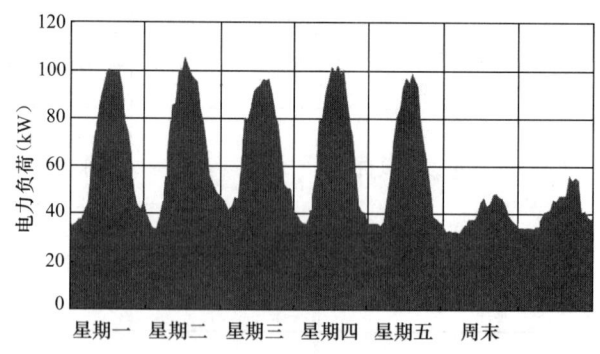

图 4-11 分层照明和设备的分表计量

(2)风侧设备

在风侧系统下,一个重要的系统设备是送回风机。关于风机的能耗问题,尤其是变风量系统，风机的部分负荷运行曲线的校验尤为重要。系统实际运行工况下的风机曲线与风机厂商所提供的风机性能曲线会有或多或少的差异。这个差异最终体现在风机的负荷预测的不确定因素。因此，这一步的模型校验的关键是利用实测的数据来拟合系统实际的风机部分负荷运行曲线。本案例中的空调机组是两台并联的送风风机及回风风机。两台送风风机的逐时运行曲线非常接近，回风风机同样如此。因此，在模型中设定一个虚拟的风机来替代两台并联的风机以解决模拟中风机之间风量平衡的问题，该技巧同样可以应用于其他类似的情况。

给定一系列的风机有关数据（送风量和风机部分负荷荷载），通过给定的关系拟合计算出风机的实际部分负荷运行曲线。该工作中涉及另外一个模拟技巧，对于风机的实际运行工况，其运行工况的范围有可能是非常小的，例如30%~60%之间，那么如何通过较小的运行工况区间来拟合整个运行区间的曲线是一个棘手的问题。在这里，假定给出风机的两个虚拟运行工况点（0，0）和（100%，100%），假定的前提是风机在零负载运行工况下的送风量是零；满负荷的运行工况下其送风量达到设计的送风量。图4-12所示为风机性能曲线在校验前后的差异以及通过实测数据所拟合生成的性能曲线。另一方面，为了保证拟合曲线能够满足其他工况区间，需要另外一组新的数据点来验证实际运行曲线的准确度。

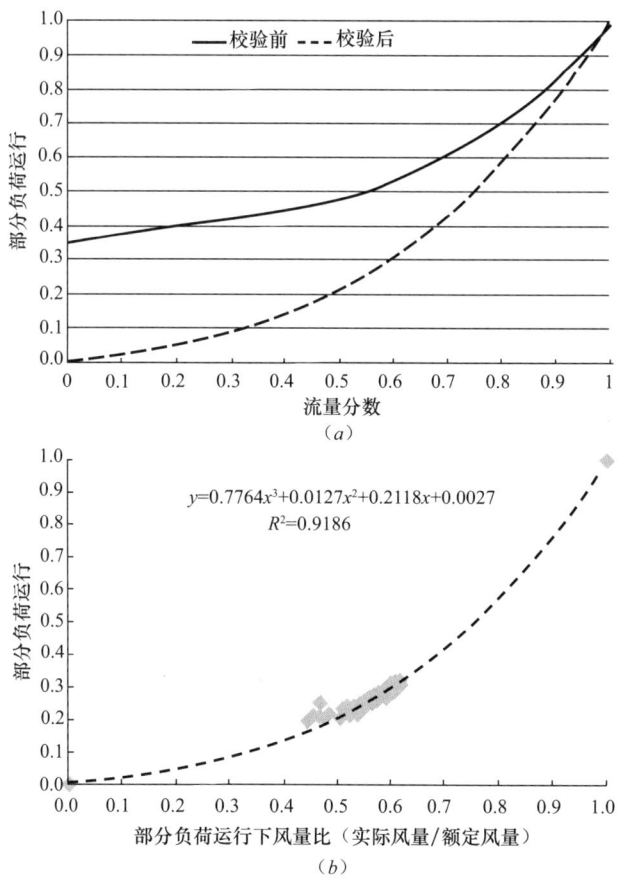

图4-12 初始模型风机性能曲线与实际运行性能曲线的对比
(a) 校验前、后变风量风机模型运行曲线对比；(b) 实测数据拟合生成的变风量风机模型运行曲线

图 4-13 所示为实际的风机运行数据与模型预测的部分负荷的对比，可以看出拟合出来的性能曲线能够完全满足其他运行工况状态点。

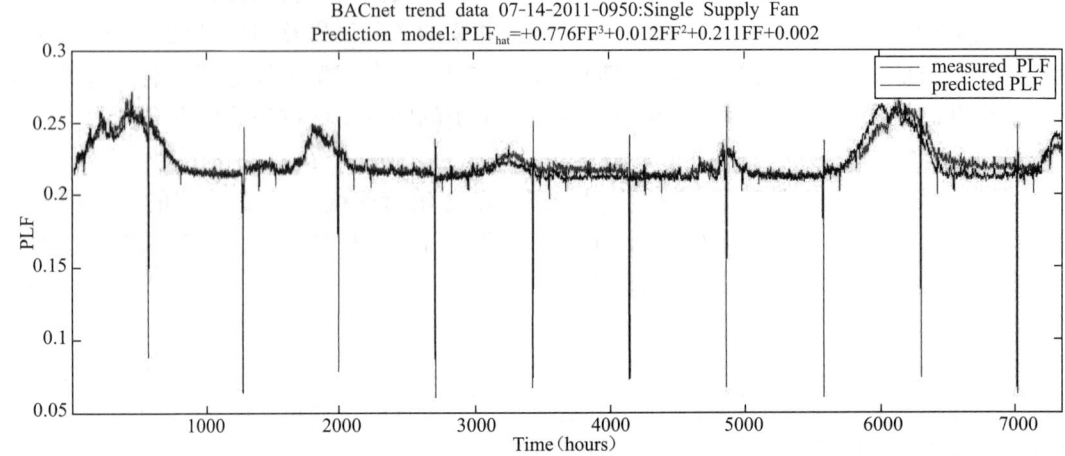

图 4-13　新的风机性能曲线的验证

(3) 水侧设备

该案例建筑的空调系统水侧设备包括冷水机组、水泵、冷却塔等主要设备。其中离心式冷水机组的运行性能曲线有 3 组，分别是基于冷冻水/冷却水温度的制冷容量曲线、基于冷冻水/冷却水温度的冷机效率曲线、基于部分负荷的机组效率曲线。这 3 组性能曲线用以体现机组实际的运行性能与设计工况下性能的差异，其中涉及的参数有冷冻水供水温度、冷却水出水温度以及机组的部分负荷等。因此，利用实际监测的系统运行数据来拟合机组实际运行的性能曲线对于整个水系统的模拟来说至关重要。与上述风机性能曲线拟合的过程类似，通过一组实测数据来拟合冷水机组的 3 组曲线，然后利用另外一组新的数据来验证这些冷水机组的性能曲线，结果如图 4-14 所示。如果用以拟合的实测数据足够多，那么可以得出更好的性能曲线。

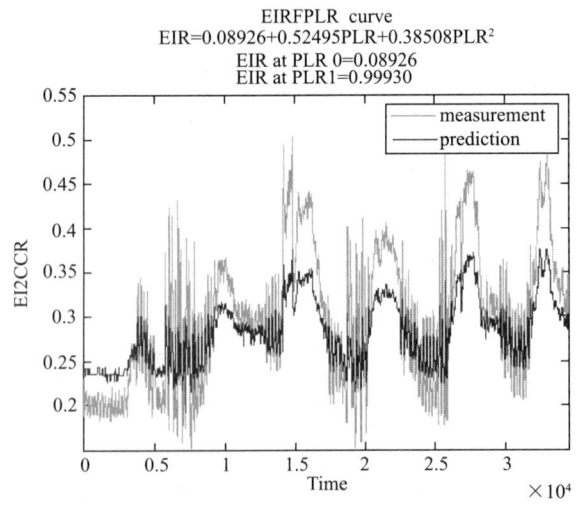

图 4-14　部分负荷下的机组效率性能曲线的拟合

与冷水机组不同的是，冷却塔只有一组性能曲线需要拟合，冷却塔的风机性能曲线的拟合与上述风机的曲线拟合的过程完全一致，如图 4-15 所示。

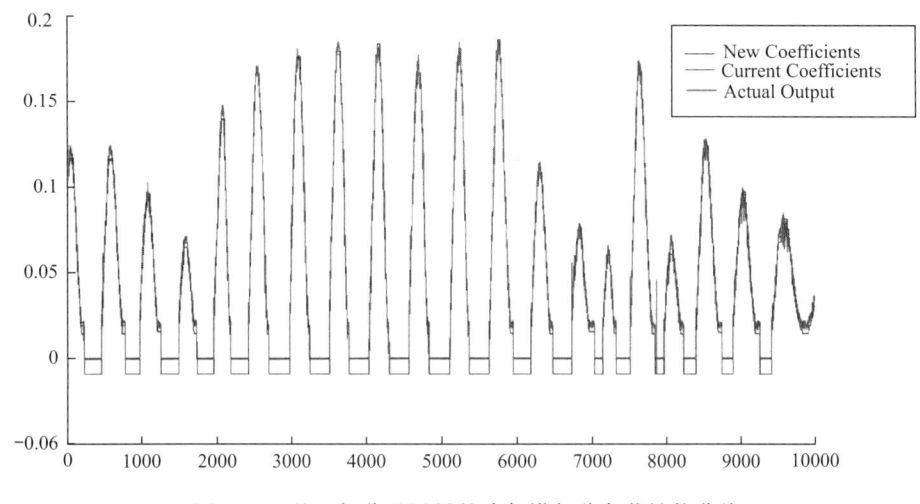

图 4-15　基于部分送风量的冷却塔部分负荷性能曲线

4. 模型校验结果

应用 sMAP 平台的初始阶段，存在部分监测数据的缺失，因此应用 2010 年 4 个月份的数据来比较整个建筑能耗情况。比较结果显示逐月的用电数据与模拟结果之间的平均误差在 10% 左右。在逐时的能耗数据校验结果来看，可以得出每一天 24h 中的 20h 的实测能耗数据与模拟结果的误差在 20% 左右，均可以满足 ASHRAE Guideline 14[5] 标准给出的模型误差评估准则（见图 4-16 和图 4-17）。

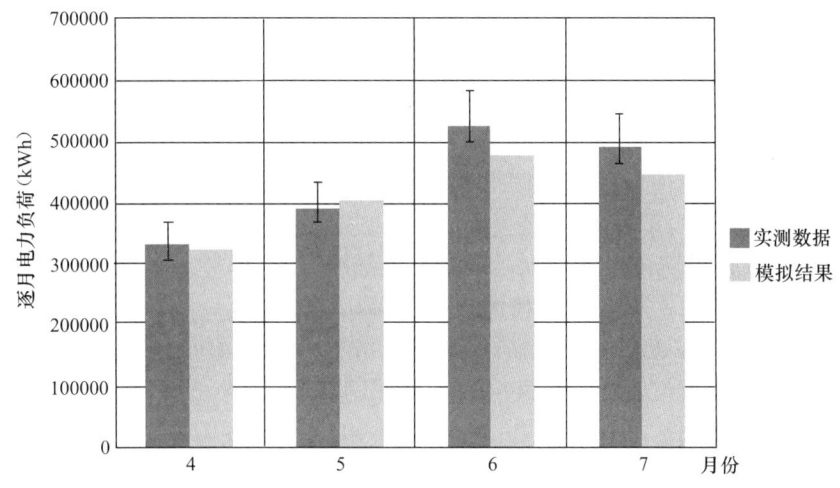

图 4-16　整个建筑逐月的用电数据与模拟结果之间的对比（2010 年 4～7 月）

如表 4-8 所示，每个终端负荷的模型经过上述每个步骤详细的校验以后，变风量空调系统的风机负荷的预测精度可以提高 15 倍左右，照明与设备用电负荷可以提高 6 倍。由于每个终端负荷的校验，整个建筑的负荷预测整体上可以提高 4 倍以上。

第4章 建筑能耗模型校验与能耗限额制定

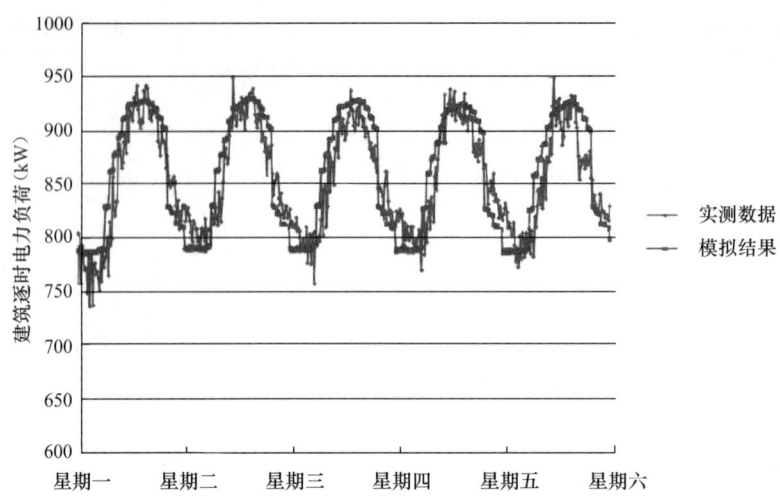

图 4-17 整个建筑逐时用电数据与模拟结果之间的对比（2011 年的一周）

基于实测数据的模型校验的结果　　　　　　　　　　表 4-8

用电负荷	初始模型模拟结果误差（%MBE）	模型校验后模拟结果误差（%MBE）
空调系统风机负荷（正常运行模式）	62.3	3.8
照明与设备用电	62.2	8.8
整个建筑	12.5	2.3

4.3 建筑能耗限额的制订

随着能源与环境问题的日益突出，应对全球气候变化成为世界各国共同面临的挑战。我国已将节能减排和降低温室气体排放提升到了战略和全局的高度。《国民经济和社会发展第十二个五年规划纲要》已明确要求"合理控制能源消费总量，严格用能管理，控制建筑领域温室气体排放"。党的十八大报告中亦明确提出"大力推进生态文明建设"，指出"推动能源生产和消费革命，控制能源消费总量，加强节能降耗，支持节能低碳产业和新能源、可再生能源发展"。

2014 年 6 月，国务院办公厅印发《能源发展战略行动计划（2014-2020 年）》（国办发 2014（31）号）[9]，指出：加快调整和优化经济结构，推进重点领域和关键环节节能，合理控制能源消费总量，以较少的能源消费支撑经济社会较快发展。到 2020 年，一次能源消费总量控制在 48 亿 tce 左右，煤炭消费总量控制在 42 亿 t 左右。2014 年 11 月发布的《中美气候变化联合声明》[10]中亦明确：中国计划 2030 年左右二氧化碳排放达到峰值且将努力早日达峰，并计划到 2030 年非化石能源占一次能源消费比重提高到 20% 左右。

建筑能耗已成为与工业、交通能耗并列的三大能耗之一。虽然我国目前的建筑能耗强度仍远低于欧美发达国家，但由于我国正处在城镇化快速发展的阶段，第三产业占 GDP 比例逐年加大，人民生活水平不断提高，建筑数量快速增长，导致建筑能耗总量逐年上升，所占全社会能源消费总量比例也在日益升高。因此，实现对建筑节能量化管理、控制建筑能耗总量增长，是我国经济社会发展的必然要求。

4.3.1 什么是建筑能耗限额

建筑能耗限额（或称"能耗定额"）是在对公共建筑用能水平、使用效率进行客观考察和定量分析的基础上，采用科学的方法来制定建筑能源消耗定额，作为衡量建筑节能与否的基准值[3]。"建筑能耗限额"是对建筑终端用能进行约束的方法，它通常是某一类代表性的指标（如单位建筑面积能耗），起到控制建筑能源消耗量的作用，并可与建筑碳减排直接联系。如《上海市旅游饭店、商场、房地产业及金融业办公建筑温室气体排放核算与报告方法（试行）》SH/MRV-009-2012 规定[12]，对建筑碳排放的核算范围为相关能源消耗所导致的直接排放和间接排放。

4.3.2 如何制订建筑能耗限额

1. 统计范围

能耗限额制定时，与能耗相关的统计范围需要明确，主要包括统计期、统计范围和能源消耗数据。

（1）统计期

针对建筑的能耗统计期通常为连续 12 个月或一个日历年，为了便于操作，可取统计期为一个自然年度，即每年的 1 月 1 日至 12 月 31 日。以年度为统计周期，可包括季节、气候对营业情况和能耗的影响，也符合政府有关部门的统计要求。

（2）统计范围

建筑能耗统计范围通常是指建筑楼宇的总建筑面积，包括阳台、挑廊、地下室、室外楼梯等，但须扣除不属于统计对象能源消耗范围内的建筑面积。

建筑类型对能耗影响较大，针对包含两种或两种以上功能综合类型的建筑时，建筑面积统计时，除总建筑面积外，各类功能区域的建筑面积也需要统计。

调研数据发现，车库的实际用能强度远低于建筑主体部分用能强度，车库面积大小对建筑主体用能指标值产生较大的影响，因此在研究确定不同类型建筑能耗限额的过程中，可以考虑将车库面积从建筑的总建筑面积中去除，以消除车库的影响。

（3）能源消耗

建筑的能耗统计范围通常是指建筑在统计期内实际消耗的各类能源，包括一次能源（如煤炭、石油、天然气等）和二次能源（如石油制品、蒸汽、电力、煤气等）。建筑内对主体建筑能耗产生较大影响且不能正确反映主体建筑能耗水平的特殊用能区域，如信息机房、食堂餐饮等，能源消耗统计时不计入内。

2. 确定能耗限额指标类型

对于建筑来说，其总用能与建筑面积具有很强的关联性，因此"单位建筑面积年综合能耗"可作为衡量建筑能效水平的主要指标。考虑电力消耗在建筑能源消耗结构中所占的较大比重，也可将"单位建筑面积年电耗"作为参考指标。此外，鉴于建筑的不同功能类型，还出现了体现其自身能源消耗活动特点的能耗指标表现形式。比如，对机关办公建筑，其特点是人员流动较少，用能人数较为固定，易于统计核定，可考虑"人均能耗定额"指标形式；对高等学校建筑，学生人数对能耗影响较大，出现了"生均能耗定额"指标形式；对医院建筑，可有"单位门急诊能耗"和"单位床位能耗"等。

由于建筑能耗品种繁多（包括电、气、油等），为便于比较，需将各类能源消耗进行统一折算。目前针对建筑能耗定额指标的折算方法主要有标准煤折算法与等效电折算法。对于前者，折算标准煤系数主要有等价值方法和当量值方法。

3. 确定能耗限额指标的取值

为了达到控制建筑能源消耗总量、降低终端能耗的目标，能耗基准线目标宜以当地（或者同一气候区）同类建筑实际能耗为基础，对建筑运行能耗进行约束。能耗限额指标的取值方法主要有以下两类：

（1）节能目标倒算法

为了达到各省市或地区的建筑节能预期目标，可依据分解的建筑所需节能量，结合当地建筑现有能耗水平，进行倒算，得到建筑能耗指标的约束值，以其为限额引导，推动既有公共建筑主动开展节能工作，从总量控制的角度规范管理民用建筑运行能耗。

此方法节能目标明确，能耗定额确立简洁直观。但其在制定时需同时考虑节能投资金额、节能技改技术的性价比及实际可操作性等因素。

（2）基于现状排序法

依据公共建筑实际用能情况，采用实地调研或依据建筑能耗监测平台对建筑的实际用能数据进行收集与整理分析，合理确定建筑能耗限额指标。具体方法有：

1）平均值法

采用建筑能耗指标的平均值作为能耗限额，在无特殊用能及忽略同种类型建筑的能耗实际发生过程的差异性影响等的情况下，此能耗指标可反映同类型建筑的平均用能水平。

或是通过数学统计的方式建立建筑能耗频率分布模型，以该模型中分布最密集的城区对应的值作为平均值。该指标比算术平均值更具有代表性，因为算术平均值容易受到异常点的干扰，具体数值会朝异常值方向偏移。

2）概率统计法

它是一种完全以实际数据为基础、利用数学统计方法建立能耗基准的计算方法。通过对建筑近几年的能耗数据进行统计学分析处理后建立能耗指标的概率分布。在统计学上，常将总体样本按主要特征参数排序，如基于"单位面积建筑年综合能耗"的累计概率分布可直观地评价不同用能指标水平所对应的节能控制执行力度。如德国工程师协会标准《建筑能耗评估方法》DVI 3807 推荐：将所有同类建筑的实际能耗强度从低到高排序，将能耗最低的前 25%（上四分位）定义为比较节能的建筑，而能耗从低到高的后 25%（下四分位）定义为需要节能改造的建筑，其相应的指标值即为能耗限额指标。国内不少省市已经出台的建筑能耗标准即采用了此类方法。

3）归一化法

该方法是采用统计学中的多元线性回归分析理论，建立自变量与因变量之间的回归方程，考虑各影响因素对能耗指标的影响，并对能耗数据进行归一化处理。此方法需要建立计算机模拟分析模型，利用模型来生成某一类建筑的能耗基准。该方法为同类建筑相互比较提供了基准，是美国 Energy Star 所推荐采用的，其结果较为直观，易于被楼宇管理方接受和认可。

4. 能耗限额指标的影响因素修正

建筑运行的边界条件、营运状况对于建筑的能耗水平有着较大的影响，因此，在现有建筑能耗定额标准的制订过程中，都对建筑能耗的影响因素进行了规定，以消除或降低各影响因素对能耗指标的影响，增强同类建筑之间的可比性。

根据调研，目前国内已经出台的公共建筑能耗限额指标主要修正因素如表4-9所示。

不同类型公共建筑能耗限额主要修正因素　　　　表4-9

序号	建筑类型	主要修正因素
1	机关办公建筑	使用时间、人员密度
2	商业办公建筑	使用时间
3	宾馆饭店建筑	客房出租率、客房区面积比例、特殊能耗（洗衣房、游泳池、餐饮等）
4	商业建筑	营业额、营业面积
5	医疗卫生建筑	门急诊量，床位数
6	高校建筑	学校类别；高校内不同类型的建筑占比

4.3.3 "建筑能耗限额"国内外进展

1. 国外

欧美发达国家经过多年的发展，在建筑能耗数据应用方面已经建立了相对成熟的建筑能耗基准评价工具。

（1）美国

美国最具有代表性的能耗基准评价工具是 Energy Star（能源之星），是由美国环保局（EPA）1996年推出的建筑能耗评价工具。Energy Star 给出美国各类型建筑能耗基准确定方法，即根据建筑功能和数据统计分析的需要，给出相应的数据筛选范围，然后从符合筛选范围的建筑中选出进入所建立模型的该建筑的能耗数据。它是一种完全以实际数据为基础、利用数学统计方法建立能耗基准的计算方法。Energy Star 应用最小二乘法，以耗能强度（Energy Use Intensity，EUI）作为因变量，将影响因子作为自变量，拟合自变量与因变量之间的回归方程。建立模型时，Energy Star 会从众多类型的统计数据（如单位面积内的人数、设备年运行时间等）中选出制作模型的影响因子，通过不断验证影响因子对模型的影响程度来最终确定进入模型的影响因子。模型制作好之后，通过拟合能耗与实际能耗的比较就能分析出某建筑的建筑能耗基准，并比较分析该建筑与数据库中类似建筑物的能源效率，按百分制计算，分数大于或等于75分的建筑可获得"Energy Star（能源之星）"认证标签。

（2）英国

英国具有代表性的能耗基准评价工具是"政府能效最佳实践项目"，英文全称为"Government Energy Efficiency Best Practice Programme"，简称为"EEBPP"，始于1989年。该评价方法与美国 Energy Star 评价工具类似，均属于采用数据统计的方式进行建模，都需要大量的、实际的建筑能耗数据。但其建筑类型划分更为细致，在评价方法上，以"节能目标值"和"标准值"作为两个基准指标评价建筑能源消耗量的水平。其中，"标准值"代表所有建筑能耗水平的平均值，而"节能目标值"则代表建筑能耗水平优于或等于前25%的水平。

（3）德国

德国于1994年发布了 VDI 3807 系列标准，VDI 3807 标准全称为《建筑能源消耗的特征数值》，由四部分标准文件组成，分别为：

VDI 3807-1：基础，包括定义与计算方法；

VDI 3807-2：供热和电力整体能耗的特征数值，针对这两类能耗给出基准值的计算方法；

VDI 3807-3：建筑内及附近地区水资源消耗的特征数值；

VDI 3807-4：电力消耗的特征数值，对电力系统的能耗进行详细分析和节能潜力评估。

在VDI 3807-2中，对建筑整体能耗提出了采用与基准值进行对比的方式评定建筑的能耗水平。首先提出"平均值"和"指导值"的概念。"平均值"是通过数学统计的方式，建立建筑能耗频率分布模型，该模型中分布最密集的城区对应的为平均值。该指标比算术平均值更具有代表性，因为算术平均值容易受到异常点的干扰，具体数值会朝异常值方向偏移。"指导值"，可理解为建筑节能的目标值，是建筑能耗分布模型中，能耗位于较低的25％城区内建筑的算术平均值。建筑能耗频率分布模型和数量分布模型的建立和建筑能耗平均值、指导值的计算，都是基于大量实际的建筑能耗数据。

2. 国内

国内部分省市在近几年也相继出台了不同建筑类型的能耗限额标准，见表4-10。

国内已经出台的建筑能耗限额标准一览　　　　　表4-10

序号	省市	标准名称
1	国家	《民用建筑能耗标准》（报批稿）
2	上海	《机关办公建筑合理用能指南》DB 31/T 550—2015 《星级饭店建筑合理用能指南》DB 31/T 551—2011 《大型商业建筑合理用能指南》DB 31/T 552—2011 《市级医疗机构建筑合理用能指南》DB 31/T 553—2012 《综合建筑合理用能指南》DB 31/T 795—2014 《高校建筑合理用能指南》DB 31/T 783—2014
3	北京	《商场、超市能源消耗限额》DB 11/T 1159—2015 《商场、超市合理用能指南》DB 11/T 1160—2015
4	深圳	《深圳市办公建筑能耗限额标准》（试行） 《深圳市旅游饭店建筑能耗限额标准》（试行） 《深圳市商场建筑能耗限额标准》（试行）
5	浙江	《行政机关单位综合能耗、电耗定额及计算方法》DB 33/T 736—2015 《饭店单位综合能耗、电耗限额及计算方法》DB 33/760—2015 《商场、超市单位电耗、综合能耗限额及计算方法》DB 33/759—2009 《医疗机构单位综合能耗、综合电耗定额及计算方法》DB 33/T 738—2009 《普通高等院校单位综合能耗、电耗定额及计算方法》DB 33/T 737—2015
6	湖南	《行政机关单位综合能耗、电耗定额及计算方法》DB 43/T 613—2011 《商场、超市综合能耗、综合电耗定额及计算方法》DB 43/T 614—2011 《医疗机构单位综合能耗、综合电耗定额及计算方法》DB 43/T 612—2011 《普通高等学校综合能耗、电耗定额及计算方法》DB 43/T 611—2011
7	海南	《宾馆酒店单位综合能耗和电耗限额》DB 46/259—2013 《商场、超市单位电耗限额》DB 46/297—2014

续表

序号	省市	标准名称
8	广西	《广西壮族自治区国家机关办公建筑综合能耗、电耗定额》DB J/T 45—003—2013 《广西壮族自治区商务办公建筑综合能耗、电耗定额》DB J/T 45—006—2013 《广西壮族自治区星级饭店建筑综合能耗、电耗定额》DB J/T 45—007—2013 《广西壮族自治区商场建筑综合能耗、电耗定额》DB J/T 45—008—2013 《广西壮族自治区医疗卫生建筑综合能耗、电耗定额》DB J/T 45—009—2013 《广西壮族自治区文化建筑综合能耗、电耗定额》DB J/T 45—010—2013 《广西壮族自治区普通高等院校建筑综合能耗、电耗定额》DB J/T 45—011—2013
9	福建	《商场超市能源消耗限额》DB 35/T 1408—2014
10	辽宁	《大型商业建筑合理用能指南》DB 21/T 2375—2014 《公共机构办公建筑合理用能指南》DB 21/T 2376—2014
11	山西	《国家机关人均综合能耗定额》DB 14/T 1014—2014
12	江苏	《行政机关单位综合能耗限额及计算方法》DB 32/ 2663—2014
13	安徽	《行政机关能耗定额及计算方法》DB 34/T 1811—2013
14	山东	《行政机关能源资源消费定额及计算方法》DB 37/T 2672—2015 《医疗机构能源资源消费定额及计算方法》DB 37/T 2673—2015 《普通高校能源资源消费定额及计算方法》DB 37/T 2671—2015

4.4 建筑能耗对标

建筑的实际运行能耗不仅与建筑及能源设备系统的设计、产品及工程施工质量相关，而且与建筑的运行管理方式、使用者的习惯也有着密切的联系。建筑能耗限额标准使得对建筑能耗的考核和监督成为可能，其意义不仅仅是对于既有建筑的运行能耗高低的评价，也包括新建建筑的能效准入依据。

4.4.1 既有建筑能耗对标

"建筑能耗限额"对于既有建筑给出评价其能耗高低的方法。目前，国内已经出台的能耗限额相关标准一般给出两个指标：即"约束值"（或称"合理值"）和"引导值"（或称"先进值"、"目标值"）。对于能耗指标约束值的定义是：为实现建筑使用功能所允许消耗的建筑能耗指标上限值[13]。为同功能类型的建筑应满足的能耗最低要求，是综合考虑了各地区当前建筑节能技术、经济社会发展的需求，以降低高能耗建筑的能耗为目的而确定的相对合理的建筑能耗指标值。当建筑实际用能量高于用能约束值时，说明该建筑用能偏高，需要进行节能改造；与"约束值"相对应的，能耗指标引导值的定义是：在实现建筑使用功能的前提下，综合高效利用各种建筑节能技术和管理措施后能够达到的建筑能耗指标目标值，代表较高的能效水平。当建筑实际用能量低于引导值时，说明该建筑真正属于节能建筑。当建筑实际用能量位于约束值和目标值之间时，说明该建筑用能状况处于正常水平。表4-11总结了上海地区办公、商业、酒店等6类功能建筑的合理用能指南[14~19]中给出的相关指标，可以为既有建筑的运行和节能改造提供参考。

上海地区公共建筑能耗指标   表 4-11

公共建筑类型[①]		建筑综合能耗合理值 [kgce/(m²·a)]	建筑综合能耗先进值 [kgce/(m²·a)]
机关办公建筑		≤33	≤24
商业办公建筑	商业办公城区	≤47	≤33
	室内停车空间功能城区	≤5	—
星级饭店	五星级饭店	≤77	≤55
	四星级饭店	≤64	≤48
	一星至三星级饭店	≤53	≤41
大型商业建筑	百货店及购物中心	≤90	≤65
	超市及仓储店	≤105	≤75
市级医疗机构	综合医院	≤81	≤62
	专科医院	≤82	≤66
高等学校		≤25	≤19

[①] 能耗指标适用条件见参考文献 [14～19]。

需要说明的是，当实行建筑用能限额管理或建筑碳交易时，表 4-11 给出的约束值可以作为用能限额及排碳数量的基准线参考值，也可为超限额加价制度的实施以及对超额碳排放实施相应的约束措施提供了依据。

4.4.2 新建建筑能耗准入

对于新建建筑，能耗限额指标可以用能上限值来规范和约束设计、建造和运行管理的全过程。在建筑规划、设计、建造的各个环节都应该对未来的用能状况进行评估，确保建成后的实际用能不超过能耗限额的相关规定。在建筑竣工后投入正式运行时，能耗限额指标就可以作为该建筑运行的用能指导值，从而实施用能定量化管理。

表 4-12 根据国内已经出台的建筑用能定额的相关规定，给出了不同气候区办公、商业、酒店建筑的能耗基准线推荐值，供城区能源规划时参考。

不同类型建筑能耗基准线推荐值（单位：kgce/(m²·a)）   表 4-12

建筑类型	严寒和寒冷地区	夏热冬冷地区	夏热冬暖地区	温和地区
机关办公建筑	≤20	≤29	≤26	≤18
商业办公建筑	≤28	≤39	≤31	≤25
五星级饭店	≤53	≤69	≤62	≤28
四星级饭店	≤43	≤56	≤52	≤21
三星级及以下饭店	≤35	≤46	≤44	≤17
大型百货店、购物中心	≤58	≤71	≤80	≤29
大型超市	≤46	≤85	≤87	≤30

对表 4-12 作如下说明：

（1）严寒和寒冷地区采用集中供热的能耗不包含在内。

（2）公共建筑内集中设置的高能耗密度的信息机房、厨房炊事等特定功能的用能不应计入公共建筑能耗中。

（3）公共建筑室内停车库的能耗应单独计算，宜按≤5kgce/(m²·a)。

(4) 常用能源折算标准煤系数参照表 4-13 确定。

常用能源折标准煤参考系数　　　　　　　　　　　表 4-13

能源名称	折算标准煤系数	单位
电力（等价值）	0.32	kgce/kWh
原煤	0.7143	kgce/kg
天然气	1.29971	kgce/m³
煤气	0.54286	kgce/m³
轻质柴油	1.4571	kgce/kg
重油	1.4286	kgce/kg
热力	0.0341	kgce/MJ
液化石油气	1.7143	kgce/kg

对于城区建筑能源规划，通常存在办公、宾馆酒店、商场、停车库等不同的建筑使用功能，其能耗基准线总量指标，应按相应各功能类型建筑能耗基准线数值与对应功能建筑面积比例进行加权平均计算确定。

4.5　城区建筑能耗监测

4.5.1　什么是建筑能耗监测系统

能耗监测系统是指通过对国家机关办公建筑和大型公共建筑安装分类和分项能耗计量装置，采用远程传输等手段及时采集能耗数据，实现重点建筑能耗的在线监测和动态分析功能的硬件系统和软件系统的统称[12]。其中"分类能耗"是指根据国家机关办公建筑和大型公共建筑消耗的主要能源种类划分进行采集和整理的能耗数据，如：电、燃气、水等。"分项能耗"是指根据国家机关办公建筑和大型公共建筑消耗的各类能源的主要用途划分进行采集和整理的能耗数据，如：空调用电、动力用电、照明用电等。

能耗监测系统由数据采集子系统、数据中转站和数据中心组成。数据采集子系统由监测建筑中的各计量装置、数据采集器和数据采集软件系统组成；数据中转站接收并缓存其管理城区内监测建筑的能耗数据，并上传到数据中心；数据中心接收并存储其管理城区内监测建筑和数据中转站上传的数据，并对其管理城区内的能耗数据进行处理、分析、展示和发布。

图 4-18 是某办公建筑用能监测曲线。图中显示了建筑总用电及主要的分项用电（空调、照明、动力、特殊）随时间的变化情况。

4.5.2　建筑能耗监测系统的作用

了解、掌握建筑实际用能信息及其规律是挖掘节能潜力、推动节能改造的关键。我国高度重视建筑能耗监测工作。《民用建筑节能条例》（国务院令第 530 号）第三十一条规定，"国家机关办公建筑和大型公共建筑的所有权人或者使用权人应当建立健全民用建筑节能管理制度和操作规程，对建筑用能系统进行监测、维护。"《国务院关于印发节能减排综合性工作方案的通知》（国发〔2007〕15 号）亦明确要求"建立并完善大型公共建筑节能运行监管体系。在 25 个示范省市建立大型公共建筑能耗统计、能源审计、能效公示、能耗定额制度"。

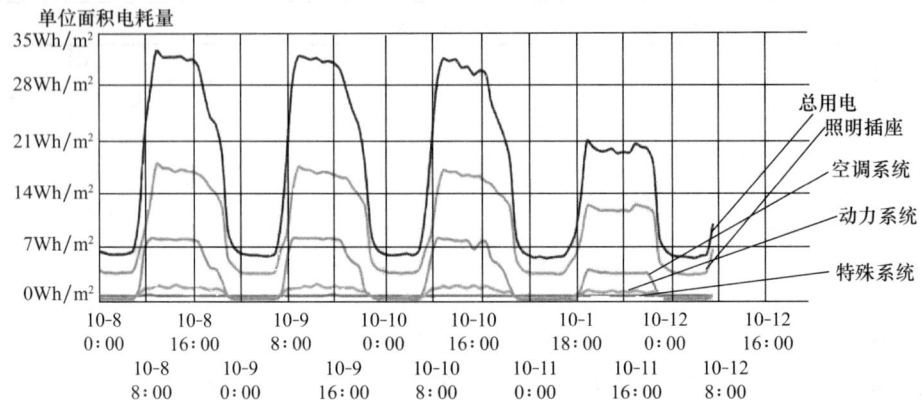

图 4-18　建筑用能监测曲线

为了响应国务院的号召，住房和城乡建设部下发了《关于切实加强政府办公和大型公共建筑节能管理工作的通知》，要求深入推进建筑能耗监测体系建设。同期组织编制了《国家机关办公建筑和大型公共建筑能耗监测系统分项能耗数据采集技术导则》、《国家机关办公建筑和大型公共建筑能耗监测系统分项能耗数据传输技术导则》、《国家机关办公建筑和大型公共建筑能耗监测系统楼宇分项计量设计安装技术导则》、《国家机关办公建筑和大型公共建筑能耗监测系统数据中心建设与维护技术导则》和《国家机关办公建筑和大型公共建筑能耗监测系统建设、验收与运行管理规范》五项技术导则[21]，指导各地建筑节能监管体系建设，切实推进国家机关办公建筑和大型公共建筑节能管理工作，取得了明显成效。

对于建筑领域节能减排，建筑能耗监测系统能够发挥以下作用：

（1）通过实时采集智能电表、水表和气表数据，对建筑能耗进行动态监测和分析，帮助楼宇管理方实现建筑用能的精细化管理，提升建筑运行管理水平；通过用能数据的采集、分析、诊断，提醒用户关注用能薄弱环节，持续挖掘节能潜力；为节能改造技术措施的效果测量和验证提供技术手段。

（2）通过数据监测、采集、管理、分析整合，为政府节能主管部门提供各领域建筑的用能状况监测和分析；建设地区建筑能耗中央数据库；实现建筑用能状况综合评价、对标分析、行业监测等功能。

（3）通过能耗动态监测手段，实现公共建筑能耗的可计量、可监测，为识别重点用能建筑和高能耗建筑、推动既有公共建筑节能改造提供了有力支撑。

本章参考文献

[1]　ASHRAE. Research Project 1051-RP，Procedures for Reconciling Computer-Calculated Results with Measured Energy Data，Jan 2006.

[2]　JGJ176—2009. 公共建筑节能改造技术规范. 北京：中国建筑工业出版社，2009.

[3]　International Performance Measurement and Verification Protocol Committee，International p6rformance

measurement and verification protocol (IPMVP),2002.

[4] ASHRAE StandardsCommittee. ASHRAE Guideline 14-2002,Measurement of Energy and Demand Savings,2002.

[5] U. S. Department Of Energy Office of Energy Efficiency and Renewable Energy. M&V Guidelines: Measurement and Verification for Federal Energy Projects,Version 2. 2,2000,DOE/GO-102000-0960.

[6] 潘毅群. 实用建筑能耗模拟手册,北京:中国建筑工业出版社,2013.

[7] ASHRAE Standard 62. 1-2010. Ventialtion for Acceptable Indoor Air Quality. ASHRAE Standing Standard Project Committee 90. 1,2010.

[8] ASHRAE 189. 1-2009. Standard for the Design of high-performance green buildings except low-rise residentialbuildings. ASHRAE Standard Project Committee 189. 1,2009.

[9] 国务院办公厅关于印发能源发展战略行动计划（2014-2020年）的通知（国办发〔2014〕31号）. 北京:国务院办公厅,2014-06-07.

[10] 中美气候变化联合声明,北京:2014-11-12.

[11] 徐强,庄智,张蓓红. 上海地区大型公共建筑用能定额研究. 上海节能,2011（12）:17-20.

[12] 上海市旅游饭店、商场、房地产业及金融业办公建筑温室气体排放核算与报告方法（试行）SH/MRV-009-2012.

[13] 《民用建筑能耗标准》（报批稿）

[14] 上海市地方标准 DB 31/T 550—2015. 机关办公建筑合理用能指南

[15] 上海市地方标准 DB 31/T 551—2011. 星级饭店建筑合理用能指南

[16] 上海市地方标准 DB 31/T 552—2011. 大型商业建筑合理用能指南

[17] 上海市地方标准 DB 31/T 553—2012. 市级医疗机构建筑合理用能指南

[18] 上海市地方标准 DB 31/T 795—2014. 综合建筑合理用能指南

[19] 上海市地方标准 DB 31/T 783—2014. 高校建筑合理用能指南

[20] 住房和城乡建设部. 国家机关办公建筑和大型公共建筑能耗监测系统分项能耗数据采集技术导则,2008.

[21] 关于印发国家机关办公建筑和大型公共建筑能耗监测系统建设相关技术导则的通知（建科〔2008〕114号）,北京:住建部:2008-06-24.

第5章 产业节能是需求侧能源规划的根本

5.1 产业结构选择中的绿色化

产业结构的绿色化关键是绿色产业的选择。发展绿色产业必须依靠科学、尊重科学，坚持先规划设计后发展的原则。绿色产业规划是指为了满足经济建设和生活的需要，获得符合防治环境污染、改善生态环境、保护自然资源的生产资料和生活资料，优化人类生存环境，实现社会发展预期目标，根据一定城区的自然条件、经济条件和社会发展状况，对城区内的资源进行空间布局与配置的优化组合，并为这些优化组合的实施给出具体的方案，以获得最优的经济效益、社会效益和生态效益。在绿色产业规划与设计过程中，如果主导产业的选择不当，则整个绿色产业规划无法顺利实施，绿色产业的经济、社会、生态效益无从发挥，甚至可能阻碍经济的发展、破坏生态环境、影响社会的稳定。因此，绿色产业的选择对于绿色产业规划与设计至关重要。绿色产业规划与设计中产业的选择应遵循如下原则：

（1）拟发展的绿色产业要因地制宜，充分考虑当地产业的历史积累和集聚优势，利用当地的特色资源进行绿色产业的开发与建设，建立和形成有地区特色的绿色产业体系。

（2）拟发展的绿色产业要符合绿色生态城区的核心理念，即该产业在节能、节水、节地、节材、环境保护的某一方面或几个方面相对优秀。

（3）拟发展的绿色产业要使得土地的投入产出综合效益最佳，使得每一寸土地的花费都用在"刀刃上"。

（4）拟发展的绿色产业应为主干产业并能形成有特色的优势产业链。这些主干产业的发展模式可以多样，如以某一产业为龙头的带动型模式，以某一或某几个优势产业为主导的主导型模式，以市场为导向的导向型模式等。并且在进一步完善这些发展模式的基础上，根据绿色产业的发展需要，探索出新的产业化模式，形成有特色的多种形式的绿色产业链，使其产生的效益具有巨大规模性和带动性。使研发设计、生产制造、商贸物流、售后服务等有机衔接起来，有效实现绿色产业一体化经营。这些有特色的绿色产业链还需要技术含量要高，产业门槛要高，其他地区不能轻易模仿。

（5）拟发展的绿色产业要有明显的价值增值作用，具有显著的经济效益。绿色产业本身具有较明显的社会和生态效益，但是发展绿色产业仅有社会、生态效益是不够的，它还要有明显的增值作用和显著的经济效益。换言之，该绿色产业要有市场前景，有较好的成长趋势，赢利空间和潜力大，符合消费者的承受能力。要对拟发展的绿色产业进行广泛的市场调查研究，不仅要研究该绿色产业市场的时间尺度，还要研究其空间尺度。另外，还要研究消费者的承受能力，否则，即使是再好的产品，也会没有市场，也就无法实现其经济效益。所以，只有具有广阔时间与空间市场前景和消费者能承受的绿色产业才具有强大的生命力，才会具有经济效益，才可以考虑发展。

（6）拟发展的绿色产业应具有影响面大、辐射力强的特性。如对于拟发展的绿色建筑制造业和绿色建筑服务业，如果影响面窄、辐射力弱，则必将对产品和服务市场造成严重的影响，从而影响绿色建筑相关工业和绿色服务业的发展，最终影响和阻碍绿色产业的发展。

（7）拟发展的绿色产业具有建设可行性。拟发展的绿色产业应该技术上可能，经济上可行，法律制度可容。

5.2 制造业的绿色评价指标

根据以上原则，采用几个核心指标进行主导产业的遴选：
（1）由土地投入产出比和产业近5年利润走势来把控产业的经济效益；
（2）由产业绿色发展指数和土地绿色化利用指数来把控产业的绿色化程度；
（3）由产业的区位商和波士顿矩阵分析来把控产业的根植性和当地集聚优势。
各指标的定义和计算公式如下：

5.2.1 土地投入产出比

$$土地投入产出比=土地产出率/土地投资强度$$

该指标用来反映该产业对于土地的投入产出综合效益，该指标越大，说明该产业对于土地的投入产出性价比高，体现了产业对于土地的集约高效利用程度。

土地投资强度：项目用地范围内单位土地面积上的固定资产投资额。反映单位土地上项目固定资产投资的情况，是衡量土地投入水平的重要尺度。

$$土地投资强度=项目固定资产投资额÷项目总用地面积$$

项目固定资产投资包括厂房、设备和地价款，厂房和设备的投资额按照项目建成进入正常生产时的厂房建造成本和设备购置成本计算，地价款按照土地合同约定成交金额计算。

土地产出率：项目用地范围内单位土地面积上的主营业务收入。反映单位土地上项目的产出情况，是衡量土地产出水平的重要尺度。

$$土地产出率=项目主营业务收入÷项目总用地面积$$

1. 利用土地投入产出比对产业大类进行排序（见表5-1）

大类产业土地投入产出比排序表　　　　表5-1

类别	土地投入产出比
通信设备、计算机及其他电子设备制造业	11.61
仪器仪表及文化、办公用机械制造业	5.33
废弃资源和废旧材料回收加工业	5.28
电气机械及器材制造业	5.2
通用设备制造业	4.23
金属制品业	4.03
工艺品及其他制造业	3.61
文教体育用品制造业	3.58

续表

类别	土地投入产出比
专用设备制造业	3.47
家具制造业	3.33
交通运输设备制造业	3.33
化学原料及化学制品制造业	2.9
塑料制品业	2.59
非金属矿物制品业	2.17
木材加工及木、竹、藤、棕、草制品业	2.15

2. 利用土地投入产出比对细分产业进行排序（见表 5-2）

细分产业土地投入产出比排序表　　　表 5-2

类别	土地投入产出比
电子计算机制造	42.53
铁路运输设备制造	10.22
游艺器材及娱乐用品制造	10.06
工艺美术品制造	9.48
锅炉及原动机制造	8.96
矿山、冶金、建筑专用设备制造	8.19
家用电力器具制造	7.85
家用视听设备制造	7.58
文化、办公用机械制造	7.40
通信设备制造	7.00
通用仪器仪表制造	6.91
金属家具制造	6.80
专用仪器仪表制造	6.62
电线、电缆、光缆及电工器材制造	6.40
非电力家用器具制造	6.32
摩托车制造	6.25
金属废料和碎屑的加工处理	6.07
玩具制造	5.49
涂料、油墨、颜料及类似产品制造	5.32
照明器具制造	5.31
电机制造	5.28
金属加工机械制造	5.06
集装箱及金属包装容器制造	5.02
金属铸、锻加工	4.95
起重运输设备制造	4.89
输配电及控制设备制造	4.88
金属表面处理及热处理加工	4.60
农、林、牧、渔专用机械制造	4.55
日用塑料制造	4.54
泡沫塑料制造	4.42

5.2 制造业的绿色评价指标

续表

类别	土地投入产出比
风机、衡器、包装设备等通用设备制造	4.26
石墨及其他非金属矿物制品制造	4.24
医疗仪器设备及器械制造	4.14
日用化学产品制造	4.13
金属丝绳及其制品的制造	4.12
电子器件制造	4.02
塑料丝、绳及编织品的制造	4.01
交通器材及其他交通运输设备制造	3.97
食品、饮料、烟草及饲料生产专用设备制造	3.91
建筑、安全用金属制品制造	3.84
泵、阀门、压缩机及类似机械的制造	3.83
耐火材料制品制造	3.82
其他家具制造	3.81
其他电子设备制造	3.75
通用零部件制造及机械修理	3.71
电池制造	3.71
体育用品制造	3.67
结构性金属制品制造	3.60
金属工具制造	3.54
合成材料制造	3.40
不锈钢及类似日用金属制品制造	3.36
其他电气机械及器材制造	3.30
汽车制造	3.28
其他金属制品制造	3.16
环保、社会公共安全及其他专用设备制造	3.13
塑料板、管、型材的制造	3.12
水泥及石膏制品制造	3.04
电子和电工机械专用设备制造	2.97
钟表与计时仪器制造	2.92
光学仪器及眼镜制造	2.91
印刷、制药、日化生产专用设备制造	2.84
非金属废料和碎屑的加工处理	2.84
专用化学产品制造	2.78
文化用品制造	2.72
船舶及浮动装置制造	2.63
电子元件制造	2.60
水泥、石灰和石膏的制造	2.58
其他塑料制品制造	2.52
塑料零件制造	2.51
化工、木材、非金属加工专用设备制造	2.46
木质家具制造	2.43

续表

类别	土地投入产出比
玻璃及玻璃制品制造	2.28
竹、藤、棕、草制品制造	2.25
乐器制造	2.25
其他未列明的制造业	2.12
塑料包装箱及容器制造	2.11
锯材、木片加工	2.07
木制品制造	2.05
塑料家具制造	1.97
航空航天器制造	1.93
人造板制造	1.88
轴承、齿轮、传动和驱动部件的制造	1.84
陶瓷制品制造	1.79
纺织、服装和皮革工业专用设备制造	1.76
塑料薄膜制造	1.72
砖瓦、石材及其他建筑材料制造	1.66
日用杂品制造	1.43
其他仪器仪表的制造及修理	0.73
竹、藤家具制造	—
塑料人造革、合成革制造	—
搪瓷制品制造	—
烘炉、熔炉及电炉制造	—
自行车制造	—
雷达及配套设备制造	—
广播电视设备制造	—
煤制品制造	—
核辐射加工	—

3. 产业绿色发展指数

产业绿色发展指数＝产业人均总产值/产业单位产值资源消耗

产业单位产值资源消耗＝(产业单位产值地耗＋产业单位产值能耗＋产业单位产值水耗)/3

根据目前统计数据的可获得性，可以计算得到产业单位产值能耗、地耗和水耗，由于产业单位产值材料消耗的数量没有统计数据，环境质量水平没有量化数据，所以能耗、水耗和地耗各占 1/3 权重。

该指标用来反映产业的绿色化水平，该指标越大，说明该产业以较低的资源消耗代价换来了较高的经济发展，代表了该产业的绿色发展程度。

(1) 利用产业绿色发展指数对产业大类进行排序（见表 5-3）

大类产业产业绿色发展指数排序表 表 5-3

类别	产业绿色发展指数
通信设备、计算机及其他电子设备制造业	7.16
交通运输设备制造业	2.04

5.2 制造业的绿色评价指标

续表

类别	产业绿色发展指数
仪器仪表及文化、办公用机械制造业	1.94
电气机械及器材制造业	1.87
废弃资源和废旧材料回收加工业	1.66
通用设备制造业	1.50
专用设备制造业	0.89
化学原料及化学制品制造业	0.83
工艺品及其他制造业	0.80
金属制品业	0.63
家具制造业	0.52
塑料制品业	0.50
文教体育用品制造业	0.44
非金属矿物制品业	0.40
木材加工及木、竹、藤、棕、草制品业	0.39

(2) 利用产业绿色发展指数对细分产业进行排序（见表 5-4）

细分产业产业绿色发展指数排序表　　表 5-4

细分产业	产业绿色发展指数
电子计算机制造	75.74
家用视听设备制造	16.16
煤制品制造	14.44
通信设备制造	10.96
锅炉及原动机制造	8.28
铁路运输设备制造	5.46
家用电力器具制造	5.07
文化、办公用机械制造	4.67
非电力家用器具制造	4.42
烘炉、熔炉及电炉制造	3.79
起重运输设备制造	3.57
广播电视设备制造	3.52
金属废料和碎屑的加工处理	3.38
专用仪器仪表制造	3.11
电线、电缆、光缆及电工器材制造	2.95
通用仪器仪表制造	2.94
汽车制造	2.74
日用化学产品制造	2.64
工艺美术品制造	2.51
涂料、油墨、颜料及类似产品制造	2.47
其他电气机械及器材制造	2.41
矿山、冶金、建筑专用设备制造	2.41
金属家具制造	2.41
摩托车制造	2.31

续表

细分产业	产业绿色发展指数
集装箱及金属包装容器制造	2.31
电机制造	2.05
合成材料制造	1.93
船舶及浮动装置制造	1.93
电子器件制造	1.82
泵、阀门、压缩机及类似机械的制造	1.80
农、林、牧、渔专用机械制造	1.73
输配电及控制设备制造	1.58
风机、衡器、包装设备等通用设备制造	1.55
食品、饮料、烟草及饲料生产专用设备制造	1.49
交通器材及其他交通运输设备制造	1.48
电池制造	1.42
照明器具制造	1.33
环保、社会公共安全及其他专用设备制造	1.28
金属丝绳及其制品的制造	1.09
金属加工机械制造	1.03
电子元件制造	1.01
石墨及其他非金属矿物制品制造	0.96
其他电子设备制造	0.92
电子和电工机械专用设备制造	0.91
专用化学产品制造	0.87
自行车制造	0.85
人造板制造	0.83
耐火材料制品制造	0.83
塑料薄膜制造	0.83
塑料板、管、型材的制造	0.77
结构性金属制品制造	0.76
化工、木材、非金属加工专用设备制造	0.76
其他金属制品制造	0.75
轴承、齿轮、传动和驱动部件的制造	0.74
泡沫塑料制造	0.73
医疗仪器设备及器械制造	0.73
其他家具制造	0.72
金属工具制造	0.68
建筑、安全用金属制品制造	0.64
金属铸、锻加工	0.64
陶瓷制品制造	0.63
日用塑料制造	0.63
不锈钢及类似日用金属制品制造	0.60
水泥及石膏制品制造	0.60
通用零部件制造及机械修理	0.58
玩具制造	0.57

续表

细分产业	产业绿色发展指数
体育用品制造	0.56
纺织、服装和皮革工业专用设备制造	0.54
锯材、木片加工	0.53
其他塑料制品制造	0.52
其他仪器仪表的制造及修理	0.52
印刷、制药、日化生产专用设备制造	0.52
塑料包装箱及容器制造	0.52
塑料家具制造	0.52
文化用品制造	0.51
塑料零件制造	0.46
光学仪器及眼镜制造	0.44
游艺器材及娱乐用品制造	0.42
其他未列明的制造业	0.40
玻璃及玻璃制品制造	0.38
水泥、石灰和石膏的制造	0.36
塑料丝、绳及编织品的制造	0.35
木制品制造	0.34
日用杂品制造	0.34
核辐射加工	0.32
非金属废料和碎屑的加工处理	0.32
航空航天器制造	0.31
金属表面处理及热处理加工	0.30
砖瓦、石材及其他建筑材料制造	0.29
木质家具制造	0.27
搪瓷制品制造	0.27
雷达及配套设备制造	0.23
乐器制造	0.22
竹、藤、棕、草制品制造	0.22
竹、藤家具制造	0.12
钟表与计时仪器制造	0.12
塑料人造革、合成革制造	0.10

5.2.2　产业的土地绿色化利用指数

产业的土地绿色化利用指数＝单位土地面积产值/单位土地面积资源消耗

产业单位土地面积产值＝产业总产值/产业占地面积

产业单位土地面积资源消耗＝(产业单位面积能耗＋产业单位面积水耗)/2(能耗和水耗进行无量纲化)

该指标用来反映产业之于土地的绿色化利用水平，该指标越大，说明该产业可以使土地以较低的资源消耗代价换来较高的土地产出，代表了该产业之于土地的绿色化、集约化利用。

1. 利用土地绿色化利用指数对产业大类进行排序（见表5-5）

大类产业土地绿色利用化指数排序表　　　　　表5-5

序号	类别	土地绿色利用化指数
1	仪器仪表及文化、办公用机械制造业	2.41
2	通信设备、计算机及其他电子设备制造业	2.00
3	电气机械及器材制造业	1.64
4	家具制造业	1.48
5	通用设备制造业	1.29
6	废弃资源和废旧材料回收加工业	1.17
7	专用设备制造业	1.09
8	文教体育用品制造业	1.04
9	交通运输设备制造业	1.04
10	工艺品及其他制造业	1.01
11	木材加工及木、竹、藤、棕、草制品业	0.93
12	金属制品业	0.91
13	塑料制品业	0.64
14	非金属矿物制品业	0.40
15	化学原料及化学制品制造业	0.22

2. 利用土地绿色化利用指数对细分产业进行排序（见表5-6）

细分产业土地利用化指数排序表　　　　　表5-6

序号	类别	土地绿色利用化指数
1	电子计算机制造	6.99
2	煤制品制造	4.94
3	家用视听设备制造	3.25
4	专用仪器仪表制造	2.99
5	广播电视设备制造	2.89
6	文化、办公用机械制造	2.78
7	烘炉、熔炉及电炉制造	2.75
8	通信设备制造	2.68
9	铁路运输设备制造	2.63
10	工艺美术品制造	2.54
11	通用仪器仪表制造	2.17
12	金属家具制造	1.84
13	家用电力器具制造	1.78
14	锅炉及原动机制造	1.67
15	非电力家用器具制造	1.65
16	金属废料和碎屑的加工处理	1.53
17	其他仪器仪表的制造及修理	1.52
18	电机制造	1.49
19	食品、饮料、烟草及饲料生产专用设备制造	1.44
20	锯材、木片加工	1.37

5.2 制造业的绿色评价指标

续表

序号	类别	土地绿色利用化指数
21	摩托车制造	1.31
22	风机、衡器、包装设备等通用设备制造	1.29
23	输配电及控制设备制造	1.28
24	其他家具制造	1.26
25	其他电气机械及器材制造	1.22
26	金属加工机械制造	1.21
27	泵、阀门、压缩机及类似机械的制造	1.20
28	电线、电缆、光缆及电工器材制造	1.19
29	环保、社会公共安全及其他专用设备制造	1.11
30	结构性金属制品制造	1.09
31	农、林、牧、渔专用机械制造	1.09
32	照明器具制造	1.08
33	其他电子设备制造	1.08
34	塑料家具制造	1.03
35	竹、藤、棕、草制品制造	0.99
36	日用化学产品制造	0.99
37	集装箱及金属包装容器制造	0.99
38	游艺器材及娱乐用品制造	0.95
39	玩具制造	0.94
40	金属工具制造	0.91
41	起重运输设备制造	0.90
42	化工、木材、非金属加工专用设备制造	0.90
43	建筑、安全用金属制品制造	0.89
44	汽车制造	0.88
45	涂料、油墨、颜料及类似产品制造	0.86
46	自行车制造	0.86
47	电子和电工机械专用设备制造	0.84
48	体育用品制造	0.83
49	不锈钢及类似日用金属制品制造	0.82
50	木质家具制造	0.81
51	竹、藤家具制造	0.81
52	交通器材及其他交通运输设备制造	0.80
53	矿山、冶金、建筑专用设备制造	0.75
54	通用零部件制造及机械修理	0.73
55	医疗仪器设备及器械制造	0.72
56	乐器制造	0.71
57	轴承、齿轮、传动和驱动部件的制造	0.69
58	文化用品制造	0.67
59	木制品制造	0.66
60	其他金属制品制造	0.65
61	纺织、服装和皮革工业专用设备制造	0.65
62	雷达及配套设备制造	0.64

续表

序号	类别	土地绿色利用化指数
63	人造板制造	0.63
64	石墨及其他非金属矿物制品制造	0.63
65	印刷、制药、日化生产专用设备制造	0.63
66	耐火材料制品制造	0.61
67	电池制造	0.61
68	核辐射加工	0.59
69	塑料板、管、型材的制造	0.57
70	陶瓷制品制造	0.56
71	电子元件制造	0.55
72	船舶及浮动装置制造	0.53
73	其他塑料制品制造	0.52
74	塑料零件制造	0.51
75	光学仪器及眼镜制造	0.51
76	日用塑料制造	0.49
77	泡沫塑料制造	0.47
78	电子器件制造	0.46
79	塑料丝、绳及编织品的制造	0.45
80	金属丝绳及其制品的制造	0.43
81	塑料薄膜制造	0.42
82	金属铸、锻加工	0.42
83	其他未列明的制造业	0.41
84	塑料包装箱及容器制造	0.40
85	钟表与计时仪器制造	0.40
86	航空航天器制造	0.33
87	日用杂品制造	0.32
88	水泥及石膏制品制造	0.30
89	砖瓦、石材及其他建筑材料制造	0.29
90	专用化学产品制造	0.26
91	金属表面处理及热处理加工	0.26
92	搪瓷制品制造	0.26
93	非金属废料和碎屑的加工处理	0.25
94	玻璃及玻璃制品制造	0.24
95	合成材料制造	0.22
96	水泥、石灰和石膏的制造	0.15
97	塑料人造革、合成革制造	0.07

5.2.3 产业区位商

产业区位商=(某地区 A 行业产值/该地区全部行业产值)/(全国 A 行业产值/全国全部行业产值)

该指标用来分析地区优势产业。产业区位商高，说明该产业在当地的集聚程度较高，该产业已经在当地具有一定的集聚优势，可以基本判定该行业（产业部门）在该地区的相对专业化程度。

以苏州、无锡和常州各制造业的区位商为例分析（见图 5-1～图 5-3）。

5.2 制造业的绿色评价指标

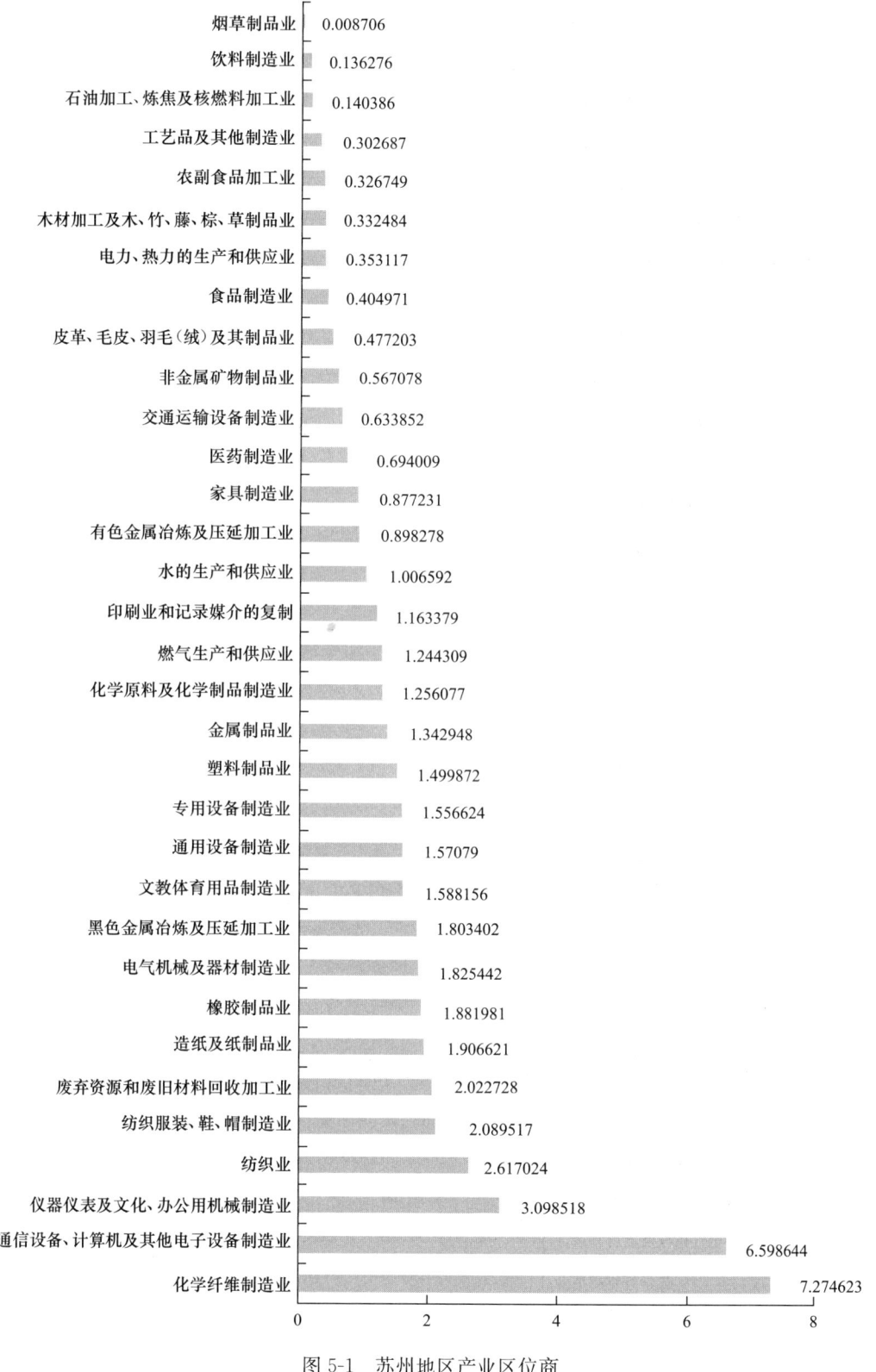

图 5-1 苏州地区产业区位商

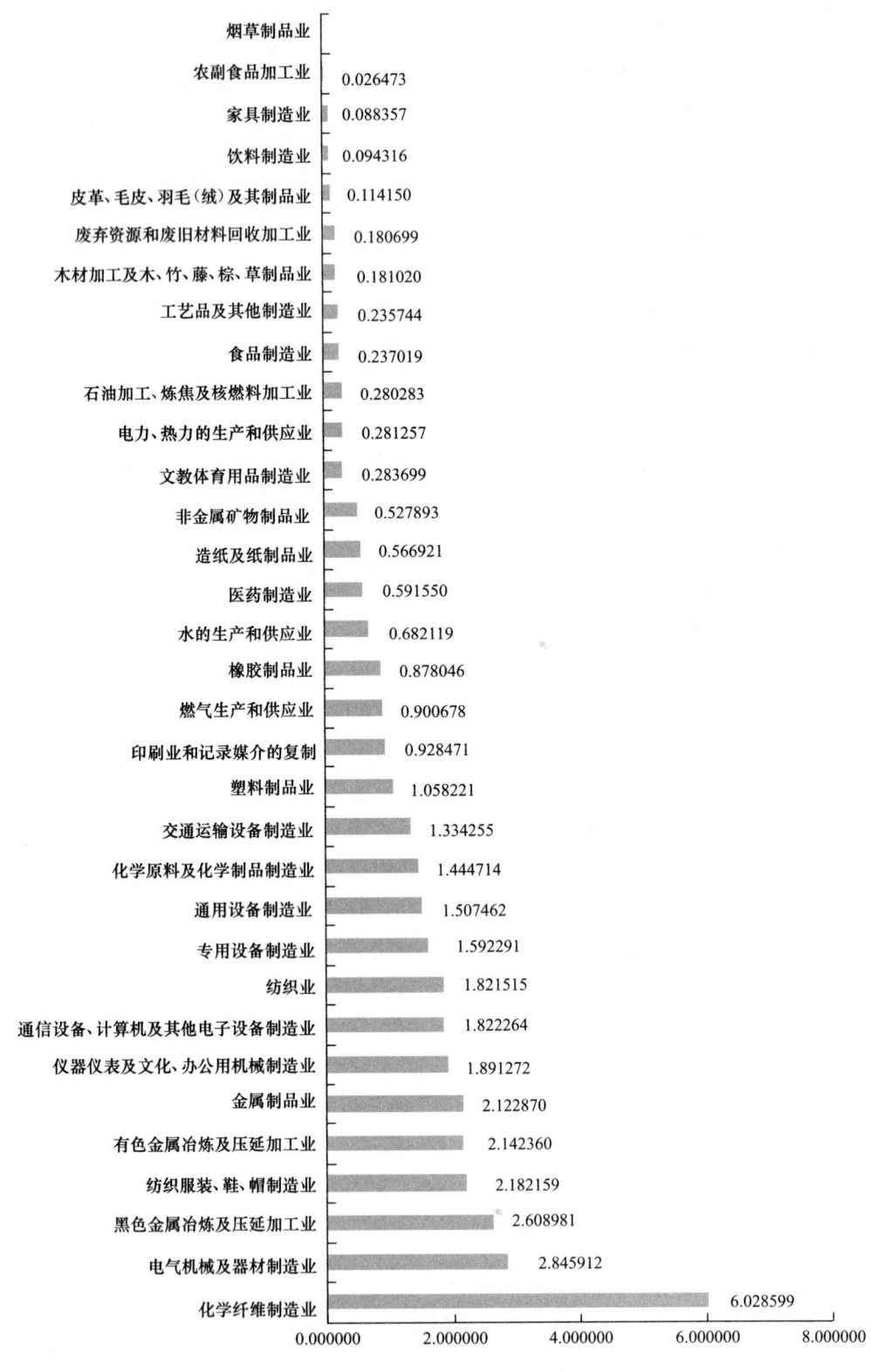

图 5-2 无锡地区产业区位商

5.2 制造业的绿色评价指标

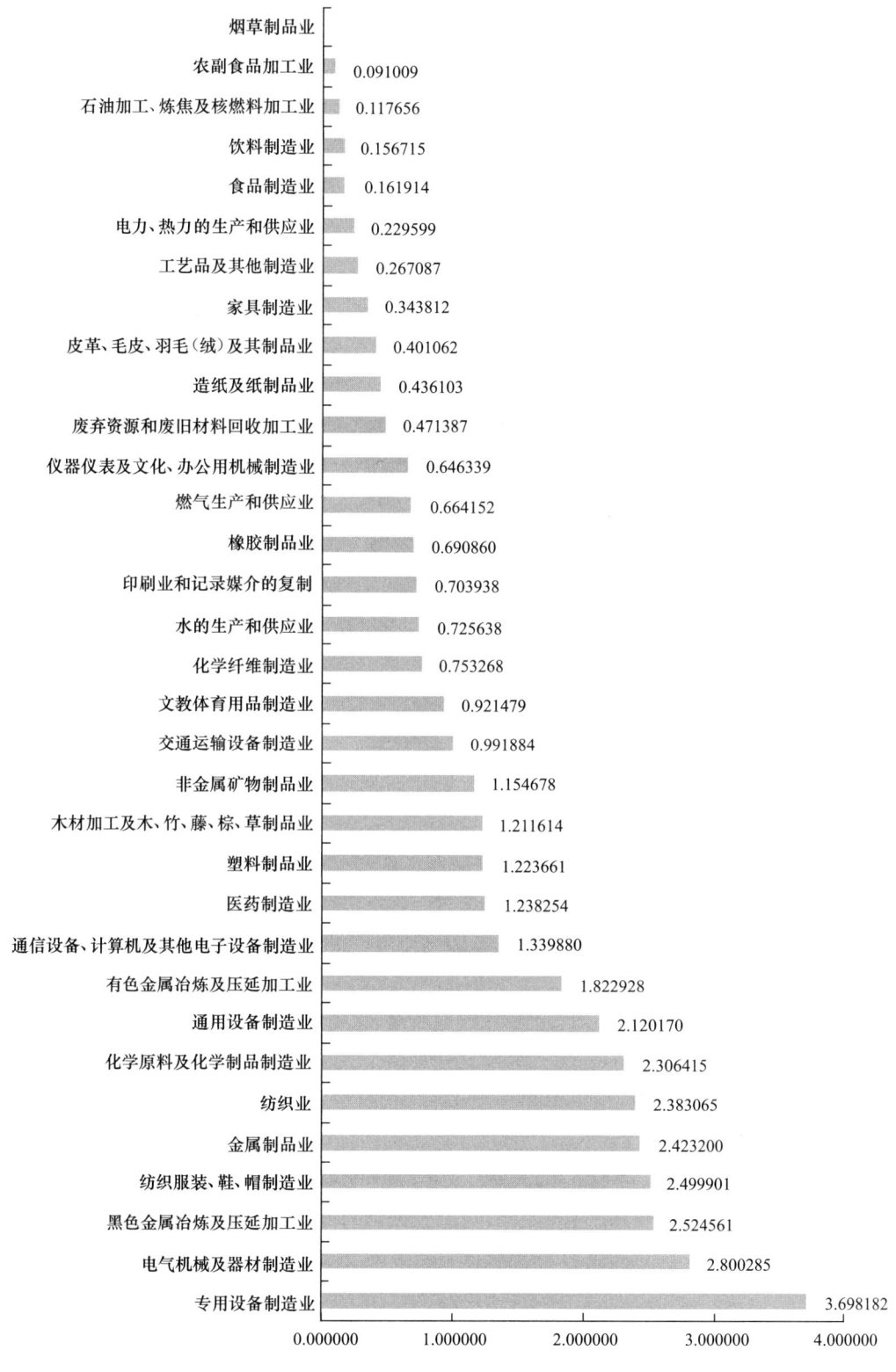

图 5-3 常州地区产业区位商

综合三地的区位商,得到三地产业区位商前三名如表5-7和图5-4所示。

三地产业区位商排名前三的产业　　　　　　　　　　　　表5-7

排名	苏州		无锡		常州	
1	化学纤维制造业	7.274623	化学纤维制造业	6.028599	专用设备制造业	3.698182
2	通信设备、计算机及其他电子设备制造业	6.598644	电气机械及器材制造业	2.845912	电气机械及器材制造业	2.800285
3	仪器仪表及文化、办公用机械制造业	3.098518	黑色金属冶炼及压延加工业	2.608981	黑色金属冶炼及压延加工业	2.524561

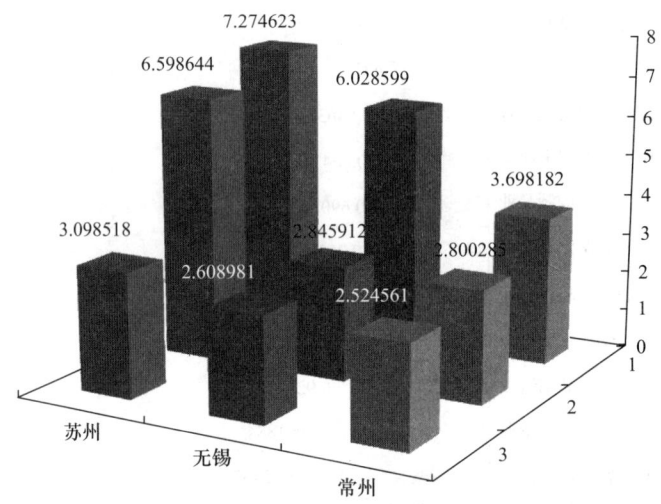

图5-4 三地产业区位商分析

也可以利用波士顿矩阵来分析当地潜力产业。

利用波士顿矩阵对所有行业进行分类,以常州市武进区为例,工业行业分为四种类型(见表5-8):

增长速度超过平均速度,产值比重超过5%的主导增长行业;

增长速度超过平均速度,产值比重低于5%的潜力增长行业;

增长速度低于平均速度,产值比重高于5%的衰退增长行业;

增长速度低于平均速度,产值比重低于5%的转型淘汰行业。

常州市武进区各行业波士顿分析结果表　　　　　　　　　表5-8

类型	市场竞争态	市场特征	战略方向	产业类型
主导增长产业	$X>5, Y>19$	当前占有较大比重,且增长速度高于平均速度的行业,它们属于快速发展的主导产业或支柱产业,未来一段时间内仍将是支柱行业,有可观的获利和发展机会	扩张型战略,适当加大投资力度,保持市场增长率,提高占有率	化学原料及化学制品制造业;黑色金属冶炼及压延加工业;电气机械及器材制造业

续表

类型	市场竞争态	市场特征	战略方向	产业类型
衰退增长产业	$X>5$，$Y<19$	普遍具有相当的基础，当前在整个工业中仍占有较大比重，但近年来由于技术、竞争等原因，增长速度已低于平均速度，属于发展动力不足的支柱产业。若未来增长速度继续下降，表明产业有可能进入成熟饱和期	收获性战略，居安思危，适时开发新的需求，延迟或避免衰退	纺织业；通用设备制造业；通信设备、计算机及其他电子设备制造业
潜力增长产业	$X<5$，$Y>19$	目前所占比重低于5%，但增长速度高于平均速度，其中有些行业具有增长潜力，是潜在的、未来的主导产业或支柱产业，未来可能成为主导增长产业，但有些行业未来发展则可能进入衰退	选择性战略，分析增长率高的原因，对可能成为明星市场的进行培育	木材加工及木竹藤棕草制品业；文教体育用品制造业；石油加工、炼焦及核燃料加工业；医药制造业；非金属矿物制品业；有色金属冶炼及压延加工业；专用设备制造业；交通运输设备制造业；自来水生产和供应业
转型淘汰产业	$X<5$，$Y<19$	低增长或衰退型行业，一般属调整改造对象。若一个行业持续居于转型淘汰产业，则应淘汰，以保持整个城市工业的竞争力	撤退性战略，需避免盲目投资以规避风险，同时尽快开发市场需求	非金属矿采选业；农副食品加工业；食品制造业；饮料制造业；纺织服装、鞋、帽制品业；皮革、毛皮、羽毛（绒）及其制品业；家具制造业；造纸及纸制品业；印刷业和记录媒介的复制；化学纤维制造业；橡胶制品业；塑料制品业；金属制品业；仪器仪表及文化、办公用机械制造业；电力蒸汽热水生产和供应业

5.3 产业绿色化的门槛值

5.3.1 经济效益指标

包括行业土地投资强度、行业土地产出率、行业人均总产值，如表5-9～表5-11所示。

细分行业土地投资强度　　　　　　　　　　　　表5-9

类别	土地投资强度（万元/万 m^2）
电子器件制造	4000
电子计算机制造	3900
家用视听设备制造	3900
电子元件制造	3600
通信设备制造	3500
汽车制造	2500
其他电气机械及器材制造	2300
电池制造	2200
文化、办公用机械制造	2200
日用杂品制造	2200
合成材料制造	2100

续表

类别	土地投资强度（万元/万 m²）
塑料薄膜制造	2100
塑料包装箱及容器制造	1900
塑料零件制造	1800
轴承、齿轮、传动和驱动部件的制造	1800
日用化学产品制造	1600
玻璃及玻璃制品制造	1600
陶瓷制品制造	1600
船舶及浮动装置制造	1600
专用化学产品制造	1500
纺织、服装和皮革工业专用设备制造	1500
其他仪器仪表的制造及修理	1500
人造板制造	1400
家用电力器具制造	1400
光学仪器及眼镜制造	1400
其他金属制品制造	1300
起重运输设备制造	1300
电子和电工机械专用设备制造	1300
通用仪器仪表制造	1300
其他塑料制品制造	1200
泵、阀门、压缩机及类似机械的制造	1200
化工、木材、非金属加工专用设备制造	1200
环保、社会公共安全及其他专用设备制造	1200
其他电子设备制造	1200
其他未列明的制造业	1200
集装箱及金属包装容器制造	1100
金属丝绳及其制品的制造	1100
锅炉及原动机制造	1100
医疗仪器设备及器械制造	1100
航空航天器制造	1100
照明器具制造	1100
专用仪器仪表制造	1100
文化用品制造	1000
涂料、油墨、颜料及类似产品制造	1000
塑料板、管、型材的制造	1000
日用塑料制造	1000
水泥、石灰和石膏的制造	1000
电机制造	1000
输配电及控制设备制造	1000
电线、电缆、光缆及电工器材制造	1000
非电力家用器具制造	1000
体育用品制造	900
泡沫塑料制造	900

5.3 产业绿色化的门槛值

续表

类别	土地投资强度（万元/万 m²）
金属工具制造	900
风机、衡器、包装设备等通用设备制造	900
食品、饮料、烟草及饲料生产专用设备制造	900
印刷、制药、日化生产专用设备制造	900
摩托车制造	900
交通器材及其他交通运输设备制造	900
金属家具制造	800
塑料丝、绳及编织品的制造	800
石墨及其他非金属矿物制品制造	800
不锈钢及类似日用金属制品制造	800
通用零部件制造及机械修理	800
矿山、冶金、建筑专用设备制造	800
农、林、牧、渔专用机械制造	800
工艺美术品制造	800
锯材、木片加工	700
木制品制造	700
其他家具制造	700
水泥及石膏制品制造	700
砖瓦、石材及其他建筑材料制造	700
耐火材料制品制造	700
结构性金属制品制造	700
金属表面处理及热处理加工	700
金属铸、锻加工	700
铁路运输设备制造	700
竹、藤、棕、草制品制造	600
木质家具制造	600
乐器制造	600
玩具制造	600
游艺器材及娱乐用品制造	600
建筑、安全用金属制品制造	600
金属加工机械制造	600
塑料家具制造	500
钟表与计时仪器制造	500
金属废料和碎屑的加工处理	400
非金属废料和碎屑的加工处理	400
竹、藤家具制造	—
塑料人造革、合成革制造	—
搪瓷制品制造	—
烘炉、熔炉及电炉制造	—
自行车制造	—
雷达及配套设备制造	—

续表

类别	土地投资强度（万元/万 m²）
广播电视设备制造	—
煤制品制造	—
核辐射加工	—

细分行业土地产出率　　　　　　　　　　　　表5-10

类别	土地产出率（万元/万 m²）
电子计算机制造	165848.58
家用视听设备制造	29544.89
通信设备制造	24484.92
文化、办公用机械制造	16280.65
电子器件制造	16063.22
煤制品制造	11765.83
家用电力器具制造	10984.31
广播电视设备制造	10521.01
锅炉及原动机制造	9852.92
电子元件制造	9347.8
通用仪器仪表制造	8976.93
汽车制造	8208.78
电池制造	8171.51
烘炉、熔炉及电炉制造	8119.01
其他电气机械及器材制造	7595.9
工艺美术品制造	7586.96
铁路运输设备制造	7514.19
专用仪器仪表制造	7282.44
合成材料制造	7143.1
日用化学产品制造	6607.63
矿山、冶金、建筑专用设备制造	6554.8
电线、电缆、光缆及电工器材制造	6404.76
起重运输设备制造	6356.65
非电力家用器具制造	6322.11
游艺器材及娱乐用品制造	6035.71
照明器具制造	5842.18
摩托车制造	5629.5
集装箱及金属包装容器制造	5524.29
金属家具制造	5436.98
涂料、油墨、颜料及类似产品制造	5321.25
电机制造	5280.58
输配电及控制设备制造	4880.52
雷达及配套设备制造	4795.4
泵、阀门、压缩机及类似机械的制造	4590.66
医疗仪器设备及器械制造	4549.56

5.3 产业绿色化的门槛值

续表

类别	土地产出率（万元/万 m²）
日用塑料制造	4539.51
金属丝绳及其制品的制造	4534.83
塑料零件制造	4513.01
其他电子设备制造	4495.66
船舶及浮动装置制造	4205.66
专用化学产品制造	4171.71
其他金属制品制造	4109.9
光学仪器及眼镜制造	4067.41
塑料包装箱及容器制造	4018.01
泡沫塑料制造	3975.06
风机、衡器、包装设备等通用设备制造	3835.74
电子和电工机械专用设备制造	3683.34
环保、社会公共安全及其他专用设备制造	3670.12
玻璃及玻璃制品制造	3645.81
农、林、牧、渔专用机械制造	3640.38
塑料薄膜制造	3617.53
交通器材及其他交通运输设备制造	3575.38
食品、饮料、烟草及饲料生产专用设备制造	3519.23
金属铸、锻加工	3463.48
石墨及其他非金属矿物制品制造	3392.59
轴承、齿轮、传动和驱动部件的制造	3306.77
体育用品制造	3300.68
玩具制造	3296.66
金属表面处理及热处理加工	3222.07
塑料丝、绳及编织品的制造	3205.37
金属工具制造	3184.44
日用杂品制造	3141.34
塑料板、管、型材的制造	3119.78
金属加工机械制造	3033.08
其他塑料制品制造	3024.21
通用零部件制造及机械修理	2965.4
化工、木材、非金属加工专用设备制造	2947.07
自行车制造	2872.74
陶瓷制品制造	2866.47
文化用品制造	2718.07
不锈钢及类似日用金属制品制造	2684.78
耐火材料制品制造	2675.61
其他家具制造	2669.12
人造板制造	2653.15
纺织、服装和皮革工业专用设备制造	2644.52
水泥、石灰和石膏的制造	2577.88
印刷、制药、日化生产专用设备制造	2552.8

续表

类别	土地产出率（万元/万 m²）
其他未列明的制造业	2538.54
结构性金属制品制造	2521.79
金属废料和碎屑的加工处理	2428.78
建筑、安全用金属制品制造	2306.27
水泥及石膏制品制造	2131.04
航空航天器制造	2125.47
搪瓷制品制造	1783.51
塑料人造革、合成革制造	1686.29
钟表与计时仪器制造	1462.35
木质家具制造	1455.14
锯材、木片加工	1450.09
木制品制造	1433.85
竹、藤、棕、草制品制造	1350.78
乐器制造	1349.08
核辐射加工	1273.99
砖瓦、石材及其他建筑材料制造	1160.25
非金属废料和碎屑的加工处理	1137.95
其他仪器仪表的制造及修理	1087.81
竹、藤家具制造	1077.24
塑料家具制造	985.4

细分行业人均总产值　　　　　表 5-11

类别	人均总产值（万元/人）
电子计算机制造	261.60
合成材料制造	205.05
锅炉及原动机制造	151.28
煤制品制造	149.15
家用视听设备制造	138.84
金属废料和碎屑的加工处理	129.52
起重运输设备制造	117.44
通信设备制造	113.46
船舶及浮动装置制造	102.11
非电力家用器具制造	96.21
电子器件制造	90.90
矿山、冶金、建筑专用设备制造	90.24
汽车制造	89.97
涂料、油墨、颜料及类似产品制造	88.56
家用电力器具制造	87.97
铁路运输设备制造	86.65
专用化学产品制造	84.83
日用化学产品制造	80.51

5.3 产业绿色化的门槛值

续表

类别	人均总产值（万元/人）
电线、电缆、光缆及电工器材制造	79.93
集装箱及金属包装容器制造	74.32
金属丝绳及其制品的制造	67.81
交通器材及其他交通运输设备制造	63.96
摩托车制造	61.87
农、林、牧、渔专用机械制造	61.05
其他电气机械及器材制造	60.71
电池制造	60.19
水泥、石灰和石膏的制造	60.00
烘炉、熔炉及电炉制造	59.86
水泥及石膏制品制造	57.22
塑料薄膜制造	55.54
泵、阀门、压缩机及类似机械的制造	55.31
金属家具制造	53.19
文化、办公用机械制造	53.06
电机制造	51.26
石墨及其他非金属矿物制品制造	50.28
风机、衡器、包装设备等通用设备制造	48.40
通用仪器仪表制造	48.01
专用仪器仪表制造	47.83
人造板制造	47.50
耐火材料制品制造	46.99
食品、饮料、烟草及饲料生产专用设备制造	46.65
工艺美术品制造	46.61
电子元件制造	46.03
广播电视设备制造	44.83
输配电及控制设备制造	44.53
泡沫塑料制造	44.05
环保、社会公共安全及其他专用设备制造	44.00
金属铸、锻加工	43.40
非金属废料和碎屑的加工处理	43.38
塑料板、管、型材的制造	42.88
玻璃及玻璃制品制造	40.09
照明器具制造	39.39
自行车制造	39.24
金属加工机械制造	37.48
电子和电工机械专用设备制造	36.50
陶瓷制品制造	36.05
砖瓦、石材及其他建筑材料制造	35.74
日用塑料制造	35.22
轴承、齿轮、传动和驱动部件的制造	34.99
塑料人造革、合成革制造	34.94

续表

类别	人均总产值（万元/人）
其他金属制品制造	34.92
塑料包装箱及容器制造	34.62
结构性金属制品制造	32.16
化工、木材、非金属加工专用设备制造	32.14
建筑、安全用金属制品制造	31.78
其他塑料制品制造	31.46
医疗仪器设备及器械制造	31.16
金属表面处理及热处理加工	30.85
塑料家具制造	30.77
其他未列明的制造业	30.77
其他仪器仪表的制造及修理	30.41
其他电子设备制造	29.78
搪瓷制品制造	29.75
印刷、制药、日化生产专用设备制造	29.73
纺织、服装和皮革工业专用设备制造	29.64
航空航天器制造	29.26
锯材、木片加工	28.32
通用零部件制造及机械修理	28.26
不锈钢及类似日用金属制品制造	28.24
日用杂品制造	28.21
金属工具制造	27.96
其他家具制造	27.60
文化用品制造	27.37
核辐射加工	26.15
塑料零件制造	25.27
光学仪器及眼镜制造	24.70
体育用品制造	24.37
木制品制造	23.87
塑料丝、绳及编织品的制造	23.47
玩具制造	22.23
木质家具制造	17.57
乐器制造	15.96
竹、藤、棕、草制品制造	13.77
游艺器材及娱乐用品制造	13.38
雷达及配套设备制造	11.03
钟表与计时仪器制造	10.94
竹、藤家具制造	10.40

5.3.2 环境效益指标

1. 强度控制指标

包括行业单位产值资源消耗、行业单位产值能耗、行业单位产值资源水耗、行业单位产值地耗，如表 5-12～表 5-15 所示。

细分行业单位产值资源消耗　　　　　　表 5-12

类别	单位产值资源消耗（无量纲）
电子计算机制造	0.001
通信设备制造	0.002
广播电视设备制造	0.002
家用视听设备制造	0.002
文化、办公用机械制造	0.002
煤制品制造	0.002
烘炉、熔炉及电炉制造	0.003
铁路运输设备制造	0.003
家用电力器具制造	0.003
通用仪器仪表制造	0.003
专用仪器仪表制造	0.003
金属家具制造	0.004
锅炉及原动机制造	0.004
非电力家用器具制造	0.004
工艺美术品制造	0.004
摩托车制造	0.005
电机制造	0.005
输配电及控制设备制造	0.005
电线、电缆、光缆及电工器材制造	0.005
其他电气机械及器材制造	0.005
游艺器材及娱乐用品制造	0.006
日用化学产品制造	0.006
集装箱及金属包装容器制造	0.006
起重运输设备制造	0.006
泵、阀门、压缩机及类似机械的制造	0.006
风机、衡器、包装设备等通用设备制造	0.006
食品、饮料、烟草及饲料生产专用设备制造	0.006
汽车制造	0.006
照明器具制造	0.006
其他电子设备制造	0.006
其他家具制造	0.007
涂料、油墨、颜料及类似产品制造	0.007
金属加工机械制造	0.007
矿山、冶金、建筑专用设备制造	0.007
农、林、牧、渔专用机械制造	0.007
环保、社会公共安全及其他专用设备制造	0.007
金属废料和碎屑的加工处理	0.007
体育用品制造	0.008
玩具制造	0.008
结构性金属制品制造	0.008

续表

类别	单位产值资源消耗（无量纲）
金属工具制造	0.008
化工、木材、非金属加工专用设备制造	0.008
电子和电工机械专用设备制造	0.008
医疗仪器设备及器械制造	0.008
交通器材及其他交通运输设备制造	0.008
电池制造	0.008
不锈钢及类似日用金属制品制造	0.009
其他金属制品制造	0.009
轴承、齿轮、传动和驱动部件的制造	0.009
通用零部件制造及机械修理	0.009
自行车制造	0.009
雷达及配套设备制造	0.009
电子元件制造	0.009
锯材、木片加工	0.010
文化用品制造	0.010
石墨及其他非金属矿物制品制造	0.010
建筑、安全用金属制品制造	0.010
船舶及浮动装置制造	0.010
电子器件制造	0.010
人造板制造	0.011
塑料家具制造	0.011
塑料板、管、型材的制造	0.011
塑料零件制造	0.011
日用塑料制造	0.011
陶瓷制品制造	0.011
耐火材料制品制造	0.011
印刷、制药、日化生产专用设备制造	0.011
纺织、服装和皮革工业专用设备制造	0.011
光学仪器及眼镜制造	0.011
其他仪器仪表的制造及修理	0.011
竹、藤、棕、草制品制造	0.012
泡沫塑料制造	0.012
其他塑料制品制造	0.012
金属丝绳及其制品的制造	0.012
木质家具制造	0.013
塑料薄膜制造	0.013
塑料丝、绳及编织品的制造	0.013
塑料包装箱及容器制造	0.013
金属铸、锻加工	0.013
木制品制造	0.014
乐器制造	0.014
其他未列明的制造业	0.015

5.3 产业绿色化的门槛值

续表

类别	单位产值资源消耗（无量纲）
日用杂品制造	0.016
核辐射加工	0.016
竹、藤家具制造	0.017
水泥及石膏制品制造	0.018
航空航天器制造	0.018
钟表与计时仪器制造	0.018
专用化学产品制造	0.019
金属表面处理及热处理加工	0.019
合成材料制造	0.020
玻璃及玻璃制品制造	0.020
搪瓷制品制造	0.021
砖瓦、石材及其他建筑材料制造	0.023
非金属废料和碎屑的加工处理	0.026
水泥．石灰和石膏的制造	0.032
塑料人造革、合成革制造	0.068

细分行业单位产值能耗　　　　表 5-13

类别	产值能耗（tce/万元）
广播电视设备制造	0.01
电子计算机制造	0.01
工艺美术品制造	0.01
煤制品制造	0.01
烘炉、熔炉及电炉制造	0.02
铁路运输设备制造	0.02
通信设备制造	0.02
家用视听设备制造	0.02
通用仪器仪表制造	0.02
专用仪器仪表制造	0.02
文化、办公用机械制造	0.02
锯材、木片加工	0.03
金属家具制造	0.03
其他家具制造	0.03
锅炉及原动机制造	0.03
金属加工机械制造	0.03
风机、衡器、包装设备等通用设备制造	0.03
食品、饮料、烟草及饲料生产专用设备制造	0.03
家用电力器制造	0.03
非电力家用器具制造	0.03
其他仪器仪表的制造及修理	0.03
竹、藤、棕、草制品制造	0.04
木质家具制造	0.04

209

续表

类别	产值能耗（tce/万元）
玩具制造	0.04
日用化学产品制造	0.04
起重运输设备制造	0.04
泵、阀门、压缩机及类似机械的制造	0.04
农、林、牧、渔专用机械制造	0.04
环保、社会公共安全及其他专用设备制造	0.04
摩托车制造	0.04
自行车制造	0.04
电机制造	0.04
输配电及控制设备制造	0.04
金属废料和碎屑的加工处理	0.04
乐器制造	0.05
游艺器材及娱乐用品制造	0.05
结构性金属制品制造	0.05
建筑、安全用金属制品制造	0.05
不锈钢及类似日用金属制品制造	0.05
化工、木材、非金属加工专用设备制造	0.05
纺织、服装和皮革工业专用设备制造	0.05
电线、电缆、光缆及电工器材制造	0.05
照明器具制造	0.05
其他电气机械及器材制造	0.05
其他电子设备制造	0.05
体育用品制造	0.06
金属工具制造	0.06
集装箱及金属包装容器制造	0.06
医疗仪器设备及器械制造	0.06
交通器材及其他交通运输设备制造	0.06
木制品制造	0.07
竹、藤家具制造	0.07
塑料家具制造	0.07
涂料、油墨、颜料及类似产品制造	0.07
通用零部件制造及机械修理	0.07
印刷、制药、日化生产专用设备制造	0.07
电子和电工机械专用设备制造	0.07
汽车制造	0.07
雷达及配套设备制造	0.07
其他金属制品制造	0.08
电子元件制造	0.08
钟表与计时仪器制造	0.08
光学仪器及眼镜制造	0.08
核辐射加工	0.08
文化用品制造	0.09

5.3 产业绿色化的门槛值

续表

类别	产值能耗（tce/万元）
船舶及浮动装置制造	0.09
航空航天器制造	0.09
电池制造	0.09
其他未列明的制造业	0.09
耐火材料制品制造	0.10
轴承、齿轮、传动和驱动部件的制造	0.10
矿山、冶金、建筑专用设备制造	0.10
电子器件制造	0.10
日用杂品制造	0.10
人造板制造	0.11
石墨及其他非金属矿物制品制造	0.11
非金属废料和碎屑的加工处理	0.11
塑料板、管、型材的制造	0.12
其他塑料制品制造	0.12
塑料零件制造	0.13
陶瓷制品制造	0.13
塑料丝、绳及编织品的制造	0.15
日用塑料制造	0.15
泡沫塑料制造	0.16
金属丝绳及其制品的制造	0.16
金属表面处理及热处理加工	0.17
金属铸、锻加工	0.17
塑料包装箱及容器制造	0.18
水泥及石膏制品制造	0.18
塑料薄膜制造	0.20
专用化学产品制造	0.26
砖瓦、石材及其他建筑材料制造	0.28
玻璃及玻璃制品制造	0.28
搪瓷制品制造	0.30
合成材料制造	0.42
水泥、石灰和石膏的制造	0.72
塑料人造革、合成革制造	1.04

细分行业单位产值资源水耗　　　　表5-14

类别	产值水耗（m^3/万元）
电子计算机制造	0.24
家用视听设备制造	0.44
文化、办公用机械制造	0.44
铁路运输设备制造	0.47
专用仪器仪表制造	0.50
煤制品制造	0.51

续表

类别	产值水耗（m³/万元）
通信设备制造	0.58
广播电视设备制造	0.61
烘炉、熔炉及电炉制造	0.62
工艺美术品制造	0.78
通用仪器仪表制造	0.79
金属废料和碎屑的加工处理	0.84
金属家具制造	0.87
锅炉及原动机制造	0.87
家用电力器具制造	0.88
塑料家具制造	0.92
电机制造	0.96
非电力家用器具制造	1.03
其他电气机械及器材制造	1.08
水泥、石灰和石膏的制造	1.14
其他仪器仪表的制造及修理	1.18
矿山、冶金、建筑专用设备制造	1.23
电线、电缆、光缆及电工器材制造	1.23
摩托车制造	1.26
食品、饮料、烟草及饲料生产专用设备制造	1.28
结构性金属制品制造	1.32
输配电及控制设备制造	1.32
照明器具制造	1.34
风机、衡器、包装设备等通用设备制造	1.35
泵、阀门、压缩机及类似机械的制造	1.36
集装箱及金属包装容器制造	1.37
锯材、木片加工	1.42
金属加工机械制造	1.48
其他电子设备制造	1.49
环保、社会公共安全及其他专用设备制造	1.52
汽车制造	1.52
其他家具制造	1.54
农、林、牧、渔专用机械制造	1.62
涂料、油墨、颜料及类似产品制造	1.65
石墨及其他非金属矿物制品制造	1.67
轴承、齿轮、传动和驱动部件的制造	1.69
陶瓷制品制造	1.71
金属工具制造	1.71
游艺器材及娱乐用品制造	1.72
日用化学产品制造	1.74
电子和电工机械专用设备制造	1.74
化工、木材、非金属加工专用设备制造	1.76
竹、藤家具制造	1.77

5.3 产业绿色化的门槛值

续表

类别	产值水耗（m³/万元）
人造板制造	1.83
玩具制造	1.90
建筑、安全用金属制品制造	1.93
塑料薄膜制造	1.94
竹、藤、棕、草制品制造	1.96
体育用品制造	1.98
日用塑料制造	2.03
塑料板、管、型材的制造	2.04
交通器材及其他交通运输设备制造	2.07
文化用品制造	2.09
泡沫塑料制造	2.09
耐火材料制品制造	2.15
通用零部件制造及机械修理	2.16
起重运输设备制造	2.23
自行车制造	2.25
不锈钢及类似日用金属制品制造	2.27
塑料零件制造	2.29
其他金属制品制造	2.29
木质家具制造	2.41
其他塑料制品制造	2.47
电池制造	2.47
塑料丝、绳及编织品的制造	2.49
金属铸、锻加工	2.49
医疗仪器设备及器械制造	2.50
塑料包装箱及容器制造	2.51
木制品制造	2.58
金属丝绳及其制品的制造	2.60
雷达及配套设备制造	2.65
合成材料制造	2.67
乐器制造	2.74
印刷、制药、日化生产专用设备制造	2.79
砖瓦、石材及其他建筑材料制造	2.88
核辐射加工	2.88
纺织、服装和皮革工业专用设备制造	3.02
船舶及浮动装置制造	3.07
电子元件制造	3.21
光学仪器及眼镜制造	3.38
搪瓷制品制造	3.45
电子器件制造	3.64
专用化学产品制造	4.49
其他未列明的制造业	4.61
玻璃及玻璃制品制造	4.69

续表

类别	产值水耗（m³/万元）
水泥及石膏制品制造	4.74
钟表与计时仪器制造	5.01
日用杂品制造	6.24
航空航天器制造	6.31
金属表面处理及热处理加工	6.77
非金属废料和碎屑的加工处理	8.43
塑料人造革、合成革制造	16.71

细分行业单位产值地耗　　　　表 5-15

类别	产值地耗（m²/万元）
电子计算机制造	0.06
家用视听设备制造	0.34
通信设备制造	0.41
电子器件制造	0.60
文化、办公用机械制造	0.64
煤制品制造	0.85
家用电力器具制造	0.92
广播电视设备制造	0.92
锅炉及原动机制造	0.94
电子元件制造	1.08
通用仪器仪表制造	1.12
电池制造	1.25
其他电气机械及器材制造	1.33
铁路运输设备制造	1.36
烘炉、熔炉及电炉制造	1.40
专用仪器仪表制造	1.43
合成材料制造	1.44
汽车制造	1.47
日用化学产品制造	1.52
起重运输设备制造	1.53
非电力家用器具制造	1.53
矿山、冶金、建筑专用设备制造	1.57
电线、电缆、光缆及电工器材制造	1.57
游艺器材及娱乐用品制造	1.61
照明器具制造	1.70
工艺美术品制造	1.76
金属家具制造	1.82
摩托车制造	1.82
电机制造	1.84
集装箱及金属包装容器制造	1.85
涂料、油墨、颜料及类似产品制造	1.90

5.3 产业绿色化的门槛值

续表

类别	产值地耗（m²/万元）
输配电及控制设备制造	1.99
金属丝绳及其制品的制造	2.19
船舶及浮动装置制造	2.20
其他电子设备制造	2.21
医疗仪器设备及器械制造	2.22
日用塑料制造	2.23
泵、阀门、压缩机及类似机械的制造	2.23
塑料零件制造	2.24
其他金属制品制造	2.38
塑料包装箱及容器制造	2.43
专用化学产品制造	2.46
光学仪器及眼镜制造	2.51
泡沫塑料制造	2.52
雷达及配套设备制造	2.54
风机、衡器、包装设备等通用设备制造	2.56
电子和电工机械专用设备制造	2.56
环保、社会公共安全及其他专用设备制造	2.64
农、林、牧、渔专用机械制造	2.71
塑料薄膜制造	2.72
玩具制造	2.82
交通器材及其他交通运输设备制造	2.85
食品、饮料、烟草及饲料生产专用设备制造	2.86
轴承、齿轮、传动和驱动部件的制造	2.93
金属铸、锻加工	2.94
玻璃及玻璃制品制造	2.96
日用杂品制造	3.02
金属工具制造	3.04
体育用品制造	3.06
金属表面处理及热处理加工	3.10
塑料板、管、型材的制造	3.21
石墨及其他非金属矿物制品制造	3.23
金属加工机械制造	3.26
化工、木材、非金属加工专用设备制造	3.26
其他塑料制品制造	3.27
塑料丝、绳及编织品的制造	3.30
陶瓷制品制造	3.31
通用零部件制造及机械修理	3.34
不锈钢及类似日用金属制品制造	3.67
其他家具制造	3.71
自行车制造	3.72
文化用品制造	3.75
耐火材料制品制造	3.75

续表

类别	产值地耗（m²/万元）
纺织、服装和皮革工业专用设备制造	3.78
结构性金属制品制造	3.95
人造板制造	4.01
其他未列明的制造业	4.04
印刷、制药、日化生产专用设备制造	4.09
金属废料和碎屑的加工处理	4.26
建筑、安全用金属制品制造	4.42
水泥及石膏制品制造	4.46
航空航天器制造	4.84
水泥、石灰和石膏的制造	4.89
搪瓷制品制造	5.12
塑料人造革、合成革制造	5.24
锯材、木片加工	6.59
木制品制造	6.76
木质家具制造	6.82
塑料家具制造	6.84
钟表与计时仪器制造	6.99
竹、藤、棕、草制品制造	7.32
乐器制造	7.52
其他仪器仪表的制造及修理	7.74
核辐射加工	7.82
砖瓦、石材及其他建筑材料制造	8.53
非金属废料和碎屑的加工处理	8.53
竹、藤家具制造	10.92

2. 总量控制指标

包括行业地均能耗、行业地均水耗，如表 5-16 和表 5-17 所示。

细分行业地均能耗　　　　　　　　表 5-16

序号	类别	地均能耗（tce/万 m²）
1	合成材料制造	2906.89
2	塑料人造革、合成革制造	1975.42
3	电子器件制造	1625.11
4	水泥、石灰和石膏的制造	1466.71
5	专用化学产品制造	1072.55
6	电子计算机制造	1051.06
7	玻璃及玻璃制品制造	940.75
8	塑料包装箱及容器制造	750.02
9	金属丝绳及其制品的制造	728.22
10	塑料薄膜制造	721.98
11	电子元件制造	712.24
12	电池制造	694.39

5.3 产业绿色化的门槛值

续表

序号	类别	地均能耗（tce/万 m²）
13	日用塑料制造	667.74
14	矿山、冶金、建筑专用设备制造	653.92
15	泡沫塑料制造	632.68
16	塑料零件制造	593.33
17	金属铸、锻加工	592.14
18	搪瓷制品制造	589.77
19	金属表面处理及热处理加工	534.61
20	家用视听设备制造	498.43
21	通信设备制造	471.33
22	塑料丝、绳及编织品的制造	469.54
23	汽车制造	457.81
24	水泥及石膏制品制造	410.29
25	陶瓷制品制造	405.49
26	船舶及浮动装置制造	402.46
27	其他电气机械及器材制造	373.04
28	其他塑料制品制造	368.55
29	文化、办公用机械制造	365.91
30	塑料板、管、型材的制造	362.14
31	石墨及其他非金属矿物制品制造	353.61
32	锅炉及原动机制造	347.69
33	涂料、油墨、颜料及类似产品制造	343.31
34	其他金属制品制造	342.07
35	光学仪器及眼镜制造	337.64
36	轴承、齿轮、传动和驱动部件的制造	328.16
37	日用杂品制造	324.72
38	砖瓦、石材及其他建筑材料制造	323.04
39	集装箱及金属包装容器制造	321.99
40	游艺器材及娱乐用品制造	315.18
41	家用电力器具制造	307.01
42	照明器具制造	299.62
43	电线、电缆、光缆及电工器材制造	295.02
44	日用化学产品制造	292.76
45	雷达及配套设备制造	281.61
46	人造板制造	267.52
47	耐火材料制品制造	262.99
48	医疗仪器设备及器械制造	257.67
49	电子和电工机械专用设备制造	254.30
50	起重运输设备制造	236.63
51	文化用品制造	229.40
52	其他未列明的制造业	228.87
53	交通器材及其他交通运输设备制造	207.98
54	电机制造	205.13

续表

序号	类别	地均能耗（tce/万 m²）
55	其他电子设备制造	204.80
56	通用零部件制造及机械修理	203.29
57	摩托车制造	197.05
58	体育用品制造	188.81
59	通用仪器仪表制造	183.99
60	航空航天器制造	183.14
61	金属工具制造	182.83
62	泵、阀门、压缩机及类似机械的制造	179.69
63	铁路运输设备制造	178.99
64	非电力家用器具制造	176.53
65	输配电及控制设备制造	176.25
66	化工、木材、非金属加工专用设备制造	168.25
67	印刷、制药、日化生产专用设备制造	164.46
68	广播电视设备制造	160.24
69	玩具制造	157.43
70	环保、社会公共安全及其他专用设备制造	154.33
71	金属家具制造	146.57
72	农、林、牧、渔专用机械制造	144.98
73	纺织、服装和皮革工业专用设备制造	136.04
74	风机、衡器、包装设备等通用设备制造	130.16
75	结构性金属制品制造	128.76
76	非金属废料和碎屑的加工处理	128.03
77	不锈钢及类似日用金属制品制造	127.40
78	专用仪器仪表制造	124.46
79	烘炉、熔炉及电炉制造	117.32
80	建筑、安全用金属制品制造	113.31
81	钟表与计时仪器制造	112.51
82	自行车制造	110.23
83	塑料家具制造	108.07
84	金属加工机械制造	105.07
85	木制品制造	99.05
86	核辐射加工	96.90
87	煤制品制造	96.67
88	金属废料和碎屑的加工处理	96.07
89	食品，饮料．烟草及饲料生产专用设备制造	94.92
90	其他家具制造	75.84
91	工艺美术品制造	74.17
92	乐器制造	63.90
93	木质家具制造	62.76

5.3 产业绿色化的门槛值

续表

序号	类别	地均能耗（tce/万 m²）
94	竹、藤家具制造	62.31
95	竹、藤、棕、草制品制造	49.22
96	锯材、木片加工	38.13
97	其他仪器仪表的制造及修理	34.79

细分行业地均水耗　　表 5-17

序号	类别	地均水耗（m³/万 m²）
1	电子器件制造	60327.02
2	电子计算机制造	37003.56
3	塑料人造革、合成革制造	31883.49
4	电子元件制造	29718.42
5	金属表面处理及热处理加工	21829.65
6	日用杂品制造	20615.30
7	电池制造	19783.40
8	合成材料制造	18576.40
9	专用化学产品制造	18236.53
10	玻璃及玻璃制品制造	15856.87
11	起重运输设备制造	14551.60
12	通信设备制造	14185.50
13	船舶及浮动装置制造	13973.41
14	光学仪器及眼镜制造	13463.35
15	航空航天器制造	13030.22
16	家用视听设备制造	12960.29
17	金属丝绳及其制品的制造	11840.56
18	日用化学产品制造	11445.51
19	其他未列明的制造业	11419.61
20	医疗仪器设备及器械制造	11246.49
21	游艺器材及娱乐用品制造	10687.50
22	水泥及石膏制品制造	10647.71
23	雷达及配套设备制造	10445.98
24	汽车制造	10338.14
25	塑料包装箱及容器制造	10297.37
26	塑料零件制造	10197.31
27	非金属废料和碎屑的加工处理	9888.73
28	其他金属制品制造	9637.09
29	家用电力器具制造	9543.43
30	锅炉及原动机制造	9281.53

续表

序号	类别	地均水耗（m³/万 m²）
31	日用塑料制造	9126.84
32	涂料、油墨、颜料及类似产品制造	8691.77
33	金属铸、锻加工	8485.33
34	泡沫塑料制造	8287.69
35	其他电气机械及器材制造	8127.87
36	纺织、服装和皮革工业专用设备制造	7990.68
37	照明器具制造	7906.28
38	矿山、冶金、建筑专用设备制造	7836.45
39	电线、电缆、光缆及电工器材制造	7831.89
40	塑料丝、绳及编织品的制造	7550.90
41	其他塑料制品制造	7542.82
42	集装箱及金属包装容器制造	7441.56
43	交通器材及其他交通运输设备制造	7274.30
44	钟表与计时仪器制造	7161.35
45	塑料薄膜制造	7134.22
46	通用仪器仪表制造	7038.98
47	文化、办公用机械制造	6933.56
48	摩托车制造	6918.26
49	印刷、制药、日化生产专用设备制造	6817.84
50	电子和电工机械专用设备制造	6804.61
51	非电力家用器具制造	6766.88
52	其他电子设备制造	6742.33
53	搪瓷制品制造	6740.71
54	玩具制造	6719.61
55	输配电及控制设备制造	6643.14
56	广播电视设备制造	6553.54
57	通用零部件制造及机械修理	6473.31
58	体育用品制造	6465.28
59	塑料板、管、型材的制造	6369.96
60	不锈钢及类似日用金属制品制造	6171.29
61	泵、阀门、压缩机及类似机械的制造	6113.33
62	自行车制造	6066.08
63	煤制品制造	6020.00
64	农、林、牧、渔专用机械制造	5960.39
65	轴承、齿轮、传动和驱动部件的制造	5774.89
66	环保、社会公共安全及其他专用设备制造	5755.40
67	耐火材料制品制造	5729.28

续表

序号	类别	地均水耗（m³/万 m²）
68	金属工具制造	5645.01
69	文化用品制造	5578.51
70	化工、木材、非金属加工专用设备制造	5398.20
71	风机、衡器、包装设备等通用设备制造	5285.10
72	电机制造	5219.68
73	陶瓷制品制造	5177.55
74	石墨及其他非金属矿物制品制造	5168.59
75	金属家具制造	4806.55
76	人造板制造	4570.92
77	金属加工机械制造	4552.48
78	食品、饮料、烟草及饲料生产专用设备制造	4500.02
79	工艺美术品制造	4446.28
80	烘炉、熔炉及电炉制造	4416.65
81	建筑、安全用金属制品制造	4360.64
82	其他家具制造	4139.78
83	木制品制造	3813.14
84	核辐射加工	3680.80
85	乐器制造	3641.72
86	木质家具制造	3537.42
87	专用仪器仪表制造	3496.74
88	铁路运输设备制造	3461.98
89	砖瓦、石材及其他建筑材料制造	3372.31
90	结构性金属制品制造	3344.62
91	竹、藤、棕、草制品制造	2671.26
92	水泥、石灰和石膏的制造	2331.33
93	锯材、木片加工	2159.89
94	金属废料和碎屑的加工处理	1962.50
95	竹、藤家具制造	1622.01
96	其他仪器仪表的制造及修理	1526.02
97	塑料家具制造	1339.29

本章参考文献

[1] 刘迎秋，吕风勇. 中国宏观经济运行报告（2012 中国社会科学院财经战略研究院报告）. 北京：社会科学文献出版社，2012.

[2] 张建国，谷立静. 我国绿色建筑发展现状、挑战及政策建议. 中国能源，2012，34（12）：19-24.

[3] 仇保兴. 我国绿色建筑发展和建筑节能的形势与任务. 城市发展研究，2012，19（5）：1-7.

[4] 孙大明，邵文晞. 当前中国绿色建筑增量成本统计研究. 动感（生态城市与绿色建筑），2010（4）：

43-49.
- [5] 马素贞, 孙大明, 邵文晞. 绿色建筑技术增量成本分析. 建筑科学, 2010, 26 (6): 91-94.
- [6] 梁俊强, 梁浩, 张峰等. 发展绿色产业_引领绿色经济发展. 建设科技, 2012 (17): 20-26.
- [7] 梁浩, 张峰, 梁俊强. 中国经济实现绿色转型的重要引擎——绿色产业规划与发展. 城市发展研究, 2012, 21 (10): 13-17.
- [8] 吴硕贤. 推行绿色建筑—促进节能减排—改善人居环境. 中国科学院院刊, 2011, 26 (4): 443-445.
- [9] 陆大道, 姚士谋. 中国城镇化进程的科学思辨. 人文地理, 2007 (4): 1-5.
- [10] 中华人民共和国国民经济和社会发展第十二个五年规划纲要. 北京: 人民出版社, 2011.
- [11] 温家宝. 政府工作报告—2013年3月5日在第十二届全国人民代表大会第一次会议上. 北京: 人民出版社, 2013.
- [12] 温家宝. 政府工作报告—2012年3月5日在第十一届全国人民代表大会第五次会议上. 北京: 人民出版社, 2012.
- [13] 住房和城乡建设部科技发展促进中心. 绿色建筑评价技术指南. 北京: 中国建筑工业出版社, 2010.
- [14] 国家统计局固定资产投资统计司. 中国建筑业统计年鉴2011. 北京: 中国统计出版社, 2012.

第6章 绿色生态城区的资源分析

6.1 无穷的太阳能只能有限的利用

6.1.1 我国太阳能资源条件

根据中国气象局风能太阳能资源中心发布的《中国风能太阳能资源年景公报——2014年》[1]可知，2014年全国地表平均水平面总辐射年辐照量约为1492.6kWh/m²，较近10年（2004~2013年）平均值偏少约8.1kWh/m²，为近10年来次小年。全国太阳能资源总量等级见表6-1。

中国太阳能资源总量等级 表6-1

名称	分级阈值（kWh/m²）	地域
最丰富	≥1750	青海大部、西藏中西部、甘肃西部、内蒙古西部，新疆东部及四川西部部分地区
很丰富	1400~1750	华北北部、新疆大部、甘肃中东部大部、宁夏、陕西北部、青海南部和东部、西藏东部、四川西部、云南大部及海南等地区
丰富	1050~1400	东北大部、华北南部、黄淮、江淮、江汉、江南及华南大部分地区
一般	<1050	四川东部、重庆、贵州中东部、湖南中西部、湖北西部地区

《中国风能太阳能资源年景公报——2014年》同时指出，与近10年相比，2014年全国大部分地区陆地表面评价水平面总辐射较往年偏低，其中重庆、贵州东部、湖南北部以及长江中下游一带一般偏少5%以上；全国仅有新疆西区及北部、西藏西部、辽宁、吉林、云南、海南、广东、江西、福建等地偏多，其中云南大部分地区偏多5%以上。

虽然2014年由于云量和霾日数的增多，导致我国地表评价水平面上的太阳总辐射量略有减少，但太阳能作为一种可再生的新能源，具有清洁、环保、持续、长久等优势，已成为应对能源短缺、气候变化与节能减排的重要选择之一，其大规模利用可有效减少对化石能源的依赖，其发展前景被各国看好。

6.1.2 太阳能建筑利用形式分析

太阳能应用是建筑节能设计的主要手段，因为太阳能是一种取之不尽、用之不竭的可再生能源，也是人类可利用的最丰富的能源。一般来讲，每一栋建筑都或多或少地受到太阳的辐射，经过良好设计和达到优化利用太阳能的建筑可以很好地实现建筑节能。利用太阳能减少建筑能耗和改善建筑室内环境是建筑技术发展的一个重要方向，图6-1总结和分析了太阳能在建筑中应用的综合策略。

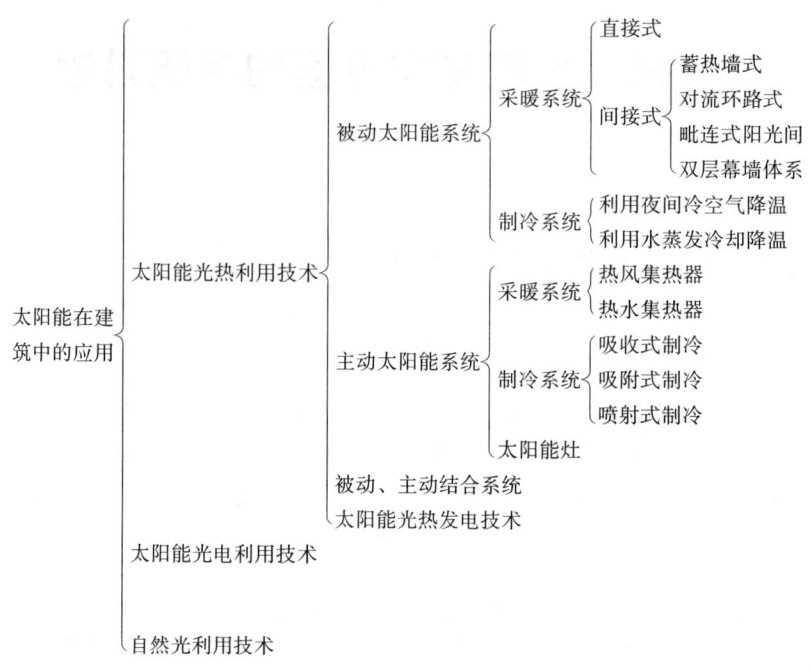

图 6-1　太阳能在建筑中应用的综合策略

被动式太阳能利用通过建筑朝向和周围环境的合理布置，内部空间和外部形体的巧妙处理，以及建筑材料和结构、构造的恰当选择，使其在冬季能采集、保持、贮存和分配太阳能，从而解决建筑物的供暖问题，在夏季又能遮蔽太阳辐射，散逸室内热量，从而使建筑物降温，达到冬暖夏凉的目的。主动式太阳能定义为用太阳能代替以往驱动冷暖空调设备的热源，用一些特殊的装置来收集热辐射，并将其转化为有效的热能和电能的形式，从而用于建筑的供暖和制冷。太阳能光电技术就是利用太阳能组件将太阳能转变为电能，目前，光电池和建筑围护结构一体化设计，是光电利用技术的发展方向。

6.1.3　建筑光热可利用资源潜力评估方法

1. 太阳能光热资源开发利用潜力计算方法

在规划设计阶段，基于需求侧出发的城区建筑可利用太阳能光热利用计算方法如式（6-1）和式（6-2）所示。

$$E_{sth} = \sum_{i=1}^{12} \min[E_{sth}, E_{hwd}] = \sum_{i=1}^{12} \min\left[\frac{Q_0 \times \lambda_{sth} \times \gamma_{sth} \times \eta_{sth} \times \nu \times A_e}{\nu/\rho}, E_{hwd}\right] \quad (6-1)$$

$$E_{hwd} = L_{hw} \times (\nu \times A_e) \quad (6-2)$$

式中　E_{sth}——太阳能光热利用资源量，kJ；

Q_0——太阳能年辐射量，kJ/（m² · a）；

ν——容积率；

ρ——建筑密度；
λ_{sth}——屋顶面积可使用率；
γ_{sth}——太阳能热水集热器面积与水平面的面积之比；
η_{sth}——太阳能热水器光热效率；
E_{hwd}——生活热水实际需求量，kJ；
A_e——建筑用地面积，m^2；
L_{hw}——单位面积生活热水能耗，kJ/m^2。

2. 案例分析

以上海有生活热水需求的居住建筑为例，计算太阳能光热利用潜力，具体设定条件如下：

（1）建筑平均层高为12层；
（2）生活热水能耗以统计数据为基准，即为0.20kgce/(m^2·月)；
（3）设太阳能热水集热器面积与水平面的面积之比为0.5；
（4）太阳能集热器光热效率为0.5；
（5）屋顶利用率40%。

基于上面的设定条件和式（6-1）和式（6-2），可得到上海居住建筑太阳能光热利用潜力，具体分析如表6-2和图6-2所示，由分析结果可知，本案例中4~9月由太阳能热水系统产生的生活热水量大于实际生活热水需求量，这些月份的太阳能光热系统的有效热水需求量是按照实际需求量来计算的；而在11月、12月、1~3月，由太阳能热水系统产生的生活热水量小于实际生活热水需求量，这些月份的太阳能光热系统的有效热水需求量是按照太阳能光热系统实际产生的生活热水需求量来计算的。因此，本案例的太阳能光热系统的全年产生的有效生活热水需求量占生活热水需求量的92%。

特定情景下的相关计算数据　　　　表6-2

月份	1月	2月	3月	4月	5月	6月	7月	8月	9月	10月	11月	12月	总计
月总辐射（MJ/m^2）	224.9	308.8	326.3	436.4	518	470.3	489.7	430.8	457.4	375.9	265.2	274.9	
太阳能生活热水产生量[kgce/(m^2·月)]	0.13	0.18	0.19	0.25	0.29	0.27	0.28	0.25	0.26	0.21	0.15	0.16	2.61
生活热水统计需求量[kgce/(m^2·月)]	0.20	0.20	0.20	0.20	0.20	0.20	0.20	0.20	0.20	0.20	0.20	0.20	2.40
太阳能热水实际使用量[kgce/(m^2·月)]	0.13	0.18	0.19	0.20	0.20	0.20	0.20	0.20	0.20	0.20	0.15	0.16	2.21
太阳能光热利用效率						—							92%

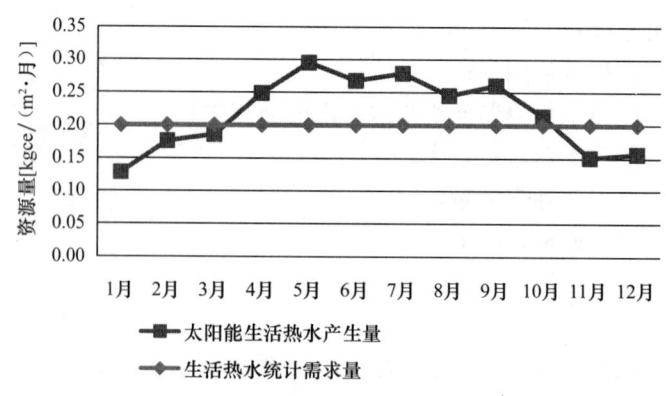

图 6-2 太阳能资源月可利用资源量分析示意图

6.1.4 建筑光伏可利用资源潜力评估方法

1. 建筑光伏发电系统资源潜力计算方法

在规划设计阶段,建筑光伏发电利用资源潜力评估计算方法如式(6-3)和式(6-4)所示。

$$E_{sth} = \sum_{i=1}^{12} \min[E_{PV}, E_{ed}] = \sum_{i=1}^{12} \min\left[\frac{Q_0 \times \lambda_{PV} \times \eta_{PV} \times \kappa \times \nu \times A_e}{\nu/\rho}, E_{ed}\right] \quad (6-3)$$

$$E_{ed} = L_e \times (\nu \times A_e) \quad (6-4)$$

式中 E_{PV}——太阳能光伏发电资源量,kJ;

Q_0——太阳能年辐射量,kJ/(m²·a);

ν——容积率;

ρ——建筑密度;

λ_{PV}——屋顶面积可使用率,%;

η_{PV}——太阳能光电转换效率,%;

κ——太阳能光电效率修正系数;

A_e——建筑用地面积,m²;

E_{ed}——建筑实际电耗量,kJ;

L_e——建筑单位面积电耗,kJ/m²。

2. 案例分析

以上海办公建筑群为例,计算太阳能发电资源利用潜力,具体设定条件如下:

(1) 设定建筑平均层高为 12 层;

(2) 建筑耗电以统计数据为基准,本案例取值为 2.5kgce/(m²·月);

(3) 太阳能光电效率修正系数 0.5;

(4) 太阳能光电转换效率为 0.14;

(5) 屋顶利用率 40%。

基于上面的设定条件和式(6-3)和式(6-4),可得到上海办公建筑光伏发电利用潜力,具体分析如表 6-3 和图 6-3 所示。由分析结果可知,5 月份光伏发电占建筑总用电比例最高为1.7%，1月份光伏发电占建筑总用电比例最低为0.7%，全年光伏发电系统发电量占建筑总用电量的1.2%。

建筑光伏发电可利用资源潜力评估　　　　　　　　　　表6-3

月份	1月	2月	3月	4月	5月	6月	7月	8月	9月	10月	11月	12月	总计
月总辐射（MJ/m²）	224.9	308.8	326.3	436.4	518	470.3	489.7	430.8	457.4	375.9	265.2	274.9	
月光伏发电量（kgce/m²）	0.018	0.025	0.026	0.035	0.041	0.037	0.039	0.034	0.036	0.030	0.021	0.022	0.365
月建筑耗电量（kgce/m²）	2.5	2.5	2.5	2.5	2.5	2.5	2.5	2.5	2.5	2.5	2.5	2.5	30
光伏发电占建筑电耗比例	0.7%	1.0%	1.0%	1.4%	1.7%	1.5%	1.6%	1.4%	1.5%	1.2%	0.8%	0.9%	1.2%

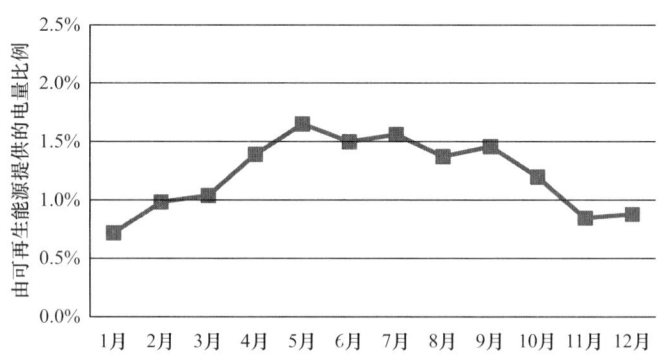

图6-3　光伏发电系统各月发电量占建筑总用电量的比例

6.1.5 太阳能利用相关标准及政策

1. 相关标准

为了更好地支撑我国太阳能资源的利用，在建筑行业编制了一系列的相关标准、规范和技术规程，主要包括基础标准、评价专用标准、部品与系统通用标准、部品与系统专用业标准，具体如表6-4所示。

太阳能利用相关标准、规范和技术规程　　　　　　　表6-4

类别	名　　称
基础标准	《太阳能热利用术语》GB/T 12936—2007
评价专用标准	《可再生能源建筑应用工程评价标准》GB/T 50801—2013
	《民用建筑太阳能热水系统评价标准》GB/T 50604—2010
部品与系统通用标准	《民用建筑太阳能光伏系统应用技术规范》JGJ 203—2010
	《民用建筑太阳能应用技术规程（热水系统分册）》DGJ 08—2004A—2006
	《民用建筑太阳能应用技术规程（光伏发电系统分册）》DG/TJ 08—2004B—2006
	《民用建筑太阳能空调工程技术规范》GB 50787—2012
	《地源热泵系统工程技术规范》GB 50366—2009
	《地源热泵系统工程技术规程》DG/TJ 08—2119—2013

续表

类别	名称
部品与系统专用标准	《被动式太阳能建筑技术规程》JGJ/T 267—2012
	《太阳能供热采暖工程技术规范》GB/T 50495—2009
	《太阳能空气集热器技术条件》GB/T 26976—2011
	《太阳能空气集热器性能使用方法》GB/T 26977—2011
	《带辅助能源的太阳能热水系统（储水箱容积大于 0.6m³）技术规范》GB/T 29158—2012
	空气源热泵辅助的太阳能热水系统（储水箱容积大于 0.6m³）技术规范 GB/T 26973—2011
	《家用太阳能热水系统能效限定值即能效等级》GB 26969—2011
	《太阳能光伏照明装置总技术规范》GB 24460—2009
	《家用太阳能光伏电源系统技术条件和试验方法》GB/T 19064—2003
	《光伏建筑一体化系统运行与维护规范》JGJ/T 264—2012

2. 相关政策

我国制定了系统的能源利用政策，其中《能源发展战略行动计划（2014-2020）》和《可再生能源发展"十二五"规划》都明确指出我国可再生能源利用规划目标。前者指出到 2020 年，一次能源消费总量控制目标为 48 亿 tce，煤炭消费总量控制在 42 亿 t 左右。国内一次能源生产总量达到 42 亿 tce，能源自给能力保持在 85% 左右；在能源结构方面，至 2017 年非化石能源消费比重提高到 13%，天然气（不含煤制气）消费比重达到 9% 以上，煤炭消费比重降至 65% 以上。后者指出扩大可再生能源的应用规模，促进可再生能源与常规能源体系的融合，显著提高可再生能源在能源消费中的比重；全面提升可再生能源技术创新能力，掌握可再生能源核心技术，建立体系完善和竞争力强的可再生能源产业；到 2015 年全部可再生能源的年利用量达到在能源消费中的比重达到 9.5% 以上。

同时，国家及各地都制定了系列的财政补贴政策用于激励太阳能利用系统的发展，尤其是光伏发电系统，具体财政政补贴政策如表 6-5 所示。

光伏发电系统财政补贴政策统计 表 6-5

序号	政策	补贴
国家	发展改革委发布《关于发挥价格杠杆作用促进光伏产业健康发展的通知》	0.42 元/kWh
浙江	《关于进一步加快光伏应用促进产业健康发展的实施意见》	0.42 元/kWh+0.12 元/kWh
山东	《关于上报 2013 年分布式光伏发电项目及 2014 年实施方案的通知》	在国家的基础上有所提高
上海	《上海市可再生能源和新能源发展专项资金扶持办法》（沪发改能源〔2014〕87 号）	个人：0.42 元/kWh+0.4 元/kWh 企业：0.42 元/kWh+0.25 元/kWh
安徽	《合肥市光伏发电项目建设及政策资金兑现导则》	0.42 元/kWh+0.25 元/kWh+2 元/峰瓦
江西	《加快推进全省光伏发电应用工作方案》	0.42 元/kWh+0.2 元/kWh，补贴 20 年；万家屋顶光伏发电示范工程：0.42 元/kWh+3 元/WP

6.2 城区用风力发电现实吗？

6.2.1 我国风能资源条件

1. 我国风能资源分析

风是一种地球上的自然现象，风是由太阳辐射热所引起的。当阳光照射到地表，由于地表各处受热不相同产生了温差，从而引起了大气的对流形成风。风力发电原理就是把风的动能转变成机械能，进而把机械能转化为电能的过程。2014年，我国70m高度年平均风速与平均风功率密度如图6-4所示，其中全国年平均风功率密度大于或等于150W/m^{2}的区域面积约为483万km^2（见表6-6）。

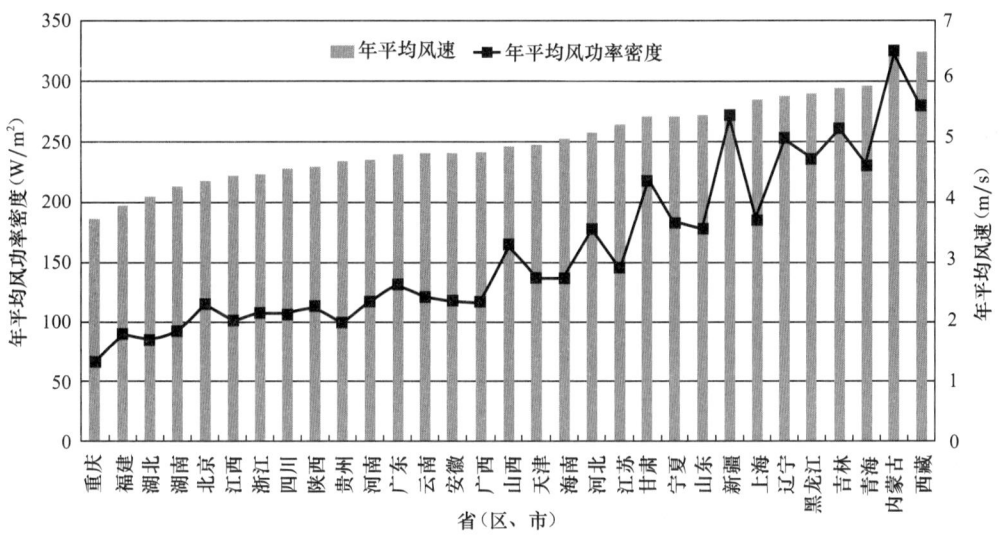

图6-4 2014年省（区、市）陆面70m高度年平均风速与平均风功率密度

2014年我国陆地70m高度年平均风功率密度≥150W/m^2 区域面积 表6-6

序号	省（市、区）	总面积（万km^2）	序号	省（市、区）	总面积（万km^2）
1	内蒙古	101.3	13	山西	6.0
2	新疆	90.9	14	广东	4.9
3	西藏	82.1	15	广西	4.6
4	青海	43.9	16	陕西	4.3
5	黑龙江	38.3	17	宁夏	2.6
6	甘肃	21.8	18	江苏	2.3
7	吉林	15.9	19	贵州	2.1
8	辽宁	11.5	20	湖南	1.8
9	四川	10.0	21	河南	1.7
10	云南	10.0	22	浙江	1.6
11	山东	8.8	23	江西	1.6
12	河北	8.3	24	福建	1.5

续表

序号	省（市、区）	总面积（万 km²）	序号	省（市、区）	总面积（万 km²）
25	安徽	1.3	29	上海	0.5
26	湖北	1.0	30	天津	0.3
27	海南	1.0	31	北京	0.3
28	重庆	0.6	32	全国	483.0

注：不含港澳台的数据。

2. 我国风力发电装机容量分析

风力发电的核心在于风力发电机组，风力发电机组主要包括有风轮、发电机、塔架、限速装置和储能装置等部件。目前风力发电机运行的情况为：一般在风速 2.7m/s 的情况下产生电能，在 25m/s 时达到额定功率，保持持续发电风速为 40m/s，当风速达到 70m/s 即达到风机的切出风速。

风电将成为我国能源主要来源之一，在节约资源、改善生态环境，促进社会、经济和谐可持续发展中将做出巨大贡献。截至 2010 年年底，我国累计装机超 100 万 kW 的省份超过 10 个，超过 200 万 kW 的 7 个，内蒙古无论新增还是累计装机容量均位居全国第 1。我国 2008～2013 年风电新增装机容量和并网容量如图 6-5 所示。

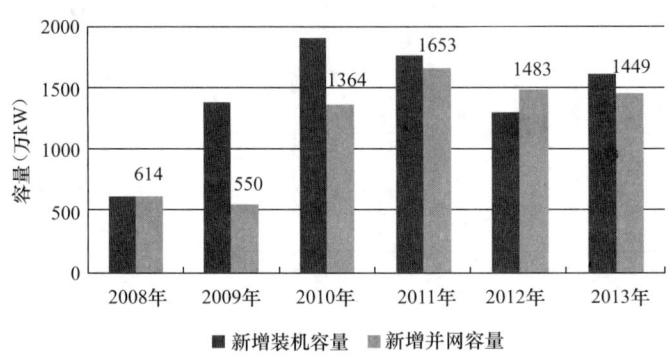

图 6-5 2008～2013 年我国风电发展情况

3. 我国城区风环境特点

自然界中的风速随着高度的增加而增加，随着城市规模的扩大，建筑物的布局日趋集中，城市中的高层建筑物受到楼群风的影响越发明显。在高层建筑周围的风环境特点一般为：当楼群风受到高层建筑物的阻挡，其大部分向上和向两侧穿过，而另一股则顺建筑物向下到达地面，被分成左右两侧，一股形成侧面的角流疾风，另外一股汇入了建筑背面风区，进而形成涡旋风，这样城市上空的高速气流就被建筑引向地面，加大了地面的风速，因此在人行高度上形成穿堂风、角流风、涡流风等楼群风。具体特点分析如下所示：

（1）逆风，是指气流受到高层建筑阻挡反刮所致，由下降气流而造成的大风。在高处高能量的气流受到了高层建筑的阻挡，从上至下在建筑物迎风面处形成了垂直方向的漩涡，从而造成了局部的风速加大。特别是与高层建筑迎风方向相邻的低层建筑物在来流风的流动城区内，此区域内的漩涡气流会很剧烈。为避免受到逆风气流影响，尽可能避免在建筑物正对来流风的场地城区内设置建筑物。

（2）分流风，是指来流风受到建筑物的阻挡，由于气流分离而产生的流速减小的区域，同时使得建筑物两侧的风速明显增大。为避免受到分流风影响，尽可能在高层建筑物受风部位两侧不设其他建筑。

（3）下冲风，是指越过建筑物屋顶的气流在建筑物背风面下降而产生的气流。一般建筑物背风面的气流比较紊乱，为避免受到影响，在建筑背风面也不宜设建筑物。

（4）穿堂风，是指气流通过建筑物开口部位，由于建筑物两边的压力差，形成的强劲气流。一般穿堂风会造成风速的突然增大，在建筑排布中需要谨慎留洞。除以上几点之外，风作为流体也会在城区建筑物的不同密度，不同排布间距和排列方式的情况下产生不同的影响。

6.2.2 城区建筑风能利用方式

在建筑环境中利用风能，目前研究较多的主要是三种方式：

1. 在建筑物顶上放置风机利用屋顶上较大的风速，进行风力发电

目前常用的风力发电机是垂直轴风力发电机，其特点主要表现为三个方面：一是垂直轴风力发电机的风轮旋转轴垂直于地面，它的结构也更简化；二是垂直轴风力发电机可以在低风速环境下启动，噪声低，为静音式风力发电机，它比同类型风力发电机效率要高10%~30%；三是垂直轴风力发电机的安全性也相对较高，抵抗台风的能力强，不会受风向改变的影响。当今垂直轴风力发电机的发展使得风力发电结合建筑已经成为了可能。

2. 将建筑物设计为风力集中器形式，利用风在吹过建筑物时的风力集结效应，将风能加强进行风力发电

风能集中器是在建筑物中为了安装风力机组的位置而选用的三种基本空气动力学模型。第一种是非流体型风力集中器，将风力发电机组放在建筑物的屋顶，利用建筑物屋顶上较大的风速进行发电；第二种是平板型风力集中器，在板式建筑物的中间部位放置风力发电机组，利用穿过建筑物中间部位洞口的穿堂风进行发电；第三种是扩散体型风力发电集中器，将两个建筑物互相紧靠布置，把风力发电机放置在两个建筑物夹缝之间，利用夹道间的疾风进行发电。

3. 城市建筑表皮材料风能收集

城市建筑物表皮的材料不断创新是建筑节能设计的最有效、最直接的方式。高层建筑的表皮是风能容易收集的关键部位。风能利用与建筑表皮融合的材料创新涵盖双层建筑外表皮的围护结构层、室内通风、采光及城市环境绿化技术。双层建筑外表皮的围护结构层主要通过相应的调整使得最外层能够保证建筑室内的空间获得正常的通风以及采光条件，进而提高室内居住的舒适度，此时也能降低建筑物能源消耗，同时也不同程度上化解了自然采光与风能利用之间的矛盾[2]。瑞典斯德哥尔摩设计建造一座环保摩天大楼，大楼覆盖着纤细"稻草"状纤维，随风飘动产生电能，它不仅是一个风力发电站，还可以在夜间发光，呈现一道美丽景观，即兼具风力发电站和城市景观双重功能，该楼计划在2030年建成[3]。

4. 案例分析

巴林世界贸易中心（也称巴林贸易中心或BWTC）是一座高240m、双子塔结构的建筑物，大楼位于巴林首都麦纳麦，由南非建筑师肖恩·奇拉设计，2008年4月完工。巴林世贸中心是世界上首座将风力发电机组与大楼融为一体的摩天大楼。这座大楼的亮点是双子塔之间16层（61m）、25层（97m）和35层（133m）处所装置的重达75t的跨越桥梁和三座直径29m的风力发电涡轮机。风帆一样的楼体形成两座楼之前的海风对流，从而加速了风速。这三台发电风车每年约能提供1200MWh（120万度）的电力，大约相当于300个家庭的用电量，可支持大楼所需用电的11%～15%。这三台发电风车满负荷时的转子速度为38r/min，通过安置在引擎舱的一系列变速箱让风电机可以1500r/min的转速运行发电。在风力强劲或需求转入停顿状态时，翼片的顶端便会向外推出。这三座风机能承受的最大风速是80m/s，且可经受住4级飓风（风速69m/s以上）[4]，如图6-6所示。

图6-6　巴林世贸中心大厦风力发电系统❶

图片来源：http：//www.e-architect.co.uk/images/jpgs/bahrain/bahrain_world_trade_centre_atkins200209.jpg，
　　　　　http：//images.takungpao.com/2013/0807/20130807025157837.jpg。

6.2.3　城区风力发电资源量评估方法

1. 计算方法

风力发电量可根据场地的风功率密度分布情况规划风能资源密度和可开发利用面积，然后结合场地年可发电小时数，对场地风力发电资源量进行估算，具体计算方法见式（6-5）。

$$E_w = A \times \eta_w \times P_v \times T_v \times 10^{-3} \tag{6-5}$$

式中　E_w——某高度风力发电机的年发电量，kWh；
　　　A——风能资源分布面积，m²；
　　　η_w——可开发面积率，%；
　　　P_v——在有效风速v下风功率密度，W/m²；
　　　T_v——场地有效风速v下的年累计小时数，h。

2. 案例分析

以某城市为例，陆地70m高度年平均风功率密度≥200W/m²的城区面积约为900km²，可开发面积率约为1%，年可发电小时数约为2000h，则该城市的70m高度风力发电机的年发电量约为3600GWh。

6.2.4　城区风力发电相关标准及政策

1. 风力发电标准

国内外关于风力发电的标准较为完善，总结统计后主要包括国家标准、电力行业标准、机械行业标准、农业标准、IEC标准、AGMA美国齿轮制造商协会标准、ARINC美

---

❶　彩图见本书附录1。

国航空无线电设备公司标准、ASTM 美国材料和实验协会标准、NF 风力发电法国标准等方面的标准，具体如下：

国家标准标准《离网型户用风光互补发电系统第 1 部分：技术条件》GB/T 19115.1—2003；

风力发电行业标准《风力发电场设计技术规范》DL/T 5383—2007；

风力发电机械行业标准《离网型风力发电机组用控制器第 1 部分：技术条件》JB/T 6939.1—2004；

风力发电农业标准《小型风力发电系统安装规范》NY/T 1137—2006；

风力发电 IEC 标准《Wind turbine generator systems-part 21：Measurement and assessment of power quality characteristics of grid connected wind turbines》（IEC 61400—21）（风力发电系统-并网风力电能质量测量和评估）；

风力发电 NF 法国标准《Wind turbines - Part 2：design requirements for small wind turbines》（NF C57-700-12-1-2006）（风力涡轮机 第 2 部分：小型风力涡轮机试验要求）等。

2. 国内风力发电政策

为了鼓励我国风力发电行业的发展，国家和地方都出台了相关政策来支撑风力发电行业的发展，如表 6-7 所示。

我国风力发电相关政策 表 6-7

地方	政策	补贴
国家	发展改革委发布《国家发展改革委关于完善风力发电上网电价政策的通知》	I～IV 类资源区，标杆上网电价分别为 0.51 元/kWh、0.54 元/kWh、0.58 元/kWh 和 0.61 元/kWh
内蒙古	发展改革委发布《国家发展改革委关于完善风力发电上网电价政策的通知》	风电厂 0.28 元/kWh，同时，CDM 项目实施，风电厂可以再得到 0.1 元/kWh 的补贴
山东	《关于运用价格政策促进可再生能源和节能环保发电项目健康发展的通知》	在 2013～2015 年风力发电项目上网电量在国家标杆电价 0.61 元/kWh+0.06 元/kWh
上海	《上海市可再生能源和新能源发展专项资金扶持办法》（沪发改能源［2014］87 号）	陆上风电：0.1 元/kWh；海上风电：0.2 元/kWh；光伏电站：0.3 元/kWh

6.3 生物质发电：有多少秸秆够你烧？

6.3.1 生物质能资源种类及城区分布

1. 生物质能源资源种类

生物质能资源种类繁多，来源十分广泛。根据来源的不同，可以将生物质能资源分为林业资源、农业资源、生活污水和工业有机废水、城市固体废物及畜禽粪便 5 大类。本节中所涉及的生物质能资源主要包括农作物秸秆和林木生物质，不包括工业有机废弃物、畜禽粪便和能源作物等。

（1）农业生物质资源

农业生物质资源包括农作物、农业生产剩余物（如农作物秸秆，包括玉米秸秆、高粱秸秆、麦秸和稻草等）和农产品经过加工后产生的废弃物（如稻壳、玉米芯、甘蔗渣、花生壳和棉籽壳等加工剩余物）。农产品加工剩余物与农作物的产量有密切的关系，农作物产量高的地区，一般具有丰富的农产品剩余物资源。

（2）林业生物质资源

林业生物质资源包括森林生物质以及林产品生产和加工过程所产生的剩余物。林业剩余物主要包括采伐剩余物（枝丫、树梢、树叶、树皮、树根及藤条和灌木等）、选材剩余物（指选材截头）和加工剩余物（板皮、板条、木竹截头、锯屑、碎单板、木芯、木块、刨花和边角余料等）。

2. 我国秸秆资源量城区分布

我国是世界第一秸秆大国，2005 年我国秸秆资源城区分布如表 6-8 所示，在全国 8 大区中，长江中下游区和黄淮海区秸秆总产量最高，年产量各约占全国的 1/4；其次为东北区和西南区，两区合计约占全国的 1/4；再次为华南区和西北干旱区，两区合计约占全国的 1/5；黄土高原区秸秆较少，占全国的 5.73%；青藏高原区最少，仅占全国的 0.43%。

我国秸秆资源密度城区分布，秸秆资源密度即秸秆资源分布密度是指一定城区内平均单位土地面积的全年秸秆总产量，其数值大小可反映一个地区的秸秆资源丰富程度。2005 年，我国平均秸秆资源密度为 88.55t/km²，其中黄淮海区秸秆资源密度最高，为 380.53t/km²。单位面积耕地秸秆产量即耕地秸秆单产是指一定城区内平均单位面积耕地的全年秸秆总产量，其数值大小可反映一个地区耕地的秸秆综合生产能力。2005 年，我国平均耕地秸秆产量为 6896kg/km²，其中黄淮海区秸秆资源密度最高，为 9106t/km²。通过分析我国秸秆资源城区分布，为生物质发电空间利用提供指引。

2005 年我国 8 大区秸秆产出水平[5]　　　　表 6-8

分区	秸秆资源密度 (t/km²)	耕地秸秆单产 (kg/km²)	秸秆播面单产 (kg/km²)	人均秸秆产量 (kg/人⁻¹)	秸秆总产量 (万 t)	占全国比例 (%)	分区范围
全国	88.55	6896	5414	644	84183.12	100	全国
东北区	143.48	5334	6032	1056	11360.96	13.50	辽宁、吉林、黑龙江
黄淮海区	380.53	9106	5989	725	20519.31	24.37	北京、天津、河北、河南、山东
长中下游区	125.93	8670	5153	559	20901.03	24.83	上海、江苏、浙江、安徽、江西、湖北、湖南
华南区	134.44	8351	5322	446	7750.76	9.21	福建、广东、广西、海南
西南区	96.58	5765	4571	535	10871.97	12.91	重庆、四川、贵州、云南
黄土高原区	62.94	3758	4116	497	4825.16	5.73	山西、陕西、甘肃
西北干旱区	26.51	6187	6869	1529	7587.78	9.01	内蒙古、宁夏、新疆
青藏高原区	1.91	4055	5145	446	366.16	0.43	西藏、青海

6.3.2 生物质发电现状

目前全球秸秆发电行业正在快速发展，对于我国，作为一个农业大国，秸秆资源丰富，每年产生的农作物秸秆总量超过 6 亿 t，其中一半以上可以作为能源进行利用。同时，国家发展改革委发布的《可再生能源中长期发展规划》明确，到 2020 年，农林生物质发电总装机容量达到2400MW。秸秆发电技术经过多年的发展日趋成熟，我国秸秆发展项目也相继建设，根据2014年国家能源局发布的数据，生物质发电新增装机容量90万kW，累计装机容量超过940万kW[6]。其中秸秆发电是生物质发电的一个重要组成部分，2014年我国各个省份建设的秸秆发电项目如下分析[7]：

2014年长春市现有秸秆发电项目3个，其中，华能长春生物质热电厂利用农作物秸秆作为发电燃料，能源利用效率接近90%，年处理秸秆20余万t，年节约标准煤量8.5万t；吉林农安生物质发电厂年发电3亿kWh，利用秸秆30万t；国能德惠生物发电有限公司秸秆发电项目，每年也可利用秸秆20余万t。

哈尔滨总投资约40亿元的中德秸秆发电项目、中核新能源废弃物处理与污水处理项目以及中节能沼气等三大农业循环经济项目预计2016年6月陆续开建，达产后可年处理秸秆40万t（超过双城年秸秆产量的10%）、畜禽粪便40万t，并可产出大量沼气和生物质发电等清洁能源。

江苏宿迁市通过招商先后在三县两区建设5个秸秆发电厂，其中泗阳县、宿豫区和宿城区的秸秆发电厂都已投入使用，其余两个正在建设之中。三家投入使用的秸秆发电厂年利用秸秆达到40万t左右，占秸秆总量的11%左右。2014年2月，湖北黄冈市龙感湖农场的湖北天勤能源开发有限公司已并入国家电网运行，该项目利用秸秆发电，总投资2.13亿元，占地面积200亩，所发电每年能减少二氧化碳排放20余万t，节约标准煤11万t，利用发电余热供气年节约标准煤2.08万t；该项目更能造福龙感湖及周边农民。这组发电机每天需要废弃物棉秆、谷壳等生物质近200t。

6.3.3 生物质发电资源潜力评估方法

1. 秸秆和农作物加工剩余物能源资源量

秸秆和农作物加工剩余物能源资源量的资源潜力计算方法如式（6-6）所示。

$$E_{CR} = \sum_{i=1}^{n} Q_{CR_i} \cdot r_{CR_i} \cdot \eta_{CR_i} \cdot \lambda_{CR_i} \tag{6-6}$$

式中 E_{CR}——农作物残余物能源资源量，kJ；

Q_{CR_i}——第i种农作物产量，kg；

r_{CR_i}——第i类农作物的谷草比系数，见表6-9；

η_{CR_i}——第i类农作物残余物的能源折算系数，kJ/kg，见表6-9；

λ_{CR_i}——第i类农作物残余物作为能源利用的可获得系数，秸秆作为能源利用的可获得系数为50%。

表6-9 部分农作物的谷草比和秸秆的能源折算系数（kJ/kg）

项目	水稻	小麦	玉米	豆类	棉花	薯类	油菜	甘蔗	麻类	其他谷物
r_{CR_i}	1	1.1	3	1.7	3	1	3	0.1	1.7	1.6
η_{CR_i}	12556	14637	15486	15896	15896	14227	15486	12910	14637	1464

2. 薪柴和林木生物质能实物量计算

森林抚育剩余物资源量的能源资源潜力分析计算方法如式（6-7）所示。

$$E_{FR} = \sum_{i=1}^{n} Q_{FR_i} \cdot r_{FR_i} \cdot \eta_{FR_i} \cdot \lambda_{FR_i} \tag{6-7}$$

式中 E_{FR}——林木/薪柴的能源资源量，kJ；

Q_{FR_i}——第 i 种林木/薪柴的资源量，kg；

r_{FR_i}——第 i 种林木/薪柴资源的折算系数，见表 6-10；

η_{FR_i}——第 i 种林木/薪柴的能源转换系数，林木/薪柴的能源转换系统可取为 16715kJ/m³；

λ_{FR_i}——第 i 种林木/薪柴的能源可利用系数，薪柴的能源可利用系数为 40%。

林木/薪柴资源的折算系数　　　　表 6-10

种类	薪炭林	采伐剩余物	森工加工剩余物	抚育间伐量	四旁林	竹材加工剩余物	小杂竹、灌木、果木等
r_{FR_i}	100%	40%	34.4%	100%	100%	34.4%	10%
折重	1170kg/m³	1170kg/m³	900kg/m³	900t/m³	2kg/株	5kg/株	—

6.3.4　生物质能发电相关标准及政策

1. 生物质能发电标准

和煤相比，秸秆资源分布高度分散，而且单位质量、体积的能量密度远低于煤，运输成本偏高，不适合长距离运输，只能够就近利用。因此，我国在大力推广秸秆发电技术、加速实现秸秆资源化利用时，需要高度重视秸秆机组的布局问题，确保每一座建设的秸秆直燃发电机组都能够获得充足的秸秆资源。这一点的实现需要两方面的政策措施予以保障：一是只在农业发达、秸秆产量集中地区批准建设秸秆电厂；二是根据规划电厂的容量和当期农业发展情况科学估算秸秆年需求量和原料需求辐射半径，确保不同电厂的原料辐射范围不重合，避免出现争燃料的情况。另外，农业、财政、工商等部门还需要抓紧研究有效的补贴和监管等措施，确保电厂能够以合理的价格获得秸秆，同时激发农民收割和出售秸秆的积极性。

我国于 2012 年 10 月 1 日起开始执行《秸秆发电厂设计规范》GB 50762，该规范适用于单机容量为 30MW 及以下，以硬质秸秆（棉花、大豆及树枝、木材加工下脚料）、软质秸秆（玉米、小麦、水稻、高粱、甘蔗等）及农作物籽实外壳、林作物籽实外壳和木屑等碎料辅助燃料为燃料的新建或扩建秸秆发电厂的设计。该规范为秸秆发电厂的规范化设计提供重要依据。

2. 生物质能发电政策

秸秆发电是一种重要的生物质能源发电方式，在可再生能源发电行业中具有重要地位，因此国家和地方先后出台了系列政策来鼓励生物质能发电，如表 6-11 所示。

生物质能发电政策统计　　　　表 6-11

地方	政策	补贴
国家	生物质发电：《关于完善农林生物质发电价格政策的通知》（发改价格 [2010] 1579 号）	农林生物质发电项目统一执行 0.75 元/kWh（含税）的标杆上网电价
	生物质发电：《国家发展改革委关于完善垃圾焚烧发电价格政策的通知（发改价格 [2012] 801 号）》	垃圾焚烧发电项目统一执行 0.65 元/kWh（含税）的标杆上网电价
	沼气工程：《绿色能源示范县建设补助资金管理暂行办法》（财建 [2011] 113 号）	对年产量 10 万 m³ 以上的项目给予补贴，补助资金用于沼气提纯处理设施、储气罐、输送管网建设等

续表

地方	政策	补贴
上海	《关于本市推进农作物秸秆综合利用实施方案》（沪府办发［2011］4号）	对收购上海市秸秆并实施秸秆综合利用的单位，按照实际秸秆收购量给予200元/t的资金补贴，对实施秸秆综合利用项目，给予固定资产投资额30%的资金补贴
安徽	《关于对农作物秸秆发电实施财政奖补的意见》	水稻秸秆每吨补贴50元左右，小麦秸秆每吨补贴40元左右，其他农作物秸秆如油菜、玉米、豆类等每吨补贴30元左右

6.4 垃圾发电：敏感而困难的选择

6.4.1 国内外垃圾发电现状

随着城市进程的加快，市区人口日益增多，城市垃圾总量正以惊人的速度增加。一方面越来越多的城市陷入"垃圾围城"的尴尬境地；另一方面地下资源日趋枯竭。垃圾焚烧发电就是在这种背景下应运而生的。垃圾焚烧发电是一项高科技垃圾处理技术，既可对垃圾进行无害化、减量化处理，又可以利用垃圾焚烧产生高温蒸汽发电，实现废弃资源的综合利用。通过垃圾焚烧发电，过去的废弃物现在被认为是最具开发潜力，永不枯竭的"城市矿藏"。国内外都展开系列的研究与应用（见图6-7）。

1. 国外垃圾发电现状

目前，全世界约有35个国家和地区投入运行的生活垃圾焚烧厂近2100座，其中垃圾电厂900多座，年生活垃圾焚烧量约1.65亿t[8]。欧洲选择包括垃圾焚烧发电技术、生化处理等方式，进一步削减生活垃圾填埋量，即绝大部分垃圾必须通过焚烧处理后才能进行填埋。日本生活垃圾处理主要以焚烧为主，埋填处理仅占4.3%。美国生活垃圾年焚烧处理比例约为15%[9]。

全世界900多座垃圾焚烧发电厂中，最大单机容量达10万kW，其中德国有78座，美国有近400座。例如，美国某垃圾发电站的发电能力高达10万kW，每天处理垃圾60万t。现在，德国的垃圾发电厂每年还要花巨资从国外进口垃圾。科学家测算，垃圾中的有机可燃物等所含的热值高，焚烧2t垃圾产生的热量约相当于1t煤的热量。照此计算，如果我国能将垃圾充分有效地用于发电，每年将节省煤炭5000万～6000万t。

2. 我国垃圾发电现状

我国垃圾焚烧发电虽起步较晚，但发展迅速。1988年深圳建立我国第一座引进日本三菱进口设备和技术的垃圾发电厂——深圳市政环卫综合处理厂，日处理垃圾3×150t，装机容量4MW。2000年珠海建立第一座以国产设备为主的垃圾发电厂——珠海垃圾发电厂（日处理垃圾3×200吨，装机容量6MW）。随后，浙江宁波、杭州、上海浦东和浦西、山东菏泽、广东南海、山西太原、重庆、湖南长沙、天津、广州等多个城市的垃圾发电厂相继建成。

目前，我国已有28个省、自治区及直辖市的大中小城市建成了约140座垃圾发电厂

（含已建成的、在建的和已报批的）。据专家预计，到2020年我国将新增垃圾发电装机容量330万kW左右，按每千瓦4500元的设备造价计算，我国垃圾发电市场容量为约149亿元人民币[10]。

图6-7　垃圾焚烧发电厂示意图

图片来源：http://www.lhjs.gov.cn/UploadFiles/jscj/ljfsfdc.jpg，http://www.jinyuhua.com/upimg/projects3/3_3.JPG。

6.4.2　我国垃圾发电存在的问题及对策

我国垃圾发电存在的问题分析如下：

一是垃圾发电产业的政策扶持有待完善。目前，垃圾处理产业的法制化、规范化还处于一个缓慢的上升阶段。国家的鼓励政策在不少地方尚未得到有效落实，企业对项目投资存在很大风险。国家对垃圾发电的产业政策，从定位上要将它确定为一个新能源产业，一个环保产业，一个要重点扶持的产业，而且要产业化，其内容广泛涉及垃圾焚烧处理技术，环保排放标准，鼓励和扶持垃圾焚烧发电等各个方面。不仅要有相对的完整性，而且政策规定越来越具体、越来越全面、越来越容易实施。垃圾发电行业在国外许多发达国家迅猛发展的一个重要原因就是政府不断加大政策扶持和补贴力度。在我国不少地方，虽然提倡垃圾发电产业，规定支持环保企业，实际上却没有实施细则，缺乏足够的政策保障，仅有的一些补贴优惠政策，也难以落到实处，税务部门的减免税名录也没收入垃圾发电企业，垃圾发电厂要交纳各种税负，负担较重，这是我国发展垃圾发电产业近20年难以迅猛发展的一个重要原因。

二是垃圾发电缺少产业的中近期、中远期发展规划。我国在垃圾焚烧发电厂的建设和管理方面缺乏经验，许多城市在筹建垃圾焚烧发电厂时，并没有制定具有前瞻性的统一规划布局政策，也缺乏有力的行业扶持政策，各行政区可以自行规划和建设垃圾焚烧发电厂，其投资主体、筹资方式、工艺技术选择和建设标准尚未建立，加上布局的不合理，给项目的后续经营管理和技术选型等都带来诸多问题，不利于形成规模化产业。

三是管理部门互相推诿严重。在我国，涉及垃圾处理的主管部门有4~5家。其中焚烧发电属于新能源，归发展改革部门主管；而从行业主管部门来说，则是住房和城乡建设管理部门；处理设施的建设需要用地，不能侵占基本农田和土地，涉及国土资源管理部门；从环保排放角度看，则是环境保护管理部门；如果是其他垃圾处理方式，如生物堆肥处理，还涉及农业部门。部门众多，协调效果还未实现统一。

四是垃圾发电技术尚待突破。目前，在国内垃圾发电项目的推进过程中，垃圾发电技术相对落后，在设备制造、工艺流程、安装调试、运行管理的各个层面提供的技术标准和专业规范有待完善，迫切需要推动具有自主知识产权关键技术的研发[11]。

五是垃圾燃烧排放污染物成分复杂。在对生活中的垃圾进行焚烧的过程中产生的二氧化碳是最近这几年国际上主要关注的问题，二氧化碳等一些温室气体可以在很大程度上促进全球气候变暖，垃圾焚烧过程中除了产生大量的二氧化碳外，还会产生二噁英、重金属等各种有害物质，能不能对这些排放污染物进行有效控制决定着垃圾焚烧发电技术的应用前景。今后应对合理的技术以及管理办法进行应用，控制好垃圾焚烧发电过程中的污染物排放。

六是垃圾成分复杂且含水量高。我国缺少对垃圾进行分类的投入，缺少设施，对垃圾进行回收的体系不健全，产业体系不成熟等一些问题都没有得到彻底解决。没有采取强制措施对垃圾的分类工作进行推动，没有合理的法律对其进行规定，没有进行全民的宣传教育。往往是粗放的对垃圾进行回收和倾倒，所以垃圾里的水分非常高，这种现象在夏季最明显，有的含水量可以达到65%，导致垃圾的热值较低，这都对垃圾的焚烧利用带来了困难。虽然通过一些处理可以将垃圾的热值提高到4MJ/kg，但这仍不到国外的1/3。国外的有关规定表明，如果垃圾的热值没有到5MJ/kg就不可以建设垃圾电厂。因为我国的垃圾热值比较低，在对垃圾进行焚烧发电的过程中必须要有燃油以及燃煤等进行助燃，这大大增加了优质燃料的消耗。

我国垃圾发电应对策略包括：

一是健全城市生活垃圾管理体系。垃圾发电需要"口粮"保障，政府和垃圾发电企业都有责任引导城市生活垃圾的分类收集，垃圾供应的质量和数量直接影响垃圾焚烧发电项目的运营。城市垃圾是混合体，其组分热分解温度不同，形状也不同，操作控制困难，不同季节的垃圾，其成分、水分经常变化，焚烧产生的热值也不稳定。因此，建立与当前经济相适应的城市生活垃圾管理体系，实现从垃圾收集、垃圾运输到垃圾处置全过程的管理体制改革和运作机制创新，是解决我国城市生活垃圾并使垃圾发电产业健康发展的根本途径。

二是制定垃圾发电的技术标准和专业规范。加快制定垃圾发电的技术标准和专业规范，在设备制造、工艺流程、安装调试、运行管理的各个层面提供明确的技术标准和专业规范，推动具有自主知识产权关键技术的研发。垃圾焚烧方式主要有炉排炉、循环流化床和回转炉三种技术，国内目前已经投入运行或在建的很多城市垃圾发电厂，采用的大多是国外引进的炉排炉技术，而清华大学和浙江大学则主要以研究循环流化床技术见长。当前技术发展的重点，是要加大对现有本土垃圾焚烧发电技术和国产设备的鉴定总结和推广使用，尤其是那些国内现有的已经经过实践证明是成功的垃圾焚烧发电技术和国产设备，应及时、系统地拿出权威性评审意见，尽快使之标准化。

三是完善垃圾发电相应优惠政策及法律法规。各发达国家都针对各自的垃圾发电制定了相应的优惠政策，可以说，在世界范围内，没有优惠政策和各种补贴，垃圾发电难以产业化。我国应尽快完善与垃圾电站相关的法律、法规以及与之相关的设计、制造的规程、规范。只有明确了垃圾分类回收的办法并实施，才能为垃圾的无害化处理创造良好的条件。只有明确了垃圾发电的各种投资、税收、补贴等政策，垃圾发电才能走上规范化轨道，相关的设备制造业也才能跟进，从而推动整个行业有序、健康发展。我国垃圾处理费的补贴较低，这给垃圾发电行业带来负面影响，使准备涉足该行业的投资人不敢进入，已经进入的投资人则生存困难。如果补贴不能弥补企业成本的话，势必将对企业的积极性产生影响，企业就会出现"偷工减料"、以煤充垃圾的问题。

四是加强政府监管，提高垃圾发电企业的公信力。公众对垃圾发电信任缺失，不断引发对垃圾发电项目争议，这一方面和群众健康和环境意识不断提高有关，另一方面也和政府监管不到位有关。目前监管不到位是造成矛盾激化的主要原因。

因此，加强政府的监管职能，就是要按照垃圾焚烧有关技术参数和污染物排放控制标准实施行业监管，政府对企业污染物排放的环保指标要不断与国际接轨，以环境效益、社会效益为垃圾发电产业的发展方向。

6.4.3 垃圾发电资源潜力评估方法

垃圾发电资源潜力的评估方法如式（6-8）所示：

$$E_{MSW} = \frac{G_{MSW} \times Q_{LHV} \cdot \eta_{MSW}}{3.6} \tag{6-8}$$

式中 E_{MSW}——垃圾焚烧发电量，kWh；

G_{MSW}——进焚烧炉的垃圾量，kg；

Q_{LHV}——进焚烧炉的垃圾热值，kJ/kg，在没有具体垃圾热值时可以参考表6-12估算出当地的垃圾热值；

η_{MSW}——垃圾焚烧发电转换效率，其取值可以参考表6-13。

垃圾热值估算方法系数　　　　　　　　　　　　　　　　　　　表6-12

基准值（kJ/kg 垃圾）	6280			
影响因素分类	一类	二类	三类	四类
城市人口数（万人）	>1000	500-999	200-499	<200
城镇居民人均消费水平（元/a）	>15000	12000-14999	8000-11999	<8000
年降水量（mm/a）	>1500	1000-1499	500-999	<500
城市人口数影响系数	1	0.95	0.9	0.85
城镇居民人均消费水平影响系数	1	0.95	0.9	0.85
年降水量影响系数	0.85	0.9	0.95	1

垃圾焚烧炉规模与发电效率的关系　　　　　　　　　　　　　　表6-13

垃圾焚烧炉规模（吨垃圾/d）	>1000	600-999	200-599	<200
发电转换率	0.256	0.244	0.233	0.221

6.4.4 垃圾发电相关标准及政策

1. 相关产业政策与标准

国家制定了系列垃圾发电相关产业政策和标准（见表6-14），来鼓励支持垃圾发电行业的发展，具体分析如下：

2008年，环境保护部《关于进一步加强生物质发电项目环境影响评价管理工作的通知》（环发［2008］82号），指出"切实做好生物质发电项目的选址和论证工作。对二噁英排放浓度应参照执行欧盟标准（现阶段为0.1TEQng/m³）；在大城市或对氮氧化物有特殊控制要求的地区建设生活垃圾焚烧发电项目，应加装必要的脱硝装置，其他地区必须预留脱除氮氧化物空间。"

2010年，住房和城乡建设部《关于印发〈生活垃圾处理技术指南〉的通知》（建城［2010］61号），指出"焚烧处理设施占地较省，稳定化迅速，减量效果明显，生活垃圾臭味控制相对融入，焚烧余热可以利用。"

2011年，国务院批转住房城乡建设部等部门《关于进一步加强城市生活垃圾处理工作意见的通知》（国发［2011］9号），明确指出"全面推广废旧商品回收利用、焚烧发电、生物处理等生活垃圾资源化利用方式。土地资源紧缺、人口密度高的城市要优先采用焚烧处理技术。"

2012年，国务院办公厅关于印发《"十二五"全国城镇生活垃圾无害化处理设施建设规划的通知》（国办发［2012］23号），指出"到2015年，全国城镇生活垃圾焚烧处理设施能力达到无害化处理总能力的35%以上，其中东部地区达到48%以上。"、"东部地区、经济发达地区和土地资源短缺、人口基数大的城市，要减少原生生活垃圾填埋量，优先采用焚烧处理技术；其他具备条件的地区，可通过城区共建共享等方式采用焚烧处理技术。"

垃圾发电行业的相关标准规范统计　　　　　　　　　　　　　　表6-14

序号	标准规范名称	备注
1	《生活垃圾焚烧污染控制标准》GB 18485—2001	现行
2	《生活垃圾填埋场污染控制标准》GB 16889—2008	现行
3	《垃圾发电厂运行指标评价规范》	在编
4	《垃圾发电厂危险源辨识及评价规范》	在编
5	《垃圾发电站监控系统技术规范》	在编
6	《垃圾发电站焚烧飞灰二噁英降解技术规程》	在编
7	《垃圾发电站灰渣处理技术规范》	在编
8	《垃圾发电站渗滤处理设施技术规范》	在编
9	《垃圾发电站干法烟气净化系统技术规范》	在编

2. 垃圾发电的相关财政政策

我国制定了系列的有关垃圾发电的投资政策，包括营业税免征政策、投资抵免政策、运营补贴政策等，具体分析如下：

2005年，《国家税务总局关于垃圾处置费征收营业税问题的批复》（国税函［2005］1128号），指出"单位和个人提供的垃圾处置劳务不属于营业税应税劳务，对其处置垃圾取得的垃圾处置费，不征收营业税。"

2007年，《中华人民共和国企业所得税实施条例》第一百条规定：企业所得税法第三十四条所称税额抵免，是指企业购置并实际使用《节能节水专业设备企业多的税优惠目录》规定的环境保护、节能节水、安全生产等专用设备的，该专用设备的投资额的10%可以从企业当年的应纳税额中抵免。

2012年3月28日《国家发展改革委关于完善垃圾焚烧发电价格政策的通知》(发改价格[2012]801号),指出以生活垃圾为原料的垃圾焚烧发电项目,均先按其入厂垃圾处理折算成上网电量进行结算,每吨生活垃圾折算上网电量暂定为280kWh,并执行全国统一垃圾发电标杆电价每千瓦时0.65元;其余上网电量执行当地同类燃煤发电机组上网电价。

6.5 土壤源热泵:将大地当作蓄电池

6.5.1 土壤源热泵系统工作原理及分类

1. 土壤源热泵系统的工作原理

热泵就是通过消耗一定的高位能,把不能直接使用的低位热能(空气、水、土壤、太阳能及废热等)经过提升后转换成有用热能,从而可达到节约一部分高位能(煤、石油、天然气及电能等)的装置;通常输入1份的高位能,通过热泵提升后可得到3~4份的有用热能,根据所使用的低位热源的不同,热泵可分为空气源热泵、土壤源热泵、水源热泵、太阳能热泵等。

土壤源热泵是热泵的一种,它是利用地下土壤作为热泵低位热源的热泵系统,其构成主要包括三套管路系统:室外管路系统、热泵工质循环系统及室内空调管路系统,与一般热泵系统相比,其不同之处主要在于室外管路系统是由埋设于土壤中的聚乙烯塑料盘管构成,该盘管作为换热器,在冬季作为热源从土壤中取热,相当于常规空调系统的锅炉;在夏季作为冷源向土壤中放热,相当于常规空调系统中的冷却塔。其工作原理为:夏季空调时,室内的余热经过热泵转移后通过埋地换热器释放于土壤中,同时蓄存热量,以备冬季供暖用;冬季供暖时,通过埋地换热器从土壤中取热,经过热泵提升后,供给供暖用户,同时,在土壤中蓄存冷量,以备夏季空调用。

2. 土壤源热泵系统的分类

根据埋管方式的不同,土壤源热泵可分为水平埋管、垂直埋管和螺旋型埋管三大类,其布置形式如图6-8所示,各个系统的特点见表6-15。

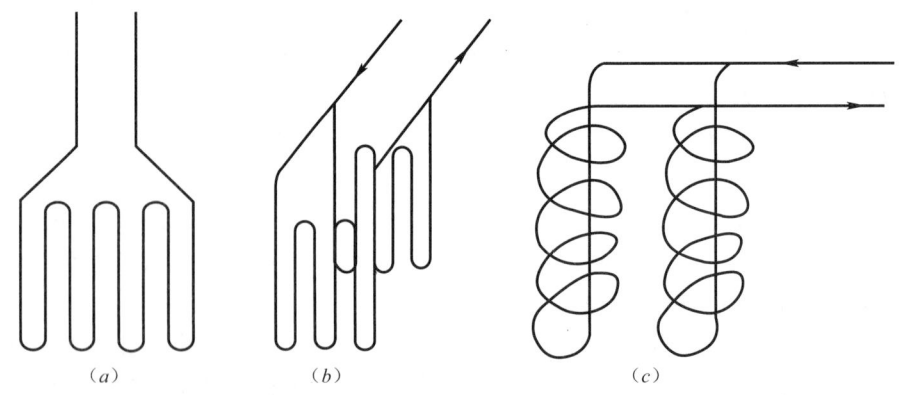

图6-8 地源热泵埋管形式
(a)水平埋管;(b)垂直埋管形式;(c)螺旋型埋管形式

6.5 土壤源热泵：将大地当作蓄电池

土壤源热泵系统的分类及特点　　　　表 6-15

	形式	使用条件	优点	缺点
土壤源热泵系统	水平埋管	适合于有足够空闲场地的地方，其埋管深度通常在 1.2～3m，常采用单层或多层串、并联水平平铺埋管	施工方便、造价低	换热器传热效果差、受地面温度波动影响较大、热泵运行不稳定，同时占地面积也较大（一般为供暖面积的 2 倍左右）
	垂直埋管形式	适合于 10～100m 埋深的 U 形垂直埋管或套管	占地面积小、深层土壤的全年温度比较稳定、热泵运行稳定	初投资（钻孔土建费用等）较高（一般占到系统总投资的 50% 左右）
	螺旋型埋管形式	该形式结合了水平埋管和垂直埋管的优点	占地面积少、安装费用低，	管道系统结构复杂、管道加工困难，且系统运行阻力大，能耗偏高

在实际工程中，垂直埋管方式中的 U 形与套管应用得最多，其单孔形式如图 6-9 所示，套管型换热器比 U 形管换热器的换热效率高约 25%～35%。

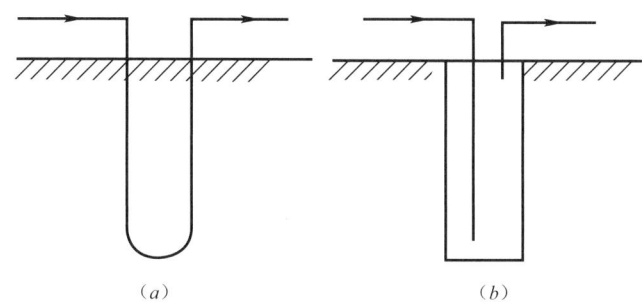

图 6-9　垂直埋管的两种形式
(a) U 形管；(b) 套管

6.5.2 土壤源热泵系统资源潜力评估方法

土壤源热泵系统的能源资源潜力评估方法的相关定义和计算公式如式（6-9）所示。

$$Q_{GS} = \frac{A_{GS}}{L_{GS} \times L_{GS}} \times q_{GS} \times h_{gs} \times t_{GS} \times \min\left[\frac{EER_{GS}}{EER_{GS}+1}, \frac{COP_{gs}}{COP_{GS}+1}\right] \quad (6-9)$$

式中　Q_{GS}——土壤源热泵系统资源潜力，kWh；

A_{GS}——可埋管土地面积，即规划建筑用地城区内适合安装地埋管换热器的土地面积，m^2；

L_{GS}——竖直埋管钻孔间距，一般要求为 4～6m，m；

q_{GS}——单位井深换热量概算，W/m；

h_{gs}——埋管深度，m；

t_{GS}——全年当量运行小时数，h；

EER_{GS}——土壤源热泵系统的制冷能效比；

COP_{gs}——土壤源热泵系统的制热能效比。

6.5.3 土壤源热泵系统相关标准及政策

1. 地源热泵系统的相关标准

标准是技术发展的基础和保障,随着地源热泵技术在我国的广泛应用,国家及地方主管部门编制了系列的标准规范用于指导该技术的推广应用,相关标准规范如表6-16所示。

我国地源热泵系统的主要标准   表6-16

分类	名　　称
国家标准	《地源热泵系统工程技术规范》GB 50366—2005 《地源热泵系统工程技术规范》GB 50366—2009（修订版）
行业标准	《地源热泵系统用聚乙烯管材及管件》CJ/T 317—2009 《城镇地热供热供热工程技术规程》CJJ 138—2010 《农村小型地源热泵供暖供冷工程技术规范》CECS 313：2012 《地源热泵系统地埋管换热器施工技术规程》CECS 344：2013 《地源热泵式沼气发酵池加热技术规程》CECS 339：2013
地方标准	《天津市地埋管地源热泵系统应用技术规程》DB/T 29—178—2010 河北省《地源热本系统节能监测规范》DB13/T 1348—2010 江苏省《地源热泵系统监测技术规程》DGJ 32/TJ 130—2011 《天津市地源热泵地下储能系统建设运行技术规程》DB12/T 469—2012 《福建省地源热泵系统应用技术规程》DBJ/T 13—156 《地源热泵系统工程技术规程》DG/TJ 08—2119—2013
其他标准	《地热资源地质勘查规范》GB/T 11615—2010 《水源热泵机组》GB/T 19409—2003 《地面沉降监测技术要求》DD 2006—02

2. 地源热泵系统的相关政策

随着土壤源热泵系统的发展,国家及地方制定了系列的补贴政策来激励土壤源热泵系统的发展,具体政策如表6-17所示。

地源热泵系统发展相关政策   表6-17

地方	政　策
天津	地源热泵按照供冷（热）面积给予30～50元/m^2 的财政补助,最高补助不超过200万元
青岛	鼓励海水源热泵、污水源热泵、土壤源热泵、空气源热泵和其他电供热项目建设谷电储能设施,按核定储能设施建设成本的50%给予补贴,最高不超过1000万元
重庆	利用可再生能源热泵机组的空调,按照机组额定制冷量补贴800元/kW,利用可再生能源提供生活热水的高温热泵机组,按照机组额定热量补贴900元/kWh
合肥	地源热泵项目补贴60元/m^2,综合利用太阳能与地源热泵补贴90元/m^2
宜昌	土壤源热泵应用补贴50元/m^2,太阳能采暖空调和地源热泵太阳能一体化集成技术应用补贴65元/m^2

6.5.4 土壤源热泵的运行能效现状

1. 寒冷地区土壤源泵系统的运行现状

事实上,寒冷地区使用土壤源热泵系统的能效和节能量实际调查研究显示,地埋管地源热泵系统的整体应用效果不佳,具体项目间应用效果差异大;冬季供暖能效水平较低,没有达到《可再生能源建筑应用工程评价标准》GB/T 50801—2013 中土壤源热泵系统制热性能系数及能效级别的 1 级标准（见图 6-10）。夏季供冷则呈现两极化，制冷性能优异和极差的项目并存。

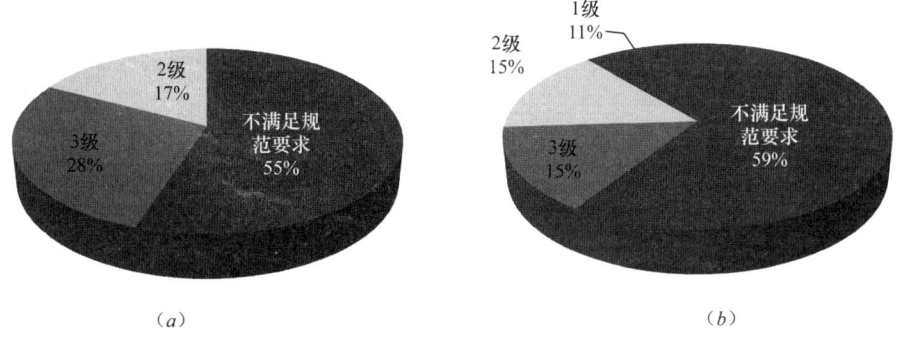

图 6-10　土壤源热泵系统制热性（制冷）性能系数及能效级别分布[12]
(a) 制热性能系数及能效级别分布；(b) 制冷性能系数及能效级别分布

2. 夏热冬冷地区土壤源热泵系统的运行现状

夏热冬冷地区的典型土壤源热泵系统项目的制热和制冷性能系数如图 6-11 所示。参考《可再生能源建筑应用工程评价标准》GB/T 50801—2013 中土壤源热泵系统制热性能系数及能效级别，夏热冬冷地区土壤源热泵系统冬季供暖能效偏低，没有达到 1 级的项目，3 个项目位于 2 级范畴，4 个项目位于 3 级范畴；夏季供冷效率差异较大，有 1 个项目能达到 1 级，有的项目刚刚满足规范要求，5 个项目位于 3 级范畴。

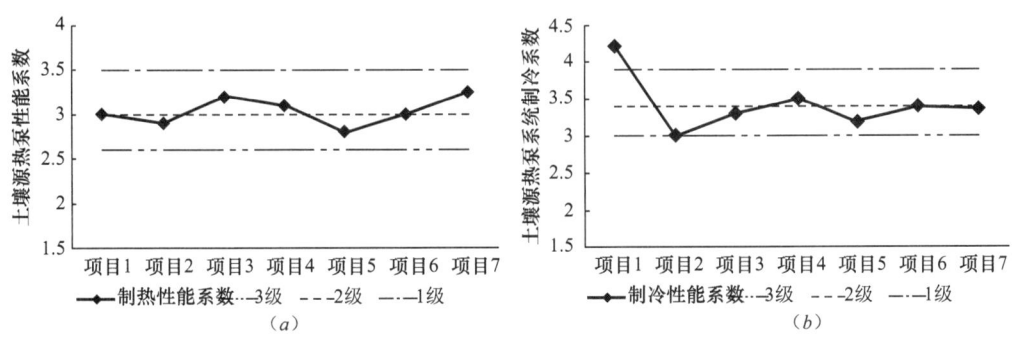

图 6-11　上海土壤源热泵系统制冷（制冷）性能系数及能级级别分布
(a) 制热性能系数及能效级分布；(b) 制冷热性能系数及能效级分布

注：项目 1 至项目 6 为上海建筑科学研究院研究结果，为单体项目；项目 7 的数据为多个项目的平均结果[13]

3. 我国土壤源热泵系统整体能效级别较低的主要原因

（1）项目策划阶段对土壤源热泵系统的建筑使用性的认知级别较低，不仔细分析负荷组成及类别就一窝蜂地上土壤源热泵系统，造成系统的实际运行效率较低。

（2）设计对土壤作为季节蓄能体的理解不够，沿用了在规划阶段采用地埋管换热器单位延米换热量进行资料量评估的方法，不能对整个冬夏运行过程中的累积吸排热量作正确的动态计算。

（3）施工中操作不当，导致地埋管换热器埋深不足、回填不实、水力输配系统失调等问题，降低了低温热源侧的换热能力。

（4）运行管理中出水温度设置不合理及大流量小温差运行，造成地埋管地源热泵系统能效比的下降。

因此，土壤源热泵的实际效果与项目策划、设计、施工和使用息息相关，各个环节都需要进行精细化的研究论证和优化，粗放型的项目注定运行能效性能低下而无法实现节能减排。

6.6 水源热泵：流动的冷热源

6.6.1 水源热泵系统工作原理及分类

1. 工作原理

水源热泵系统以地下水或地表水为低温热源，由水源热泵机组、地热能交换系统、建筑物内系统组成的供热空调系统。根据地热能交换系统形式的不同，水源热泵系统分为地下水源热泵系统和地表水地源热泵系统，其中地表水源热泵又分为江水源、河水源、湖水源、海水源、污水源热泵系统（见图6-12）。

水源热泵根据对水源的利用方式的不同，可以分为闭式系统和开式系统两种。闭式系统是指在水侧为一组闭式循环的换热盘管（该组盘管一般水平或垂直埋于地表水中）通过与湖水或海水换热来实现能量转移；开式系统是指从地下或地表中抽水后经过换热器直接排放的系统。水源热泵无论是在制热还是制冷过程中均以水为热源和冷却介质，即用切换工质回路来实现制热和制冷的运行。水作为热泵制热（制冷）过程的介质，满足以下两个条件即可利用：一是水的温度在7~35℃之间；二是水量要充足。水源水可以是各种工业和民用废水、生活用水、海水、江水、河水等，甚至是各种工业余热。

图6-12 地表水源热泵示意图

2. 三大水源热泵系统的介绍

一是地下水源热泵类型，主要包括深井蓄热型地下水热泵系统和低温地热水水源热泵系统。深井蓄热型地下水热泵系统采用"冬灌夏用"、"夏灌冬用"的地下水使用技术，在供冷时，冷水井为抽水井，热水井为回灌井，而在供热时，则以热水井为抽水井，冷水井为回灌井，这样，利用深井地下水的蓄热特性，可以将热泵供冷时冷凝器产生的热量蓄藏于热水井中供供热时使用，而将供热时蒸发器产生的热量蓄藏于冷水井中供供冷时使用，如此可充分利用热泵产生的冷量和热量。低温地热水水源热泵系统一般采用供暖、供生活热水与夏季空调兼顾的应用方案，针对地热水温度高、腐蚀性强、矿化度高等特点，一般考虑使用井下换热器技术来利用地热水热能，其优点是只取热不取水，对环境的影响小，不会引起地面沉降和地震危险，但同时对井下换热器部分的防腐提出了很高的要求。

二是地表水源热泵系统，我国近十年来已有较多应用地表水水源热泵的项目，这些项目分布在上海、重庆、青岛、大连、北京、天津等地，以江水源、河水源、湖水源为主，也有一些海水源、再生水源方面的尝试。江、河水是流动的，水体的流动能够带走热、冷量，也加强了与边界及大气的换热效果，比相对静止的湖水更适合作为热泵机组的换热载体。江水水流量大、流速快，与河、湖相比，换热效果最好，所以相对于其他类型的地表水水源热泵，江水源热泵在我国的工程应用项目最多，但受限于水资源条件，这些项目集中在上海、重庆等地。我国有较长的海岸线，很多城市临海，为应用海水源热泵技术提供了条件，主要分布在青岛、大连、香港等地。

三是污水源热泵系统，是我国当前各类热泵技术中发展和应用前景最被看好的一种。目前，该技术较为成熟，国内外工程实例很多，20世纪80年代初在瑞典、挪威等北欧国家就已经开始对污水源热泵技术的应用，而现在我国污水源热泵也得到一定程度的应用。由于污水源热泵的热源温度全年较为稳定，其制冷、制热系数比传统的空气源热泵高出40%左右，其运行费用仅为普通中央空调的50%～60%[14]。污水源热泵主要适合于宾馆、饭店、写字楼、工厂等建筑空调、工艺冷却、加热和制取卫生热水。在具备污水源条件的地区必将逐步并最终取代传统制冷制热方式。

6.6.2 水源热泵系统资源潜力评估方法

水源热泵系统的能源资源潜力评估方法的相关定义和计算公式式（6-10）和式（6-11）所示。

（1）可利用地表水源热泵系统的建筑面积，距离地表水水平距离小于或等于3km范围内的建筑面积可以考虑采用地表水源热泵系统。

（2）夏季或冬季水体换热量，即临近水体的建筑与水体的热交换量，其计算公式为：

$$Q_{WSh} = q_w \times A_w \times \phi \times t_h \times \frac{COP_{WSh}}{COP_{WSh}-1}（冬季） \qquad (6-10)$$

$$Q_{WSc} = q_w \times A_w \times \phi \times t_c \times \frac{EER_c}{EER_{WSc}+1}（冬季） \qquad (6-11)$$

式中 Q_{WSh}——地表水换热系统的最大换热量，kWh；

q_w——单位水域换热量，W/m²，单位水域换热量与水体温度、水流速度、水量等因素密切相关，具体项目应该具体计算；

A_w——水域面积，m²；

ϕ——活动水体百分比，活动水体占总水体的比例，当水体完全静止时，此时活动水体百分比为 0，此时水体的换热量取极限值 0，因为当水体完全静止时，水体只能通过与空气的对流而进行换热，换热效果差；当水体的流速很快时，此时活动水体百分比趋向于 1，此时水体的换热量非常好；

t_h——供热当量运行时间，h；
COP_{WSh}——水源热泵系统的制热能效比；
Q_{WSc}——地表水换热系统的最大释热量，kWh；
t_c——制冷当量运行时间，h；
EER_c——水源热泵系统的制冷能效比。

6.6.3 水源热泵系统相关标准及政策

1. 水源热泵系统的相关标准

标准是技术发展的基础和保障，随着水源热泵技术在我国的广泛应用，国家及地方主管部门编制了系列的标准规范用于指导该技术的推广应用，相关标准规范如表 6-18 所示。

我国水源热泵系统的主要标准　　　　表 6-18

分类	名　称
国家标准	《地源热泵系统工程技术规范》GB 50366—2005 《地源热泵系统工程技术规范》GB 50366—2009（修订版） 《水源热泵系统经济运行》GB/T3 1512—2015（2015 年 12 月 1 日起实施）
行业标准	《城镇地热供热供热工程技术规程》CJJ 138—2010 《农村小型地源热泵供暖供冷工程技术规范》CECS 313：2012 《地源热泵系统地埋管换热器施工技术规程》CECS 344：2013 《地源热泵式沼气发酵池加热技术规程》CECS 339：2013
地方标准	天津市《天津市污水源热泵系统应用技术规程》DB 29—206—2010 辽宁省《污水源热泵系统工程技术规程》DB 21/T 1795—2010 河北省《地源热本系统节能监测规范》DB 13/T 1348—2010 江苏省《地源热泵系统监测技术规程》DGJ 32/TJ 130—2011 上海市《地源热泵系统工程技术规程》DG/TJ 08—2119—2013
其他标准	《地热资源地质勘查规范》GB/T 11615—2010 《水源热泵机组》GB/T 19409—2003 《地面沉降监测技术要求》DD 2006—02

2. 水源热泵系统的相关政策

国家及地方制定了较多的水源热泵系统的相关法制政策，鼓励水源热泵系统的发展和应用，具体见表 6-19。

地源热泵系统发展相关政策　　　　表 6-19

地方	政　策
北京	补贴：地下（表）水源热泵 35 元/m²，地源热泵和再生水源热泵 50 元/m²
天津	地源热泵按照供冷（热）面积给予 30～50 元/m² 的财政补助，最高补助不超过 200 万元

6.6 水源热泵：流动的冷热源

续表

地方	政　策
青岛	鼓励海水源热泵、污水源热泵、空气源热泵和其他电供热项目建设谷电储能设施，按核定储能设施建设成本的50％给予补贴，最高不超过1000万元
重庆	利用可再生能源热泵机组的空调，按照机组额定制冷量补贴800元/kW，利用可再生能源提供生活热水的高温热泵机组，按照机组额定热量补贴900元/kWh
合肥	地源热泵项目补贴60元/m^2，综合利用太阳能与地源热泵补贴90元/m^2（见表6-11，因为政策相同）
宜昌	水源热泵应用补贴40元/m^2，太阳能供暖空调和地源热泵太阳能一体化集成技术应用补贴65元/m^2

6.6.4 水源热泵系统运行能效现状

1. 地水源热泵系统

寒冷地区的地下水源热泵系统的能效实际调研情况如图6-13所示，地下水源热泵系统的制热性能系数不满足《可再生能源建筑应用工程评价标准》GB/T 50801—2013 要求的比例为57.14％，没有达到1级标准的项目；制冷性能系数不满足规范要求的比例为35.71％，达到1级标准的占42.86％。地下水源热泵系统在寒冷地区冬季制热能效不理想，夏季相对较好。设备老化、长时间运行引起的冷堆积等都是引起地下水源热泵系统能效性能不高的原因。

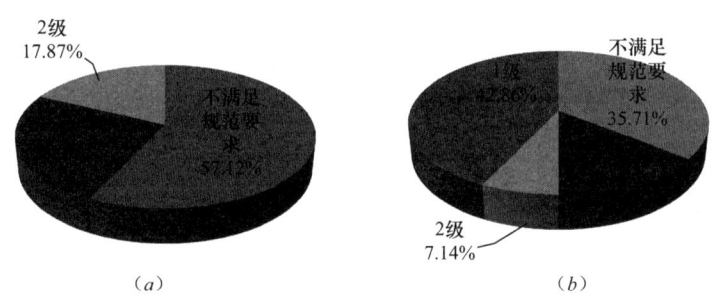

图6-13　地下水源热泵系统制热性（制冷）性能系数及能效级别分布[12]
(a) 制热性能系数及能效级别分布；(b) 制冷性能系数及能效级别分布

2. 污水源热泵系统

寒冷地区的污水源热泵系统的能效实际调研情况如图6-14所示，与《可再生能源建筑应用工程评价标准》GB/T 50801—2013 对土壤源热泵系统制热性能系数及能效级别分布、制冷性能系数及能效等级分布比较，污水源热泵系统的制热性能系数不满足规范要求的比例为83.33％，没有达到1级标准的项目；制冷性能系数不满足规范要求的比例为50％，达到1级标准的占16.67％。污水源热泵系统在寒冷地区冬夏季制热能效不理想，污水的长距离输送能耗较大、污水输配管网埋设受季节影响较大等都是造成寒冷地区污水源热泵系统性能欠佳的原因。

3. 地表水源热泵

我国尚缺乏对地表水水源热泵实际运行效果的跟踪和总结，仅有个别项目有公开的性能测试数据，如上海某项目在展会期间监测数据及夏季典型工程测试数据显示，系统的制冷性能系数为2.8，7月典型工况点测试系统制冷性能系数为3.5，在负荷比较大的月份，

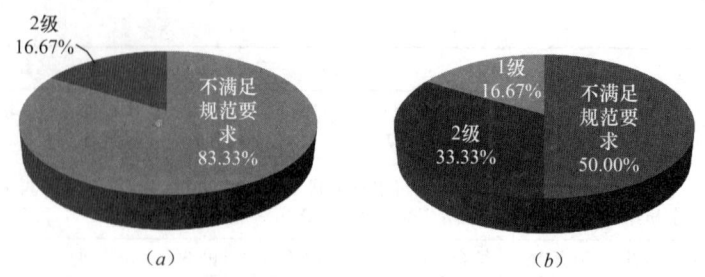

图 6-14 污水源热泵系统制热性(制冷)性能系数及能效级别分布[12]
(a) 制热性能系数及能效级别分布; (b) 制冷性能系数及能效级别分布

其制冷性能系数较为理想。另一组对夏热冬冷地区某地表水源热泵制冷能效进行的试验显示,典型日系统的平均制冷能效为 3.06[15]。这些数据都不能代表系统全年的运行性能,需加强对已建水源热泵项目的效果跟踪,并及时公开,以更好地推动这项技术的发展。

6.7 空气源热泵:怎样提高效率?

6.7.1 空气源热泵系统的应用现状及分类

1. 空气源热泵系统的应用现状

据统计,根据 IEA(International Energy Agency)有关调查,空气源热泵现已占全球热泵用量的 27%[16]。我国 2014 年市场上多联机与单元机等空气源热泵的市场占有份额已达到 53%[17]。

2. 空气源热泵系统的主要分类

一是空气—空气型空气源热泵,其系统原理图见图 6-15。它是在单冷型空调器的基础上发展的,一般来说,其作为夏季空调器的功能较好,热泵功能是辅助型的。通常是用四通阀转换夏季空调工况和冬季供热工况,四通阀也可兼用于冬季除霜工况。风冷式室内换热是传统设计,但风冷式需要较高的出风温度,风速是按照夏季工况制冷时设计的,冬天

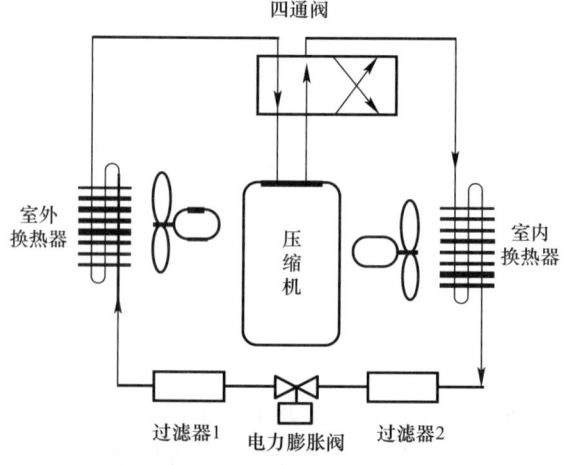

图 6-15 空气—空气型空气源热泵

时人们不希望有较大风速（舒适度较差）。空气—空气型热泵最大的优点就是结构简单，安装方便。从原理上讲，空气—空气型系统适于夏季空调，而不适合冬季供热。

二是空气—水型空气源热泵，其系统原理图见图6-16。与空气—空气型热泵相同，空气—水型热泵一般也是用四通阀转换夏季空调工况和冬季供热工况，四通阀也可兼用于除霜工况。它们的主要区别是室内换热器，不是风冷式而是循环水式。循环水式是以水为传热介质，可降低冷凝温度。采用水冷的冷凝器，可在40℃的冷凝温度下，产生35℃的热水，提供给地板供暖，形成从下到上的自然对流，可有较好的供暖舒适度，也提高热泵的制热系数。到夏季，用冷水进入室内风机盘管，冷风从上至下，也有较好的舒适度。空气—水型系统出现的较晚，它在一定程度上克服了空气—空气型热泵的缺点，比较适合冬季供暖的要求。

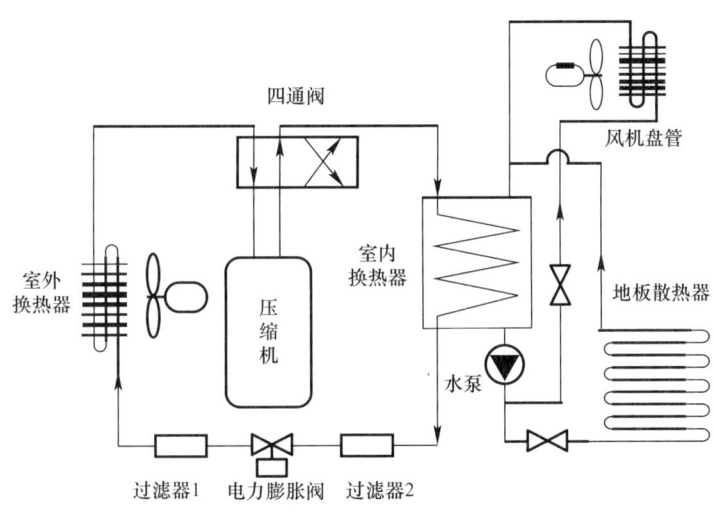

图6-16 空气—水型空气源热泵系统流程图（冬季工况）

6.7.2 空气源热泵系统的效率瓶颈及能效提升办法

1. 空气源热泵系统的效率瓶颈

实践表明，现阶段空气源热泵室外换热器的结霜和除霜问题是造成空气源热泵运行效果不理想的一个主要原因。对南京采用空气源热泵冷（热）水机组作为空调冷热源的189项工程调查表明[18]，其中运行良好的占15%，运行效果差的占70%，运行效果居中的占15%。其他地区（如杭州，成都，长沙等）也发现类似情况，其主要问题就是空气源热泵结霜。当空气源热泵机组结霜运行时，随着霜层的增厚，空气源热泵将出现蒸发温度下降、制热量下降、风机性能衰减、电流增大等现象，严重时甚至烧毁压缩机。因此，需用周期性除霜解决这些问题。

空气源热泵的低温适应性是制约空气源热泵推广应用的另一主要原因。空气源热泵应用于黄河流域、华北等寒冷地区，其性能非常低，甚至无法运行。主要原因是空气源热泵应用于寒冷地区时，随着室外环境温度的降低，制冷剂质量流量下降，供热量急剧减少，压缩机排气温度随着压缩比的升高而急剧升高，使机组无法正常运行或运行可靠性降低，长期运行必然会严重损坏压缩机。

空气源热泵在−6~5℃之间，相对湿度在65%以上的气象条件下运行时，室外换热器表面最易结霜。我国长江流域、华南等地区,虽然冬季空气温度较高,但空气源热泵的结霜问题严重,导致其运行的稳定性和可靠性较低,严重制约其推广应用。而在我国华北地区和黄河流域为轻度结霜区,因此,在这些地区低温使用性而非结霜是影响空气源热泵的主要问题。因此,综合空气源热泵在我国南方和北方的推广应用,必须解决其结霜和低温适用性问题。

2. 空气源热泵系统能效提升办法

空气源热泵系统能效提升办法主要包括两个方面:一是采用强化制热技术方案(见表6-20);二是采取节能环保的组合供暖技术(见表6-21)。

空气源热泵系统的强化制热技术方案 表6-20

序号	方案	原理	效果
1	变频压缩机+喷气增焓技术	一般通过变频压缩机提高频率来增大循环流量,其改善效果有限;另一方面可采用喷气技术,冷凝器后的制冷剂液体抽取一部分节流后与中间换热器换热或者进入闪蒸器分离后直接回到压缩机的喷气口,与从回气口吸入被压缩的到一定程度的气体混合后再压缩到更高的压力排出,这样就增加了排气量,相当于变相的解决了低温室外换热器蒸发效果变差,循环气量不足的问题	研究表明喷气系统比普通系统可提高制冷制热量15%~30%,尤其在高温制冷与低温制热量上改善明显,同时能提高系统能效8%~18%。该方案系统成本提高不多,仅是热泵机组设计上的增加,在替换锅炉时暖通空调系统设计基本无需改变;改造升级方便,其可靠性与节能效果已在欧洲与我国北方的一些案例中得到了验证,在我国具有很好的推广前景
2	双级耦合热泵技术	针对低温化霜波动,制热变差,可以采用双级耦合技术。通过第一级空气源热泵冷热水机组先取得10~20℃左右的热水贮备作为第二级热泵的低温热源;再通过第二级的水源热泵冷热水机组为用户提供50℃以上的热水,或者直接采取水源/空气热泵机组来加热空气	相对喷气技术而言,能效偏低,但能够获得较高与稳定的出水温度。另外初投入上也会比变频喷气系统大,暖通系统设计相对复杂,用在供暖改造上可能会不经济,适合电量充裕的一些新建项目
3	CO_2热泵技术	在热泵系统中,CO_2是最有潜力的天然工质。其对环境无害 ODP=0,GWP=1;廉价、无毒、不可燃、单位容积制冷量高、跨临界系统冷却温度滑移可以与变温热源较好的匹配、跨临界循环的压比小,COP会好	能提供85℃以上的热水,用于暖通空调供暖中具有十分明显的优势,可以接北方集中供暖散热器;同时因工作压力太高,大功率、大制热量机组实现起来较难。CO_2热泵在日本已经成功商业化并在向国外推销,未来几年内CO_2热泵将会是行业关注的焦点

空气源热泵系统的节能环保组合技术方案 表6-21

序号	方案	原理
1	空气源热泵+地板辐射	空气源热泵的最佳工作状态是提供50℃以下的热水。已有研制出的进水温度35℃、回水温度31℃、空气基准温度20℃测试,散热量可达100W/m²以上的十分高效的末端。这样完全可以用空气源热泵来提供地板辐射所需的低温热水,即舒适洁净又节能环保
2	空气源热泵+小温差风机盘管	根据热空气上升,活动城区有针对性地设计落地式小温差换热末端的系统,可以降低送风温度。其具有空气流量大、温差小、换热高效的优点,降低了对水温的要求,仅需30℃以上的热水即可实现供热,且温度均匀。相比市面上其他供暖末端,小温差换热末端虽然没有地暖舒适,但启动时间比地暖更短、响应快,利于节能,同时还具有布置方式更灵活的优点
3	空气源热泵+太阳能	空气源热泵加太阳能是一种理想的组合方案。在白天可利用太阳能加热水。在夜间或阴雨天没有太阳时,启动空气源热泵供热,将太阳能产生的低温热水加热至供水要求,实现了太阳能零能耗加空气源热泵低能耗的有效结合。通过选用高效集热器,智能判断气温变化,系统循环保温,分室分时段控制,太阳能和空气源热泵智能切换等措施后,供暖系统太阳能的贡献率可达40%以上,十分节能。另外,二者均在相对比较稳定的条件下运行,能保证全年全天候工作。我国幅员辽阔,太阳能资源相当丰富,约有2/3以上的地区太阳能资源较好;绝大多数地区年平均日辐射量在4kWh/m²以上,有着可利用太阳能的天然条件

6.7.3 空气源热泵系统的资源潜力评估方法

基于需求侧能源需求的空气源热泵系统的可再生能源利用潜力的计算方法如式（6-12）所示。

$$E_{AS} = E_{ECH} \times \frac{38.2 \times COP_H - 100}{38.2 \times COP_H} + E_{ECC} \times \frac{38.2 \times EER_C - 100}{38.2 \times EER_C} \qquad (6-12)$$

式中 E_{AS}——空气源热泵系统中的可再生能源利用量，kWh；

E_{ECH}——供暖所需的能耗，kWh；

COP_H——空气源热泵系统的制热能效比；

E_{ECC}——供冷所需的能耗，kWh；

EER_C——空气源热泵系统的制冷能效比。

同时，如果制热（制冷）能效比<2.62，则空气源热泵系统不具有可再生能源贡献率。

6.7.4 空气源热泵系统的相关标准政策

1. 空气源热泵系统的相关标准

我国空气源热泵产品的标准体系相对较为完善成熟，主要的相关标准如表 6-22 所示。现行的安全类标准中尚未对具有替代潜力制冷剂 R32 的弱可燃性、CO_2 的高压力等进行具体的要求和规定[19]；产品类标准中对与低环境温度的空气源热泵产品涉及较少，对于低环境温度的单位及产品、热泵热水产品尚未有相关标准，这类标准需要补充和完善。

空气源热泵系统的主要相关标准　　　表 6-22

序号	名　　称
能效类标准	《单元式空气调节能效限定值即能源效率等级》GB 19576—2004
	《多联式空调（热泵）机组能效限定值即能源效率等级》GB 21454—2008
	《热泵热水机（器）能效定值及能效等级》GB 29541—2013
	《转速可控型房间空气调节器能效限定值及能效等级》GB 21455—2013
	《房间空气调节器能效限定值及能效等级》GB 12021.3—2010
方法、要求和安全类	《蒸汽压缩循环冷水（热泵）机组安全要求》GB 25131—2010
	《多联式空调（热泵）机组应用设计与安装要求》GB/T 27941—2011
	《家用和类似用途电器的安全热泵、空调器和除湿机的特殊要求》GB 4706.32—2012
	《单元式空气调节机安全要求》GE 25130—2010
	《蒸汽压缩循环冷水（热泵）机组第 1 部分：工业或商业和类似用途的冷水（热泵）机组》GB/T 18430.1—2007
	《蒸汽压缩循环冷水（热泵）机组第 2 部分：户用及类似用途的冷水（热泵）机组》GB/T 18430.2—2008
	《商业或工业用及类似用途的热泵热水机》GB/T 21362—2008
	《家用空气源热泵-辅助型太阳能热水系统技术条件》GB/T 23889—2009
	《低环境温度空气源热泵（冷水）机组第 1 部分：工业或商业用及类似用途的热泵（冷水）机组》GB/T 25127.1—2010
	《低环境温度空气源热泵（冷水）机组第 1 部分：户用及类似用途的热泵（冷水）机组》GB/T 25127.2—2010

续表

序号	名称
主机产品类标准	《单元式空气调节机》GB/T 17758—2010
	《风管送风式空调（机泵）机组》GB/T 18836—2002
	《多联式空调（热泵）机组》GB/T 18836—2002
	《屋顶式空气调节机组》GB/T 20738—2006
	《燃气发动机驱动空调（热泵）机组》GB/T 22069—2008
	《低环境温度空气源多联式热泵（空调）机组》GB/T 25857—2010
	《空气源单元式空调（热泵）热水机组》GB/T 29031—2012
	《空气源三联供机组》JG/T 401—2013

2. 国家相关政策

2012年6月，国家发展改革委员会和财政部颁布了《关于印发节能产品惠民工程高效节能家用热水器推广实施细则的通知》（财建[2012]278号），明确指出在2012年6月1日到2013年5月31日期间，凡购买符合国家标准的空气源热泵热水器的消费者都可以获得财政补贴，补贴金额如表6-23所示，与空调产品仅有2级以上节能产品才能获得补贴不同，所有符合国家标准的空气源热泵热水器都可以获得这一补贴。但这一补贴政策现在已不再执行。

高效节能空气源热泵热水器（机）推广财政补贴标准　　　表6-23

产品类型	能效水平	规格（W）	补贴标准（元/台、套）
静态加热式空气源热泵热水器（机）	3.4≤COP<4.0	额定制热量≤4500	300
		额定制热量>4500	350
	COP≥4.0	额定制热量≤4500	500
		额定制热量>4500	550
一次加热式和循环加热式空气源热泵热水器（机）	3.7≤COP<4.4	额定制热量≤4500	350
		额定制热量>4500	400
	COP≥4.4	额定制热量≤4500	550
		额定制热量>4500	600

2013年9月，国务院印发了《大气污染防治行动计划》，明确提出了鼓励空气源热泵的应用，"新建建筑要严格执行强制性节能标准，推广使用太阳能热水系统、地源热泵、空气源热泵、光伏建筑一体化和热电冷三联供等技术和装备"。

3. 地方相关政策

各个地方也陆续出台了对于空气源热泵的鼓励政策，主要如下：

（1）浙江省人大2012年5月通过立法将"空气能"列入可再生能源范围，并且在之后的工程建设标准中，明确空气源热泵热水器作为可再生能源应用的核算标准方法，直接确认了空气源热泵热水设备作为可再生能源的地位。

（2）福建省住房和城乡建设厅在2014年12月制定《福建省居住建筑节能设计标准》DBJ/T13-62-2014，将"空气能"热水系统列入建筑可再生能源，并确定了最低性能系数。

（3）邯郸市节能减排领导小组、建设局在2011年5月发布了《关于在我市推广使用空气源热泵热水器的通知》，将空气源热泵热水器纳入可再生能源范围，并鼓励应用。

（4）合肥市城乡建设委员会、合肥市规划局在2014年10月发布了《关于加强新建民用建筑设计方案建筑节能和绿色建筑管理工作的通知》，明确在日照不足新建建筑中，应用空气源热水器代太阳能热水系统。

（5）北京市建委2015年3月印发了《北京市推广、限制、禁止使用建筑材料目录》（2014版），将低温空气源热泵作为适用分户独立供暖的产品推荐使用，并列入可再生能源范围。

（6）青岛市人民政府在2015年1月出台了《青岛市加快清洁能源供热发展的若干政策》，将空气源热泵列为鼓励采用的供热技术，并给予补贴。

（7）河北等其他多个省市出台大量煤改电的鼓励措施，这些措施促进了空气源热泵的应用。

6.8 规划节能有很大的潜力

6.8.1 规划节能的内涵

"规划节能"不是一个有真正明确定义的概念，"规划"和"节能"也是两个不同的概念，代表不同的内涵。从城乡建设的角度来看，规划一般是指与建设有紧密联系的城市规划和城区规划，以土地为导向；但城市的发展离不开能源的供给，所以城市建设中的规划往往也包含能源规划。总体来说，以"节能"为导向来进行城市规划和能源规划。

1. 节能理念下的城市规划

规划节能的核心是节能，手段是规划，从规划角度来看，规划与节能结合在一起，我们可以理解在规划设计当中充分考虑建筑与外部环境的关系，以节能作为指导规划设计的主要原则，充分利用地形地貌等自然资源，实现从总体上为建筑节能创造先决条件的设计方法[20]。

（1）规划节能目前存在的问题：

1）虽然建筑设计人员在建筑节能技术方面有一定的积累和发展，但节能技术一般只关注建筑本身，并未在城市总体规划中体现节能规划设计；

2）规划管理部门提供建设地块的规划条件时，并没有从节能的角度对建设地块环境和单体建筑设计提出规划控制指标；

3）低成本和低碳的节能技术，例如自然通风、地面透水性铺装、场地绿化、建筑遮阳与立体绿化等未得到广泛的应用。

4）地块开发没有明确节能的规划指标，即使施工图纸上有节能设计，但实施往往得不到保障。

（2）城市规划节能的设计条件：

1）低冲击开发，就是尽可能减少对自然生态系统的冲击和破坏，为单体建筑节能创造外部环境。要求建设地块开发采用生物滞留池、透水铺装以及下凹式绿地等雨水控制和利用的低影响开发设施，为建筑单体节能营造良好的环境条件，这是衡量地块开发规划是否有利于生态环境、是否对环境造成影响最小、是否有利于节能等的有效指标。

2）与城市气候相结合，就是对城市所处的风环境、光环境及噪声环境有充分的了解，在此基础上进行建筑设计。以夏季盛行风作为单体建筑的主要朝向及建筑群的入口和出口；对太阳光进行三维模拟，夏季可以利用建筑物的相互遮挡减少太阳辐射，冬季充分利用太阳辐射；对噪声等做实地监测，充分创造宜居舒适环境。

3）地块的绿化配置，根据绿地降温测试研究发现，区块内不同植物类型之间降温效果差异极大，8m以上的大乔木降温可达2.8℃，5~8m的小乔木降温2.0℃，灌草类型降温只有1.2℃，而草坪的降温效果就只有0.6℃[20]。要科学合理地配置地块绿化，同时对建筑的屋顶绿化、阳台绿化和垂直绿化等绿化方式也应合理应用，达到节能效果。

2. 节能理念下的能源规划

能源规划是结合城市能源现在和未来的发展，通过优化城市能源系统的配置和调整城市能源结构来降低能源消耗，提高能源利用率。

现行的城市规划体制中，主要关注的是能源供应，主要是水、电、气的供应，对于寒冷和严寒地区还要加上热网供应，但对城区和建筑物的二次能源供应不在规划范畴之内，且可再生能源和未利用能源的利用也未进行总体规划。因此，所谓能源规划节能，应该贯穿如下原则：

1）资源集约。将消费端的节能作为一种资源与生产端的资源一起进入规划。

2）效益多元。改变传统的只追求生产和转换环节效益的单向规划模式，以成本效益和社会效益为评价标准，协调生产、转换和消费各方的贡献和利益，实现多赢。

3）重在实施。将需求侧即能源消费环节节能的实施作为一个重要的规划领域。有实实在在的节能措施，规划必须"落地"。

规划节能并不是空中楼阁，它必须以各个环节的各个单项和单体的节能为基础。表6-24是各环节和各层次规划中可以考虑的节能措施。

能源规划中三个层次的三个环节节能措施[21]　　　　表6-24

	生产	转换	用户
城市	发电、热电联产，大规模光伏光热系统，大规模风力发电，生物质热电联产	高压直流输电，智能电网舒适便捷的公共交通系统	需求侧管理，虚拟电厂，能耗计量与监测平台，ICT技术
城区	分布式能源	基于可再生能源的能源总线，分布式能源热电冷联供，区域供冷供热，智能微电网，热泵技术集成应用低品位能源，基于可再生能源的电动车充电网，基于燃料电池的热微网，慢行交通系统	设定绿色建筑等级的门槛要求，能耗分户计量与监测，能源管理，绿色出行
终端	光伏、光热、建筑光伏一体化（BIPV）	高效率用能设备，燃料电池，微型、小型热电冷联产，热泵技术	小型独立式可再生能源应用能源管理，系统调适，围护结构和照明节能，行为节能

6.8.2 规划节能的关键技术

规划节能的目的是为了减少资源消耗，提高能源利用率，达到可持续发展的目标。从城市规划和能源利用两个方面考虑，主要包含以下的关键技术。

1. 气候设计

气候设计主要包含温度、湿度、日照和风这4项。城市建筑物、道路和下垫面的特殊性以及城市社会生活的高耗能性，造成了城市热岛效应；城市密集的高大建筑物和构筑物，对空气流动形成阻尼或扰动，造成复杂的城市风场，会出现局地强风和局地涡流，使得污染物在城市集聚；城市雾霾的出现，大气透明度变差，太阳辐射通量减少，日照变差。

气候设计的方法主要是运用数值模拟技术，在控制性详规阶段，在宏观和中观层面上对不同规划方案进行环境影响分析，并对其中可能涉及的建筑平面布局、建筑密度、形状系数和建筑高度等做出调整，充分利用阳光和风等自然资源来降低能源消耗。数值模拟的方法有针对风环境模拟的 FLUENT、PHONICS、Airpart、CFX 和 STAERM 等；有针对空气粉尘扩散的大尺度模拟软件 MEMO 和小尺度的 MIMO[22]，预测城市热岛的 AUS-SSM[23] 和用于中尺度和小尺度微气候环境的 ENVI-met。

2. 城市空间布局

城市的空间布局影响建筑的容积率、建筑密度和建筑多样性等，从而影响建筑能耗。目前在倡导可持续发展的城市形态过程中，紧凑型、集约型和混合型空间布局（见图 6-17）的概念逐步发展起来。

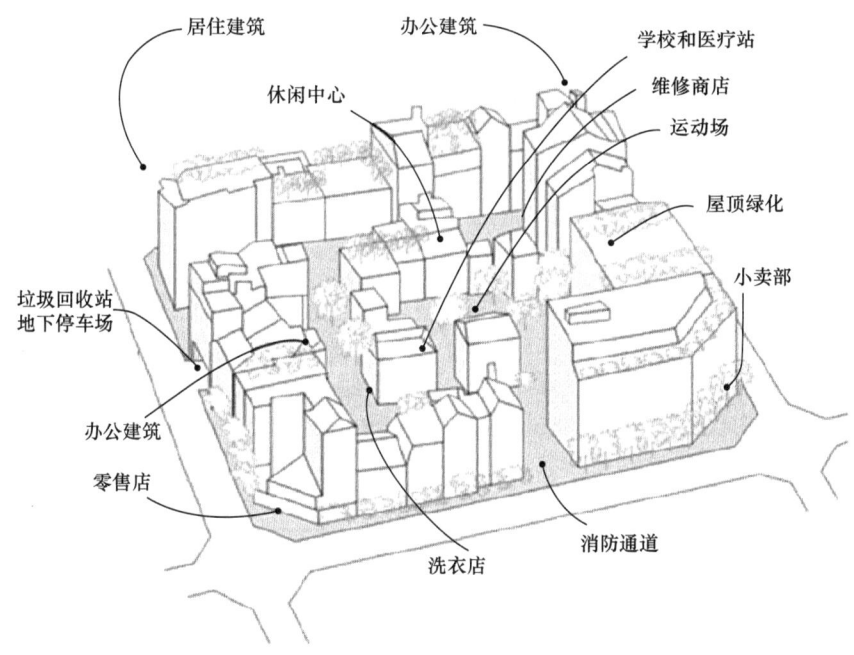

图 6-17 紧凑城市混合功能设计

紧凑型、集约型和混合型空间布局并不是独立的概念，它们之间是相互映衬、相互联系的[24]。紧凑是遏制土地的随意扩张、城市蔓延；集约是充分利用城市空间，实现功能的集约；混合是指不同建筑类型之间的混合，将居住建筑和其他公共服务建筑混合布局，降低交通能耗。

对城市空间布局的研究，不仅仅考虑建筑能耗，还需要调研相应的交通能耗、建筑材料等其他能耗。所以目前的研究方向主要有：通过数值模拟建筑形态参数对建筑能耗的影响，例如建筑高度、容积率、建筑密度；通过选择不同社区形态，对社区的运行能耗、交通能耗、可再生能源利用潜力等进行分项分析，找到合适的社区形态；对不同建筑类型的混合布局进行调研或数值分析其运行能耗，提出最合适的城市空间混合布局。

通常采用的调研方法是对能耗的分项计量或者数值分析，在对能耗的数值分析中，应用到的能耗模拟软件主要有 EnergyPlus、DOE-2、BLAST、TRANSYS 和 DeST 等。

3. 能源系统设计

为实现能源和环境政策措施的效果最大化，需要了解它们在市场机制下的作用机制，要找到合适的能源系统模型，从量化角度比较分析它们的成本和效益，能源系统模型一般分为两类模型——自上而下的能源经济模型和自下而上的能源技术模型[25]。

能源经济模型是以经济学模型为出发点，集约地表现它们与能源消费和生产的关系，在宏观经济的总体构架下考察经济、能源、环境部门之间的联系，以此来分析不同政策情境下能源消费及环境排放的变化，从中寻求能够实现能源、经济、环境协调发展的政策方法和途径，主要的模型有：投入产出模型、宏观计量经济模型、线性规划模型和可计算一般均衡模型。

能源技术模型以反映能源消费和生产的人类活动所使用的技术过程为基础，对能源消费和生产方式等进行预测，以此来评价不同政策对能源技术选择及环境排放的影响，从中寻找能够实现能源、经济、环境协调发展的政策及技术方法和手段，大致分为三类：部门预测模型、动态能源优化模型和综合能源仿真模型。

4. 被动式节能设计

被动式节能包含对太阳能和风能的利用，冬季时充分利用太阳能，不但可以减少供暖能耗，也可以充分利用日照减少照明能耗；夏季的夜晚充分利用夜间通风，减少制冷能耗。

被动式设计往往在气候设计的基础上采取合适的技术策略，比如在以北京为代表的夏热冬寒地区，基于气候设计的被动式设计策略为：主动式与被动式太阳能结合＋保温＋自然通风；以武汉为代表的夏热冬冷地区的主要策略为：被动式太阳能设计＋隔热＋自然通风＋遮阳；以广州为代表的夏热冬暖地区的设计策略为：遮阳＋自然通风＋空调等[26]。

被动式节能设计通常采用数值模拟的手段，应用的计算软件 Climate Surface、HeeD、CLIMATE CONSULTANT 和 Weather Tool 等[27]。这些工具的侧重点不同，比如 Climate Surface 可以直观地看到围护结构性能调整所产生的建筑能耗变化的，而 HeeD 分析并显示各种简单的被动式措施能带来的经济节省和二氧化碳排放减少的。一般情况下，被动式设计主要应用在两个方面：一是分析节能措施在不同气候条件下的潜力来优化建筑方位、建筑高度、建筑密度等；二是分析被动式措施带来的经济和环境效益。

规划节能的不同技术之间并不是孤立的，城市气候是其他技术的基础，不论是空间布局还是被动式设计都是在考虑城市气候的前提下，进行更为合理的设计。在规划节能设计时，不同技术之间也不单单是简单的叠加，而要考虑其综合作用，比如在规划城市空间布局时，要考虑城市气候的利用，也要考虑太阳能设计和自然通风等；想要更好的利用日照和通风，那么城市布局就要做出适当的让步。总的来说，规划节能最关键的是节能，采用哪种节能技术，还要根据具体的实践项目进行具体分析。

6.8.3 规划节能有关的法律法规

目前,有关规划节能的法律法规是分开规定的,并没有结合城市规划和能源规划的专门法律法规,已经有在节能前提下设计城市和对城市能源供应时结合城市规划的相关规定(见表 6-25),相信在建设低碳可持续城市的将来,法律法规会进一步进行完善。

规划和节能相关法律法规 表 6-25

序号	名　称
城市规划有关节能的法律法规	《城市规划编制办法》(建设部令第 146 号)
	《中华人民共和国城乡规划法》(主席令第七十四号)
建筑节能有关能源相关的法律法规	《中华人民共和国可再生能源法》(主席令第二十三号)
	《中华人民共和国节约能源法》(主席令第七十七号)
	《民用建筑节能条例》(国务院令第 530 号)

6.9 终端节能的资源化评估

6.9.1 终端节能的含义

终端节能的含义主要包括三个方面:

第一,是指"能源有效利用"(Efficient Energy Use),即用尽量少的能源提供尽量多的产品或服务,也就是平时所说的提高"能效"(Energy Efficiency)"。

图 6-18 用能耗与服务的函数关系形象地说明了能源有效利用的概念,图中横坐标表示服务,纵坐标表示能耗,中间的斜线叫做服务曲线。显然,提供的服务越多,能耗就越大。要达到 C 的服务水平,能耗就要达到 B。如果对能耗有所限制,例如能耗只能到 A,那么服务就只能到 D,即,要节能,就要降低服务质量。但我们注意到,服务曲线斜率的倒数是能源利用的效率。能源利用效率越高,斜率就越小,服务曲线就越平坦。在图 6-19 中,由于提高了能效,提供 C 的服务只要消耗 A 的能源。比如,一个城区的供暖系统,当它的供暖面积增加时,提高锅炉等供热设备的效率,可以以同样的能耗满足更高的需求。

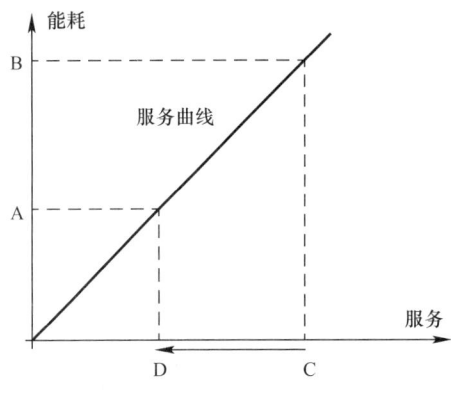

图 6-18 服务曲线

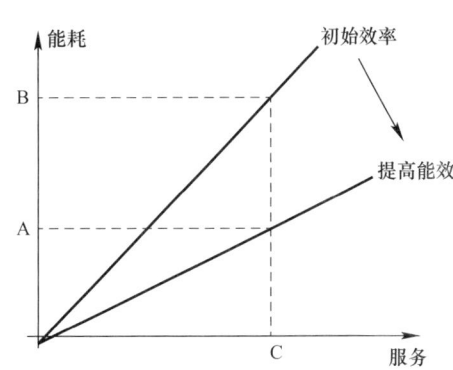

图 6-19 提高能效(能源的有效利用)

第二，是指"能源转换效率"（Energy conversion efficiency）。即能源经过加工、转换后，产出的各种能源产品的数量与投入加工转换的各种能源数量的比率。因为在能源转换过程中有损失，所以能源转换效率一般总是小于1。例如，2013年我国火电供电效率（即一次能源煤转换为二次能源电力的能源转换效率）为38.2%，即供电过程中的能源损失达61.7%，其中电力输送损失（称为线损）大约8%，电厂自用电大约3%，发电损失占到总损失的50%以上。每个火力发电厂都会有巨大的冷却塔和高耸的烟囱，它们将发电过程中排出的热量排放到大气中，将宝贵的热能当作废物白白扔掉，还会造成大气污染和热岛效应，非常可惜。如果将发电移到接近终端用户，采用分布式能源热电联产系统，可以通过回收发电过程中的排热为生产工艺过程供热或为建筑物供暖，使得综合能源转换效率得到大幅度提升，理想情况下可达到80%左右。

第三，是指"能源节约"（Energy conservation），即用减少服务的方法来节约能源。在图6-19中，由于能源供应有限（只能供应A），用能源节约的办法必须把服务水平从C降低到D。例如，可以用降低室内设定温度的办法降低供暖系统的能耗。但是，降低服务水平要有底线，就是不能劣化室内环境的品质。冬季室温如果低到12℃以下，对大多数人都可能引起健康问题。所以更好的解决办法是"改善"服务，例如，给建筑物加强保温能在保证室内温度的前提下更有效地降低能耗、节约能源。当然，加强保温、强化节能，也需要有投入/产出的经济效益的概念。建筑物保温并不是越厚越好，当保温层厚度增加到一定程度时，继续增加厚度其保温能力的提高有限，这时如果再一味增加保温层厚度在经济上就变得很不合理。

第四，是利用可再生能源。国外有所谓"零能耗"建筑和"近零能耗"建筑。其实并非一点能源都不消耗。它的特点一是能耗很低，即采取多种节能措施降低能耗；二是用可再生能源替代传统能源。因为可再生能源的能量密度低、目前技术的转换效率也很低，所以只有建筑能耗很低，才有可能提高可再生能源的替代率。

终端用能，主要用的是经过转换的二次能源，因此在终端节能中，还要考虑一次能源的使用是否合理。评价一项技术是否节能，不能把一次能源与二次能源割裂开来。例如，用电锅炉直接加热供暖，其热效率可达90%以上，单从用电的角度看，可以认为其能效很高。但如果加上发电转换效率、计算一次能源效率，就只有$0.9 \times 0.382 = 0.34$，即只有34%的一次能源效率，远不及燃气锅炉集中供暖系统（一般能有70%的系统效率）。因此，在我国大多数以火力发电为主的城市，除非在医院等特殊场合和因为气候因素无法使用热泵的平房住宅区，是不适宜采用电直接加热供暖的。但在完全靠所谓"一次电力（如水电、核电）"供电的场合则可以采用，因为此时电力加热的效率就是一次能源效率。

综合资源规划（IRP）方法将终端节能作为一种资源来看待，即把各种节能措施当做资源的选择方案在规划中加以统筹。

在图6-20中，左边粗线框内的部分是基准能耗量。通过节约使用能源、提高转换效率和使用效率可以使实际能耗量降低，如果再加上利用可再生能源，可以进一步

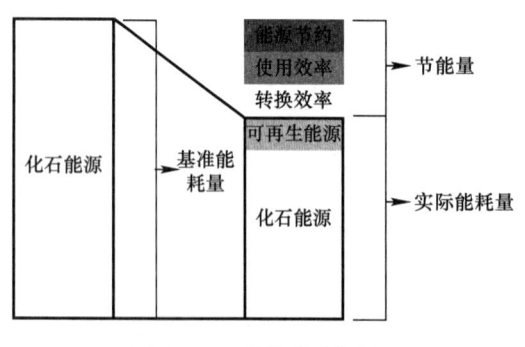

图6-20 节能作为资源

降低传统高碳能源的耗量。假定原先需要的能源是 100 份,采取节能措施以后的实际能耗量是 70 份,节约的 30 份能源相当于一个虚拟发电厂所发的电。这一虚拟发电厂就称之为"能效电厂"(Efficiency Power Plant,EPP)。与实际新建电厂相比,ERP 不再额外占用土地、消耗资源。在规划中要将实体能源供应与 ERP 共同考虑[28]。

6.9.2 终端节能的评估方法

终端节能资源评估可以采用如下方法[29]:

1. 最大系统效率

主要包括:①提高照明、空调、电动机及系统、电热、冷藏、电化学等设备用电效率所节约的能源;②通过能源替代、余能回收和提高系统效率所减少和节约的能源。其资源量计算方法见式(6-13)。

$$E = ED \times \left(1 - \frac{\eta}{\eta_e}\right) \times 100\% \tag{6-13}$$

式中 E——节能率;

ED——能源需求量,kWh;

η——基准系统的一次能源效率;

η_e——提高能效后的设备或系统效率。

计算案例:图 6-21 中给出用热电联产技术替代锅炉供热和电网供电的热电分产,提高一次能源效率所带来的理论节能潜力:

$$(40 \div 0.9 + 35 \div 0.38) - 75 \div 0.75 = 37$$
$$37 \div 137 \times 100\% = 27\%$$

即热电联产替代热电分产最大节能潜力有 27%。

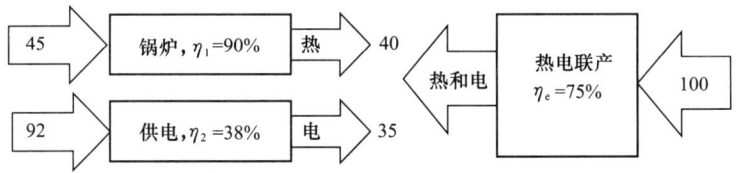

图 6-21 热电联产与热电分产的系统效率

当然,这种方法只能作为资源评价和方案比选时参考,不能以此来计算实际节能量。因为系统配置的合理性和运行管理的科学性会极大地影响系统效率。另外,对所选择的比较对象(基准值)要合理。有时为了夸大某一技术的节能效果,往往尽量降低比较对象的性能水平,例如,在图 6-21 中,把热电分产的锅炉改为燃煤锅炉(效率 60%),供电效率降低到我国 20 世纪水平(30%),则最后的节能率"看上去很美好",这是不科学的。比较基准应选现行常规技术。

2. 建筑负荷平准化

主要包括:①蓄冷、蓄热、蓄电等改变用能方式,将负荷高峰转移到低谷(比如利用夜间低谷电力蓄冷,补充白天高峰时段空调冷量,实现"削峰填谷",降低白天高峰时段用电负荷);②利用"可中断负荷"和"需求控制"削减高峰负荷。

图 6-22 是蓄冷削峰填谷的示意。制冷机在夜间负荷低谷时段蓄冷,在白天负荷高峰时利用释放的冷量来填补制冷机直接供冷的缺口。这样,制冷机可以维持在满负荷下运

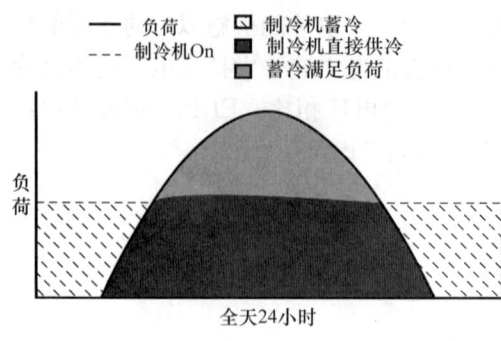

图 6-22 利用蓄冷对负荷实行削峰填谷[30]

行，同时降低了高峰电力需求。

图 6-23 是通过建筑物的新风需求控制降低高峰负荷需求的示意。一般建筑物的新风是按照室内预计人数（例如，办公楼每人 $34m^3/h$）确定新风量的，但办公楼很少会天天满员，尤其在午餐休息时间，大量人员到楼外就餐，因此新风量可以相应减少。可以在楼内设 CO_2 传感器，根据 CO_2 浓度调节新风量，从而实现节能。

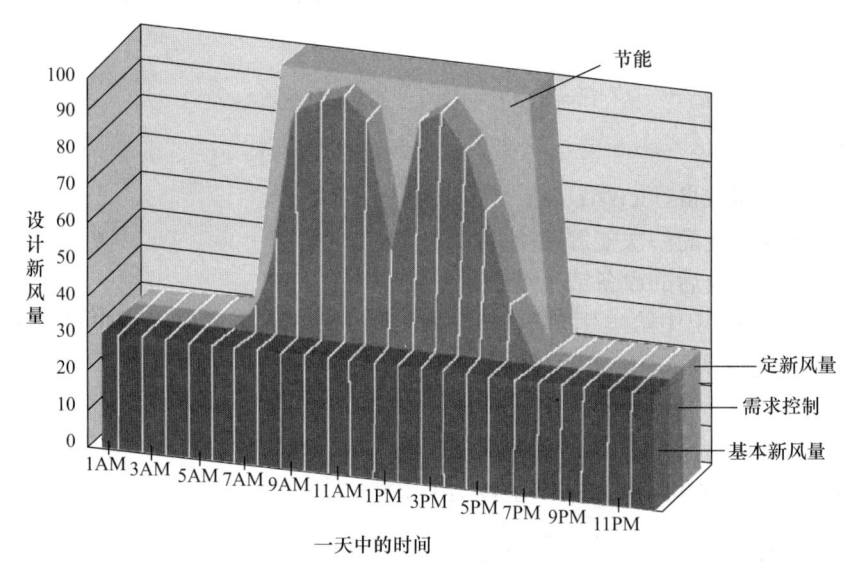

图 6-23 建筑新风的需求控制[30]

制冷机在满负荷或接近满负荷的状态下运行可以实现高效率。图 6-24 是大型制冷机的部分负荷性能，其中，PLR 表示部分负荷系数，PLF 表示制冷机部分负荷下的性能系数比例。可以看出，当负荷率在 70% 以上时，制冷机的性能系数达到额定值的 90% 以上。

3. 功能混合型社区可以平准负荷

混合型社区，尤其是在有集中能源系统的大型商务社区，功能的混合可以降低供冷负荷峰值、使负荷平准化、延长制冷机的满负荷高效率运行时间。

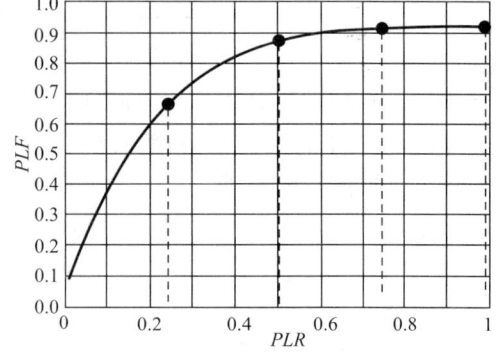

图 6-24 大型制冷机在部分负荷下的性能系数[31]

图 6-25 表现出办公楼和酒店的负荷特性。假定某园区中由同一个能源中心向办公楼和酒店供冷。办公楼负荷高峰出现在 14：00，峰值为 60，而酒店负荷高峰出现在 20：00，峰值为 70，按照常规做法，按负荷指标选取能源中心制冷机装机量，应该是 130，而按逐

时负荷叠加，可以发现负荷峰值只有110，出现在14:00。同时可以发现，在一天中大部分时段，制冷机负荷率都可以落在70%以上的高效率区。所以，社区功能的混合，可以在一定程度上降低峰值，减小装机，延长高效率运行区间。

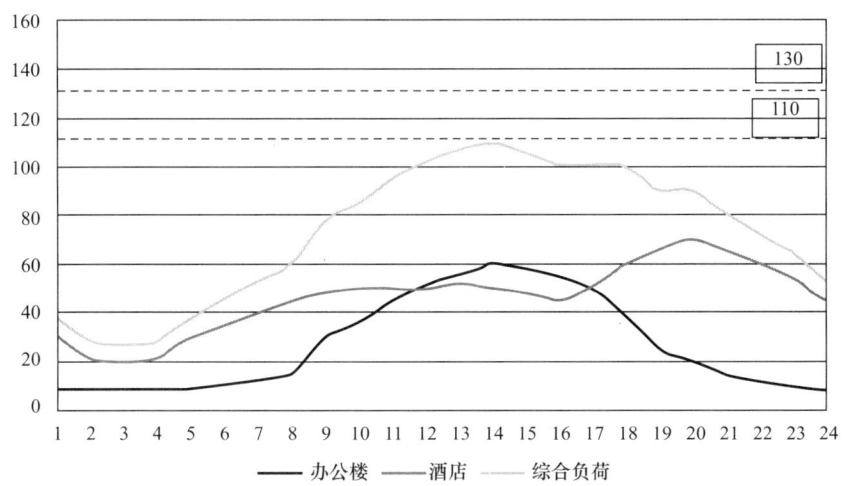

图6-25 办公楼和酒店的负荷分布特性

在有区域能源系统的城区中，要尽量使建筑功能也就是负荷需求多样化，尽量避免大片单一功能的建筑群，形成所谓"鬼城"和"睡城"，造成潮汐式的交通和冲击式的能源负荷。另外，由于我国城市住宅空置率很高，很多大型住宅区几乎没有人入住，因此，当前在我国城市新建住宅区是否采用集中能源系统需要谨慎论证。

本章参考文献

[1] 中国气象局风能太阳能资源中心. 2014年风能太阳能资源年景公报，2014.
[2] 招阳. 表面的深度——建筑表皮应对城市景观问题的策略. 美术教育研究，2014（18）：163-164.
[3] 鲁长青. "稻草摩天大楼"可作风力发电站. 泸州科技，2013（2）：18-18.
[4] 国家地理. 伟大工程巡礼：《巴林世贸中心》DVD.
[5] 蔡亚庆，仇焕广，徐志刚. 中国各城区秸秆资源可能源化利用的潜力分析. 自然资源学报，2011，26（10）：1637-1646.
[6] http://news.xinhuanet.com/fortune/2014-10/30/c1113051690.htm.
[7] 国家市场调研中心. 2012—2017年中国秸秆发电行业市场深度调研及投资价值分析报告，2013.
[8] 李湘洲. 发达国家垃圾焚烧发电经验及借鉴. 再生资源与循环经济，2012（11）：40-44.
[9] 垃圾焚烧发电已成全球潮流. 广州日报，2009-10-11.
[10] 尚普咨询. 2014—2018年中国垃圾发电行业深度研究及前景预测报告，2014.
[11] 姜海平. 关于城市垃圾发电产业问题的探析. 经济师，2011，6：67-68.
[12] 杨灵艳，徐伟，朱清宇等. 寒冷地区地源热泵能效调研与节能量分析. 暖通空调，2015，4：8-12.
[13] 马勇，李玉云等. 武汉地区地源热泵系统能效及效益分析. 暖通空调，2015，45（7）.
[14] 深圳前瞻商业资讯有限公司. 2015—2020中国污水源热泵行业市场调研与投资预测分析报告，2015.
[15] 张云峰，罗嵩荣等. 夏热冬冷地区地表水源热泵制冷能效试验. 长沙理工大学学报（自然科学

版），2015，12（1）.
- [16] 董天禄. 世界各国空气源热泵近期市场发展概况. 制冷技术，2008（2）：36-39.
- [17] 徐振坤. 空气源热泵在我国暖通空调中的应用展望. 科技视界，2015（3）：103-103.
- [18] 张建中，龚延风. 空气源热泵冷热水机组在南京的应用. 现代空调，2001，3（3）：141-156.
- [19] 张明圣，陈涛，张秀平等. 国内外空气源热泵产品相关标准现状和进展. 制冷与空调，2014，14（8）：93-101.
- [20] 张立安，关于规划节能的设计初探. 城市建筑，2015.
- [21] 龙惟定，范蕊. 规划节能是我国城市建设中的关键. 建设科技，2014.
- [22] Kunz, R, N Moussiopoulos. Simulation of the wind field in Athens using refined boundary conditions. Atmosperic Environment, 1995, 29 (24)：3575-3591.
- [23] Tanimoto, J, A Hagishima, P Chimklai. An approach for coupled simulation of building thermal effects and urban climatology. Energy and Buildings, 2004, 36 (8)：781-793.
- [24] 龙惟定. 规划节能是我国城市进化进程中的关键，建设科技，2013.
- [25] 刘婧. 国外能源系统模型研究及启示. 理论界，2009，12.
- [26] 杨柳. 建筑气候分区与设计策略研究. 西安：西安建筑科技大学，2003.
- [27] 夏伟. 基于被动式设计策略的气候分区研究. 北京：清华大学，2008.
- [28] 周景宏. 能效电厂理论与综合资源战略规划模型研究. 北京：华北电力大学，2011.
- [29] 张仲华. 综合资源规划中的资源潜力分析方法. 中国能源，1994，8：14-16.
- [30] http://etap.com/.
- [31] 周辉，办公建筑空调能耗指标的研究. 上海：同济大学，2005.

第7章 绿色生态城区的能源负荷预测

7.1 城区建筑负荷预测的特点

7.1.1 城区建筑负荷预测的分类

城区建筑负荷和需求预测是城区建筑用能规划、能源系统配置、设备选型、运行经济性、碳排放计算等工作的基础，关系到系统的长期能效，是城区建筑能源规划的基础。城区建筑能源规划按照城区发展的时间大致分为总体规划，控制性详细规划，修建性详细规划，建筑设计及运行使用五个阶段[1]。根据城区建筑负荷预测的目的及条件不同，大致可分为城区用能规划，城区能源系统设计及城区用能系统运行三个阶段（见图7-1）。

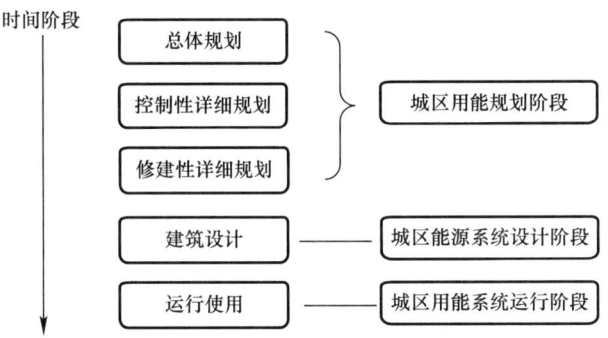

图 7-1 城区建筑能源规划阶段示意图

城区用能规划阶段的城区建筑负荷预测是能源综合规划的基础，为决策者在能源形式、能源转化、输配系统以及能源基础设施的设计及选择提供支持。在此阶段，仅确定了各单体建筑或建筑群功能和面积等控制性参数，具体的建筑设计还未完成。在此条件下，对规划城区内建筑群负荷进行逐时预测，分析城区建筑空调负荷的逐时变化，是市政部门进行能源基础设施的合理配置、设计者进行方案决策、调整建筑群配比等工作的基础。城区能源系统设计阶段的城区建筑负荷预测是系统容量配置的关键。在此阶段，单体建筑设计或已完成，需进一步精确计算负荷，反映城区负荷全年的时间和空间特征。负荷计算准确与否关系到设备容量和供能方案的选择。城区用能系统运行阶段的城区建筑负荷预测的目的是制定更合理的运行方案，实现建筑的舒适及节能要求。在此阶段，建筑已投入使用，在单体建筑资料可获得的情况下，还可以采集到用能系统的实际运行参数，这为系统的运行预测提供基础数据，预测精度要求较高。由此可见，不同阶段的负荷预测目的不同，对建筑负荷预测的精度要求亦不同,因此适用的预测方法也各异。

此外,根据城区建筑负荷预测周期的长短,又可将城区建筑负荷预测分为短期、中期及长期负荷预测。短期负荷预测是预测未来24h负荷变化情况,中期负荷预测的周期一般为3~7d,长期负荷预测则通常以年度为单位。短期负荷预测的目的是对系统进行运行调节,使其与用户侧负荷需求相匹配,从而使系统经济、高效运行;中期负荷预测是为制定系统的生产计划、维修计划、运输计划以及人员和财务计划提供依据;长期负荷预测则是为用能规划及系统优化提供数据依据。总体来说,各种预测方法的预测误差都会随着预测周期的增加而增大,抗随机因素的能力和误差增长速度也存在很大的差别[2]。

7.1.2 城区建筑负荷的影响因素

城区建筑由不同类型和功能的建筑组成,城区建筑群负荷可以看作单体建筑负荷的集成。城区建筑负荷具有全年时间动态和空间分布的特点,建筑冷、热、电负荷和燃气需求随着气象条件、建筑行为等因素而呈现季节性和日间动态特征[3]。由于建筑的空间分布,城区建筑又具有在城区地理空间上分布的特点,建筑负荷和建筑空间布局反映了城区建筑群负荷的空间分布,根据负荷的空间密度、局部负荷规模、周边环境要求和资源状况等情况可以选取设计合理的能源方案及管网输配路由[4]。影响单体建筑负荷的因素对城区建筑负荷来说依旧发挥相似的作用,如建筑朝向、建筑构造、围护结构热工性能、室外气象参数、室内负荷及时间表等。然而,上升至城区层面上还需结合来自于城市和城区尺度上特有因素的影响,如城市形态和微气候等。

城市形态是整个城市的物质基础,不同的城市形态对城区负荷与能耗有着不同程度的影响。各类街区的建筑物相互遮挡面积、绿化覆盖面积、建筑物层高、建筑密度以及容积率等因素差异较大,这些因素会间接影响城区建筑负荷。

微气候是在具有相同大气候特点的范围内,由于局部地区地形、方位、土壤条件和植被不一致等原因,使得局部地区具有独特的气候特点。城区微气候的特点主要表现在个别气象要素(温度、湿度和风)的剧烈变化及特殊天气现象(雾、露和霜)的差异。微气候在一定程度上会影响建筑负荷,如植被可以起到调节温、湿度的作用,风场流动可以影响自然通风。

尤其在规划阶段,由于单体建筑的具体设计还未完成,建筑体形、室内热扰、围护结构热工性能、建筑使用时间表等影响单体建筑负荷的信息未知,且城区内建筑布局未知,城区微气候对建筑群负荷的影响也不确定,故而使得城区建筑群负荷预测具有较大的前瞻性和不确定性[5]。此外,用户建筑节能措施和气候变化也是负荷预测的重要影响因素。

7.1.3 城区建筑负荷预测的方法综述

城区建筑负荷预测方法主要有面积负荷指标法、统计模型预测方法、软件模拟预测方法、情景分析方法等[6],如表7-1所示。

面积负荷指标法是指采用单位面积负荷指标法估算出各单体建筑的负荷,再把各单体建筑的负荷简单叠加,然后乘以同时使用系数,这是一种静态的方法,不能反映城区中负荷的时间动态特性。建筑负荷计算采用公式为 $Q = q \cdot A \cdot 10^{-3}$,式中,$Q$ 为设计负荷,

kW，q 为负荷指标，W/m^2，A 为建筑面积 $m^{2[7]}$。但是，该方法存在很多问题。影响建筑冷负荷的因素很多，不同类型建筑出现最大负荷的时间不同，甚至相差很大。所以，负荷指标只反映多种影响因素共同作用和叠加作用下的冷量需求，而这多种影响因素同时出现的概率是很小的。在城区级别上，城区内所有建筑同时出现多个影响因素的概率就会更小。对于舒适性空调而言，即使出现这种小概率事件，对个别室内环境有一定的不保证率也是允许的。而且，同时使用系数的选取常根据规范及项目调研，缺乏理论依据。工程实践中使用面积负荷指标法常高估城区建筑负荷[8]。

统计模型预测方法以历史数据为基础，是基于历史数据的外推法，利用统计学等相关技术手段对数据进行科学分析，建立负荷预测模型。此类方法主要有回归分析法、时间序列法、人工神经网络法、支持向量机法、灰色理论法等以及各种方法的综合利用。利用统计模型进行建筑负荷预测的特点是以建筑能耗审计数据作为基础，采用一定的数学方法分析数据内在规律，得到负荷预测模型，预测未来的建筑冷负荷。此方法工作量大，物理意义不明显，应用起来存在一定的困难。首先，该方法需要大量的建筑逐时负荷数据作为基础，而审计部门一般是对能耗总量的统计，很难获得逐时的动态数据；其次，统计数据都是单体建筑能耗的反映，而在城市能源规划阶段需要的是某类型建筑的负荷预测，这也就对数据的代表性提出了要求。所以，将统计模型应用于城区能源规划阶段的负荷预测的前提是做好建筑能耗审计工作，积累足够的能耗数据作为分析预测模型的基础。

软件模拟预测方法是以能耗模拟软件为平台，根据典型年气象参数，详细的建筑信息，以及设计参数，通过计算机模拟仿真的方法计算该建筑的逐时负荷，作为建筑冷负荷的预测值。目前，已经研制开发了很多的能耗模拟软件，如美国的 DOE-2、EnergyPlus、BLAST，加拿大的 HOT2XP，日本的 HASP/ACLD，中国香港的 HKDLC、BECON 以及清华大学的 DeST 等。这些软件是建筑节能设计的技术基础。应用能耗模拟软件可以获得该建筑全年逐时冷负荷，通过分析逐时负荷的动态特性，可以得到系统的峰值负荷、负荷的季节变化、日间变化以及逐时变化，进而可以获得不同比率的部分负荷下系统运行时间。根据这种负荷特性，可以设计更加合理的系统方案，选择合适容量的设备，优化运行策略，从而提高能源利用率，达到节能的目的。然而城区建筑需建立不同类型建筑的模型，计算量往往较大。建立典型建筑模型的负荷预测法可以在保证精度的前提下大大减少计算量。而且，在城区用能规划阶段，建筑的详细资料还未完成，就需要建立能够反映该类型建筑负荷情况的典型建筑模型，典型建筑模型的建立尤为关键。

在进行城区负荷与能耗模拟时，常常无法对城区内的每一幢建筑进行详细的建模。由于缺乏详细参数，很多参数不确定或者未知的情况下，需要进行定性分析，设定可能发生的几种情景，即应用情景分析（scenario analysis）方法。"情景"是指对未来情形以及能使事态由初始状态向未来状态发展的一系列事实的描述。"情景分析法"是在对经济、产业或技术的重大演变提出各种关键假设的基础上，通过对未来详细、严密的推理和描述来构想未来各种可能的方案。情景分析法可对影响建筑负荷的多种不确定因素（建筑朝向、围护结构热工参数、室内负荷强度、建筑使用时间表等）进行情景设置，用软件计算不同情景下的建筑负荷，再根据城区功能定位，相似城区建筑用能调研等条件，给定不同情景负荷出现的概率，从而预测建筑群负荷[9]。

各类城区建筑负荷预测方法比较　　　　　　　　　　　表 7-1

预测方法		预测阶段			预测周期			特点
		用能规划	系统设计	系统运行	短期	中期	长期	
面积负荷指标法		√	√				√	静态的估算方法，不能反映负荷的动态特性，且往往高估城区建筑负荷
统计模型预测法	回归分析法			√	√	√	√	需大量历史数据，获得影响因子与负荷之间的回归函数，预测精度不高
	时间序列法			√	√			需大量历史数据，且建模过程比较复杂，需要较高的理论知识
	人工神经网络法			√	√			需大量历史数据，能处理非线性关系，预测精度高，但建模复杂，输入变量选择不当会影响预测结果
	支持向量机法			√	√			所需历史数据较少，能处理非线性关系，预测精度高，但计算速度慢
	灰色理论法	√	√			√	√	所需历史数据较少，预测精度一般
软件模拟预测法		√	√			√	√	需要气象参数及详细的建筑信息，计算精度高
情景分析法		√	√			√	√	需要设定多种情景，仍具有不确定性

　　负荷预测的依据有：①总体规划和各专项规划（特别是供应侧电力、燃气和热力规划）的基础数据；②国家和地方建筑节能设计标准和绿色建筑标准；③本地或邻近城市能耗统计、能源审计以及能耗监测平台的实测数据；④典型单体建筑的能耗模拟结果；⑤城区规划指标、能耗目标、关键性指标和城区开发的建设导则。

　　负荷预测结果包括以下两类：①为配置城区集中能源系统用的设计负荷（静态负荷）；②为确定系统运行策略和作能耗分析用的运行负荷（动态负荷）。

　　负荷预测有很多数学建模方法和解析工具，但基本都是针对单体建筑开发的。目前还没有城区尺度建筑群冷热负荷预测的成熟软件，因此，在规划阶段需要用各种负荷指标预测城区大尺度的负荷。规划用的负荷指标应结合下面两种方法产生：第 1 种方法是基于能耗模拟的城区建筑负荷预测，第 2 种方法是基于能耗实测数据挖掘和 EUI 控制的城区建筑负荷预测[10]。

7.2　城市形态和规划元素对建筑负荷的影响

7.2.1　城市形态对建筑负荷影响

　　现代城市形态的研究始于 19 世纪末，从最开始探讨城市的具体结构和模式到现在多维度、多尺度的研究，涉及规划、经济、政治、建筑、地理等学科，是一种复杂的社会表现形式，但会通过具体的建筑形式表现出来。正如 1998 年建设部颁布的城市形态在《城市规划基本术语标准》[11]中的术语：城市整体和内部各组成部分在空间地域的分布状态。

　　本书中建筑负荷主要是指为提高居民生活和工作的舒适度、维持建筑室内的温湿度而向其提供的冷热湿负荷，影响冷热湿负荷的因素主要是建筑围护结构参数和室外气候参数。建筑形式的不同会影响室外通风和自然光的利用,风和阳光同样是改变城市温度的重要因素,这样的气候因素对该城市的供暖或制冷有着重大的影响。

目前国内城市形态主要分为两种类型:集中式和分散式,其中集中式从其道路网格角度又分为网格状、环状、环形放射状、带状和混合状形态;分散式主要是指组团状(见图7-2)。集中式城市形态的提出是为了减少建设用地,城市各项用地集中连片发展,便于集中设置较为完善的生活服务设施,有利于社会经济活动联系的效率和方便居民生活,但随着城市人口的不断增长,城市形态越来越密集,导致绿地的减少,建筑用地功能混杂等问题。

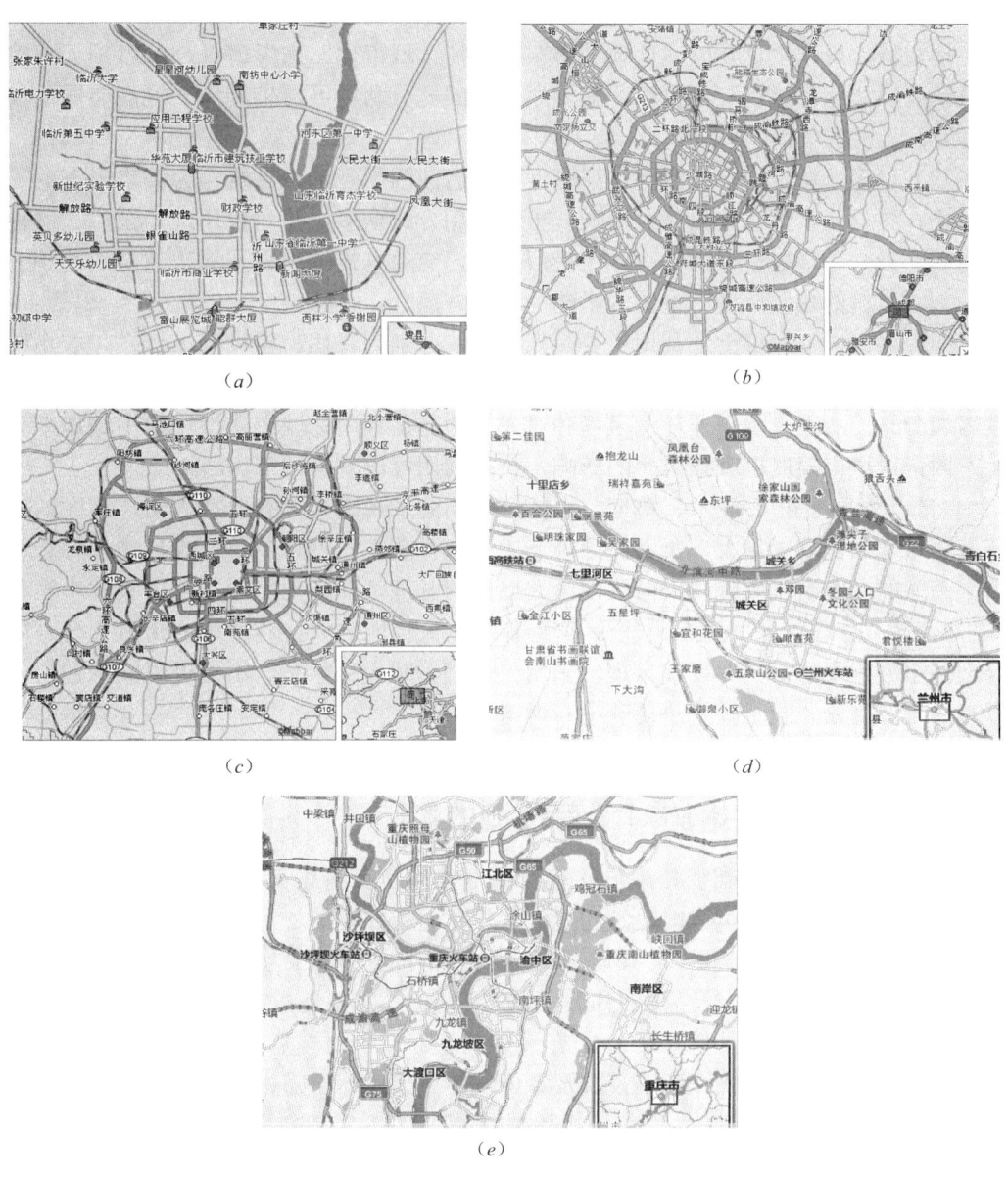

图7-2 城市形态的类型
(a) 网格状;(b) 环形放射状;(c) 环形;(d) 带状;(e) 组团状

绿地减少会导致二氧化碳浓度的升高,产生热岛效应,室外环境温度升高,同时遮荫少,地面吸收更多的太阳辐射,增加室外温度;建筑相互之间密集,导致室外通风不畅,带不走热量,只能在炎热的夏季开大空调,导致建筑负荷的上升。分散式城市形态虽然对建筑负荷敏感度不高,但对加大交通能耗,城区彼此之间联系不便,给经济活动造成影响。

7.2.2 规划元素对建筑负荷的影响

城市形态是在特定的地理环境和一定的社会经济发展阶段中,人类各种活动和自然发展的共同结果,是一种复杂的经济、文化现象和社会过程。规划元素就是在设计城市时需要考虑的各项因素,比如土地利用方式、景观的状态、交通规划等[12]。

在现在城市规划中,要以"低碳城市"、"可持续城市化"来考虑规划的各项元素,对于建筑就要以"绿色建筑"为目标,就要尽可能的充分利用可再生能源、提高能源的使用效率和开发新能源等。

我国人口多,城市的中心紧凑、高密度,然后向四周蔓延,建筑作为城市形态的一种表现形式,各类元素都对其负荷有影响。土地利用方式众多,是建设用地、工厂、园林还是交通等,景观是草地、乔冠、水体还是假山等,交通方式的规划及周边建筑的遮挡、密度等,都对建筑的热湿环境有重要的影响。

以上海为例,上海市土地利用主要是三大类,分别为农用、建设和未开发。农用中包含耕地、园林和牧草等,建设用地包含城乡建设和城镇工矿等。土地利用方式会影响建筑要素组织分布,从而影响室外环境风场和对光线的充足利用;城市建设用地中绿地率和其他生态因素对城市温度也有很重要的影响,合理利用可以减少城市热岛效应。

生态景观主要是指乔灌木、草地、水体等不同的景观因素,有研究表明,高大的树冠比草地对室外温度的影响大,所以提倡广场中种植乔灌木而不是单单都规划为草坪;水体作为生态学的必要组成成分,不但可以给人以美的意境,开阔视野,还可以吸收尘埃和热量,不断蒸发水蒸气,改善城市气候;交通作为三大耗能之一,对城市的街道和公路网设计合理是至关重要的,交通设计合理,多用公共汽车减少私家车,不但可以减少拥堵,还可以减少尾气排放,同时减少热岛和化石燃料。

7.3 用户建筑节能措施对负荷预测的影响

在建筑节能设计的基础上,用户使用行为对建筑负荷有很大的影响[13],并随着城区规划尺度的变大、城区建筑群内建筑功能的多样化而越加复杂。

以住宅建筑的供暖空调负荷为例,影响负荷计算的人员行为模式有:①空调运行模式,主要是指空调温度设定及启停时间;②通风模式,主要是指室内自然通风量及时间;③室内发热量模式,主要是指人员、灯光、设备的发热量及作息。计算建筑负荷时,受人员行为影响的空调运行模式、通风模式及室内发热量模式等的随机性及不确定性对负荷预测的准确性提出了很大的挑战。选用不同的计算模式对负荷和能耗的计算结果影响很大,甚至会得到相反的结论,确定能够反映真实情况的计算模式对建筑负荷和能耗的计算与评价至关重要[14]。

在负荷预测时,要充分考虑用户行为对负荷的影响,可以根据实际调研情况及城区规划内建筑功能的设定目标等较为准确地描述人员行为方式,以此预测建筑负荷。

7.4 气候变化对负荷预测的影响

7.4.1 气候变化与能源

20世纪以来的全球变暖毋庸置疑，这一观点得到了大多数科学家的认可。气候变化已在世界范围内备受瞩目，20世纪的变暖已经对于人们赖以生存的地球环境产生了可怕的影响，如海平面上升、极端天气频发、生态失衡、粮食生产力下降，水资源紧缺和疾病增加等。

如今人类已经进入了"能源气候时代"，气候与能源已然成为21世纪首当其冲的两大全球性问题。国际能源机构（IEA）预测：全球对一次能源的需求在2006～2030年将增加45%，到2030年时化石燃料还将占初级能源的80%，石油仍然是主要燃料，对煤和天然气的需求也是有增无减[15]。

2014年11月12日，作为全球两大碳排放国家，中美双方达成《中美气候变化联合声明》，美国计划于2025年实现在2005年基础上减排26%～28%的全经济范围减排目标并将努力减排28%。中国计划2030年左右二氧化碳排放达到峰值且将努力早日达峰，并计划到2030年非化石能源占一次能源消费比重提高到20%左右。可见，随着履约期限的临近，中美两国承受着巨大的减排压力，在最大程度上争取经济发展空间的同时，加快各个产业的节能减排势在必行。

7.4.2 气候变化对城区/建筑负荷预测的影响

IPCC预计，到2030年，在世界各国的行业发展中，建筑业对于减缓全球温室气体排放的经济潜力均显著高于其他行业。我国建筑能耗（终端使用能耗）目前占总能耗的比例平均值为19.8%，建筑耗能引起的CO_2排放也占总排放量的19%～20%，其中暖通空调的贡献率约在15%以上[16]。

21世纪之前，很少有研究涉及气候变化相关的能源需求预测，在意识到气候变化与能源危机的紧密联系之后，人们渐渐将目光落到气候变化对城市能源利用可能产生的影响，从而适应和减缓气候变化[17]。随着建筑能耗占社会总能耗的比例增加，建筑能源需求的预测逐渐成为气候变化研究的重要内容。

最初的能源需求预测大多采用统计学方法，建立气象参数与能源需求之间的统计关系，用以预测能源需求的变化趋势。常用的统计学方法是回归分析（Regression Analysis）。例如，建立供冷/供暖度日数（CDD/HDD）[18]、干球温度、湿球温度或太阳辐射[19]等天气参数与建筑冷热负荷、建筑能耗（用电量、天然气用量和石油用量）之间的回归模型。再将度日数或天气参数的预测结果用于建筑用能需求的变化预测。

近年来，国内关于气候变化对建筑用能需求的影响分析多以度日数为切入点，运用前述统计学方法探索中国近50年来气候变化对供暖和供冷能耗的影响。利用气象台站多年的历史观测气温数据，分析气候变化对供暖/供冷期、供暖/供冷度日数的影响，基于度日数与能耗的线性相关性假设，将度日数变化量/变化率作为能耗变化的强度指标，量化气候变化对建筑能源需求的影响程度，并且分析气温距平与度日数变率的相关性，用于建筑能耗评估[20~24]。

室外干球温度、湿球温度以及太阳照度是影响建筑物空调能耗的主要气象因素,仅采用度日数指标分析的话,不够全面。度日数方法缺乏考虑建筑对室外环境的响应过程,采用度日数法量化供暖和供冷能耗仅适用于室内温度、内部负荷和建筑性能较稳定的情况[25]。虽然供暖/制冷度日与建筑能耗有显著线性关系,被认为是最简单可靠的衡量能源需求的指标,然而模拟研究发现单纯从度日数的角度分析建筑能耗未免不够全面和准确,供暖度日确实可以反映办公、商场及居住建筑的热负荷特征,用于分析气候变化对能耗的影响是可行的;但制冷度日不能完全反映办公及商场建筑冷负荷的变化,仅可分别解释冷负荷变化的 $64\%\sim55\%$[26],通过分析能耗与气候要素的关系发现,冬季供暖期能耗主要受气温的影响,而夏季制冷能耗受气温和湿度的共同影响。

统计学方法用于建筑能耗的预测时对气象参数变化的处理往往比较简单,对于气候变化的表征不够全面,相应预测结果的准确度不高。恰逢其时,建筑能耗模拟软件在建筑行业的应用趋近成熟,被越来越多的业内人士关注和使用,尤其是随着建筑设计与功能分布的复杂性越来越高,建筑能耗模拟已经成为建筑设计中不可或缺的环节,将其应用于建筑能耗模拟预测不失为一个好办法。

目前应用比较广泛的建筑全能耗分析软件主要有 Energy-10、HAP、TRACE、DOE-2、BLAST、EnergyPlus、TRANSYS、ESP-r、DeST 等。EnergyPlus 是其中比较流行的应用模拟工具,是由美国能源部(DOE)和劳伦斯伯克利实验室(LBNL)共同开发的。EnergyPlus 是一个建筑能耗逐时模拟引擎,采用集成同步的负荷/系统/设备的模拟方法(见图 7-3)。

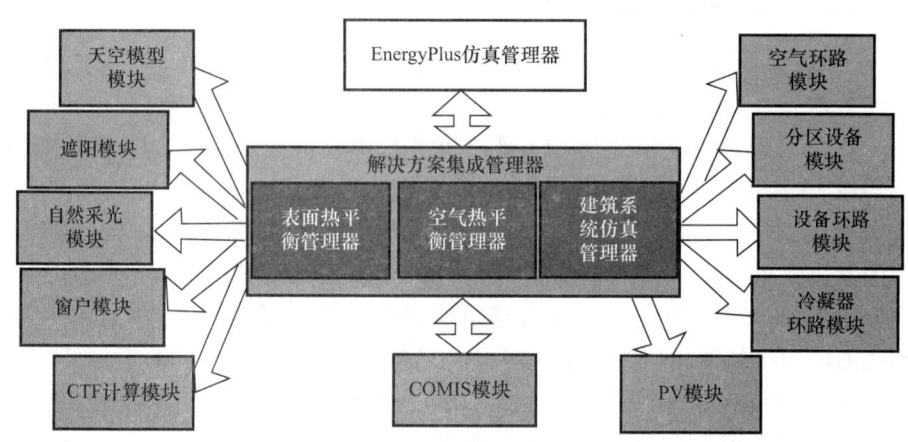

图 7-3 EnergyPlus 集成模拟结构

借助模拟工具进行建筑能源需求预测的重要条件是能耗模拟用未来天气参数。详细的逐时能耗模拟需要采用逐时天气参数。由于天气参数逐年变化,通常采用能够代表某地区或城市长期气象条件的逐时气象数据构成典型年气象文件,作为建筑全年能耗模拟计算的天气输入条件。大多数建筑能耗模拟软件使用的是典型气象年(Typical Meteorological Year,TMY)。

国际上多个机构使用 Finkelstein-Schafer(FS)方法生成了不同版本的 TMY 文件,用于 EnergyPlus 的天气参数来源于各国多达 20 个研究项目。用于中国城市的 TMY 文件有 IWEC(International Weather Year for Energy Calculation)、CSWD(Chinese Standard

Weather Data）、SWERA（Solar and Wind Energy Resource Assessment）和 CTYW（Chinese Typical Year Weather）这四个版本，其中 IWEC 是 ASHRAE 和 NCDC（美国国家气候数据中心）利用 DATSAV3 数据库生成的除美国和加拿大之外的 227 个城市的典型气象参数文件，历史数据年份跨度是 1982～1999 年；CSWD 是清华大学基于中国气象局收集的中国 270 个地面气象台站 1971～2003 年的实测气象数据开发的中国建筑热环境分析专用气象数据集，包括了设计用室外气象参数、TMY 全年逐时数据；SWERA 是由联合国环境规划署支持的资源评估项目针对包括中国在内的 14 个发展中国家进行太阳能和风能资源评估，开发了 156 个城市的逐时典型年数据；CTYW 是由日本筑波大学张晴原教授与 LNBL 的 Joe Huang 基于美国 NCDC 资料库里我国 57 个台站 1982～1997 年的气象数据建立的中国建筑用标准气象数据库。

目前应用的建筑能耗模拟软件中的典型气象年天气输入参数文件是在当前气候观测条件下生成的，不适用于未来气候条件下的建筑能源需求预测，因此，未来建筑能源需求预测的重要前提就是生成一系列结合了气候变化预测的未来天气参数文件，应用于建筑能耗模拟软件，这也是探讨未来气候变化对能源需求影响的关键。对此，广泛采用的方法是将权威机构（如 IPCC）发布的基于全球气候模式（GCM）模拟输出的气候变化预测结果进行降尺度处理，与研究对象当地现有的天气文件（TMY）相结合，生成预测气候条件下的未来天气文件。将其用于建筑模型中，从而预测气候变化对建筑能耗的影响。如美国劳伦斯伯克利国家实验室（LBNL）[27,28]在 2005～2008 年先后在美国全国范围和加州城区开展了 2 个研究项目，进行气候变化对建筑能耗产生的影响预测，直接应用 IPCC SRES 情景下（A1F1、A2、B1 和 B2）全球气候模式 HadCM3 在多个气候区内多个城市的月平均尺度模拟结果，包括未来 100 年月平均温度、日较差、相对湿度和云量这四个主要气象参数的预测变化，采用降尺度方法将月平均尺度的预测变化与各城市已有典型气象年相结合生成气候变化影响下未来各时段（2010～2039 年、2040～2069 年和 2070～2099 年）的典型气象年，将这些未来典型气象年用于代表美国全国和加州建筑业基本情况的住宅和商业建筑典型模型进行全年能耗模拟，考虑不同城区的不同建筑类型的数量确定城区权重系数，将各城区的建筑能耗模拟结果整合作为美国全国和加州建筑能源需求对 21 世纪气候变化的响应。如图 7-4 和图 7-5，以 1980～2009 年为基准，至 2020 年，美国建筑需求侧用能减少 7%，一次能源消耗减少 1%～2%，至 2080 年，建筑需求侧用能增加 18%，一次能源消耗增加 6%。

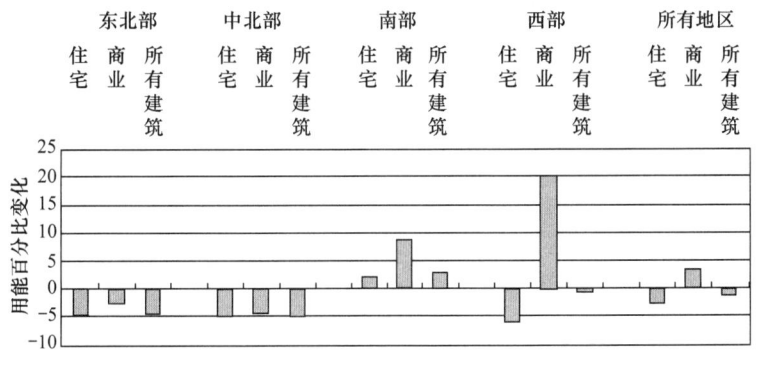

图 7-4 至 2020 年气候变化对美国建筑用能的影响

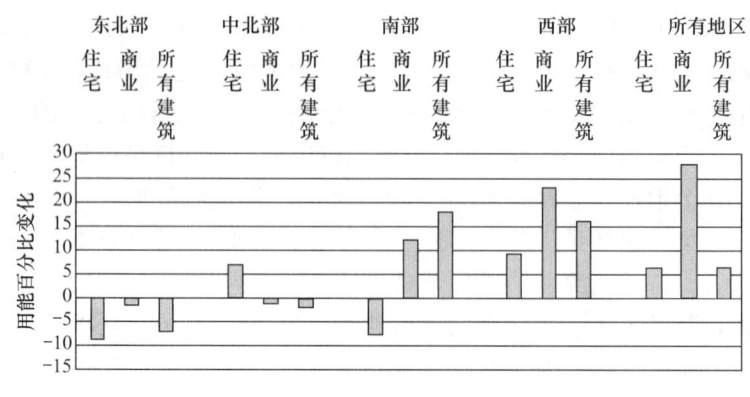

图 7-5 至 2080 年气候变化对美国建筑用能的影响[29]

7.5 预测方法之一：基于能耗模拟的城区建筑负荷预测

由于在城区规划阶段，没有具体的建筑信息用于冷负荷的模拟计算，这就需要构建一种典型建筑作为负荷预测模型的基础。典型建筑是指能够反映规划城区内该类型建筑的建筑形态、建筑规模、建筑围护结构构成、建筑内扰情况、负荷特性等的代表性建筑[29]。

典型建筑模型的建立尤为关键，其计算负荷值直接影响着城区建筑负荷的预测结果。典型建筑模型输入参数的确定来源有三种：城区规划信息、相关标准和规范以及实地调研。对于在规划阶段不能确定的建筑信息等参数主要根据相关的节能标准和设计规范确定，对于建筑的使用情况以及空调系统的运行信息等通过大量的实地调研统计得到。采用能耗模拟软件建立典型建筑模型，并根据城区控制性详细规划、城区所在地社会经济发展现状及趋势等与城区建筑服务水平和使用程度相关的资料，对规划阶段不确定的影响建筑负荷的因子进行情景设置并预测不同情景所占的权重，计算得到综合情景的典型建筑逐时负荷指标，通过城区层面的面积扩展预测城区建筑群负荷。此外，可将模拟结果进行处理，得到当量满负荷运行时间，逐时负荷系数（如逐时负荷因子，能源负荷分摊比例等数据），进而构建城市建筑动态负荷库。

负荷因子是反映建筑逐时负荷变化的无因次量，为逐时负荷与设计负荷的比值[30]。在相同的气候分区内，相同功能的建筑的逐时负荷分布具有相似的特征[31]。所以在调研数据缺乏的情况下，计算机模拟出建筑的逐时负荷因子具有普适性，再结合能耗统计及 EUI 控制预测出建筑的负荷指标，就可以预测出建筑的动态负荷特性。

$$f_j = \frac{Q_j}{Q_{max}} \tag{7-1}$$

式中　f_j——j 时刻的负荷因子；

　　　Q_j——j 时刻的建筑负荷；

　　　Q_{max}——建筑最大负荷。

逐时能源负荷分摊比例指建筑一天内每一时刻的负荷与该日总负荷的比值，逐月能源负荷分摊比例指建筑各个月的累计负荷与全年总负荷的比值[32]。预测出建筑的全年累计负荷和日累计负荷，结合能源负荷分摊比例即可预测出建筑的动态负荷[33]。

7.6 预测方法之二：基于能耗实测数据挖掘和 EUI 控制的城区建筑负荷预测

对规划城区所在地公共建筑能耗监测平台实测的各类建筑能耗数据进行分析，并结合城区的节能目标和能耗限额，确定某一类建筑的平均或最大能耗值，根据第 1 种方法中得到的当量满负荷运行时间推算出此类建筑的负荷指标，再根据第 1 种方法中得到的逐时负荷因子，计算出该类建筑的逐时负荷指标，然后通过城区层面的面积扩展即可得到城区建筑群负荷。

结合上述两种方法建立各类建筑的负荷指标数据库，可为城区建筑能源规划提供参考。可见，需要通过结合模拟与实测、虚与实的两种方法生成负荷指标，负荷指标的生成工作可以离线完成。有志于从事需求侧能源规划的单位，应把建立主要城市和地区的负荷指标数据库作为业务建设的重要工作。在做具体能源规划时选取适当的负荷指标，并根据规划城区整体情况（例如，城区的功能混合度、入住率预测等）确定同时使用系数和负荷参差率。

7.7 预测方法之三：基于空间重构的城区建筑负荷预测

社区建筑能源负荷预测是社区建筑能源规划的基础。建筑用能负荷预测大致分为两类方法：第一类方法是应用历史数据进行外推的方法，此类方法主要有参数回归法和神经网络法，该类方法建立在大量历史数据的基础之上，但对于规划初期的社区建筑，由于缺少大量可供参考的历史数据，给社区建筑负荷预测带来很多困难。另一类方法是应用已有的冷负荷设计指标进行预测，此方法一般应用在城区供冷系统的设计负荷计算中，由于冷负荷指标是单体类型建筑的指标，而社区中一般包括多种类型的建筑，且社区的类型多种多样，很难把单体建筑的冷负荷指标组合起来得到社区建筑的冷负荷指标，而且，应用负荷指标的方法不能得到逐时负荷，社区能源系统设计时，很多时候需要应用逐时负荷曲线。

随着建筑能耗模拟软件的日益成熟，社区建筑可以应用权威的建筑能耗模拟软件进行模拟，即建立社区内所有建筑的建筑模型，把模拟得到的各建筑冷负荷逐时叠加，得到整个社区的冷负荷分布，这种方法工作量巨大，而且必须具备每座建筑的详细信息，包括每座建筑的形状尺寸、建筑内部使用状况等数据，但是在社区的控制性规划阶段，建筑的具体形态还没有设计完成，以上的条件不可能完全具备。

本节尝试利用社区在控制性规划阶段的一些控制指标，通过社区建筑的空间重构，建立能够代表社区建筑负荷分布特性的模型，进而预测整个社区建筑负荷的分布特性。

7.7.1 模型的构建

若把社区内的建筑作为一个系统，则应把社区内的建筑整合为一个相当于单体建筑的系统，此系统作为社区建筑系统。那么社区建筑的负荷预测模型就是要找到一个这样的模型，此模型的逐时负荷分布规律与社区内各单体建筑的逐时负荷叠加的分布规律相同。

设社区内共有 m 座建筑，社区建筑总的逐时冷负荷为 $CL(\tau)$，某单体建筑的逐时冷负荷为 $CL_i(\tau)$，可由下式表示：

$$CL_i(\tau) = CL_{\text{out},i} + CL_{\text{in},i} \tag{7-2}$$

式中 $CL_{\text{out},i}$ ——外扰瞬时冷负荷，W；

$CL_{\text{in},i}$ ——内扰瞬时冷负荷，W。

则社区建筑的冷负荷为：

$$CL(\tau) = \sum_i^m CL_i(\tau) \tag{7-3}$$

式（7-3）可以写为：

$$CL(\tau) = \sum_i^m CL_{\text{out},i} + \sum_i^m CL_{\text{in},i} \tag{7-4}$$

建筑冷负荷是外扰因素和内扰因素耦合在一起共同影响的结果，在处理社区建筑冷负荷的模型时，可以把外扰冷负荷与内扰冷负荷解耦处理。

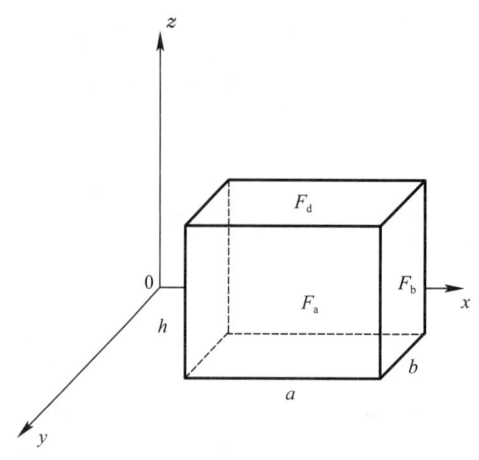

图 7-6 社区建筑外形参数假设

如图 7-6 所示，社区中的建筑外形参数可以做一下假设：①社区建筑中，矩形建筑占了最大的比例，则可以把社区中的建筑形状设定为立方体建筑，作为基准形状的建筑。②设定所有的立方体建筑的建筑朝向角相同。③社区建筑设定为相同的室内环境，即社区内所有建筑室内为同一温度和湿度。

设定社区内有 B_1、B_2、…、B_m 共 m 座立方体建筑，建筑朝向角相同或互成 $90°$，设同一朝向的建筑边长分别为 a_1、a_2、…、a_m 和 b_1、b_2、…、b_m，城区内建筑总体积为 V，第 i 座建筑的体积为 V_i（见图 7-7）。设建筑的外表面积为 F（包括屋顶面积），屋顶面积为 F_d，建筑某一朝向的墙体立面面积为 F_a（在此称为 a 立面，包括窗体面积，窗体面积为 F_{aw}），与此朝向成直角的墙体立面面积为 F_b（在此称为 b 立面，其中窗体面积为 F_{bw}）。为了分析方便，先假设对称面的窗体面积相同，其实对于对称面窗体面积不同的建筑，其分析方法是一样的。

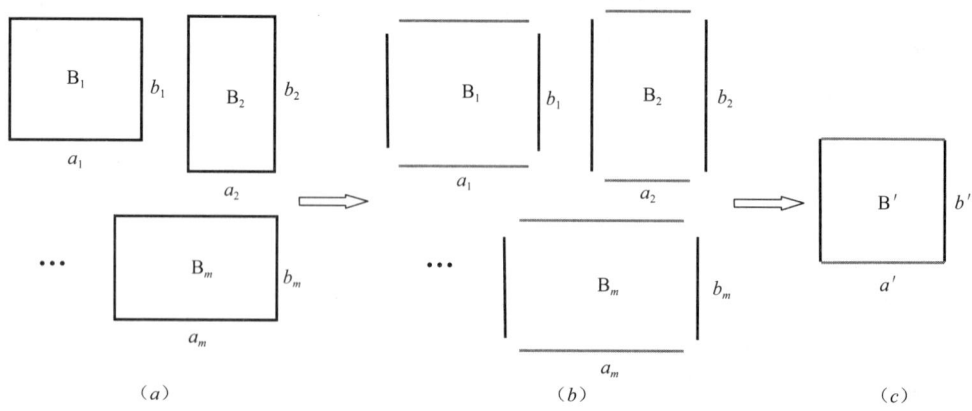

图 7-7 社区建筑整合模型

7.7 预测方法之三：基于空间重构的城区建筑负荷预测

设存在虚拟的矩形建筑 B'，其围护结构热工参数与城区内建筑的围护结构热工参数相同，建筑的长边、宽边和高度分别为 a'、b'、h'，m_i 表示第 i 座建筑的体积百分比，$m_i = \frac{V_i}{V}$。

对于不同材质的社区建筑，设 K_a、K_b、K_c 分别为各面墙体的传热系数，K_{aw}、K_{bw}、K_{cw} 分别为各面窗体的传热系数，令

$$A = \begin{bmatrix} \frac{1}{a_1} & \cdots & \frac{1}{a_m} \end{bmatrix}, B = \begin{bmatrix} \frac{1}{b_1} & \cdots & \frac{1}{b_m} \end{bmatrix}, H = \begin{bmatrix} \frac{1}{h_1} & \cdots & \frac{1}{h_m} \end{bmatrix}, m = \begin{bmatrix} m_1 & \cdots & m_m \end{bmatrix}^T,$$

A、B、H 称为社区建筑的体形参数向量，m 称为社区建筑的体积向量。令

$$K_A = \begin{bmatrix} K_{A1} & & \\ & O & \\ & & K_{Am} \end{bmatrix}, K_B = \begin{bmatrix} K_{B1} & & \\ & O & \\ & & K_{Bm} \end{bmatrix}, K_d = \begin{bmatrix} K_{d1} & & \\ & O & \\ & & K_{dm} \end{bmatrix}$$

K_A、K_B、K_d 称为社区建筑的传热系数矩阵。

设定某时刻社区内总人员密度为 p，单位 p/m³，p_i 为该时刻社区内某建筑的单位体积人员数量，单位 p/m³，同理，设社区建筑内设备散热密度为 e，照明散热密度为 lg。

不同材质社区建筑的虚拟建筑体形参数和热工参数以及内扰的参数，如表 7-2 所示[34]。

虚拟建筑的体形参数、热工参数和内扰参数　　　　表 7-2

参数		社区建筑	虚拟建筑
a 立面墙体	长度	$a_1, a_2, \cdots, a_m$	$a' = \dfrac{1}{\sum\limits_i m_i \dfrac{1}{a_i}}$
	墙体传热系数	K_a	$K'_a = a' B K_a E m$
b 立面墙体	长度	$b_1, b_2, \cdots, b_m$	$b' = \dfrac{1}{\sum\limits_i m_i \dfrac{1}{b_i}}$
	墙体传热系数	K_b	$K'_b = b' A K_b E m$
屋面	建筑高度	$h_1, h_2, \cdots, h_m$	$h' = \dfrac{1}{\sum\limits_i m_i \dfrac{1}{h_i}}$
	屋顶传热系数	K_d	$K'_d = h' H K_d E m$
a 立面窗体	面积	$F_{aw1}, F_{aw2}, \cdots, F_{awm}$	$F'_{aw} = \dfrac{V'}{V} \sum\limits_i F_{awi}$
	传热系数	K_{awi}	$K'_{aw} = \sum\limits_i \varepsilon K_{awi} m_i$
	遮阳系数	SC_{ai}	$SC'_a = \sum\limits_i SC_{ai} m_i$
b 立面窗体	面积	$F_{bw1}, F_{bw2}, \cdots, F_{bwm}$	$F'_{bw} = \dfrac{V'}{V} \sum\limits_i F_{bwi}$
	传热系数	K_{bwi}	$K'_{bw} = \sum\limits_i \varepsilon K_{bwi} m_i$
	遮阳系数	SC_{bi}	$SC'_b = \sum\limits_i SC_{bi} m_i$
人员密度		p_i	$p' = \sum\limits_i m_i p_i$

续表

参数	社区建筑	虚拟建筑
设备散热密度	e_i	$e' = \sum_i m_i e_i$
照明散热密度	lg_i	$lg' = \sum_i m_i lg_i$

注：建筑体积权重与窗体面积权重相差不大时，表中的窗体面积权重全部以体积权重计算；
表中的 E 为围护结构传热系数修正矩阵，ε 为外窗传热系数修正系数。

7.7.2 基于虚拟建筑整合模型的能耗预测方法

在社区控制性规划指标体系中，土地使用控制和建筑建造控制两大类指标可以基本确定建筑建造的形式和规模，而社区的虚拟建筑可以表征社区内的用能逐时负荷分布规律，那么问题的关键就是如何通过社区的控制性规划指标来确定虚拟建筑的形体参数。

社区控制性规划中与建筑形体有关的参数包括：用地面积（A_a）、建筑面积（A）、容积率（R）、建筑密度（C）、建筑高度（H）、建筑体量、建筑层数（N）等。其中，容积率是指项目用地范围内总建筑面积与项目总用地面积的比值；建筑密度指建筑物的覆盖率，即项目用地范围内所有建筑的基底总面积与规划建设用地面积之比；建筑体量指建筑物在空间上的体积，包括建筑的长度、宽度、高度，一般从建筑竖向尺度、建筑横向尺度和建筑形体三方面提出控制引导要求，一般规定上限。

根据以上参数定义可以得到以下关系式

$$R = C \cdot N \tag{7-5}$$

$$A = A_a \cdot R \tag{7-6}$$

设社区内建筑的体形系数为 T_i，虚拟建筑的体形系数为 T'，则

$$T' = \frac{1}{h'} + \frac{2}{a'} + \frac{2}{b'} = \sum_i \left(\frac{1}{h_i} + \frac{2}{a_i} + \frac{2}{b_i}\right) m_i = \sum_i T_i m_i \tag{7-7}$$

虚拟建筑的体形系数为社区内建筑体形系数的加权平均数，权重为体积权重，由此可以用社区建筑的体形系数控制性指标作为虚拟建筑的体形系数。

把控制性规划中的建筑高度指标 H 作为社区虚拟建筑的高度，由式（7-5）得到的建筑层数作为虚拟建筑的层数，由此就可以确定虚拟建筑的高度和层数。

对于相同窗墙比和长宽比的建筑，建筑体积冷负荷指标与体形系数呈线性关系，所以可以通过建筑体形系数来控制建筑负荷指标[35]。在我国的《城市规划编制办法》中，对控制性详细规划的内容规定要"提出各地块的建筑体量、体形、色彩等要求"，因此，考虑到社区建筑的体量，可以确定虚拟建筑的长宽比例，并最终确定整个虚拟建筑的体形参数。当社区建筑的体量不确定时，可以采用情景分析法确定虚拟建筑的长宽比例。

需要指出的是，建筑长宽比对于建筑负荷有一定的影响，反过来建筑负荷对于建筑长宽比有一定的优化作用，设置建筑体量的控制性指标对于低碳社区的规划是必要的，但是建筑体量是需要综合考虑环境景观、建筑功能等多种因素的指标。虚拟建筑的窗墙比参照公共建筑节能设计标准和有关居住建筑节能设计标准的规定来设定。

通过以上分析，由社区规划的土地使用控制和建筑建造控制指标可综合确定社区的虚拟建筑模型，因为社区虚拟建筑的单位体积负荷与社区建筑的单位体积负荷有相同的分布

7.7 预测方法之三：基于空间重构的城区建筑负荷预测

特性，所以通过建立社区虚拟建筑模型，就可以预测社区规划阶段的建筑负荷分布。

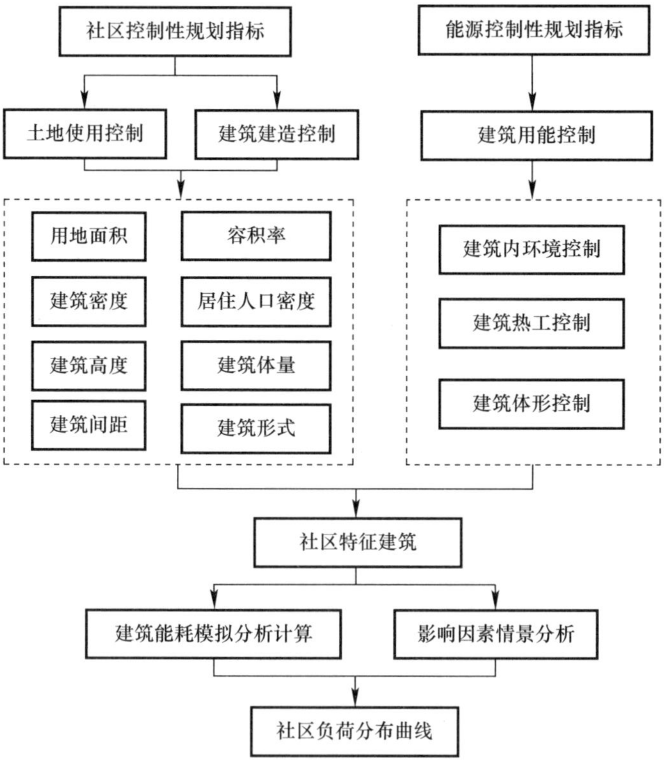

图 7-8 社区能源规划负荷预测流程图

图 7-8 为社区能源规划负荷预测流程图。根据社区控制性规划指标和能源控制性规划指标建立社区虚拟建筑模型，应用建筑能耗模拟分析软件对虚拟建筑进行模拟计算，其中，对于社区中长期规划中的一些因素，应用情景分析法设置未来可能发生的情景，最后得到社区负荷典型分布曲线。

社区建筑负荷预测流程如下：

（1）根据社区控制性规划指标体系，找出社区内各地块的土地使用控制和建筑建造控制指标，统计各类（各地块）建筑的控制指标以及体积权重。

（2）根据社区能源控制性规划指标体系，设定各类（各地块）建筑的建筑能源控制指标。

（3）综合分析社区控制性指标和社区能源控制性指标，建立社区内各类（各地块）建筑的虚拟建筑模型。

（4）应用建筑能耗模拟软件进行负荷模拟分析，得到各类（各地块）建筑的负荷分布特性。

（5）根据社区建筑负荷整合方法，把各类（各地块）建筑的虚拟建筑作为单体建筑，对其进行整合，得到社区建筑的虚拟建筑模型，对各类型（各地块）建筑的虚拟建筑进行整合时，体积权重应采用每一类（各地块）建筑体积权重，而不是各虚拟建筑的体积权重。

（6）社区内负荷影响因素的情景分析，根据模拟计算，得到整个社区的负荷分布特性。

7.8 参考性负荷指标

综合运用软件模拟和情景分析的方法,对上海地区办公、商场、酒店典型建筑进行逐时负荷计算,处理计算结果,为能源规划阶段的建筑负荷预测提供参考数据。上海地区供冷期为每年5月16日~10月15日,共150d;供暖期为12月1日~次年3月15日,共105d。办公建筑的系统运行时间为7:00~18:00,商场建筑的系统运行时间为8:00~21:00,酒店建筑系统为全天运行。本书给出两类参考性负荷指标,负荷因子及能源负荷分摊比例,结合既有建筑能源审计及规划城区建筑能耗基准预测建筑负荷指标,并通过面积扩展,即可预测城区建筑群的逐时负荷(见表7-3~表7-11)。

办公建筑设计日逐时负荷因子　　　　表7-3

时间	冷负荷因子	热负荷因子	时间	冷负荷因子	热负荷因子
1:00	0.00	0.00	13:00	0.89	0.49
2:00	0.00	0.00	14:00	1.00	0.32
3:00	0.00	0.00	15:00	0.96	0.26
4:00	0.00	0.00	16:00	0.85	0.24
5:00	0.00	0.00	17:00	0.71	0.24
6:00	0.00	0.00	18:00	0.38	0.44
7:00	0.10	0.96	19:00	0.00	0.00
8:00	0.63	1.00	20:00	0.00	0.00
9:00	0.77	0.76	21:00	0.00	0.00
10:00	0.82	0.67	22:00	0.00	0.00
11:00	0.88	0.58	23:00	0.00	0.00
12:00	0.84	0.59	24:00	0.00	0.00

商场建筑设计日逐时负荷因子　　　　表7-4

时间	冷负荷因子	热负荷因子	时间	冷负荷因子	热负荷因子
1:00	0.00	0.00	13:00	1.00	0.36
2:00	0.00	0.00	14:00	0.93	0.29
3:00	0.00	0.00	15:00	0.84	0.23
4:00	0.00	0.00	16:00	0.77	0.19
5:00	0.00	0.00	17:00	0.74	0.19
6:00	0.00	0.00	18:00	0.74	0.20
7:00	0.00	0.00	19:00	0.75	0.22
8:00	0.63	0.56	20:00	0.75	0.29
9:00	0.71	1.00	21:00	0.73	0.42
10:00	0.84	0.59	22:00	0.00	0.00
11:00	0.93	0.51	23:00	0.00	0.00
12:00	1.00	0.44	24:00	0.00	0.00

7.8 参考性负荷指标

酒店建筑设计日逐时负荷因子 表7-5

时间	冷负荷因子	热负荷因子	时间	冷负荷因子	热负荷因子
1:00	0.30	0.82	13:00	0.61	0.68
2:00	0.30	0.85	14:00	0.65	0.61
3:00	0.31	0.87	15:00	0.74	0.60
4:00	0.32	0.89	16:00	0.81	0.59
5:00	0.33	0.93	17:00	0.85	0.60
6:00	0.36	0.98	18:00	1.00	0.46
7:00	0.45	1.00	19:00	0.92	0.46
8:00	0.49	0.99	20:00	0.86	0.48
9:00	0.51	0.88	21:00	0.83	0.48
10:00	0.55	0.80	22:00	0.80	0.49
11:00	0.57	0.71	23:00	0.71	0.59
12:00	0.59	0.67	24:00	0.71	0.61

办公建筑逐月能源负荷分摊比例（%） 表7-6

月份	1月	2月	3月	4月	5月	6月	7月	8月	9月	10月	11月	12月
冷负荷	0.00	0.00	0.00	0.00	3.06	17.49	28.34	31.55	17.97	1.60	0.00	0.00
热负荷	45.54	24.82	11.33	0.00	0.00	0.00	0.00	0.00	0.00	0.00	0.00	18.30

办公建筑设计日逐时能源负荷分摊比例（%） 表7-7

时间	冷负荷	热负荷	时间	冷负荷	热负荷
1:00	0.00	0.00	13:00	10.09	7.53
2:00	0.00	0.00	14:00	11.31	4.93
3:00	0.00	0.00	15:00	10.81	3.97
4:00	0.00	0.00	16:00	9.65	3.65
5:00	0.00	0.00	17:00	8.08	3.59
6:00	0.00	0.00	18:00	4.33	6.72
7:00	1.14	14.71	19:00	0.00	0.00
8:00	7.17	15.25	20:00	0.00	0.00
9:00	8.72	11.52	21:00	0.00	0.00
10:00	9.22	10.25	22:00	0.00	0.00
11:00	9.93	8.91	23:00	0.00	0.00
12:00	9.54	8.98	24:00	0.00	0.00

商场建筑逐月能源负荷分摊比例（%） 表7-8

月份	1月	2月	3月	4月	5月	6月	7月	8月	9月	10月	11月	12月
冷负荷	0.00	0.00	0.00	0.00	5.85	18.36	26.68	25.90	17.49	5.71	0.00	0.00
热负荷	46.13	27.42	6.94	0.00	0.00	0.00	0.00	0.00	0.00	0.00	0.00	19.51

商场建筑设计日逐时能源负荷分摊比例（%）　　　　表 7-9

时间	冷负荷	热负荷	时间	冷负荷	热负荷
1：00	0.00	0.00	13：00	8.77	6.62
2：00	0.00	0.00	14：00	8.16	5.32
3：00	0.00	0.00	15：00	7.40	4.26
4：00	0.00	0.00	16：00	6.82	3.53
5：00	0.00	0.00	17：00	6.53	3.45
6：00	0.00	0.00	18：00	6.52	3.63
7：00	0.00	0.00	19：00	6.63	3.93
8：00	5.55	10.22	20：00	6.61	5.34
9：00	6.22	18.19	21：00	6.39	7.72
10：00	7.38	10.66	22：00	0.00	0.00
11：00	8.21	9.21	23：00	0.00	0.00
12：00	8.81	7.93	24：00	0.00	0.00

酒店建筑逐月能源负荷分摊比例（%）　　　　表 7-10

月份	1月	2月	3月	4月	5月	6月	7月	8月	9月	10月	11月	12月
冷负荷	0.00	0.00	0.00	0.00	3.42	17.01	30.25	28.96	16.84	3.52	0.00	0.00
热负荷	35.00	26.28	13.95	0.00	0.00	0.00	0.00	0.00	0.00	0.00	0.00	24.76

酒店建筑设计日逐时能源负荷分摊比例（%）　　　　表 7-11

时间	冷负荷	热负荷	时间	冷负荷	热负荷
1：00	2.06	4.79	13：00	4.21	4.02
2：00	2.03	4.98	14：00	4.43	3.59
3：00	2.09	5.09	15：00	5.08	3.50
4：00	2.18	5.21	16：00	5.59	3.47
5：00	2.28	5.44	17：00	5.82	3.55
6：00	2.47	5.74	18：00	6.86	2.68
7：00	3.06	5.87	19：00	6.30	2.72
8：00	3.40	5.83	20：00	5.91	2.83
9：00	3.52	5.17	21：00	5.67	2.80
10：00	3.81	4.71	22：00	5.50	2.85
11：00	3.93	4.17	23：00	4.86	3.46
12：00	4.08	3.93	24：00	4.86	3.60

7.9 案例应用

该案例为对上海某商务区能源规划阶段能源站供能城区建筑群进行空调负荷预测。该项目设计 3 个能源站以满足商务区内的建筑负荷要求，全部供能城区建筑面积为 312 万 m^2；其中 1 号能源站负担 96 万 m^2，并分 3 期建设，2 号能源站负担 83 万 m^2，3 号能源站负担 133 万 m^2；主要建筑功能类型有办公、商场、酒店。具体统计见表 7-12。

7.9 案例应用

能源站供能城区建筑类型及面积 表 7-12

能源站房	项目进度	办公（m²）	商场（m²）	酒店（m²）	总计（m²）
1号	一期	142264.93	11368.3	98105.57	251738.8
	二期	172797.34	127451.32		300248.66
	三期	164325	246488		410813962
	小计	479387.27	385307.62	98105.57	800.46
2号		435667	401271		826938
3号		751930	579215		1331145

该项目规划资料提到的建筑业态主要为商务办公、商业服务业及酒店、公寓式酒店，所以选择的典型建筑模型类型为办公建筑、商场建筑、酒店建筑。建立典型建筑模型的依据有相同功能建筑的实际调研资料及当地建筑节能设计标准等。选用 EnergyPlus 能耗模拟软件建立并计算典型建筑模型的逐时负荷，其中，气象参数选用上海地区典型气象年数据，各类典型建筑模型的三维效果图见图7-9。

办公建筑　　　　　　　商场建筑　　　　　　　酒店建筑

图 7-9 典型建筑模型三维图

围护结构热工指标及室内设计参数均参照上海市《公共建筑节能设计标准》DG 108—107—2012 和《民用建筑供暖通风与空气调节设计规范》GB 50736—2012，建筑空调系统运行时间如表 7-13 所示。此外，根据任务书的明确要求，供冷期为每年 5 月 16 日～10 月 15 日，共 150d；供暖期为 12 月 1 日～次年 3 月 15 日，共 105d。

空调系统运行时间表 表 7-13

类别		系统工作时间
办公建筑	工作日	7：00～18：00
	节假日	—
酒店建筑	全年	1：00～24：00
商场建筑	全年	8：00～21：00

室内负荷的设计对建筑负荷影响较大，为了使能源站负荷预测比较准确，根据建筑的档次，同时参考上海市《公共建筑节能设计标准》DG 108—107—2012 和《公共建筑节能设计标准》GB 50198—2015 中规定的人员密度、照明功率密度和电器设备功率的要求，对三类建筑分别设置三种情景（见表7-14）。根据商务区的功能定位及经验，预测上述各类情景的分布比例（见表7-15），综合各种情景，即可计算得到典型建筑的逐时冷、热负

荷指标。

典型建筑模型的情景设置 表7-14

建筑类别	情景	人员密度（m²/人）	照明负荷（W/m²）	设备负荷（W/m²）	新风量[m³/(人·h)]
办公建筑	情景1	4	11	20	30
办公建筑	情景2	8	18	13	30
办公建筑	情景3	10	9	15	30
商场建筑	情景1	3	12	13	20
商场建筑	情景2	4	19	13	20
商场建筑	情景3	8	10	13	20
酒店建筑	情景1	15	15	20	30
酒店建筑	情景2	30	15	13	30
酒店建筑	情景3	25	7	15	30

商务区建筑室内负荷情景设置 表7-15

建筑类型		办公建筑	商场建筑	酒店建筑
权重	情景1	0.3	0.3	0.3
权重	情景2	0.4	0.4	0.5
权重	情景3	0.3	0.3	0.2

通过建立典型建筑模型，并对内部负荷进行情景设置，综合考虑各种情景的分布，计算得到典型建筑模型的逐时负荷指标，再进行城区面积扩展，计算供能城区建筑群的逐时空调负荷。对单体建筑及能源站供能城区建筑群的负荷指标及峰值出现时间做统计，结果见表7-16。

单体建筑及能源站供能城区建筑群负荷指标、峰值出现时间统计 表7-16

类型	冷负荷		热负荷	
	峰值负荷（W/m²）	出现时间	峰值负荷（W/m²）	出现时间
办公	77.39	8月7日14：00	54.85	1月2日8：00
商场	105.93	7月19日12：00	33.8	12月23日9：00
酒店	72.77	6月29日18：00	47.62	12月20日7：00
1号一期	70.7	6月29日17：00	43.41	1月2日8：00
1号二期	88.04	8月7日14：00	34.54	1月2日8：00
1号三期	92.44	8月7日14：00	32.31	1月2日8：00
2号	90.5	8月7日14：00	33.28	1月9日9：00
3号	88.31	8月7日14：00	34.03	1月2日8：00

由于能源站的供能城区建筑类型及建筑面积不同，所计算得到的峰值负荷及出现时间亦不相同，不同功能建筑的混合及建筑配比调整，将对城区建筑群的负荷起到调峰的作用。

根据建筑群的负荷预测结果可以统计能源站的空调负荷率（指逐时负荷与峰值负荷的百分比），仅统计能源站供能时间内的空调负荷率，各能源站供能时间见表7-17。

7.9 案例应用

能源站供能时间表 表 7-17

能源站	业态	供能时间	供冷小时数（h）	供热小时数（h）
1号一期	办公、商业、酒店	1：00～24：00	3600	2520
1号二期	办公、商业	7：00～21：00	2250	1575
1号三期	办公、商业	7：00～21：00	2250	1575
2号	办公、商业	7：00～21：00	2250	1575
3号	办公、商业	7：00～21：00	2250	1575

对预测的负荷结果进行统计，得到各能源站的空调冷、热负荷率的时间分布（见图7-10、图7-11）及负荷率分布的时间频度（见表7-18、表7-19）。城区建筑群的逐时负荷预测及相关统计结果为能源站的系统容量配置提供依据。

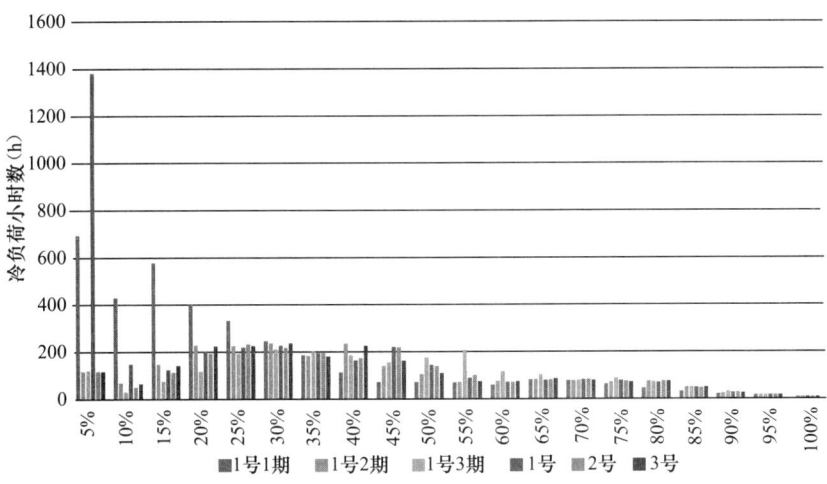

图 7-10 各能源站空调冷负荷率的时间分布❶

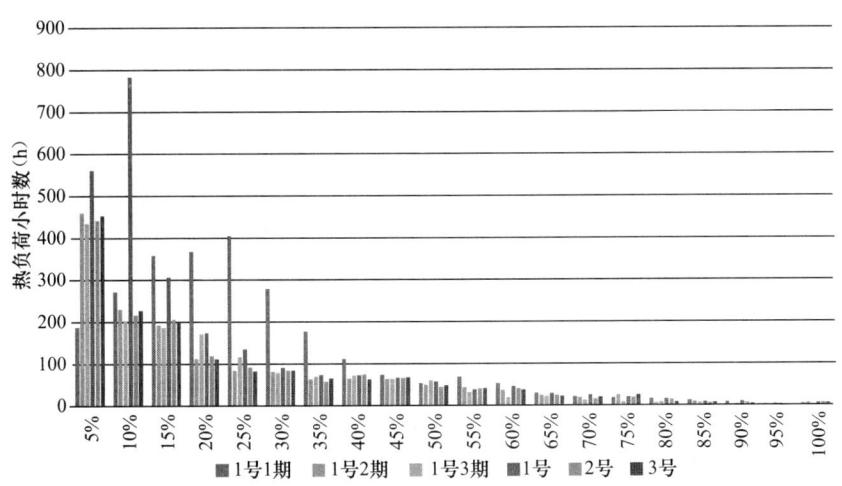

图 7-11 各能源站空调热负荷率的时间分布❶

---

❶ 彩图见本书附录1。

各能源站空调冷负荷率分布的时间频度　　　　　　　　　　　　　表 7-18

能源站	负荷率			
	0%～25%	25%～50%	50%～75%	75%～100%
1号1期	68%	19%	10%	3%
1号2期	35%	40%	17%	8%
1号3期	24%	41%	26%	8%
2号	32%	42%	18%	8%
3号	34%	41%	17%	8%

各能源站空调热负荷率分布的时间频度　　　　　　　　　　　　　表 7-19

能源站	负荷率			
	0%～25%	25%～50%	50%～75%	75%～100%
1号1期	63%	28%	8%	2%
1号2期	69%	21%	9%	1%
1号3期	71%	22%	6%	2%
2号	68%	21%	9%	2%
3号	68%	21%	9%	2%

本章参考文献

[1] 于航，黄子硕，彭震伟. 社区能源综合规划及其方法初探. 暖通空调，2014，12：13-16.

[2] 郝有志，李德英. 热负荷预测方法评析. 建筑热能通风空调，2003，01：26-27.

[3] 付林，郑忠海，江亿，狄洪发，李永红，戴威. 基于动态和空间分布的城市能源规划方法. 城市发展研究，2008，S1：146-149.

[4] 郑忠海，付林，江亿，狄洪发，陈杰. 城市建筑能源规划模拟软件的介绍. 全国暖通空调制冷2008年学术年会论文集，2008：1.

[5] Kavgic M, Mumovic D, Summerfield A, et al. Uncertainty and modeling energy consumption: Sensitivity analysis for a city-scale domestic energy model. Energy and Buildings, 2013, 60: 1-11.

[6] 欧科敏，韩杰，周晋，张国强. 城区建筑冷热负荷预测方法及其研究进展. 暖通空调，2014，10：94-100.

[7] 戴慎志. 城市工程系统规划. 北京：中国建筑工业出版社，1999.

[8] 龙惟定. 建筑节能管理的重要环节——城区建筑能源规划. 暖通空调，2008，33：31-38..

[9] 龙惟定，白玮，张改景，苑翔. 城区建筑能源规划：建筑节能基础. 建设科技，2008，66：60-63.

[10] 龙惟定. 城区需求侧能源规划. 暖通空调，2015，62：60-66.

[11] GB/T 50280—98. 城市规划基本术语标准. 北京：中国标准出版社，1998.

[12] 郑毅. 城市规划设计手册. 北京：中国建筑工业出版社，2000.

[13] 秦蓉，刘烨，燕达，江亿. 办公建筑提高夏季空调设定温度对建筑能耗的影响. 暖通空调，2007，88：33-37+7.

[14] 朱光俊，张晓亮，燕达. 住宅建筑采暖空调能耗模拟方法的研究. 重庆建筑大学学报，2006，6：95-98.

[15] 史义. 意大利应对能源危机和气候变化的主要措施. 全球科技经济瞭望，2010，25（12）：39-49.

[16] 龙惟定. 试论我国暖通空调业的可持续发展. 暖通空调，1999，29（3）：25-30.

[17] IPCC. Climate Change 2001: The Scientific Basis, Contribution of Working Group I to the Third

Assessment Report of the Intergovernmental Panel on Climate Change, Cambridge University Press, Cambridge, UK and New York, NY, USA, 2001.

[18] Matthias Ruth, Ai-Chen Lin. Regional energy demand and adaptations to climate change: Methodology and application to the state of Maryland. USA. Energy Policy, 2006, 34: 2820-2833.

[19] Joseph C. Lam, Kevin K. W. Wan, Tony N. T. Lam, et al. An analysis of future building energy use in subtropical Hong Kong. Energy, 2010, 35: 1482-1490.

[20] 陈莉, 方修睦, 方修琦等. 过去20年气候变暖对我国冬季采暖气候条件与能源需求的影响. 自然资源学报, 2006, 21 (4): 590-597.

[21] 陈峪, 黄朝迎. 气候变化对能源需求的影响. 地理学报, 2000, 55 (增刊): 11~19.

[22] 李喜仓, 白美兰, 杨晶等. 气候变暖对呼和浩特地区采暖期能源消耗的影响. 气候变化研究进展, 2010, 6 (1): 29-34.

[23] 陈莉, 方修琦, 李帅. 气候变暖对中国严寒地区和寒冷地区南界及采暖能耗的影响. 科学通报, 2007, 52 (10): 1195-1198.

[24] 陈峪, 叶殿秀. 温度变化对夏季降温耗能的影响. 应用气象学报, 2006, 16 (增刊): 97-104.

[25] M. Christenson a, H. Manz, D. Gyalistras. Climate warming impact on degree-days and building energy demand in Switzerland. Energy Conversion and Management, 2006, 47: 671-686.

[26] 李明财, 郭军, 史瑗, 等. 利用采暖/制冷度日分析建筑能耗变化的适用性评估. 气候变化研究进展, 2013, 9 (1): 43-48.

[27] Thomas J. Wilbanks, Vatsal Bhatt, Daniel E. Bilello, et al. Effects of Climate Change on Energy Production and Use in the United States. U. S. Climate Change Science Program. Synthesis and Assessment Product 4. 5, 2008.

[28] Peng Xu, Yu Joe Huang, Norman Miller. EFFECTS OF GLOBAL CLIMATE CHANGES ON BUILDING ENERGY CONSUMPTION AND ITS IMPLICATIONS ON BUILDING ENERGY CODES AND POLICY IN CALIFORNIA. PIER FINAL PROJECT REPORT, 2009, CEC-500-2009-006.

[29] 韩传忠, 端木琳, 舒海文, 李祥立, 王振江. 城区供冷负荷预测模型的建立. 建筑热能通风空调, 2012, 1: 9-11.

[30] 李辉, 江亿, 朱颖心. 热电冷联产系统中负荷的模拟计算. 全国暖通空调制冷2004年学术年会资料摘要集 (2), 2004.

[31] 李辉, 付林, 杨巍巍等. 三联供系统中热电冷负荷的计算方法. 2004年暖通空调制冷学术年会论文集, 2004.

[32] 夏令操. 浅析日本区域供冷供热的负荷预测. 暖通空调, 2009, 02: 93-95+13.

[33] 杨木和, 阮应君. 三联供系统中逐时冷热电负荷的模拟计算. 制冷空调与电力机械, 2009 (4): 85-88.

[34] 龙惟定, 白玮等. 低碳城市的城区建筑能源规划. 北京: 中国建筑工业出版社, 2011.

[35] 苑翔; 龙惟定, 张洁. 建筑体形参数与外扰因素影响下冷负荷的相关性分析. 中南大学学报 (自然科学版), 2010 (5): 1822-1827.

第8章 城市气候设计与规划节能

8.1 城市空间形态与建筑能耗

8.1.1 城市空间形态的因素

从建筑规划的角度来看，城市的空间形态简单地说就是城市表现出来的空间布局，包括建筑物及开放城区，是一种物质的理性空间，这里包含了两个重要的特征：建筑形态和空间城区结构。

在目前还没有一套系统的理论来研究城市空间形态与建筑能耗的具体关系，但从建筑所处的空间大小来看，研究一个城市空间形态与建筑能耗的关系，可以分为不同的尺度，目前主要是四类：城市街区、社区、城区和城市。在不同的尺度上，对建筑能耗影响因素也是不同的，建筑形态因素主要有建筑高度、体形系数、窗墙比、被动空间占比等，建筑与空间城区的关系可以用建筑密度、容积率、绿化率和用地多样性来表现[1]。

在城市尺度上，城市空间形态对建筑能耗的影响来自于城市的紧凑度和城市的热岛效应，紧凑度与建筑能耗不是一个线性的关系，在欧洲社会认为紧凑度是可持续城市化的一项标志，但对于在"可持续发展"倡导的今天来讲，不论是"集中式"还是"分散式"的城市形态，都有其弊端，都是能源消耗高、不可持续的布局形态。城市空间形态对建筑能耗可以是直接的也可以是间接的，良好的空间形态布局，可以在更好地使用太阳能和自然通风的同时，还可以提高居民的舒适度，反之，不但会使建筑能耗增大，甚至会影响土地利用、交通设计等其他方面。

8.1.2 城市空间形态与建筑能耗的关系

1. 国外研究团队的成果

城市规划对节能的影响课题的研究，比较成熟的是通过路网设置和停车点布局规划的调整而降低交通能耗，对建筑能耗的影响还是一个在研究中的课题。从发表的文献来看，国际上对该领域的研究团队也不多。因此，本书只能提供趋势性的建议，将国际有关团队的研究成果归纳出来供读者分享。

（1）伦敦政治经济学院和欧洲能源研究所的研究成果[2]

伦敦政治经济学院（The London School of Economics and Political Science）的LSECities研究团队是一个国际化的研究所；欧洲能源研究所（The European Institute for Energy Research，EIFER）是设立在德国卡尔斯鲁厄大学（University of Karlsruhe）内的国际化研究所。这两个研究所联合完成的《城市与能源——城市形态与热能需求》（City and Energy——Urban Morphology and Heating Energy Demand）研究报告，针对伦敦、

巴黎、柏林、伊斯坦布尔 4 座欧洲大城市，选择数 10 种城市形态类型，选取统一的建筑参数，建立模型。通过模拟得出以下结果：

图 8-1 显示，容积率与供暖能耗呈负相关关系，即容积率越高，供暖能耗越低。图中容积率最高和能耗最低的是位于巴黎 Courcelles 大街的街区，这里是典型的巴黎庭院围合式建筑（见图 8-2）。欧洲把这种类型的建筑布局视为紧凑型城市的典范。

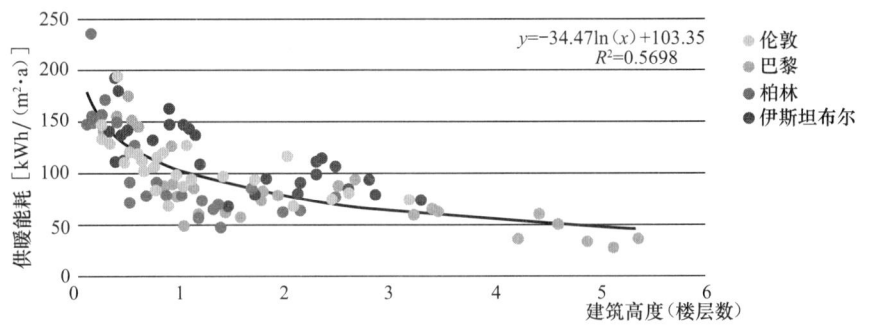

图 8-1　容积率与供暖能耗的关系 ❶
资料来源：LSE cities EIFER Research。

图 8-2　巴黎典型的庭院式围合建筑 ❶
资料来源：http://photovide.com/paris-from-birds-eye-view/。

从图 8-3 到图 8-5 可以看出，建筑高度（楼层数）与供暖能耗呈负相关关系，即楼层数越多，单位建筑面积供暖能耗越低；建筑体形系数（建筑表面积与体积之比）与供暖能耗呈正相关，体形系数越大（即建筑外表面积越大），单位建筑面积供暖能耗也越大；而建筑密度［即覆盖率，建筑足迹（Building Footprint）与土地面积之比］与供暖能耗呈负相关关系，建筑密度越大，单位建筑面积供暖能耗越低。

建筑形态越复杂，建筑占地面积越大，容积率越高，可以利用的太阳光越多，其供暖能耗越低，比较适合于供暖能耗消耗大的地区。与之相反，就不适合我国夏热冬冷地区，

---

❶ 彩图见本书附录 1。

第8章 城市气候设计与规划节能

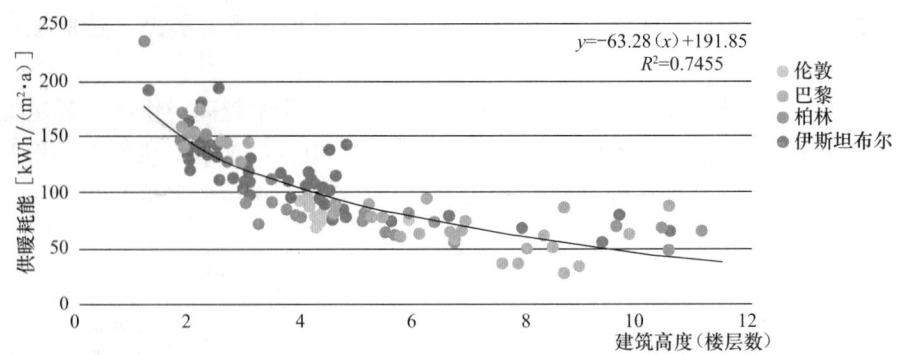

图 8-3 建筑高度（楼层数）与供暖能耗的关系❶
资料来源：LSE cities and EIFER Research。

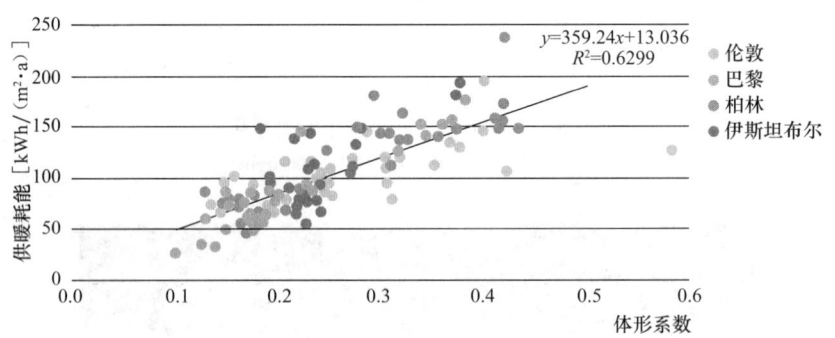

图 8-4 建筑体形系数（表面积与体积之比）与供暖能耗的关系❶
资料来源：LSE cities and EIFER Research。

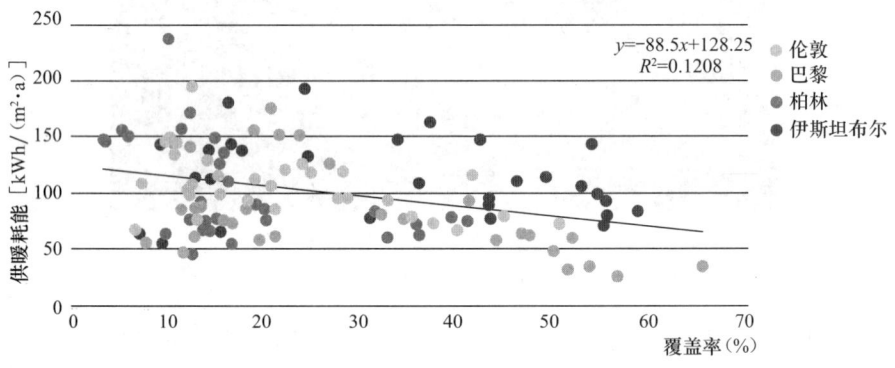

图 8-5 覆盖率（建筑密度）与供暖能耗的关系❶
资料来源：LSE cities and EIFER Research。

夏季供冷需要大，冬季不需要供暖，就需要形态结构简单，通风良好，遮荫和遮挡做得好，当然，在具体进行规划的时候需要对该地区进行具体分析。

（2）美国麻省理工学院（Massachusetts Institute of Technology，MIT）的研究成果

---

❶ 彩图见本书附录1。

8.1 城市空间形态与建筑能耗

MIT 的这个研究项目是由美国能源基金会中国（Energy Foundation China）资助完成的，题目是"Making the Clean Energy City in China"（在中国建造清洁能源城市）。MIT 的中方合作单位是清华大学、山东大学和北京师范大学。该项目主要工作是探索邻里（neighborhood）尺度的能源消耗和城市形态之间的关系；开发用于分析、设计以及制订能源使用相关政策的工具 Energy Proforma。该项目在济南市选取 23 个邻里街区，并归纳成 4 种形态（见图 8-6）。

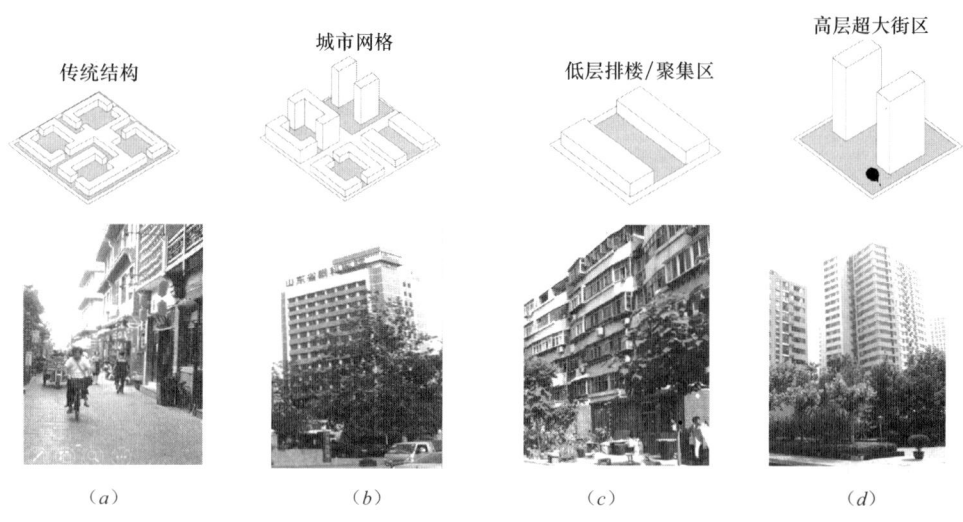

图 8-6 济南市 4 种典型社区的城市形态

（a）20 世纪初叶的传统结构建筑（四合院）；（b）20 世纪 20、30 年代形成的以道路划分的网格化街区；（c）20 世纪 80 年代之后的多层单元式住宅小区；（d）20 世纪 90 年代之后大规模建造的高层建筑大型社区

资料来源：D. Frenchman and C. Zegras. The Energy Proforma in Practice and Policy, Presentation to The Energy Foundation, Beijing, OCTOBER 30, 2013。

用 Energy Proforma 工具针对以下 4 种能耗形式进行分析：

① 建筑运行能耗。包括供暖、供冷、照明、电梯、水泵等系统能耗。
② 建筑材料隐含能耗。包括建筑材料生产、运输以及建筑施工直到拆毁的全生命周期能耗。
③ 交通能耗。包括居民日常生活中为满足上班、上学、购物和休闲需要的交通能耗。
④ 可再生能源利用潜力。将光电、光热、小型风电以及地源热泵等作为城市形态功能的一部分。但在建筑能耗中并未扣除这一部分由可再生能源所产生的能量。

从图 8-7 可以看出，20 世纪 90 年代之后大量兴建的大型高层社区，无论运行能耗还是生命周期能耗都是最高的。针对这种情况，该项目也提出了城市设计和控规指标中的解决方案（见图 8-8）。

根据测算，在采取这些措施以后，能够降低总能耗 50% 以上（包括运行、交通、隐含能耗，也包括可再生能源产能）。

（3）法国建筑科学技术中心城市形态实验室的研究成果

法国建筑科学技术中心（CSTB）城市形态实验室（Urban Morphology Laboratory,

第8章 城市气候设计与规划节能

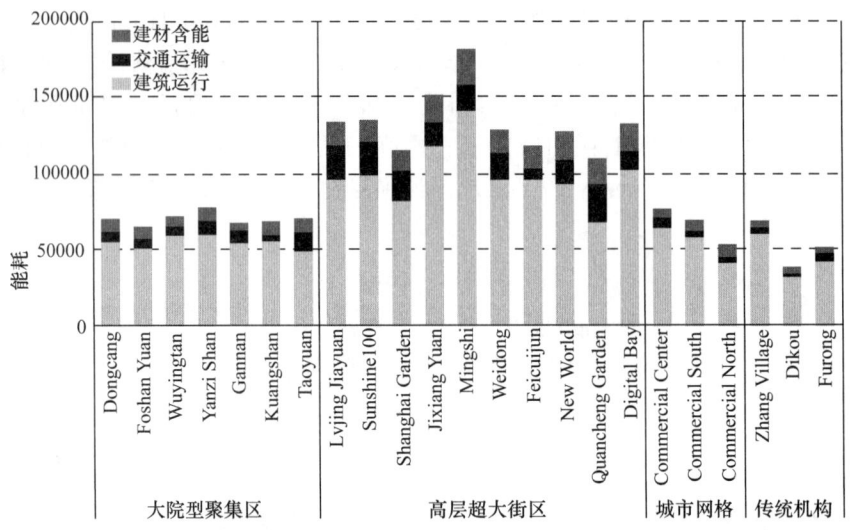

图 8-7 济南 23 个邻里街区分 4 种类型的能耗分析结果

资料来源：D. Frenchman, C. Zegras and C. Brazier, Making the clean energy city in China, Year 3 Report, August 2013。

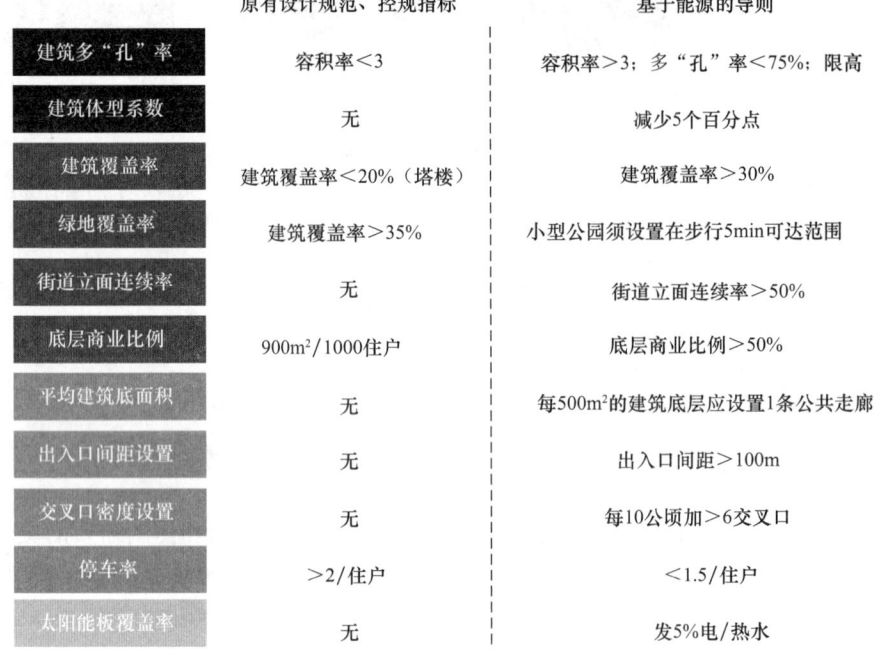

图 8-8 针对大型高层住宅区的改进方案

资料来源：D. Frenchman and C. Zegras, The Energy Proforma in Practice and Policy, Presentation to The Energy Foundation, Beijing, OCTOBER 30, 2013。

UML）Serge Salat 博士的《关于可持续城市化的研究——城市与形态》对城市形态与节能和可持续发展的关系做了深入研究[1]。Salat 博士认为，城市形态很大程度上决定了建筑的热舒适性、空气品质和能耗。而主动式节能和被动式利用自然能的实现，也在很大程度上取决于城市形态。

8.1 城市空间形态与建筑能耗

UML 针对规划中的建筑能源性能研究，建立了新的指标体系。其中主要有：

1) 将体形系数分解：

$$\frac{S}{V} = \frac{1}{V^{1/3}} \times \frac{S}{V^{2/3}} \tag{8-1}$$

式中　S——建筑物表面积；

　　　V——建筑物体积。

　　　$V^{1/3}$——建筑物的尺寸因子，建筑物越大，尺寸因子越小；而 $\frac{S}{V^{2/3}}$ 作为一个描述建筑物形态的无量纲因子。

2) 提出被动空间概念。被动空间是指建筑物内距围护结构 6m 以内的可以利用自然通风和昼光照明的城区。被动空间占比（被动空间占整个空间的比例）是建筑物被动获取太阳能、自然通风和天然采光潜力的一个重要参数。根据 Serge 博士的研究，柏林的平均被动空间占比为 61%，伦敦为 77%，而法国西南部大城市图卢兹（Toulouse，人口 34.8 万人）则为 84%，因为图卢兹保留着大量罗马时代的红砖建筑（见图 8-9）。根据 Serge 博士的估算，上海陆家嘴地区的超高层建筑群的被动空间占比可能不到 50%。这表明，有相当大的内区的超高层建筑，其室内环境基本上完全要靠电气照明、机械通风和空调来解决，能耗需求远高于被动空间占比大的建筑。

图 8-9　法国图卢兹（Toulouse）市❶

资料来源：http://www.meditatoday.com/portfolio/item/join-us-in-medita-toulouse/，https://cristellamarrufo.files.wordpress.com/2010/11/toulouse-118.jpg。

3) 针对巴黎 4 种类型城市形态，Serge 博士给出表 8-1 所示的研究成果。

巴黎 4 种类型城市形态的建筑能耗　　　　表 8-1

	奥斯曼式巴黎建筑	摩天大楼	外墙折线缩进式建筑	格式单元楼
平均 U 值为 2.93W/($m^2 \cdot K$) 的供暖需求 [kWh/($m^2 \cdot a$)]	129	141	129	285

---

❶　彩图见本书附录 1。

续表

平均 U 值为 $0.87W/(m^2 \cdot K)$ 的供暖需求 $[kWh/(m^2 \cdot a)]$	39	51	43	50
体形系数 S/V	0.17	0.16	0.16	0.37
形态因子 $S/V^{2/3}$	9.32	19.66	15.59	24.13
太阳能利用系数	0.42	0.36	0.38	0.38

可以看出，尽管高层摩天大楼体形系数比较小，但其供暖需求仍比较大，因为它利用太阳能是最少的。站在被动式节能的立场，体形系数不一定太小，但形态因子却应该小一些，这样会有较大的被动空间占比。Serge 博士对巴黎的始建于 19 世纪中叶的奥斯曼式建筑情有独钟（见图 8-10）。

图 8-10　巴黎奥斯曼式建筑[1]

Serge 博士分别比较了 4 种风格城市形态的体形系数（形态因子）、容纳人口密度、容积率、自然光可利用率、被动空间占比，以及街区的可达性和连接性，所有结果都表明奥斯曼式街区是最好的。即围合庭院式的、容积率在 5～6 的、楼层数 5～7 层的，覆盖率（建筑密度）60%以上的布局是理想的布局。而超高层建筑能耗高，也并不节约土地（覆盖率仅 20%），人口密度大，也会带来一系列其他问题。

（4）加拿大多伦多大学和康戈迪亚大学的研究

多伦多大学土木工程系研究生 Jonathan Norman，助理教授 Heather L. MacLean 和副教授 Christopher A. Kennedy 于 2006 年在 JOURNAL OF URBAN PLANNING AND DEVELOPMENT 期刊上发表的论文"Comparing High and Low Residential Density：Life-

Cycle Analysis of Energy Use and Greenhouse Gas Emissions"在业内引用率颇高[3]。

其研究选择了多伦多市中心的共有产权的15层公寓式住宅楼,其居住密度约为150户/公顷,作为高密度住宅的样板;又选择了靠近多伦多城市边界的市郊161套独立式住宅,居住密度约为19户/公顷,作为低密度郊区化住宅的样板。高密度的高层住宅采用北美通行的高层建筑结构,低密度独立式住宅则采用木结构和砖墙。因此,这两类建筑都具有典型性和代表性。

研究组考虑了城市密度的3个方面:建筑材料(包括建筑本体、公用设施和道路)、建筑运行、交通(私家车和公共交通)等的能耗和碳排放。用计算的方法估算能耗和碳排放。能耗分析结果见表8-2。从表中可以清楚地看出,高密度社区的人均建筑能耗是低密度社区的55%,而人均交通能耗只有低密度社区的27%。也说明对消费性能耗的评价,用人均值更为合理。

高密度社区和低密度社区生命周期能耗比较　　　　表8-2

	单位土地面积能耗 [MJ/(km² · a)]		人均能耗 [MJ/(p · a)]	
	低密度社区	高密度社区	低密度社区	高密度社区
建筑材料隐含能耗(50年寿命)	91.5	109.3	7365	4678
建筑运行能耗	619	643	49800	27500
私人汽车能耗	341	175	27500	7490
公共交通能耗	16.5	9.1	1300	390

多伦多大学的这一研究,最后体现在一篇研究生论文之中,没有看到进一步的研究成果。

加拿大康戈迪亚大学(Concordia University)和多伦多大学合作的一个平行研究,用建筑运行能耗、交通能耗和太阳能可利用率3个因素,对能耗与城市密度的关系做了权衡计算,得到图8-11。

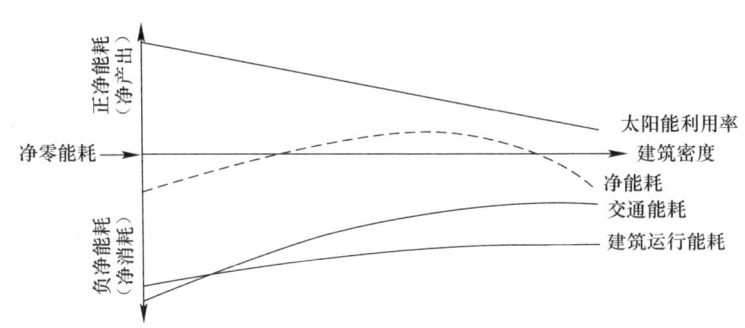

图8-11　建筑密度与能耗的关系

图中横坐标表示建筑(人口)密度,在纵坐标上,原点位置表示净零能耗,原点以上表示能源的净产出,原点以下表示能源的净消耗。可以看出,建筑密度过大或过小,都会引起净能耗的增加。

康戈迪亚大学的研究者针对3种城市形态(低、中、高密度)的3个能源特性进行了研究,其中建筑能耗特性见表8-3。

3 种城市形态的建筑能耗特性　　**表 8-3**

	低密度	中密度	高密度
	10m 20m 10m (2storeys; 5m) 20m 5m	20m (3storeys;7.5m) 20m	20m 30m 20m 30m (15storeys;37.5m)
每单元建筑面积（m^2）	200	130	100
每单元人口（人）	3.3	2.8	2.1
容积率（近似）	0.64	1.28	7.18
基准能耗			
能耗强度（kWh/m^2）	246	237	184
每户能耗（kWh）	49200	30800	18400
每人能耗（kWh）	14900	11000	8800
采用围护结构节能措施，利用平均 COP=3 的地源热泵，采用 1.9m^2光伏发电			
每户能耗（kWh）	22480	14823	9787
每人能耗（kWh）	6812	5294	4661
单位面积能耗（kWh/m^2）	112	114	98

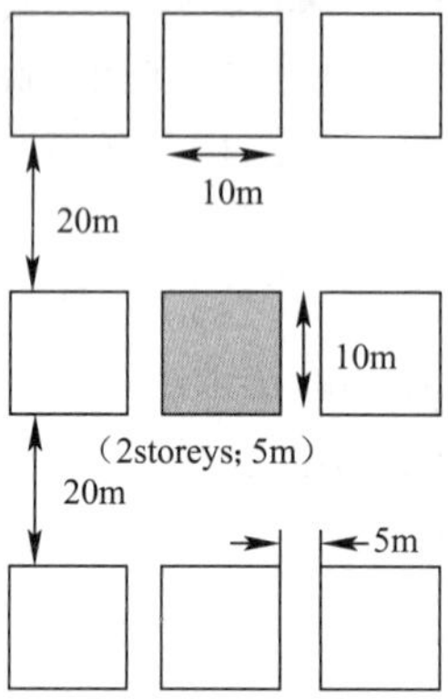

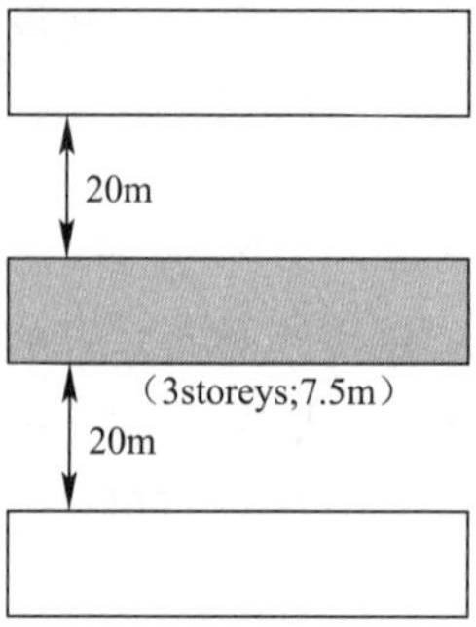

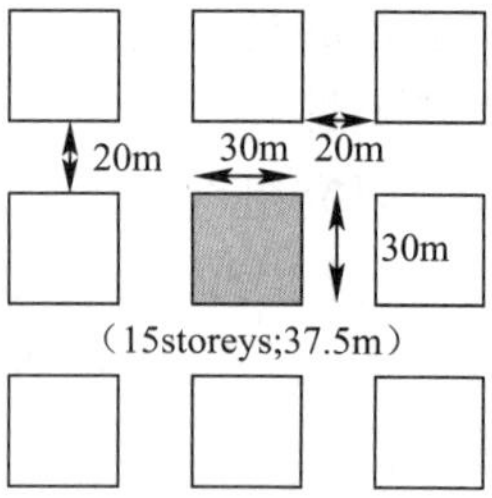

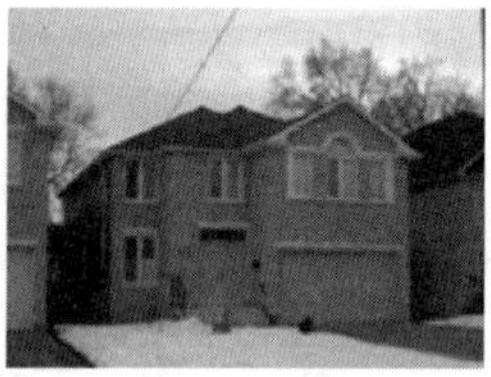

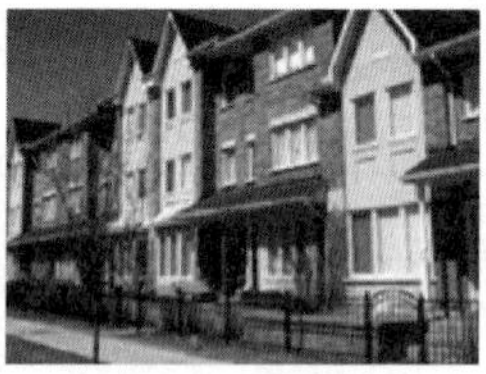

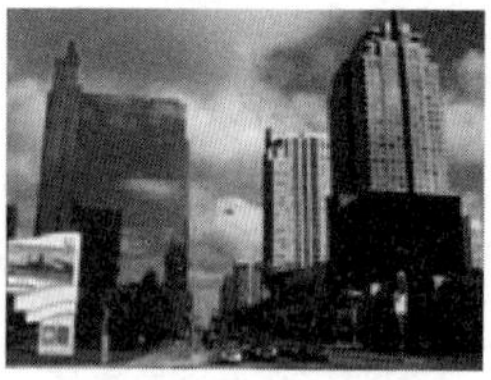

从表 8-3 可以看出，建筑密度越大，能耗越低，这一规律十分清楚。但也可以看出，用单位面积能耗强度来衡量并不能准确反映建筑能耗的特性。

2. 上海典型住宅小区能耗研究

国内关于典型住宅小区能耗的研究才刚刚起步，还没有得出有价值的结论，除了以上国外团队做的一些研究之外，本章作者亦以上海住宅小区为例，在城市形态与建筑能耗方面做一些初步的探索。首先是对上海住宅小区进行调研，再结合上海市年鉴中的上海市住房构成情况（见图 8-12），把上海住宅小区分为 8 大类，采用模拟工具研究小区形态与能耗的关系。

新式里弄
旧式里弄
联列住宅
花园住宅
公寓

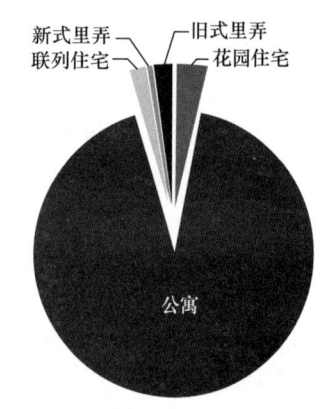

图 8-12　上海住宅小区房屋构成情况

从上海的主要住宅建筑构成来看，公寓所占比例最大，其次是花园住宅（独立别墅），然后是旧式里弄和联列住宅。而公寓里，又通常有6层公寓、14层公寓以及28层公寓三种情形。选取6层公寓、14层公寓、28层公寓、花园洋房、里弄和混合住宅作为研究对象，城区尺度选取200m×150m，在该尺度下建立若干种典型小区模型。

(1) 不同住宅形态的单位面积能耗分析

在对上海典型住宅小区进行研究时，考虑了自然通风和自然采光等被动节能技术，并采用情景分析方法考虑了同时使用系数的影响。

从表8-4的结果可以看出，典型住宅小区的形态不同，其能耗也是不一样的，如图8-13所示。从单位建筑面积能耗比较，可以分为三个层次，第一是单位面积能耗在20kWh左右的公寓和里弄；第二是单位面积能耗在27kWh左右的高层和超高层建筑形态；第三是单位面积能耗最高的花园洋房（38kWh）。从每一个层次来看，里弄比公寓的能耗要高，而不同的层数公寓之间的能耗差距并不是很明显，花园洋房能耗最大也表明了低密度的独栋住宅的能耗更高。而上海地区最多的住宅形式——多层、小高层公寓也正好是最为节能的建筑形态。

典型住宅小区能耗　　　　表8-4

住宅形态	建筑总面积（m²）	容积率	规划面积（m²）	建筑占地面积（m²）	单位面积能耗（kWh/m²）	建筑总能耗（10000×kWh）
6层公寓	33078	1.10	30000	5513	18.98	62.78
14层公寓	62832	2.10	30000	4488	19.97	125.48
28层公寓	171360	5.71	30000	6120	19.91	341.18
花园洋房	13260	0.44	30000	2210	38.48	51.02
里弄	96948	3.23	30000	19390	20.7	200.68
板楼、高层住宅混合	87520	2.90	30000	6695	27.13	237.44
高层、超高层混合	104720	3.49	30000	4910	27.19	284.73
超高层围合式	202175	6.74	30000	7073	26.17	529.09

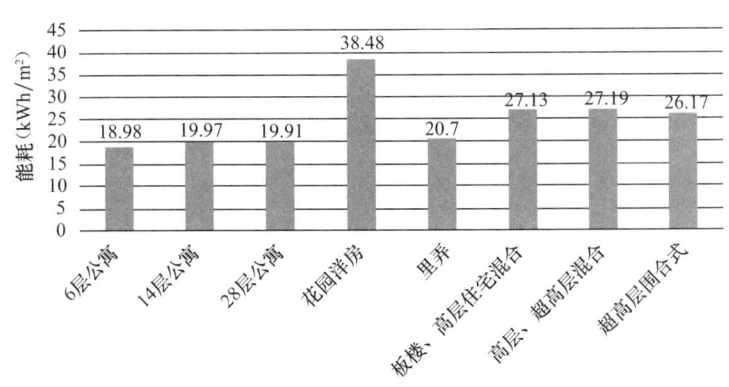

图8-13　典型住宅小区不同建筑形态与建筑能耗的关系

(2) 小区容积率与总能耗的分析

不同的住宅类型导致的形态指标（如容积率）是不一样的，尝试根据模拟结果分析住宅小区的容积率与总能耗之间的相关关系。

从上文的结果看，不同的容积率有不同的能耗，容积率越高，总能耗越高。据上述 8 个不同类型住宅的结果，可以将容积率与总能耗做一个简单的线性回归，如图 8-14 所示。回归方程为 $y=71.668x-1.2737$，$R^2=0.938$。其中 y 为总能耗的 1000 倍（单位 kWh），x 为容积率。这个回归关系式可以用于在规划时根据容积率粗略估算上海住宅建筑群的总能耗。

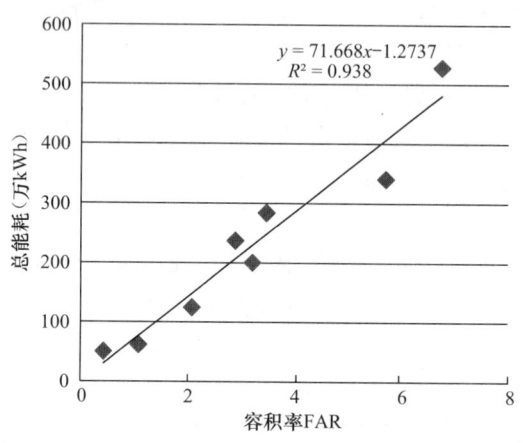

图 8-14　容积率与总能耗关系图

(3) 相同容积率下不同住宅形态与能耗分析

除了容积率，影响建筑能耗的因素还有很多，但对于建筑群或社区，住宅小区的布局形式更为重要。下面讨论在相同容积率的情况下，不同住宅布局形式对建筑能耗的影响。

住宅群体平面组合的基本形式有四种：行列式、散点式、围合式以及混合式。在 3 公顷土地上建立点式、行列式与围合式的假想模型。为了便于分析不同形态对能耗的关系，假定其容积率均为 2。而容积率为 2 的住宅小区形式一般为多层、小高层和高层。因此，建立 10 层、14 层和 18 层的点式和行列式以及 6 层的围合式小区作为假想模型进行分析，如图 8-15 所示。为了便于分析，将上述模拟街区进行编号（见图 8-16）。

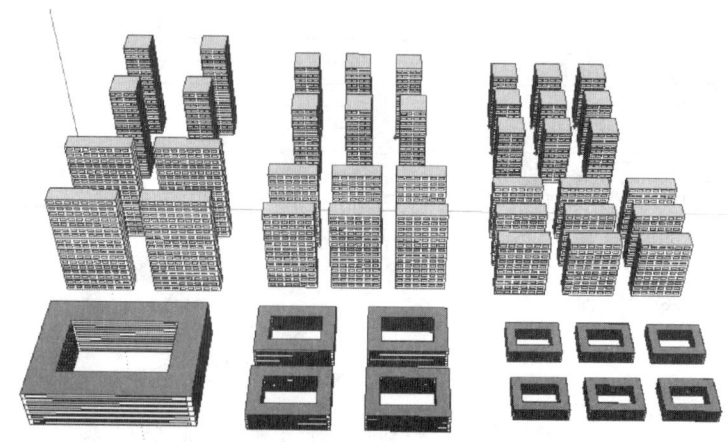

图 8-15　建筑几何模型对比图

8.1 城市空间形态与建筑能耗

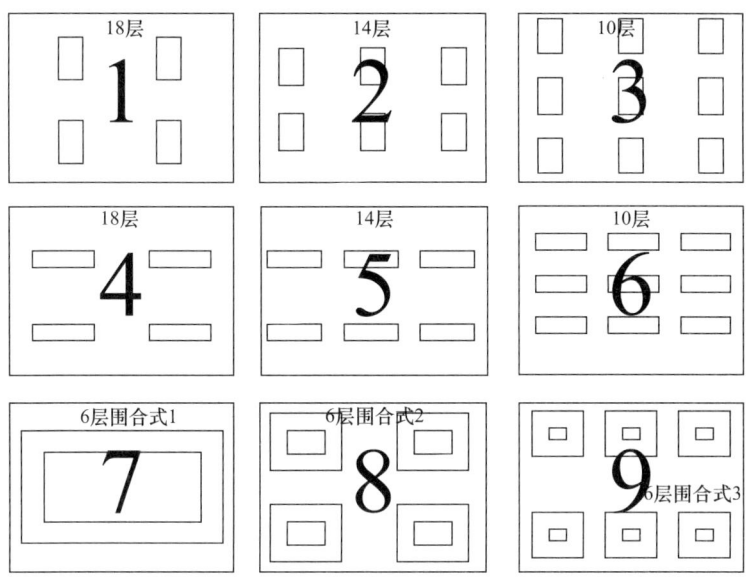

图 8-16 建筑不同平面布局示意图

建筑形态由 Google Skechup 建立，城区建筑能耗由 EnergyPlus 模拟，得到各住宅小区建筑能耗如表 8-5 所列，图 8-17 所示为不同体形系数和能耗之间的相关关系。

不同布局住宅建筑体形系数和能耗 表 8-5

建筑编号	1	2	3	4	5	6	7	8	9
体形系数	0.18	0.2	0.22	0.21	0.22	0.25	0.15	0.21	0.29
供热能耗（kWh/m²）	2.52	2.64	2.77	2.62	2.81	2.91	0.58	1.69	2.18
供冷能耗（kWh/m²）	4.51	5.04	4.90	5.03	4.92	4.74	9.76	4.74	4.42
照明能耗（kWh/m²）	4.02	3.99	4.02	3.95	3.96	4.00	4.37	4.17	4.49
设备能耗（kWh/m²）	8.17	8.17	8.17	8.17	8.17	8.17	8.17	8.17	8.17

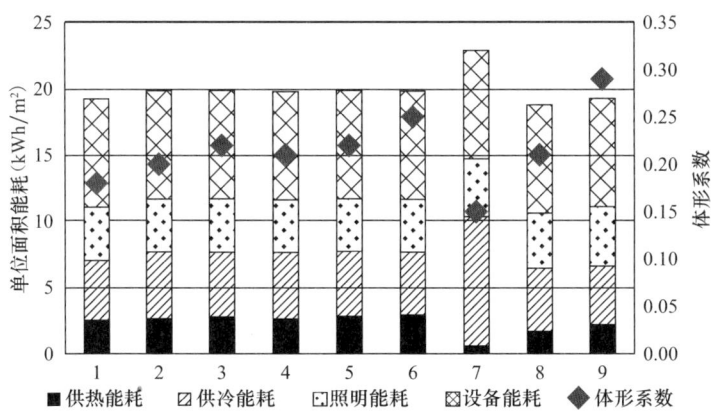

图 8-17 不同住宅布局形式的体形系数和能耗

由图 8-17 可知，围合式住宅（除 7 外）的单位面积能耗相对较低，点式住宅和行列式住宅相差不大。不同类型住宅的冬季供热能耗趋势大致相同，即能耗随着体形系数的增加而上升。相同层数下（1 与 4、2 与 5、3 与 6）对比，行列式住宅冬季能耗更高一些。

而围合式冬季供热能耗比点式和行列式均要低。行列式住宅（板楼1，2，3）和围合式住宅（7，8，9）随着体形系数的增大，供冷能耗降低。

围合式住宅7的供冷能耗特别高，造成其总能耗远大于其他围合式住宅，甚至也超过了点式和行列式住宅。围合式住宅7为一个比较大的围合式结构，且建筑高度不高，体形系数在以上布局形态中是最小的，冬季的供暖能耗最低。在夏天该建筑的所有面都无法形成相互遮挡，由于太阳辐射得热而增加的负荷比其他形态大很多。因此这种大的围合式建筑形态比较适合在寒冷和严寒气候区。而围合式住宅8、9则因夏季可以充分利用建筑形态的遮阳效果和自然通风，冬季又可以充分利用太阳能使其总能耗低于点式和行列式等其他建筑形态。

相同容积率下，不同的建筑形态对冷热负荷的影响是有区别的。太阳能和通风对建筑外形的要求在某些地方是存在矛盾的，在具体方案设计时应该通过详细的建筑能耗模拟分析权衡两种设计所产生的节能效果，来确定最终的方案。对于上海地区而言，其能耗需求重点不在冬季的供暖能耗，而是如何减少夏季的供冷能耗，因此需要在夏季尽量减少太阳能的辐射，并改善通风环境。对于寒冷或严寒地区，其建筑形态研究的重点应在充分利用太阳能来达到减少供暖能耗的目的。

8.1.3 研究城市形态对建筑能耗影响的技术路径

目前国内外对城市形态（Urban Morphology）与建筑能耗的关系研究，主要有四种方式[4-8]：①观测；②在城市尺度下的测试；③实验室做实验测试；④数值模拟分析。从国际上的分析方法来看，主要是实地测试或者模拟分析，或两者结合。实际测试的数据当然更为精准，但需要测试条件也需要时间，所以模拟相对来说比较流行，它基本上遵循以下技术路线：

（1）在不同城市按一定尺度的网格划分成区块；

（2）用 Google Earth 或 Bing Map 等工具确定典型区块的城市形态参数（建筑类型、容积率、高度、覆盖率、体形系数等）；

（3）挑选典型区块（主要依据建筑类型和建筑密度即容积率两大因素）；

（4）固定建筑各项参数（例如围护结构、窗墙比、供暖系统效率等因素）；

（5）建立建筑模型；

（6）根据当地气候进行能耗模拟。

常用的建筑能耗软件一般有 DOE-2、eQuest、EnergyPlus、TRNSYS 和 DeST 等。DOE-2 由美国劳伦斯伯克利国家实验室开发，采用顺序模拟法，由 4 个（负荷、系统、设备、经济）模块组成，模块之间没有反馈。eQuest 是基于 DOE-2.2 开发的简化界面，目的是让设计人员花费很少的时间和有限的费用就能够完成较为详细的模拟。EnergyPlus 是由美国能源部和劳伦斯伯克利国家实验室共同开发，在一定程度上吸收了 DOE-2 的优点，最大的不同在于计算负荷所用的方法，EnergyPlus 采用热平衡计算负荷，DOE-2 采用的是传递函数法。TRNSYS 是一款瞬态系统仿真软件，采用模块的软件结构来解决复杂的能源系统问题，特别是对系统的运行特性和控制特性有自己的优势，且允许用户根据自身的需求修改或重新编写新的模型组件添加到用户自定义的程序库中。DeST 是国内普遍使用的一款软件，由清华大学开发，采用"分阶段模拟"的概念，由多个单独的模块相互连接构成。

8.2 被动式节能——城市风环境分析与城市通风

8.2.1 城市风环境的基本概念

随着新建城市的增多和既有城市的扩张，人口不断向城市聚集，为了充分利用城市的空间，城市的建设向更加紧凑、高密度的方向发展。当今全世界有越来越多的人口生存在城市中，因此城市发展过程中引起的城市气候问题对人们的生活舒适性带来了很大影响。城市气候是城市化进程中由于人类社会生产活动而引起城区气候因子变化的一种特殊的局地气候，具有鲜明的、不同于乡村气候城区的气候特点。城市风环境作为城市微气候的重要因素，对开放空间热舒适度感知、大气污染物扩散、热岛效应消解均具有重要的作用，对城市景观环境质量起着不容忽视的作用。

风是由于空气流动而产生的，其特点是变化无常，影响因素也很多，影响机理十分复杂。城市风环境不仅取决于当地气象条件，还受周围或大或小尺度的环境的影响。如图8-18所示，图中③的建筑物尺度中建筑周围的风能够给人体带来凉爽，而这些风同样穿过⑤中的城市、地域尺度，受到城市、地域尺度地面形态和各种条件的影响。如⑤中所示，城市环境的风是由海洋风、陆地风或比城市尺度更大的气象尺度气压系统带来的地转风等构成。而另一方面，在②中，由于人类活动积蓄产生的巨大集热和排热过程，大大影响了周边的环境，带来了⑤中的城市热岛循环，同样也影响到了城市的风环境[9,10]。

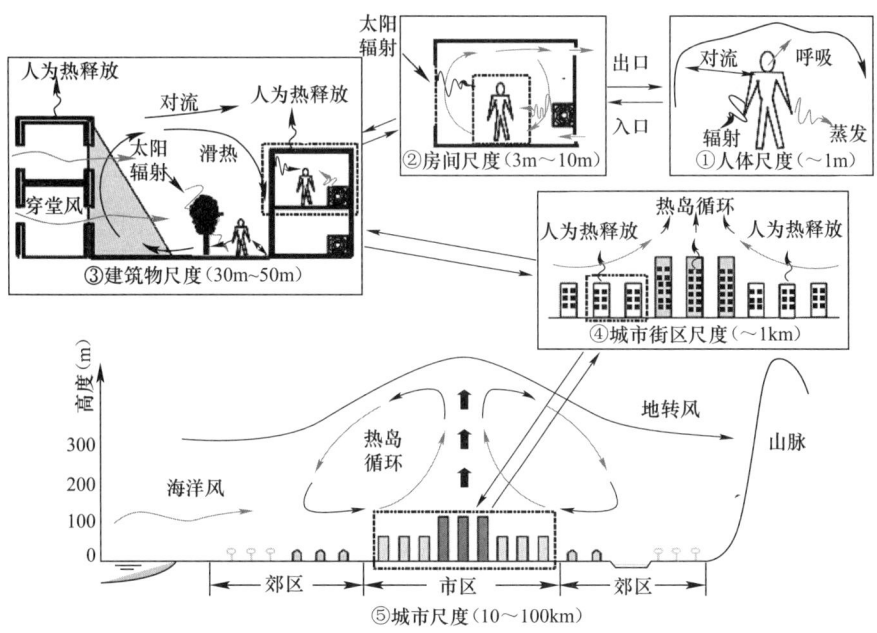

图 8-18 影响城市风环境的多尺度因素[9]

8.2.2 城市风环境的评估体系

城市风环境的优劣将直接影响行人的舒适程度。风速和流量无疑是最能够直观体现风环境情况的一种参数,在一些针对流动机理的研究中,使用风速或流量也是对风环境最为严谨的一种表达方式。而在实际城市空间当中,某一城区各点的风速和风向不尽相同,而且随时间变化无常。因而在对城市风环境影响的问题研究上需要一套合理切实的评价体系,这既是城市风环境研究的重要内容,也是解决风环境问题的基础。目前,对城市风环境的研究中主要有三种评估方法,即相对舒适度法、风概率统计评估法和风速比评估法。

1. 相对舒适度(Beaufort)评估法

对风的等级评估国际上通用"蒲福风力等级"。城市风对人的舒适度影响主要是行人高度处的风力和风向,由于城市中建筑物的阻挡作用,城市风在行人高度处形成紊流及涡流等,其对环境及人的舒适度的影响产生变化,无法直接使用蒲福风力等级对城市风进行评估。相对舒适度(Beaufort)评估法是以城市风对人的舒适性的影响程度为标准评估其好坏。该方法对城市风在行人高度处对人造成的不舒适度及引起不舒适度的风发生的次数为依据进行分级。具体分级见表8-6及表8-7。

行人高度 Beaufort 指数的定义   表8-6

Beaufort	气象风	行人高度处风速(m/s)		不同 Beaufort 指数定性描述
		平均风速	风速范围	
2	微风	1.79	0.81~2.68	面部可以感觉到风,树叶沙沙作响
3	和风	3.58	2.68~4.47	树叶小树枝的末梢不停摇动,小旗飘动
4	弱风	5.56	4.47~6.71	地上灰尘和纸张扬起,小树枝被吹动
5	清风	7.60	6.71~8.91	带叶小树开始摇晃
6	强风	9.88	8.91~11.18	大树枝被吹动,电线瑟瑟作响,打伞困难
7	弱飓风	12.52	11.18~13.86	整棵树摇晃,逆风行走困难
8	飓风	15.2	13.86~17.00	小树枝被吹断,一般应停止户外活动

注:表中风速是指空旷地面上10m高度的平均风速。

行人高度处风环境舒适度标准次数   表8-7

活动类型	活动城区	相对舒适度(Beaufort 指数)			
		舒适	可以忍受	不舒适	危险
快步行走	行人道	5	6	7	8
散步溜冰	停车场、入口溜冰场	4	5	6	8
短时间站或坐	停车场、广场	3	4	5	8
长时间站或坐	室外	2	3	4	8
可以接受的标准(发生次数)			<1次·周	<1次·月	<1次·年

2. 风速概率统计评估法

风在自然环境中是随机变化的,在城市风环境的研究中通常要对风速的概率统计,并与行人高度处人体的舒适度建立关系,以此对城市风速进行等级划分。

EmllSimu 和 Robert.H. Scanlan 在其著作《风对结构的作用:风工程导论》[11]中阐述了舒适感与风速之间比较具体的定量关系,如表8-8所示。在其研究中,当平均风速 $v>$ 5m/s 的出现频率小于10%时,人们会感到很舒适;如果频率增加,当频率数值在10%~20%范围时,人们会感到不适并同时伴有反感的情绪出现;如果频率继续增大,数值达到20%时,人们将无法忍受,此时应该采取相应措施来减低风速。

S. Murakami 和 K. Deguchi 又提出人体在中处于不同动作状态条件下舒适度的临界风

速，分别满足坐、立、行的舒适性及安全性要求[12]，见表 8-8。

临界风速与舒适性指标要求　　　　表 8-8

人的行为	风速最大值	舒适性指标要求
坐	5.7m/s	80%的时间内不超过相应限值，且每年风速>26.4m/s 的次数不超过 3 次，则分别满足坐着、站着、行走的舒适性与安全性标准
站	9.3m/s	
行走	13.6m/s	

3. 风速比评估法

风速比是一项用以评估城市肌理对风的削弱程度的指标，其值仅受该地区范围内的建筑物所影响[13]。风速比的值越高，项目发展对通风程度的影响越小，对总体风环境造成的影响也越小，风速比概念示意图如图 8-19 所示。风速比（VR_w）的定义式如下：

$$VR_w = \frac{V_p}{V_\infty} \tag{8-2}$$

式中　V_∞——风边界层顶部的风速，是未受地面粗糙度、建筑物或地盘环境特性影响的可用风速值，通常依据不同地盘特性将其假设为距地上空某一高度处的风速值；

　　　V_p——行人环境内的风速，受到了近地面城市形态的影响，通常取距地面 2m 处的风速。

由于风会从地盘的各个不同角度吹过，通常按照风工程研究的惯例假定 16 个主要风向，而平均风速比则等于各个方向风速比［式（8-2）］与该风向的频率相乘之和［式（8-3）］。

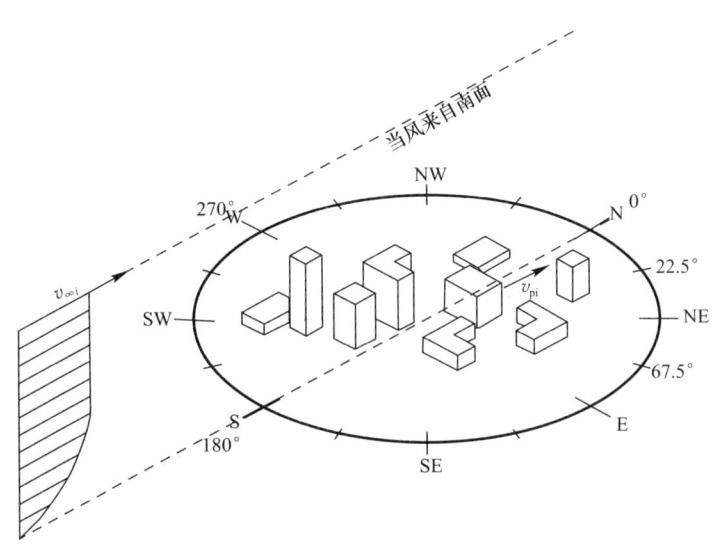

图 8-19　风速比概念示意图[14]

$$VR_i = \frac{v_{pi}}{v_{\infty i}} \tag{8-3}$$

$$VR_w = \sum_{i=1}^{16} F_i \times VR_i \tag{8-4}$$

式中　v_{pi}——评估位置处从 i 方向吹来的行人路上的风速；

　　　$v_{\infty i}$——从 i 方向吹到该地盘的风速；

F_i——从 i 方向吹向该地盘的权重（共16个）。

8.2.3 城市风环境的研究方法

1. 实地测量方法

实地测量的方法，是了解建筑群周围风环境的最直接方法，具有获得数据直接准确，不会发生模型与实际不符的情况等优势。比较通用的数据实测是采用风速、风向仪器在建筑周围或城市城区的某一些测试城区布置观测点进行长期监测，得到风场实测数据，然后采用数据分析与模型构建方法进行风环境分析，并结合城市居民的日常行为和气象资料来评价监测城区的风环境状况。随着技术的发展，目前出现了一些新的试验技术，如采用红外线感应图像技术研究行人高度处的风环境，采用激光粒子成像速度场测量系统模拟街谷城区的流场特征及环境风场。

由于实际建筑群城区一般较大，实测布点数量十分有限，采用实测的方法很难得到所测城区每个点的实际情况，无法反映出整个建筑群周围风环境全貌。此外，实地测量耗资较大，条件难以控制，而且只能测量已建成的工程，无法对未建成的方案进行预测。因此实地测量的方法在风环境的研究中作用有限。

2. 物理模拟方法

物理相似模型方法是替代实地测量的一种较好的解决办法，是风洞实验研究风环境最常用的一种模型试验方法。该方法是在室内采用物理设备人为制造与实际城市环境相似的模型，并模拟大气边界层的风环境。风洞实验能够比较准确地控制实验条件，对多种案例和工况进行模拟。另外，风洞实验在室内进行，不受外界环境影响，实验精度较高，相对实地测量方法效率更高，结果更精确。但风洞实验理论基础是相似性原理，对于一部分具体实验是不能套用的，同时会受不同时期实验手段的限制。

3. 计算机数值模拟方法

数值模拟方法是随计算机技术发展而发展起来的一种新的虚拟实验方法，它采用计算流体力学（CFD）[14]手段对城市建筑环境建立虚拟模型，然后对周围风场流动的动力学方程进行数值求解，得到流场模拟结果。计算机数值模拟方法可以模拟各种边界条件，不受外界环境影响，在理论研究中可以准确控制初始条件，研究单一变量的影响，整个过程均在计算机上完成，准备工作少，时间短，费用低。

由于城市建设存在过程周期长、体量大、影响因素多、资源需求量大、灵活性差等因素，对城市风环境的研究中物理模型的模拟过程无法全面得到整个城市的现实状况，也难以获取多种案例和工况下的环境数据。因此，数值模拟方法由于其相对的经济性和灵活性已经在城市风环境的研究中得以非常广泛的应用，成为研究城市风环境的主要手段。

4. 城市环境气候图分析方法

城市环境气候图一词首先由德国研究者提出，是一个针对城市气候环境的信息平台和评价工具，利用二维的地图展现气候现象和分析气候问题。城市环境气候图主要有由两个组成部分：城市气候分析图和城市气候规划图。城市气候分析图是基于输入的年、季度、月度等气候基础信息和土地利用信息，概括总结及评估城市气候状况，其依赖于多项数据的整合与处理，可以直观地展现城市气候的特点；城市气候规划图是以城市气候分析图为基础，一种在城市或街区尺度上，提供综合改善城市气候环境的策略性城市规划指引[14,15]。通过将不同的气象、地理、用地等条件作为不同输入的图层数据,通过地理信息系统 GIS 软件进行综合处理,可以得出非常全面的当地气候信息地图。

在我国,城市环境气候问题也日渐得到重视。城市环境气候图在我国香港已经得到了非常有效的应用,建立了一整套相关的体系,并且根据其研究方法和成果,其他城市也开展了城市环境气候图的研究,如长沙依据香港城市环境气候图研究,制定了《长沙市城市热岛效应控制技术指南》和《长沙市城市通风规划技术指南》[18]。

8.2.4 城市通风

城市通风是指利用江河、湖泊、山谷等自然通风道和人工建立的城市通风廊道来引导空气流动,改善空气控制及城市风环境的技术手段。德国学者 Kress 根据局地环流运行规律,将城市通风系统分为作用空间、补偿空间与空气引导通道[16,17]。理论示意图如图 8-20 所示。其中作用空间是指需要改善风环境或降低污染的地区;补偿空间是指产生新鲜空气或局地风系统的来源地区;空气引导风道是指将空气由补偿空间引导至作用空间的连接通道,即风道。

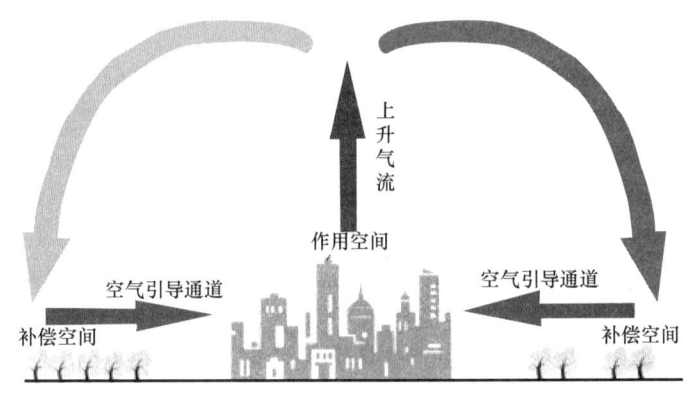

图 8-20 城市通风理论示意图[16]

构建城市通风廊道是城市通风设计的关键技术。城市通风廊道是在城市总体布局或大范围城市设计层面上,通过对城市气候特点的分析以及对城市自然山水要素的系统整合,结合城市生态规划、用地功能组织和开发强度分区所建立的由城市开敞空间、生态绿地、江河湖泊水系及城市低密度开发带所构成的具有通风排热等复合功能的大尺度城市通风廊道。城市通风廊道可以充分利用风的流体特性,将城市外围城区的新鲜空气导入城市的同时将城市空气污染物稀释及排除,成为城市和城区间的热传递网络,从而调节城市风环境[19]。

城市通风廊道的构建主要与城市建设和布局有关,在城区规划层面、城市规划层面和街区规划层面等不同尺度下进行设计的紧密结合,形成一个高效的城市"呼吸"系统[20]。城市风道的有效构建途径主要有以下三种:

(1) 通过构造良好的城乡边缘结构营造有效的通风道。比如设置永久性的环城绿带等生态绿地,为郊区至城市的通风道营造良好的导入口。

(2) 通过选择适宜的城市总体规模营造有效的通风道。建立多中心的城市空间结构将有助于降低城市规模,也能减少郊区风进入市中心的障碍,从而提高通风道调节气候的能力。

（3）通过营造良好的城市内部空间形态营造有效的通风道。如图 8-21 所示，图 8-21（a）为良好的城市空间总体布局，可促进城市生态和城市风环境的改善，图 8-21（b）城市外围高层建筑会阻挡城市通风的有效循环。

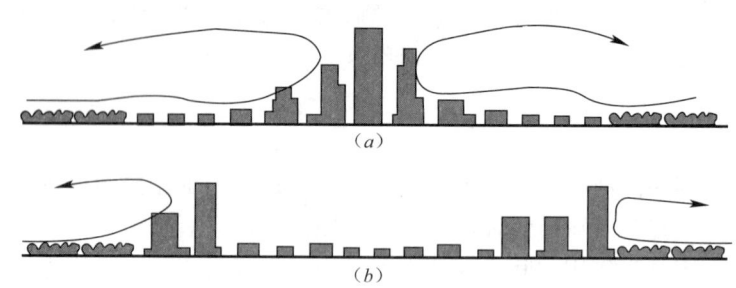

图 8-21　不同形态的城市空间总体布局对城市通风的影响[20]
(a) 生态较好的城市建筑空间总体布局；(b) 生态很差的城市建筑空间总体布局

8.3　日照环境分析

8.3.1　日照的重要性

日照是太阳辐射投射到物体表面的一种自然现象，建筑日照是根据阳光直射原理和日照标准，研究日照和建筑的关系以及日照在建筑中的应用，是建筑光学中的重要课题。研究建筑日照的目的是充分利用阳光以满足室内光环境和卫生要求，同时防止室内过热。

日照可以为居住者提供一个干爽的空间，避免发霉等，太阳射线是一种天然的、免费的杀菌剂，通过普通玻璃连续照射 3h 以上，即可达到杀菌的效果，使室内获得良好的卫生条件[21]。良好的日照，不但可以对有些身体疾病有防护作用，例如佝偻病、高血糖等[22]；还对人的心理有一定的作用，比如光线疗法对神经紊乱、失眠症、沮丧、易饿症等有一定的治疗效果[23]。日照是以满足建筑需求为目标，在我国北方地区，建筑多为南北向，使其在冬季可以获得更多的日照，而在夏季的时候则可以避免来自西面的日照；对于南方地区来说，科学合理地利用建筑的阴影，可以达到防暑降温的作用。

8.3.2　日照相关的标准

当代，欧美采用的日照标准日为 3 月 1 日。例如英国环境部规定：拟建房屋的正南或东南、西南（包括正西）方向，高于地面标高 2m 处的所有各点，每年 3 月 1 日的日照时间应为 3h。日光从太阳高于地平面 10°时算起，并且阳光水平投影与墙面的夹角≥22.5°。而在英国的城市规划审批中，则通常使用的是"45 度法规"（见图 8-26），即每个起居室空间朝南 90°之内的主要窗户在全年及冬季所获得的日照时间，根据 BRE209 号摘要《日照与采光的场地规划设计》[24]中的计算规定，主要的窗户应获得至少 25% 的全年日照时间，其中至少 5% 的全年日照时间应在冬季（9 月 21 日～3 月 21 日）。BRE 中另外规定，在 3 月 21 日，花园与其他休闲场地中，无法接受日照的城区不得超过 2/5，最好不能超过 1/4（见图 8-22）。

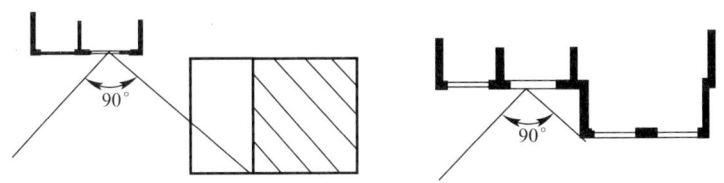

图 8-22 英国日照的"45度法规"

日本在宪法第 25 条中明确赋予了居民的"日照权",并通过《建筑基准法》第 56 条中的"日影规定"规定了新建房屋相对于相邻用地的阳光资源的最大侵害程度,其具体内容是对用地边界以外的城区所产生的日照阴影时间进行限制,规定最低日照时间标准日为冬至日 2～5h。

德国住宅的采光要求在历史上有过多次变动,19 世纪曾经规定,建筑物之间的最小间距要与建筑高度相同也就是要求日照间距系数为 1。但这些规定并不是所有住宅建筑都能够达到。后来随着对建筑日照认识的逐步完善,将日照间距系数改为 2,对于底层建筑来说相当于日照角度 27°。这条规定被列入各州的建筑条例之中。例如柏林建筑法规定所有居住空间在一年中至少有 250d 能够达到 2h 的满床日照时间。

法国是以全年日照时间和每天最小日照时间来确定住宅的日照标准。《法国城镇规划规范》第 47 条(第 61-1289 号命令)规定:在建设至少包括 15 个单元的居住单位时,每幢建筑物必须满足下列条件为生活区提供采光的建筑物正面至少其中的一半,包括窗洞在内,必须每年 200d,每天 2h 可受到阳光照射。每个单元的布置至少应使其起居室能接受正面的日照光线,以满足上述条件。照亮住房其他房间的窗口,绝不能被建筑的任何部位所遮挡,遮挡建筑物遮光部分至窗口的窗台直线,与水平面的夹角不得大于 60°。两座非邻接建筑物之间的距离不得小于 4m。

我国当前对日照方面有规定的规范主要是《民用建筑设计通则》GB 50352—2005、《城市居住区规划设计规范》GB 50180—93、《住宅设计规范》GB 50096—2011 和《住宅建筑规范》GB 50368—2005,以《城市居住区规划设计规范》GB 50180—93 对居住日照标准为例,如下:

住宅日照标准应符合表 8-9 的规定。

住宅日照标准　　　　　　　表 8-9

建筑气候区划	Ⅰ、Ⅱ、Ⅲ、Ⅶ气候区		Ⅳ气候区		Ⅴ、Ⅵ气候区
	大城市	中小城市	大城市	中小城市	
日照标准日	大寒日				冬至日
日照时数 (h)	≥2		≥3		≥1
有效日照时间带 (h)	8～16				9～15
日照时间计算起点	底层窗台面				

注:底层窗台面是指距离室内地坪 0.9m 高的外墙位置。

对于特定情况还应符合下列规定[25]:
(1) 老年人居住建筑不应低于冬至日日照 2h 的标准;
(2) 在原设计建筑外增加任何设施不应使相邻住宅原有日照标准降低;
(3) 旧区改建的项目内新建住宅日照标准可酌情降低,但不宜低于大寒日日照 1h 的标准。

住宅正面间距，应按日照标准确定的不同方位的日照间距系数控制，也可采用不同方位间距折减系数换算（见表8-10）。

不同方位间距折减系数　　　　　　　　　　表 8-10

方位（°）	0～15	15～30	30～45	45～60	>60
折减值	1.00L	0.90L	0.80L	0.90L	0.95L

注：1. 表中方位为正南向（0°）偏东、偏西的方位角。
　　2. L为当地正南向住宅的标准日照间距（m）。
　　3. 本表指标仅适用于无其他日照遮挡的平行布置条式住宅之间。

8.3.3　日照环境的研究方法

通过对国外日照标准的研究可以看出，其制定建筑日照规范依据多是通过以下几个方面入手：

（1）日照时间：各国规范中对日照间距以及建筑遮挡角度等标准都是针对居室内日照采光时间而提出的，另外基于日照时间的分析，对居室最小连续有效日照时间等多个方面进行详细的规定。

（2）日照质量：对日照质量的规定则多是通过有效日照时间段的规定以及最小太阳高度角及方位角。

国内外对日照的研究方法主要分为两大类：一是传统的方法；二是日照分析软件（见图8-24）。传统的方法主要有棒影日照图（见图8-23），正投影日照图（见图8-25）、等距投影日照图（见图8-26）和垂直太阳轨迹图（见图8-27）。软件分析在国外主要应用的有3个：UK.SHADOWPACK，TOWNSCOPE，GOSOL等；同时以Autodesk ECOTECT为主的综合性建筑环境分析软件也因其较好的综合性分析受到广泛关注[26]。

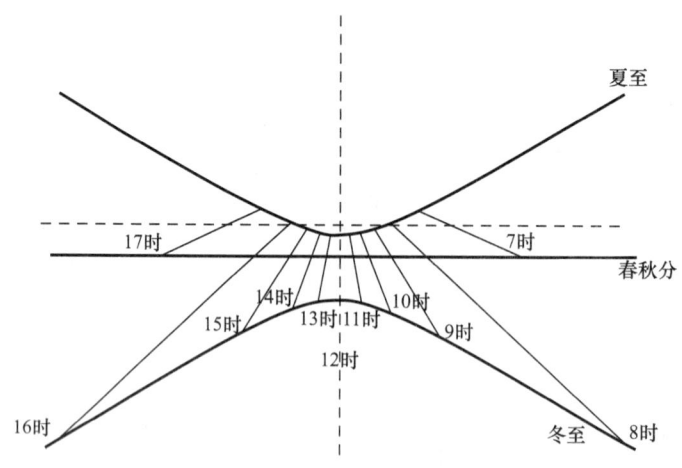

图 8-23　天津冬至日、夏至日和春秋分的棒影图[27]

在我国对建筑日照情况的测定通常有两种方法：①在日照标准日对建筑的实地观测；②利用棒影图或软件模拟测定，软件模拟有Ecotect，Radiance，Sun，鸿业日照分析软件和清华日照分析软件等。在2014年，为规范建筑日照的计算，增强日照标准的可操作性，

8.3 日照环境分析

图 8-24 软件模拟日照图
资料来源：http://bbs.ljia.net/thread-113182-1-1.html。

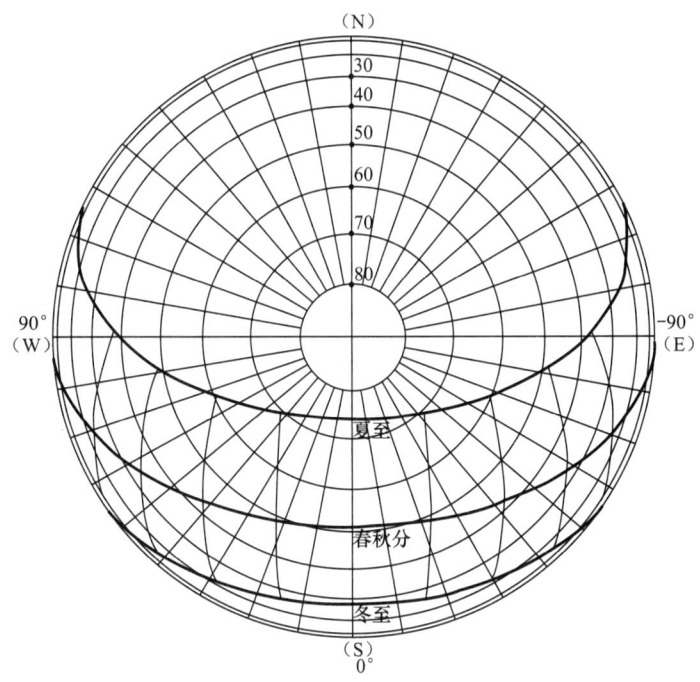

图 8-25 天津冬至、夏至和春秋分正投影日照图[27]

住房和城乡建设部出台了《建筑日照计算参数标准》GB/T 50947—2014，对计算建筑日照的数据、建模作了详细的要求，并对模拟计算过程中所用的软件都需要经过国家级软件机构的检测。规定了建筑日照计算的完整过程应包括：数据资料整理、建立几何模型、确定计算参数、确定计算方法、计算操作、书写计算报告、校审计算报告和数据归档管理。

8.3.4 日照环境的优化

在国家标准中，对住宅建筑的日照只提出日照时长，并没有提到建筑间距，但在影响

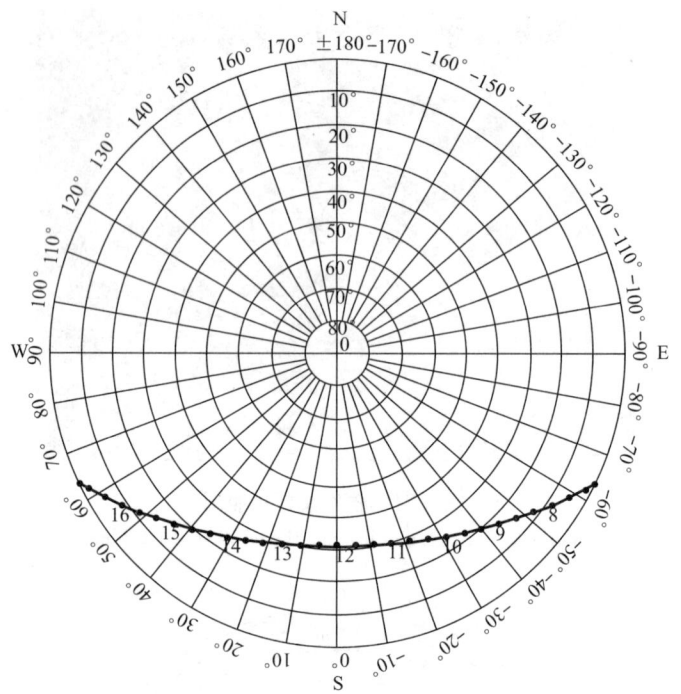

图 8-26　天津大寒日等间距日照图[27]

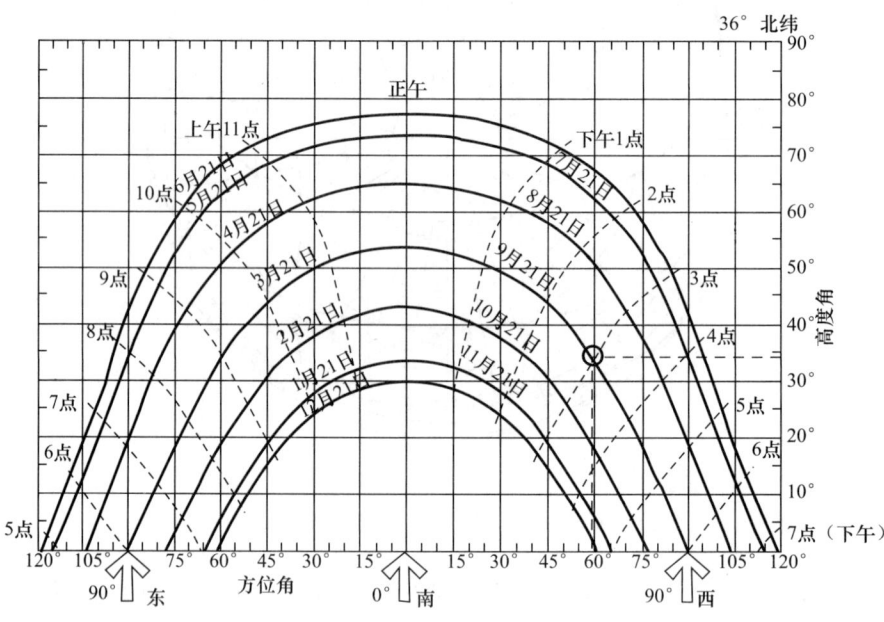

图 8-27　垂直太阳轨迹图[28]

冬季日照环境的主要因素中，建筑间距是关键，国家标准《城市居住区规划设计规范》中对建筑间距的规定是由满足日照标准来决定的。但在各个地方的标准中，对建筑间距做了具体的规定。

建筑间距有正面间距和侧面间距两类，建筑日照间距就是指的正面间距，其受到很多其他因素的影响，比如当地气候、地理位置和日照标准，建筑高度、朝向和长度等，计算公式为（见图8-28）：

$$H = L\tan\theta$$

式中　L——日照间距，m；
　　　H——前排房屋檐口和后排房屋底层窗台的高差，m；
　　　θ——正午的太阳高度角，(°)。

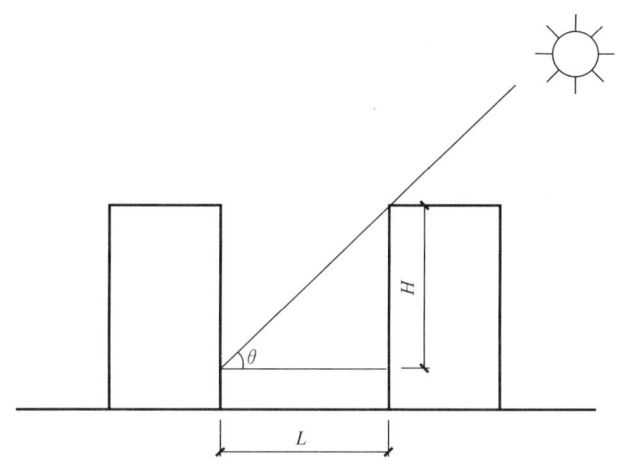

图 8-28　建筑日照间距示意图[29]

对建筑日照环境的优化，本书主要从规划角度对建筑单体或建筑群采用的有关技术手段，对于建筑单体主要是阳台，大进深和退台设计的应用；对于建筑群来说是建筑朝向和错列式的应用（见图8-29和图8-30）。或者是利用某些技术手段来提高已有建筑的日照率，例如利用反射和折光提高住宅日照率[30-32]。

图 8-29　建筑行列式
图片来源：http://www.chinahouse.gov.cn/sfgc2/z01542.htm。

在规划建筑日照环境的时候，往往与建筑密度和节地相互矛盾，所以有必要从建筑形态与日照环境的相关关系入手，建筑形态对日照的响应是以满足建筑内部空间不同季节对

图 8-30　建筑错列式

图片来源：http://nt.fccs.com/news/201306/3908091.shtml。

日照辐射使用需求为目标，响应方式为朝向、形态、表皮形式和一些有效的优化日照环境的设计策略[33]。

例如韩昀松[30]就是以日照为导向，以冬季最少供暖能耗为依据，利用 Econtect 软件来确定位于寒地城市某高校的文教建筑的最佳朝向。该地所处城市四季分明，年平均气温 3.9℃，最低平均月气温为 −18～−20℃，最高月平均气温为 21～23℃。全年日照时数为 2500h，最佳日照朝向为南偏西，如图 8-31 所示。

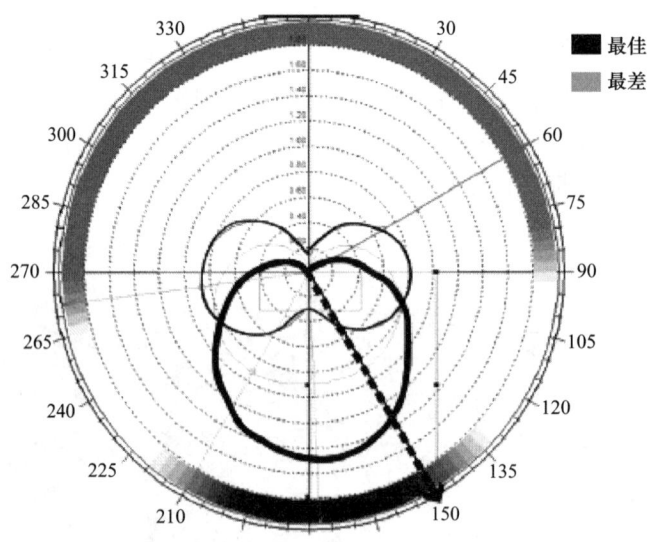

图 8-31　Ecotect 计算出的最佳朝向[34]

为了设计高层高密度住宅区，乔力[35]分析了日照环境与住宅形态的关系，为了满足国家和当地规范的有关规定，对单体建筑和建筑群都进行了分析❶。对于单体建筑，建筑高度和建筑宽度与建筑间距之间的相关关系，如图 8-32 所示。为了争取高层住宅更多的

---

❶　该研究以南京 5 种住宅板式楼为目标，即 30×15（1 个住宅单元），60×15（2 个住宅单元），90×15（3 个住宅单元），120×15（4 个住宅单元），150×15（5 个住宅单元）的住宅楼，其中 15 是进深，前面不同的是住宅的面宽值。

日照，不仅需要依靠太阳高度角的作用，同时也需要依靠太阳方位角的作用；对于建筑群体，把5种住宅形态进行不同的组合，在相同住宅宽度情况下，建筑的分段越少，日照间距越短，建筑分段越靠近中间，日照间距越短。

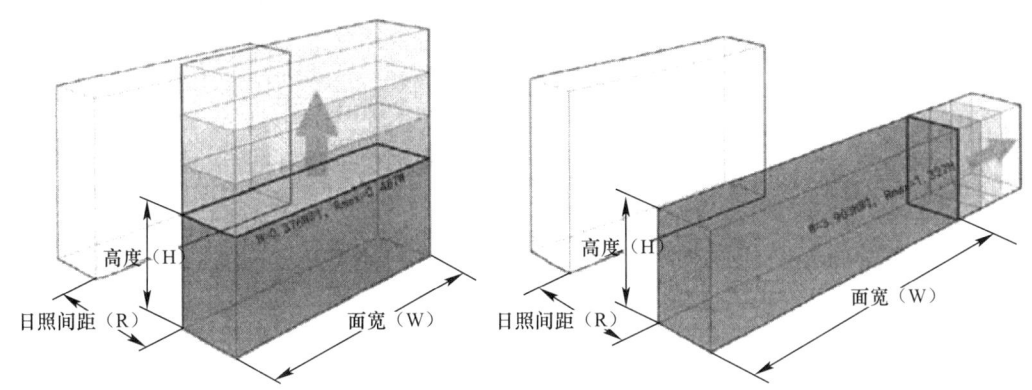

图 8-32 住宅面宽、高度与日照间距的量化关系[35]

8.4 混合功能城区的负荷平准化

8.4.1 功能城区负荷平准化的意义

功能混合（Mixed Uses）[36]是指在同一地块内或相邻地块间布置3种或3种以上相互兼容、相互支持的土地或者空间功能状态。

"平准化"一词来源于美国西屋电气公司，它将熟练、努力、工作环境和一致性四者作为衡量工作的主要评比因素，每个评比因素再分为超佳（或理想）、优良、平均、可、欠佳六个等级，给定相应的系数。评定时，根据因素及其等级，对操作单元进行评定。负荷平准化指的是负荷的平稳，不单单指的某一栋建筑，而是整个城区的负荷，对不同功能状态的建筑以最优的方式进行配比，然后达到稳定的电力负荷，提高能源的使用效率[37]。

8.4.2 评定城区建筑的负荷平准化

不同建筑类型使用同一套能源系统，可以降低负荷峰值，减小能源供应设备的装机容量，并使负荷平准化，保持系统运行高效平稳[38]。混合功能社区中，城区内建筑负荷分布多样化，各类建筑负荷由于错峰，使得城区建筑群的总负荷实现消峰的效果。

例如 Junqiao Han[39] 调查了兼具办公和住宅多种用途的 SOHO 建筑，并与单一建筑功能的办公和住宅建筑在平均日能耗进行比较。多用途建筑如图 8-33 所示。

其研究测试跨度超过半年，包含了夏季、秋季和冬季，每小时记录电力和燃气的消耗，并转换为统一的能源单位，评价不同季节能源消耗的波动，以9月，11月和1月的月平均能源消耗分别作为夏、秋及冬季的评价指标，并利用负荷平准化率进行评价。

从图 8-34 可以看出，白天的时候办公能耗最多，晚上的时候住宅能耗最多，而多种功能的 SOHO 的能耗基本处于两者之间，能耗波动也比两者波动小很多。

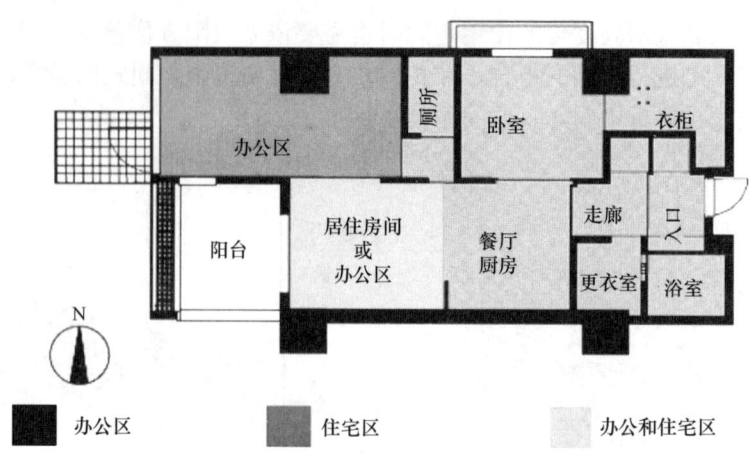

图 8-33　SOHO 建筑的平面图[39]

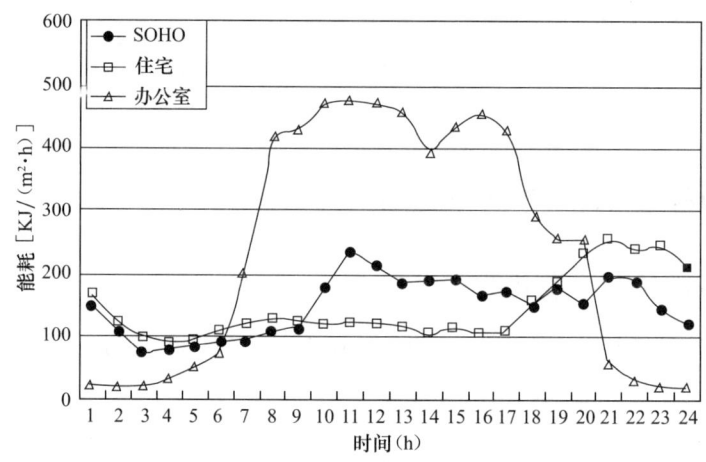

图 8-34　夏季平均日能源消耗的波动[39]

从图 8-35 可以看出，除个别时间点外，能耗波动与夏季是一致的，而不同的波动是由于 SOHO 工作人员工作比较晚，1∶00 尖峰时刻是热水澡消耗，8∶00 是早上做饭而造成的峰值。

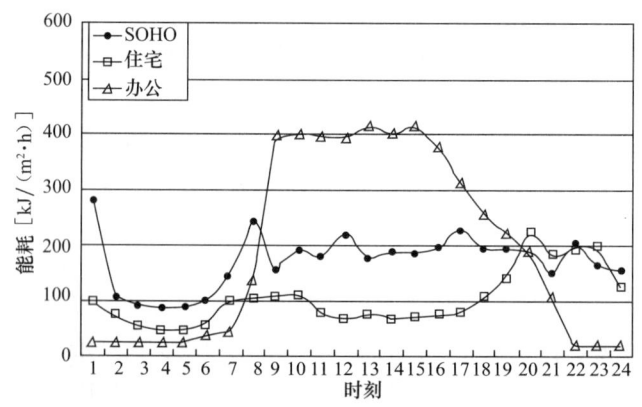

图 8-35　秋季平均日能源消耗的波动[39]

由图 8-36 可知，SOHO 冬季能耗波动与夏秋季有明显的不同，其最高值比住宅要高，但并没有高于办公，可能是由于冬季供暖原因造成的。在建筑面积相同的情况下，SOHO 的办公设备比住宅多，但比办公少。

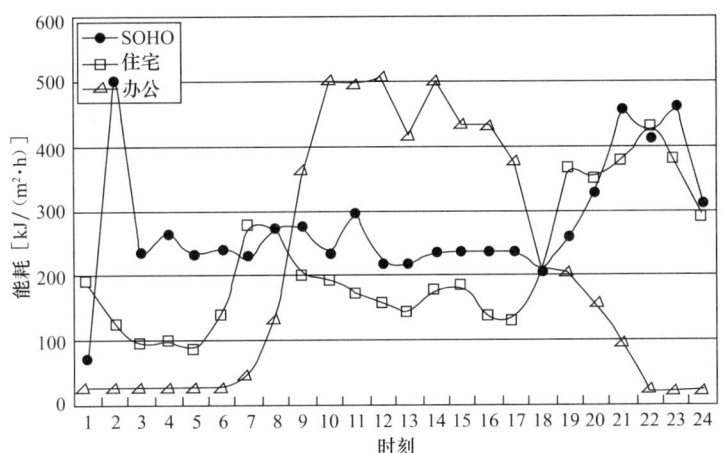

图 8-36　冬季平均日能源消耗的波动[39]

负荷平准化率的定义：

$$r_1 = \frac{L_{mean}}{L_{max}} \times 100\% \qquad (8-5)$$

式中　r_1——负荷平准化率，%；

L_{mean}——24h 的平均能源消耗，MJ/h；

L_{max}——24h 中能源消耗的最大值，MJ/h。

不同建筑类型的负荷平准化率[39]　　　　表 8-11

	负荷平准化率（%）		
	夏季	秋季	冬季
SOHO	63.7	61.8	55.8
住宅	56.5	46.1	49.5
办公	56.3	59.0	57.9

从表 8-11 可以看出，跟上述不同季节日能耗波动分析是一致的，SOHO 在夏季的平准化率最高，冬季最少。

8.4.3　混合功能城区的建筑配比

研究混合功能城区的负荷平准化，是为提高集中供冷或供热的机组的运行效率，使其高于单独供冷或供热机组的效率，提高能源利用率，达到节能的目的。不同的建筑类型其负荷模式是不同的，如果通过不同建筑类型配比达到功能城区的负荷波动平准化，那么就会达到更好的节能效果。

T. T. Chow[40] 以我国香港为例进行了研究。香港地处亚热带，不需要供暖，所以讨论的只有冷负荷，选取了办公、住宅、商城、宾馆和地铁等五种建筑类型，通过不同建筑所

第8章 城市气候设计与规划节能

占面积来达到优化的效果。首先是利用典型模型及典型气象天气参数,利用数值能耗模拟软件 DOE-2 确定每种建筑类型单位面积在一年中不同时间的冷负荷。如图 8-37 所示。

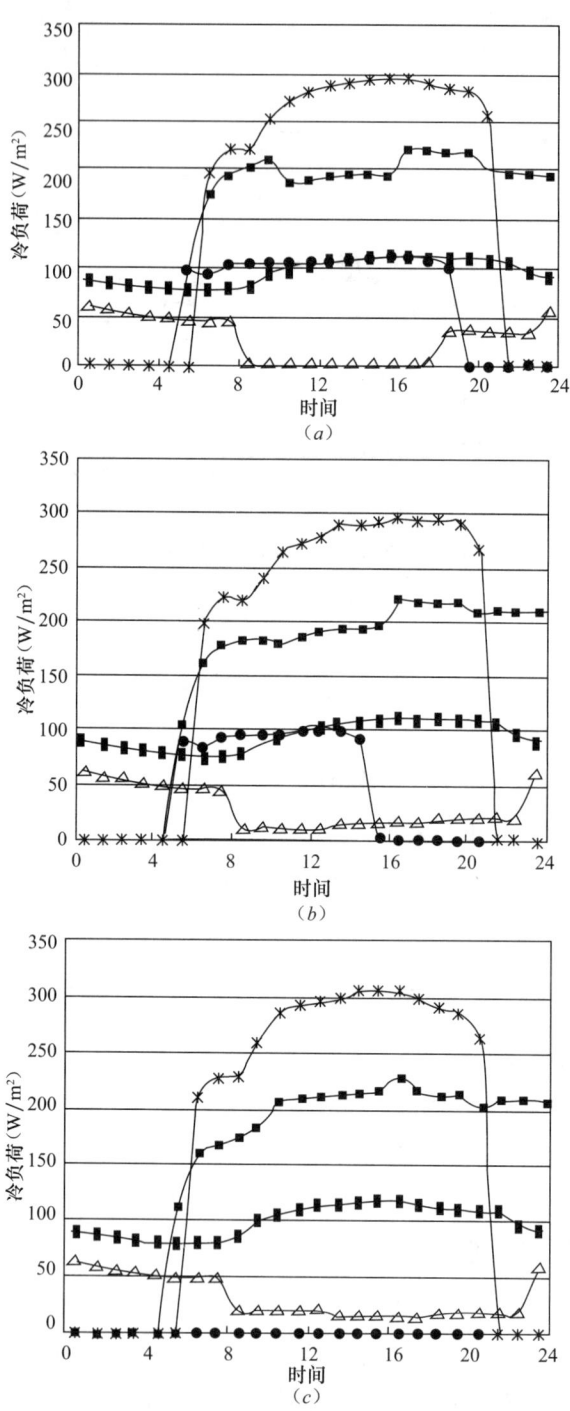

图 8-37 夏季时三种不同类型日冷负荷配置[40]
(a) 工作日;(b) 星期六;(c) 星期天
●—办公;△—住宅;✳—商城;■—宾馆;■—地铁站

把每种建筑类型面积与总建筑面积相比得到的分别为 a_1，a_2，a_3，a_4，a_5，所以 $a_1+a_2+a_3+a_4+a_5=1$，且以 $A_1(i,j,k)$ 代表第一种建筑类型每小时的冷负荷，其中 i 为每个月，所以取值为 1~12，j 为一周不同的天类型，取值为 1~3（1 代表工作日，2 代表星期六，3 代表星期天），k 代表一天中的每个小时，取值为 1~24。以 $L(h)$ 代表每种类型建筑单位面积单位时间的总冷负荷，以一月份的典型周来举例，那么对于一个典型周来说：

(1) 工作日，($j=1$)

$L(1)=Q(1,1,1)=a_1 \cdot A_1(1,1,1)+a_2 \cdot A_2(1,1,1)+\cdots+a_5 \cdot A_5(1,1,1)$

$L(2)=Q(1,1,2)=a_1 \cdot A_1(1,1,2)+a_2 \cdot A_2(1,1,2)+\cdots+a_5 \cdot A_5(1,1,2)$

…

$L(24)=Q(1,1,24)=a_1 \cdot A_1(1,1,24)+a_2 \cdot A_2(1,1,24)+\cdots+a_5 \cdot A_5(1,1,24)$

(2) 星期六，($j=2$)

$L(25)=Q(1,2,1)=a_1 \cdot A_1(1,2,1)+a_2 \cdot A_2(1,2,1)+\cdots+a_5 \cdot A_5(1,2,1)$

$L(26)=Q(1,2,2)=a_1 \cdot A_1(1,2,2)+a_2 \cdot A_2(1,2,2)+\cdots+a_5 \cdot A_5(1,2,2)$

…

$L(48)=Q(1,2,24)=a_1 \cdot A_1(1,2,24)+a_2 \cdot A_2(1,2,24)+\cdots+a_5 \cdot A_5(1,2,24)$

(3) 星期天，($j=3$)

$L(49)=Q(1,3,1)=a_1 \cdot A_1(1,3,1)+a_2 \cdot A_2(1,3,1)+\cdots+a_5 \cdot A_5(1,3,1)$

$L(50)=Q(1,3,2)=a_1 \cdot A_1(1,3,2)+a_2 \cdot A_2(1,3,2)+\cdots+a_5 \cdot A_5(1,3,2)$

…

$L(72)=Q(1,3,24)=a_1 \cdot A_1(1,3,24)+a_2 \cdot A_2(1,3,24)+\cdots+a_5 \cdot A_5(1,3,24)$

对于其他 11 个月的典型周，就是简单的重复，得到 $L(73)$ 到 $L(864)$，$L_{\max}$ 就是其中最大的负荷。

在一个典型周中，有五天工作日，一天周六，一天周日，对于这三种类型以权重分配热负荷，那么一个典型年就有 $12 \times 24 \times 7=2016h$，而不是 8760h，为了减少噪声和随机性。并在此基础上，定义了负荷波动指数[37]：

$$f=\frac{L_{\max}-\sum_{i=1}^{12}\sum_{k=1}^{24}[5Q(i,1,k)+Q(i,2,k)+Q(i,3,k)]}{2016L_{\max}} \quad (8-6)$$

然后采用遗传算法，求建筑配比的最优解，即在负荷波动最小时，其负荷平准化越好，节能效果越好，得到宾馆、住宅、办公、商城和地铁站这五种不同建筑类型的百分比分别为：67.0%，13.8%，14.1%，3.4% 和 1.6%[40]。同时这种方法也可以对建筑类型为四种，三种等情况下使用。

8.4.4 混合功能城区负荷平准化的一般研究方法

研究混合功能城区的负荷平准化，就是为了削峰填谷，尤其是对于集中供热或供冷的机组来讲，提高机组运行的稳定性，达到节能的目的。这其中就涉及几个关键点：

（1）不同建筑类型单位建筑面积的负荷预测，从上面的研究中，可以确定两个方法：一是对已有实际建筑的测试，二是依靠能耗模拟软件建立典型建筑模型进行预测。

（2）定义能够评价城区不同建筑能耗负荷平准化的指标，例如负荷平准化率，负荷波动指标等。

（3）选用一种方法来优化建筑类型的配比，比如基于微积分法、枚举法和随机法等，上文的例子中所采用的遗传算法就是利用随机方法进行最优求解。

本章参考文献

[1] SergeSalat. 关于可持续城市化的研究——城市与形态. 北京：中国建筑工业出版社，2012.

[2] LSECities & EIFER. City and Energy——Urban Morphology and Heating Energy Demand，Final Report，http：//lsecities. net/publications/reports/cities-and-energy-urban-morphology-and-heat-energy-demand/.

[3] J Norman，Heather L. MacLean，and Christopher A. Kennedy，Comparing High and Low Residential Density：Life-Cycle Analysis of Energy Use and Greenhouse Gas Emissions，JOURNAL OF URBAN PLANNING AND DEVELOPMENT，MARCH 2006.

[4] Farea TG, Ossen DR, Alkaff S, Kotani H. CFD modeling for natural ventilation in a lightwell connected to outdoor through horizontal voids. Energ Build, 2015, 86 (0)：502e13.

[5] Gromke C，Blocken B，Janssen W，Merema B，van Hooff T，Timmermans H. CFD analysis of transpirational cooling by vegetation：case study for specific meteorological conditions during a heat wave in Arnhem Netherlands. Build Environ, 2015；83 (0)：11e26.

[6] Hong B，Lin B. Numerical studies of the outdoor wind environment and thermal comfort at pedestrian level in housing blocks with different building layout patterns and trees arrangement. Renew Energy，2015，73 (0)：18e27.

[7] Chen H，Ooka R，Huang H，Tsuchiya T. Study on mitigation measures for outdoor thermal environment on present urban blocks in Tokyo usingcoupled simulation. Build Environ, 2009, 44 (11)：2290e9.

[8] Shimazaki Y，Yoshida A，Suzuki R，Kawabata T，Imai D，Kinoshita S. Application of human thermal load into unsteady condition for improvement of outdoor thermal comfort. Build Environ, 2011, 46 (8)：1716e24.

[9] Murakami S. Environmental designof outdoor climate based on CFD. Fluid dynamics research，2006.

[10] Soligo M J，Irwin P A，Williams C J，et al. A comprehensive assessment of pedestrian comfort including thermal effects. Journal of Wind Engineering and Industrial Aerodynamics，1998，77：753-766.

[11] ［美］埃米尔. 希缪，罗伯特. H. 斯坎伦. 风对结构的作用-风工程导论. 刘尚培等译. 上海：同济大学出版社，1992.

[12] Shuzo Murakami，Kiyotaka Deguchi. New criteria for wind effects on Pedestrians. Wind Engineering and Industrial Aerodynamics，1981，3：289-309.

[13] Planning Department，the Government of Hong Kong S. A. R. ，2005. Feasibility Study for Establishment of Air Ventilation Assessment System. http：//www. pland. gov. hk/pland_en/p_study/comp_s/avas/avas_eng. html(last accessed：December 8, 2014).

[14] Ng E. Policies and technical guidelines for urban planning of high-density cities-air ventilation assessment (AVA) of Hong Kong. Building and Environment，2009，44 (7)：1478-1488.

[15] Ren C，Ng E Y，Katzschner L. Urban climatic map studies：a review. International Journal of Climatology，2011，31 (15)：2213-2233.

［16］刘姝宇，沈济黄．基于局地环流的城市通风道规划方法——以德国斯图加特市为例．浙江大学学报（工学版），2010（10）：1985-1991．

［17］任超，吴恩融，卢茨等．城市环境气候信息在德国城市规划中的应用及其启示．国际城市规划 ISTIC PKU CSSCI，2013（4）．

［18］长沙市规划管理局．长沙市城市通风规划技术指南，2011．

［19］任超，袁超，何正军，吴恩融．城市通风廊道研究及其规划应用．城市规划学刊，2014（3）．

［20］朱亚斓等：城市通风道在改善城市环境中的运用．城乡规划，2008（1）．

［21］卜毅．建筑日照设计．北京：中国建筑工业出版社，1988．

［22］倪永华．太阳光有助于降血压．科技日报，2001.11.23．

［23］［美］玛丽·古佐夫斯基著．可持续建筑的自然光运用．汪芳，李天娇，谢亮蓉译．北京：中国建筑工业出版社，2004．

［24］P. J. Littlefair. Site layout planning for daylight and sunlight: a guide to good practice. Building Research Establishment，1991．

［25］GB 50180—93．城市居住区规划设计规范．北京：中国建筑工业出版社，1993．

［26］Davide M. Interactive Façade Optimized for Daylighting and Pedestrian Response using a Genetic Algorithm. GA2011-XIV Generative Art Conference，2011；509-514．

［27］曹立辉．中国北方居住小区日照环境设计与研究．天津：天津大学，2005．

［28］（美）诺伯特·莱希纳著．建筑师技术设计指南——采暖·降温·照明．张利等译．北京：中国建筑工业出版社，2004．

［29］黄农．住宅日照间距系数的计算方法．合肥：合肥工业大学学报，2001．

［30］袁磊．在高容积率下改善住区日照环境的研究．天津：天津大学，2003．

［31］刘腾．基于日照环境的居住区优化研究．青岛：青岛理工大学，2013．

［32］韩昀松．基于日照与风环境影响的建筑形态生成方法研究．哈尔滨：哈尔滨工业大学，2013．

［33］Yang, SQ, Lu, MJ. Analysis on Optimization Design Strategy for Sunshine Environment in Residential District Planning. Taiwan: TRANS TECH PUBLICATIONS LTD, LAUBLSRUTISTR 24, CH-8717 STAFA-ZURICH, SWITZERLAND, 2013．

［34］刘天竹．Ecotect 在居住小区规划设计中的运用——以上海市为例．天津：天津城市建设学院学报，2013．

［35］乔力．日照环境与住宅形态关系影响下的高层高密度住区设计．南京：南京大学，2011．

［36］Urban Land Institute, Mixed Use Development Handbook, Urban Land Institute, 2003．

［37］http://baike.baidu.com/link?url=E1QkHb8DAUii45oR1Un_SWyfbYac-MkQRNjWfJGYfb7VMj-TXOtVSF_sN2Qpd-aqNgiVOtlJnFgZ_fxuYzmAU2a．

［38］尾岛俊雄，许雷，王健，龙惟定，范存养，束昱，吉田公夫，生沼哲，增田康广，吉本哲史，米村贵信．2010年上海世博园能源系统规划的研究——能源基础设施的基本规划理念．暖通空调，2005，05：107-111．

［39］Junqiao, Toshio Ojima. Load Leveling and Energy-Saving Effects Evaluation of SOHO. Asian Architecture and Building Engineering，2005，11．

［40］T. T. Chow, Apple L. S. Chan, C. L. Song. Building-mix optimization in district-cooling system implementation. Applied Energy，2004，77：1-13．

第9章 城区能源系统的优化配置

9.1 城区能源系统的配置原则

城区能源系统是一个复杂系统，所以对技术方案需要全方位、多元的评价（见图9-1），不同情况下对各种因素会有不同的侧重，会强调某一方面，忽略某一方面。但任何情况下都不能只顾一点，不及其余。而根据我国国情，在任何情况下都应该把节能、减碳置于优先考虑的位置。同时，在任何情况下都不应将单一技术作为确定系统方案的先决条件，例如，不顾负荷特点和气源条件而一定要上热电联产系统。确定城区能源系统方案有以下几条原则[1]：

(1) 对节能、减排、环境、经济性、用户体验、技术水平等各种影响因素赋以不同权重，综合研究方案的可行性。

(2) 在前述资源分析和负荷预测的基础上，根据当地资源禀赋和负荷特点确定系统方案。

(3) 绿色生态城区的能源系统（无论集中还是分散）一定是多种能源（包括可再生能源和可再生热源）复合的系统。

(4) 在计算投资回报时，区域供冷供热系统或能源总线系统的管网（包括共同沟或公共管廊）应作为基础设施，由城区开发者投资，并分摊到土地招拍挂的费用之中，在能源使用费或接入费中不应重复收费。

(5) 集中设置的城区能源系统的配置，应依据逐时叠加的负荷，不应采用以各类建筑最大值叠加的负荷。

(6) 区域供冷供热系统应尽量缩短供冷半径，一般应在500m以下，最大不得超过1000m。

(7) 集中式城区能源系统其输入和输出的综合一次能源效率应大于1.0。同时要特别注意系统运行的经济性和选择设备的性价比。

符合下列情况之一，经技术经济的可行性研究，可采用区域供冷供热系统：

(1) 建筑密度在30%以上，或建筑容积率在2.0以上。如有城区供冷，则区块面积最大不宜超过0.5km^2，以控制供冷半径。

(2) 城区内建筑负荷（建筑功能）多样化。

(3) 有可利用的可再生能源或可再生热源的资源，包括地表水热源、地热源及可供埋管的土地面积。

(4) 有稳定供应的工业余热、废热资源。

(5) 严寒和寒冷地区结合市政城区供热管网的夏季热利用。

(6) 在因环境要求不能在建筑上安装冷却塔的城区。

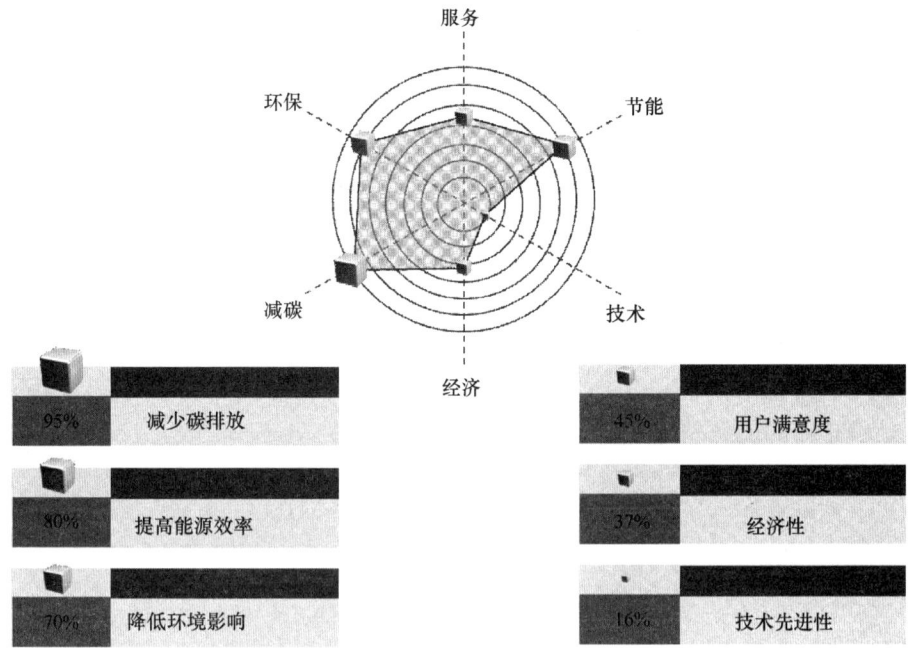

图 9-1 对城区能源系统方案需要多元评价

符合下列情况之一,并经技术经济的可行性研究,可采用分布式能源冷热电联供系统:

(1) 建筑密度在 30% 以上,或建筑容积率在 2.0 以上。

(2) 混合功能社区,城区内建筑负荷分布多样化,各类建筑负荷错峰,冷热负荷叠加后的总负荷曲线比较平坦。

(3) 有可利用的可再生能源资源,包括生物质燃料、气化固体废弃物等。

(4) 有稳定的天然气供应,当地每立方米天然气价格不高于当地每千瓦时电力平均价格的 4 倍。

(5) 优先考虑自发电的自用。以供冷供热为主的系统,自发电力优先用来驱动热泵。

在城区能源系统配置中,应优先选用基于清洁能源和可再生能源的能源微网系统和集成应用低品位热能的分布式热泵能源总线系统,实现效率和效益的最大化(详见本书第 14 章)。

能源微网/能源总线系统有以下几个特点:

(1) 多源系统。综合利用市政基础设施的电力、燃气、热力以及现场发电的可再生能源和热电联产系统,并集成利用低品位可再生热源。

(2) 以热定电。根据热电联产的能效和电力驱动热泵系统的 COP,确定冷热电分摊比例,将建筑冷热负荷分别由热泵系统和热电联产的余热系统承担,从而确定热泵机组、发电机组、余热锅炉等设备的容量。可以降低装机量、减少天然气耗量。

(3) 系统集成。通过并网方式,将分布在不同建筑屋顶和不同空间的光伏发电系统以及热电联产发电系统的电力联网;通过能源总线管网,将分布在不同位置的低品位热源热汇(土壤埋地管群、地表水取水口、冷却塔或热源塔以及太阳能热水器等)集成联网。

(4) 高效高收益。能源微网系统供冷供热的综合一次能效率可以高达 200% 以上。如果冷热量定价在 0.50 元/kWh,则每立方米天然气得到的最终效益可以达到 10 元以上。

(5) 有基于互联网技术的能源管理系统。该系统建立在集成的、高速双向通信网络上，应用先进的传感器和检测技术、先进的控制方法、先进的执行机构以及先进的决策支持技术。摆脱过去能源控制中心的大集中模式，通过互联网可以轻松地在移动客户端等普遍应用的设备上实现控制（参见本书第13章）。

(6) 城区能源管理系统，可以实现如下功能：
1) 可再生能源和分布式能源的电力调度；
2) 分布式热泵的蓄能控制；
3) 用户端电力能源"产销合一"的计量与分时计费；
4) 用户端大型用电装置的优化运行；
5) 能源总线热源/热汇的协调控制；
6) 能源总线管网控制；
7) 能源中心和能源站的运行管理；
8) 用户端的能源交易和碳交易；
9) 城区能耗监测、统计与分析；
10) 系统诊断；
11) 能源系统运行状态和能效的实时演示。

9.2 区域供冷供热系统的利与弊

9.2.1 区域供冷供热系统的发展历程

从20世纪50年代开始，为保障北方居民的生命安全和提高生活质量，我国对北方地区开始采取集中供暖方式，主要以容量小、效率低的燃煤锅炉为主[2]。在20世纪80年代，随着居住小区的兴起，北方供暖大城市的民用建筑供暖，主要由容量大、效率高的热水锅炉所代替，集中供暖形式发生了根本性的变化。目前全国共640余个城市中已有约240个城市建有集中供热设施。纵观国内近30年供暖发展，集中供暖和城区供暖系统已成为改善用户室内环境条件、提高生活品质的有力保障（见图9-2）。

在集中供热的城市中，所应用的集中供热主要由大型集中锅炉房供热、热电联产供热两种主要方式。其中大型集中锅炉房的建设比热电厂投资少、周期短、不存在并网的问题，也更易于与工业建设和居住区的建设速度相配合。所以集中锅炉房的发展速度很快，集中供热方面，锅炉房供热仍然占据主导地位。热电联产供热为连续运行，稳定可靠，且具有较高的经济效益和环境效益，目前国家相关部门已将优先发展热电联产集中供热作为能源政策、产业政策确定下来，鼓励大力发展，热电联产用于民用建筑的集中供暖比例不断扩大。一方面将老旧的凝气发电机组改造为抽汽凝气供热，供暖期节能效果明显，非供暖期的效率与凝气机组相当。另一方面，北京、沈阳等北方中心城市新建200MW、300MW抽汽冷凝两用机组在运行，主要用于城市集中供热。在2005年后，在夏热冬冷地区和夏热冬暖地区出现了一些城区供热和区域供冷供热类型的项目，主要有以水地源热泵为主的城区供能和以天然气作为主要驱动能源的冷热电三联供城区供能两种形式。

9.2.2 区域供冷供热系统的组成

区域供冷供热（District Heating and Cooling，DHC）是指对一定城区内的建筑物群，

9.2 区域供冷供热系统的利与弊

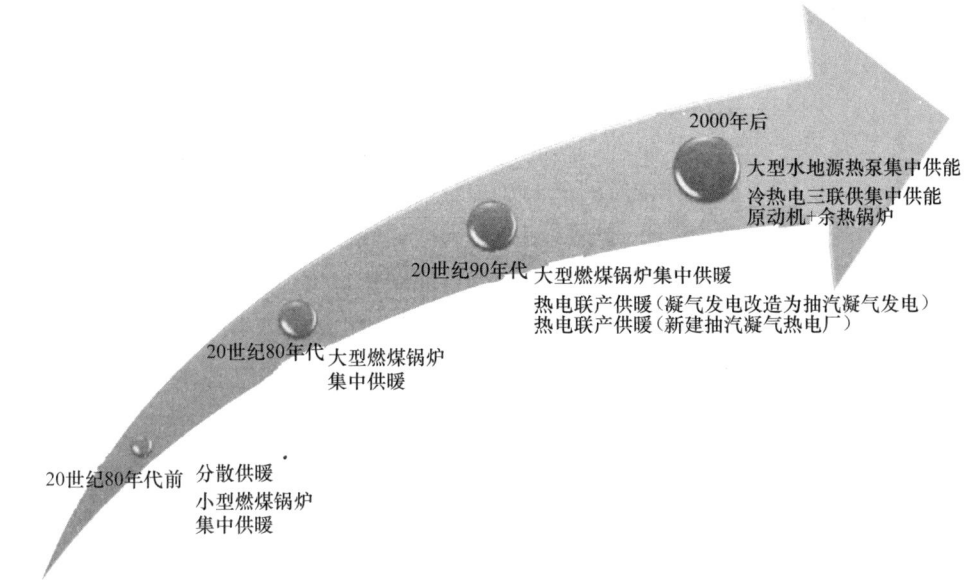

图 9-2 区域供冷供热的发展历程及采用的主要技术

由一个或多个能源站集中制取热水、冷水或蒸汽等冷热媒，通过城区管网提供给最终用户，满足用户制热或制冷要求的系统[3]。DHC 通常包括三个基本组成部分：能源站（Thermal production plant）、输配管道（Transmission line and Distribution line）和接入设备（Connection equipment），其系统可简单的描述如图 9-3 所示。

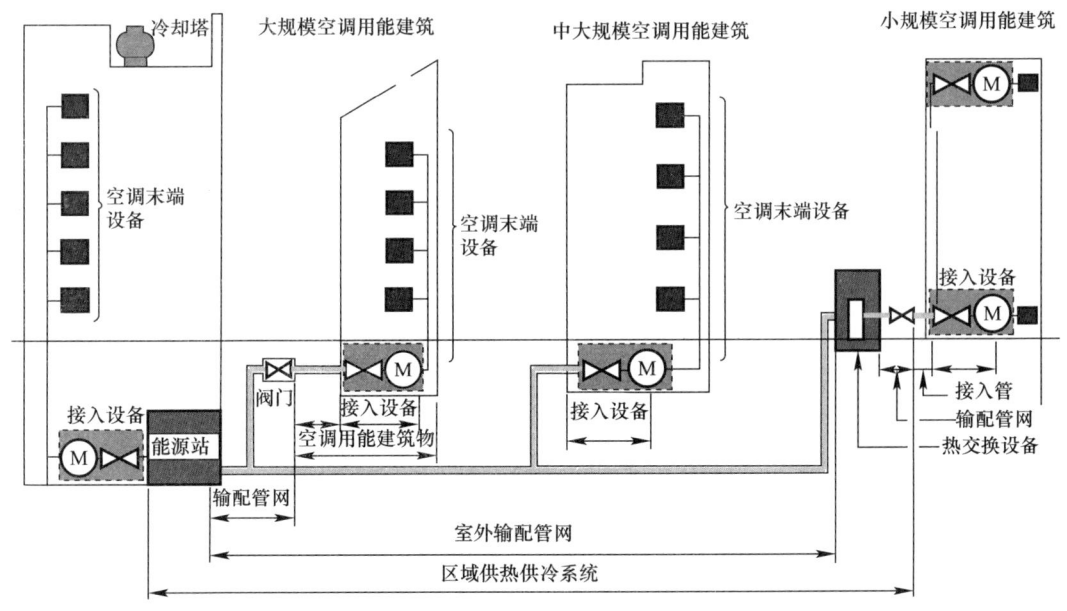

图 9-3 DHC 的组成

其中能源站为集中设置供冷媒介生产输配计量及相关辅助设备的站房，包括制冷机组、蓄能装置、配电装置、加热设备、换热装置及各类附属设备和仪表，部分能源站内还包括与用户连接的仪表设备和控制装置。整个 DHC 系统的冷热源可以是热电厂、城区锅

323

炉房、工业余热以及各种天然热源等。这些能源需要通过能源站中的设备转换为满足要求的冷热水。输配管网是由热源向用户输配和分配冷热媒介的管线系统。接入设备是指安装在末端用户建筑物内的热交换器、冷热计量装置、阀门以及附属设备等。

区域供冷供热系统高度集中化的制冷和制热设备分离于各单体建筑之外，这为第三方的商业投资和运营提供了机会和天然的分界线。目前国外的区域供冷供热系统多为商业投资运营，提供的冷热水是作为服务的一种商品；国内的城区供热供冷系统多数为建设方一次投资建设，提供的冷热水作为自用的一种福利，商业化投资运营的较少。另外，高度集中的城区供热供冷系统采用的大型设备也为规模化利用可再生能源和先进节能技术提供了可能，国外的区域供冷供热系统大多采用了冷热电三联供、结合未利用能或工业废热、结合蓄能和冷水机组优化控制等多项技术综合应用，以实现规模化的节能效应和环保效应。

9.2.3 DHC和DH、DCS的关系

在我国北方，按照苏联经验建立起来的城区级大型集中供暖系统，本章为统一称为城区供暖系统（District Heating, DH）；在我国南方不需要供热的地区，建筑群采用规模化的集中供冷，按照研究文献的一般惯例本章将其称为城区供冷系统（District Cooling System, DCS）[4]。在同时有供暖和供冷需求的夏热冬冷地区，将城区供热和城区供冷两者结合起来的系统本章将其称为区域供冷供热系统（District Heating & Cooling System, DHC）。目前国内也有将大型小区集中空调冷热水和生活热水的集中供应系统称为建筑冷暖热三联供系统，本章均归入DHC系统中。由于生活热水供应受建筑功能和生活习惯影响巨大，需要具体问题具体分析，因此本章不涉及生活热水的集中供应。

DH系统出现较早，已有约100年的历史，各方面的技术已经比较成熟，应用也比较普遍。而DCS的发展相对比较缓慢，小型DCS的历史不超过30年，大型项目则是近十年来才逐步出现的。而DHC则是在同时有冷热需求的地区，用一套管网实现夏季供冷冬季供暖，这可以是通过对既有单独供暖或供冷系统的功能增加来实现，也可以是在新建系统中一次性建设实现。在欧美和日本等发达国家，热电联产（CHP）和冷热电联供（DCHP）经常被用作为区域供冷供热系统，但是联产系统的能源效率与经济指标普遍较好。本章中暂不涉及联产系统。同时还要指出，通过城区管网，DCS或DHC还可把各种不同形式的冷热源纳入区域供冷供热系统的范畴内[5]。

我国在地理位置上位于北温带，幅员辽阔，气候差异带来了空调需求上的不同。海南、广东、广西、福建等南方省份属于夏热冬暖地区，全年以供冷需求为主，供暖需求较少；淮河以北到黑龙江属于严寒和寒冷地区，供暖需求的保证居于主导地位，兼顾供冷[6]。而在面积广阔经济发达的夏热冬冷地区，许多城市夏季炎热冬季湿冷，冬夏季节均有较高的空调需求。在我国的计划经济时代，规定淮河以北地区才可以供暖，但随着人民生活水平的提高，长江流域的建筑也出现不少地板供暖等小型集中供暖，甚至部分新建城区因为各种考虑出现了一些原来北方供暖地区才可能有的集中供冷供暖系统，这就为暖通工作者带来了紧迫的问题，DCS或者DHC是不是节能的技术，是否能够在我国特定的城区，比如夏热冬冷地区在一定范围和一定条件下得到应用？本章试图回答这个问题。

9.2.4 区域供冷供热系统的优势

9.2.4.1 区域供冷供热的环保效益

区域供冷供热系统对环保的贡献在日益受到重视，主要表现在以下几方面：

(1) 规模化建设的能源站可以通过采用大型高能效机组，使用环保制冷剂等技术手段减少对环境的破坏。在北方许多城市，早期分散小型的供暖锅炉房已被大型锅炉房和热电联供替代，因为大型锅炉房燃烧效率更高，可以集中对排气进行高效处理。关于制冷剂，近年来由于人类对环境问题的日益重视，CFC 及 HCFC 类物质对大气臭氧层有破坏作用和产生温室效应，蒙特利尔议定书规定要在 2010 年最终淘汰使用，人们在不断寻求其代用品，而在这些代用品中，大多仍是人工合成物质，因此人们越来越多地把目光投向了天然制冷剂，在这些制冷剂中，氨和二氧化碳被大家普遍看好，尤其是氨系统。氨制冷剂的 ODP 为 0、GWP 接近于 0。氨制冷剂由于其可能泄漏对人体呼吸道造成的刺激性伤害，以及浓度达到 16%～25%时的爆炸危险而很少在民用建筑空调中使用，一般仅限用于工业项目和冷库作制冷剂。而区域供冷供热的制冷机房都是独立设置的，并不附属于某个主体建筑，在相应安全措施齐全的情况下，使用氨作为制冷剂是可行的，在国外的大型城区供冷项目中也已有案例。

(2) 可以在区域供冷供热系统中规模化利用可再生能源，比如利用江河湖海等天然水体中水的温差能的大型水源热泵、利用吸收式制冷机回收废热或工业余热的热回收式热泵、利用城市垃圾焚烧的冷热电联供等，这些技术在减少化石燃料和电力使用的同时能够增加能源结构多样化，缓解能源压力，而且可以极大地减少污染物排放。

(3) 可以减轻城市中心区由于空调系统排热而产生的热岛效应。由于采用区域供冷供热，取消了各建筑物内部的分散冷源，对减轻城市中心区的热岛效应将是一大贡献。尤其在采用地表水源热泵时，可以通过江河湖泊的水带走空调系统的排热，缓解建筑群在夏季向室外大规模排热造成的空气温升。同时，由于区域供冷供热取消了分散的锅炉房、冷却塔和风冷冷凝器，也消除了由其产生的噪声及城市不整洁问题，也使得建筑物结构处理及抗震处理得以简化。

(4) 建筑空间利用率和建筑美观性的提高。采用城区供冷后，建筑的业主就可以大大减少在建筑内安装设备室所需的空间，因为不需要再在楼宇里安装自己独立的制冷机，节省下来的空间可以被用来出售或租赁以得到更多的收入。而且，取消了设备间同时消除了制冷机在楼内工作或起停时所产生的噪声，原来房顶或室外的冷却塔也不复存在，节省下来的空间可以用于安装通信设备或建立植物暖房和屋顶绿化，以增加建筑的美观，还能充分利用空间得到更多的收益。

9.2.4.2 区域供冷供热的社会效益

(1) 采用区域供冷供热，在同等舒适度下可以节省空调系统的初投资和运行费用。城区供热供冷系统制冷设备的装机容量要低于各个建筑物最大冷负荷的总和，城区供冷的空调同时使用系数一般在 40%～60%左右，使城区供热供冷系统的装机容量可相对减少，初投资相对一般单独设置冷热源的中央空调系统有所降低。专业化的管理、先进节能技术的采用、设备的优化控制、和常规系统相比运行人员的减少也可以使运行费用得到极大节省。

(2) 区域供冷供热通常和蓄能技术结合使用。蓄能技术的最大社会效益就是可以充分利用电网低谷时段的廉价电力蓄能，从而减轻电网峰值负荷，削峰填谷。由于蓄冰槽、蓄水槽等蓄能装置占用机房面积较大，原来分散在各建筑物里的制冷机房受到场地的限制，布置蓄能装置存在一定困难。而区域供冷供热系统机房一般是集中建设的单体建筑，不存在机房空间的限制，可采用合理的冰蓄冷或水蓄冷设备均衡负荷，把制冷用电部分转移到夜间，既增加了电网安全性又降低了城区供冷的运行成本。

(3) 区域供冷供热系统可以采用计算机控制技术实现系统的优化管理与控制，供冷的质量、可靠性和系统的安全性都可以得到很大的提高。由于城区供冷系统设备数量少，布置集中，计算机监控实施方便易行。计算机控制可实现设备的优化节能运行、故障诊断和数据管理，可以根据用户的负荷变化调节冷机的启停、水泵的转速、阀门的开度等，可以诊断出系统中存在的漏、堵、设备失灵、元件失效等故障及相应位置，可以提供各种所需的运行数据和统计报表，可以很好地保证控制精度，最大限度地降低系统的运行能耗。同时计算机技术的使用也可以极大地减少运行侧的管理人员，提高管理的专业化和可靠性。例如目前世界上最大的芝加哥 CBD 城区供冷系统全部的运行管理只需要 4 人，日本很多为数十万平方米的建筑空调系统服务的大型城区供冷系统管理人数也只有不到十人。

(4) 商业化运营的区域供冷供热系统可以在专业化的管理下更加高效合理地使用能源，避免了能源浪费和不合理用能；终端空调用户在不需关心技术细节、设备改造、故障维修等问题的同时可以得到更好的服务。

9.2.4.3 区域供冷供热的节能效益

根据日本的运行经验——与分散在各单体建筑物内的冷热源相比，城区供热供冷系统可以节约 12% 的一次能源，而导入未利用能的集中供热供冷系统可以节约 15%～22% 的一次能源。城区供热供冷的节能效益主要体现在以下几个方面：

(1) 大型制冷机组的 COP 可以得到提高。由于制冷机组耗电在空调系统总耗电中约占到 60% 左右，大型制冷机组相对中小型制冷机组 COP 可以提高 0.5～1.0，这对一个需要空调的城区建筑群来说，可以有效降低能耗，从而节省可观的运行费用；而且城区供热供冷系统可以利用蓄冷技术把制冷机组的运行时间转移到电价低廉的夜间，这提高了电厂侧发电机组的满负荷比率和发电效率。

(2) 区域供冷供热系统机组数量少，因而在部分负荷时大型制冷机组效率更高，调节性能更好。由于空调系统绝大多数时间都在部分负荷下运行；对于分散供热和制冷设备，在部分空调负荷时一般采用调节制冷机组的出力，甚至不调节机组而只调节出口阀门开度，这会造成制冷机的运行效率下降。而城区冷冻站由于其机组台数大型化而且集中，在部分负荷时可以利用台数优化自动控制，使其运行的机组始终保持在满负荷或接近满负荷状态，可以提高系统效率。

举例说明：对于 40 幢单体制冷量为 527kW（150Rt）的建筑物，传统的分散空调冷热源形式设为每个单体建筑一台制冷机组，满载时能耗为 0.6kW/Rt，部分负荷时能耗平均为 0.9kW/Rt；而集中设置为 3 台大型集中制冷机组时，机组满载能耗可以降为 0.52kW/Rt，部分负荷时能耗平均 0.6kW/Rt。由于分散空调冷源大多数时间工作在部分负荷下，而集中设置的机组根据台数控制可以保持满载运行，每个夏季制冷机组可以节省约 33% 的能耗。

(3) 可以结合一次能源和低品位能源构成复合能源系统，以规模化回收或利用各种低品位能源。在电力比较紧张的地区，城区冷冻站可以直接使用一次能源来驱动吸收式制冷机。当有高温废蒸汽可以利用时，可以利用废热发电然后驱动离心式制冷机组，更低温度的蒸汽再驱动吸收式制冷机组，则其节能效果将更为明显。例如国外目前采用的总能系统（Total Energy System）：利用燃气轮机、燃气发动机等驱动发电机或制冷机，再把燃气轮机的排气送入废热锅炉，把废热锅炉产生的蒸汽提供给吸收式制冷机作为热源，由于燃料能量得到充分利用，系统总的一次能利用系数可达 0.95~1.25。

(4) 可使用各类地表水作冷却水。我国许多大中城市都临江、河、湖泊，有着丰富的水资源。在夏季水面 2m 以下，水温一般恒定在 20~25℃之间。如果以其作为冷却水源的话，则可以明显地提高制冷机的运行效率，实现能源的梯级利用。同时，对水体没有明显影响。

(5) 在有较高除湿需求或舒适性要求的建筑中可方便地实现低温送风。较大型的城区供冷系统一般都与冰蓄冷技术相结合，冷冻水供水温度在 1.1~4.0℃之间，用户可方便地实现低温送风。采用低温送风的空调系统在供冷负荷相同的情况下，室内冷冻水供回水管道及空气输配管道尺寸都将变小，从而使管道投资减少，有利于节省建筑空间，还可降低建筑物的层高。同时，由于冷冻水量和送风量的减少，相应的冷冻水泵及送风机耗电量也有较大降低；而且采用低温送风可以获得更大的除湿量并保证室内更低的相对湿度，在舒适性不变的情况下，可以提高建筑的空调室内计算温度，有利于节能。

9.2.5 区域供冷供热系统的缺点

区域供冷供热系统的缺点是与每个单体建筑分散设置冷热源的中央空调系统相比较而言的。分散供冷方式，因为各个建筑各成单独系统，所以灵活性较大，在有些建筑没有投入使用的时候，冷机及相应设备都可以不运行，尤其是建筑物规模较小或单位面积空调负荷较低时，分散供冷的方式比较节约。

但是，由于分散供冷每个建筑都是一个制冷系统，每个建筑都需要设置制冷机房和锅炉房，而且冷却塔需放于室外，影响建筑的美观。对位置相近的多个建筑同时需要供暖供冷时就有制冷系统的设备数量多、制冷机房面积大、室外的冷却塔数量多、噪声大等缺点。并且机房数量多必然引起相应的设备多，运行起来需要的管理人员也增加许多，无法从一点集中控制[7]。

区域供冷供热系统的缺点可以总结如下：

(1) 需要具备较高的系统能效和综合可行性。城区供冷系统是一种系统集成，在高容积率、高负荷率和高使用率的条件下，以及可以规模化利用废热、回收热或可再生能源的情况下可以获得较好的能源效率。而在低容积率、低负荷率和低使用率的条件下，城区供冷系统运行时的能源效率将会极大地降低，甚至远低于常规系统的能源效率，这在居住建筑中已经有案例发生。而同时，城区供冷系统需要较多的建设资金，大部分还采用了商业化运营的模式，这就涉及项目立项、土地审批、供配电、价格审核与批准、客户沟通与签约、服务与纠纷处理等常规供冷没有的环节，对城区供冷系统的建设者、用户以及管理者都提出了更高的要求。

(2) 需要室外输配管网。城区供冷由于供应多个建筑的空调需求，需要输配管网输配冷冻水。由于城区供冷系统大多采用离心式制冷机组，以1~6℃甚至更低水温供冷，而回水温度一般为12℃，供回水温差为6~11℃。与供热管网相比，供水温差较小，相对管网成本高，循环泵的功耗大。如果城区管网规模较大，则不但需要的前期一次性初投资大，而且运行费用也将随着输配距离的增加而上升，使得整个系统经济性变差。这是制约城区供冷发展的主要因素。

（3）初投资较高，回收期长。由于城区供冷系统需要在前期一次性投入管网和设备费用，而楼宇的使用率和收益则是逐渐增加的，因此DHC系统在初期用户使用率较低时可能是亏损的，只有使用率超过盈亏平衡点后年度费用可以持平，继续运行数年后方可赢利。

（4）存在一定的风险。主要包括大规模建筑的工期拖延和负荷密度或使用率低于预测值。这将使得项目在初投资已经完成的情况下净收益减少，造成回收期延长甚至亏损。

（5）需要前期进行城区室外管网系统的规划和预留。室外输配管网是城区供冷实施的前提，如果在地块开发初期没有进行管道位置的统一规划，则后期可能因没有管网位置而不能采用城区供热供冷系统。这也是城区供热供冷系统发展受到限制的一个重要因素。

因此，在我国新建区域供冷供热项目一定要认真分析其可行性，对于项目的负荷特性、建设周期、可再生能源的应用、系统规模的控制、蓄能系统的设计、水系统的设计与水力平衡的考虑等均要仔细分析，以确定是否适用区域供冷供热技术。

9.2.6 城区供能的争议与未来发展预测

1. 南方住宅集中供暖争议

"南方是否需要集中供热"并非是个新话题，每年的全国"两会"和地方"两会"均有代表提出议案，希望政府向老百姓"送温暖"，对南方夏热冬冷地区的民用建筑实施集中供热。为此，国家发展和改革委员会成立了南方供暖课题组，显示了这一公共话题已经引起了政府的高度重视。在此基础上，在夏热冬冷地区发展起了部分城区集中供冷供热项目，供能对象为大规模集中住宅、大规模办公园区或者综合性片区。与此同时，在夏热冬暖地区也发展起了一部分城区集中供冷项目，供能对象类似。其中供暖方式、经济性、能耗增长、新能源的使用、集中供暖和分散供暖的优缺利弊是讨论的焦点问题。

2. 城区供能的节能性

国内较早在夏热冬冷地区和夏热冬暖地区有过若干个大规模城区供能项目，但是虽然项目已运行，该技术是否可行仍然在辩论中。在我国北方城区供热实施的年代已久，对其作用与意义已取得共识，但对于南方以供冷为主的城区供冷系统其是否能实现运行中的节能尚有争议。

支持者的意见认为城市中心区的供冷和供热一样，必将逐步由分散走向集中，从福利供冷走向商业供冷，其理由主要包括：①城区供冷可以利用空调同时使用系数降低冷热源和配电系统容量；②可以集中配置更高效环保的大型设备；③可以通过专业化的管理逐步实现供冷的产业化、商业化和市场化，利用市场手段调节需求和配置资源，避免传统福利供冷造成的浪费。反对者的理由包括：①城区供冷管网的冷冻水供回水温差小于集中供热，输送功耗和冷量损失相对更高，而大型设备的效率提升有限，不足以弥补输配管网能耗的增加；②供冷的部分负荷时段的比例多于供暖，系统长期运行于较低负荷下降低了系统效率；③大输配管网所需的水泵功耗不但降低系统效率，而且水泵散热还将导致管网内水温升高减少有效输冷量。因而城区供冷系统在我国运行效率将难以提高，甚至要低于分体式空调，国内部分已建成项目运行情况较差，认为该技术不适宜在我国推广。

3. 集中供暖与南方城区供能的异同

有部分学者也对南方地区城区供能项目与北方传统集中供热项目的异同进行过对比，认为两者存在质的区别：①北方集中供热所采用的大型燃煤锅炉或热电厂效率高，节能效果明显，环境污染控制显著，而南方城区供能系统集中冷热源效率提升并不明显；②北方集中供热所采用的供回水温差一般在20℃左右，输送能耗较小，管道造价较低，而南方城区供能系统温差最大10℃，输送能耗较大，管道造价较高；③北方集中供热负荷连续，负荷相对稳定，而南方城区供能系统一般不需要连续供能且供能负荷变化较大。

虽然目前阶段对城区供能仍存在一定的争议，国内对于城区供能技术是否节能尚未形成统一的认识。但由于我国目前迅速发展的城市化进程，各种产业园区、大型建筑群和小城镇的建设标准和规划日益先进，城区供能又作为一种新型的能源基础设施思路，在一些大型项目中被多次提出并已获得部分实施。城区供能已成为解决南方地区集中供暖的技术路径之一，因地制宜地合理利用城区供能，具有较广阔的市场前景。从大型住区、大型商业综合体到园区应用规模不等，其应用形式也不尽相同，主要有 10 万～50 万 m^2 规模的建筑群水地源热泵、大型城区的水源热泵、城区型冷热电三联供等应用形式。并且随着天然气及电力行业政策的不断支持，结合热泵形式的大型冷热电三联供系统也必将成为一种主流的城区供能形式。

城区供冷供热系统与燃气分布式能源系统结合时，能发挥城区供冷供热系统与燃气分布式能源系统各自的长处，将表现出以下几方面的优势：

（1）降低城区供冷供热系统运行成本

燃气分布式能源系统大部分高温烟气、热水等余热通常无法利用，需要排放到周围的环境中，从而造成环境的热污染及能源浪费。将这部分余热作为城区供冷系统的吸收式制冷主机的热源，可降低其运行成本。

燃气分布式能源系统可对城区供冷系统中的电制冷主机直供电。由于直供电不需要交纳电网的过网费用，因此价格比从电网购电低，可降低城区供冷系统的运行成本。

（2）促进分布式能源系统功能的拓展

城区供冷系统将分布式能源的冷热电联产（发电后的余热用于供热和制冷，制冷量受余热量的约束）拓展为冷热电联供，冷热电联供所发的电不但可以区内直供，而且可以用于电制冷、电热泵或各种系统组合方案，能高效、经济地满足用户的各种能源需求。这种区内直供电、热、冷的系统，才是真正意义上的分布式能源系统，且具有高效联供和减少电网负担的双重效果。

（3）进一步提高能源利用效率

城区供冷系统与燃气分布式能源系统结合后，将提高能源利用效率，具体体现在以下两个方面：①燃气分布式能源系统的原动机效率提高，容量扩大。②城区内电、蒸汽、冷、热用户类型更多，时间互补性更强。这使燃气分布式能源系统与城区供冷系统的设备年运行时间更长，运行效率更高。

9.3 分布式水源热泵系统

9.3.1 分布式水源热泵系统的组成

近些年以来,由于我国大力鼓励和支持应用可再生能源的建筑技术,水源热泵技术的发展也得到了全面的提高,分布式水源热泵系统是一种新型的节能减排技术,具有节能性、环保性和经济性等特点。

分布式水源热泵系统是指将来自于地球表面浅层水源(地下水、地表的河流、湖泊、海洋等)的热源水/冷源水,从取水点通过基础设施管网(即能源总线系统),输送到分散的用户端。在用户端作为水源热泵的热源/冷源,经换热后通过基础设施管网排放至退水点。本节以地表水水源热泵为例加以阐述,其系统可简单描述如图 9-4 所示。

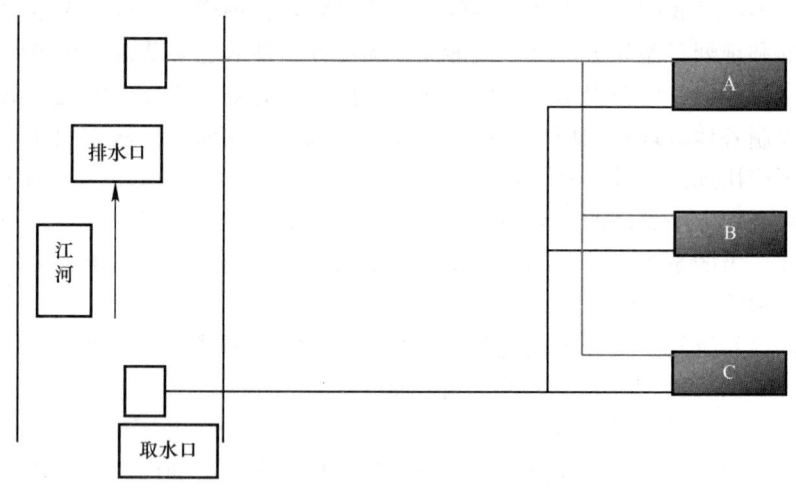

图 9-4 分布式水源热泵系统的组成

图 9-4 中 A、B、C 为集中设置供冷媒介生产、输配计量及相关辅助设备的站房,包括制冷机组、蓄能装置、配电装置、加热设备、换热装置及各类附属设备和仪表。系统采用江、河、湖等地表水作为分散布置能源站的冷热源,通过取水点将水源通过基础设施管网输送至 A、B、C 等各分散用户的站房内,经水源热泵的热交换后汇合至基础设施管网排放至退水点。

9.3.2 分布式水源热泵系统的优缺点

分布式水源热泵系统除具有常规水源热泵系统的优缺点以外,还有如下特点[8]:

1. 分布式水源热泵系统的优点

(1) 分布式水源热泵分散布置在用户用能中心,靠近用户侧,避免了长远距离的输送管道,降低了输送能耗和损失。

(2) 分布式水源热泵系统中各分散布置的站房相互独立,可根据项目开发周期与建设进度分期、分批建设,做到资金的合理分配利用。

（3）分布式水源热泵机组分散布置在用户中心，用户可根据自身的用能要求灵活调节相应的机组，调节方便、快捷、灵活，同时避免了"大马拉小车"现象。

（4）分布式水源热泵之间相互独立运行，可满足不同类型的负荷需求，根据负荷需求的不同，制定对应的运行策略互不干扰。

2. 分布式水源热泵系统的缺点

（1）分布式水源热泵站房分散布置在用户中心，数量较多，控制管理工作量增加。

（2）集中输配管网通常作为一种基础设施建设，与其他专业管线建设协调难度较大。

（3）目前分布式水源热泵系统研究尚处于起步阶段，国内应用案例较少，可借鉴的成熟经验不多，仍需进一步的研究与探索。

9.3.3 分布式水源热泵系统的实施

1. 能源总线系统在分布式水源热泵系统中的应用

分布式水源热泵系统通过集中的输配管网将热源/热汇水输送至各个分散的热泵机组内，集中输配管网通常作为基础设施建设。本书中介绍的一个主要概念就是能源总线。能源总线将来自地表水或多个可再生能源的热源/热汇，通过作为基础设施的管网输送到分布式的水源热泵机组中，各末端水源热泵机组利用集中管网输送来的热源/热汇水，制冷制热，满足用户改善室内环境的需求，由于利用了多源多汇，多能互补，能够极大地提高能源利用效率。

能源总线系统，既可以城区规模化的优势充分利用天然冷源，又可解决末端负荷变化带来的系统能效问题，利于单体建筑按照实际情况进行独立的负荷调节[9]。

能源总线系统形式非常灵活，按照系统的源可以划分为多源和单源系统；按照管网布置可以分为环状网和支状网；其中多源环状管网比较有优势。首先是环状网的可拓展性，城区建筑很多是分期建设，负荷是逐渐增加的，环网可以适应这种扩展，而单热源支状管网输送能力有限制，无法满足这种远近期的结合[10]。另外，对于分布式水源热泵系统可以根据项目的开发进度逐步投入，即将能源总线作为基础设施建设，分散的热泵机组分期接入，能够做到项目投资资金的合理利用，也避免了初投资过高等不必要的浪费。关于能源总线的内容，具体参见本书第9.4节与第15章。

2. BIM 技术在分布式水源热泵系统中的应用

建筑信息模型（BIM）是以建筑工程项目的各项相关数据作为模型的基础，进行建筑模型的建立，通过数字信息仿真模拟建筑物所具有的真实信息[11]。

BIM 最直观的特点在于三维可视化，利用 BIM 的三维技术在前期可以进行碰撞检查（见图 9-5），优化工程设计，减少在建筑施工阶段可能存在的错误损失和返工的可能性，而且优化净空，优化管线排布方案。最后施工人员可以利用碰撞优化后的三维管线方案，进行施工交底、施工模拟，提高施工质量，同时也提高了与业主沟通的能力。

分布式水源热泵系统中集中输配管网的建设是整个系统建设的重中之重，通常将分布式水源热泵系统的集中输配管网作为一种公共基础设施，在集中输配管网的施工过程中，将分布式水源热泵的输配管网纳入到市政管网建设范围内，由于市政管网涉及给水、排水、强电、弱电、燃气、蒸汽等多个专业管线，相互交叉、错综复杂，施工难度相对较大。为了合理安排施工，采用先进的 BIM 技术，对输配管网、市政雨污水、电力、自来

图 9-5　BIM 技术三维建模检查管道碰撞

水等其他专业管线的空间布置进行三维模拟，检查各专业管线之间的碰撞，并确定各专业管线的空间布置位置，从而提高项目的生产效率、工程质量，缩短建设工期，降低建造成本。

9.3.4　分布式水源热泵系统实施模式

合同能源管理模式和公私合营模式是分布式水源热泵项目中应用比较广泛的两种模式。

1. 合同能源管理（EMC）

合同能源管理（简称 EMC）于 20 世纪 70 年代中期在市场经济国家中逐步发展起来，是国际上最先进的能源管理模式，其实质就是以减少的能源费用来支付节能项目全部成本的节能业务方式。

能源管理合同在实施节能项目的企业（用户）与节能服务公司之间签订，依照具体的业务方式，可以分为分享型合同能源管理业务、承诺型合同能源管理业务、能源费用托管型合同能源管理业务。专业的节能服务公司为客户提供能源系统建设、能源系统诊断及节能项目可行性分析，进行节能项目设计，帮助项目融资，选择设备，采购并安装调试，与客户共同验证项目的节能效果、环境效益及经济效益[12]。

2. PPP 模式

随着我国城市基础建设市场化改革，项目投资筹集开始由单一的政府财政支出转向商业融资、社会资本融资等方式。目前兴起的公共建筑建设领域中使用较多的建设模式为 PPP 模式。

PPP 模式即公私合营模式，是公共基础设施的一种项目融资模式，指政府公共部门与社会部门合作过程中，让非公共部门掌握的资源参与提供公共产品和服务，从而实现政府部门的职能并同时也为民营部门带来利益[13]。通过这种合作和管理的过程，可以在适当满足私人部门的投资盈利目标同时，为社会更有效率地提供公共产品和服务，使有限的资源发挥更大的作用。

关于 EMC 模式和 PPP 模式的介绍，具体参见本书第 17 章。

9.3.5　分布式水源热泵系统的经济性

1. 系统初投资

分布式水源热泵系统由于需要新建集中取排水设施、集中输配管网等，其初投资较常规的中央空调系统较高,虽然水源热泵系统节省了冷却塔、锅炉、锅炉房以及相关锅炉配套设施的投资,但其仍少于新建取排水及管网建设的费用,一般系统的初投资较常规的中央空调系统增加约15%~20%。

2. 系统的运行费用

分布式水源热泵系统中的水源热泵机组具有较高的能效比,一般为4~6之间,而锅炉供热的锅炉效率仅为0.7~0.9,且水源热泵机组一机三用,制冷、供热的同时提供生活热水。同时由于分布式水源热泵分散布置在负荷中心,靠近用户侧,减少了输送能耗和损失,且分散布置的水源热泵站房能够根据不同用户的用能需求和用能特点,灵活地调节,避免了大量的能源浪费,因此分布式水源热泵系统较常规中央空调系统直接能源成本有较大的节省。在维护方面,虽然由于分散布置的水源热泵数量较多,增加了运行维护的工作量,但是水源热泵机组本身维护简单,年维护费用较少,总体系统的维护费用仍然较少,而常规空调系统不仅需要维护冷水机组还需维护锅炉,加大了维护费用以及维护的复杂性。一般水源热泵系统年运行成本较常规中央空调系统可节约30%以上[14]。

由于分布式水源热泵系统运行费用的节省,它在初投资中所增加的费用可通过其年运行费用的节省来实现回收,增量投资的回收期一般为3~5年。

3. 系统的环保效益

分布式水源热泵是利用了地表水作为冷热源,供热时省去了燃煤、燃气、燃油等锅炉房系统,没有燃烧过程,防止了排烟污染,供冷时省去了冷却水塔,防止了冷却塔的噪声及霉菌污染,减轻了城市热岛效应,不产生任何废渣、废水、废气和烟尘,也使环境更优美。同时通过能源总线的应用实现可再生能源的规模化利用,多能互补,提高能源利用效率。

4. 系统的社会效益

分布式水源热泵系统实现了可再生能源的大规模利用,提高了电力资源的使用效率,通过蓄能装置可以起到对电力的削峰填谷,同时减轻由于冬季燃气锅炉、电锅炉供暖引发的城市燃气、电力供应短缺的压力,减少了污染物的排放,从而达到节能、减排、低碳、环保的效果。

我国地热资源丰富,许多地区蕴藏着大量温度稳定的地表水、浅层地下水和未加利用就排放的水,分布式水源热泵系统具有重要的推广应用价值。

9.4 能源总线系统

在城市范围内,广泛存在着各种低品位的能源资源,例如浅层地表蓄热、江河湖海水、地下水、城市污水、工业余热/废热、各种工艺排热或建筑排热,以及太阳能和空气。这些低品位能源的特点是数量大但密度低,应用中存在效率低、不经济等问题。如土壤源热泵系统中,每平方米垂直埋管仅能满足约$2m^2$的办公楼冷需求;再如太阳能吸收式制冷系统,每平方米的太阳能集热器面积仅能满足约$4m^2$办公楼冷需求[9]。通过热泵技术,利用原本难以利用的低品位能量向建筑室内供冷或供热,保持室内温湿度环境。这样不仅有效利用了低品位能源,而且做到了能源品质上的相匹配,符合绿色生态城区合理用能的原则。因此,在绿色生态城区中,整合城区内的各类低品位能源,充分利用建筑负荷的参差率,通过空间和利用时间上的配置,用较小的系统容量满足较大的园区整体建筑负荷需求,这就是能源总线系统提出的初衷。

能源总线系统(Energy Bus System),是一种集成应用城区内的可再生能源及未利用能源的城区冷热能源系统(见图9-6),通过集中的城区管网,将冷却水或者热媒水输送到用户末端的制冷或热泵机组[1]。能源总线系统具有以下几个特点:

(1) 具有多个冷/热源,是一种"M对N"(即M个源对N个用户,或M种源对N个用户)模式[15]。

(2) 以热泵技术和季节性蓄热技术为主。通常以土壤源或水源热泵为主,辅之以太阳能加热或空气源冷却。

(3) 集中的城区管网输送冷却水或热媒水。由于建筑群冷/热负荷同时使用系数的存在,集中的冷却/热媒水系统流量比分散使用时减少,如对地源井的需求比分散使用地源热泵减少。而且对管网保温隔热的要求降低,管道可直埋。

(4) 以利用广泛存在于土壤、太阳能、水、空气、工业废热之中的低品位能源为主,系统㶲损失小。

(5) 同时供冷供热时,可以实现建筑余热回收利用。

(6) 总线的主干管网作为基础设施投入,可以根据城区开发进度逐步投入,用户的热泵机组以及源/汇的取水点可以分期接入,有利于工程的经济性和投资回收。

(7) 用户末端机组可以根据用户需要启停机组,进行末端调节,公共部分的能耗仅为总循环水泵、冷热源循环水泵。与集中供应冷冻水的区域供冷供热系统相比,能源总线系统在低负荷率情况下的经济运行和节能管理,有更大的优势。

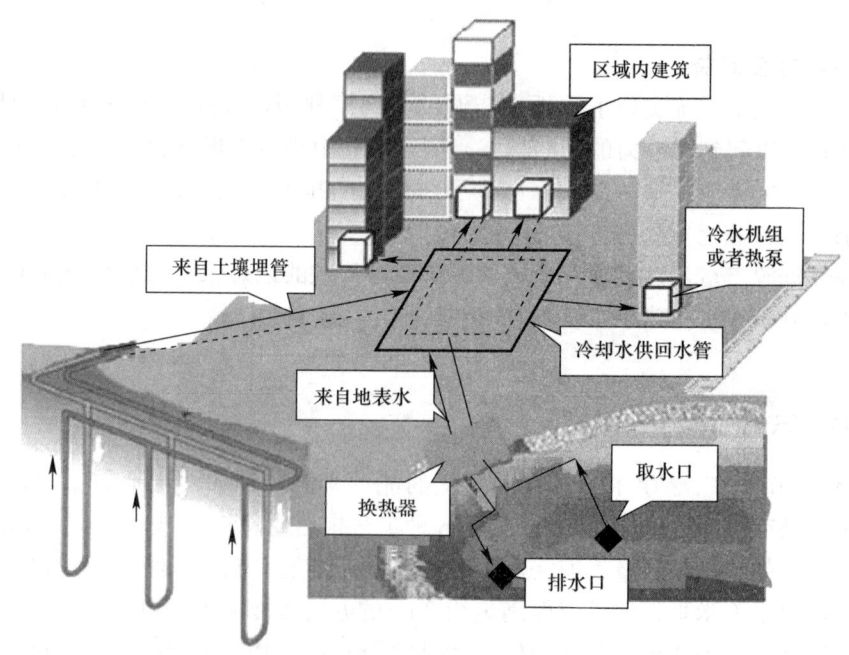

图9-6 能源总线系统示意图

能源总线系统包括热源/热汇、输配管网和用户或热力站。其中输配管网作为能源总线系统的重要组成部分,有规模大、结构复杂、投资巨大等特点。据测算,管网的造价占系统总造价的30%~40%。同时，管网的运行费用也高，需要消耗大量的电能。因此，输配管网的规划、设计合理与否，直接关系到系统的投资和运行成本。实现管网的优化配置，可以最大可能地节约投资，降低运行成本，提供系统运行的经济性。

9.4.1 能源总线管网形式的类型及优缺点

1. 能源总线管网形式

能源总线管网的形式取决于自然冷源与热用户空间分布、城区建筑负荷特点等因素，可以分为枝状和环状管网、单管制总线管网和双管制总线管网，以及导引型和非导引型管网等。下面介绍几种常见的能源总线管网形式。

（1）单源枝状管网[15]

下面是单源管网系统按照枝状布置时，按照泵组设置的不同，有用户泵、循环泵和多级泵几种形式。

图9-7所示的管网系统中，只有一个源，通过枝状管网与末端的水源热泵相连，在靠近每个用户末端的分支上设置水泵，总线上不设水泵，属于小规模的分散单级泵系统，适合用于城区面积不大、分散的小型建筑中，如独立式住宅和别墅等。机组和水泵均在用户侧控制启停，费用由每个用户承担。

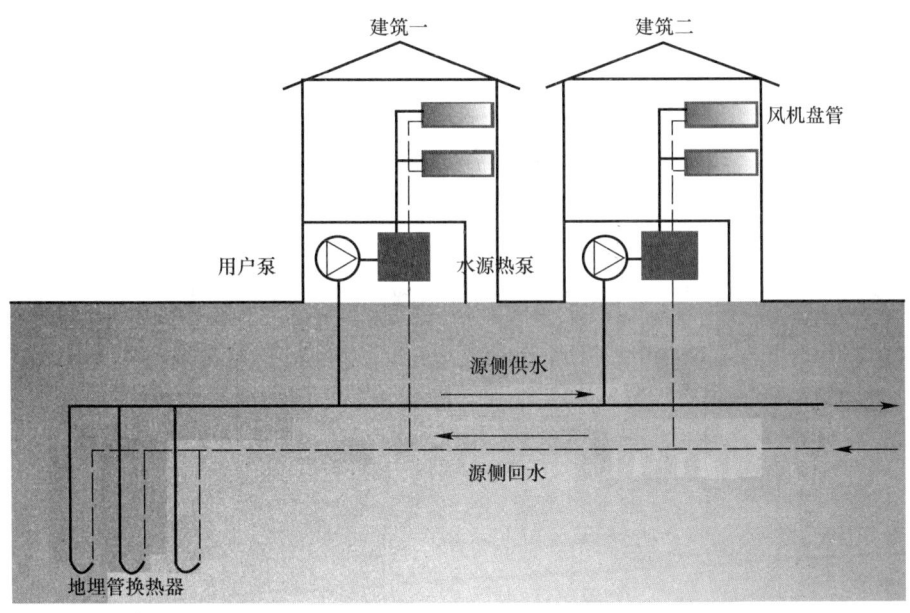

图9-7 单源枝状用户泵的管网示意图

资料来源：王培培. 城区集散式热泵能源总线系统性能研究. 同济大学博士论文，2015年。

图9-8所示的管网系统中，总线上设总循环泵，每个用户末端分支设电动二通阀。总循环泵宜设置为变频，用户末端机组前的电动二通阀的启闭信号控制水泵频率，以保证在部分末端用户机组关停的情况下，其他机组不会过流量运行。正常情况下，用户末端机组为定冷却水流量运行。

图9-9所示的能源总线管网系统除了在总线上设置总循环泵，用户末端机组设置定速加压泵，控制方式与前种方式类似，保证末端水泵运行不超过设计流量。

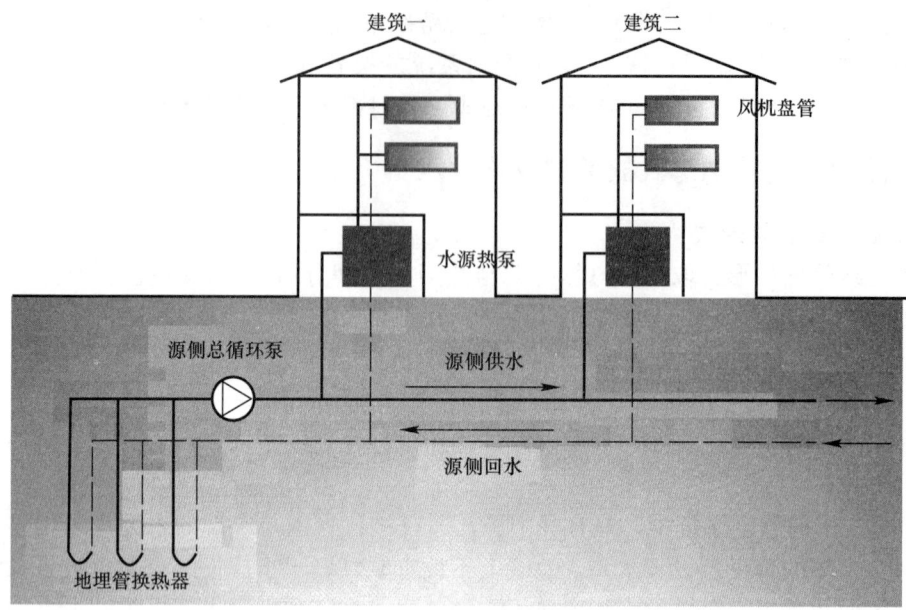

图 9-8　单源枝状循环泵管网示意图
资料来源：同图 9-7。

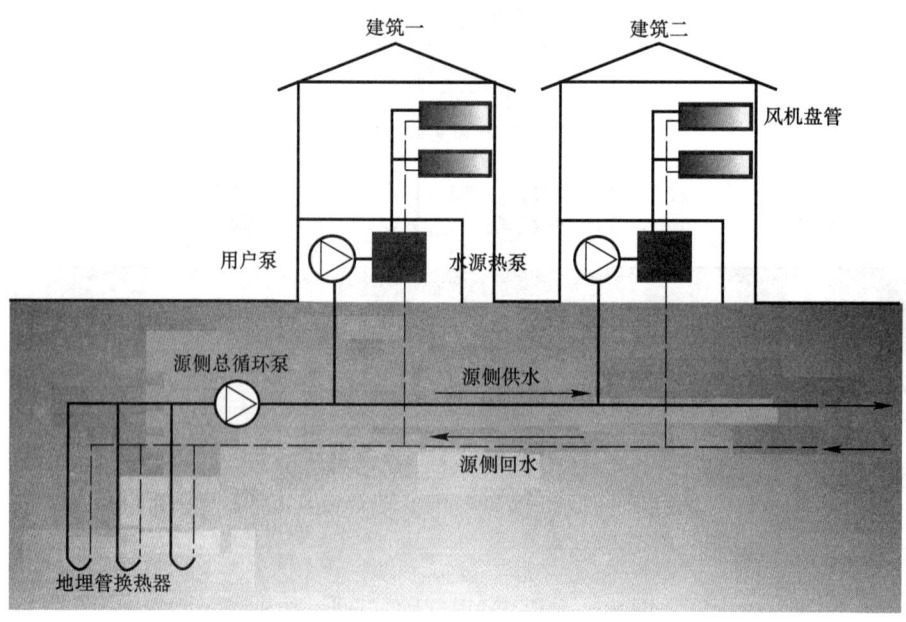

图 9-9　单源枝状多级泵型式的管网示意图
资料来源：同图 9-7。

（2）单源环状管网

单源环状管网为单管制（见图 9-10），适用于热源单一且充足，用户分散且对供水温度要求不高的系统中。水泵的设置亦如单源枝状管网系统，可分别设置用户泵、总线循环泵或者多级泵的形式。在图 9-11 中，总线上不设水泵，在靠近每个用户末端的分支上设置水泵。

9.4 能源总线系统

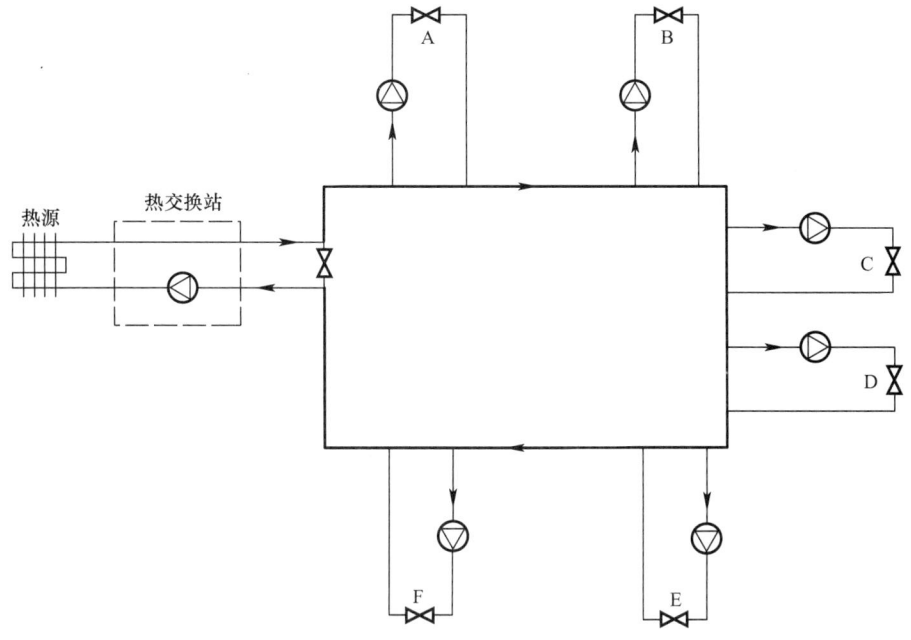

图 9-10 单源环状管网示意图

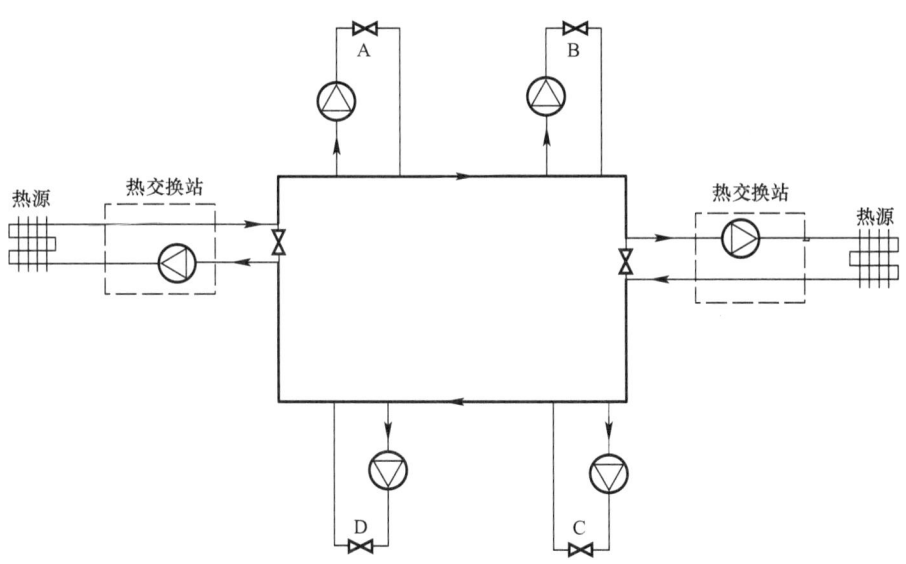

图 9-11 多源单管制环状能源总线系统示意图

(3) 多源式双管制

在多源的能源总线系统中，管网可采用枝状连接（见图 9-12），也可采用环状连接（见图 9-13），后者的系统可靠性更高，更适合于大型管网。对于大型的能源总线系统，除总线管网为环状管网外，支线可设置成枝状或环状管网形式。与枝状管网相比，环状管网的建设投资高，但在管网的扩充方面，更易配合城区开发进度和建筑负荷的增长速度，而且管网的运行可靠度高，控制调节也更加灵活。

此外，多源能源总线系统可采用为单管制，也可采用双管制。

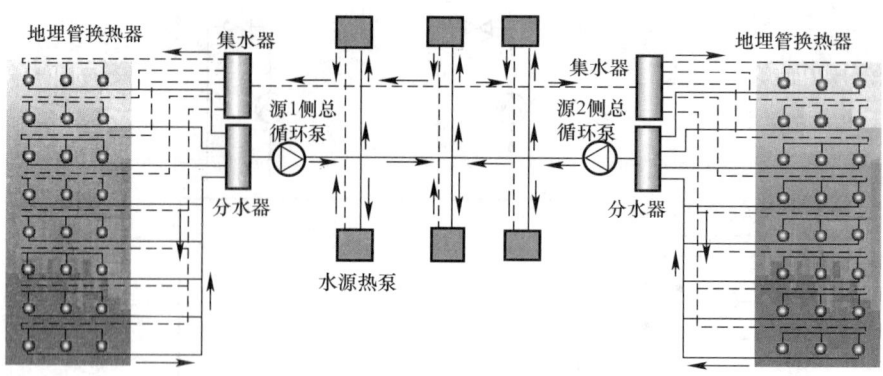

图 9-12　多源双管制枝状能源总线系统示意图
资料来源：同图 9-7。

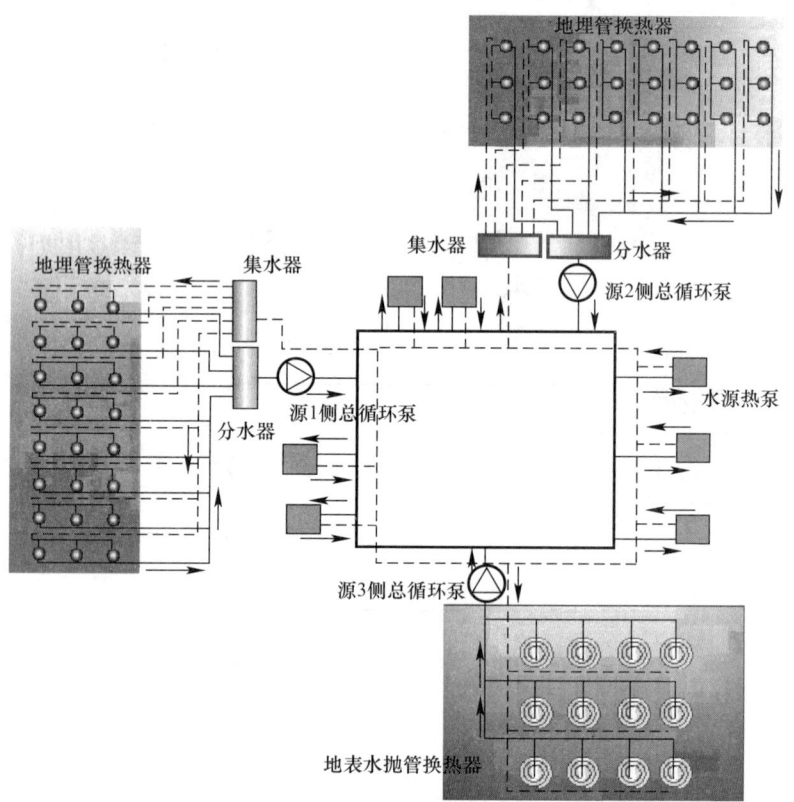

图 9-13　多源双管制环状能源总线系统示意图
资料来源：同图 9-7。

与两管制环状能源总线系统相比，单管制总管既是供水管，又是回水管，末端用户机组从中抽取冷/热媒介水，并将经过热交换之后的媒介水重新送回总管。单管制环状能源总线具有如下优缺点：

优点：

1）容易实现管网定压，用户端水力工况与管网解耦，水力工况比双管制更稳定。

2) 与双线管网相比，系统简单且减少管路损耗，单线管网水压降明显减少，水泵输送能耗下降[16]。

3) 水泵的性能曲线趋缓，设计中对水泵的选择余地更大。

4) 相对于双管，其工程造价更低、施工周期更短、占用的敷设面积更小，从而更节省管网投资。

缺点：

1) 总线水温变化受热源和用户负荷的变化的双重、双向影响。

2) 从距离冷/热源最近的用户开始到最远端用户，总线内的水温变化大，热力失调更为严重。

3) 终端能源用户之间机组工况互相干扰。由于热泵机组的容量（制冷量或制热量）是冷却水的进水温度的函数，总线水温的变化会影响末端机组出力。

4) 热源的热交换量、总线水温度和用户机组工况三者互相耦合，运行调节策略复杂，难以实现热源的节能运行。

单管能源总线技术源自于单管供热技术[17]，见图9-14，在上海已经建成示范项目。

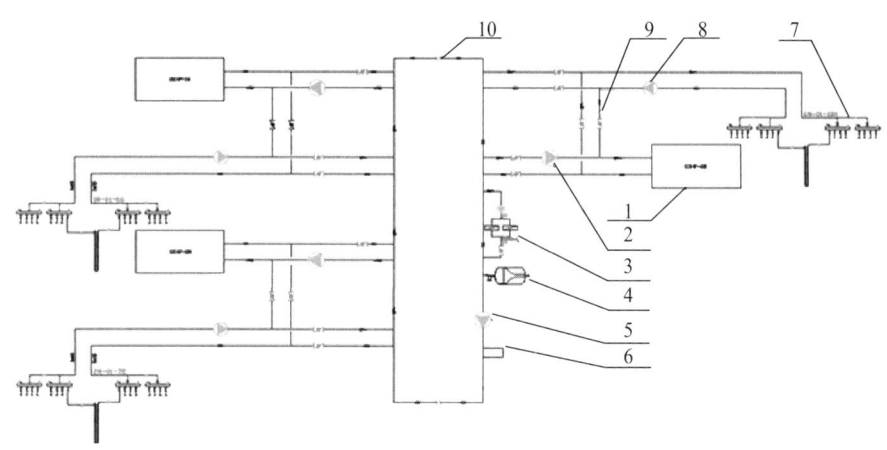

图9-14 单管能源总线原理图

1—地源热泵主机（用户侧）；2—地源热泵侧水泵；3—净水装置；4—定压罐；
5—总线水泵；6—预留管套；7—地源井；8—地源井侧水泵；9—旁通管；10—冷却塔接口

资料来源：朱扬，郭海新，程斌. 单管系统应用于多源多汇能源总线. 上海市制冷学会2015年学术年会。

2. 能源总线管网特性

管网的形式取决于自然冷源与热用户的相互位置、自然冷源的个数以及城区内建筑末端的形式、负荷大小和性质等因素。按照不同的分类原则，将各种类型的管网的特征及优缺点摘要，如表9-1所示。

能源总线管网的类型及特性　　　　表9-1

形式	特征及适用性	优点	缺点
单源系统	系统由单一的热源供能，单一供应热媒或冷媒水	系统简单；控制方便	当单源出现故障，要设置辅助冷热源

续表

形式	特征及适用性	优点	缺点
多源系统	源侧是多种或多点的热源供能，同时满足供热和供冷需求	可以汇聚了来自不同用户的余热/余冷，具有热回收的作用； 系统的稳定性更高	系统复杂，统一调度会出现混水现象
枝状管网	常与单源结合，通过枝状管网与末端的水源热泵相连，适合用于城区面积不大、分散的小型建筑中	管网水力计算方便； 管网调节方便； 各用户单独调节，不影响其他管段的流量分配	输送只能由一个方向供给； 系统主干管损坏时对下游用户影响大
环状管网	常与多源结合，通过环网将源侧与末端连接，适合于大型管网	运行可靠度高； 可扩展性强； 统一调度	投资高； 管网水力计算复杂
单管	单线总管既是供水管，又是回水管，末端用户机组从中抽取冷/热媒介水，并将经过热交换之后的媒介水重新送回总管	水力稳定性高，更容易实现管网定压； 水泵输送能耗下降； 系统简单，节省管网投资	冷热不均问题严重； 热源的热交换量、总线水温度和用户机组工况三者互相耦合运行调节策略复杂
双管	总管由供水管、回水管两根管组成	管网更容易实现热力分配； 降低了与热源远近造成的冷热不均	管网投资高； 增加输送能耗； 不容易实现管网定压
单级泵	总线上设总循环泵或在每个用户末端的分支上设置水泵	系统简单； 节约初投资	难以调节水泵流量； 不能适应供水分区压降较悬殊的系统
多级泵	在总线上设置总循环泵，用户末端机组设置定速加压泵，适用于末端机组距离热源干管差别很大的情况	可以实现水泵变流量，节约输配能耗； 能适应公司宿舍分区不同压降； 系统总压力低	系统复杂； 初投资高； 保证末端水泵运行不超过设计流量
定流量系统	系统中的循环水量保持定值，负荷变化时通过改变供水温度或回水温度来匹配	系统简单，控制方便； 不需要复杂的自动系统	输送能耗始终处于设计时的最大值
变流量系统	系统中的供回水温度保持不变，负荷变化时，通过改变流量来匹配	输送能耗随负荷减小而降低； 管网设计时，可以考虑同时使用系数，管径相应可以减小	系统复杂； 必须配备自控系统
总循环泵	总线上设总循环泵，每个用户末端分支设电动阀门调节	系统简单，水泵输送能耗较小	末端用户的流量不易调节； 不能适应供水分区压降较悬殊的系统
分散单级泵	每个用户末端的分支上设置水泵，总线上不设水泵，属于小规模的分散单级泵系统	机组和水泵均在用户侧控制启停，费用由每个用户承担，无公共运行费用，计费方便	不能适用总线环路距离较大的系统

能源总线系统按照不同的分类原则可划分为上述系统，多数情况下都是上述几种形式的组合[15]。

9.4.2 单管系统供水温度及其变化规律

对于单管系统，媒介水温度沿程是不断降低的。温度变化值可以通过以下方法算出，计算示意图如图 9-15 所示。

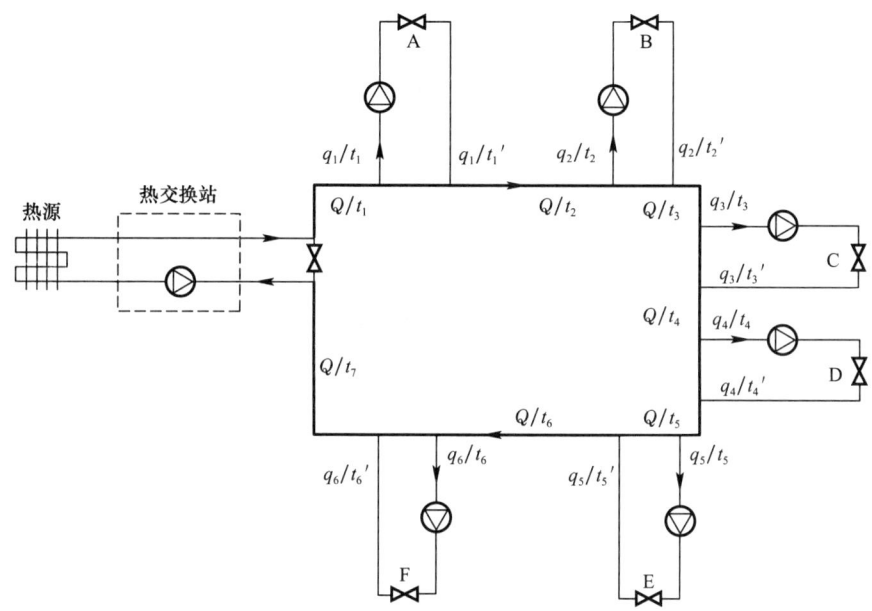

图 9-15 单管系统热媒温度计算示意图

热源出口热媒的温度为 t_1℃，总流量为 Q，从主管上抽出并且流入用户 A 的流量为 q_1，温度仍为 t_1，用户 1 所需供、回水温度分别为 t_1、t_1'。

则用户 B 与管网连接入口的热媒温度为 t_2，t_2 的确定方法如下：

$$Q \times t_2 = q_1 \times t_1' + (Q - q_1) \times t_1 \tag{9-1}$$

$$t_1' = t_1 - 0.86 \times Q_1/q_1 \tag{9-2}$$

其中 Q_1、Q、t_1、q_1 为已知，Q_1 为用户 1 的负荷，则由式 (9-1)、式 (9-2) 可以求出 t_2。用同样的方法可以求出 $t_3 \sim t_7$。

每一户的温升确定如下：

$$t_2 - t_1 = q_1 \times t_1'/Q + t_1 - q_1 \times t_1/Q - t_1 = q_1 \times (t_1' - t_1)/Q = Q_1/Q$$

$$t_3 - t_1 = (Q_1 + Q_2)/Q \tag{9-3}$$

$$\vdots$$

$$t_6 - t_1 = \sum_{i=1}^{6} Q_i/Q$$

由上述公式可知，下一个用户的进水温度由总流量 Q、前面各用户负荷 Q_i 决定，所以为保证下游用户的进水温度，只有加大总管的总流量 Q，或者降低热源初始温度 t_1，如图 9-16 所示。

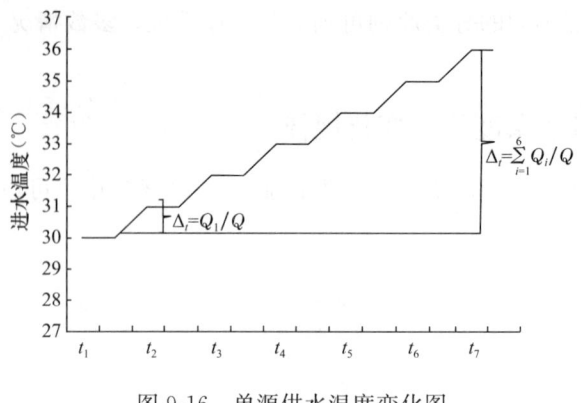

图 9-16 单源供水温度变化图

为避免最不利用户温差过大而过度增加总管流量,可采用多源单管系统,比如对图 9-12 中的多源系统,其供水温度变化如图 9-17 所示。

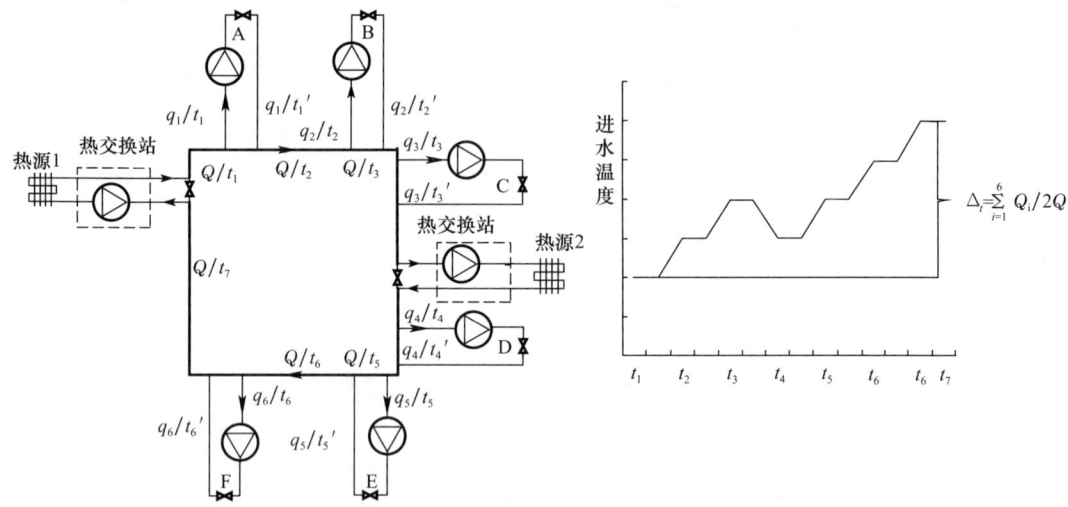

图 9-17 多源供水温度变化图

9.4.3 多源环状管网水力计算

当一个城区存在多种低品位能源资源时,可采用多热源联网供能,当多种热源分散分布,这时整个管网规模大、管线长,采用环形管网更为合适。

相对于支状管网,多源环形管网有以下优势[18,19]:

(1) 安全可靠性高,环状网如果某处出了事故,只要关闭该管段两侧的阀门,其他管段可以正常运行,提高了系统的可靠性。

(2) 适应性强。对于环状管网而言,系统可以一次设计分步实施,条件具备后可再将其他热源/热汇加入其中,在用户端,由于设计时不能准确的预计未来负荷变化,环状管网更能降低用户的增减对管网的影响,有利于提高系统的适应能力。

(3) 统一调度,低品位能源利用率高。在运行管理上,各热源/热汇启动顺序及供热量多少,都统一调度,提高管理水平。在保证供能质量的情况下,让"优先使用"的低品位能源尽量满足负荷运行，保留其他优质能源，达到减少能源消耗和降低运行成本的目的。

1. 多源环网的系统组成

多源环状管网由热源/热汇、热交换站、管网与用户组成。多源环状管网系统图如图 9-18 所示。

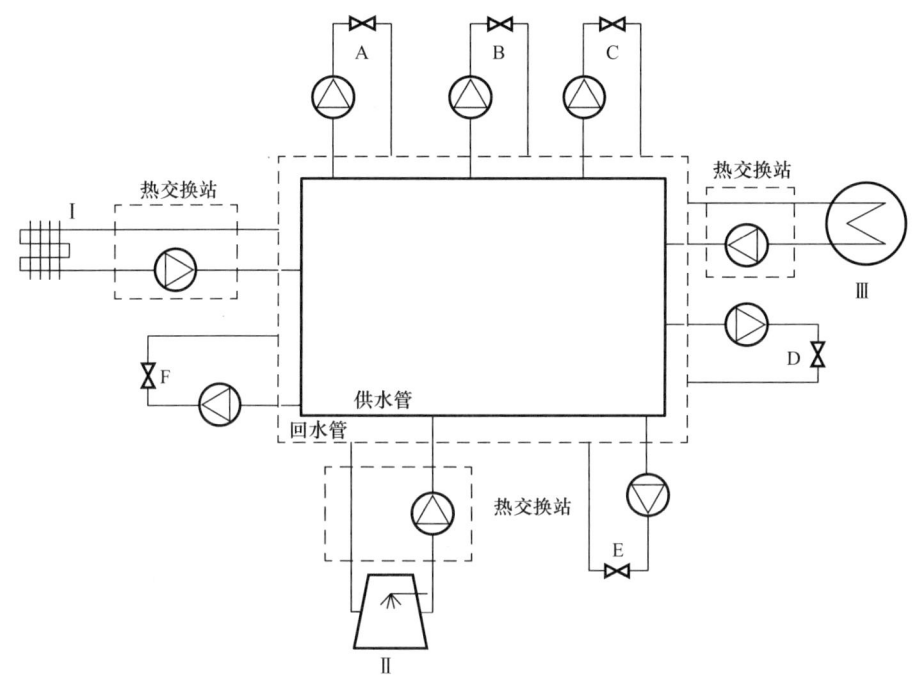

图 9-18　能源总线多源环网系统示意图
Ⅰ—土壤源；Ⅱ—冷却塔；Ⅲ—工业废热；A～F：用户编号

2. 多源环状管网水力计算与分析

（1）多源环状管网水力计算方法

对于多源环状管网的规划和设计，水力计算的主要任务在于各管段管径的合理选择以及计算管网压降后选取动力设备。计算原则是确保热网和热用户有足够的资用压力，保证管网的可靠运行，同时尽量减少管径的大小和泵的扬程，以提高经济性。水力工况分析是给定各管段管径参数和水泵选型后校验各节点压力、各管段流量、比摩阻等工况参数是否满足设计要求后，再复核计算进行校正。

多热源环状管网与北方的多源环状供热系统有相似之处，且供热系统的工况比能源总线系统复杂，可将某些计算供热网的方法应用到能源总线的计算中来。对多热源环状供热系统的研究[20-22]分别从管网拓扑结构、水力工况分析与建模、运行与调度、事故工况分析等方面进行，这些研究是在图论的理论基础上，将管网划分多个环路，然后对环路进行初始流量分配，借鉴供水工程中多源环网的水力分析方法（基尔霍夫第一、第二定律），将复杂管网转化为基本回路矩阵，然后主要采用解环方程法（Hardy Cross 法）、基本回路分析法（MKP 法）或线性逼近法进行平差计算、迭代求解，最终得到管网中所有管段的压力、流量值，这种方法从节点流量平衡和回路压力平衡阐述管网输配规律，理论明确且解法成熟，但求解过程繁琐复杂，目前常借助于专用计算程序完成。

(2) 水力交汇点

在整个供能期间，应根据能量平衡结合各热源/热汇的供冷、热能力，制定各热源/热汇的有序协调运行方案。随着室外温度变化，用户侧的负荷不同，能源总线管网承担的热/冷负荷也不相同，与之对应的，各个热源/热汇在主环上承担的供热范围也不同，其供热范围由水力交汇点确定。

水力交汇点[23]，即压力平衡点。该水力交汇点两侧流体压力相等，处于静止状态。其水力交汇点的数目等于运行热源的个数。其水力交汇点的数目取决于热网回路数、连接在热网上的热源数量、容量及分布。可由下式表达：

$$1 \leqslant J \leqslant s + l - 1 \tag{9-4}$$

式中：J——环形网水力交汇点数；

　　　s——热源数；

　　　l——环数。

当只有一个主热源/热汇运行时，只有一个水力交汇点，系统由主热源/热汇供热。当用户侧负荷需求变大，环网由两个热源/热汇运行，此时将出现 2 个水力交汇点，如图 9-19 所示，在夏季供冷高峰时期，整个环网需同时由土壤源和冷却塔供冷，此时 3、6 点为水力交汇点，此时土壤源的供冷范围为 A、B、C、F 用户，而冷却塔的供冷范围为 D、E、F 用户。

多热源环状管网水力交汇点一般位于末端用户侧，但交汇点的位置不是固定不变的，而是随热源及热负荷的变化而变化，比如在图 9-19 中的水力平衡段，当 3 点的左侧（即 A、B、C 用户）或右侧（即 D、E 用户）的流量发生改变，将直接决定了水力交汇点的位置。

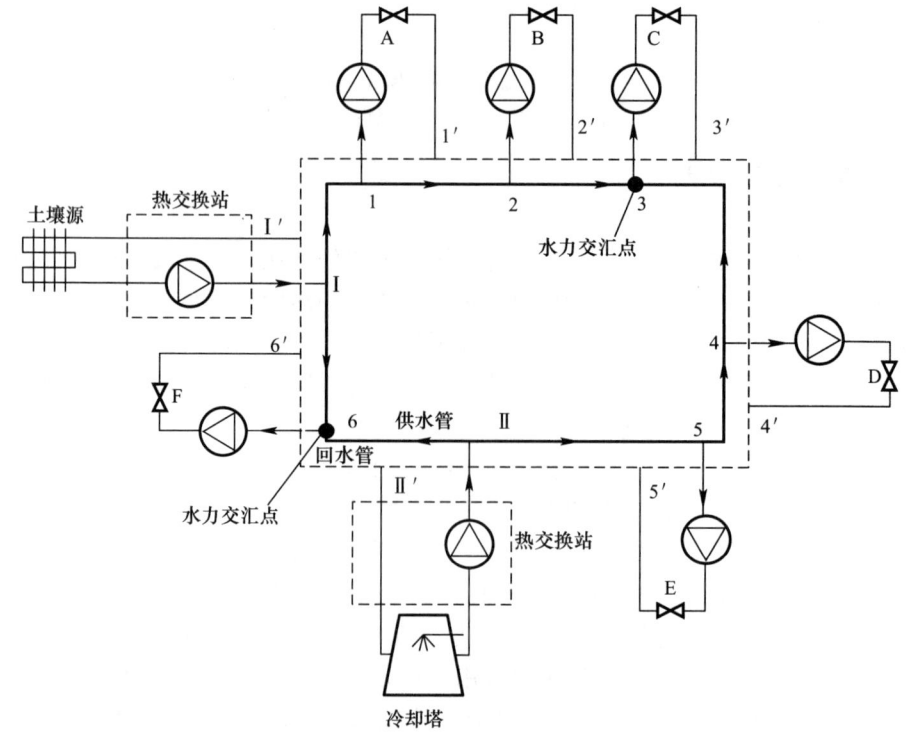

图 9-19　水力交汇点示意图

———水力平衡段；●水力交汇点

(3) 环网水压图

传统的水压图用直角坐标表示，多热源环状管网可采用极坐标绘制水压图。以热源入网处为基准点，此点为管道长度的 0 点，管道长度按逆时针（或顺时针）方向增加，以极角表示环网管道长度；确定极点的压力值，极点压力值可以为 0，也可以是正压力值，以极距表示管网压力。以图 9-19 中的管网为例，绘制管网压力图如图 9-20 所示。

由图 9-20 可以发现，主环网的水压图是由各热源的循环水泵建立的，因此，供水管的压力必然大于回水管的供水压力，而且在水力交汇点处（3、5 点）的供水压力最低，回水压力最高。在整个主管网中，如果热源/热汇循环泵除了承担热源/热汇换热站内部水循环动力外，还承担主环网中的输送动力，则主管网中会存在一定的正资用压头，离热源/热汇越近的用户，资用压头越大，在水力交汇点处达到最小。在用户侧循环水泵的扬程设计时，应将这部分的正资用压头计算在内，可适当降低用户侧循环水泵的扬程。热源/热汇循环泵的设计流量可按照热源/热汇处供应的流量考虑，扬程包括热源/热汇—换热器—循环

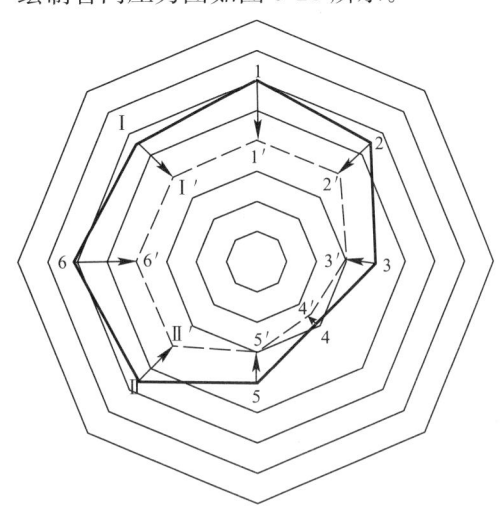

图 9-20 环状管网极坐标水压图

泵这一循环的输送压降和换热器—主管网的输送压降，换热器—主管网的输送压降需考虑不同季节和不同用户负荷下的运行工况，这些不同的运行工况，导致各热源/热汇的供能范围不同，所以热源/热汇循环泵的设计需结合热源/热汇不同条件下的运行工况考虑，当不同工况下的扬程差别不大时，可通过水泵变频调节；当扬程差别过大时，可选择不同型号的水泵并联，分工况运行。

(4) 水力计算的基本原理

环状管网中同一位置供回水管段流量相等、管径相同，计算阻力也相等。因此，可只对供水管进行水力计算，热源输出流量和热用户的设计流量是已知值，将它们作为节点流量处理。在流体管网中，热媒流动满足基尔霍夫第一、第二定律。在枝状供热管网的水力计算中，能够根据节点流量值和节点流量平衡规律直接确定出设计流量。而在环状管网中，环线各管段流量不能直接求出，需配合基尔霍夫第二定律进行平差计算得出。

1) 节点流量满足基尔霍夫第一定律：设离开节点的流量为正，流向节点的流量为负，任一节点流量之和应等于流出该节点的流量之和，即任一节点的流量代数和等于零[24]：

$$\Sigma_{Q_{ij}} + q_i = 0 (i=1,2,\cdots,n) \tag{9-5}$$

式中 $\Sigma_{Q_{ij}}$——与节点 i 相关联的管段流量代数和，t/h；

j——与节点 i 关联的节点；

q_i——节点 i 的输出流量，t/h；

n——节点个数。

上面的 n 个节点流量方程中，有 $n-1$ 个为线性无关。

式(9-5)适用于环状管网和枝状管网。

2)对于每个闭合环,满足基尔霍夫第二定律:从一个节点至另一个节点间,沿不同管线计算的水头损失应相等。规定沿顺时针方向水流引起的水头损失为正,相反为负,则任一闭合环路的水头损失代数和等于零[24],即:

$$\sum_{1}^{L} h_{ij} - \Delta H_k = 0 (k = 1,2,\cdots,b) \tag{9-6}$$

式中 $\sum_{1}^{L} h_{ij}$ ——属于基本环路 k 的管段水头损失代数和;

L——基本环路 k 中包含的管段个数;

b——基本环数;

i,j——管段起止节点。

设管网中有 n 个节点, m 个管段,则可以由式(9-5)列出 n 个节点流量平衡方程,其中有 $n-1$ 个为线性独立的方程,而未知变量(管段流量)的个数为 m。在环状管网中,由于 $m>n-1$,不能直接解出各个环路管段中的流量。这时,尽管连接到环网上的支线流量可以确定,但环形管线流量未知。因此,可以先对环线的管段进行初始流量分配,并根据初始分配流量选择各个管段的管径。然后,根据初始分配流量和选定的管径计算出各管段压降,这样计算出的结果不能满足基尔霍夫第二定律,所以需在已知管径的基础上重新调整各管段的流量分配,再进行压降计算,以消除各环的闭合差,即进行平差计算。哈代·克罗斯(Hardy Cross)法和线性逼近法[24]是应用较为广泛的平差方法,哈代·克罗斯平差法的优点是简单易行,对平面图管网计算结果一般均能收敛,但对初始分配流量值很敏感,当初始分配流量与实际流量相差较大时,其收敛速度会大大放慢。而采用线性逼近法则无需进行流量分配,它的基本思想是将非线性方程线性化,反复迭代,逐次逼近真值,对两种方法已有较多研究,具体算法可参考相关文献。

因此,多热源环状管网应按照下列步骤进行水力计算:

1)根据设计要求,确定各个用户需要的流量。在管线布置好后,分别对环状干线进行节点和管段编号。

2)根据源侧和用户侧流量,按连续性条件初步分配流量。一般情况环的方向为顺时针方向,流量方向与环向一致为正,与环向方向相反为负。必要时,还应大致确定水力交汇点或平衡管段所在位置。

3)根据分配的流量和规范[25]中对流速的限定条件,利用计算公式或查图表的方法初步选取管径,并选定环线各管段比摩阻。计算各环管段阻力数和各环管段压力损失,并规定顺时针方向流动压力损失为正,反之,压力损失为负。

4)对环线进行平差计算。初始流量分配没有考虑回路压力平衡原理,依据式(9-6)作平差计算,使各环线压损为零。这是一个反复迭代、反复求解的过程,在满足一定精度要求的条件下计算结束。这样,可初步确定各管段流量、节点压力、比摩阻、流速等水力工况参数。

5)计算各管段的阻力损失、支线与环状管网的连接节点的资用压头,以供水节点压力最低或回水节点压力最高为最不利用户,在考虑用户预留压力和热源压损基础上,进行热交换站循环水泵选型。

6)根据环状主管网的预留资用压头,并结合用户侧的管段进行各用户侧的水力计算及水泵选型。

上述步骤中，2)～4) 是一个复杂的迭代求解过程，一般情况下可将上述迭代求解过程编制计算程序，借助计算机完成计算。

(5) 水力计算举例

下面以某城区集散式热泵能源总线系统为例，分析多热源环网的水力工况情况。该系统环线布置图如图 9-19 所示，共 3 个热源/热汇热交换站，夏季工况时主热源为土壤源和冷却塔群，冬季工况时主热源为工业废热和土壤源，热用户有 6 户。

首先以夏季工况为例，冷却水供/回水温度 30℃/35℃。

计算时首先将管段及热源节点、热用户节点及管段节点编号，然后进行初始流量分配。初始分配后的各管段和节点的信息如管长、管径如图 9-21 所示。

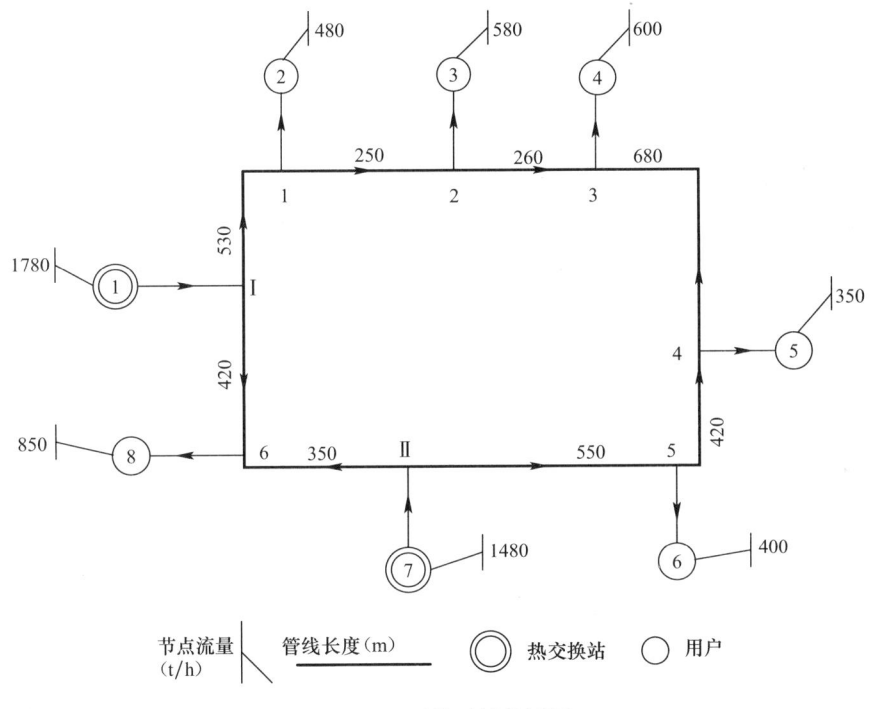

图 9-21 环状干线管网图

定义流量顺时针方向为正，逆时针方向为正，根据限定流速法初选管径，并根据选择的管径查找图表选定各管段的比摩阻，局部阻力按沿程阻力的 30% 考虑，运用哈代·克罗斯（Hardy Cross）法进行平差计算，经计算，环路主干线的计算结果见表 9-2。

环状主干线计算结果　　　　　　　　　　　　　　　　表 9-2

管道编号	长度（m）	初定管径			平差计算结果			
		初始分配流量（t/h）	初定管径（mm）	控制流速（m/s）	选择管径	流量（t/h）	比摩阻（Pa/m）	压降（Pa）
I—1	530	1460	DN450	3	DN450	1533	135	93255
1—2	250	980	DN400	3	DN400	1053	107	34797
2—3	260	400	DN250	2.5	DN300	473	92	31199

续表

管道编号	长度（m）	初定管径			平差计算结果			
		初始分配流量（t/h）	初定管径（mm）	控制流速（m/s）	选择管径	流量（t/h）	比摩阻（Pa/m）	压降（Pa）
3—4	680	−200	DN200	2.5	DN200	−127	−63	−55535
4—5	420	−550	DN300	2.5	DN300	−477	−99	−54139
5—Ⅱ	550	−950	DN350	3	DN350	−877	−133	−95110
Ⅱ—6	350	530	DN300	3	DN300	603	150	68091
6—Ⅰ	420	−320	DN250	3	DN250	−247	−69	−37896

由表 9-2 的计算结果，可知水力交汇点在用户 4 和用户 8 处，故两个热交换站的最不利点均在用户 4 处，考虑用户预留压力在 8mH$_2$O，已知热交换站内部循环消耗 20mH$_2$O，考虑 1.2 的富裕系数，则计算热交换站Ⅰ，Ⅱ循环泵的压头为：

$$H_{\mathrm{I}}=1.2\times(20+8+9.3+3.4+3.1)=52.7\mathrm{mH_2O}$$

$$H_{\mathrm{II}}=1.2\times(20+8+5.6+5.4+9.5)=58.2\mathrm{mH_2O}$$

同理，可按此法计算出冬季工况下的管网及水泵扬程，两者取大值即可。

9.4.4 管道敷设与管道保温

在能源总线系统中，输送管线和敷设方式在初投资中占有相当大的比重，因此，合理地选择管道的敷设方式以及作好管网的定线工作，对节省投资、保证能源总线系统安全可靠运行和施工维修方便等，都有重要的意义。

城区供能管道的敷设方式，可分为地上敷设和地下敷设两类。其中地上敷设的优点在于便于检修，安装方便，同时不受地下水位和土质的影响，便于管理，但占地面积较多，管道由于与空气直接接触，暴露在外，管道的温升较大。同时，该方式影响城市美观。

地下敷设的方式分别有地沟敷设、半通行地沟敷设、不通行地沟敷设以及无沟（直埋）敷设。综合管廊工程总体投资相对较大，但其具有相当大的社会效益和一定的经济效益。目前共同沟在国内还是起步阶段，综合管廊的建设综合造价和年运行费用还缺乏详细的统计数据，参照台北市共同沟建设统计数据，干线综合管廊的平均造价为 13 万元/m，上海张扬路支线综合管廊的平均造价是 10 万元/m。

直埋敷设是直接埋于土壤中的敷设形式。它由供冷（热）管道、保温层和保护外壳三者紧密粘结在一起，形成整体式的预制保温管结构形式。直埋敷设与地沟敷设相比，有下述优点：

（1）减少了土方量及土建工程量，现场安装工作量减少，节省了管网的投资费用。

（2）占地小，能够与地下管道和设施相协调。

（3）当保温严密性好，管道不易腐蚀，平均使用寿命长。

一般直埋管道材料为 20 号无缝钢管或 Q235 管材，在 15℃ 以上的温度下安装时，直埋敷设供热管道（<100℃）不用采取任何措施，按无补偿安装形式将管道直接埋设地下（无固定支座、无补偿器），管道就可达到安全运行。同时，冷却水管通常不需要进行保温处理，不会因为土壤层与管道的接触而造成损失。

9.5 热电厂蒸汽直接驱动离心式热泵

过去几十年中,传统的凝热电厂将发电汽轮机的乏汽余热通过冷却塔直接排放到大气中,造成大量热量和水资源浪费,同时又对环境形成热污染。对于一般的纯凝热电厂,其末端热损失甚至达到50%以上。回收热电厂冷却水中的低品位热量用于集中供暖,不仅可以提高能源综合利用率,减少能源资源浪费和环境污染,还可以在装机容量不变的情况下增加热电厂的供热能力,一举三得。

目前,蒸汽直接驱动式离心式热泵和吸收式热泵均可有效地实现热电厂冷却水余热集中回收。离心式压缩热泵机组通过蒸汽压缩式制热循环,从低品位热水中提取热量,并将提升的热量连同压缩机功耗释放到供热热网中。本节主要介绍蒸汽直接驱动式离心热泵的基本概念、原理以及一次能源利用率分析等。

9.5.1 概述

1. 国内外热泵研究历程

热泵最早出现在18世纪初,但是直到20世纪后半叶,才逐渐受到关注。在20世纪20年代到50年代,热泵开始进入早期的发展阶段。20世纪70年代以后,热泵技术进入了成熟期。20世纪80年代以来,大型地下水源热泵、地表水源热泵在欧洲各国开始兴建。热泵用于城区供暖的则以瑞典为最多,斯德哥尔摩市城区供暖的容量约有50%由大型热泵提供。热泵的应用范围扩展到:木材、食品、毛皮、纸制品等的干燥;粮食、茶叶的烘干;奶制品浓缩;海水淡化;蔬菜大棚供暖等方面。

我国在20世纪50年代初开始热泵相关研究。1965年在上海研制了第一台制热量为3720W的热泵型窗式空调。进入21世纪以来,热泵的变频技术、工质CFCS替代技术、计算机仿真及优化技术、空气源热泵的除霜、能源塔热泵等技术都有了实质性的进展。

2. 我国热电厂能源利用效率概况

我国电厂主要有火电和热电两种形式,其中火电厂采用凝汽机组,热电厂采用背压机组、抽凝机组和抽背机组。

凝汽火电机组:图9-22所示为凝汽火电机组流程图。20世纪90年代,世界最好的火电厂能把40%左右的热能转换为电能,超临界技术单台机组发电热效率最高可达50%,每度电煤耗最低仅有255g(丹麦BWE公司)。我国当前凝汽火电机组的额定发电效率约39%,59%的热量通过冷却塔排放到大气中。

背压机组:背压机组冬季额定发电效率12%,排气用于城市集中供暖,效率为80%,能源利用率92%。

抽凝式热电机组:抽凝式热电机组额定发电效率30%,抽气量44%,通过循环冷却水散失的20%热量,能源利用率74%。

抽背式热电机组:抽背式热电机组额定发电效率20%,供热约73%,能源利用率93%。

四种电厂机组的能源利用效率如表9-3所示。

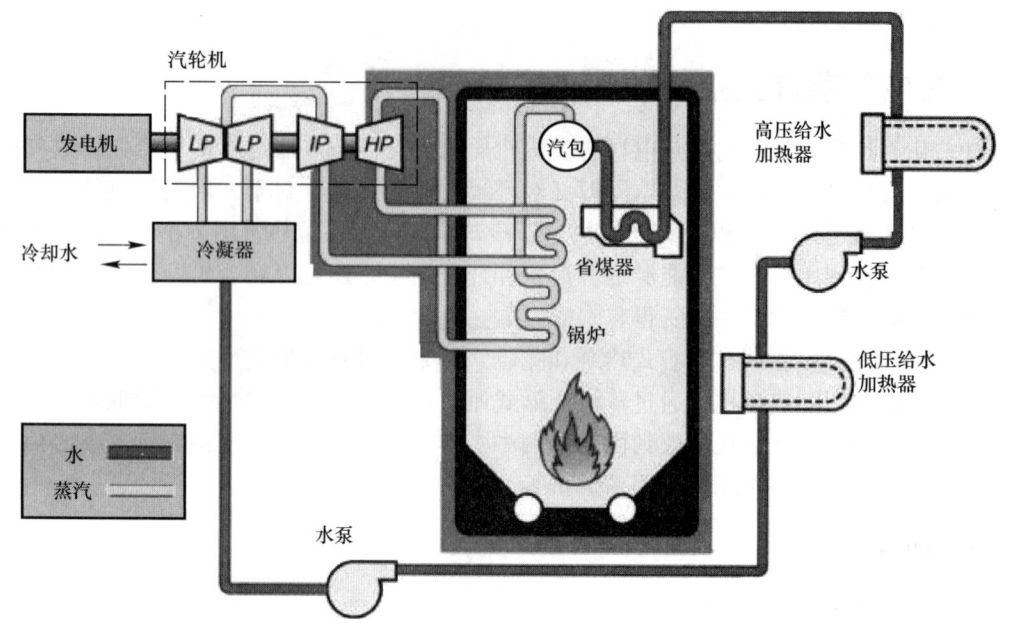

图 9-22 凝汽火电机组流程图
资料来源：世经未来研发部。

四种电厂机组的能源利用效率　　　　　　　　　　　　　　　　　表 9-3

电厂	火电	凝汽机组	发电效率 39%
			循环冷却水 56%
	热电	背压机组	发电效率 12%
			供热 80%
			能源利用率 92%
		抽凝机组	发电效率 30%
			供热 44%
			循环冷却水 20%
			能源利用率 74%
		抽背机组	发电效率 20%
			供热 73%
			能源利用率 93%

9.5.2　蒸汽驱动离心式热泵介绍

1. 离心式热泵的分类和特点

离心式制冷机由基本的 4 部分组成：蒸发器、冷凝器、压缩机和节流装置。其中压缩机是离心式制冷机的关键，离心压缩机是一种速度型压缩机，通过电机驱动轴承，带动叶轮高速旋转，叶轮旋转提高气体的速度使气体动能增加，然后通过扩压器使部分动能转化为压能，从而提高气体的压力。

根据热泵出水温度的不同，离心式热泵分为以下三类：

（1）低温出水离心式热泵——提供的热水温度小于或等于 46℃；

(2) 中温出水离心式热泵——提供的热水温度为46～55℃；
(3) 高温出水离心式热泵——提供的热水温度为55～85℃。

高温出水离心式热泵能够实现传统集中供热改造、热电厂余热回收和工业废水余热回收等；中温出水离心式热泵，可以满足住宅的地暖、空调末端设备等供热需求；低温出水离心式热泵，能满足中央空调供热需求。

其中，高温热泵的压缩机通常采用双级压缩或多级压缩的方式来实现更高的压头。双级压缩有两种实现方案：①利用两个单级压缩机串联的方式；②在压缩机内通过双级叶轮的方式实现。这里主要介绍双机串联热泵系统。

图 9-23 所示为双机串联热泵系统示意图，双机串联热泵主要构成部件有卧式闪蒸筒经济器、高/低段单级离心式压缩机、制冷剂管路和冷冻油管路、满液式蒸发器和壳管式冷凝器以及控制部件等，其设计核心是系统循环模拟与设计、气动部件（如叶轮、扩压器等）设计与分析、机械部件和结构设计。

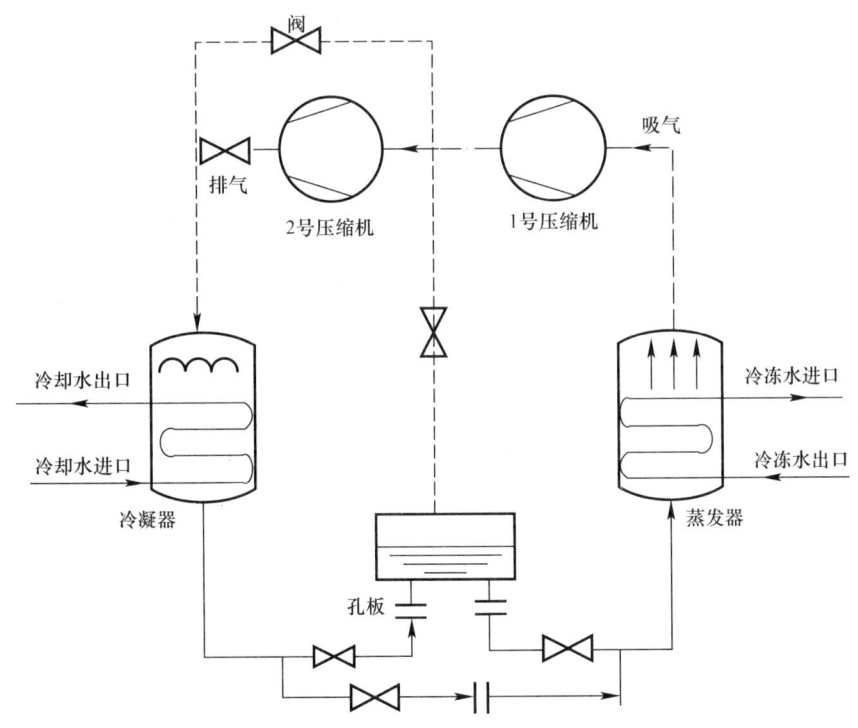

图 9-23 双机串联热泵系统示意图

2. 蒸汽驱动离心式热泵机组原理

蒸汽驱动离心式热泵机组的工作原理、组成构件以及循环流程与电驱动离心式热泵机组基本相同，唯一的区别在于，蒸汽驱动离心式热泵机组的驱动动力来自蒸汽，而非电力。蒸汽驱动离心式热泵通过高温高压蒸汽驱动涡轮机（蒸汽涡轮机利用多组高中低压的蒸汽喷嘴对多组级叶片轮冲击做功使叶轮组旋转，将蒸汽的热能、压能转换为轮轴的机械能带动从动的离心式压缩机高速旋转）做功，将热能转化为机械能，并通过传动装置驱动压缩机运行实现制热循环。蒸汽在涡轮机做功后排出，进入换热器，继续加热供热热水。蒸汽驱动离心式热泵的工作原理如图 9-24 所示，机组的形式为多级离心压缩。

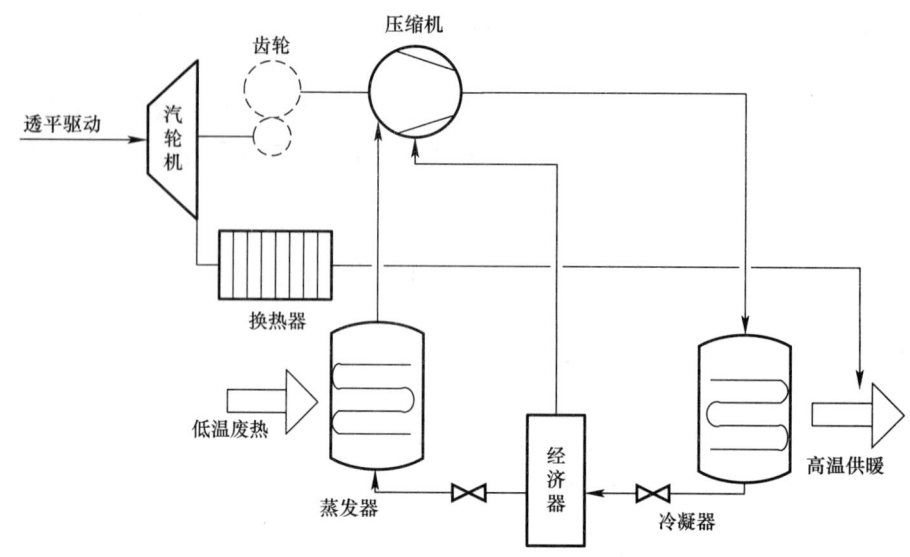

图 9-24 蒸汽驱动离心式热泵机组流程图

3. 蒸汽驱动离心式热泵机组的特点

蒸汽驱动离心式热泵在城区能源、暖通空调、石油化工等领域有着广泛的应用,具有大制热量、大温差提升能力的特点。其中,蒸汽驱动模块(主要包括驱动设备、压缩机和控制中心)和换热容器(主要包括冷凝器、蒸发器和经济器)可以分开放置,具有安装灵活、维修方便的特点。此外,蒸汽驱动离心式热泵机组单机制热量大、运行稳定、设备故障率低,适合于城区能源系统的热量供应。

蒸汽驱动离心式热泵的优点:①对低位热源品位要求低,无需提高汽机被压;②热水出水温度较高,能够实现大于70℃的温度差(温度差指热泵冷凝器热水出水温度和热泵蒸发器低位热源出水温度的差值),系统出水温度可达到130℃;③机组制热效率高,热泵机组 COP 可达 6.0;④单套系统制热量可达 50MW;⑤采用三级离心压缩机,技术成熟,运行可靠。

蒸汽驱动离心式热泵的缺点:①对驱动蒸汽品质要求较高,要求在 0.7MPa 以上;②设备投资相对较大。

9.5.3 蒸汽驱动和电力驱动离心式热泵一次能源利用率分析

热电厂采用热泵机组,与火电厂凝汽火电机组相比,明显减少了低品位余热的排放。与电力驱动离心式热泵机组相比,蒸汽驱动离心式热泵由于采用蒸汽直接驱动,减少了发电机组冷端损失和电力输送损失,提高能源利用效率,同时能够大幅度提高低位热源的品质。

1. 电力驱动离心式热泵一次能源利用率分析

以热电厂为例,一次能源(煤)通过锅炉燃烧获得蒸汽,驱动涡轮机发电,额定发电效率设定为 35%(煤电转换率),并设定锅炉效率为 90%,电驱动离心式热泵的制热 COP 为 5.5。电驱动离心式热泵的一次能源利用率分析如图 9-25 所示。

假定输入 100 份能量的一次能源,能产生 90 份能量的蒸汽,然后发电产生 35 份能量的电能和 55 份能量的低品位冷却水。35 份能量的电能通过电力驱动离心式热泵回收低品位热能，产生192.5份能量的热水。因此，一次能源利用率为192.5%。

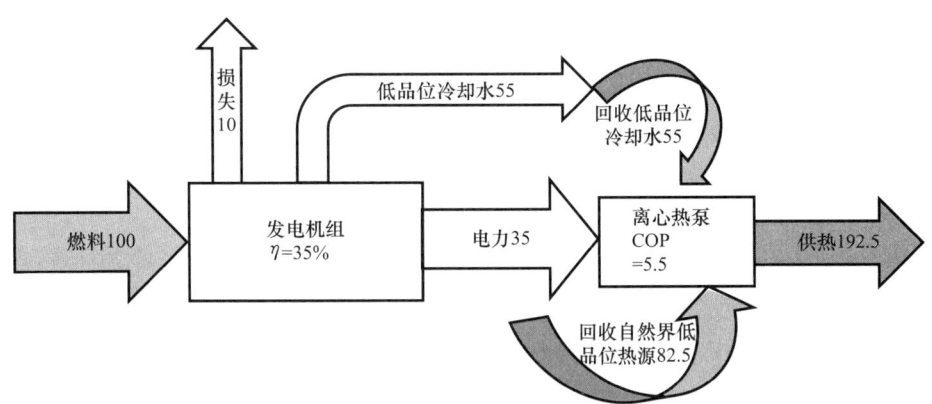

图 9-25　电驱动离心式热泵的一次能源利用率分析

2. 蒸汽驱动离心式热泵一次能源利用率分析

还是以热电厂为例，一次能源（煤）通过锅炉燃烧获得蒸汽，驱动涡轮机做功，带动压缩机运转，额定做功效率设定为19%（蒸汽机械能转换率），并设定锅炉效率为90%，蒸汽驱动离心式热泵的制热COP为5.5。电驱动离心式热泵的一次能源利用率分析如图9-26所示。

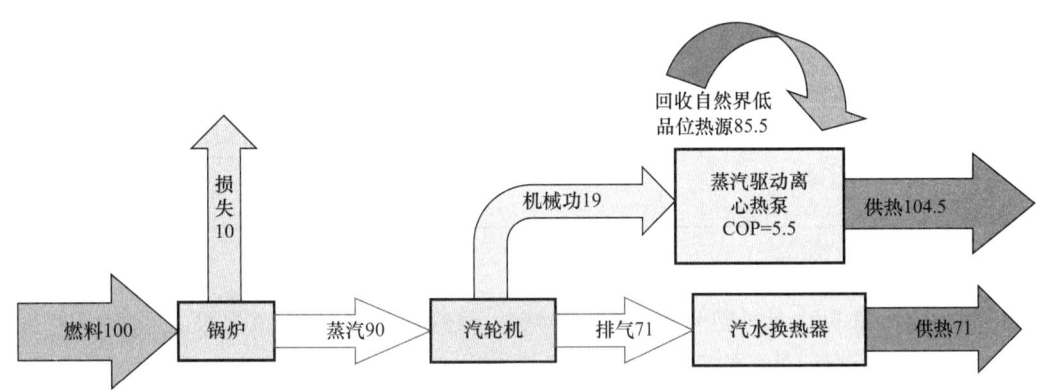

图 9-26　蒸汽驱动离心式热泵的一次能源利用率分析

假定输入100份能量的一次能源，能产生90份能量的蒸汽，转化为19份能量的机械功和71份能量的排放蒸汽。19份能量的机械功通过蒸汽驱动离心式热泵回收低品位热能，产生104.5份能量的热水，71份能量的排放蒸汽通过换热产生71份能量的热水。因此，一次能源利用率为175.5%。

3. 结论

通过上述分析可知：当设定热泵的制热COP均为5.5的情况下，蒸汽直接驱动离心式热泵机组的一次能源利用率要略低于电驱动离心式热泵机组，一次能源利用率为175.5%。因此，蒸汽直接驱动离心式热泵适用于热电厂的城区集中供热系统。

9.5.4 热电厂蒸汽驱动离心式热泵余热回收集中供暖案例分析

1. 项目概况

某城市热电厂冬季供热采用从发电机组抽汽的方式,供热能力为 90 万 m^2,抽汽参数为 0.98MPa,300℃,热网的供/回水温度为 95℃/55℃,供热抽气量 54t/h。随着城市的发展,预计供热面积要扩展到 180 万 m^2。

2. 项目改造简介

项目改造采用蒸汽驱动离心式热泵机组,利用蒸汽为驱动力,低品位循环冷却水(约 25℃)为低温热源,将热网回水从 55℃ 提升至 68℃,采用热泵汽轮机背压蒸汽将 68℃ 的热水加热到 86℃,整个热泵系统的供热量为 58MW,而且基本可以满足供冷季的供冷需求。极端天气情况下,可以从发电机组抽汽至调峰换热器,将 86℃ 的热水加热到 95℃。另外,设计余热回收系统时,考虑同时使用系数,按照峰值供热负荷的 80% 设计系统。

3. 设备选型

该项目选用一台 24.5MW 的蒸汽驱动离心式热泵机组,机组的蒸发器进/出水温度为 25℃/20℃,冷凝器进/出水温度为 55℃/68℃。压缩机为三级叶轮,采用汽轮机驱动,汽轮机用气量为 62t/h。蒸汽驱动离心式热泵机组的性能参数如表 9-4 所示。

蒸汽驱动离心式热泵机组性能参数表　　　　表 9-4

机组型号	制热量(MW)	蒸汽量(t/h)	汽轮机输出功率(kW)	机组制热(COP)	冷凝器		蒸发器	
					进出水温度(℃)	流量(m^3/h)	进出水温度(℃)	流量(m^3/h)
蒸汽驱动离心压缩式热泵机组	24.5	62	5104	4.8	55/68	1720	25/20	3335

4. 节能分析

机组在主工况下的余热回收量为 17.5MW,供暖季为 143d,该热泵系统在供暖季的余热回收量为 21.6 万 GJ,约 7383tce,减少碳排放 19195t。

9.5.5 总结

当前,在能源微网的进程中,以供应侧扩容为安全保障的能源规划已经成为过去式,未来能源系统的规划与建设需要从需求侧出发,结合高效低碳的能源转换技术,以电力系统为核心纽带,实现多种类型能源互联互通,横向多元互补,纵向源—网—荷—储相互协调,能源与信息高度融合的新型能源利用体系。此外,在社会对能源的需求从高温高压的高品位向低压低温低品位过渡的阶段,城区能源微网系统的构建将成为必然,其中,结合可再生能源的分布式供能单元与冷热电三联供单元将承担能源微网系统的主要负荷。

蒸汽驱动离心式热泵技术正是一种在不增加装机容量的情况下,有效提升能源利用效率,提高系统供应能力的技术。在旧热电厂余热回收改造和新建大型热电厂的能源梯级利用方面，会有越来越多的应用。

9.6 基于集中供热热网的吸收式热泵系统

热电厂、石油化工厂等大型工业生产中会产生大量的低温循环冷却水，其中低位热能含量巨大，在实际生产中很难直接再利用，往往通过冷却塔直接排放到环境中，不仅造成环境的热污染，而且浪费能源。在低温热源的有效利用中，吸收式热泵系统作为一种高效、环保的供热手段近年来在全国获得了大范围的推广和应用，并取得较好的节能减排效果。本节主要介绍吸收式热泵系统的原理、特点以及在城市集中供热中的应用。

9.6.1 概述

1. 城市集中供热现状

我国城市供热的现状是以热电厂为主，热力公司其次，其他供热技术作为补充。

目前我国热电厂集中供热的形式主要是热电联产，不仅能够有效地进行城市电力供应，还能满足城市冬季供暖的需求，实现了能源梯级利用，提高了能源利用率，降低了环境污染。其中，背压机组供热方式热效率较高，机组以供热为主，发电受热负荷制约，多数热电厂不采用这种生产方式。抽气供热是指从汽轮机中低压缸抽取部分蒸汽经过减压降温处理，进入汽水换热器加热热网回水用于供热，这种方式可调节性较大，发电和供热都能正常运行，因此在我国热电厂应用比较广泛。但是由于抽气供热须经过减温减压器处理，会有产生大量低温冷却水，这部分冷却水中的低温余热没有经过处理，直接通过冷却塔排向外界，造成一定的能量损失，若能有效地予以回收再利用，则可在现有规模下，大幅度提高热电厂的供热能力。

随着城市发展，建筑面积不断增加，冬季供暖负荷逐年加大，但是现有城市热网的输送能力和热电厂的供热能力不足，不能满足日益增长的供热需求。同时，我国的北方地区供暖周期较长，面积广阔，供热消耗量大，是节能减排的主要地区。因此，各电厂急切需要解决的问题是，如何在保证现有热源和热网条件等基础设施不变的条件下，有效地扩大热源的供热范围，并加强热网的输送能力。

2. 电厂余热利用现状

在低碳减排的要求下，城市燃煤锅炉和燃煤电厂的建设受到严格的控制，建筑总量飞速增加导致城市集中供热热源不足；城市大规模建设，容积率提高，原有管网难以满足要求，热源供热半径迅速扩大，热网投资负担加大导致管网输送能力成为集中供热发展的瓶颈。目前这些问题使热电企业和供热企业都因成本上扬而难以为继，严重限制了热电联产集中供热事业的发展。此外，传统的热电联产集中供热方式还存在着各种能量损失。

（1）热量传递的不可逆损失

在城市集中供热方面，传统的热电联产集中供热过程中，有两大环节产生的不可逆损失是由热量传递造成的，即热电厂首站的汽水换热器和热力站的一、二次网水水换热器。其中，有效提高热网供热能力的一种可行方式是拉大热网供回水温差。

（2）冷却塔循环水散热损失

热电厂发电过程中，锅炉产生的高温高压蒸汽驱动蒸汽轮机发电，汽轮机工作中产生大量乏汽，乏汽进入凝汽器冷却，冷却过程中产生大量低温循环冷却，这部分含有大量低品位能源的循环冷却水通过冷却塔把热量散失到外界环境中。由凝汽器流出的循环冷却水温度范围约为20～45℃，属于品级较低的能源，由于其热品位较低，一般不能作为生活热水或集中供热用水，因此大量循环冷却水余热资源没有得到有效利用。据相关统计，电厂10%～20%的总能量是通过冷却塔循环水散热环节白白损失了。如果不加以回收利用这部分循环冷却水中所蕴含的巨大热量，而是直接流失至外界空气中，在造成能量浪费的同时，也污染了生态环境。

(3) 烟气热量损失

在电厂发电过程中，燃煤或燃油蒸汽锅炉的排烟烟气温度在130℃左右，能量较高，作为煤炭燃烧的副产物，回收利用潜力较大。

由于热电厂对环境污染较严重，城市空气质量每况愈下，国家对热电厂的节能减排工作越来越重视，大力支持使用节能环保技术，对具有较多污染的热电厂控制越来越严格。在不增加污染的前提下，热电厂要想满足城市的热电需求，必须提高能源利用率。利用吸收式热泵回收电厂循环冷却水余热技术的应用为解决热电厂供热问题提供了一个良好的解决办法。第一类吸收式热泵可以生产温度较高的热水，用于城市生活热水或供暖。有关资料表明，在热电厂中应用吸收式热泵回收余热，具有较高的经济回报，并且投资回收期较短，符合国家节能减排的政策，是未来热电厂的发展趋势。

9.6.2 吸收式热泵工作原理

1. 吸收式热泵分类及优缺点

吸收式热泵是一种利用溶液的热力特性和工作循环，把低温热源的能量向高温热源转移，产生可以利用的较高品位热能的装置。吸收式热泵的分类有四种形式，分别按所用工质、制热目的、驱动热源和热源利用方式划分，如图9-27所示。

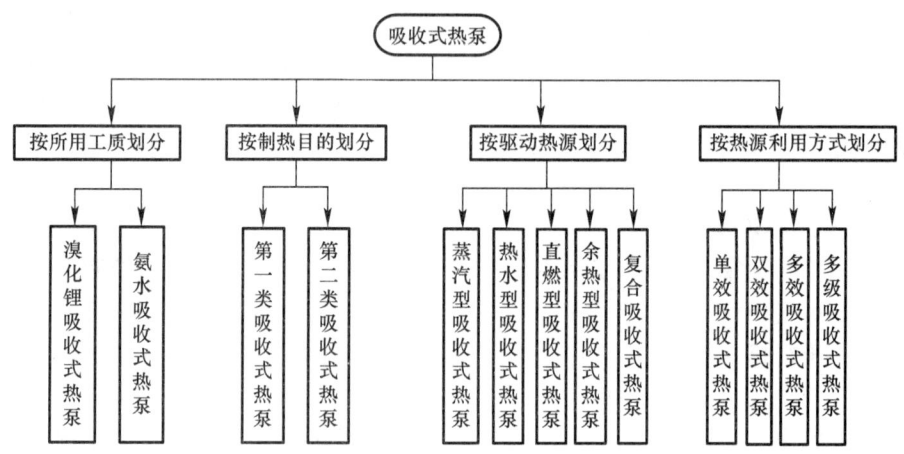

图9-27 吸收式热泵的分类

吸收式热泵的主要优点有：

(1) 可以回收利用低品位热能（余热、废热、排热），节约大量资源，降低能耗；

(2) 以水作为循环工质，无臭、无味、无毒，对人体无伤害，溴化锂为吸收剂，循环工质和吸收剂的沸点差大；

(3) 机组只有功率较小的屏蔽泵为运动部件，运转时较其他大型设备安静；

(4) 以热能为驱动力，比电力驱动压缩式机组更加节电。

(5) 机组对外界环境适应性强，随着外界条件变化，可调节负荷；

(6) 机组运行环境安全可靠，无高压爆炸风险；

(7) 机组结构简单，易于制造，且对安装基础的要求低，可适用于舰艇、医院、宾馆甚至露天的楼顶等场合；

(8) 机组可以实现一机多用，夏季制冷、冬季采暖，供应生活热水；

(9) 夏季天然气消耗低但空调用电需求量大，利用机组制冷可降低夏季耗电量；冬季煤气消耗高时，相对应的可回收利用的余热也增多，有助于节约能源，可有效平衡煤气消耗的季节性差异。

吸收式热泵的主要缺点为：

(1) 气密性要求高。溴化锂溶液对金属尤其是黑色金属有腐蚀，如有空气漏入，则更为严重。所以即使漏入微量的空气也会影响机组的性能，因此对制造有严格的要求。

(2) 存在溴化锂水溶液结晶堵管的危险，在设计和操作时注意对结晶点有一定的余量。

(3) 由于溴化锂价格较贵，并且机组所需量较大，初期投入成本较高。

2. 第一类吸收式热泵

第一类吸收式热泵（Absorption Heat Pump，AHP），也称增热型热泵，某工作原理是通过消耗少量高品位热能，即向机组输入驱动热源，从而回收利用大量的低品位热能，输出一定量的中高温热水或蒸汽供给用户，如图9-28所示。其COP大于1，一般取1.3~1.7。

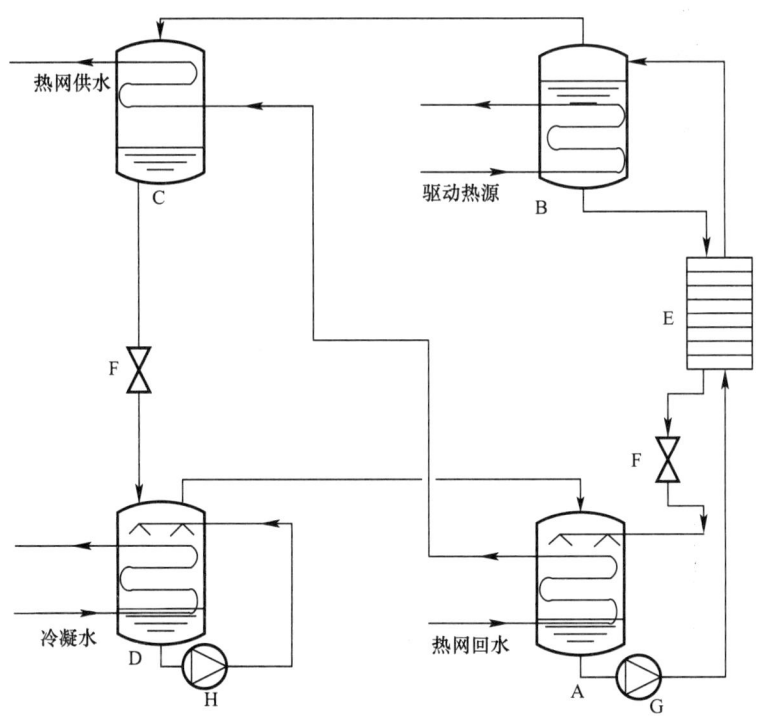

图9-28 第一类吸收式热泵工作原理图

A—吸收器；B—发生器；C—冷凝器；D—蒸发器；E—溶液热交换器；F—节流阀；G—溶液循环泵；H—冷剂水泵

主要工作流程是：①在发生器中，高温驱动热源将稀溶液工质加热至沸腾，大部分低沸点制冷剂从溶液中蒸发出来，成为饱和冷剂蒸汽，流向冷凝器。由于冷剂蒸汽的蒸发，原来稀溶液逐渐变为高温浓溶液，高温浓溶液进入溶液热交换器换热后流向吸收器；②在冷凝器中，来自发生器的高温高压冷剂蒸汽放出热量凝结为冷剂水，流向节流阀，经过节流降温减压后（节流过程焓值不变）流向蒸发器；③在蒸发器中，来自冷凝器的低温低压冷剂水吸收低温热源的热量而蒸发成冷剂蒸汽，然后流向吸收器；④在吸收器中，来自蒸发器的冷剂蒸气被发生器中的浓溶液吸收变成稀溶液，放出大量热量，稀溶液进入溶液热交换器进行换热后，然后流向发生器。如此不断循环。

3. 第二类吸收式热泵

第二类吸收式热泵，也称升温型热泵（Absorption Heat Transformer，AHT），是消耗部分中低温热量（即稍高品位的工业废热）为工作动力，将其中部分能量温度提高然后供给用户，其中另外一部分能量排放到环境中。它的输出热量少于驱动热量，但温度高于驱动热源，如图9-29所示。其COP总是小于1，一般取0.4~0.5。

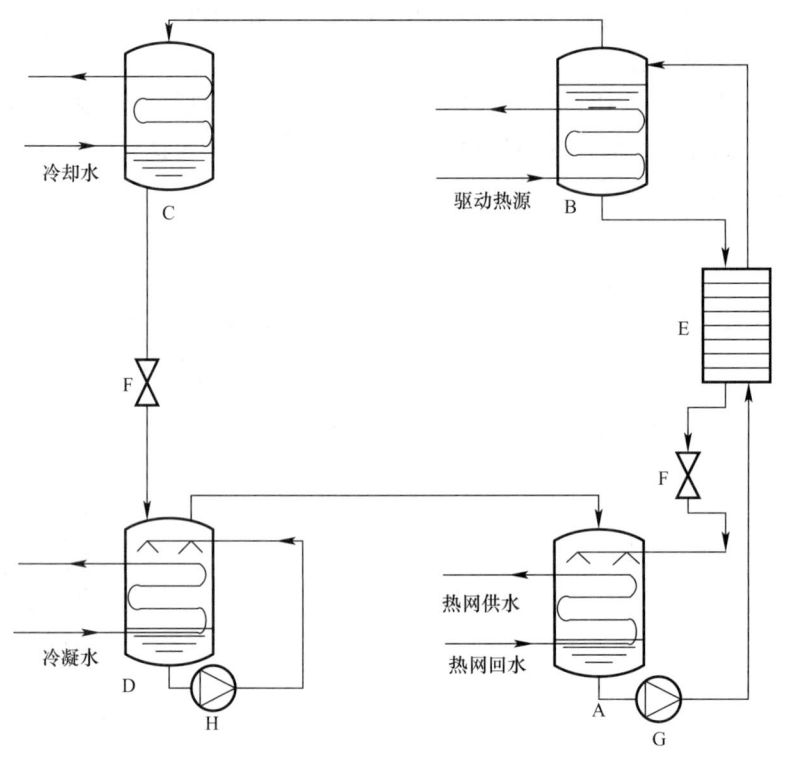

图9-29 第二类吸收式热泵工作原理图

A—吸收器；B—发生器；C—冷凝器；D—蒸发器；E—溶液热交换器；F—节流阀；G—溶液泵；H—冷剂水泵

第二类吸收式热泵的主要特点是：在热泵循环中，吸收器的压力高于发生器的压力，蒸发器的压力高于冷凝器的压力。两者的压力差越大，输出高温热能的温升值也就越大。

其主要工作流程是：①在发生器中，中温的驱动热源（通常为工业废热）加热稀溶液，在加热过程中，溶液中的大部分低沸点制冷剂会被蒸发成冷剂蒸汽，然后流向冷凝器，发生器中的稀溶液则逐渐变为浓溶液，浓溶液经溶液泵加压后，经由溶液热交换器流向吸收器；②在冷凝器中，来自发生器的冷剂蒸汽凝结成液体并释放大量热量，液体进入溶液泵，加压后流向蒸发器；③在蒸发器中，来自冷凝器的液态制冷剂吸收低温热源的热量并蒸发汽化成为高压蒸汽，制冷剂蒸汽流向吸收器；④在吸收器中，来自蒸发器的高压制冷剂蒸汽被来自发生器的浓溶液吸收，浓溶液变成稀溶液，同时释放出大量的热，这些热量被高温热源吸收，获得高温热水或蒸汽，稀溶液流经节流阀减压后送回发生器，然后继续吸收中温热源的热量。如此不断循环。

两类吸收式热泵的对比如表 9-5 所示。

两类吸收式热泵对比表　　　　　表 9-5

热泵类型	第一类吸收式热泵	第二类吸收式热泵
驱动热源	蒸汽、高温水、燃气	60℃以上的余热
低温热源	江河湖海水、低温循环冷却水、工业废水以及太阳能热水	江河湖海水、低温循环冷却水、工业废水以及太阳能热水
热水回路	吸收器、冷凝器串联	吸收器
循环类型	单效、双效、多效	一级、二级
应用场合	集中供热、生活热水、预热	蒸汽及工业热水
供热温度	50～100℃	100～150℃
供热形式	中高温热水或蒸汽	高温热水或高压蒸汽
性能系数	1.2～1.7	0.4～0.6
工程实例	夏季制冷，冬季供暖	精馏、蒸煮

由表 9-5 可以看出：由于热电厂中的循环冷却水是温度较低的低品位热源，并且电厂中有可供最为驱动的饱和蒸汽，用于加热的热网回水，所以第一类吸收式热泵更适合于电厂余热的回收。

9.6.3 吸收式热泵供热与其他几种供热方案的对比分析

1. 吸收式热泵供热方案

从汽轮机抽取 0.5MPa，250℃的蒸汽作为吸收式热泵的驱动动力，将电厂循环冷却水从 30℃降到 20℃，用提取的热量加热供热热网的回水，从 70℃提高至 90℃，用以满足城市热网的供热需求，如果需要温度更高的热水或蒸汽，可以将吸收式热泵的出水送入尖峰加热器，以满足供热需求，其中尖峰加热器的热源为 0.5MPa，250℃的抽汽。这样的供热系统比传统热电机组直接抽汽供热多利用了电厂循环冷却水的低温余热，并且因为不需要使用高品位的电能作为驱动，比压缩式热泵系统供热方案能源利用效率更高，运行成本更低。

2. 传统热电机组直接抽汽供热方案

传统的热电机组直接抽汽供热是指从汽轮机抽汽直接供热或者将抽汽减温减压后再供热，但是这两种方式的能源利用效率相差非常大，将抽汽减温减压后再供的方式比抽汽直接供热浪费了更多的热量。图 9-30 所示为热电厂直接抽汽供热流程图。

与传统的热电机组直接抽汽供热系统相比，利用吸收式热泵系统的供热方案的优势在于：汽轮机抽汽作为吸收式热泵的驱动热源，原来的热网加热器由吸收式热泵代替。吸收式热泵不仅利用了由汽轮机引来的抽汽的热量，同时还利用了电厂循环冷却水的低温余热。在供热量不变的情况下，降低了汽轮机的抽汽量，在抽汽量不变的情况下，可以提高

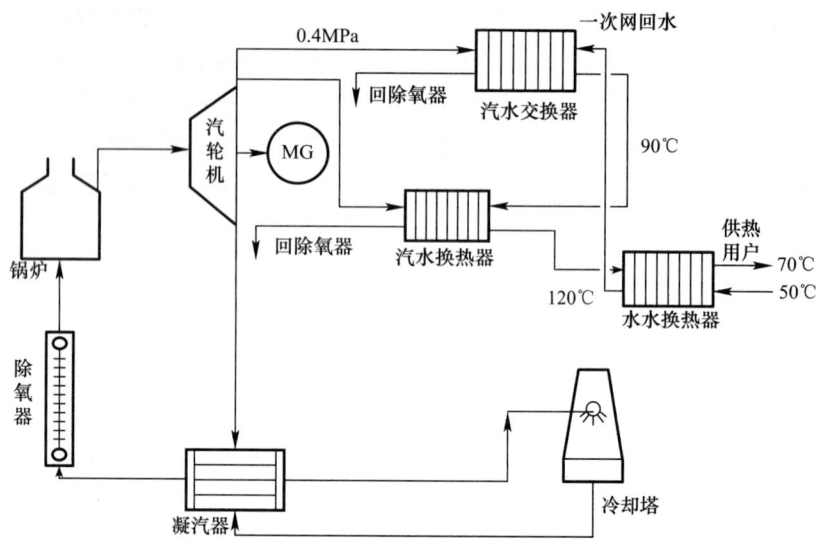

图 9-30 热电厂直接抽汽供热流程图

整个系统的供热面积,经济性好。其中减少的汽轮机抽汽量和提高的供热面积根据吸收式热泵的 COP 值不同而有变化。

3. 压缩式热泵供热方案

压缩式热泵供热方案则利用了电厂冷却水的低温余热,比传统热电机组直接抽汽供热减少了抽汽量,提高了能源利用效率。但是压缩式热泵供热方案增加了设备,同时压缩机的运行需要大量电力供应,提高了成本,导致系统较高的运行费用。

由于压缩式热泵以高品位能源的电力作为驱动力,所以在研究吸收式热泵和压缩式热泵供热方案的能耗分析时,需要将二次能源电力的能效系数通过计算转变为在使用一次能源情况下的能效系数。并且根据国内目前发电机组的效率以及输电损失后,一次能源转换为二次能源的能源利用效率为 33%。而吸收式热泵的驱动直接由汽轮机抽汽提供,所以它的能源利用系数可以直接以一次能源利用量来计算。

9.6.4 吸收式热泵在集中供热系统中的案例应用

1. 项目概况

某电厂共建有三期工程,1~5 号机组装机容量为 5×200MW,6 号机组装机容量为 300MW,总装机容量为 1300MW,提供几个片区的采暖和生活热水。其中 6 号机组为抽凝两用式空冷汽轮机组,具体参数如表 9-6 所示。

抽凝两用式空冷汽轮机组参数表　　　　表 9-6

参数	数值	参数	数值
主蒸汽流量(t/h)	951.94	额定抽汽量(t/h)	500
主汽压力(MPa)	16.7	额定抽汽压力(MPa)	0.4
主汽温度(℃)	538	给水温度(℃)	277.6
再热蒸汽温度(℃)	538	锅炉效率(%)	92
凝器背压(kPa)	15	管道效率(%)	98

循环冷却水的温度为40℃，一次热网的设计供水温度130℃，回水温度70℃，实际回水温度为50℃。热电厂原有的供热流程图如图9-31所示。

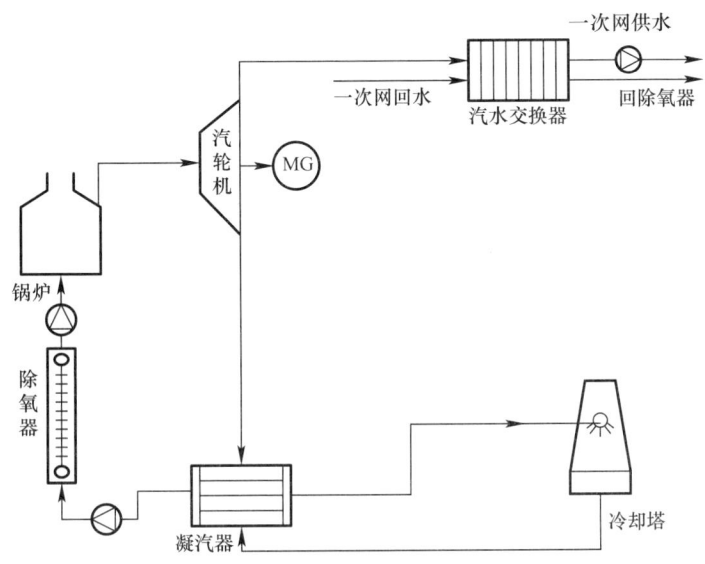

图9-31 热电厂原有供热流程图

因城市扩建和建筑面积增加，热电厂的供热能力无法满足现有的热量需求，若扩建热电厂则投资巨大，因此采用吸收式热泵回收低温冷却水的热量，满足城市的供热需求，改建热电厂的供热模式。

2. 项目改造方案

针对6号机组进行供热改造，项目采用蒸汽驱动式吸收式热泵进行低品位热量回收。热泵的驱动蒸汽压力为0.3~0.8MPa，温度为150℃。改造的供热系统流程图如图9-32所示。其中吸收式热泵将热网的回水温度从50℃提升至70℃，然后输送至换热站进行温度再提升达到设计要求，另外蒸发器的进水温度为40℃，出水温度为30℃。

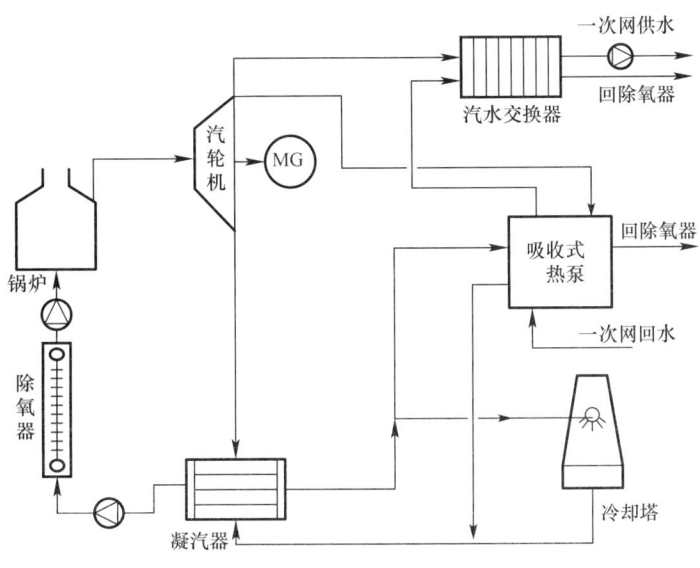

图9-32 热电厂改造的供热流程图

3. 项目效益分析

(1) 项目的初投资及运行费用如表 9-7 所示。

项目初投资及运行费用表　　　　表 9-7

初投资 （万元/a）	运行维护费（万元/a）					动态回收期
	日常维护费	折旧费	运行电费	其他费用	合计	
5170	155	327	280	129	898	5.3

(2) 经济效益：采用吸收式热泵改造热电厂供热模式，增加了热网的供热量，年收益为 2876.7 万元。

(3) 环境效益：节约循环水量 197680t/a，节约标准煤 3500t/a，减少碳排放 1540t/a。

9.6.5　总结

目前我国的城市供热主要是热电厂集中供热模式，随着城市发展，建筑面积不断增加，冬季供暖负荷逐年加大，但是现有城市热网的输送能力和热电厂的供热能力不足，不能满足日益增长的供热需求，且存在能量损失。

吸收式热泵系统能够充分利用低品位能源，实现能源的梯级利用，在集中供热的热电厂余热回收改造中，承担起非常重要的角色，是未来实现城区能源微网的重要基础。

9.7　电动汽车充电系统的规划

电动汽车是指全部或部分使用电能驱动电动机在道路上行驶的汽车，按动力源一般分为三类插电式纯电动汽车（PEV）、插电式混合动力电动汽车（PHEV）和燃料电池电动汽车（FCEV）。本章讨论的内容仅限于前两类，即需对蓄电池充电以获得动力来源的电动汽车。

9.7.1　电动汽车的充电方式

充电系统作为电动汽车的基础配套，影响和制约着电动汽车的应用程度。电动汽车的充电方法主要有两种：一种是有线充电，也叫接触式充电，主要包括常规充电、快速充电和电池更换三种方式；另一种是无线充电，也称无接触式充电，包括静止充电和行驶中充电两种方式。实际应用中可根据不同电动车辆的运行特点以及搭载的动力电池的容量差别，在下列几种不同的充电方式中进行选择：

(1) 常规充电（慢速充电模式）。常规充电是充电过程采用恒压、恒流的传统充电方式。这种充电模式所需的充电功率和充电电流相对较低（一般功率在 5kW 以下，电流在 15A 以下），充电设备和安装成本比较低，可用普通家用电源插座和车载或外置充电机进行充电（见图 9-33）。充电时只需将充电器的插头插到停车场或家中的电源插座上即可，客户自己就能独立完成充电作业，不需要专门的服务人员。常规充电方式对电力网络的要求比较低，能够满足普通照明的供电质量就可以使用，采用这种方式在家中充电时，通常是夜间或电力低谷期，有利于电力设备日间、夜间的充分利用。缺点是充电时间较长，一般需要 5～8h[26]。

(2) 快速充电（应急充电模式）。在短时间内，以 150～400A 的较大电流为蓄电池快

9.7 电动汽车充电系统的规划

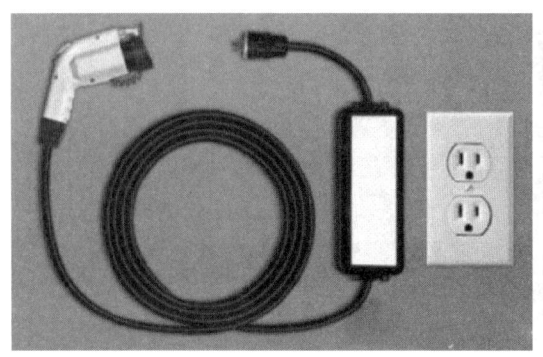

图 9-33 常规充电[27]

速充电,其目的是满足电动汽车用户的紧急充电需求,同时避免车辆在街头充电站长时间滞留(见图 9-34)。与常规充电相比,这种充电模式下设备的安装及运作成本较高,一般在电动汽车停车的 20min 至 2h 内完成充电[28],充电时间与传统燃油汽车的加油时间接近。在进行充电站等服务设施的建设时,大型充电站(机)多采用这种充电方式。

图 9-34 快速充电

资料来源:http://electrek.co/2015/09/14/tesla-says-its-supercharger-network-has-seen-a-5x-increase-in-used-for-road-trips。

(3) 电池更换(机械充电)。对于续驶里程长而又没有时间及时充电的车辆,较好的充电方法是建设换电站,利用给汽车更换蓄电池的方式代替漫长的充电过程(见图 9-35)。这种模式下,事先充满电的蓄电池将替换下车辆上电量耗尽的电池组,全程由机器操作,车主无需下车,整个过程耗时约 5~10min,甚至更快(特斯拉拥有 90s 换电技术)。卸载下的电池组采用地面充电系统进行充电,满充电的时间一般为 1~3h[29]。一般的电池更换模式主要是通过电池租赁的方式,将蓄电池出租给电动汽车用户。换电模式能解决电动汽车价格昂贵、动力电池续航能力有限、里程焦虑等瓶颈,但更换电池的专业化要求较强,换电站需配备专业人员借助专业机械来完成电池的快速更换、充电和维护。且这种模式承担着一定的运作风险,通常要覆盖非常大的城区,才能满足电动车主的服务半径,更换电池也需要统一电池标准。此外,电池更换方式需要投入的初始成本较高,包括昂贵的机械装置及大量的蓄电池组,用来存放蓄电池组的电池库也需要很大的空间,土地购买成本较高,因此其建设成本要远大于常规充电站及快速充电站。目前因为车型、电池、接口等远未实现标准化,这种充电模式还仅限于公交、环卫、出租车等行业内部,或作为充电站的辅助业务。

图 9-35 电池更换

资料来源：http://www.jlsina.com/news/changchun/2012-10-19/103788.shtml。

（4）无线充电。无线充电是一种新型的电动汽车充电方式，包括静止充电和行驶中充电两种模式（见图 9-36）。主要利用感应耦合、磁谐振耦合、电场耦合、微波和激光 5 种无线电能传输技术，其中磁谐振耦合式以及感应耦合式电能传输技术相对其他技术具有显著优势，更适合于电动汽车高效率、大功率的无线充电技术需求[30]。无线充电系统无需人工操作，不存在电缆老化、漏电等问题，使用方便安全，不占据地上空间，能够实现静止状态和行进状态充电，具有运行安全、充电智能、方案配置灵活等优点。缺点是设备的成本投入较高，维修费用大，能量损耗相对较高，且存在电磁辐射的人体防护安全等问题。

图 9-36 无线充电

资料来源：http://ent.chinadaily.com.cn/2015-08/19/content_21646401_3.htm。

9.7.2 电动汽车的充电技术现状

目前国际上有三种类型的插座可以进行充电，接口类型如表 9-8 所示。

国外电动汽车充电接口标准　　表 9-8

等级	类型	接口标准	期望充电状态	充电时长	充电功率
Level（mode1）	标准（家用）	230V 16A 或者三相	100%	6~8h	3kW~10kW
Level（mode2）	随机	400V 32A	50%	30min	22kW
Level（mode2）	紧急	400V 32A	20km	10min	22kW
Level（mode3）	宽范围	400V 63A	80%	30min	44kW

我国工业和信息化部于 2012 年 3 月 1 日正式批准了有关电动汽车充电接口和通信协

议的四项国家标准，包括《电动汽车传导充电用连接装置第 1 部分：通用要求》、《电动汽车传导充电用连接装置第 2 部分：交流充电接口》、《电动汽车传导充电用连接装置第 3 部分：直流充电接口》和《电动汽车非车载传导式充电机与电池管理系统之间的通信协议》。我国电动汽车充电模式分为慢速充电（充电模式 1）、常规充电（充电模式 2）、快速充电（充电模式 3），如表 9-9 所示。

中国电动汽车的不同充电模式 表 9-9

充电模式		接口模式	适用场所	备注
1		220V/16A（单相）	家庭	使用 GB 2099.1 中额定电流为 16A 的标准插座
2	2-1	220V/32A（单相）	停车场、商店	通过特定设备为电动车提供交流电源
	2-2	380V/32A（三相）		
	2-3	380V/63A（三相）		
3		600V/300A（直流）	高速服务区和快速充电站	通过非车载充电机进行直流充电

目前电动汽车的交流充电一般直接采用民用 220V 或 110V 电压，通过车载充电机对电池进行充电。但是，受到车载充电机体积和散热条件的限制，其功率通常在 7kW 以下，充电时间较长。因此，通常利用夜间谷电对电动汽车进行交流慢速充电，可以降低充电成本，提高充电效率和延长电池使用寿命；但主要缺点是充电时间过长，有紧急运行需求时难以满足。另外，大功率的直流充电技术适用于电动车快速应急补充，可以有效减少充电时间，在未来也会有很广泛的应用。由于其电流大、电压高，考虑到安全因素和对电网的影响，不会用于家庭私人充电场合，更多的会出现在有人值守的公共快速充电站中。

9.7.3 充电系统的建设方案

充电系统是电动汽车商业化与产业化的重要配套环节，其规划建设是电动汽车普及应用的前提条件。作为电动汽车运营的基础配套服务设施，电动汽车充电系统的建设方案目前主要有三种：慢速充电桩、快速充电站和换电站。三种类型充电设施的服务类型、建设场所、建设及运营成本等各不相同，具体对比见表 9-10[31]。

电动汽车充电系统的三种建设方案对比 表 9-10

	服务类型	适宜建设场所	充电时间	建设成本	充电及运行成本	优点	缺点
慢速充电桩	小范围分散式服务	街边、大型商场、停车场、居民区	4~8h	较低，单个充电桩（5kW）约 2 万元	较低，住宅区可实现谷电充电，管理和维护难度大	成本低，占地小，布点方便	充电时间长
快速充电站	大范围集中式服务	交通流密集区、高速公路沿线、变电站附近、监测站和服务中心	10~30min	较高，单个充电站（4 慢充、4 快充）成本约 300 万~500 万元（不含地价）	较高，难以利用谷电充电，较利于管理维护	充电时间短	对电网冲击大
换电站	大范围集中式服务	城市中心区、高速公路沿线等较大空间处	5~10min	很高，单个换电站 2000 万元（不含地价）	较低，可实现谷电充电，降低购车成本，便于统一电池管理、养护及回收	电能补给快，便于电池维护及开展有序充电	对车型要求高，要求实现电池与电动汽车标准化

图9-37是巴黎市充换电站的分布图，可以看出，在巴黎这个古老城市的中心城区充换电站的分布十分合理有序，说明其规划和管理的水平很高。

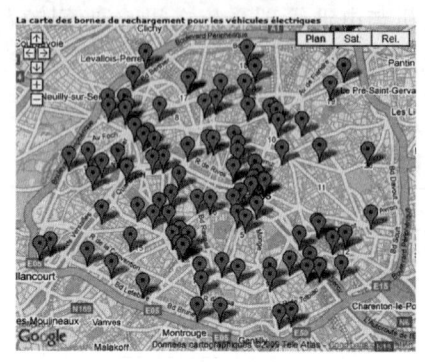

图9-37 巴黎市区充换电站分布

资料来源：http://green.autoblog.com/2009/03/19/paris-launches-online-map-of-ev-charging-stations/。

根据电动汽车的市场定位，推广应用的电动汽车从类型上可分为集团车辆、社会车辆和私人乘用车三类。具体不同领域的车辆应基于其使用方式、使用范围的特点采用不同的充电模式[26]。

（1）集团车辆充电系统建设模式：集团车辆主要是社会公共服务行业用车，包括公交车、环卫车及邮政配送车等。此类车辆具有同一车队车辆数量较多、城市城区行驶、停车场地固定、行驶路线基本固定、行驶里程相对稳定以及充电功率较大等特征，适宜采用在其固定停车场所建设换电站，通过电池更换的模式较快速地满足这部分车辆白天运行过程中的电能补充需求，对换下来的电池进行常规充电。

（2）社会车辆充电系统建设模式：针对出租车这类日均行驶150km以上、行驶路线自由的车辆，无法满足日充夜行，也没有固定站点或确定准确时间提供电池更换。这类车辆宜采取快速充电站与换电站相结合的充电模式，在实际运行中，以一定的实际放电深度为基准，满足下一个往返需求，则继续行驶；电池容量不能满足要求，则就近选择充电站对电池进行快充或快换。

（3）电动乘用车充电系统建设模式：乘用车平均每日行驶时间基本不超过2~3h，90%以上的时间处于停靠状态。纯电动乘用车夜间大部分时间在其专用停车位停车，停车时间多在8h以上，如果在其专用停车位安装慢速充电桩，通过其车载充电机进行常规充电，可以完全为电动乘用车充满电，可满足其常绝大部分行驶需求，而且常规充电模式适应低压配电网随处可以提供电源。一般乘用车用户在开车出行途中，无论在工作单位、商场以及餐饮娱乐场所等地的公共停车场所停车时间绝大多数超过1h，因此在此类公共停车场所的停车位安装交流充电桩进行慢速的常规充电，也能为电动乘用车动力电池充入20%甚至更高的电能，可有效满足其临时性的电能补充需求。因此，电动乘用车应采用以慢速充电桩方式为主，换电站模式与快速充电站模式为辅的充电模式。

9.7.4 充电系统的规划原则

电动汽车作为一种新型负荷，其快速增长对充电设施建设、电力系统建设和相关分布式电源规划带来了新的要求。电动汽车充电系统的规划要综合考虑多方面因素，遵循一系列基本原则。在建设之初，应充分考虑电动汽车的规模、分布情况、用户的出行习惯、城市的路网结构、车流情况以及电池特性等因素。同时，需符合城市的总体规划和电网规划要求，满足电力系统对电力平衡、电能质量、供电可靠性、自动化等方面的要求。还应预留一定的裕度，为电动汽车的持续增长保留适当的空间，进而形成较为完善的规划方案。

根据2015年11月国家发展改革委员会、能源局、工业和信息化部、住房和城乡建设部联合下发的《电动汽车充电基础设施发展指南（2015-2020年）》，2015年到2020年需要新建集中式充换电站超过1.2万座,分散式充电桩超过480万个,以满足全国500万辆电动汽车的充电需求。其中,公交车充换电站3848座,出租车充换电站2462座,环卫、物流等专用车充电站2438座,公务车与私家车用户专用充电桩430万个,城市公共充电站2397座,分散式公共充电桩50万个,城际快充站842座。

"指南"中特别指出,在新能源汽车推广应用城市,公共充电桩与电动汽车比例不低于1:7,城市核心区公共充电服务半径小于0.9km;其他城市公共充电桩与电动汽车比例力争达到1:12,城市核心区公共充电服务半径力争小于2km。在新能源汽车推广应用城市,公共充电桩与电动汽车比例不低于1:8,城市核心区公共充电服务半径小于1km;其他城市公共充电桩与电动汽车比例力争达到1:15,城市核心区公共充电服务半径力争小于2.5km。其余地区省会等主要城市公共充电桩与电动汽车比例不低于1:12,城市核心区公共充电服务半径小于2km。

9.7.5 充电系统的选址布局与定容

电动汽车充电系统的选址定容可结合其交通便利性、运行经济性、城区发展性、电网安全性及建设可行性等相关性原则进行决策(见图9-38)。

慢速充电桩多由建筑供电,在该模式下,设小区N户,户均汽车k辆,电动汽车渗透率(渗透率指电动汽车在汽车总量中所占比例)为ρ,充电桩功率P(可取6kW),同时系数α,则小区充电桩最大功率$P_{\max}=\alpha\rho kNP$[32]。

快速充电站属于城市基础设施,应与城市总体规划、电力规划和路网规划等协调。其规划要点如下:

(1) 充电需求预测。充电需求是指一定数量的电动汽车在特定时间和特定地点对充电的需求。充电需求预测主要分为两类:一类是确定性的预测方法,如单耗法、计量经济分析法、电力弹性系数法、时间序列法、回归分析法等;另一类是不确定性的负荷预测法,负荷预测过程中存在很多不确定性因素,如政策变化、经济发展状况等,预测方法主要是大数据分析或情景分析[7]。

一种比较简单的方法更适用于城市规划。城市的人均GDP水平和汽车保有量之间存在显著的正相关关系,可用当地人均GDP和千人汽车保有量之间的关系对未来汽车的增长进行预测,然后根据电动汽车渗透系数预测电动汽车的未来拥有量。渗透系数的增长会高于汽车保有量的增长(取决于激励政策和技术进步),而汽车保有量的增长又会高于人均GDP的增长,呈指数型增长趋势。

对于一个城区而言,在一定时间内进入和驶离此城区的电动汽车数量应该相等,即交通流量守恒,因此可以认为一定时间内区内的电动汽车数量不变。

(2) 充电服务半径。影响充电站服务半径的主要因素是电动汽车的续航里程。目前的电动汽车动力电池理论单次充电行驶里程在150~300km左右。例如,北京市要求10min内电动汽车能够到达集中充电地点。在北京市区内,汽车行驶的平均时速大约为20km/h,汽车的实际行驶距离与直线距离的比值为1.1~1.2。因此,可以计算得到集中式充电设施的服务半径[7]:

$$R=\frac{20\text{km/h}\times 10\text{min}}{1.1}\approx 3\text{km}$$

由此可知，城区集中充电的最大半径一般可以设定为 2~3km。

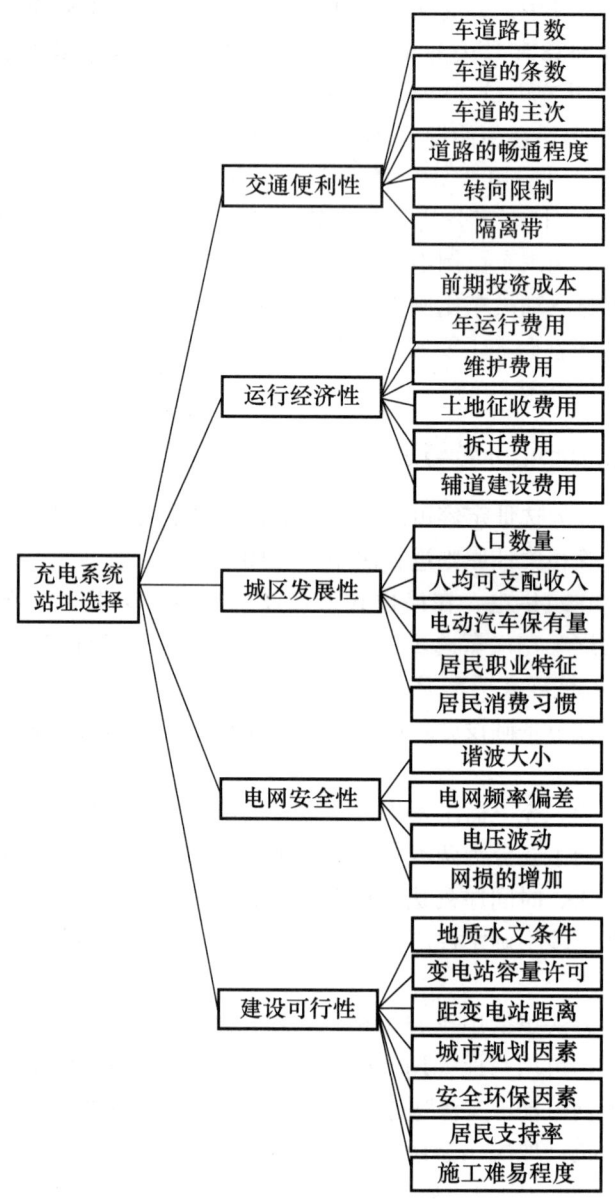

图 9-38　电动汽车充电系统选址评价原则[24]

（3）充电站规模。电动汽车充电设施运营时需要高功率的电力供应支撑，在进行充电设施布局规划时，应与电力供应部门协调，将充电设施建设规划纳入城市电网规划中。如果城市的发电/供电量不能满足电动汽车充电需求，就需要增加供电能力。由于电动汽车充电设备是一种非线性负荷，工作时产生的谐波电流很高，谐波注入电网会造成电能质量降低。在充电设施快速短时充电时，所产生的电压波动也会对电网造成冲击。通过对电动汽车充电系统的规划，可减小随机充电对电网的冲击作用，增大夜间慢充对电网的削峰填谷作用。表 9-11 是美国橡树岭国家实验室提出的充电站规模分级。

充电站规模等级[33]　　　　　　　　　　表 9-11

充电站等级	电池存储量（kWh）	单路配电容量（kVA）	日服务车辆数（辆）	
			大、中型商用车	乘用车
1级	≥6800	≥5000	≥200	≥500
2级	3400～6800	3000～5000	100～200	200～500
3级	1700～3400	1000～3000	40～100	100～200
4级	≤1700	≤1000	≤40	≤100

换电站比较多地用在拥有大量纯电动车单位（如公交公司、清洁公司等）的基地中，因为车型单一、电池相同，换电池模式是非常经济的方式。公共充电站也备有换电池能力。换电池模式最大的优点是可以利用可再生能源电力。例如在我国大型和特大型城市中，轨道交通到住宅小区的"最后一公里"交通困扰很多城市管理部门。完全可以用以太阳能光伏为充电源的电动公交车来解决。因为行驶里程不远，电动车完全可以由一个换电站来供电。

互联网时代，对于像特斯拉那样完全用标准 18650 的锂电池组的电动汽车，可以采用电子商务 B2B 和 B2C 模式，由专业充电商利用可再生能源为电池充电，顾客网上订购，电商通过物流配送电池组，并替换回收和维护旧电池组。

9.8　旧城区更新改造中的能源系统

9.8.1　旧城区更新改造中的能源规划

我国的城镇化进程，正面临越来越严重的土地资源瓶颈。很多城市已经达到土地红线，过去那种依靠城市蔓延和城市扩张的城镇化开发模式已经难以为继，城市土地价格大幅上升，拿地门槛越来越高。另一方面，城市面临经济结构转型和产业升级调整的需要，大城市老城区的功能及定位亟待更新、人居环境亟待改善。因此，我国城镇化开发的重心已经逐渐向旧城区更新和改造转移，在部分大型城市中，旧城更新和改造已经越来越多地成为城市新增房地产项目的主要形式。

旧城区更新改造是一项复杂的社会系统工程。城市更新与旧城改造，其内涵还是有差别的。"更新"更注重功能的调整，改变产业布局、提升经济能级、改善生态环境、增强基础设施。它基本上保留既有建筑，尤其是城市中有历史价值或历史记忆的建筑。例如，将老厂房改造成创意空间或办公建筑，将传统民居改造成休闲旅游设施。而"改造"更注重品质的提升，例如棚户区改造、危房改造、"城中村"改造、城市"棕地"改造等，因为原有环境恶劣，此类改造需要推陈出新、拆旧建新，基本上需要推倒重来。

在更新改造项目实施过程中，需要平衡政府、开发商、居民和入驻企业等多方面利益，其主要工作内容为：

（1）城市规划的调整。重新研究用地分区和规划分区。

（2）改善城市环境。采取综合措施改善当地大气环境和水环境、减轻噪声污染，调整绿化布局，整顿公关活动空间。

（3）调整城区功能布局和产业布局。特别要注重城区功能的混合度。

(4) 更新或完善城市道路交通系统。特别要注重公共交通的便捷性和慢行交通的布局。

(5) 完善公共服务设施。把旧街坊改造成完整的功能区。

(6) 提出综合能源规划。结合改造，将既有建筑节能和可再生能源利用紧密结合。

在旧城更新改造中，需求侧能源规划往往被忽略。因为很多旧城以前已经衰败，用能水平很低，所以造成但凡旧城更新改造就必然增加能耗的误区。而且，在一般认识中，能源规划就是集中的城区能源系统的规划，如果没有条件建集中系统，也就不需要能源规划。

旧城更新改造中的需求侧能源规划，与新城开发中的能源规划在规划原则上是一致的，但在侧重点上则有所不同。在城市更新中，大部分既有建筑保留，可能做重新装修，因此能源规划要注意：

(1) 尽可能利用现有资源；

(2) 尽量减少对场地、道路、地下空间等设施的破坏，例如重新开挖管沟、大面积采用地埋管地源热泵等；

(3) 通过建筑的改造装修，尽可能利用被动式技术，减少室内环境对空调供暖系统的依赖；

(4) 根据更新后的建筑功能，做好精细化的负荷预测；

(5) 通过装修和重新布局，充分利用屋面、停车库等资源发展太阳能光伏；

(6) 结合装修，将室内末端用能设备更换成更高能效的产品；

(7) 能源生产设备尽量利用电力设备而不是热力设备，因为电力的输送和联网比较简单易行；

(8) 近年来，城市更新的目标是发展创意产业、众创空间、创客等新兴业态和小微企业。这类业态的特点是分散、灵活、没有固定模式。因此，适应这类产业的能源系统不应高度集中，更适合用能源微网或能源总线系统。

9.8.2 既有供冷供热系统的联网

一部分 20 世纪 90 年代建设的商务区，现在也进入更新改造的行列。特点是保留既有建筑物，但要么是建筑功能改变（星级酒店改办公楼）、要么是建筑档次提升（办公楼升级）或降低（酒店降星级）。这就遇到原有冷热源如何处置的问题。设备弃之可惜，但可能在新功能下运行会容量不足或容量过余。此时可以考虑将多个楼的机房联网，实现资源共享。

最简单的联网是把各系统的供水分水器和回水集水器连接，见图 9-39。

既有机房的联网，是能源互联网概念的具体化。有多重好处：

(1) 资源的节约，降低城市再生的投资；

(2) 负荷平衡，尤其是竣工后的初期，入住率低，可以集中运行；

(3) 一个机房可以负担两栋楼的负荷，提高冷水机组的负荷率，使机组始终在高效区运行；

(4) 工程简单。

下面是一个案例：

9.8 旧城区更新改造中的能源系统

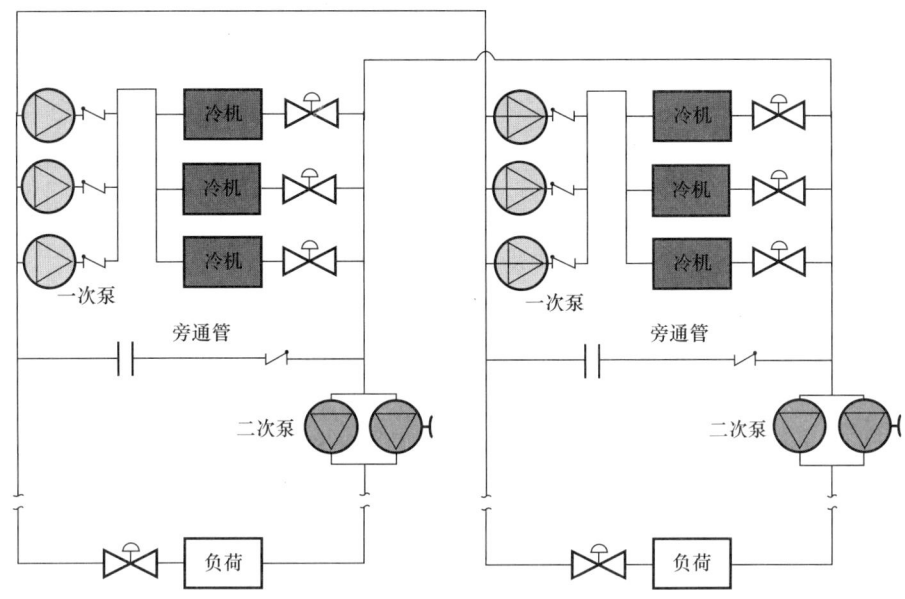

图 9-39 两个机房联网示意

某工厂生产手机触摸屏等高科技产品，其 SP 区域及 P1 区域分别有 2 套独立的供冷系统，2 套系统的空调冷源都采用螺杆冷水机组，制冷量为 319Rt。在节能改造中，将 P1 及 SP 城区的冷冻水系统联网，在较低负荷情况下，可以只开启 1 台机组就能满足 P1 及 SP 城区 2 个系统的冷量，同时，2 台机组还可以互为备用，任何 1 台机组出现故障检修，另外 1 台机组可以作为备用机组。

如图 9-40 所示，用 2 根 DN200 管道将 2 个机房的分水器和集水器连接，使 2 个机房联网。如果 P1 冷机停止使用，则 P1 及 SP 城区的冷负荷均要由冷机 SP-CH1 来满足。开启阀门 V1、V2、V4、V5、V7、V8、V9、V10、V11、V12，开启设备 SP-P1～P2 及 SP-CH1，P1 城区的冷冻水回水与 SP 城区的冷冻水回水合并之后，经过 SP-CH1 冷水机组的蒸发器，再送至 P1 城区的冷冻水供水及 SP 城区的冷冻水供水。当 SP 冷机系统停止使用时，则 P1 及 SP 城区的冷负荷均要由 P1-CH1 来满足。开启阀门 V1、V2、V3、V4、V5、V6、V7、V8、V10、V11，开启设备 P1-P1～P2 及 P1-CH1，P1 城区的冷冻水回水与 SP 城区的冷冻水回水合并之后，经过 P1-CH1 机组的蒸发器，再送至 P1 城区的冷冻水供水及 SP 城区的冷冻水供水。

既有机房联网，最大的困难是能源总线管道的敷设。在一个已经成熟的城区中要确定管网路由并不容易，而要找到地下埋管空间同时又不破坏既有构筑物就更难。这可以结合总体规划解决。我们不妨看法国巴黎拉德芳斯新区（La Defense Aena）的做法。

拉德芳斯（法语：La Défense）是巴黎首要的中心商务区，是法国经济繁荣的象征。它拥有巴黎最多的高层和超高层建筑，包括巴黎的地标建筑新凯旋门（见图 9-41）。办公建筑面积约 300 万 m^2，有 1500 家各类企业入驻。拉德芳斯最大特点是有一个共享平台，所有的建筑通过平台和连廊联系在一起，平台上完全是慢行空间，没有汽车（见图 9-42）。城市道路在平台下方通过，最下方是地铁，形成立体的交通体系（见图 9-43）。像拉德芳斯这样的共享平台结构，就可以用来作为机房联网的管道支架或管廊。

第 9 章 城区能源系统的优化配置

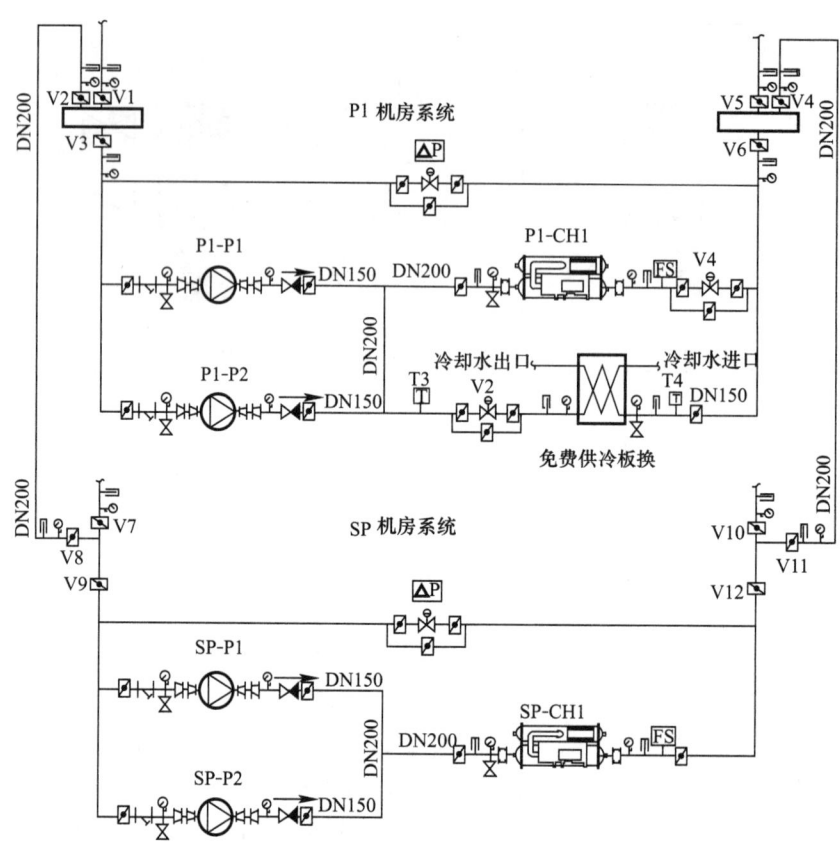

图 9-40 某工厂 SP 和 P1 系统联网示意图
资料来源：江森自控建筑设施效益。

图 9-41 巴黎拉德芳斯❶

资料来源：http://en.hrs.com/france/courbevoie/melia-paris-la-defense.html。

---

❶ 彩图见本书附录 1。

9.8 旧城区更新改造中的能源系统

图 9-42 在拉德芳斯，汽车道路在平台下面❶

图 9-43 拉德芳斯平台某一断面的空间分布示意图❶
资料来源：http://www.manuelle-gautrand.com/。

比较简单的改造形式是建空中连廊，将各建筑和各交通路口连接起来。典型案例是上海陆家嘴的连廊（见图 9-44）。这种形式，既解决道路人车分流和楼宇间相互联系，又提供了很好的能源总线管廊。

9.8.3 配送模式的区域供冷供热

传统区域供冷供热技术最大瓶颈，一是负荷预测难以准确，容易造成"大马拉小车"的低能效运行；二是系统集中度越大，管网规模越大，输送能耗也越大，尤其在部分负荷和负荷不足（例如城区入住率低）的条件下，输送能耗在总能耗中占比大，系统能效降

---

❶ 彩图见本书附录 1。

图 9-44 上海陆家嘴连廊❶

资料来源:http://misc.home.news.cn/public/images/original/00/39/E3/58/58.jpg。

低,将能源中心大型机组(如离心式冷水机组)的高能效比消耗殆尽,有时还不如机组能效比较低的分体空调就近供冷。在城区更新改造中,除非大拆大建,否则也没有条件建高度集中的城区能源中心和大管径的管网。

可不可以像淘宝、京东那样,将供冷供热变成一种可以通过物流配送的商品,从而彻底摆脱管网束缚呢?当然可以。实际上现在已经有一些城市里的洗浴中心因为不允许用燃煤锅炉,而从郊外钢铁厂等重化企业购买热水,通过车载运输,加以利用。一方面拔除了市区内的锅炉,另一方面为重化企业的余热利用找到出路。但夏季供冷就比较复杂,首先要找到储能介质。最好的蓄冷介质是冰。因为冰是水的相变形式,因此可以利用水的显热,也可以利用冰的潜热。例如,每千克水发生 1℃ 的温度变化会向外界吸收或释放 4.184kJ(1kcal)的热量,即显热能;而每千克 0℃ 的冰发生相变融化成 0℃ 水需要吸收 334.72kJ(80kcal)的热量,为潜热能。而如果 1kg 冰(−5℃)变成空调用的 7℃ 的水,可以释放出 385kJ 的冷量。很明显,采用潜热+显热的蓄能方式将大大减少介质的用量和设备的体积。

人们熟悉冰蓄冷主要是用于空调负荷的转移,即利用夜间低谷电力和低谷负荷时制冰,在白天高峰负荷和高峰用电时段融冰供冷,削减负荷高峰,减少高峰用电,实现移峰填谷。同样,也可以利用夜间低谷电力制冰,白天配送。

冰蓄冷有多种形式:内融冰、外融冰、动态制冰(冰晶),最适合配送输运的是冰球方式(见图 9-45)。冰球是用高性能聚乙烯制成,外表面预留凹痕,是为了抵御冰球在温度升高时的热膨胀。冰球内注纯净水,将一定数量的冰球投入蓄冰罐,由于球体的自然堆积,可以在球与球之间形成水流通道(见图 9-46)。

制冰时,制冷机提供 −6℃ 的乙二醇溶液,从蓄冷罐下部进入,与冰球内的水通过球壁换热,从上部回到冷机。冰球内的水逐渐冻结成 −5℃ 的冰。在释冷时,来自空调系统板式换热器的 12℃ 回水从上部进入蓄冷罐,与冰球内的冰通过球壁换热,使水温降低到 7℃,从蓄冷罐下部回到板式换热器。如果把箱体做成集装箱形式,就可以用汽车载运,

---

❶ 彩图见本书附录 1。

9.8 旧城区更新改造中的能源系统

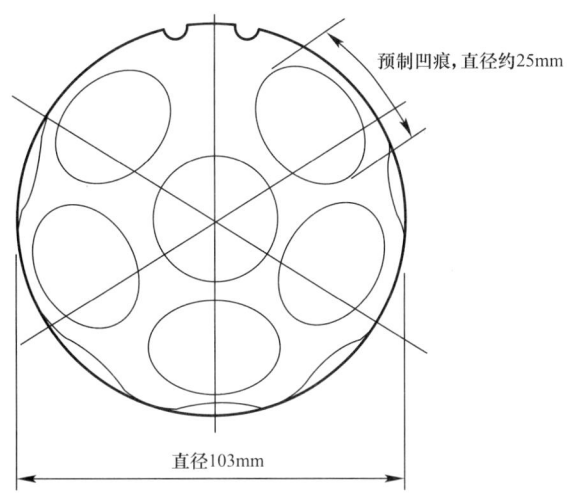

图 9-45　一种冰球的构造
资料来源：CRYOGEL Ice Ball Thermal Storage，www.cryogel.com。

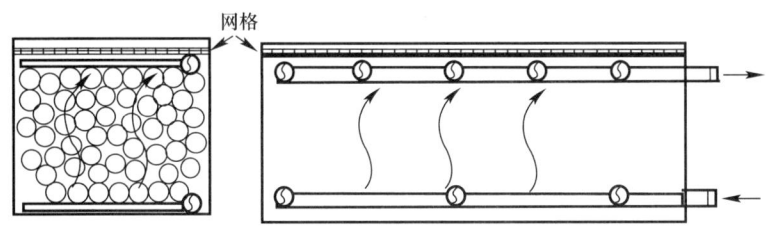

图 9-46　冰球蓄冷罐示意图
资料来源：同图 9-44。

到现场用快速接头与建筑内的板式换热器连接，实现冰球的配送。

蓄冷罐还有一些技术问题需要解决：

（1）一个 20 尺集装箱（5.69m×2.13m×2.18m）尺寸的蓄冷罐，大致可以给 1800m² 办公楼（满负荷）供冷 10h，因此，这种冰球配送模式的供冷，更适合小型办公楼集聚的科技园区和众创园区，以及旧城区中的既有中小型建筑。

（2）蓄冷罐需要在高温酷暑下运输，为安装方便一般会置于室外，因此蓄冷罐要有很好的保温和防辐射设施。

（3）蓄冷罐要便于更换，运输车辆需要有起重设备，系统要有储水水箱在更换蓄冷罐时临时储水。

（4）蓄冷罐有能耗计量装置和释冷预测装置，用户可以自行决定在网上订购新罐的时机。

（5）配送式区域供冷供热的赢利模式还需要研究，还需要一系列技术标准和商业规范。

总而言之，配送式供冷供热很有发展前景，也是有远见的投资家很好的投资取向。

9.8.4　电池配送与直流家居

既然冷热可以以冰球和热水作为载体实现网购和配送，那么，不能须臾离开的电力可不可以摆脱电网的束缚，实现网购和定制呢？当然可以，网上可以买到各种品牌小到纽扣电池大到汽车蓄电池的产品。但这还不够，我们想要的是能支撑一个家庭乃至一幢建筑用电的电池。最近推出的家用电池组最出名的当属特斯拉公司的Powerwall，如图9-47所示。

Powerwall 是一款壁挂式电池，有两个规格：10kWh 的周循环版和 7kWh 的日循环版。前者用铌-锰-钴电极，用于应急电源和备份电源，后者用铌-钴-铝电极，为日常使用。其主要参数如表9-12所示。

Powerwall 的日用型电池可以离线运行，它带有 DC-DC 的直流变换器，可以与建筑物的太阳能光伏板相连接。还带有 DC-AC 的逆变器，将电池直流电变换为家庭的交流供电。这种电池具备了物流配送的可能性。

目前在建筑中利用电池供电的最大障碍是交流—直流的相互转换问题。根据美国的研究，一个美国家庭每年由于电流转换导致的电力损失高达 500~1000kWh。而光伏所生产的直流电在转换成交流电过程中的损失高达 23%。

图 9-47 特斯拉的家用 Powerwall 电池

特斯拉 Powerwall 家用锂电池的主要参数　　　　表 9-12

电压	电流		功率		运行温度	重量
	连续	峰值	连续	峰值		
直流 350~450V	5.8A	8.6A	5kW	7kW	−20~43℃	100kg

资料来源：维基百科，Tesla Powerwall。

建筑内的所有家用电器都是交流供电，但实际上大部分电器的电源输入端都有整流电路，把交流 220V 电压变换成直流 300V 左右的电压，然后再进一步变换成电器所需要的各种直流电压。所以，所有的消费性电子产品都要带上一个转换电源。有时候外出忘了带电源，而恰好你的手机或笔记本电脑又耗完了电，你只能眼睁睁地看着遍布各处的交流电源插座而一筹莫展。

直流供电是对传统供电模式的改革，它可以带来很多效益[34]：

（1）越来越多本来需要交流转换直流的电器设备可以无须转换而直接运行，从而免去转换过程，可以减少能源损失 10%~20%。

（2）有利于分布式能源（燃料电池、光伏等）的运行，无须转换直接并入电网，包括混合动力汽车的电池并入电网作为应急电源用。根据测算，用直流供电的光伏系统其寿命周期成本可降低 25%。

（3）蓄电装置如电池可以无须转换直接供电。

（4）可以用可再生能源直接为插电式电动汽车和混合动力汽车充电，免除对燃油的依赖。

（5）在数据中心，需要多次交流/直流的转换，转换过程中损失的能量，会变成热量散发，又需要强化空调供冷系统。一个 10~15MW 的数据中心，大约有 2~3MW 的电力是转换过程的损失，用直流供电可以大大降低数据中心的能耗。例如，一台服务器机架交流供电功率是 8.59kW，改用直流供电功率是 6.137kW，减少 2.453kW，同时降低空调功率 0.837kW。全年运行可减少电耗 28.82MWh，相当可观。

（6）直流供电可以降低电缆绝缘的要求。

（7）直流供电能显著提升智能微电网的性能。

图 9-48 给出了智能直流家居的示意图，图 9-49 给出了直流家居智能微网的结构示意图。

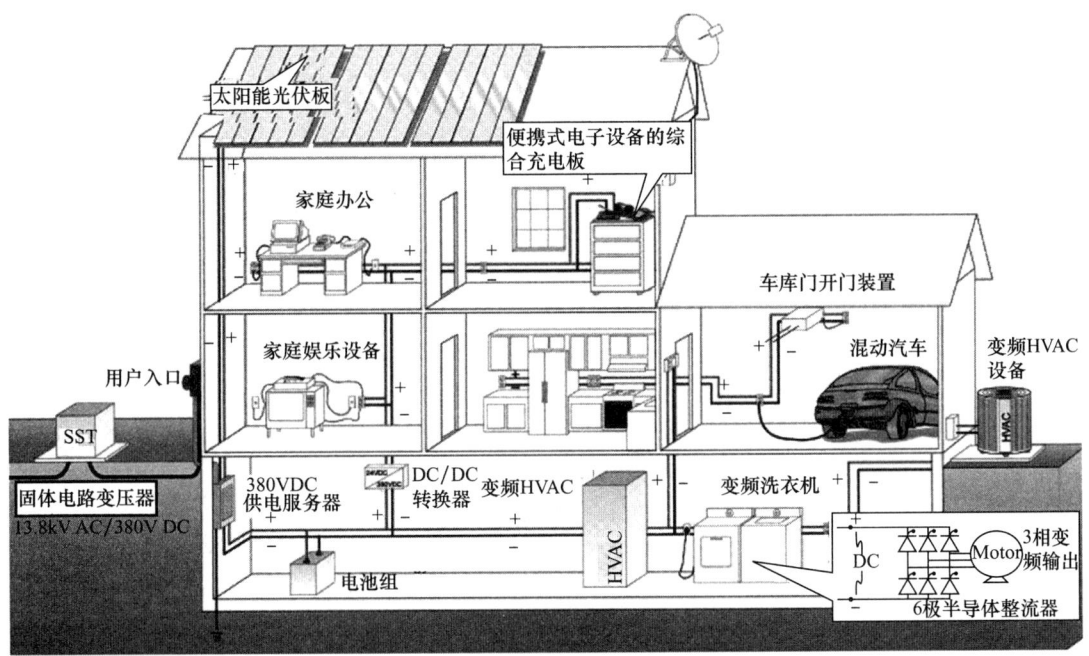

图 9-48 智能直流家居示意图

资料来源：http://ecmweb.com/contractor/dc-house。

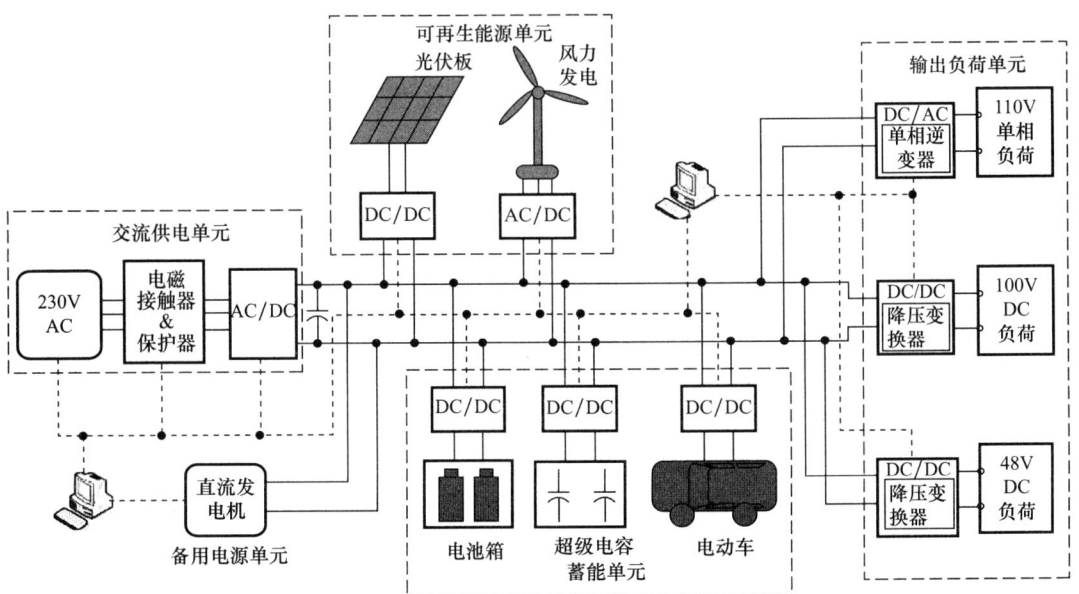

图 9-49 直流家居智能微网结构

资料来源：Electric Power Research Institute（EPRI），DC Power Production，Delivery and Utilization，EPRI White Paper，June 2006。

如果直流供电能覆盖整个城区，则可以得到非常显著的节能效果。图 9-50 是美国电气与电子工程师学会针对中等规模城市采用直流供电所能达到的节能效果研究。

要在整个城区范围实现直流供电还有一些技术问题需要解决：

（1）电压等级。现有的大多数家电均可直接接入 300V 直流电源[35]，而大多数便携式消费电子设备其电压等级在 48V 以下。所以直流家居可能需要两种电压等级供电，即 300～350V 的高压供电和 48V 的低压供电。

（2）直流供电不允许正负极颠倒，要求有不对称型的插座或防反插设计。

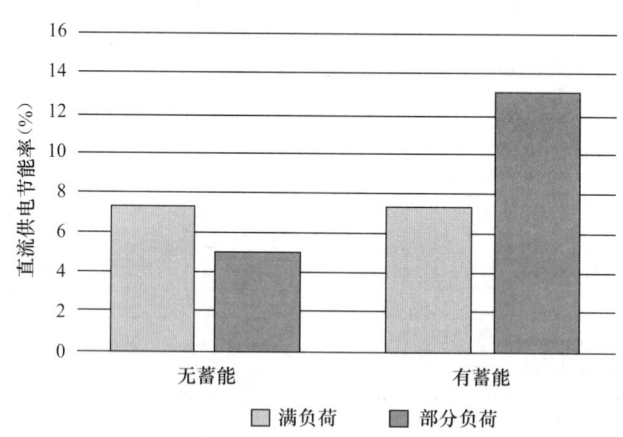

图 9-50　中等规模城市采用直流供电的预测效果

资料来源：2014 IEEE Power & Energy Society General Meeting，http://www.pes-gm.org/2014/。

（3）直流供电的安全防护与交流供电有所不同，特别是要考虑直流电路断路及闭合时的电弧放电以及危及人体安全的问题。欧洲已制订了相关产品标准。

欧盟计划到 2020 年后新建建筑必须是"净零能耗建筑"（供暖能耗低于 15kWh/m²），这就意味着建筑要更多地使用可再生能源，进一步提高能效。因此，欧盟启动了"DCC+G"项目（Direct Current Components+Grid，直流组件+微网），试图用直流供电技术，在配电系统中至少节能 5%，对太阳能光伏系统的效率至少提升 7%[36]。

在中国目前的条件下，城区规划中可以考虑以可再生能源为依托的直流供电独立微网，用于电动车充电和路灯照明等系统。

本章参考文献

[1]　龙惟定. 需求侧能源规划. 暖通空调，2015，45（2）.
[2]　付祥钊，樊燕. 夏热冬冷地区供暖探讨. 暖通空调，2013，43（6）：78-81.
[3]　马宏权，龙惟定. 城区供冷系统的能源效率. 暖通空调，2008，11.
[4]　Committee on District Heating and Cooling. District Heating and Cooling in The United States. NATIONAL ACADEMY PRESS，1985，4.
[5]　District Energy Space 06. International District Energy Association，2006：4-16.
[6]　马宏权，龙惟定，马素珍. 美国《2005 能源政策法案》简介. 暖通空调，2006，36（9）：70-74.
[7]　马宏权，龙惟定. 城区供冷系统的应用现状与展望. 暖通空调，2009，39（10）：59-65.
[8]　戴树霞，张浩淼. 分布式地源热泵系统在居住建筑应用中若干问题探讨. 供热制冷，2012（2）.

本章参考文献

[9] 王培培，龙惟定，白玮等. 能源总线系统——半集中式区域供冷供热系统. 湖南大学学报，2009 (S2).

[10] 王培培，龙惟定. 区域集散式热泵能源总线系统能耗分析. 全国暖通空调制冷2010年学术年会论文集，2010.

[11] 陈纲. 浅淡BIM在项目施工成本管理中的应用. 地球，2015 (7).

[12] 顾卿. 简述合同能源管理机制及运营模式. 智能建筑，2014 (8).

[13] 中华人民共和国财政部金融司. 公私伙伴关系PPP的概念、起源、特征与功能. http://jrs.mof.gov.cn/ppp/dcyjppp/201410/t20141031_1155368.html.

[14] 高小青. 浅谈水源热泵空调系统的优缺点. 安装，2005 (8).

[15] 王培培. 城区集散式热泵能源总线系统性能研究. 上海：同济大学，2015.

[16] 朱扬，郭海新，程斌等. 单管系统应用于多源多汇能源总线.

[17] 郭燕飞. 单管供热系统的研究应用. 太原：太原理工大学，2011.

[18] 赵鑫，赵安平. 多热源城区供热系统的环网和调节. 城区供热，2004，4：7-10.

[19] 苏保青. 多热源环状管网设计方法探究. 科学之友，2008，10：158-159.

[20] 李祥立，孙宗宇，邹平华. 多热源环状热水管网的水力计算与分析. 暖通空调，2004，34 (7)：97-101.

[21] 肖益民，付祥钊. 环状供热管网水力计算方法探讨. 重庆大学学报：自然科学版，2005，11：122-124.

[22] 韩晓红，邹平华，陈光明. 多热源环状热网的水力计算与事故工况分析. 煤气与热力，2004，6：307-311.

[23] 陈钢军，林建华. 图论在环状管网水力计算中的应用. 给水工程，1994，8：5-7.

[24] 许仕荣，邱振华. 给水管网的计算理论与电算应用. 长沙：湖南大学出版社，1997.

[25] 陆耀庆主编. 实用供热空调设计手册（第二版）. 北京：中国建筑工业出版社，2008.

[26] 王欢林. 电动汽车充电站选址定容研究. 北京：华北电力大学，2013.

[27] Planning for Electric Vehicle Charging Infrastructure：A Toolkit. Community Energy Association，June 2013.

[28] 宋亚辉. 城市电动汽车充电设施布局规划研究. 北京：北京交通大学，2011.

[29] 张维戈. 纯电动公交车换电站优化设计和经济运行研究. 北京：北京交通大学，2013.

[30] 高大威，王硕，杨福源. 电动汽车无线充电技术的研究进展. 汽车安全与节能学报，2015，6：314-327.

[31] 国家发展和改革委员会等. 电动汽车充电基础设施发展指南（2015－2020年），2015.

[32] 武力. 电动汽车充电设施规划方法研究. 北京：华北电力大学，2012.

[33] 张国亮. 城市内和城市间电动汽车充电站的选址布局研究. 天津：天津大学，2011.

[34] Electric Power Research Institute （EPRI）. DC Power Production，Delivery and Utilization. EPRI White Paper，June 2006.

[35] 蔡明雄. 家庭住宅采用直流供电的分析报告. 广东水利电力职业技术学院学报，2007，5 (4).

[36] Ulrich Hottelet. Direct Current Boosts Energy Efficiency in Buildings. Living Energy，2012，7.

[37] 龙惟定主编. 低碳城市的城区建筑能源规划. 北京：中国建筑工业出版社，2011.

[38] 庞海英. 高温热泵二元离心式压缩机热力设计与结构参数优化. 哈尔滨：哈尔滨工业大学，2007.

[39] 赵书福. 离心式冷水机组变工况运行性能分析研究. 制冷空调与电力机械，2011，6：2-4.

[40] 林伟. 热泵与热电联产耦合供暖系统研究. 北京：华北电力大学，2011.

[41] 韩吉才. 吸收式热泵技术在热电联供中的应用研究. 青岛：中国石油大学（华东），2009.

[42] 王云琦等. 吸收式热泵机组在城市集中热网应用的适应性分析. 城区供热，2012.

[43] 刘明军，葛茂清等. 吸收式热泵在热电厂乏汽余热回收领域的应用. 流体机械，2013，41 (2)：83-87.

[44] 周振起，马玉杰，王静静等. 吸收式热泵回收电厂余热预热凝结水的可行性研究. 流体机械，

2010，38（12）：80-83.
- [45] 王松等. 吸收式热泵在热电厂余热回收中的应用. 城区供热，2013.
- [46] 冯恩泉. 乏汽型吸收式热泵研发. 北京：清华大学，2011.
- [47] 张世钢. 热电联产中的深度余热回收技术研究. 北京：清华大学.
- [48] 张琰. 应用吸收式热泵提高热电厂经济效能研究. 北京：华北电力大学，2013.
- [49] 金树梅. 吸收式热泵供热系统的应用及经济性分析. 煤气与热力，2010，30（1）：A04-A06.
- [50] 邱中举. 溴化锂吸收式热泵系统的研究. 杭州：浙江大学，2011.
- [51] 肖永勤等. 溴化锂吸收式热泵在集中供热系统中的应用及节能性分析. 制冷与空调，2012，12（4）：8-12.
- [52] 韩学伟. 利用吸收式热泵回收电厂冷凝水余热的研究. 哈尔滨：哈尔滨工业大学，2013.
- [53] G. Tao, L. Chen, F. Sun, C. Wu. Optimization between cooling load and entropygeneration rate of an end or eversiblefour-heat-reservoir. absorption refrigerator. International Journal of Ambient Energy，2009，30（1）：23-32.
- [54] 陈玉勇. 基于吸收式热泵的热电联产系统节能研究. 北京：华北电力大学，2014.
- [55] 张英丽. 基于吸收式换热的热电联产集中供热应用研究. 长春：吉林建筑大学，2014.
- [56] 李岩. 基于吸收式换热的热电联产集中供热系统配置与运行研究. 北京：清华大学，2012.

第10章 城区能源规划的评价方法和工具

10.1 城区分布式能源系统的节能量分摊

对于一个城区分布式能源系统的单体项目来说，其能源消耗可能来自于市政的"外网"，也可能来自本区的"内网"。由于各个城区分布式能源内网的能效不同，在计算单体能效或者说节能量的时候，就没有一个直接的"基准"。国外如 LEED 标准，为了解决这个基准的问题，采用的一种方法是折算到能源价格。但是在我国，由于经济发展的水平差异，能源价格并不能准确反映一个地区能源使用的实际状况，因此可能更合理的方法是先转化到一次能源，然后再分摊或折算。下文介绍的方法都基于这个前提。

节能量分摊（计算）多见的是两种需求：一种是计算能耗表现（绝对量）；另一种是计算节能率（相对量）。如果是后一种情况，除了解决"如何比较"的问题，还需要解决"和什么比较"的问题，所以计算中还需要确定一个"参照建筑"。

10.1.1 方法介绍

（1）"需求侧"单体建筑的实际使用，和"供给侧"分布式能源中心分别计算。

（2）通过把建筑所有能源都转换成一次能源，可以计算该建筑一次能源的总消耗量。

（3）如果以一次能源为换算"媒介"，节能率即"参照建筑"和"设计建筑"的一次能源消耗量的差值。即，节能率＝（参照建筑一次能耗－设计建筑一次能耗）/参照建筑一次能耗。

（4）计算分两个部分：来自"外网"的市政能源和来自"内网"的城区能源。来自外网的电力、燃气等按照一个统一个转换系数计算；来自"内网"的冷热水、蒸汽、电力等先计算出各个单项的消耗量，然后计算能源中心的综合一次能源转换效率（假定能源中心供给各个地块的能源是同质的），最后将所有建筑运行能耗换算成一次能源数值。

（5）如果建筑同时使用来自外网和内网的电力，在预测阶段，按照优先使用内网的"配额"，不足部分由外网补足来考虑。

（6）设计建筑和参照建筑需要按照相同的使用情况和室内环境品质来设定。

10.1.2 供给侧计算——能源中心综合能效计算方法

如果分布式能源单纯为了发电而设置，则只需要计算其发电效率；如果同时也利用了余热作为冷热源，则需要根据各种运行模式计算投入和产出，从而算出平均的制冷和制热效率。此处投入是指分布式能源中心消耗的一次能源，产出是指其最终产品，对外输出的冷量和热量。如果能源中心使用了一部分"外网"的电力，则这部分电力需要反算成一次能源计入其投入部分。反过来如果能源中心使用了可再生能源，则来自于非化石能源的部分在计算投入时可以记作 0，整体的能效因此而得到提高。

一次能源的折算可以参照《上海市公共建筑节能设计标准》DGJ 08—107—2012，如表 10-1 所示。

以标准煤为基准的一次能源折算系数 表 10-1

实际使用能源	等效电转化效率	等效电折电系数	折算单位	等效标准煤折算系数	折算单位
电	100%	1.000	kWh/kWh	0.271	kg/kWh
天然气	66.10%	7.148	kWh/Nm³	1.937	kg/Nm³
汽油、煤油	66.10%	7.908	kWh/kg	2.143	kg/kg
柴油	66.10%	7.831	kWh/kg	2.122	kg/kg
原煤	45.40%	2.64	kWh/kg	0.715	kg/kg
标准煤	45.40%	—	—	1.000	kg/kg

在预测能源中心负荷配置时，可以像预测建筑负荷一样采用逐时计算，也可以典型工况及典型工况的重现次数，然后通过加权平均计算全年的平均效率。所谓典型工况，可以负荷率趋近取整，如 100%、75%、50%、25% 或者 100%、90%、…、20%、10%。

逐时计算由于工况多，需要计算机建模来计算；如果按照加权平均法计算，则在任一个工况点上，能源中心必然对应机组配置，其中包含发电机的开启时间、发电量、余热回收量、冷机水泵锅炉等设备的运行台数。根据这个配置，对照各台机组的性能曲线，就能计算出所有在运行的机组在该工况下的效率，从而计算出各个机组的能耗。在这个过程中，电制冷机组、热泵等可能采用自发的电力，也可能使用外网的电力；余热可能用于制冷，也可能用于制热，所以任一工况都要根据开机配置先确定输入和输出的权重。

按照上文所述的原则，在所有的能耗当中，发电机组产生的自用电能的余热等需要在"投入"和"产出"中刨除，最终统计时只计入一次能源和来自市政外网的电力，以及实际往外输送冷热以及电能。

在计算能源中心的最终效率时，因为各个项目在配置上都可能有差异，所以产出的能源效率也可能不尽相同。因此需要将各种产出的效率分别计算。如冷量的效率可以按照式（10-1）来计算。

$$\eta_{\text{冷}} = \frac{\text{工况}1\text{冷量}\cdot\text{小时数}1+\text{工况}2\text{冷量}\cdot\text{小时数}2\cdots\text{工况}n\text{冷量}\cdot\text{小时数}n}{\text{工况}1\text{一次能耗}\cdot\text{小时数}1+\text{工况}2\text{一次能耗}\cdot\text{小时数}2+\cdots+\text{工况}n\text{一次能耗}\cdot\text{小时数}n}$$

（10-1）

其中分母中的一次能耗包含用于制冷的实际一次能耗（如天然气），以及来自外网的电力折算后的一次能耗。一种比较复杂的情况是三联供，如果自发的电力同时用于制冷、制热系统，则作为中间产品的电能也需要被追溯，作为权重代入到分母中。而另一种中间产品余热，因为可以看作免费的，则不需要。

按照同样的原则，热量和电量也可以用式（10-2）和式（10-3）来计算。

$$\eta_{热} = \frac{工况1热量 \cdot 小时数1 + 工况2热量 \cdot 小时数2 \cdots 工况n热量 \cdot 小时数n}{工况1一次能耗 \cdot 小时数1 + 工况2一次能耗 \cdot 小时数2 + \cdots + 工况n一次能耗 \cdot 小时数n}$$
(10-2)

$$\eta_{电} = \frac{工况1电量 \cdot 小时数1 + 工况2电量 \cdot 小时数2 \cdots 工况n电量 \cdot 小时数n}{工况1一次能耗 \cdot 小时数1 + 工况2一次能耗 \cdot 小时数2 + \cdots + 工况n一次能耗 \cdot 小时数n}$$
(10-3)

10.1.3 能源中心全年能效计算示例

1. 供冷系统运行模式

上海某能源中心，其中一个分站对应的空调计算冷负荷为81.03MW，考虑城区集中供冷的同时使用系数（0.8），供冷管网和冷水二次泵等各项温升损失的安全系数（≥5%），设备采购价格和备品备件的规格及数量等因素，确定分站设计日的最大供冷负荷为70MW。

该分站的城区集中供冷系统，设计两种运行模式：
（1）电动冷水机组＋烟气热水型溴化锂冷水机组供冷；
（2）电动冷水机组单独供冷。

其中，发电机组发出的电量只能由能源中心的设备使用，不采用烟气热水型溴化锂冷水机组单独供冷的运行模式。

烟气热水型溴化锂冷水机组设为系统的基载主机，基载主机优先。当电动冷水机组运行台数不超过3台时，采用电动冷水机组与溴化锂冷水机组台数对应的模式；当电动离心式冷水机组运行台数不少于4台时，分布式供能系统满负荷运行（见图10-1）。

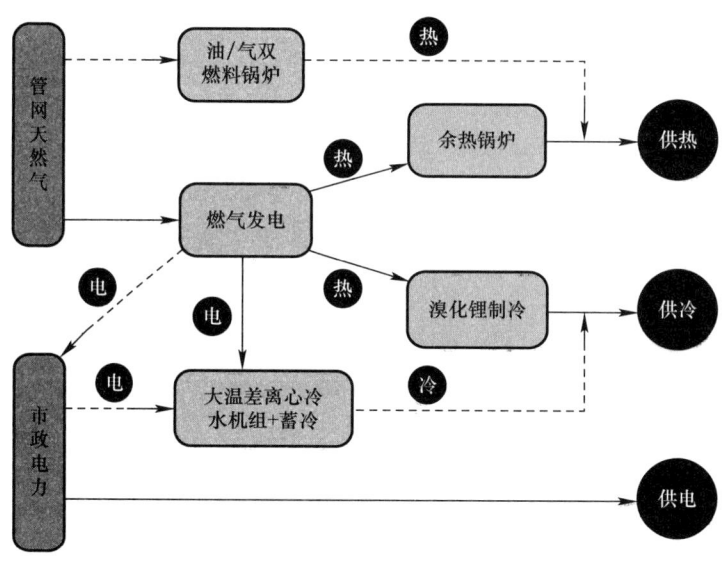

图10-1 能源中心供能逻辑示意图

根据该站设计时的负荷预测以及运行策略，供冷期设定为每年6月1日～9月30日，全部供冷时间为122d（2928h）；供热期定为每年11月15日～3月14日，共120d（2880h）。能源中心集中供冷的主要设备配置如表10-2所示。

第10章 城区能源规划的评价方法和工具

集中供冷系统主要设备配置　　　　表 10-2

序号	名称	设备规格	数量（台/套）	单位功率（kW）
1	电动离心式冷水机组	制冷量 7034kW；冷水进/出水温度 13℃/5℃；冷却水进/出水温度 32℃/38℃	9	1350
2	电动离心式冷水机组	制冷量 3517kW；冷水进/出水温度 13℃/5℃；冷却水进/出水温度 32℃/38℃	1	680
3	烟气热水型溴化锂冷水机组	制冷量 1454kW；冷水进/出水温度 13℃/6℃冷却水进/出水温度 32℃/37.5℃	4	8
4	离心式冷水机组用低噪声冷却塔	流量 1250m³/h；进/出塔水温 38℃/32℃；设计湿球温度 29℃	9	115
5	离心式冷水机组用低噪声冷却塔	流量 650m³/h；进/出塔水温 38℃/32℃；设计湿球温度 29℃	1	90
6	烟气热水型溴化锂冷水机组用低噪声冷却塔	流量 610m³/h；进/出塔水温 37.5℃/32℃；设计湿球温度 29℃	4	30
7	离心式冷水机组冷却水泵（水平中分泵）	流量 1250m³/h；扬程 28mAq；转速 1450rpm	9+1	132
8	离心式冷水机组冷却水泵（水平中分泵）	流量 650m³/h；扬程 28mAq；转速 1450rpm	1+1	75
9	烟气热水型溴化锂冷却水泵	流量 610m³/h；扬程 28mAq；转速 1450rpm	4+1	75
10	离心式冷水机组一次泵（水平中分泵）	流量 830m³/h；扬程 18mAq；转速 1450rpm	9+1	75
11	离心式冷水机组一次泵（水平中分泵）	流量 420m³/h；扬程 18mAq；转速 1450rpm	1+1	30
12	溴化锂冷水机组一次泵	流量 200m³/h；扬程 18mAq；转速 1450rpm	4+1	15
13	冷水二次泵（水平中分泵）	流量 1700m³/h；扬程 54mAq；转速 1450rpm	5+1	320
14	冷水二次泵（水平中分泵）	流量 700m³/h；扬程 25mAq；转速 1450rpm	1	75

2. 能源中心全年供冷能效计算

全年一次能源利用率的计算原则是将总的制冷量（MW）和各制冷设备所消耗的一次能源量（换算成 MW）的比值作为全年能效的值，把所有的负荷分为 100%、95%、90%、…5%、2%共 21 个状态。根据前期规划的业态和运行策略，初步计算出用户冷负荷的分布，如图 10-2 所示。

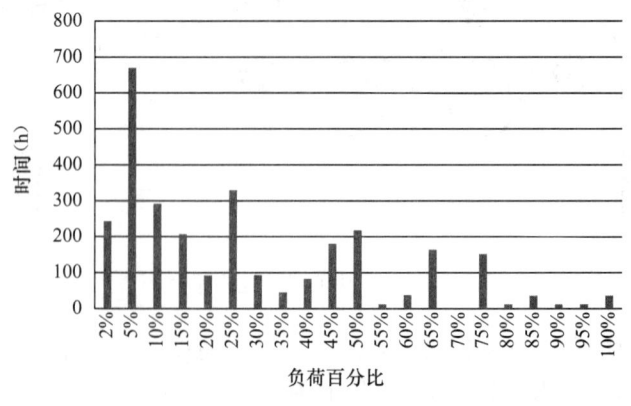

图 10-2　冷负荷分布预测

该能源中心分站总的发电策略是全部自用,所以当制冷、制热负荷较低的时候,发电机不启动,夜间电价较低的时段也停机。在制冷主机的控制策略上,由于在相同冷却水进水和冷冻水出水温度的情况下,1000Rt 和 2000Rt 的离心式机组在 90% 左右的负荷率的负载效率最高,因此尽量控制冷机处在 90% 到满载直接运行,这同时也能减少冷机和水泵的运行台数。根据这个原则以及负荷的预测,可以计算出各个状态冷机的启动台数和负载率(见表 10-3)。

制冷主机在不同负荷率下的开启台数和负载率　　　　表 10-3

冷负荷率	总冷量(MW)	2000Rt 电动离心式冷水机组		1000Rt 电动离心式冷水机组		1454kW 溴化锂冷水机组制冷量	
		台数	单台负载率	台数	单台负载率	台数	单台负载率
2%	1.40	0	0%	1	40%	0	0%
5%	3.50	0	0%	1	100%	0	0%
10%	7.00	0	0%	1	75%	3	100%
15%	10.50	1	67%	0	0%	4	100%
20%	14.00	1	66%	1	100%	4	100%
25%	17.50	2	83%	0	0%	4	100%
30%	21.00	2	83%	1	100%	4	100%
35%	24.50	3	89%	0	0%	4	100%
40%	28.00	3	88%	1	100%	4	100%
45%	31.50	4	91%	0	0%	4	100%
50%	35.00	4	91%	1	100%	4	100%
55%	38.50	5	93%	0	0%	4	100%
60%	42.00	6	86%	0	0%	4	100%
65%	45.50	6	94%	0	0%	4	100%
70%	49.00	7	88%	0	0%	4	100%
75%	52.50	7	95%	0	0%	4	100%
80%	56.00	8	89%	0	0%	4	100%
85%	59.50	8	95%	0	0%	4	100%
90%	63.00	9	90%	0	0%	4	100%
95%	66.50	9	96%	0	0%	4	100%
100%	70.00	9	96%	1	100%	4	100%

根据冷机的负载率和效率,就可以计算出各个负荷段的冷机电耗,如表 10-4 和表 10-5 所示。注意此处的电量是一个小时的耗电量而非该状态全年的量。另外,假定烟气吸收式冷机承担基载负荷,始终满负荷运行。

能源中心所使用电制冷机组的效率　　　　表 10-4

负载率(%)	净制冷量(kW)	电负载率(%)	电功率(kW)	蒸发入口温度(℃)	蒸发出口温度(℃)	冷凝入口温度(℃)	冷凝出口温度(℃)	COP
100	3516	100	698.0	13.00	5.00	32.00	38.00	5.037
90	3164	89	620.0	12.20	5.00	32.00	37.39	5.104
80	2813	79	550.0	11.40	5.00	32.00	36.79	5.114
70	2461	70	486.0	10.60	5.00	32.00	36.20	5.064

续表

负载率 (%)	净制冷量 (kW)	电负载率 (%)	电功率 (kW)	蒸发入口温度 (℃)	蒸发出口温度 (℃)	冷凝入口温度 (℃)	冷凝出口温度 (℃)	COP
60	2110	61	426.0	9.80	5.00	32.00	35.61	4.952
50	1758	53	368.0	9.00	5.00	32.00	35.02	4.777
40	1406	44	310.0	8.20	5.00	32.00	34.44	4.537
30	1055	36	251.0	7.40	5.00	32.00	33.85	4.202
20	703	27	189.0	6.60	5.00	32.00	33.25	3.721
15	529	22	155.0	6.20	5.00	32.00	32.96	3.411
100	7032	100	1416.0	13.00	5.00	32.00	38.00	4.966
90	6329	89	1265.0	12.20	5.00	32.00	37.40	5.003
80	5626	80	1128.0	11.40	5.00	32.00	36.80	4.987
70	4922	71	1000.0	10.60	5.00	32.00	36.21	4.922
60	4219	62	877.0	9.80	5.00	32.00	35.62	4.811
50	3516	54	761.0	9.00	5.00	32.00	35.04	4.620
40	2813	44	617.0	8.20	5.00	32.00	34.43	4.559
30	2110	35	496.0	7.40	5.00	32.00	33.84	4.253
20	1406	27	381.0	6.60	5.00	32.00	33.25	3.691
15	1057	23	331.0	6.20	5.00	32.00	32.98	3.195

各个负荷段的冷机电耗　　表 10-5

冷负荷率	2000Rt 电动离心式冷水机组			1000Rt 电动离心式冷水机组			1454kW 溴化锂冷水机组制冷量		总制冷机耗电量 (MWh)
	台数	制冷效率	耗电量 (MW)	台数	制冷效率	耗电量 (MW)	台数	耗电量 (MW)	
2%	0	3.195	0.00	1	4.202	0.33	0	0	0.33
5%	0	3.195	0.00	1	5.104	0.69	0	0	0.69
10%	0	3.195	0.00	1	5.064	0.52	3	0.024	1.13
15%	1	4.811	0.97	0	3.411	0.00	4	0.032	1.81
20%	1	4.811	0.97	1	5.037	0.70	4	0.032	2.27
25%	2	4.987	2.34	0	3.411	0.00	4	0.032	2.93
30%	2	4.987	2.34	1	5.037	0.70	4	0.032	3.34
35%	3	4.987	3.75	0	3.411	0.00	4	0.032	4.05
40%	3	4.987	3.74	1	5.037	0.70	4	0.032	4.47
45%	4	5.003	5.13	0	3.411	0.00	4	0.032	5.17
50%	4	5.003	5.13	1	5.037	0.70	4	0.032	5.86
55%	5	5.003	6.53	0	3.411	0.00	4	0.032	6.56
60%	6	4.987	7.26	0	3.411	0.00	4	0.032	7.29
65%	6	5.003	7.93	0	3.411	0.00	4	0.032	7.96
70%	7	4.987	8.66	0	3.411	0.00	4	0.032	8.69
75%	7	5.003	9.33	0	3.411	0.00	4	0.032	9.36
80%	8	4.987	10.06	0	3.411	0.00	4	0.032	10.09
85%	8	5.003	10.73	0	3.411	0.00	4	0.032	10.76
90%	9	5.003	11.43	0	3.411	0.00	4	0.032	11.46
95%	9	5.003	12.13	0	3.411	0.00	4	0.032	12.16
100%	9	5.003	12.13	1	5.037	0.70	4	0.032	12.86

10.1 城区分布式能源系统的节能量分摊

然后根据冷机的冷量、进出水温、散热量等，可以计算出相对应冷冻水一二次水泵的能耗，冷却塔和冷却水泵的能耗，如表10-6所示。

水泵和冷却塔能耗　　　　　　　　　　　　　　　　　表10-6

冷负荷率	冷冻水流量（L/s）	冷冻水一次泵耗电量（kW）	冷冻水二次泵耗电量（kW）	冷却水流量（L/s）	冷却水泵耗电量（kW）	冷却塔耗电量（kW）	总耗电量（MWh）
2%	41.7	30	45.0	68.8	34.5	22.78	0.132
5%	104.2	30	45.0	166.1	34.5	55.01	0.165
10%	208.3	75	86.1	471.5	86.3	156.18	0.406
15%	312.5	135	129.2	686.1	155.3	227.23	0.568
20%	416.7	165	172.3	852.6	189.8	282.37	0.811
25%	520.8	210	215.3	1018.2	241.5	337.23	0.973
30%	625.0	240	258.4	1184.7	276.0	392.36	1.119
35%	729.2	285	301.5	1351.7	327.8	447.68	1.314
40%	833.3	315	344.5	1518.1	362.3	502.81	1.525
45%	937.5	360	387.6	1684.5	414.0	557.91	1.720
50%	1041.7	390	430.7	1851.0	448.5	613.04	1.882
55%	1145.8	435	473.7	2017.8	500.3	668.30	2.077
60%	1250.0	510	516.8	2185.4	586.5	723.80	2.337
65%	1354.2	510	559.9	2351.1	586.5	778.69	2.435
70%	1458.3	585	602.9	2518.9	672.8	834.25	2.695
75%	1562.5	585	646.2	2684.4	672.8	889.08	2.793
80%	1666.7	660	784.0	2852.3	759.0	944.69	3.148
85%	1770.8	660	940.4	3017.7	759.0	999.47	3.359
90%	1875.0	735	1116.3	3184.4	845.3	1054.66	3.751
95%	1979.2	735	1312.9	3351.0	845.3	1109.86	4.003
100%	2083.3	765	1531.3	3517.5	879.8	1164.99	4.341

至此，和制冷相关的产出，以及投入的一部分——电耗全部计算出来；这部分电耗来自于自发电和外网电力，根据发电机的运行策略有制冷的需求确定发电机的开启台数，从而计算出发电量和天然气消耗量。把发电量和耗电量相比较，可以计算出各个工况下的外网电量。然后结合各个负荷点出现的小时数，可以计算出全年的天然气消耗量以及外网耗电量，分别为1957527Nm^3和51052MWh，如表10-7所示。

耗电量和天然气消耗量计算　　　　　　　　　　　　　　　　表10-7

冷负荷率	出现小时数	制冷总耗电量（MWh）	发电量（MWh）	外网电量（MWh）	天然气消耗量（Nm^3）	外网全年电量（MWh）	天然气全年消耗量（Nm^3）
2%	243	0.47	0	0.47	0	113.1	0
5%	671	0.85	0	0.85	0	570.5	0
10%	292	1.54	1.41	0.13	351	38.3	102492
15%	207	2.38	1.41	0.97	351	200.1	72657
20%	92	3.08	2.82	0.26	702	24.2	64584
25%	330	3.90	2.82	1.08	702	357.5	231660
30%	93	4.46	4.23	0.24	1053	22.0	97929

续表

冷负荷率	出现小时数	制冷总耗电量（MWh）	发电量（MWh）	外网电量（MWh）	天然气消耗量（Nm³）	外网全年电量（MWh）	天然气全年消耗量（Nm³）
35%	45	5.36	4.23	1.14	1053	51.1	47385
40%	83	6.00	5.64	0.36	1404	30.0	116532
45%	180	6.89	5.64	1.25	1404	224.9	252720
50%	218	7.74	5.64	2.11	1404	459.3	306072
55%	12	8.64	5.64	3.01	1404	36.1	16848
60%	38	9.62	5.64	3.99	1404	151.6	53352
65%	164	10.40	5.64	4.76	1404	781.1	230256
70%	0	11.39	5.64	5.75	1404	—	0
75%	152	12.16	5.64	6.52	1404	991.0	213408
80%	12	13.24	5.64	7.61	1404	91.3	16848
85%	36	14.12	5.64	8.49	1404	305.5	50544
90%	12	15.21	5.64	9.58	1404	114.9	16848
95%	12	16.16	5.64	10.53	1404	126.3	16848
100%	36	17.20	5.64	11.56	1404	416.2	50544

结合表10-1的折算系数，再把两种投入的能源折算成标准煤（一次能源），天然气和外网电量对应的标准煤分别为3791730kg和1383506kg，总计为5175236kg。

根据全年总产冷量57036700kWh，可以计算出能源中心分站的制冷效率为90.74kgce/MWh，或者反算为电量，综合能效系数为2.99。

3. 能源中心综合效率损失计算

上文的分析基于理想的状况，实际运行中，能源中心的综合效率还要受到以下几个因素的影响：

(1) 冷机工作状态点。由于系统负荷由需求侧来决定，冷机工作状态点主要受逐时负荷的范围而定。这一点上文已经分析过，根据能源中心预测的负荷匹配冷机的开机台数和对应的效率状态点，从而计算出平均效率。

(2) 水泵工作状态点。如果水泵偏离设计状态点。这一点计算水泵能耗时，通过水泵的运行曲线已经考虑在内。

(3) 水泵温升。水泵工作工程中的机械损失和有用机械功，机械工通过摩擦，最终全部转换为热能，造成水温的上升。

(4) 管道温升。由于输送距离较长，管道传热也将引起热量损失。

再考虑第三项管道温升，由《实用供热空调设计手册（第二版）》查得管径为600mm流速为2.0m/s的冷水，每1000m输送距离的供水温升为0.028℃。能源中心北站距离D17酒店的总输送距离为3km，则输送导致的温升为0.084℃，而总的冷水供水温差为7.5℃，则输送冷损百分比为1.1%（见表10-8）。

冷损计算表　　表10-8

冷负荷率	出现小时数	总冷量（MW）	冷冻水一次泵机械功（MW）	冷冻水二次泵机械功（MW）	管道冷损失（MW）	可用总冷量（MW）	全年可用总冷量（MW）
2%	243	1.40	0.021	0.032	0.0154	1.33	323.70

续表

冷负荷率	出现小时数	总冷量（MW）	冷冻水一次泵机械功（MW）	冷冻水二次泵机械功（MW）	管道冷损失（MW）	可用总冷量（MW）	全年可用总冷量（MW）
5%	671	3.50	0.021	0.032	0.0385	3.41	2287.44
10%	292	7.00	0.063	0.060	0.0770	6.80	1985.51
15%	207	10.50	0.084	0.090	0.1155	10.21	2113.48
20%	92	14.00	0.126	0.121	0.1540	13.60	1251.15
25%	330	17.50	0.147	0.151	0.1925	17.01	5613.22
30%	93	21.00	0.158	0.181	0.2310	20.43	1900.05
35%	45	24.50	0.189	0.211	0.2695	23.83	1072.37
40%	83	28.00	0.221	0.241	0.3080	27.23	2260.12
45%	180	31.50	0.252	0.271	0.3465	30.63	5513.43
50%	218	35.00	0.273	0.301	0.3850	34.04	7420.84
55%	12	38.50	0.305	0.332	0.4235	37.44	449.28
60%	38	42.00	0.357	0.362	0.4620	40.82	1551.13
65%	164	45.50	0.357	0.392	0.5005	44.25	7257.10
70%	0	49.00	0.410	0.422	0.5390	47.63	0.00
75%	152	52.50	0.410	0.452	0.5775	51.06	7761.24
80%	12	56.00	0.462	0.549	0.6160	54.37	652.48
85%	36	59.50	0.462	0.658	0.6545	57.73	2078.11
90%	12	63.00	0.515	0.781	0.6930	61.01	732.13
95%	12	66.50	0.515	0.919	0.7315	64.34	772.02
100%	36	70.00	0.536	1.072	0.7700	67.62	2434.41

最后，根据全年总可用冷量修正为55429222kWh，可以计算出能源中心分站的制冷效率为93.37kg/MWh，或者反算为电量，综合能效系数为2.90。

4. 供热一次能耗效率计算

该能源分站区域供热系统主要采用燃气/燃油双燃料热水锅炉，热效率为95%。北站城区集中供热系统的最大供热负荷为43.6MW，全年累计热负荷为42400MWh。该分站用电负荷较低（约700~800kW），低负荷运行一台发电机（余热量1.5MW）即可满足该分站电力需求。以发电机每天运行12h，运行120d来计，余热利用为2160WMh，占总供热负荷的5%，其余95%来自锅炉。另外和供热相关的水泵等能耗都可以由自发电来负担，如表10-9所示。

供热侧的一次能源效率 表10-9

项目	锅炉	余热
热效率	95%	—
比例	95%	5%

全年累计热负荷为42400MWh，可以折算出锅炉消耗的天然气的热值为42400·95%/95%＝42400MWh，天然气消耗量4289110Nm³。

能源中心供应的热水温度为95℃/60℃，其水泵的参数如表10-10所示。

第 10 章 城区能源规划的评价方法和工具

水泵参数　　　　　　　　　　　　表 10-10

序号	名称	设备规格	数量（台/套）	单位功率（kW）
1	离心式热水一次泵	流量 250m³/h；扬程 18mAq；转速 1450rpm	5+1	18
2	热水二次泵	流量 250m³/h；扬程 50mAq；转速 1450rpm	5+1	47.3

根据前期预测的热负荷规律，供热水泵能耗计算如表 10-11 所示。

供热水泵能耗计算　　　　　　　　　　　　表 10-11

热负荷率	出现小时数	总热量权重	总供热量（MWh）	总热水量（m³）	热水一次泵耗电量（MWh）	热水二次泵耗电量（kW）	总耗电量（MWh）
25%	780	13%	5624.5	137743	35.7	99.3	135.0
50%	1400	48%	20190.5	494461	128.3	178.2	306.4
75%	500	26%	10816.3	264890	68.7	143.2	211.9
100%	200	14%	5768.7	141274	36.6	101.8	138.4

发电机的转换效率约为 249Nm³/MWh，据此可以算出输配环节消耗的电量，折算到天然气消耗量为 792・249＝197208Nm³。

管道热损失，参照《供热管道保温结构散热损失测试与保温效果评定方法》CJ/T 140—2001 附录表 A2 的允许最大散热损失，可以计算出供水管的散热损失为 175W/m，回水管的散热损失为 109W/m。根据该项目的输送管长，计算出供回水管的热损失分别为 0.263MW 和 0.164MW，全年的热损失为 1230MWh。把总供热量减去管道热损失，加上水泵的机械功，就可计算出总的可用热量为 41724MWh。然后把消耗的天然气量计算成标准煤，就得出能源中心供热一次能源的效率为 208kgce/MWh（或者说一次能源效率为 94%），如表 10-12 所示。

供热一次能源效率计算　　　　　　　　　　　　表 10-12

总供热量（MWh）	锅炉天然气消耗量（Nm³）	发电机天然气消耗量（Nm³）	折算一次能源量（kgce）	管网热损失（MWh）	水泵机械功（MWh）	可用总热量（MWh）
42400	4289110	197208	8689998	1230	554	41724

10.1.4 需求侧计算

和供给侧类似，需求侧（单体建筑用户）能耗的计算也可以采用逐时的计算机建模和典型工况累加计算总能耗。由于建筑能耗模型（Energy Modelling）方法已经比较成熟，而且建筑空调冷热负荷随着气候情况等边界条件的变化规律比较复杂，所以下文以能耗模型方法为主来介绍。

1. 能耗计算软件

目前国内常用的建筑能耗模型已经有众多的选择，如国内自主研发的 DeST，由美国能源部赞助的免费软件 EnergyPlus 和 eQUEST，还有商用软件如 IES VE，Trace 等。其中 EnergyPlus 由于没有图形界面，在使用上更加复杂，所有有图形界面软件如 DesignBuilder，Simergy 等可以辅助其使用。

通常所选用的能耗计算软件应包含足够的计算方法计算建筑中所有的耗能设备，并且需要包含以下功能：

10.1 城区分布式能源系统的节能量分摊

(1) 可进行全年 8760h 逐时计算;

(2) 可计算每小时人员密度,小动力,照明空调温控器的设定值,暖通空调系统的运行的变化,可定义的每一天不同的运行模式;

(3) 可计算热惰性的影响;

(4) 至少 40 个空调分区;

(5) 空调设备的部分负荷性能曲线;

(6) 空调设备在环境温度改变时容量和效率的校正曲线;

(7) 过渡季新风免费供冷集成模拟。

2. 计算机模型边界条件规定

设计建筑和参照建筑在建模时一般都需要满足下述规则:

(1) 采用相同的能耗计算程序和相同的天气参数;

(2) 相同的空调(供暖)设定温度和相同的运行时间表;

(3) 形状、大小、朝向、内部的空间划分和使用功能应完全一致;

(4) 相同的插座和小动力用电量;

(5) 室内人员密度、建筑及能耗设备系统运行时间表应按《公共建筑节能设计标准》附录 E 确定。

详细的边界条件规定参照表 10-13 和表 10-14。

(1) 围护结构

能耗模型围护结构部分的参数设置 表 10-13

围护结构部位		参照建筑	设计建筑
不透明部分		按照《公共建筑节能设计标准》GB 50189—2015①	按照设计节点设置
外窗或幕墙,含屋顶透明部分	窗墙比	和各朝向设计建筑一致,如果设计建筑任一朝向超过 70%,则此朝向按照 70%设置;天窗不超过标准中最大值	按照设计值设置
	综合传热系数 K [W/(m^2·℃)]	按照节能标准对应的窗墙比设置	按照设计值设置
	综合遮阳系数	按照节能标准对应的窗墙比设置	按照设计值设置
	外遮阳	不需设置	自动外遮阳按照实际控制策略设置,固定或手动外遮阳按照固定外遮阳设置

① 如果当地有更严格的节能设计标准,则参照本地标准。

(2) 空调系统

能耗模型空调系统部分的参数设置 表 10-14

参数	参照建筑	设计建筑
室内设计计算温度	按照设计值设置(如果设计温度超出推荐值范围,则参照建筑按照推荐值上限或下限来设置)	按照设计值设置
设计相对湿度	按照设计值设置	按照设计值设置
设计新风量	按照设计值设置	按照设计值设置

第10章 城区能源规划的评价方法和工具

续表

参数		参照建筑	设计建筑
冷冻水系统	冷源台数及控制	当冷量不超过300Rt时,设置1台制冷机	
		当冷量大于300Rt,不超过800Rt时,设置2台相同容量的制冷机	
		当建筑体量较大时,设置最大单台冷量不超过800Rt的同冷量主机	
	冷源类型	制冷机单台容量小于450Rt,螺杆式电制冷机组;大于或等于450Rt,离心电制冷机组	冷冻水(能量计计量)
	冷源效率	螺杆机,单台不超过330Rt,COP=5.20①; 单台大于330Rt,COP=5.60	设置换热站之后的换热器和水泵温升损失
		离心机,单台不超过600Rt,COP=5.60; 单台大于600Rt,COP=5.90	
	冷机启动台数	计算中按照满足逐时负荷最少台数,各台冷机均匀负载的策略,控制启动台数	
	冷冻水水温	7~12℃	设计水温
	冷冻水泵	按照GB 501889—2015来计算,通常$EC=0.032$②	实际水泵效率
冷却水系统	冷却塔效率	3.40L/(s·kW)或者0.014W/W③	无
	冷却水温度	32~37℃	
	冷却水泵效率	输送效率0.018④	
热水系统	热源类型	燃气锅炉	热水(能量计计量)
	热源台数	2台相同容量	
	热源效率	90%	
	热水泵效率	按照GB 50189—2015来计算,通常EH约为0.012	实际水泵效率
空调末端	末端类型	空间较大或有必要集中进行温、湿度控制和管理的空调区,采用全空气空调系统; 其他条件下,采用有独立新风的定流量两管制风机盘管系统	按照设计情况设置
	排风热回收	无	按照设计情况设置

① 参照GB 50189—2015中,表4.2.10。
② 参照公式$EC=A\cdot(B+\alpha\cdot\Sigma L)/\Delta T$。其中冷水系统$\Delta T=5℃$,$A$为水泵流量系数,$B$为一级泵或是二级泵的系数,$\alpha$为管道总长的系数,$\Sigma L$为管道总长。由于参照建筑并不存在实际设计,可以约定总冷量不大于400Rt的建筑采用一级泵系统,总冷量大于400Rt的建筑采用二级泵系统。约定管道总长按照公式ΣL=建筑高度·2+建筑平均周长。上述参数的取值见表10-18~表10-21。
③ 冷却塔效率参照ASHRAE 90.1—2013。
④ 冷却水泵的效率,如果参照ASHRAE 90.1—2013,310kW/(1000L/s),相当于水泵扬程为25m时,水泵综合效率需要达到81%,这个要求是比较高的。按照我国市场上产品的现状,可以适当放宽到370kW/(1000L/s),相当于输送效率为0.018W/W。

(3) 照明系统

建筑室内照明功率密度(LPD)值参照《建筑照明设计标准》GB 50034来设置。其中常见的设置如表10-15所示。

参照建筑照明功率密度设置　　　　　　　　　　表10-15

建筑类别	房间类别	照明功率密度(W/m²)
住宅建筑	起居室、卧室等	6

续表

建筑类别	房间类别	照明功率密度（W/m²）
办公建筑	普通办公室	9
	高档办公室、设计室	15
	会议室	9
	走廊	5
	其他	9
宾馆建筑	客房	7
	餐厅	10
	会议室、多功能厅	15
	走廊	4
	门厅	11
商店建筑	一般商店	10
	高档商店	16

参照建筑不需要计算自动控制带来的贡献，设计建筑的照明光感、人体感应、编程时序控制等都按照实际情况来设置。照明使用的时间表按照实际使用情况来设置，如果没有明确的预期，也可以参照 GB 50189—2015 的表 B.0.4-4 来设置，如表 10-16 所示。

照明开关时间表（%） 表 10-16

建筑类别		时间										
		1	2	3	4	5	6	7	8	9	10	11	12
办公建筑	工作日	0	0	0	0	0	0	10	50	95	95	95	80
	节假日	0	0	0	0	0	0	0	0	0	0	0	0
宾馆建筑	全年	10	10	10	10	10	10	30	30	30	30	30	30
商场建筑	全年	10	10	10	10	10	10	10	50	60	60	60	60

建筑类别		时间										
		13	14	15	16	17	18	19	20	21	22	23	24
办公建筑	工作日	80	95	95	95	95	30	30	0	0	0	0	0
	节假日	0	0	0	0	0	0	0	0	0	0	0	0
宾馆建筑	全年	30	30	50	50	60	90	90	90	90	80	10	10
商场建筑	全年	60	60	60	60	80	90	100	100	100	10	10	10

（4）插座和动力

插座和动力的容量配置以及使用的时间表按照实际使用情况来设置，如果没有明确的预期，也可以参照 GB 50189—2015 的表 B.0.4-10 来设置，如表 10-17 所示。

插座和动力逐时使用率（%） 表 10-17

建筑类别		时间										
		1	2	3	4	5	6	7	8	9	10	11	12
办公建筑	工作日	0	0	0	0	0	0	10	50	95	95	95	50
教学楼	节假日	0	0	0	0	0	0	0	0	0	0	0	0
宾馆建筑	全年	0	0	0	0	0	0	0	0	0	0	0	0

续表

建筑类别		时间											
		1	2	3	4	5	6	7	8	9	10	11	12
商场建筑	全年	0	0	0	0	0	0	0	30	50	80	80	80
门诊楼	全年	0	0	0	0	0	0	0	20	50	95	80	40

建筑类别		时间											
		13	14	15	16	17	18	19	20	21	22	23	24
办公建筑	工作日	50	95	95	95	95	30	30	0	0	0	0	0
教学楼	节假日	0	0	0	0	0	0	0	0	0	0	0	0
宾馆建筑	全年	0	0	0	0	80	80	80	80	80	0	0	0
住院部	全年	95	95	95	95	95	95	95	95	95	95	95	95
商场建筑	全年	80	80	80	80	80	80	80	70	50	0	0	0
门诊楼	全年	20	50	60	60	20	20	0	0	0	0	0	0

ΔT 值（℃） 表 10-18

冷水系统	热水系统			
	严寒	寒冷	夏热冬冷	夏热冬暖
5	15	15	10	5

A 值 表 10-19

设计水泵流量 G	$G \leqslant 60 m^3/h$	$60 m^3/h < G \leqslant 200 m^3/h$	$G > 200 m^3/h$
A 值	0.004225	0.003858	0.003749

B 值 表 10-20

系统组成		四管制单冷、单热管道 B 值	两管制热水管道 B 值
一级泵	冷水系统	28	—
	热水系统	22	21
二级泵	冷水系统	33	—
	热水系统	27	25

四管制冷、热水管道系统的 α 值 表 10-21

系统		管道长度 ΣL 范围（m）		
		$\leqslant 400m$	$400m < \Sigma L < 1000m$	$\Sigma L \geqslant 1000m$
冷水		$\alpha = 0.02$	$\alpha = 0.016 + 1.6/\Sigma L$	$\alpha = 0.013 + 4.6/\Sigma L$
热水		$\alpha = 0.014$	$\alpha = 0.0125 + 0.6/\Sigma L$	$\alpha = 0.009 + 4.1/\Sigma L$

系统	地区	管道长度 ΣL 范围（m）		
		$\leqslant 400m$	$400m < \Sigma L < 1000m$	$\Sigma L \geqslant 1000m$
热水	严寒	$\alpha = 0.009$	$\alpha = 0.0072 + 0.72/\Sigma L$	$\alpha = 0.0059 + 2.02/\Sigma L$
	寒冷			
	夏热冬冷	$\alpha = 0.0024$	$\alpha = 0.002 + 0.16/\Sigma L$	$\alpha = 0.0016 + 0.56/\Sigma L$
	夏热冬暖	$\alpha = 0.0032$	$\alpha = 0.0026 + 0.24/\Sigma L$	$\alpha = 0.0021 + 0.74/\Sigma L$
冷水		$\alpha = 0.02$	$\alpha = 0.016 + 1.6/\Sigma L$	$\alpha = 0.013 + 4.6/\Sigma L$

10.2 城区能源系统的碳减排率评价

10.2.1 碳减排率

城区能源系统的碳减排率是指所研究的城区能源系统相对于其基准能源系统，其二氧化碳排放当量减少的比例。为便于准确合理核算，城区能源系统的碳排放量是指该系统运行过程中产生的用二氧化碳排放当量表示的直接温室气体排放与为使系统运行所购入的电力、热水或蒸汽等能源产生的用二氧化碳排放当量表示的间接温室气体排放之和。不包括构成系统的设备、管道、构件等其他材料在全寿命周期中引起的碳排放量。

城区能源系统的碳减排率，一是计算出能源系统的碳排放量；二是确定能源系统的比较对象，即基准能源系统。方案阶段，碳排放量通常基于动态模拟获得；对于已运行的城区能源系统，其数据要基于各碳排放源的实际运行数据进行计算。显然，两个阶段的差异主要在于数据获取的方式。

10.2.2 碳排放量的计算方法

1. 设定系统计算边界[1]

选定所要计算的城区能源系统，即设定了系统计算边界。以集中供热系统为例，锅炉房产生的热水沿室外供热管网被输配到各建筑。若分析某建筑室内供暖系统的碳排放量，则以该建筑室内供暖系统为边界；若计算整个供热管网的碳排放量，则以整个供热管网系统为计算边界。

2. 确认计算边界内系统的温室气体排放源

在统计边界内系统的温室气体排放源之前，需先明确温室气体排放的分类。

温室气体排放包括直接排放与间接排放。直接排放是指计算边界内系统排放源的温室气体排放；间接排放是指为使系统运行而购入的电力、热水或蒸汽产生的温室气体排放以及构成系统的设备、管道、构件等其他材料引起的温室气体排放。间接排放不直接在系统运行中发生，而是在其他地方或系统中排放。

按温室气体排放量控制的难易程度，温室气体排放可分为三个范围。范围1：系统计算边界内的直接排放；范围2：为使系统运行而购入的电力、热水或蒸汽等能源产生的温室气体排放；范围3：构成系统的设备、管道、构件等其他材料引起的温室气体排放，这部分指的是系统内所有组件从最原始的材料加工运输至成品、成品运输至当前系统所在地、报废以后材料回收等所有活动（from cradle to grave）中的温室气体排放。范围2和范围3属于间接排放。购入电力输配系统的间接排放不计入城区能源系统，应计入电力公司。确认计算边界内系统的温室气体排放源从易到难进行。先确认直接排放（范围1）源，再确认范围2的间接排放源，最后确认范围3的间接排放源。通常，范围1和范围2的温室气体排放量是必须计算的。范围3是可选择的，因为范围3的计算难度很大。

城区能源系统的范围1和范围2的温室气体排放列举如下。范围1：锅炉、直燃机、燃气轮机等燃烧设备的直接排放；设备和管道接缝、冷藏和空调装置等泄漏引起的直接排放；范围2：水泵、电动压缩式制冷机和房间空调器、电热水器等电动设备所用电力的间接排放。

举例说明两个相关系统的碳排放量分析。A 系统为一个燃气轮机热电联产系统，多余的电力出售给 B 系统。A 系统的碳排放量由 A 系统的直接排放（范围 1）、系统运行所购燃气的间接排放（范围 2）、A 系统所有组成设备引起的间接排放组成。B 系统的范围 2 的温室气体排放为从 A 系统中购入电力的间接排放。

明确各个范围的界定，可避免不同系统的重复计算，确保系统碳足迹分析的完整性。另外，互相比较的城区能源系统的碳排放量计算应遵循一致性的原则，即所比较的系统的碳排放量必须涵盖相同的范围。如将仅包括范围 1 和范围 2 的系统与三个范围都涵盖的系统的碳足迹进行比较是绝对不允许的。

3. 计算方法

根据燃料用量、用电量、热水量或蒸汽量与当地排放系数或标准排放系数得到各种温室气体的排放量，然后根据其全球变暖潜值 GWP 转化为 CO_2 当量。计算公式为：

$$CO_{2ei} = M_i \times GWP_i = G \times Ef_i \times GWP_i \tag{10-4}$$

式中 CO_{2ei}——某种温室气体的 CO_2 当量，t；

M_i——该温室气体的质量，t；

GWP_i——该温室气体的 GWP，以作用 100 年的 CO_2 的 GWP 为基准，计算出的各种温室气体作用 100 年的 GWP 值，《京都议定书》限制的六种温室气体的 GWP 值见表 10-22；

G——燃料用量、用电量、热水量或蒸汽量，t；

Ef_i——该温室气体排放系数，消耗单位燃料所产生的某种温室气体的排放量。

六种温室气体的 GWP 值[2]　　　　　　　　　　　　表 10-22

温室气体	GWP 值（100 年）
CO_2	1
CH_4	25
N_2O	298
HFC-23	14800
HFC-134a	1430
SF_6	22800
PFCs	7390～10300

根据式（10-4）可计算出每种温室气体用 CO_2 当量表示的排放量。总的温室气体排放量为各种温室气体用 CO_2 当量表示的排放量的总和。当不需要区分各种温室气体的排放量，仅需得到总的温室气体排放量时，可用综合温室气体排放系数乘以消耗的总燃料或系统输出总能量即得到总的温室气体排放量。通常以单位燃料的碳排放系数来表示燃料在燃烧过程中产生的用二氧化碳当量表示的温室气体排放量。各种燃料的碳排放系数可参考表 10-23。

各种燃料的碳排放系数[3]　　　　　　　　　　　　表 10-23

燃料	碳（CO_2 当量）排放系数
天然气	0.19kg/kWh
液化石油气	0.21kg/kWh

续表

燃料	碳（CO_2当量）排放系数
民用燃料油	0.27kg/kWh
煤	0.32kg/kWh
木材（可再生的）	0.00kg/kWh
汽油	2.30kg/L
柴油	2.63kg/L

电力碳排放均为间接碳排放。2007年我国电力结构中，77.8%是火力发电；而火力发电的燃料以煤为主，占到90%以上。因此，我国电力的间接碳排放量很大。我国发电平均碳排放系数为0.80kg CO_{2e}/kWh[4]。而日本是0.418kg CO_{2e}/kWh，德国是0.497kg CO_{2e}/kWh，美国是0.625kg CO_{2e}/kWh。

10.2.3 基准能源系统

对于不同的城区能源系统，可选择不同的基准能源系统。比较对象与被比较城区能源系统应满足相同的用能需求；基准能源系统是当地当前采用较多的系统形式；基准能源系统与被比较对象所采用相同设备的效率、能效比等要相同，不相同设备性能参数至少应满足当地节能标准以及相关设计标准规范的要求。

基准能源系统应具有一定的典型性、代表性与实效性。

比如，对于天然水源区域供冷系统、空气源区域供冷系统，可选择常规区域供冷系统作为基准能源系统。对于地源热泵区域供冷供热系统，冬季，以燃气热水锅炉作为热源的区域供热系统作为基准系统；夏季，以水冷电动离心式冷水机组作为冷源的区域供冷系统作为基准系统。

10.2.4 区域能源系统的碳减排率分析

某区域能源系统采用地源热泵区域供冷供热系统。首先，需要基于地源热泵区域供冷供热系统参数及形式基于能耗模拟软件（常用TRNSYS）搭建系统模型。地源热泵区域供冷系统主要由热泵机组、地埋管换热器、循环水泵、碳排放量模块等组成；其次，搭建基准能源系统的模型，分别为冬季以燃气热水锅炉作为热源的区域供热系统、夏季以水冷电动离心式冷水机组作为冷源的区域供冷系统。最后，进行模拟分析，发现地源热泵区域供冷系统的二氧化碳排放量为0.18kgCO_{2e}/kWh，基准系统二氧化碳排放量为0.613kgCO_{2e}/kWh，则得出地源热泵区域供冷供热系统相对于燃气锅炉加水冷电动离心式冷水机组供能系统，其碳减排率为70.64%[5]。

表10-24为能源总线系统和城区供冷系统的碳减排率[6]。

城区供冷系统与能源总线系统的碳减排率 表10-24

能源系统形式		单位冷量的碳排放量（kgCO_{2e}/kWh）	碳减排率（%）
城区供冷系统（常规DCS为基准能源系统）	常规DCS	0.403	0
	天然水源DCS	0.369	8.4
	空气源DCS	0.341	15.4

续表

能源系统形式		单位冷量的碳排放量（kgCO$_{2e}$/kWh）	碳减排率（%）
能源总线系统（单体建筑供冷系统为基准能源系统）	单体建筑供冷系统	0.254	0
	冷却塔能源总线	0.215	15.3
	天然水源能源总线	0.189	25.6

从表10-19可看出：①与常规城区供冷系统相比，天然水源城区供冷系统碳减排率8.4%，空气源城区供冷系统碳减排率为15.4%。即按碳排放量从小到大排序，依次为空气源城区供冷系统、天然水源城区供冷系统、常规城区供冷系统。②与单体建筑供冷系统相比，冷却塔能源总线碳减排率为15.3%，天然水源能源总线碳减排率为25.6%。即按碳排放量从小到大排序，依次为天然水源能源总线、冷却塔能源总线、单体建筑供冷系统。

10.3 城区能源系统的能效评价

10.3.1 能效

能效，全称为能源效率，又称为热效率或热力学第一定律效率。能效是基于热力学第一定律提出的，是输出能量（作为收益的能量）与投入能量（作为代价的能量）的比值。能效越高，在相同的投入能量下，可以输出更多的能量。

在建筑节能评价方面，能效应用广泛。如制冷机的性能系数（COP）、制热性能系数（COP$_h$），集中热水供暖系统热水循环水泵的耗电输热比（EHR）等实质上均为能效。目前，国家推行的设备能效标识制度，正是鼓励使用能源效率高的设备以促进建筑节能。另外，国家制定了相应的节能标准和规范，如《房间空气调节器能效限值及能源效率等级》GB 12021.3—2004，《单元式空气调节器能效限定值及能源效率等级》GB 19576—2004，《冷水机组能效限定值及能源效率等级》GB 19577—2004 等，这些国家标准规定了相应设备的能源效率等级指标。表10-25为房间空气调节器能源效率等级指标。

房间空气调节器能源效率等级指标[7]　　　　　　表10-25

类型	额定制冷量CC（W）	能效等级				
		5	4	3	2	1
整体式		2.30	2.50	2.70	2.90	3.10
分体式	CC≤4500	2.60	2.80	3.00	3.20	3.40
	4500＜CC≤7100	2.50	2.70	2.90	3.10	3.30
	7100＜CC≤14000	2.40	2.60	2.80	3.00	3.20

提高能效可实现节能减排，比如：额定制冷量小于4500W的房间空气调节器，5级产品的EER为2.60，1级的EER为3.40，在相同额定制冷量Q下，可节约电力为$Q(1/2.6-1/3.4)=9\%Q$。以住宅用量最大额定制冷量为2500W的房间空气调节器为例计算，可节约225W。若连续运行24h，可节约5.4度电，1度电按0.66元计算，一天就大约可节省3.6元，可见，提高能效的节能效果是很可观的。当然，节约电力的同时也间接减少

了温室气体和污染物排放量。

下面以动力循环和制冷循环为例说明能效的概念。

图 10-3 中的 T_1 为一个恒温热源，T_2 为一个恒温冷源，此循环将从高温热源获得的热量转化为对外净功。能量平衡方程式为：

$$Q_1 = Q_2 + W_{net}$$

其能效为：

$$\eta = \frac{收益能量}{代价能量} = \frac{W_{net}}{Q_1} = \frac{Q_1 - Q_2}{Q_1}$$

在图 10-4 中，借助于外界对系统所做的功，将热量从低温热源取出，排向高温热源，以制冷为目的。能量平衡方程式为：

$$Q_2 + W_{net} = Q_1$$

其能效为

$$\eta = \frac{收益能量}{代价能量} = \frac{Q_2}{W_{net}} = \frac{Q_2}{Q_1 - Q_2}$$

顺便说一下，制热循环的能量转换图同图 10-5，只是以制热为目的。其能源效率为：

$$\eta = \frac{收益能量}{代价能量} = \frac{Q_1}{W_{net}} = \frac{Q_2 + W_{net}}{W_{net}}$$

能效评价基于热力学第一定律，列出能量平衡式，计算出系统或组成设备的能源效率。能效评价只考虑量的利用程度。

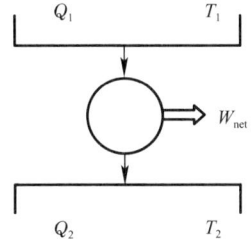
图 10-3 动力循环的能量转换图

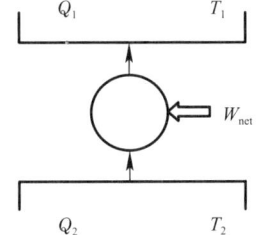
图 10-4 制冷循环的能量转换

10.3.2 城区能源系统能效评价方法

城区能源系统形式多样，包括常规城区供冷系统、天然水源城区供冷系统、空气源城区供冷系统、地表水能源总线系统、冷却塔能源总线系统以及地源热泵区域供冷供热系统等。对于这些城区能源系统的能效高低如何进行评价，将在本节给予详细介绍。当然，城区能源系统形式很多，可根据当地资源禀赋、能源条件、能源应用特点，从技术经济合理的角度提出不同的组合方式。任何一种能源系统的能效均为该系统的输出能量与输入能量之比。限于篇幅，下文仅论及城区供冷系统。城区供冷系统是指对一定城区内的建筑群，通过输配管网将制冷站集中制取的冷媒或者集中获取的天然冷媒输送至城区内的各建筑，以满足用户供冷需求的系统。城区供冷系统可综合利用可再生能源和低烟源。通常认为城区供冷系统具有高效、节能、污染排放量低等优点[6]。

1. 常规城区供冷系统的能效评价

图 10-5 为常规城区供冷系统示意图。其中，分、集水器以下部分的冷水管路为将城

区供冷站生产出来的冷水输送至各用户的二次管网；分、集水器以上部分为冷源侧；换热器为城区中单体建筑内的换热器。Ⅲ为节流装置，Ⅴ为冷却水系统循环泵，Ⅶ为一次冷冻水泵（定速泵），Ⅸ为二次冷冻水泵。

在进行能效分析时，模型需要基于以下的假定：①所有过程为稳态稳流过程，忽略宏观动能与位能变化；②系统向外传热、外界向系统做功为正；③忽略管路的传热损失；④水与空气比热被认为是恒定的。

该系统输出能量为换热器传递给用户侧的能量：

$$\dot{Q}_{hex} = \dot{m}_8 C_{p,w}(T_9 - T_8) \quad (10\text{-}5)$$

式中 $\dot{m}_8$——经过换热器的冷冻水的质量流量，m/s。

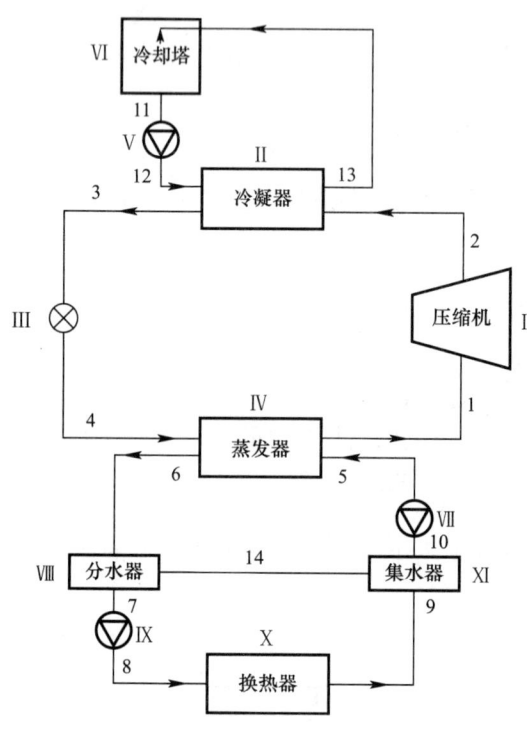

图10-5 常规城区供冷系统示意图

该系统输入能量为冷冻机的压缩机、冷却塔的风机、一次冷冻水泵、二次冷冻水泵、冷却水泵的输入功率。

压缩机的输入功率：

$$\dot{W}_{ecom} = \dot{W}_{comp} / \eta_m = \dot{m}_r (h_2 - h_1) / \eta_m \quad (10\text{-}6)$$

式中 $\dot{m}_r$——制冷剂流量，m/s；

h_2——压缩机出口比焓，kJ/kg；

h_1——压缩机入口比焓，kJ/kg。

冷却塔风机的输入功率：

$$\dot{W}_{efan} = \dot{W}_{fan}/(\eta_{fan}\eta_m) = \left[\dot{m}_a C_{pt}(T_{16} - T_{15}) + \frac{\dot{m}_a v_{16}^2}{2}\right]/(\eta_{fan}\eta_m) \quad (10\text{-}7)$$

式中 $\dot{m}_a$——流入冷却塔中空气的质量流量，m/s；

T_{16}——从冷却塔流出的空气温度，K；

T_{15}——流入冷却塔的空气温度，K；

η_{fan}——冷却塔风机效率，%；

η_m——冷却塔机械效率，%。

一次冷冻水泵的输入功率：

$$\dot{W}_{ep1} = \dot{W}_{p1}/\eta_{p1} = \dot{V}_{chw1}[p_5 - p_{10}]/\eta_{p1} \quad (10\text{-}8)$$

式中 $\dot{V}_{chw1}$——一次冷冻水的容积流量，m³/s；

p_5——一次冷冻水泵出口压力，Pa；

p_{10}——一次冷冻水泵入口压力，Pa；

η_{p1}——一次冷冻水泵的效率。

二次冷冻水泵的输入功率：

$$\dot{W}_{ep2} = \dot{W}_{p2}/\eta_{p2} = \dot{V}_{chw2}[p_8 - p_7]/\eta_{p2} \quad (10\text{-}9)$$

式中 $\dot{V}_{chw2}$——二次冷冻水的容积流量，m³/s；
p_8——二次冷冻水泵出口压力，Pa；
p_7——二次冷冻水泵入口压力，Pa；
η_{p2}——二次冷冻水泵的效率。

则常规城区供冷系统能效为：

$$COP_{sys} = \frac{\dot{Q}_{hex}}{\dot{W}_{ecom} + \dot{W}_{efan} + \dot{W}_{ep1} + \dot{W}_{ep2} + \dot{W}_{ep}} \quad (10\text{-}10)$$

2. 天然水源城区供冷系统的能效评价

天然水源城区供冷系统由水冷冷水机组（包括压缩机、冷凝器、节流装置和蒸发器）、一次冷冻水泵、二次冷冻水泵、冷却水泵、换热器、分集水器等组成，如图10-6所示。

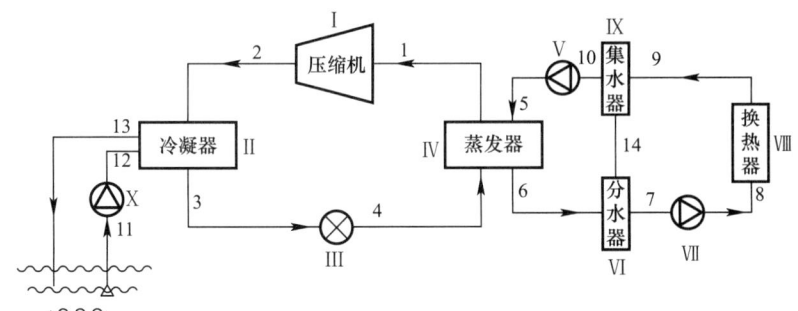

图 10-6 天然水源城区供冷系统示意图

该系统输出能量为换热器传递给用户侧的能量。输入能量为冷冻机的压缩机、一次冷冻水泵、二次冷冻水泵、冷却水泵的输入功率。其具体表达式同常规城区供冷系统中对应水泵。

则天然水源城区供冷系统能效为：

$$COP_{sys} = \frac{\dot{Q}_{hex}}{\dot{W}_{ecom} + \dot{W}_{ep1} + \dot{W}_{ep2} + \dot{W}_{ep}} \quad (10\text{-}11)$$

3. 空气源城区供冷系统的能效评价

空气源城区供冷系统包括风冷冷水机组、一次冷冻水泵、二次冷冻水泵、换热器及分集水器，如图10-7所示。

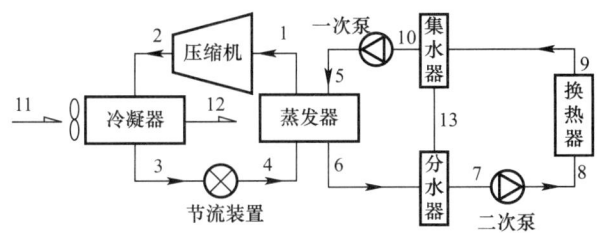

图 10-7 空气源城区供冷系统示意图

该系统输出能量为换热器传递给用户侧的能量。输入能量为冷冻机的压缩机、一次冷冻水泵、二次冷冻水泵、冷凝器风机的输入功率。

则空气源城区供冷系统能效为：

$$COP_{sys} = \frac{\dot{Q}_{hex}}{\dot{W}_{ecom} + \dot{W}_{efan} + \dot{W}_{ep1} + \dot{W}_{ep2}} \quad (10-12)$$

其中，$\dot{W}_{efan} = \left[\dot{m}_a(h_{12} - h_{11}) + \frac{\dot{m}_a v_{12}^2}{2} \right] / \eta_f$

其他项具体表达式同常规城区供冷系统中对应设备。

10.3.3 城区能源系统能效评价案例

1. 案例概况

基于上海某中央商业中心，进行常规区域供冷系统的动态逐时㶲分析。该商业中心规划用地面积为101234m²，总容积率为2.5。城区内建筑类型多样，其中B-1、B-3、B-4、B-5、B-6以及B-7为金融商务办公建筑，B-2为五星级酒店，B-8为集商场、餐饮与电影院为一体的主体商业建筑。该常规区域供冷系统将为这8栋建筑提供集中供冷。城区建筑供冷运行时间为5月1日～10月15日，即2880～6912h。城区逐时冷负荷为城区内各单体建筑的逐时冷负荷在对应时刻相叠加后的负荷值。城区峰值冷负荷为20263kW。

常规区域供冷系统和天然水源区域供冷系统选用13台单机容量相同的水冷冷水机组，额定制冷量为1559kW，满负荷COP为5.24。空气源区域供冷系统也采用13台单机容量相同的风冷冷水机组，其满负荷COP为3.59。

2. 系统建模

本节基于TRNSYS软件对三种城区供冷系统创建了动态逐时模型，根据系统末端用户逐时冷负荷的变化，系统各设备会作出相应的动态响应。

常规区域供冷系统主要由水冷制冷机、一次冷冻水泵（定速泵）、二次冷冻水泵、冷却水泵、冷却塔、末端换热装置等模块组成。常规区域供冷系统每个方案包括模型A与模型B，模型A的二次冷冻水泵采用定速泵；模型B的二次冷冻水泵采用变速泵。另外，也需要一些组件读入气象数据、导入逐时冷负荷等数据文件以及在线显示与输出一些结果等。

模型基于的假设条件以及系统控制策略简介如下：

（1）模拟假设条件

制冷机指示效率为65%，机械效率为90%；水泵机械效率均为70%，电机效率均为90%。冷却塔风机电机效率为80%，机械效率为50%；基准环境参数为上海市室外空气逐时环境参数。天然水源温度取为黄浦江水逐时温度。

（2）控制策略

根据城区逐时冷负荷，确定制冷机运行台数以及二次环路所需的冷冻水流量。

对于常规区域供冷系统，一次冷冻水泵、冷却水泵、冷却塔风机与制冷机联锁运行，采用负荷区间控制；二次冷冻水泵采用流量控制。在保持制冷机供水温度为5℃，供回水温差为8℃的前提下，当末端负荷变化时，用户所需流量随之发生变化。

二次泵变流量系统采用台数与变速调节相结合的控制方法。对于天然水源和空气源城区供冷系统，一次冷冻水泵与制冷机联锁运行；二次冷冻水泵根据末端需求的冷冻水流量进行控制。其中，天然水源泵按冷却水流量进行控制。模型如图10-8所示。

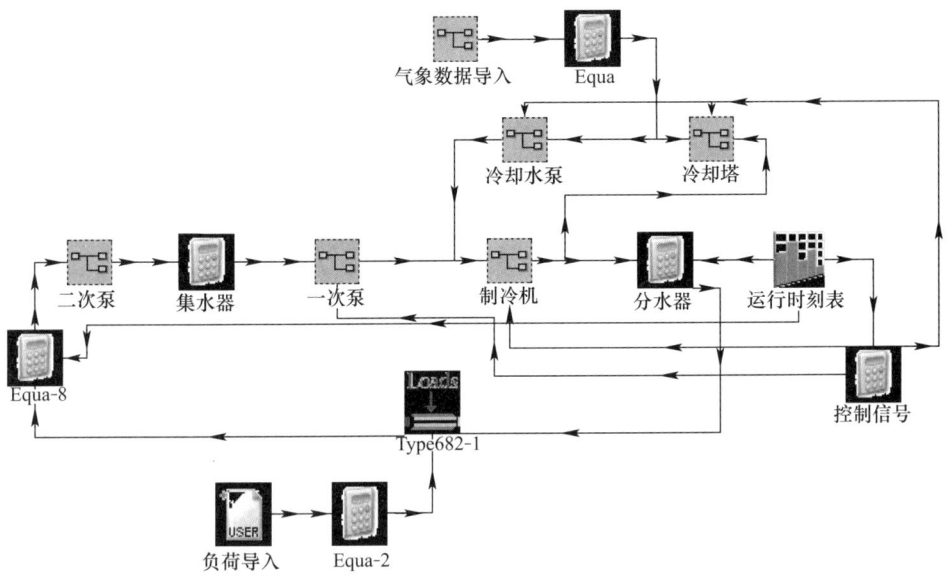

图 10-8　常规城区供冷系统的 TRNSYS 简化模型

3. 模拟结果

从图 10-9 可以看出，三种区域供冷系统的总能效按升序排列依次为空气源区域供冷系统、常规城区供冷系统以及天然水源城区供冷系统。与空气源城区供冷系统相比，常规城区供冷系统总能效增加了 5.45%，天然水源城区供冷系统总能效增加了 14.51%；常规城区供冷系统平均能效增加了 4.11%，天然水源城区供冷系统平均能效增加了 14.53%。在此，我国电网扣除电网损耗后的平均综合发电效率取为 33%。

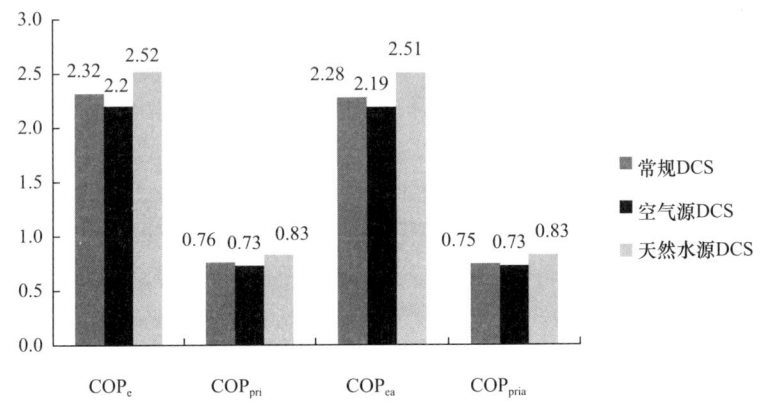

图 10-9　三种城区供冷系统的能效

注：COP_e—系统电力能效；COP_{pri}—系统一次能源能效；COP_{ea}—系统平均电力能效；COP_{pria}—系统平均一次能源能效。

天然水源区域供冷系统的能效最高，其次为常规城区供冷系统，空气源区域供冷系统的最小，其系统电力能效依次为 2.52、2.32 以及 2.2。

10.4 城区能源系统的㶲效率评价

10.4.1 㶲效率

㶲是一种能量，具有能的量纲和属性。㶲是能量中"量"与"质"相统一的部分。㶲反映了能量中的质，质也就是能量中真正有用的部分。在相同的参考环境下，相同形式的能量其㶲值往往不同。在可逆过程中，㶲的总量是守恒的，没有㶲损失。在不可逆过程中，有㶲损失。不可逆性越大，㶲损失越大。

㶲是系统状态偏离环境状态的度量。一个系统的㶲的大小不但取决于系统状态，也取决于环境状态。两者的温度、压力、浓度等参数差异越大，系统的㶲损失越大。比如，一定热量的热水在冬季比在夏季有着更高的㶲值。在能量转换过程中，当能量失去质时，㶲就被损失了。㶲值高的能量形式通常更宝贵且更有用[8]。一般所谓的能量的合理利用，实际上是指能量中㶲的合理利用，例如在设备中实施某种过程所提供的能量中的㶲要尽量得到充分利用，或在完成一个特定过程中要耗费尽量少的㶲。总的来说，在实际的能量转换过程中应尽量减少㶲的损失。

㶲实质上也可理解为以参考环境状态作为基准线，来计算不同形式的能量在理想状态下可转换的有用功，即基于卡诺定理计算所得的有用功。㶲值是个相对量。参考环境状态与基于热力学第一定律的能分析是不相关的；然而，其对基于热力学第一定律和第二定律的㶲分析结果是有影响的。虽然，一些研究者认为参考环境状态参数在较小且合理的范围内变化时，对㶲分析结果几乎没有影响[9]。

在实际过程中，不同于能，㶲不遵循守恒定律；由于在任何实际过程中的不可逆性，必然发生能量的贬值变质，㶲总被消耗或者破坏。能取决于物质或能流的参数，与环境参数无关；㶲取决于物质或能流以及环境参数[10]。

㶲分析方法依据的是能量中㶲的平衡关系，即热力学第一定律和第二定律。通过分析，可揭示出能量中㶲的转换、传递、利用和损失的情况，确定出系统的㶲效率。此方法也称为"㶲效率"法。㶲效率指的是作为收益的㶲值与作为代价的㶲值之比。

㶲效率是系统接近理想状态的度量，因此当评估能源系统的性能时，㶲效率可提供更加有意义的信息。而且，㶲损失可清楚地识别系统中偏离理想状态的位置、原因及来源。

㶲与可持续性以及环境影响直接相关。当一个系统的㶲效率增加时，可持续性增加，对环境的影响程度降低。当㶲效率接近100%时，系统对环境的影响接近零，因为㶲只是从一种形式没有损失的转化为另一种形式。也就是说，所研究的系统是可持续的，因为该系统几乎是可逆的。当㶲效率接近0%时，系统不可持续，因为含有㶲的资源被系统消耗，但什么也没实现。

10.4.2 城区能源系统的㶲效率评价方法

针对城区能源系统，采用㶲效率作为系统性能的评价方法，即为城区能源系统的㶲效率评价方法。

由于㶲效率评价方法较为复杂，限于篇幅，在此仅论及常规区域供冷系统的㶲效率评价方法，其他系统可参考此方法进行。

1. 系统㶲分析通用模型

对于稳态稳流过程，质量平衡通用方程式为：

$$\sum \dot{m}_{in} = \sum \dot{m}_{out} \tag{10-13}$$

式中　$\dot{m}_{in}$——入口质量流率，kg/s；

$\dot{m}_{out}$——出口质量流率，kg/s。

下标 in——流入量；

下标 out——流出量。

能量平衡通用方程式为：

$$\dot{Q} + \sum \dot{m}_{in} h_{in} = \dot{W} + \sum \dot{m}_{out} h_{out} \tag{10-14}$$

式中　$\dot{Q}$——传入的净热量，kW；

$\dot{W}$——系统对外所作的功，kW；

h——比焓，kJ/kg。

㶲平衡方程式为：

$$\dot{E}x_{in} - \dot{E}x_{out} = \dot{E}x_{loss} \tag{10-15}$$

式中　$\dot{E}x_{in}$——进入系统的㶲，kW；

$\dot{E}x_{out}$——离开系统的㶲，kW；

$\dot{E}x_{loss}$——系统的㶲损失，kW。

当忽略系统的动能㶲、位能㶲以及化学㶲时，根据物质流、功量与热量的相互作用，㶲平衡方程式可表达为：

$$\dot{E}x_{heat} - \dot{E}x_{work} + \dot{E}x_{mass,in} - \dot{E}x_{mass,out} = \dot{E}x_{loss} \tag{10-16}$$

上式中的各项展开来写，㶲平衡方程式进一步可表达如下：

$$\sum (1 - T_0/T_i)\dot{Q}_i - \dot{W} + \sum \dot{m}_{in} \psi_{in} - \sum \dot{m}_{out} \psi_{out} = \dot{E}x_{loss} \tag{10-17}$$

式中　第一项——热量㶲，T_i 为发生传热时的温度，K；

第三项和第四项——流㶲，kW；

ψ——比㶲，kJ/kg。

在此，比㶲可表示为：

$$\psi = (h - h_0) - T_0(s - s_0) \tag{10-18}$$

式中　T_0——死态温度或称为基准温度，K；

h_0——基准焓值，kJ/kg。

对于湿式冷却塔，水与空气是仅有的两种工作流体，湿式冷却塔中水的比㶲表达式为：

$$\psi_w = (h_{f,w} - h_{f,0}) + v_{f,T}(P - P_{sat,T}) - T_0(s_{f,w} - s_{f,0}) - R_v T_0 \ln \phi_0$$

式中　$h_{f,w}$——在 T_w 温度的饱和水比焓，kJ/kg；

$h_{f,0}$——在 T_0 温度的饱和水比焓，kJ/kg；

R_v——水蒸气的气体常数,取值为 0.461kJ/(kg·K);

ϕ_0——约束性死态时湿空气的相对湿度。

实际计算中,上式右侧第二项的数值相对最后一项的数值很小,所以通常忽略此项,因此,计算水的比㶲表达式为:

$$\psi_w = (h_{f,w} - h_{f,0}) - T_0(s_{f,w} - s_{f,0}) - R_v T_0 \ln \phi_0 \qquad (10\text{-}19)$$

湿式冷却塔中湿空气的比㶲表达式为:

$$\psi_{air} = (c_{p,a} + \omega c_{p,v})\left(T - T_0 - T_0 \ln\frac{T}{T_0}\right) + R_a T_0 \Big((1 + 1.608\omega)\ln[(1 + 1.608\omega_0)/$$

$$(1 + 1.608\omega)] + 1.608\omega \ln\frac{\omega}{\omega_0}\Big) \qquad (10\text{-}20)$$

式中 $c_{p,a}$——干空气定压比热,对于接近环境温度和压力变化范围的计算,该值取为 1.003kJ/(kg·K);

$c_{p,v}$——水蒸气定压比热,取为 1.872kJ/(kg·K);

R_a——干空气气体常数,取为 0.287kJ/(kg·K);

ω——空气的含湿量,kg/kg。

2. 区域供冷系统㶲分析模型假设条件

(1) 所有过程为稳态稳流过程;

(2) 系统向外传热、外界向系统做功为正;

(3) 忽略管路的传热损失;

(4) 水与空气比热被认为是恒定的。

3. 区域供冷系统质量、能量与㶲平衡方程式

图 10-10 为常规城区供冷系统示意图。分集水器右侧部分的冷水管路为将区域供冷站生产出来的冷水输送至各用户的二次管网;分集水器左侧部分为冷源侧。

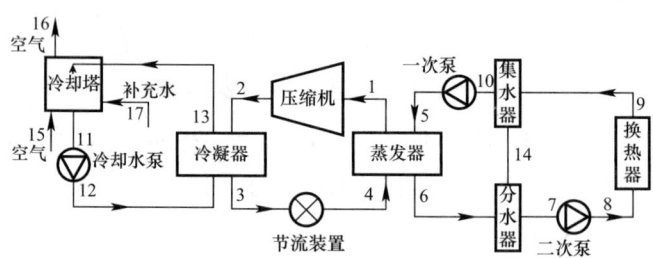

图 10-10 常规城区供冷系统示意图

(1) 冷却塔Ⅵ

冷却塔是一个排放热量的装置,其主要功能是将冷却水中的废热排放至大气。冷却塔的排热是通过小水滴与周围环境空气之间的对流换热来实现的,在此过程中,伴随着少量的水蒸发到空气中。整个过程既有热量的交换,也有质量的交换。按照水与空气的流动方向分为逆流式冷却塔(counterflow)和横流式冷却塔(crossflow)。按照通风方式分为自然通风冷却塔(natural)和机械通风冷却塔(mechanical)。按照水与空气的接触方式分为湿式冷却塔(wet)和干式冷却塔(dry)[11]。在此所研究的冷却塔为机械通风逆流式湿式冷却塔。电制冷空调冷却水的冷却塔补水量通常取为给水量的 1.2%~1.6%[12]。

在逆流冷却塔中，冷却水自上向下流动，空气自下向上流动。假定水和空气的参数仅在冷却塔高度方向变化；忽略通过冷却塔壁向周围环境的传热与传质；忽略冷却塔风扇向空气与水的传热量；水与干空气的比热保持恒定；在任何横截面上水与空气的温度都是均匀的。

对于湿式冷却塔而言，水与空气是仅有的两种工作流体，所以需要列出水和空气的㶲表达式。

1）水的㶲值表达式：

$$\dot{E}x_w = \dot{m}_w[(h_{f,w} - h_{f,0}) - T_0(s_{f,w} - s_{f,0}) - R_v T_0 \ln \phi_0] \tag{10-21}$$

2）对于空气侧，空气的比㶲可认为是干空气和水蒸气的理想气体混合物。湿空气的㶲的计算式为：

$$\dot{E}x_{air} = \dot{m}_{air}\left\{(c_{p,a} + \omega c_{p,v})\left(T - T_0 - T_0 \ln \frac{T}{T_0}\right) + R_a T_0 (1 + 1.608\omega)\ln\right.$$
$$\left.[(1 + 1.608\omega_0)/(1 + 1.608\omega)) + 1.608\omega \ln \frac{\omega}{\omega_0}]\right\} \tag{10-22}$$

式中 $c_{p,a}$——干空气定压比热，对于接近环境温度和压力变化范围的计算，该值取为 1.003kJ/(kg·K)；

$c_{p,v}$——水蒸气定压比热，取为 1.872kJ/(kg·K)；

R_a——干空气气体常数，取为 0.287kJ/(kg·K)。

湿式冷却塔示意图如图 10-11 所示。

输入湿式冷却塔的㶲：

$$\dot{E}x_{in} = \dot{E}x_{air,in} + \dot{E}x_{clw,in} + \dot{W}_{efan} = \dot{m}_{air}\psi_{15} + \dot{m}_{clw}\psi_{13} +$$
$$\dot{m}_{17}\psi_{17} + \dot{W}_{efan} \tag{10-23}$$

输出湿式冷却塔的㶲：

$$\dot{E}x_{out} = \dot{E}x_{air,out} + \dot{E}x_{clw,out} = \dot{m}_{air}\psi_{16} + \dot{m}_{clw}\psi_{11} \tag{10-24}$$

湿式冷却塔的㶲损：

$$\dot{E}x_{loss} = \dot{m}_{air}(\psi_{15} - \psi_{16}) + \dot{m}_{13}(\psi_{13} - \psi_{11}) + \dot{m}_{17}\psi_{17} + \dot{W}_{efan} \tag{10-25}$$

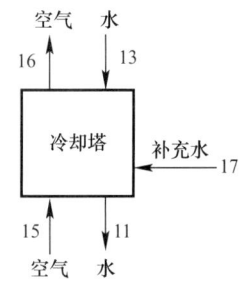

图 10-11 湿式冷却塔示意图

湿式冷却塔的风扇功率：

$$\dot{W}_{fan} = (P_{16} - P_{15})\dot{V}_a + \frac{\dot{m}_a v_{16}^2}{2} = \dot{m}_a(h_{16} - h_{15}) + \frac{\dot{m}_a v_{16}^2}{2}$$
$$= \dot{m}_a C_{pt}(T_{16} - T_{15}) \tag{10-26}$$

冷却塔配套风机的电动机安装在输送空气气流内，则：

$$\dot{W}_{efan} = \dot{W}_{fan}/(\eta_{fan}\eta_m) \tag{10-27}$$

（2）冷却水泵 V

$$\dot{E}x_{in} = \dot{m}_{11}\psi_{11} + \dot{W}_{ep} \tag{10-28}$$

$$\dot{E}x_{out} = \dot{m}_{12}\psi_{12} \tag{10-29}$$

$$\dot{E}x_{loss} = \dot{m}_{11}\psi_{11} - \dot{m}_{12}\psi_{12} + \dot{W}_{ep} = \dot{m}_{clw}(\psi_{11} - \psi_{12}) + \dot{W}_{ep} \tag{10-30}$$

其中，$\dot{W}_{ep} = \gamma \dot{V}_{clw} \left[(z_{14} - z_{11}) + \dfrac{v_{14}^2}{2g} + \Delta H \right] / \eta_p$

(3) 压缩机 I

$$\dot{m}_1 = \dot{m}_2 = \dot{m}_r \tag{10-31}$$

$$\dot{W}_{comp} = \dot{m}_r (h_2 - h_1) \tag{10-32}$$

$$\dot{E}x_{in} = \dot{m}_r \psi_1 + \dot{W}_{ecom} = \dot{m}_r [(h_1 - h_0) - T_0 (s_1 - s_0)] + \dot{W}_{ecom} \tag{10-33}$$

$$\dot{E}x_{out} = \dot{m}_r \psi_2 = \dot{m}_r [(h_2 - h_0) - T_0 (s_2 - s_0)] \tag{10-34}$$

$$\dot{E}x_{loss} = \dot{m}_r [(h_1 - h_2) - T_0 (s_1 - s_2)] + \dot{W}_{ecom} \tag{10-35}$$

压缩机不涉及传热，因此只存在传质引起的熵。当然，压缩机也有功量交换，不过，功全部为㶲，其能质系数为1。系统与外界的热量交换、物质交换会引起熵的变化。功量交换不会有熵的变化。

$$\dot{W}_{ecom} = \dot{W}_{comp} / \eta_m \tag{10-36}$$

上式适合不考虑制冷机指示效率，即衡量实际压缩过程偏离等熵过程的程度；仅考虑机械摩擦的存在（输送给轴的功率大于实际传递给压缩机的功率）的情况。当同时考虑机械效率（指示功/压缩机实际消耗的功＝机械效率）与指示效率（理论比功/指示比功＝指示效率），则压缩机实际消耗的比功等于理论比功除以指示效率与机械效率的乘积。$\dot{W}_{comp}$ 为压缩机的理论比功。

(4) 冷凝器 II

$$\dot{m}_2 = \dot{m}_3 = \dot{m}_r \tag{10-37}$$

$$\dot{Q}_{cond} = \dot{m}_r (h_2 - h_3) = \dot{m}_{clw} (h_{13} - h_{12}) \tag{10-38}$$

$$\dot{E}x_{in} = \dot{m}_r \psi_2 + \dot{m}_{clw} \psi_{12} \tag{10-39}$$

$$\dot{E}x_{out} = \dot{m}_r \psi_3 + \dot{m}_{clw} \psi_{13} \tag{10-40}$$

$$\dot{E}x_{loss} = \dot{m}_r (\psi_2 - \psi_3) + \dot{m}_{clw} (\psi_{12} - \psi_{13}) \tag{10-41}$$

(5) 膨胀阀 III

$$\dot{m}_3 = \dot{m}_4 = \dot{m}_r \tag{10-42}$$

$$h_3 = h_4 \tag{10-43}$$

$$\dot{E}x_{in} = \dot{m}_r \psi_3 \tag{10-44}$$

$$\dot{E}x_{out} = \dot{m}_r \psi_4 \tag{10-45}$$

$$\dot{E}x_{loss} = \dot{m}_r [(h_3 - h_4) - T_0 (s_3 - s_4)] \tag{10-46}$$

因为 $h_3 = h_4$，所以，$\dot{E}x_{loss} = \dot{m}_r T_0 (s_4 - s_3)$

(6) 蒸发器 IV

$$\dot{m}_4 = \dot{m}_1 = \dot{m}_r \tag{10-47}$$

$$\dot{m}_5 = \dot{m}_6 = \dot{m}_{chw} \tag{10-48}$$

$$\dot{E}x_{in} = \dot{m}_r \psi_4 + \dot{m}_{chw} \psi_5 \tag{10-49}$$

$$\dot{E}x_{out} = \dot{m}_r \psi_1 + \dot{m}_{chw} \psi_6 \tag{10-50}$$

$$\dot{E}x_{\text{loss}} = \dot{m}_r[(h_4-h_1)-T_0(s_4-s_1)]+\dot{m}_{\text{chw}}[(h_5-h_6)-T_0(s_5-s_6)] \quad (10\text{-}51)$$

(7) 制冷机

$$\dot{E}x_{\text{in}} = \dot{m}_{\text{clw}}\,\psi_{12} + \dot{m}_{\text{chw}}\,\psi_5 + \dot{W}_{\text{ecom}} \quad (10\text{-}52)$$

$$\dot{E}x_{\text{out}} = \dot{m}_{\text{clw}}\,\psi_{13} + \dot{m}_{\text{chw}}\,\psi_6 \quad (10\text{-}53)$$

$$\dot{E}x_{\text{loss}} = \dot{m}_{\text{clw}}(\psi_{12}-\psi_{13}) + \dot{m}_{\text{chw}}(\psi_5-\psi_6) + \dot{W}_{\text{ecom}} \quad (10\text{-}54)$$

(8) 换热器Ⅹ

$$\dot{m}_8 = \dot{m}_9 \quad (10\text{-}55)$$

$$\dot{Q}_{\text{hex}} = \dot{m}_8\,C_{p,w}(T_9-T_8) \quad (10\text{-}56)$$

$$\dot{E}x_{\text{in}} = \dot{m}_8\,\psi_8 + \dot{Q}_{\text{hex}}(1-T_0/T_{\text{hex}}) \quad (10\text{-}57)$$

$$\dot{E}x_{\text{out}} = \dot{m}_9\,\psi_9 \quad (10\text{-}58)$$

$$\dot{E}x_{\text{loss}} = \dot{m}_8[(h_8-h_9)-T_0(s_8-s_9)] + \dot{Q}_{\text{hex}}(1-T_0/T_{\text{hex}}) \quad (10\text{-}59)$$

(9) 一次冷冻水泵Ⅷ

$$\dot{m}_{10} = \dot{m}_5 = \dot{m}_{\text{chw}} \quad (10\text{-}60)$$

$$\dot{E}x_{\text{in}} = \dot{m}_{10}\,\psi_{10} + \dot{W}_{\text{ep1}} \quad (10\text{-}61)$$

$$\dot{E}x_{\text{out}} = \dot{m}_5\,\psi_5 \quad (10\text{-}62)$$

$$\dot{E}x_{\text{loss}} = \dot{m}_{\text{chw}}(\psi_{10}-\psi_5) + \dot{W}_{\text{ep1}} \quad (10\text{-}63)$$

$$\dot{W}_{\text{P1}} = \gamma\,\dot{V}_{\text{chw}}\,H \quad (10\text{-}64)$$

$$\dot{W}_{\text{ep1}} = \dot{W}_{\text{p1}}/\eta_{\text{p1}} \quad (10\text{-}65)$$

(10) 二次冷冻水泵Ⅸ

$$\dot{m}_7 = \dot{m}_8 \quad (10\text{-}65)$$

$$\dot{W}_{\text{P2}} = \dot{m}_7(h_8-h_7) \quad (10\text{-}66)$$

$$\dot{E}x_{\text{in}} = \dot{m}_7\,\psi_7 + \dot{W}_{\text{ep2}} \quad (10\text{-}67)$$

$$\dot{E}x_{\text{out}} = \dot{m}_8\,\psi_8 \quad (10\text{-}68)$$

$$\dot{E}x_{\text{loss}} = \dot{m}_8(\psi_7-\psi_8) + \dot{W}_{\text{ep2}} \quad (10\text{-}69)$$

其中，二次冷冻水泵的输入功率 $\dot{W}_{\text{ep2}} = \dot{W}_{\text{p2}}/\eta_{\text{p2}}$。

(11) 分水器

$$\dot{m}_6 = \dot{m}_{14} + \dot{m}_7 \quad (10\text{-}70)$$

$$\dot{E}x_{\text{in}} = \dot{m}_6\,\psi_6 \quad (10\text{-}71)$$

$$\dot{E}x_{\text{out}} = \dot{m}_7\,\psi_7 + \dot{m}_{14}\,\psi_{14} \quad (10\text{-}72)$$

$$\dot{E}x_{\text{loss}} = \dot{m}_6\,\psi_6 - \dot{m}_7\,\psi_7 - \dot{m}_{14}\,\psi_{14} \quad (10\text{-}73)$$

(12) 集水器[13]

$$\dot{m}_{14} + \dot{m}_9 = \dot{m}_{10} \quad (10\text{-}74)$$

$$\dot{E}x_{\text{in}} = \dot{m}_9\,\psi_9 + \dot{m}_{14}\,\psi_{14} \quad (10\text{-}75)$$

$$\dot{E}x_{\text{out}} = \dot{m}_{10}\,\psi_{10} \tag{10-76}$$

$$\dot{E}x_{\text{loss}} = \dot{m}_9\,\psi_9 + \dot{m}_{14}\,\psi_{14} - \dot{m}_{10}\,\psi_{10} \tag{10-77}$$

温度不同的两种流体混合后，在不需要外部影响的前提下，这两种流体不可能回到最初的状态。显然，这意味着混合过程为不可逆过程。当系统进行不可逆过程时，必然伴随着熵增与㶲损的发生。

常规城区供冷系统的所有设备的㶲损失如表 10-26 所示。

常规城区供冷系统所有设备的㶲损失　　表 10-26

设备名称	㶲损失
制冷机	$\dot{E}x_{\text{loss}} = \dot{m}_{\text{clw}}(\psi_{12}-\psi_{13}) + \dot{m}_{\text{chw}}(\psi_5-\psi_6) + \dot{W}_{\text{ecom}}$
冷却塔	$\dot{E}x_{\text{loss}} = \dot{m}_{\text{air}}(\psi_{15}-\psi_{16}) + \dot{m}_{\text{clw}}(\psi_{13}-\psi_{11}) + \dot{m}_{17}\psi_{17} + \dot{W}_{\text{efan}}$
一次冷冻水泵	$\dot{E}x_{\text{loss}} = \dot{m}_{\text{chw}}(\psi_{10}-\psi_5) + \dot{W}_{\text{ep1}}$
二次冷冻水泵	$\dot{E}x_{\text{loss}} = \dot{m}_7(\psi_7-\psi_8) + \dot{W}_{\text{ep2}}$
冷却水泵	$\dot{E}x_{\text{loss}} = \dot{m}_{\text{clw}}(\psi_{11}-\psi_{12}) + \dot{W}_{\text{ep}}$
换热器	$\dot{E}x_{\text{loss}} = \dot{m}_9(\psi_8-\psi_9) + \dot{Q}_{\text{hex}}(1-T_0/T_{\text{hex}})$
分水器	$\dot{E}x_{\text{loss}} = \dot{m}_6\psi_6 - \dot{m}_7\psi_7 - \dot{m}_{14}\psi_{14}$
集水器	$\dot{E}x_{\text{loss}} = \dot{m}_9\psi_9 + \dot{m}_{14}\psi_{14} - \dot{m}_{10}\psi_{10}$

常规城区供冷系统的总的㶲损失为：

$$\dot{E}x_{\text{tol}} = \dot{W}_{\text{ecom}} + \dot{W}_{\text{efan}} + \dot{W}_{\text{ep1}} + \dot{W}_{\text{ep2}} + \dot{W}_{\text{ep}} + \dot{Q}_{\text{hex}}(1-T_0/T_{\text{hex}}) + \dot{m}_{17}\,\psi_{17} + \dot{m}_{\text{air}}(\psi_{15}-\psi_{16}) \tag{10-78}$$

系统收益㶲为：

$$\dot{E}x_{\text{desired}} = -\dot{Q}_{\text{hex}}(1-T_0/T_{\text{hex}}) \tag{10-79}$$

系统代价㶲为：

$$\dot{E}x_{\text{used}} = \dot{W}_{\text{ecom}} + \dot{W}_{\text{efan}} + \dot{W}_{\text{ep1}} + \dot{W}_{\text{ep2}} + \dot{W}_{\text{ep}} + \dot{m}_{\text{air}}(\psi_{15}-\psi_{16}) + \dot{m}_{17}\,\psi_{17} \tag{10-80}$$

系统㶲效率为：

$$\eta_{\text{II}} = \frac{-\dot{Q}_{\text{hex}}(1-T_0/T_{\text{hex}})}{\dot{W}_{\text{ecom}} + \dot{W}_{\text{efan}} + \dot{W}_{\text{ep1}} + \dot{W}_{\text{ep2}} + \dot{W}_{\text{ep}} + \dot{m}_{\text{air}}(\psi_{15}-\psi_{16}) + \dot{m}_{17}\,\psi_{17}} \tag{10-81}$$

10.4.3 城区能源系统的㶲效率评价案例

基于与上一节相同的案例，对该城区采用不同城区供冷系统，借助 TRNSYS 模拟软件建立不同城区供冷系统的动态模型，分析出不同城区供冷系统的㶲效率。

从图 10-12 可看出，三种城区供冷系统的㶲效率由低到高依次为常规城区供冷、空气源城区供冷系统以及天然水源城区供冷系统。与常规城区供冷系统相比，空气源城区供冷系统总㶲效率升高了 24.17%，天然水源城区供冷系统总㶲效率升高了 36.30%；空气源城区供冷系统供冷季平均㶲效率升高了 25.88%，天然水源城区供冷系统供冷季平均㶲效率增加了 34.42%。与空气源城区供冷系统相比，天然水源城区供冷系统总㶲效率升高了 9.77%，平均㶲效率升高了 6.78%。

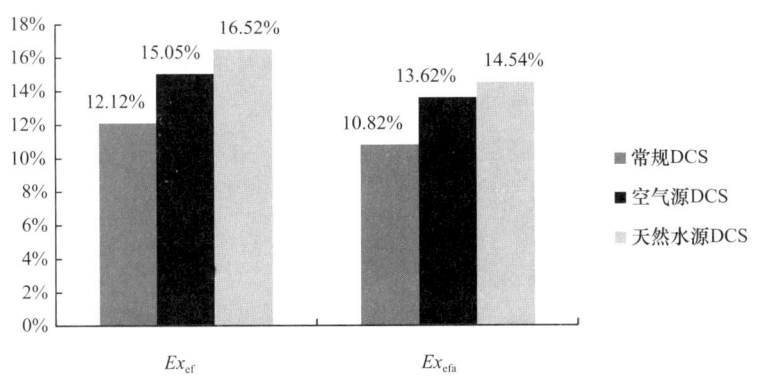

图 10-12　三种城区供冷系统的㶲效率

注：Ex_{ef}—系统总㶲效率；Ex_{efa}—系统平均㶲效率。

从图 10-12 可看出，天然水源城区供冷系统的㶲效率最高，其次为空气源城区供冷系统，常规城区供冷系统的最小，其值分别为 16.52%、15.05% 以及 12.12%。

10.5　城区能源系统的能值分析

10.5.1　能值理论及能值分析方法

在低碳城区建筑能源规划阶段，对可利用能源资源进行选择时，要对能源资源的秉性进行评价，能源资源利用的可持续性能力评价就是主要的一个方面，本节利用能值分析方法对能源资源利用的可持续性能力进行评价。

1. 能值理论与能值分析法基本概念和原理

能值分析理论是由美国系统生态学家 H.T.Odum 提出的，他在对生态学的多年研究中发现，自然的因素（如日光、风、土壤、气候、水文等）和社会的因素（如基础设施的投资、人的劳动、知识信息的投入等）对系统的影响同样重要，将每种物质或者能量所含的太阳能（solar emergy）作为统一的指标，就可以把任何复杂系统的所有影响因素（包括自然界）放在一起进行综合考虑，进而得出比较全面的结论。能值（emergy）表示在时间和空间上进入产品的所有能量，它不仅考虑了产品所包含能量的质和量，还体现了能量的历史积累，具有一种"记忆效应"（"energy memory" 或 "embodied energy"），产品的产地、生产方式以及生产过程的技术条件、管理效率等，都会影响产品的最终能值大小，总的来说，投入到该产品的能量越多，能值就越大[14]。由于地球上人类所能利用的各种能量均始于太阳，因此通常以太阳能值为基准来衡量各种能量（物质）的能值，单位为太阳能焦耳（solar emjoules，缩写为 sej）[15-18]。

不同能量具有不同的能级和能质，相互之间可以通过能值转换率（Emergy transformity）来实现某种特定的转换关系。能值转换率是指单位能量或物质相当的太阳能焦耳，实际使用的是太阳能值转换率，即单位能量或物质的太阳能当量，单位为太阳能焦耳/焦耳（克），即 sej/J（g）。能值转换率是衡量能量转化过程、等级和质量的尺度，不同类别的能量可以通过乘以太阳能值转换率转换为同一的太阳能值，从而进行加和比较[19,20]。

A 能量(物质)的能值(Sej)＝能量 J(物质 g)·A 能值转换率(Sej/J 或 Sej/g)

能值和能值转换率揭示了能量的能质、等级及其真实价值，一般而言，能值转换率随着能量等级的提高而增加，某种能量的能值转换率越高，表明该能量的能质和能级越高；处于自然生态系统和社会系统较高层次上的产品或生产过程具有较大的能值转换率，复杂的生命、人类劳动、高科技等均属高能值、高转换率的能量[21]，本节用到的能值转换率如表 10-40（见本节最后）所示。

2. 能值分析的主要指标体系及意义

能值分析（Emergy analysis），通过太阳能值转换率将不同类别、难以直接比较的能量形式转化成统一的太阳能值来进行比较，把自然生态系统有形的资源供给、无形的系统服务和社会经济系统物质生产与人类消费有机地联系了起来，从而首次将自然资本的价值纳入环境经济系统范畴来反映环境资源的外部性及其对经济过程的贡献，并通过相关的能值指标来评价某一系统的生态效率、发展水平和可持续性程度。同时，能值分析是建立在能量符号语言基础上的，具体分析见表 10-41（见本节最后）。图 10-13 是一个简化的社会、经济、资源和环境系统的能值分析图解。可再生资源通过环境对社会经济系统产生作用（R），不可再生资源（N）也是社会经济的基本输入之一，社会经济系统在运行过程中同时接收反馈输入（F），最终产生输出（Y）。能值分析的主要指标体系如表 10-27 所示。

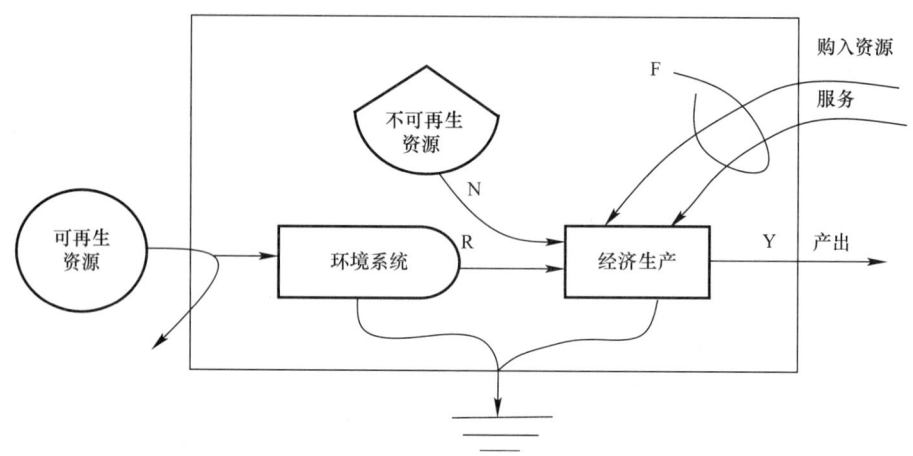

图 10-13　部分能值指标图解[22]

部分能值指标　　　　　　　　　　　　　　　表 10-27

名称（缩写）	公式
产出 Yield（Y）	Y=R+N+F
可再生能值率 Percent Renewable（PR）	R/R+N+F
能值产出率 Emergy Yield Ratio（EYR）	Y/F
能值投资率 Emergy Investment Ratio（EIR）	F/(R+N)
环境负荷率 Environment Load Ratio（ELR）	(F+N)/R
能值可持续性指标 Emergy Sustainable Indices（ESI）	EYR/ELR

能值产出率 EYR，是指系统产出能值量与系统生产过程中社会经济系统反馈能值之比，它与传统经济分析中的"产出投入比"类似，是衡量系统生产效率的一种标准，EYR 值越高，表

明系统获得一定的经济能值投入，生产出来的产品能值越高，即系统的生产效率越高。

能值投资率 EIR，是衡量开发单位本地区资源而需要的能值投入，也是衡量经济发展程度与环境负荷程度的指标，为了使生产过程更经济，开发中应当同其他竞争者具有相似的比率；当比其他竞争者无偿从环境中获得较多能量时，这一比值也会较低；然而，太低的能值投资率将不利于吸引域外资金，进而影响本地资源开发；当这一比值较高时，几乎所有的投入都是有偿的，这就使得价格上涨，系统的竞争力较低，这一指标的变化常受政治或社会经济因素的影响。

环境负荷率 ELR，表示系统对环境的负荷大小，该值越高表明系统对环境造成的影响越大。ELR 是经济系统的一个预警指标，若系统长期处于较高的环境负载率，将产生不可逆转的功能退化或丧失情况。从能值分析角度来看，外界大量的能值投入及过度开发当地不可再生资源，是引起环境系统恶化的主要原因。

系统可持续发展指标 ESI，是能值产出率与环境负荷率的比值，系统的能值产出率越大，环境负荷率越小，那么 ESI 值就越高，该系统的可持续发展能力就越好。若一个系统的能值产出率高而环境负荷率又相对较低，则它是可持续的，反之是不可持续的，ESI 越大说明系统的可持续性能力越强[23-25]。

10.5.2 城区建筑能源资源利用系统的能值分析

1. 城区建筑能源资源利用系统能值分析模型的构建

城区建筑能源资源利用系统的能值分析模型是对建筑用能系统的全寿命周期过程中各种能流流动、流动方式、系统热能耗和能值匹配的全面描述，是建筑能源系统可持续性评价指标体系的基础，是建筑能源系统可持续性分析与评价方法的关键环节。城区建筑能源资源利用系统能值分析模型就是能源系统全寿命周期能值分析模型，其构建的基本方法为：

（1）确定系统的研究范围和边界。系统的研究范围和边界的确定是建筑能源系统能值分析模型构建的前提，直接影响到相关参数的选取。能源系统全寿命周期能值分析模型的边界以能源系统的全寿命周期作为研究边界，由于数据获取比较困难，本模型只包括能源设备的生产和使用阶段，不包含设备后期拆除处理阶段。

（2）系统投入与产出的确定及相关资料的收集。建筑能源资源利用系统投入的材料按其来源主要分为两类：第一类直接来源于自然生态系统可更新资源（如太阳能、风能等）和自然生态系统系统中不可更新资源（如土壤地表侵蚀），这些资源是自然界无偿提供的，不用人类付出货币购买；第二类是来自人类社会经济系统，包括人类社会经济系统不可再生资源（如电力、机械、建设材料等）和人类社会经济系统可再生资源（如劳务、信息、管理等）。建筑能源资源利用系统的产出主要是满足建筑能耗需求的能源。

（3）城区建筑能源资源利用系统能量图的绘制。建筑能源资源利用系统能量图的绘制是以 Odum. H. T 的"能量系统语言"图例绘制出建筑能源系统能量图，以组织上一步收集的资料，形成包括建筑能源资源利用系统的主要组成部分和相互关系、能流和物流等流向的系统能量图解，概括研究能源系统的各个组分和环境的关系，以明确系统及泵结构、系统内外相互关系和主要能流方向。其具体的绘制方法参考文献［26］。

（4）城区建筑能源资源利用系统的能值分析表。城区建筑能源资源利用系统的能值分析表的作用就是将系统的各种投入和产出资源进行分类和总量计算，并通过能值转化率将

第10章 城区能源规划的评价方法和工具

不同单位、无法比较的资源转换成具有统一单位、可进行比较和计算的能值，为建筑能源系统的可持续性评价做准备。城区建筑能源资源利用系统的能值分析表的基本格式一般如表 10-28 所示，项目种类这一列中的字母代表的意义与图 10-13 中给出的一致。

城区建筑能源系统能值分析表　　　　　　　　　　　　表 10-28

项目种类	项目	原始数据	单位	能值转换系数（sej/单位）	能值（sej）	所占比例（%）
R						
N						
F						
Y						

（5）城区建筑能源系统能值分析模型的建立。在城区建筑能源系统能量分析图和建筑能值分析表完成以后，在此基础上建立建筑能源系统能值分析模型。在这一步骤中，将重要的、性质类似的项目进行综合，构建出体现系统资源能值结构及其产出的建筑能量综合分析图。同时，通过能值分析表的计算，建筑能源系统所有的投入和产出都被换算成具有统一单位的能值以后，可以将综合后的系统能量分析图中的所有能量流标注成能值，从而将不同单位的能量流转化为可以比较的能值流，从而对城区建筑能源系统进行整体评价，如图 10-14 所示。

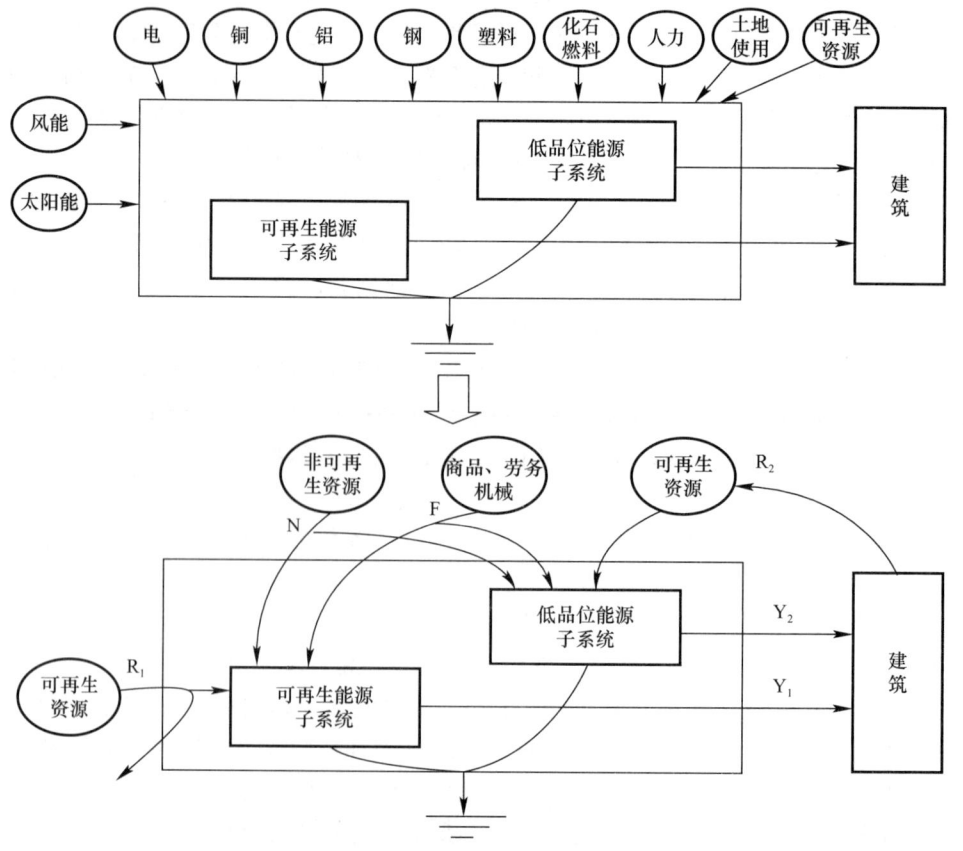

图 10-14　城区建筑能源资源利用系统的能值综合分析图的绘制步骤图

2. 城区建筑能源资源利用系统的能值分析指标构建

根据前面的分析和低碳城区建筑用能的特点，绘制出城区建筑能源资源利用系统的能值流程图，如图10-15所示。

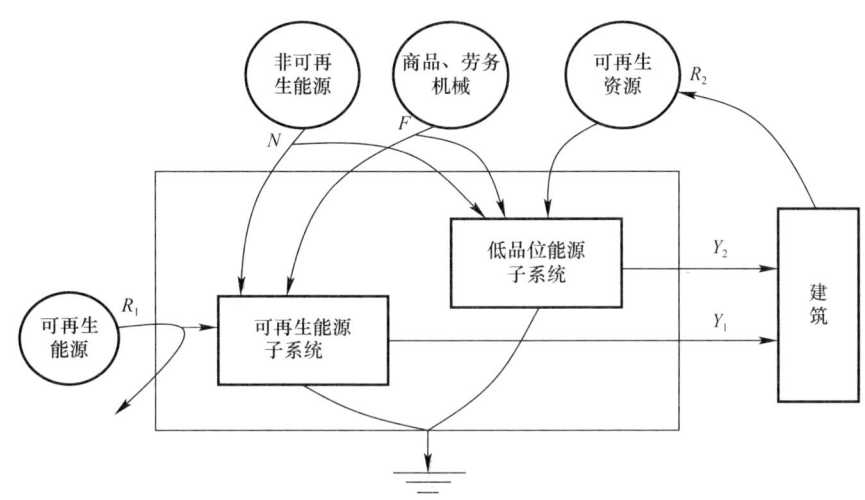

图10-15 低碳城区建筑能源资源利用系统的能流示意图

图10-15给出了城区建筑能源资源利用系统的能流示意图及可再生能源利用子系统和土壤源热泵子系统。Y_1为可再生能源子系统提供给建筑的能量，Y_2为低品能源系统提供给建筑的能量，二者用于满足建筑能耗需求；R_1为可再生能源，如太阳能、风能、地热能等，R_2为来自建筑持续不断的能量，如夏季空调的排热等，只要建筑的空调需求不断，其排热也是不断的，符合可再生的本质定义；N为非可再生能源，如火电、天然气等，这些资源需要花钱购入；F为社会经济系统对城区建筑能源系统的反馈，保留设备、劳务、管理等。

城区建筑能源资源利用系统的能值评价指标：

（1）城区建筑能源资源利用系统的能值产出率（EYR，Emergy Yield Ratio）

$$EYR = \frac{Y_1 + Y_2}{F} \tag{10-82}$$

城区建筑能源资源利用系统的能值产出率是衡量能源系统经济性的指标，该值越大，表明能源系统的生产效率越高，说明该能源系统具有强的竞争力，是实现城区建筑能源系统可持续发展的基础条件。

（2）城区建筑能源资源利用系统的能值环境负荷率（ELR，Environment Load Ratio）

$$ELR = \frac{F + N}{R_1 + R_2} \tag{10-83}$$

城区建筑能源资源利用系统的环境负荷率表明能源系统在全寿命周期内对环境产生的压力，该值越大说明能源系统对不可再生资源的依赖性越高，对可再生能源的使用量越少，对环境的压力越大。

（3）城区建筑能源资源利用系统的可再生能值率（PR，Percent Renewable）

$$PR = \frac{R_1 + R_2}{R_1 + R_2 + N + F} \tag{10-84}$$

(4) 城区建筑能源资源利用系统的能值投资率（EIR，Emergy Investment Ratio）

$$EIR = \frac{F}{R_1 + R_2 + N} \tag{10-85}$$

能值投资率是反映城区建筑能源系统对外部投资的利用与基本能源的利用和对外部投资的利用相比较的情况，所以 EIR 值越大，过程对原料的利用越少，受本地资源储备情况的影响就越小。

(5) 城区建筑能源资源利用系统的能值可持续性指标（ESI，Emergy Sustainable Indices）

城区建筑能源规划系统要具有可持续性，就要充分利用可再生能源和不可再生能源，使社会获得净效益，同时环境负荷还要小。美国生态学家 Brown.M.T 和意大利生态学家 Ulgiati.S 提出了能值可持续性指标 ESI，定义为系统能值产出率与环境负载率之比，即

$$ESI = \frac{EYR}{ELR} \tag{10-86}$$

ESI 越高，意味着单位环境压力下的社会经济效益越高，城区建筑能源规划系统的可持续性越好。

(6) 城区建筑能源资源利用系统的能值转换率（Tr，Transformity）

用能源系统寿命周期内总投入的能值除以该能源系统的总能源产出量 E，单位为 sej/J，即：

$$Tr = \frac{R_1 + R_2 + N + F}{E} \tag{10-87}$$

Tr 值越高，说明在相同数量的该产品的生产过程中投入了多的太阳能值，即它所包含的累积的太阳能值多。

10.5.3 土壤源热泵系统的能值分析

本节选择土壤源热泵系统作为实例，应用城区建筑能源资源利用系统的能值分析模型进行分析。在能值分析体系中，对系统各项投入类别的界定对评价结果具有很大的影响。在土壤源热泵系统能值分析中，把系统的投入之一浅层土壤蓄热能定义为可再生资源，这是因为对于土壤源热泵系统来说，其能值分析要以建筑的能耗需求为前提，那么，只要建筑有空调需求，就会不间断地向地下排热，就会以这种"可更新"的方式为系统提供投入，这符合可再生资源的根本定义。

1. 土壤源热泵系统实例概述

上海地区某幢 4 层办公建筑总建筑面积为 $1859m^2$，空调使用时间 8：00～18：00，夏季空调冷负荷 209.7kW，冬季热负荷 119.8kW，利用 BIN 法计算得该建筑夏季供冷量 $432.831MJ/(m^2 \cdot a)$，冬季供热量 $96.182MJ/(m^2 \cdot a)$，那么该办公建筑的夏季的总供冷量为 $8.05 \times 10^{11} J/a$，冬季的总供热量为 $1.79 \times 10^{11} J/a$，夏季的总供冷量为冬季的 4.5 倍。该建筑采用土壤源热泵系统，土壤源热泵系统主要考虑设备生产、建造和运行阶段，其能值分析边界如图 10-16 所示。从热平衡角度分析，按照满足冬季负荷来设计土壤源热泵系统的地埋管个数，并根据当地的地质情况，需要钻 34 个孔深为 96.6m、孔径为 100mm 的管井[27]。

2. 土壤源热泵系统的能值分析过程

土壤源热泵系统的一个运行周期为一年，冬季通过土壤源热泵系统从浅层土壤中提取

热量满足建筑的供暖需求,夏季通过土壤源热泵系统向浅层土壤排放热量从而实现建筑的供冷需求。将其作为一个系统来考虑,针对土壤源热泵系统的自身特点和建筑能源系统能值分析模型,绘制出该系统的能量流示意图,如图10-17所示。

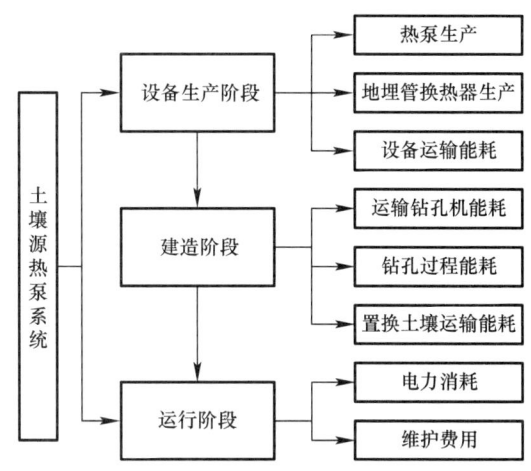

图 10-16 土壤源热泵系统能值分析边界

该案例中建筑的夏季冷负荷远远大于冬季热负荷,属于夏季负荷占优的地区,根据本书第3章对浅层土壤蓄热能资源量的分析,其土壤源热泵系统的设计应以满足建筑冬季供热量为主,该土壤源热泵系统供给建筑的热量为 1.79×10^{11} J/a,则根据式(6-9)(COP=4)可以得到地埋管换热量为 1.35×10^{11} J/a,从土壤源热泵系统的热平衡角度出发,地埋管换热量在冬夏季要保持不变;同时,根据式(6-9)(EER=4.5)可以得到该土壤源热泵系统提供给建筑的冷量为 1.10×10^{11} J/a,那么该土壤源热泵系统在一年的运行周期内向建筑提供的能量为 2.89×10^{11} J/a。从建筑的能量系统平衡来分析,建筑在一年的运行周期内排出的能量也为 2.89×10^{11} J/a,该部分能量将以浅层土壤蓄热能的形式来服务土壤源热泵系统。

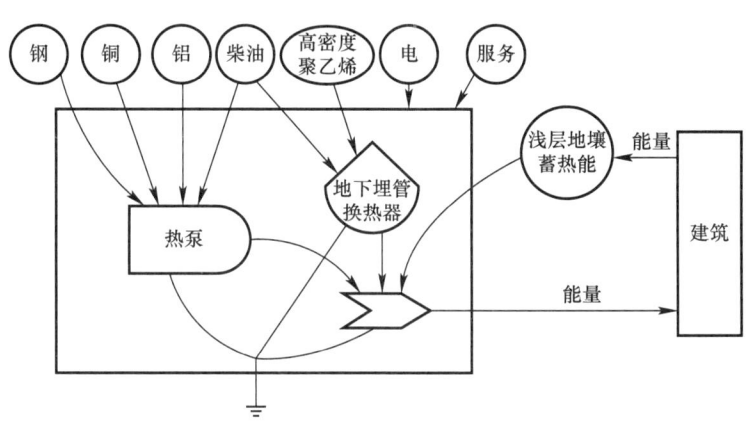

图 10-17 土壤源热泵系统的能值分析示意图

由于资料数据有限,该案例只考虑了能值流图中涉及的元素,将该土壤源热泵系统获得的基本数据编制成能值分析表,如表10-29所示。在实际应用中,应考虑土壤源热泵系统的后期处理、材料回收等问题,但由于资料的缺乏,一时无法计算这些材料的回收对系统造成的影响,这一部分工作需要进一步深入。

为了考虑土壤源热泵系统对生态环境的影响,此处考虑了由于土壤源热泵系统引起的地表浅层土壤有机物的侵蚀,浅层土壤中有机物所含的能量计算的前提是:假设1m深处的土壤中有机物的含量为3%,并假设1m以下的土壤中是不含有机物的,其计算公式为:
有机物所含的能量=(土壤体积,m³)×(土壤密度,g/m³)×(土壤有机物含量,%)×(有机物所含的能量，J/g＝[孔数×1×3.14×(孔径/2)^2]×(1800000g/m^3)×(3%)×(20930J/g)＝3.02×10^{8}J。

土壤源热泵系统的能值分析表　　　　　　　　　　　　　　　　　　　表 10-29

序号	项目	基础数据	单位	能值转换系数[①] （sej/单位）	能值（sej）	所占比例
0R	浅层地表蓄热能	2.89×10^{11}	J/a	6055	1.75×10^{15}	6.67%
1N	土地使用（土地有机物侵蚀）	3.02×10^8	J/a	1.24×10^5	3.74×10^{13}	0.14%
热泵生产阶段						
2F	钢	1.12×10^5	g/a	4.15×10^9	4.65×10^{14}	1.77%
3F	铜	1.11×10^4	g/a	6.77×10^{10}	7.51×10^{14}	2.86%
4F	铝	3.53×10^2	g/a	1.27×10^{10}	4.48×10^{12}	0.02%
地埋管生产系统						
5F	高密度聚乙烯	6.46×10^4	g	5.87×10^9	3.79×10^{14}	1.44%
施工、安装、运行阶段						
6F	柴油	1.76×10^{10}	J/a	6.60×10^4	1.16×10^{15}	4.43%
7F	煤电	1.17×10^{11}	J/a	1.59×10^5	1.86×10^{16}	70.89%
8F	安装、钻井、劳务费	9751	元/a	3.17×10^{11}	3.09×10^{15}	11.78%
总计					2.62×10^{16}	100.00%

① 能值转换系数参考表 10-40。

由表 10-28 可知，土壤源热泵系统的总能值为 2.62×10^{16} sej/a，土壤源热泵系统运行阶段的电耗的能值贡献率最大为 70.89%，这说明该值的变动会对土壤源热泵系统的总能值产生较大的影响；其次是土壤源热泵系统的安装、钻井和劳务费这项的能值贡献率为 11.78%，该值的变化也会对系统的总能值产生一定的影响；热泵生产阶段铝的使用而带来的能值贡献率最低为 0.02%。

3. 土壤源热泵系统能值分析结果

通过以上分析，可以得到该土壤源热泵系统的相关能值指标，如表 10-30 所示。

土壤源热泵系统的能值指标　　　　　　　　　　　　　　　　　　　表 10-30

指标	数值
Tr（sej/J）	9.08×10^4
EYR	1.07
PR	6.67%
EIR	13.68
ELR	14.00
EIS	0.08

4. 讨论与分析

（1）运行阶段用电性质对土壤源热泵系统的总能值的影响分析

由表 10-28 可知，土壤源热泵系统运行阶段的电耗对系统的总能值的影响较大，如果将运行阶段的煤电改为水电的话，则该系统的总能值为 1.70×10^{16} sej/y，比运行阶段为煤电的土壤源热泵系统总能值减少了 35%，运行阶段水电对系统总能值的贡献率降低，其他元素比例有所增加，各元素的能值贡献率如图 10-18 和图 10-19 所示。

10.5 城区能源系统的能值分析

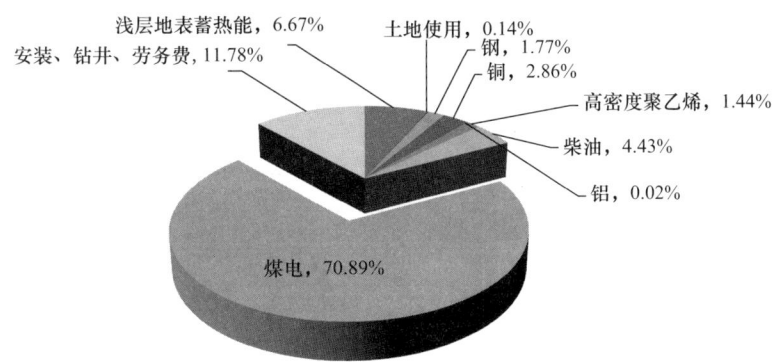

图 10-18 运行阶段为煤电时各元素能值贡献率

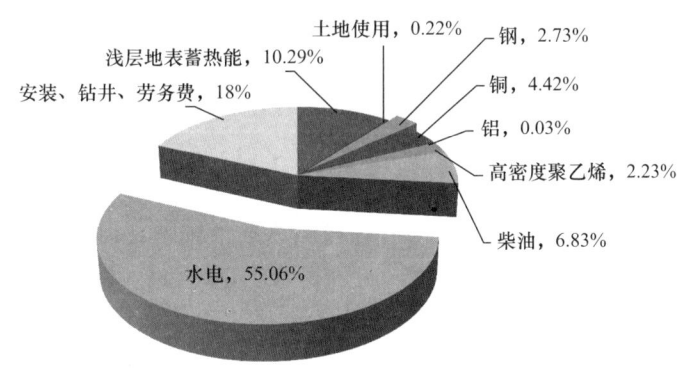

图 10-19 运行阶段为水电时各元素的能值贡献率

将运行阶段为煤电和水电的土壤源热泵系统的能值指标进行比较，如表 10-31 所示。由该表可知，当运行阶段的煤电改为水电时，此土壤源热泵系统的能值产出率、可再生能值率和能值可持续性指标都升高，同时，土壤源源热泵系统的能值投资率和环境负荷率降低，总之，当土壤源热泵系统运行阶段采用水电时可以提高系统的可持续性能力。

土壤源热泵系统的能值指标比较　　　　　　表 10-31

指标	数值（煤电）	数值（水电）	变化情况
Tr (sej/J)	9.08×10^4	5.88×10^4	↓
EYR	1.07	1.12	↑
PR	6.67%	10.29%	↑
EIR	13.68	8.51	↓
ELR	14.00	8.71	↓
ESI	0.08	0.13	↑

注：↓表示降低；↑表示增加。

(2) 土壤源热泵系统与空气源热泵系统的能值分析比较

在满足同样建筑负荷需求的情况下，对空气源热泵系统的进行了能值分析，其分析结果见表 10-32。空气源热泵系统的产出能量也为 2.89×10^{11} J/a，根据建筑年能量守恒，空气向该系统提供的能量也为 2.89×10^{11} J/a。

空气源热泵系统的能值分析　　　　　　　　　　　表 10-32

序号	项目	基础数据①	单位	能值转换系数②（sej/单位）	能值（sej）	所占比例
0R	空气	2.89×10^{11}	J/a	1.50×10^{3}	4.34×10^{14}	1.60%
空气源热泵系统						
1F	钢	1.77×10^{5}	g/a	4.15×10^{9}	7.35×10^{14}	2.72%
2F	铜	1.77×10^{4}	g/a	6.77×10^{10}	1.20×10^{15}	4.44%
3F	铝	5.58×10^{2}	g/a	1.27×10^{10}	7.09×10^{12}	0.03%
4F	运输柴油	8.60×10^{6}	J/a	6.60×10^{4}	5.68×10^{11}	0.00%
5F	年运行耗电量	1.40×10^{11}	J/a	1.59×10^{5}	2.23×10^{16}	82.41%
6F	安装劳务费	7.50×10^{3}	元/a	3.17×10^{11}	2.38×10^{15}	8.80%
	总计				2.70×10^{16}	100.00%

① 马明珠，张旭．利用 LCA 评价方法对土壤源热泵节能减排效益的研究．节能，2007，08：8-9.
② 能值转换系数参考表 10-40。

将土壤源热泵系统与空气源热泵系统进行综合比较，如表 10-33 所示。由该表可知，空气源热泵系统的能值转换率要大于土壤源热泵系统，说明在整个寿命周期内提供相同能量时空气源热泵系统的投入能值大于土壤源热泵系统；土壤源热泵系统的 EYR 要大于空气源热泵系统，但二者都比较低；土壤源热泵系统的 EIR 和 ELR 都要低于空气源热泵系统，总之，土壤源热泵系统的 ESI 要大于空气源热泵系统的，说明前者的可持续性能力要好于后者。

土壤源热泵系统与空气源热泵系统的比较　　　　　　　　表 10-33

指标	空气源热泵系统（煤电）	土壤源热泵系统（煤电）
Tr（sej/J）	9.35×10^{4}	9.08×10^{4}
EYR	1.02	1.07
PR	1.60%	6.67%
EIR	61.31	13.68
ELR	61.31	14.00
ESI	0.017	0.08

10.5.4　太阳能光伏发电系统的能值分析

1. 能值分析

由于可再生能源利用系统的基础数据较难获得，本节利用文献 [28] 中给出的数据作为基础数据，结合上海地区的太阳能资源情况对光伏发电系统进行能值分析，该光伏发电系统的基本信息为：

（1）PV 板的主要特性

光伏电池板型号：BP solar BP585F；光伏电池板的材料：单晶硅；标称峰值功率 $P_{max}=85W$；P_{max} 保证功率为 80W；最大功率下的电压为 18V；最大功率下的电流为 4.72A；开路输出电压 22.30V；开路输出电流 5A；晶体电池数 36；尺寸长×宽×高：1188.0mm×530.0mm×43.5mm；质量 7.5kg；帧面积 0.63m²；光敏感表面 0.52m²；寿命周期为 20 年。

(2) 系统特性

组件数：215；总的覆盖面积：136.5m²；安装角度和朝向：30°，朝南；标准功率：在标准测试工况下的功率为18.3kWp；太阳能光伏发电系统的综合效率：8%（考虑了模块效率损失、逆变器转换损失、运行和维护损失）。

上海地区的年平均太阳辐射量为4578.5MJ/(m²·a)，该系统的年发电量约为1.38×10^4kWh/a，则光伏发电系统的能值分析及结果如表10-34和表10-35所示。由表10-34可知，电池组件、安装和维护子系统的能值所占比例最大为52.52%，其中逆变器的能值所占比例又为最大（27.24%），同时运行阶段维护成本的能值所占比例也很高（23.87%），降低这两部分能值可以较明显降低系统的总能值；基片生产子系统和太阳能电池生产子系统的能值所占比例差不多，分别为23.70%和23.77%；可再生资源太阳能能值所占比例最低，为0.01%。

光伏发电系统的能值分析表　　　　表10-34

序号	项目	基本数据	单位	能值转换率	单位	能值（sej）	所占百分比
0R	太阳能	6.25×10^{11}	J/a	1	sej/J	6.25×10^{11}	0.01%
Ⅰ．基片生产子系统							
1N	硅砂	3.05×10^4	g/a	1.00×10^9	sej/g	3.05×10^{13}	0.51%
2F	焦炭	4.19×10^3	g/a	4.00×10^4	sej/g	1.68×10^8	0.00%
3F	木炭	7.74×10^3	g/a	1.06×10^5	sej/g	8.20×10^8	0.00%
4F	石墨	1.40×10^3	g/a	3.15×10^9	sej/g	4.40×10^{12}	0.07%
5(0.72R+0.28F)	木材①	1.42×10^4	g/a	8.79×10^8	sej/g	1.25×10^{13}	0.21%
6F	聚乙烯	6.84	g/a	5.87×10^9	sej/g	4.01×10^{10}	0.00%
7F	盐酸	6.44×10^3	g/a	3.64×10^9	sej/g	2.34×10^{13}	0.39%
8(0.77R+0.23F)	水②	1.51×10^3	g/a	7.30×10^6	sej/g	1.10×10^{11}	0.00%
8F	氢氧化钠	62.4	g/a	1.90×10^9	sej/g	1.18×10^{11}	0.00%
9F	硫酸	46.2	g/a	3.64×10^9	sej/g	1.68×10^{11}	0.00%
10F	三氯化钋	64.5	g/a	1.01×10^9	sej/g	6.51×10^8	0.00%
11F	氟化氢	11.8	g/a	9.89×10^8	sej/g	1.17×10^{10}	0.00%
12F	四氟甲烷	75.3	g/a	1.01×10^9	sej/g	7.60×10^8	0.00%
13F	银/铝粉	64.5	g/a	1.69×10^{10}	sej/g	1.09×10^{11}	0.00%
14F	天然气	1.31×10^9	J/a	4.80×10^4	sej/J	6.30×10^{13}	1.05%
15F	电	8.05×10^9	J/a	1.59×10^5	sej/J	1.28×10^{15}	21.45%
	小结					1.41×10^{15}	23.70%
Ⅱ．太阳电池生产子系统							
16F	铝	2.16×10^4	g/a	1.27×10^{10}	sej/g	2.74×10^{14}	4.60%
17F	玻璃	4.35×10^4	g/a	1.90×10^9	sej/g	8.27×10^{13}	1.39%
18F	EVA	5.78×10^3	g/a	5.87×10^9	sej/g	3.39×10^{13}	0.57%
19F	tedlar薄膜	6.60×10^2	g/a	6.32×10^9	sej/g	4.17×10^{12}	0.07%
20F	钢	1.69×10^5	g/a	5.31×10^9	sej/g	8.96×10^{14}	15.02%
21F	铜	2.71×10^2	g/a	6.77×10^{10}	sej/g	1.83×10^{13}	0.31%
22F	塑料	2.71×10^2	g/a	2.52×10^9	sej/g	6.83×10^{11}	0.01%
23(0.6R+0.4F)	人力③	1.46×10^7	J/a	7.38×10^6	sej/J	1.08×10^{14}	1.81%

续表

序号	项目	基本数据	单位	能值转换率	单位	能值（sej）	所占百分比
	小结					$1.42×10^{15}$	23.77%
Ⅲ. 电池组件、安装和维护子系统							
24F	燃料（柴油）	$7.31×10^7$	J/a	$6.60×10^4$	sej/J	$4.82×10^{12}$	0.08%
25F	逆变器	$5.13×10^3$	元/a	$3.17×10^{11}$	sej/元	$1.63×10^{15}$	27.24%
26F	维护成本	$4.49×10^3$	元/a	$3.17×10^{11}$	sej/元	$1.42×10^{15}$	23.87%
27(0.6R+0.4F)	人力③	$5.81×10^6$	J/a	$7.38×10^6$	sej/J	$4.28×10^{13}$	0.72%
28F	可行性研究	$1.16×10^2$	元/a	$3.17×10^{11}$	sej/元	$3.68×10^{13}$	0.62%
	小结					$3.13×10^{15}$	52.52%
	总结					$5.97×10^{15}$	100.00%

① 太阳能能值＝光伏板面积×年平均太阳辐射量×太阳能值转换率＝136.5m²×4578.5MJ/（m²·a）×1sej/J＝$6.25×10^{11}$sej/a；

② 该案例中的水是由77%的可再生性和23%不可再生性组成，因为处理水的过程需要投入不可再生的资源或能源。

③ 人力被看作是由60%的可再生成分和40%的不可再生成分组成。

光伏发电系统的能值分析指标　　表 10-35

指标	数值
Tr（sej/J）	$1.20×10^5$
EYR	1.02
PR	1.68%
EIR	44.67
ELR	58.60
ESI	0.02

2. 能值分析结果讨论

太阳能光伏发电系统和参考系统——燃煤发电的能值评价指标如表 10-36 所示。由表 10-36 可知，光伏发电系统的 EYR 小于参考系统，并且略大于 1，说明在上海地区采用光伏发电系统的竞争力没有燃煤发电系统的好；太阳能光伏发电系统的 ELR 很高，说明光伏发电系统对环境造成的压力非常大；光伏发电系统的 ESI 小于参考系统，表明光伏发电系统的可持续性能力低于燃煤发电系统。

产电能源系统的能值评价指标　　表 10-36

项目	Tr（sej/J）	EYR	ELR	EIR	PR	ESI
太阳光伏发电系统	$1.20×10^5$	1.02	58.6	44.67	1.68%	0.02
参考系统-燃煤发电系统	$1.71×10^5$	5.48	10.37	—	8.79	0.529

10.5.5 风力发电系统的能值分析

1. 能值分析过程

利用风力发电系统的基本参数[22]，结合上海地区的风能资源情况对上海地区的风力发电系统进行能值分析。风电场安装 10 台功率为 250kW 的单叶风力发电机 M30-A，每两台风力发电机的间距为 150m，每台风力发电机安装在 33m 的支柱塔上，风机的安全运行风速为 4～25m/s。上海地区的风速位于 4～25m/s 之间的有效小时数为 2849h，可以估算

10.5 城区能源系统的能值分析

该风力发电场的年发电量约为 7.12×10^6 kWh/a，约为 2.56×10^{13} J/a，这该系统的能值分析结果如表 10-37 和表 10-38 所示。由表 10-37 可知，可再生能源资源的能值所占比例最大，为 89.32%；风机及风场建造阶段的能值所占比例次之；运行阶段子系统的能值所占比例最小。

上海地区风力发电系统的能值分析表　　　　表 10-37

序号	项目	数值	单位	能值转换率	单位	能值（sej）	所占比例
0R	风能	7.21×10^{13}	J/a	2.52×10^3	sej/J	1.82×10^{17}①	89.32%
风机及风场建造子系统							
1F	混凝土（基座）	5.62×10^6	g/a	2.59×10^9	sej/g	1.46×10^{16}	7.16%
2F	铁	4.21×10^5	g/a	2.50×10^9	sej/g	1.05×10^{15}	0.52%
3F	钢	8.61×10^5	g/a	5.31×10^9	sej/g	4.57×10^{15}	2.25%
4F	铜	8.76×10^4	g/a	6.77×10^9	sej/g	5.93×10^{14}	0.29%
5F	绝缘材料	1.01×10^4	g/a	2.52×10^9	sej/g	2.55×10^{13}	0.01%
	小结					2.08×10^{16}	10.22%
运行阶段子系统							
6F	润滑油	3.10×10^9	g/a	1.11×10^5	sej/g	3.44×10^{14}	0.17%
7(0.6R+0.4F)	人力	7.12×10^7	J/a	7.38×10^6	sej/J	5.25×10^{14}	0.26%
8F	服务	2.04×10^2	元/a	3.17×10^{11}	sej/元	6.47×10^{13}	0.03%
	小结					9.34×10^{14}	0.46%
	总计					2.03×10^{17}	100.00%

① 风能能值＝风能密度×风力扫过的面积×风能转换系数＝1.02×10^{10} J/($m^2\cdot a$)×($3.14\times15^2\times10 m^2$)×($2.52\times10^3$ sej/J)＝1.82×10^{17} sej/a。

上海地区风力发电系统的能值分析指标　　　　表 10-38

指标	数值
Tr (sej/J)	7.95×10^3
EYR	9.64
PR	89.47%
EIR	0.12
ELR	0.12
ESI	83.14

2. 分析结果讨论

风力发电系统和参考系统——燃煤发电的能值评价指标如表 10-39 所示。由表 10-39 可知，风力发电系统的 EYR 大于参考系统的 EYR，这意味着在能值回报和经济性方面，风力发电系统比燃煤发电系统具有竞争力；风力发电系统的 ELR 非常低，表明风力发电系统对环境的压力很低；风力发电系统的 ESI 值远远大于参考系统，表明该风力发电系统的可持续性能力远远好于参考系统，适合于在上海地区推广。

产电能源系统的能值评价指标　　　　表 10-39

项目	Tr (sej/J)	EYR	ELR	EIR	PR	ESI
风力发电系统	7.95×10^3	9.64	0.12	0.12	89.47%	83.14
参考系统—燃煤发电系统	1.71×10^5	5.48	10.37	—	8.79	0.529

10.5.6 城区能源系统案例分析总结

由于能源系统的全寿命周期能值分析的基本数据获取非常困难，本章应用相关参考文献中的数据为基础数据，对同一种元素采用相同的能值转换系数，结合上海地区的特定气候条件对土壤源热泵系统、太阳能光热利用系统、太阳能光伏利用系统和风力发电系统进行了研究，但由于这些系统的基础数据来自不同的参考文献，每种文献都有自己的思考角度，比如有些系统的元素种类分类比较详细，有些比较笼统，这就可能会造成基础数据的误差，从而影响评价结果的准确性。

另一方，以上分析数据仅是对上海地区的个案进行分析，并不代表这一类系统的特性。如光伏发电系统，案例中的光伏发电系统的评价结果不理想，在很大程度上只能说明该案例所在地不适合发展这种系统，但并不意味着在其他地方也不适合，或许将该系统安装在太阳能资源好的地方，其评价结果会有所好转。

能值分析提供了一个衡量和比较各种能量的共同尺度，通过能值转换率可以对不同能量转换成能值，从而进行比较和加和，但能值转换率的确定问题是能值分析的重点和难点所在，现有的研究往往直接采用Odum. H. T. 及其同仁计算出的数值，尽管这些太阳能能值转化率能满足较大范围城区、系统能值分析的需要，但对于可再生能源利用技术这样比较小且具体的系统的能值分析的适用性则值得商榷。人类经济产品的能值转换率因生产水平和效益的差异而出现差别，在具体的能值分析实践中还需要计算适合具体研究对象的太阳能值转换率。但本节有些案例分析采用了单一的能值转换率，这在一定程度上降低了研究的精度。

同时，能值分析难以提出系统可持续性的阈值，而只能基于不同空间单元的横向比较，从而判断系统的可持续能力的高低，或基于不同时间单元的纵向比较，从而判断系统的可持续能力的升降情况。

可再生能源和低品位能源能值分析所涉及的能值转换率　　　　表 10-40

序号	项目	单位	能值转换率	参考文献
A	氮	sej/g	4.19×10^9	Ulgiati (2003)
B	玻璃	sej/g	1.90×10^9	Buranakarn (1998)
B	玻璃棉	sej/g	5.73×10^9	Meillaud et al. (2005)
B	玻璃纤维	sej/g	3.00×10^9	Earth trends (2007)
B	丙二醇	sej/J	3.80×10^8	Odum (1983)
B	丙炔钠	sej/g	2.65×10^9	Lapp (1991)
C	柴油	sej/J	6.60×10^4	Brown (2003)
C	除草剂	sej/g	2.49×10^{10}	Nilsson (1997)
C	淬火	sej/kg	1.80×10^{13}	Alonso-pippo (2004)
D	电（水电）	sej/J	8.00×10^4	Lan S F et al (2002)
D	电（火电）	sej/J	1.59×10^5	Lan S F et al (2002)
D	地球循环能	sej/J	1.02×10^4	Bargigli, Ulgiati (2003)
D	土地表层所含的有机物	sej/J	1.24×10^5	Bargigli, Ulgiati (2003)
D	地表风能	sej/J	1.50×10^3	Brown (2003)
F	氟化氢	sej/g	9.89×10^8	Raugei et al (2007b)

10.5 城区能源系统的能值分析

续表

序号	项目	单位	能值转换率	参考文献
F	服务	sej/$	2.00×10^{12}	Ulgiati (2003)
F	风	sej/J	2.52×10^{3}	Bargigli, Ulgiati (2003)
G	灌溉水	sej/J	6.89×10^{4}	Lapp (1991)
G	甘蔗生物质	sej/J	2.46×10^{4}	Alonso-pippo (2004)
G	甘油	sej/g	1.80×10^{12}	Liu Sheng et al (2007)
G	钢	sej/J	5.31×10^{9}	Bargigli, Ulgiati (2003)
H	混凝土	sej/J	2.59×10^{9}	Brown, Buranakarn (2003)
H	合成异构烷油 ISOPAR	sej/kg	3.80×10^{12}	Alonso-pippo (2004)
J	焦炭	sej/g	4.00×10^{4}	Odum (1996)
J	聚安酯	sej/g	5.87×10^{9}	Buranakarn (1998)
J	聚乙烯	sej/g	5.87×10^{9}	Buranakarn (1998)
J	机械	sej/g	1.40×10^{9}	Ulgiati (2003)
K	空气	sej/g	5.16×10^{7}	Wang L M (2004)
L	劳力	sej/J	6.32×10^{16}	Ulgiati (2003)
L	劳动者	sej/J	4.00×10^{5}	Ulgiati (2003)
L	铝	sej/g	1.27×10^{10}	Buranakarn (1998)
L	氯化氢	sej/g	3.64×10^{9}	Raugei et al (2007b)
L	硫酸	sej/g	3.64×10^{9}	raugei et al (2007b)
L	氮肥	sej/g	6.38×10^{9}	Bargigli, Ulgiati (2003)
L	磷酸	sej/g	2.65×10^{9}	Lapp (1991)
L	磷肥	sej/g	6.55×10^{9}	Bargigli, Ulgiati (2003)
M	木材	sej/g	8.79×10^{8}	Buranakarn (1998)
M	木炭	sej/J	1.07×10^{5}	Alonso-pippo (2004)
N	逆变器	sej/€	2.22×10^{12}	Bastinaoni (2002)
N	柠檬酸	sej/g	2.65×10^{9}	Lapp (1991)
N	农药	sej/g	2.49×10^{10}	Sui Chunhua (2001)
R	燃料	sej/J	6.60×10^{4}	Odum (1996)
R	润滑油	sej/J	1.11×10^{5}	Odum (1996)
R	热水或蒸汽	sej/J	6.72×10^{4}	Bargigli, Ulgiati (2003)
R	润滑剂	sej/J	6.60×10^{4}	Tiezzi (2001)
R	燃烧和冷却用的空气	sej/J	1.50×10^{3}	Lan S F et al (2002)
R	软化水	sej/g	6.64×10^{5}	Wang L M (2004)
S	塑料薄膜	sej/g	6.32×10^{9}	Buranakarn (1998)
S	四氟甲烷	sej/g	1.01×10^{9}	Raugei et al (2007b)
S	石墨	sej/g	3.15×10^{9}	Campbell et al (2000)
S	三氯化钛	sej/g	1.01×10^{9}	Raugei et al (2007b)
S	生铁	sej/J	5.43×10^{9}	Bargigli and Ulgiati (2003)
S	塑料	sej/g	2.52×10^{9}	Brown, Buranakarn (2003)
S	生物柴油	sej/J	8.60×10^{5}	Liu Sheng et al (2007)
S	水泥	sej/g	3.48×10^{9}	Odum (1996)
S	石灰	sej/g	1.68×10^{9}	Bargigli and Ulgiati (2003)

续表

序号	项目	单位	能值转换率	参考文献
S	沙	sej/J	2.00×10^7	UFL（2007）
S	水	sej/g	2.03×10^5	Odum（1996）
S	设计和维护	sej/€	2.22×10^{12}	Bastinaoni（2002）
T	铜	sej/g	6.77×10^{10}	Odum（1996）
T	铁	sej/J	2.59×10^9	Bargigli，Ulgiati（2003）
T	陶瓷材料	sej/kg	3.30×10^{13}	Alonso-pippo（2004）
T	天然气	sej/g	4.84×10^4	Brown（1997）
T	太阳能	sej/J	1.00	Odum（1996）
W	维护费用	sej/€	2.22×10^{12}	Bastinaoni（2002）
X	小麦	sej/g	7.91×10^4	Xiaobin Dong（2008）
Y	银铝粉	sej/g	1.69×10^{10}	Raugei et al（2007b）
Y	乙烯醋酸乙烯酯	sej/g	5.87×10^9	Buranakarn（1998）
Y	氢氧化钠	sej/g	1.90×10^9	Raugei et al（2007b）
Y	乙醇	sej/J	1.73×10^5	Brown（2004）
Y	盐酸	sej/g	2.65×10^9	Lapp（1991）
Y	雨水势能	sej/J	1.04×10^4	Brown（2003）
Y	雨水化学能	sej/J	1.82×10^4	Brown（2003）
Y	氢氧化钠	sej/g	2.69×10^9	Lapp（1991）
Y	玉米	sej/g	5.88×10^4	Brown（2004）
Z	综合循环冷却水	sej/J	6.07×10^4	Wang L M（2004）
Z	植物油	sej/J	1.30×10^6	Ulgiati（2003）

注：序号是按照项目列中第一个字的第一拼音来排序的。

能值分析的主要系统符号和意义 表 10-41

符号	名称	意义
→	流动路线	表示能流、物流、信息流等生态流的流动路线和方向
○→	能量来源	从系统边界外输入的各种形式的能量（物质）
（储存库符号）	储存库	系统中储存能量、物质、货币、信息、资产等的场所
↓	热耗散失	表示有效能（或潜能）消耗散失，成为不再具有做功能力、不能再被利用的热能
（相互作用符号）	相互作用	表示不同类别的能流相互作用并转化成另一能流，低能值转换率的低能质能流从图左边进入，较高能质的能流从上边进入，经过相互作用而转化形成的能流从右边输出。不同能量相互作用和转化，伴随着部分能量耗散流失

续表

符号	名称	意义
	消费者	"消费者"符号绘于系统图内右方，它从生产者获取产品和能量，并向生产者反馈物质和服务
	系统边框	用于表示系统边界的矩形框

10.6 绿色生态城区的生态足迹评价

10.6.1 生态足迹的起源及概念

1. 生态足迹起源

生态足迹最早是由加拿大生态经济学家 William Rees 等在 1992 年提出，并在 1996 年由其博士生 M. Wackernagel 加以完善。根据这一理论，任何已知人口的生态足迹，是生产这些人口所消费的所有资源和吸纳这些人口所产生的所有废弃物所需要的生物生产总面积。

生态足迹分析方法的基本原理在于通过跟踪国家或城区的能源和资源消费，并将它们转化为提供这种物质流所必需的生物生产土地面积，并同国家和城区范围所能提供的这种生物生产土地面积进行比较，从而判断一个国家或城区的生产消费活动是否处于当地生态系统承载力范围内，是否具有安全性。通过生态足迹的计算和分析，还能在全球和城区范围内比较自然资产的产出和人类的消费情况。

生态足迹就是通过测定一定城区维持人类生存与发展的自然资源消费量以及吸纳人类产生的废弃物所需的生物生产性土地面积大小，与给定的一定人口城区的生态承载力进行比较，评估人类对生态系统的影响，测度城区可持续发展状况的方法。生态足迹分析不是对未来的预测，而是帮助评估当前实际生态情况，并对可持续发展的方向提供方案和建议。

由于它具有直观、易理解等特点，日益成为进行生态承载力评价、生态教育和生态经济理论沟通的有效方式，同时作为一种潜在的决策支持工具正获得越来越广泛的应用。目前，包括联合国环境署、联合国粮农组织、世界自然基金等国际组织在内的许多国家和地区，都已经采用生态足迹作为生态承载力和城区、产品可持续度的评价指标。

2. 生态足迹概念

每个人都需要一定的地球表面来支持我们的生存，这就是我们的生态足迹。生态足迹是通过生物生产性土地来计算的。所谓生物生产性土地，也称为"生态生产性土地"，是指具有生态生产能力的土地或水体。在生态足迹指标计算中，各种资源和能源消费项目被折算为生物生产性土地,主要考虑以下 6 种类型:耕地(arable land)、草地(pasture)、林地(forest)、化石能源用地(fossil energy land)、建筑用地(built-up areas)和海洋(sea)[30]。将这 6 类具有不同生态生产力的生物生产面积加权求和即为生态足迹。在加权求和过程中,需要对各类生物生产面积乘以一个均衡因子。常采用的均衡因子分别为:耕地、建筑用地为 2.8,森林、化石能源土地为 1.1,草地为 0.5,海洋为 0.2。

10.6.2 生态足迹分析其他指标

1. 生态承载力(ecological capacity)

生态承载力是不损害生态系统的生产力和功能完整并且保证实现可持续利用的前提下,最大资源利用和废物消化的量。在生态承载力的计算中,由于不同国家或地区各种生物生产土地类型的生态生产能力存在很大差异,因此不同国家或地区的同类生物生产土地的面积需要进行加权才能进行比较。不同国家或地区的某类生物生产面积与世界平均产量的差异可用"产量因子"(yield factor)来表示[31]。产量因子为某个国家或地区某类土地平均生产力与世界同类土地的平均生产力的比率。将各种生物生产土地类型面积乘以相应的均衡因子和当地的产量因子,就可以得到带有世界平均产量的生态承载力。同时,根据世界环境与发展委员会(WCED)的报告,至少有 12% 的生态容量需被保留以保护生物多样性。

2. 生态赤字/盈余(ecological deficit/ remainder)

一个城区的生态承载力小于生态足迹时,会出现生态赤字;生态承载力大于生态足迹时,则会产生生态盈余。生态赤字表明该城区的人类负荷超过了其生态容量,说明该城区的发展模式处于相对不可持续状态,其不可持续程度用生态赤字来衡量。相反,生态盈余表明该城区的生态容量足以支持其人类负荷,该城区的发展模式具有可持续性,其可持续程度用生态盈余的数量来衡量。

10.6.3 生态足迹的计算模型

生态足迹分析法是基于以下的两条假设:①人类消费的大多数资源和产生的废弃物可以计算;②这些资源和废弃物可以换算成生产这些资源和同化这些废弃物所需要的生产性土地面积。生态足迹计算模型如下[32]:

$$EF = Nef = N\sum(aa_i) = N\sum(C_i/P_i)EQ_i \tag{10-88}$$

式中 ef——人均生态足迹;

aa_i——人均 i 种消费品折算的生物生产面积;

C_i——i 种商品的人均消费量;

P_i——i 种消费商品的平均生产能力;

EQ_i——均衡因子;

EF——总的生态足迹;

N——人口数。

10.6.4 绿色生态城区生态足迹的计算方法

计算一个绿色生态城区的生态足迹,根据地区性的统计资料查取该城区资源消费量与能源消费量，再结合人口数，得到人均消费量。绿色生态城区生态足迹的计算包括生物资源消费和能源消费两部分。

生态足迹分析步骤：

1. 计算各主要消费项目的生态足迹。

（1）生物资源消费主要包括粮食、棉花、油料、蔬菜、水果、肉类、禽蛋、水产品等（见表10-42）。在生物资源生产面积折算中可采用联合国粮农组织1993年计算的有关生物资源的世界平均产量资料。

生物资源消费足迹计算方法[33]：

$$EF_i = \frac{P_i + I_i - E_i}{Y_{\text{average}}} \quad (10-89)$$

式中　EF_i——i 种资源消费的足迹；

　　　P_i——i 种生物资源的总生产量；

　　　I_i、E_i——分别为 i 种资源消费的进口和出口量；

　　　Y_{average}——世界上 i 种生物资源的平均产量。

2005年南京市生物资源消费生态足迹计算表部分摘录[34]　　表10-42

生物资源	全球平均产量（kg/hm²）	生产量（t）	人均生态足迹（hm²/人）	生产土地类型
粮食	2744	965436	0.0591	耕地
棉花	1000	5920	0.0010	耕地
蔬菜	18000	3116210	0.0291	耕地
糖类	18000	66478	0.0006	耕地
牛肉	33	3982	0.0203	草地
羊肉	33	9392	0.0478	草地
水果	3500	42495	0.020	林地

从表10-41中可看出生物资源消费生态足迹的实际计算方法。绿色生态城区的生物资源消费生态足迹计算与其相同，分析前，首先通过年鉴或其他手段获取该生态城区的生物资源消耗量、人口总数；然后结合不同生物资源的全球平均产量以及均衡因子计算出不同生产土地的人均均衡生态足迹；最后，将每种类型的人均均衡生态足迹求和，即得出该城区的生态足迹。

（2）能源消费部分根据资料计算煤炭、焦炭、煤油、汽油、柴油、液化石油气、电力等7种能源的足迹，计算时将能源消费转化为化石能源土地面积、建筑用地（见表10-43）。采用世界上单位化石能源土地面积的平均发热量为标准，将当地能源消费所消耗的热量折算成一定的化石能源土地面积。

2005年南京市能源消费生态足迹部分摘录[17]　　表10-43

能源	消费量（t）	折算系数（GJ/t）	全球平均能源足迹（GJ/hm²）	人均生态足迹（hm²/人）	生物土地类型
原煤	14605383	20.934	55	0.9330	化石能源用地
焦煤	3663862	28.470	55	0.3183	化石能源用地
燃油	652020	50.200	71	0.0774	化石能源用地
电力	2466661	11.840	1000	0.049	建筑用地

2. 计算生态承载力

将绿色生态城区中现有的耕地、草地、林地、建筑用地、海洋等生物生产性土地面积乘以相应均衡因子和当地的产量因子，可得到世界平均生态空间面积，再减去12%的生物多样性保护的面积，即为该绿色生态城区的生态承载力。除以该城区总人口数即为人均生态承载力。产量因子用该城区单位面积生物生产力与全球平均生物生产力比值表示。

3. 计算生态盈余（或赤字）

当生态承载力大于生态足迹时，会有生态盈余；反之，则会有生态赤字。出现生态盈余，意味着该生态城区的发展可保持可持续发展，良性健康发展。出现生态赤字，则需要考虑减少生态赤字的措施，即提高生态承载力，减少生态足迹，应积极采取节约资源能源的措施：可高效利用现有资源存量，使粗放型、消耗型的资源利用模式向集约型、节约型逐步转变，鼓励发展循环经济；合理调整农业种植结构，采用新技术，提高自然资源单位面积的生物产量和土地创造财富的能力[35]。

10.7 城区能源规划的软件工具

10.7.1 能源规划模型工具概述

在能源系统分析中，模型工具是进行经济、能源和环境研究的重要手段。国际上已经开发了一系列通用的经济、能源和环境模型[58]。

在时间尺度上，最早关注的是能源供应安全问题，因而诞生了许多用来研究能源规划、预测能源供应和需求的模型[59]，如 MARKAL，MEDEE 和 EFOM 等。随着历史的进展，全球变暖等环境问题日益受到关注，能源环境模型一度成为研究和开发的主流，如 AIM、LEAP 和 EFOM-ENV 等。20 世纪 90 年代以后，全球能源需求大幅度增加，能源的可持续发展显得越来越重要，关注的焦点也从单一能源问题转向能源经济、能源环境、能源技术和能源安全等多重点领域，因此，又诞生了能源—经济—环境模型和混合模型[60]，如 CGE、MESSAGE 和 NEMS。此外，随着社区能源微网的发展，诞生了社区微网结构和决策制定模型[61]，如 DER-CAM，在建筑和社区层面有着广泛的应用。

从能源规划模型的建模角度来看，主要分为三类：自上而下（top-down）的宏观能源角度、自下而上（bottom-up）的工程角度和融合前两者的混合能源模型（mixed energy model）[62]。自上而下模型适用于能源宏观经济分析和能源政策规划制定，自下而上模型适用于能源技术的成本分析、能源供需预测、能源技术对环境的影响分析和能源技术的选择策略研究。表 10-44 所示为能源规划模型的分类简表。

能源规划模型分类简表　　　　　　　　　　　　　表 10-44

分类方法	划分类别	典型代表	研究的问题	时间跨度
按研究内容	能源经济模型	MACRO	能源经济	长期
	能源环境模型	AIM	能源环境、能源消费	长期
	能源经济环境模型	DER-CAM	能源经济、环境	短期
	能源经济环境模型	3Es-Mode	能源经济、环境、政策	长期
	综合模型	IIASA-WEC E3	能源技术、经济、环境	长期

续表

分类方法	划分类别	典型代表	研究的问题	时间跨度
按研究方法	能源仿真模型	POLES	能源经济	长期
	能源优化模型	MESSAGE	能源经济、政策	长期
	能源均衡模型	CGE	能源经济、环境	中期
	能源投入产出模型	EFOM	能源经济	中期
按模型功能	能源供应模型	PRIMES	能源经济、环境、技术	长期
	能源需求模型	MEDEE	能源技术、经济	长期
	能源技术模型	ERIS	能源技术、发电	—
按建模方法	自上而下模型	CGE	能源经济、环境	中期
	自下而上模型	MARKAL	能源经济、环境	长期
	混合能源模型	NEMS	能源经济、环境、政策	中期
按研究层面	全球能源模型	IIASA-WEC E3	能源技术、环境、经济	长期
	城区能源模型	GEM-E3	能源经济、环境	长期
	国家能源模型	NEMS	能源经济、环境、政策	中期
	部门能源模型	LEAP	能源经济、环境	长期
按起源分类	能源情报署（EIA）	NEMS	能源经济、环境、政策	中期
	欧洲委员会（EC）	POLES	能源经济	长期
	国际原子能机构（IAEA）	MACRO	能源经济	长期
	国际能源署（IEA）	MARKAL	能源经济、环境	长期
	其他	LEAP	能源经济、环境	长期

10.7.2 自上而下的能源规划模型

自上而下的能源规划模型又称能源经济模型，它以经济学模型为出发点，集约地表现它们与能源消费与生产的关系，在宏观经济的总体构架下考察经济、能源、环境部门之间的联系，以此来分析不同政策情景下能源消费及环境排放的变化，并从中寻求能够实现能源、经济、环境协调发展的政策方法和途径。能源经济模型大多数都用诸如 GDP、就业、部门产出或收入、能源价格等经济指标来衡量能源供给和需求的水平，可能会由于结构、方法、分类、范围和地理覆盖的不同而不同。通过最小化总成本，模型会给政策制定者展现一种最佳的解决方法。大致可以分为以下四类[63]：

（1）投入产出模型。该模型利用几组联立方程将经济部门问题的复杂关系表示出来，以总需求为已知，并为如何满足该需求提供了相当详细的部门信息。传统的投入产出模型经过适当的扩展就可以应用于能源和环境政策分析，并主要用来分析能源和环境政策产业效果，但由于模型方程中的系数是固定的，难以描述与能源环境政策相关的要素替代、技术变化以及行为变化，因此，在分析政策的宏观影响时受到限制。

（2）宏观计量经济模型。该模型通过经济变量之间在过去的统计关系来预测经济行为，并突出了与政策相关的短期动态机制。该模型中均衡机制的实现是通过数量的调整而非价格，并利用时间序列数据通过计量经济技术估计模型参数。尽管如此，该模型在得出对政策变化的预期反应时，并未考虑主体可能做出的有效率或者预见性的反应，因此，仅适合于少量政策变化的短期或中期预测。

(3) 线性规划（LP）模型。线性规划已被广泛用于优化能源系统。从简单的线性规划研究，到能处理能源系统多目标、阶段性和标准化问题的多目标线性规划模型。此外，为分析能源系统规划的不确定性，随机线性规划（Stochastic Linear Programming，SLP）和模糊线性规划（Fuzzy Linear Programming，FLP）也被引入能源模型。

(4) 可计算一般均衡模型，简称为 CGE 模型（Computable General Equilibrium）。大多数模型用 CGE 模型描述微观经济部门的经济运行和表现。CGE 是在近 30 年发展起来的经济模型。它以微观经济理论为基础，基于微观经济学原理构建经济代理人的行为，来模拟不同行业或部门间复杂的、基于市场的相互作用关系。该模型通过在消费者对商品和服务的需求同生产者的供给间达成平衡的过程中，以消费者和生产者分别寻求福利或利润最大化为假设基础，对市场均衡价格进行模拟。该模型适合于作长期比较静态分析。常见的能源环境 CGE 模型的内容多为温室气体排放的预测、影响评价和政策分析，还有大量对发展中国家能源环境问题的研究。特别是，减排政策的分析可以利用对能够限制排放增长的经济变量进行建模而得到。

10.7.3 自下而上的能源规划模型

自下而上的能源规划模型又称能源技术模型，它可以提供详细的能源来源，并考虑许多与供给、需求和转换有关的技术。这些模型通常会结合许多可以在将来提供的潜在技术，而且能够分析各种技术和资源的优点和局限性，以为确定最佳的政策提供帮助。在这种模型中，只考虑可变和固定成本、效率、影响因素和排放量。能源技术模型以反映能源消费和生产的人类活动所使用的技术过程为基础，对能源消费和生产方式等进行预测，以此来评价不同政策对能源技术选择及环境排放的影响，从中寻找能够实现能源、经济、环境协调发展的政策及技术方法和手段。大致可以分为以下三类：

(1) 部门预测模型。利用大量相对简单的技术来预测能源供应和需求，主要内容是能源系统的技术特征及有关财政或直接成本的数据。

(2) 动态能源优化模型。也称为部分均衡模型，该模型以能源供给与需求技术的详细信息为基础，以能源系统的总成本最小化为目标来计算能源市场的局部均衡。该类模型在设定服务量的情况下，对不同能源供应和利用技术的经济成本（包括投资成本和运行成本）经过贴现后进行对比，以系统总成本最小的组合作为模型的优化解，并在此基础上计算得出能源构成、环境排放等一系列数据。该类模型的特点是对能源系统的全部能源载体从开采、加工、转换到最终利用的全部或部分工艺过程的技术经济状态都有比较详细的描述。因此，可以提供能源系统规划中的主要内容，并用来对能源的开发利用前景、能源开发及利用技术的经济评价、能源间相互替代的可能性和经济性、能源利用中的环境问题等一系列问题进行分析。技术模型在 20 世纪 70 年代末和 80 年代初发展起来，大多数模型是建立在技术优化的基础上，计算了能源市场的局部均衡。经过 20 多年的发展，经历了几个代表性的模型，包括法国开发的 EFOM（能量流优化模型）、国际应用系统分析研究所（IIASA）开发的 MESSAGE（能源供应的战略选择和一般环境影响模型）和以 IEA 为核心开发的 MARKAL 模型。

(3) 综合能源系统仿真模型。该模型包含了对能源供应和需求技术的详细表述，供应和技术的发展通过外生的情景假设驱动，这类假设也经常与技术最佳模型和计量经济预测有关。此类模型最常见的是系统动力学模型。由于能源系统的动态性和复杂性,目前有一些学者利用系统动力学的方法对能源问题进行研究。该模型被称为是社会、经济及生态等复杂大系统的实验室。

1. MARKAL 模型

MARKAL 模型是一个动态线性规划模型[64],以参考能源系统为基础,可对能源系统中各种能源开采、加工、转换和分配环节及终端用能环节进行详细的描述,既可评估现有技术,还可以考虑未来可能出现的各种先进技术。MARKAL 模型的优化目标是在满足各种有用能需求的前提下在规划期内能源系统贴现的总供能成本最低。模型的约束主要有能载体平衡、电力基荷方程、电力峰荷方程、低温热峰荷方程、容量转移方程、需求方程、描述转换技术与加工工艺的容量与活动量间关系的方程、可获得的资源累积量方程等。模型结构如图 10-20 所示。

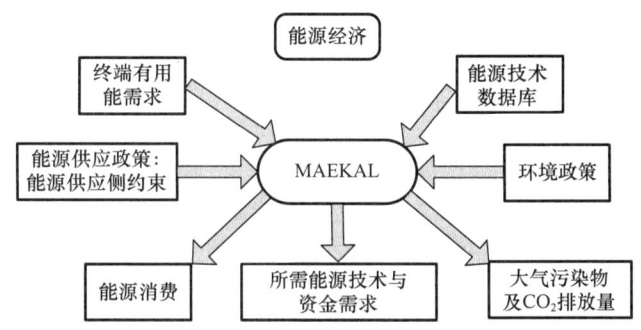

图 10-20 MARKAL 模型结构图

MARKAL 模型为用户能源系统(Reference Energy System)选择提供了参考,使用模型参考对方案程序选择进行优化。MARKAL 模型具有较好的人机对话界面,是一个已较为成熟的商业化软件。由 MARKAL 模型特征发现,该模型较为复杂,专业性较强,且手工输入的参数较多,需要考虑较多具体的技术细节及约束条件,因此该模型适合于对国家层级的能源具体实施规划,相对于省级规划具体实施不适合。

MARKAL 模型帮助政策分析者和决策者跟踪能源系统复杂的相互作用和反馈,并帮助政策分析者和决策者定量分析政策变化造成的影响。在 MARKAL 模型中设计了若干个通用目标函数,主要有:使用总的系统费用极小;使特定的进口极小;使净释放的温室气体量极小;使可再生能源的贡献极大。

MARKAL 模型是基于自下而上的工程角度的,这就使得它能够描述底层技术经济微观变化引起的综合效应,却不能反映资源、经济的相互关系,也不能做出对一般经济和非技术市场要素的反馈。

2. LEAP 模型

长期能源可替代规划系统模型(Long-range Energy Alternatives Planning System, LEAP 模型)是由瑞典斯德哥尔摩环境研究所及美国波士顿 Telles 研究所共同研究开发的一个基于情景分析的能源—环境计量经济模型。LEAP 模型[65]是以能源需求、消费和环境影响为研究对象,通过数学模型来预测各部门能源需求、消费及环境影响,可以进行中长期能源供需平衡分析、能源流通和消费过程中大气污染物及温室气体的排放及成本效益分析,可以用来追踪一个经济体中所有部门之间的资源开采、能源生产和消费行为。模型实现了对能源消费系统的仿真,通常称为"终端能源消费模型"。

LEAP 模型包括能源供给、能源加工转换、终端能源需求 3 个环节,可根据项目的要求自由调整模型的结构和数据框架,涵盖了几乎所有的能源需求、转换、传输、分配和终端使用,能够模拟已存在的和即将应用的终端用能技术。LEAP 模型的应用过程首先是进行发展历史的回顾性分析,然后对未来的趋势做出一系列假定,接着对政策措施、经济状况和技术水平等因素进行有目的的设定,在此基础上建立起数据模型,输入相关参数,最后得出相应的预测结果。LEAP 模型对输入数据的要求非常灵活,用户可以根据所研究问题的特点和数据的可获得情况,选择输入数据的形式和数量。LEAP 模型的输出不仅提供了图表两种形式,而且输出数据的种类和时序也可以灵活选择,操作较为简便。

LEAP 模型系统设置了能源需求预测、环境影响预测及成本效益分析等模块。它将根据预测对象的实际情况预测其未来的能源需求,从一次能源出发模拟其转化过程,计算本地资源能否满足其需求以及由此引起的进出口量,实现与资源、转化的平衡。模型还将依赖于已编制好的环境数据库对给定的能源方案进行环境影响预测,并从资源、转化、利用等角度计算其费用。模型使用者可以基于目前情况以及对未来社会、经济和能源发展的不同理解,设定一系列情景,并将相应的量化指标输入到模型之中,最后对不同方案的结果进行比较,为决策者提供参考。LEAP 模型中,能源方案整体由能源需求、能源转化、资源分析、环境影响评价、费用分析五部分组成。其模型结构如图 10-21 所示。

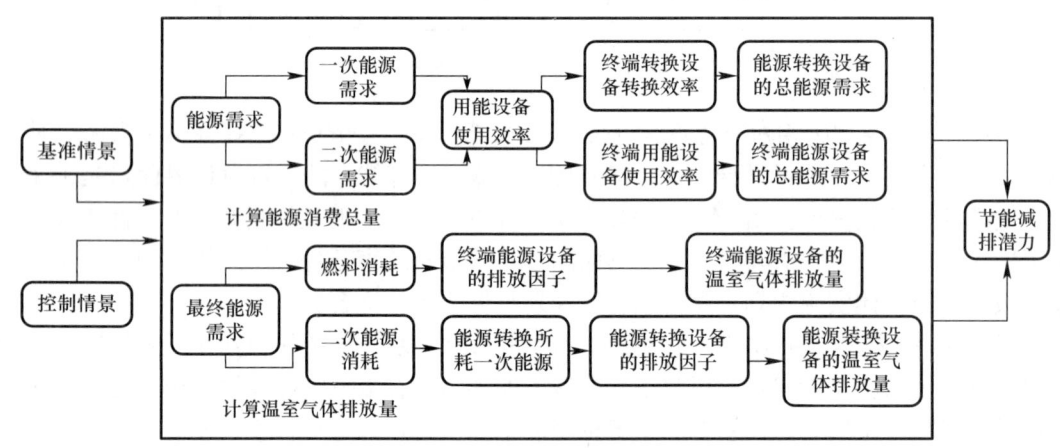

图 10-21 LEAP 模型结构图

近期主要应用此模型进行的工作有:菲律宾能源局所做的菲律宾国家能源计划 2004-2013;美国 DEM(环境署)所做的美国罗得岛温室气体减排计划;亚太能源研究中心所做的 APEC 能源需求供应规划;中国发展改革委能源研究所所做的 2020 中国可持续能源情景分析、北京市城市交通能源需求和污染排放等多项研究。

当然,LEAP 模型也有一定的局限性。LEAP 模型不具备优化选择的功能,不能实现对能源技术的优化选择,对部门需求、市场发展潜力和对未来发展目标的量化工作都依赖专家的主观判断,在具体利用的时候,由于受到统计数据的限制,还难以进行完善的定量分析。

3. MESSAGE

MESSAGE（Model for Energy Supply StrategyAlternativesand their General Environmental Impact）模型是用于研究中长期系统规划、能源政策分析和情景发展的动态线性规划模型。它以详细的技术信息为基础，对各种技术、工艺流程有比较详细的描述，在评估资源生产、技术替代效应上有较高的可信度，清晰地说明资源消耗、能源转换和污染物排放的机理。其模型原理如图 10-22 所示。

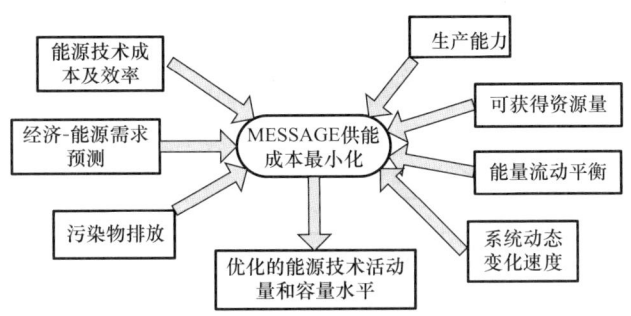

图 10-22 MESSAGE 模型结构图

MESSAGE 模型[66]是全球能源分析模型，其主要优点在于：对技术有详细的描述，反映了技术的潜力，利用分散的数据详细地描述了供给技术。但 MESSAGE 模型存在的不足是：①需要的技术细节较多，且分析结果受技术细节的影响较大；②能源未来情景目标需要外部指定；③系统较为复杂，对应用人员的专业素质要求较高。

10.7.4 混合能源规划模型

仅从单一的自上而下或者自下而上的角度建模的方法，不能进行经济与技术的综合分析。当模型的结构性较强且设计有外部接口时，才能与外部经济或技术模型相结合，进而在能源规划中综合考虑经济、技术因素。因此，既包括自上而下宏观经济模型又包括自下而上能源供应及需求模型的混合能源模型（mixed energy model）得到了进一步的研究。

1. HOMER 模型[67]

HOMER（The Hybrid Optimization Model for Electric Renewables）由美国可再生能源实验室 NREL（National Renewable Energy Laboratory）于 1993 年开发的可再生能源混合发电经济—技术—环境优化分析计算模型，并开发了相应软件。在城区能源系统并网和脱网情况下，HOMER 能够分析解决以下四个问题：

(1) 在给定的系统和预先选取的技术中哪些最具经济效益？
(2) 系统最合适的装机容量是多少？
(3) 在不同成本和负荷情景下，项目的经济性如何？
(4) 哪种可再生能源最合适？

为解决以上问题，在满足能源系统电力和热力需求的前提下，HOMER 以净现值成本（Net Present Cost，NPC），即能源系统各组成部分在其生命周期内的安装和运行总成本为基础，模拟不同能源系统规模、配置，在一次计算中能同时实现仿真、优化和灵敏度分析 3 种功能。其优化和灵敏度分析算法，可以用来评估系统的经济性和技术选择的可行性，可以考虑技术成本的变化和能源资源的可用性。HOMER 还提供了一系列不同的电、热、冷生产技术模块（包括 CHP、CCHP 和储能），如传统发电设备、风力涡轮机、太阳能光伏板、水力发电设备、燃料电池和生物质能等。它能够模拟系统的运行过程，提供全年每小时各种可再生能源的供应量及系统能量平衡情况；能够详细计算系统全年燃料、环境、可靠性、电源、电网等各项成本；能给出不同限制条件下的各能源供给最优化规划方案。模型的计算原理如图 10-23 所示。

HOMER 模型适用范围较广，无论系统规模大小都可应用，目前已在城市、海岛、村庄、社区、住宅等规模下的可再生能源规划及电网优化设计中得到应用，但是在社区层面的综合能源系统规划中的应用较少，存在较大潜力。

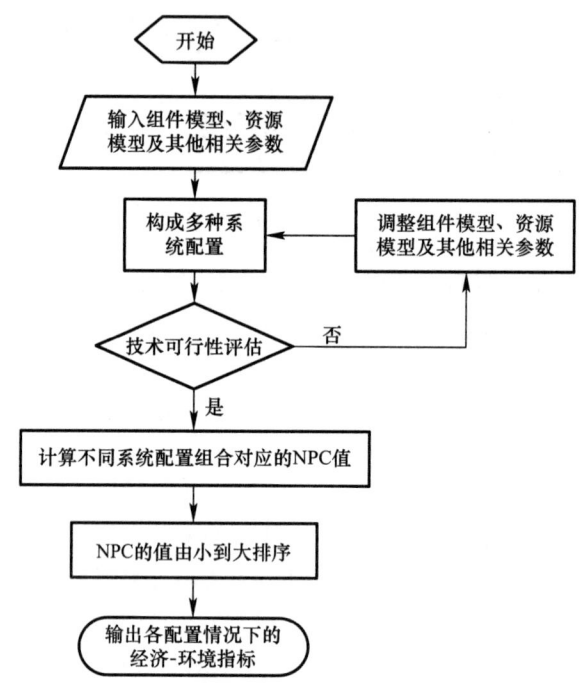

图 10-23　HOMER 模型的计算原理图

2. IPAC 模型

IPAC（the Integrated Policy Assessment model for China）是由我国发展改革委能源所开发构建的。该模型是一个包括多种方法论的多模型框架，其中有自上而下的一般均衡模型（CGE 模型），也有详细描述分部门技术的自下而上型模型，同时还有介于两者之间的部分均衡模型和动态经济学模型。

IPAC 模型[68]主要包括能源与排放模型、环境模型和影响模型 3 个部分，由 IPACS-GM、IPAC-Material、IPAC-e、IPAC-TIMER、IPAC-tech、IPAC-Message、IPAC-AIM、IPAC-AIM/Local、IPAC-air、IPAC-Climate、IPAC-Health、IPAC-Water 共 12 个子模块组成，各子模块可单独使用。其中，IPAC-AIM/技术模型是专门针对中国的城区模型，模型以需求费用最少的混合技术为目标，满足特定的能源服务需求，还可以模拟分析技术选择、技术进步、能源价格等方面的政策和对策效果。IPACAIM/Local 城区模型的结构如图 10-24 所示。中国学者以北京市能源环境对策为例，采用 IPAC-AIM/Local 城区能源环境综合评价模型，综合考虑技术现状及发展前景、环境保护政策以及经济发展等因素，量化分析了节能减排技术所能产生的本地环境效应及对全国范围气候变化政策的影响。在能源需求不断增长以及节能减排的影响下，许多学者将 IPAC 模型或其子模块应用到了交通、石油、电力、环境保护等各方面，研究能源与经济、环境的相互影响，推动低碳化经济、技术发展，提供政策措施支持。

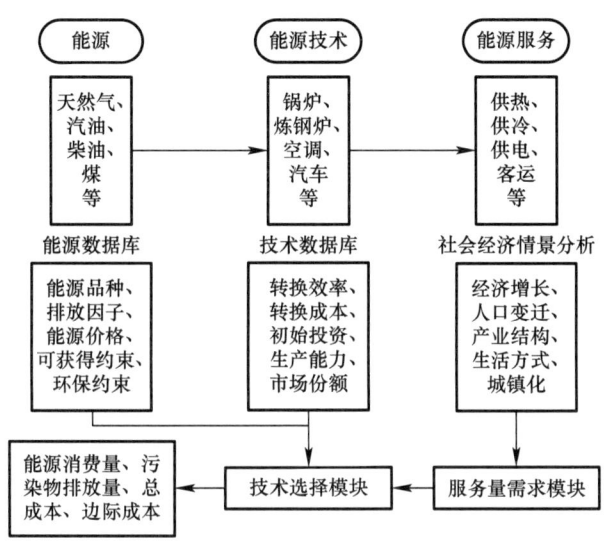

图 10-24　IPACAIM/Local 城区模型结构图

3. RETScreen 模型

RETScreen（Renewable Energy Technologies Screen）模型是用以评估一些可再生能源技术的能源生产、寿命周期成本和温室气体排放减少程度的标准化的、完整的能源规划分析模型，其中可再生能源包括了风能、小水电、光伏、燃料电池、热电联产、太阳能供暖供热水、地热能以及海洋能等。与 HOMER 模型类似，RETScreen 模型[69]在结构上设置了系统参数、资源条件和其他参数等模块，如图 10-25 所示，只是两个模型在各模块中涉及的参数有所区别。此外，RETScreen 以美国国家航空航天局（NASA）的全球卫星太阳能数据为基础，开发了一种新的全球气候数据库，节省了大量成本，增加了对潜在的可再生能源进行评估的可行性。

RETScreen 是与许多政府机构和多边组织共同合作，由来自工业界、政府部门和学术界的大型专家网络提供技术支持，进行开发工作。目前世界上已经有 222 个国家、171 所大学和学院，共计超过 187536 个用户使用该软件。

RETScreen 模型并不能实现能源系统的优化、情景分析等功能，RETScreen 的特点包括：①可以开展项目级别的财务分析和评价；②有较为强大的风能、太阳能资源数据库，对规划者而言，减少了决策的难度；③提供了标准的可再生能源项目财务分析过程，可以给决策者建立各种可再生能源成本的总体概念。但是 RETScreen 由于针对项目级别开展分析，因而无法提供"供应曲线"之类的功能；RETScreen 的资源数据库按照"县"为单位，对省级规划这种宏观部门而言，无法提供较为宏观的项目布局参考。

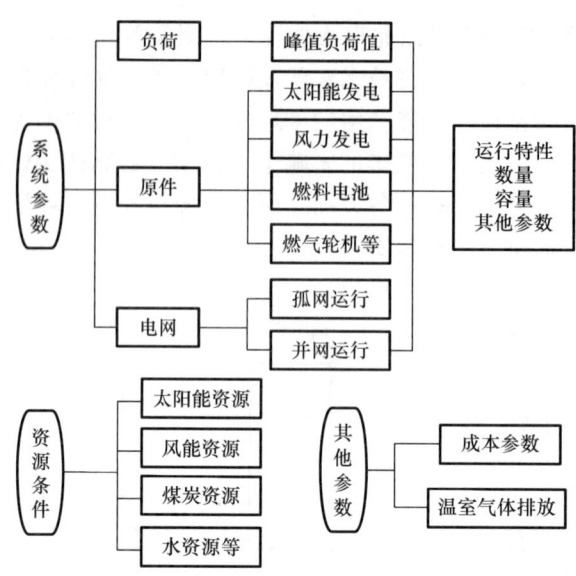

图 10-25 RETScreen 模型结构示意图

10.7.5 社区能源微网模型

1. DER-CAM 简介

DER-CAM[70]（Distributed Energy Resources Customer Adoption Model）是由美国伯克利实验室开发，应用于能源微网系统的软件模型，其目标通常为最小化年运行费用或者二氧化碳排放量最低，或两者的加权平均。DER-CAM 算法在代数建模系统（GAMS）中编写和执行，这种系统可以通过 CPLEX 利用混合整数线性规划（MILP）求解器来解决三级分配问题。DER-CAM 可以输出一个建筑物或一个小建筑群的现场发电、储存和转化量，以及与给定设计年相匹配的最佳技术组合。图 10-26 所示为 DER-CAM 的结构示意图。

如图 10-26 所示，输入到 DER-CAM 的当地能源资源包括太阳能、公共电力、公共天

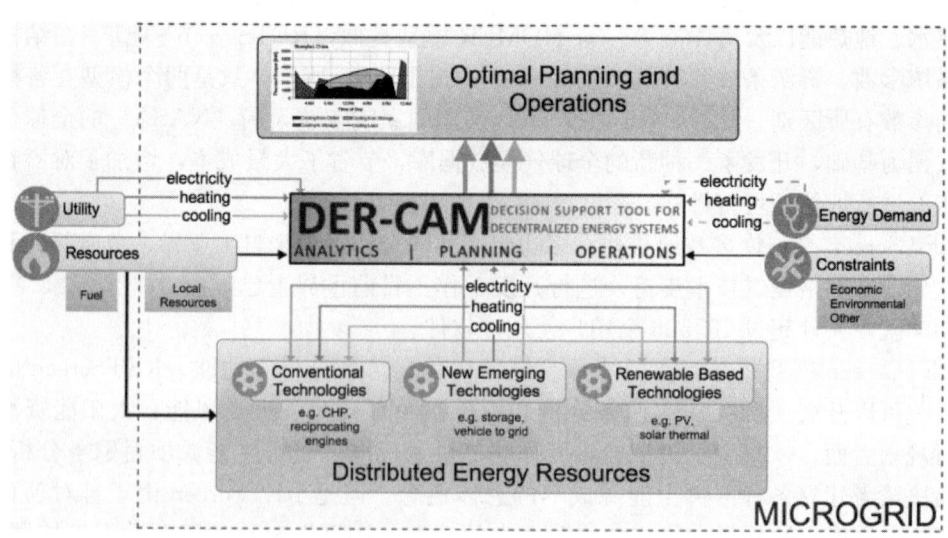

图 10-26 DER-CAM 的结构示意图

然气、生物燃料和地热能。对于给定的地点，在每个时间步长内，DER-CAM 基于经济或者环境优化组合来选择购电、现场发电、储存、热泵、锅炉或者制冷机来满足现场最终使用的负荷。也就是说，DER-CAM 能深入寻求各技术的最佳容量和相应技术表，以提供特定的能源服务给城区内的终端用户。DER-CAM 通过优化能源系统的能量流以最大限度地降低成本和二氧化碳排放量。

建立分布式能源系统模型的步骤如下：

第一步，分析为什么要采用分布式能源系统。明确需要解决的实际问题，采用分布式能源系统后能带来哪些改善。目前采用分布式能源系统的主要原因有：可以作为备用能源；具有一定的经济效益；独立的能源系统；起到削峰填谷的作用；绿色清洁能源；有效提升提高电力品质等。

第二步，选择与实际应用效果相匹配的分布式能源技术。

第三步，对能源技术进行全生命周期的分析评价。对于选用的技术要有一个长远的全局把握，确保项目不会在中途因为遇到某个意外而搁浅，提前考虑好经济因素。比如考虑当地的政策需求、资源匹配，考虑后期可能遇到的障碍会不会全权否定这个技术，不要因为初投资巨大就完全否定这个技术，要综合考虑其运行周期内的维护费用、使用寿命等。

第四步，明确可获取的资源。包括能源资源，当地政策、技术和经济的支持。

第五步，形成具体的技术方案。首先要验证方案的可行性；然后获取环境许可证和经济支持；最后考虑和当地公共设施的连接和利用率。

第六步，列出潜在的难点。技术上的难点主要是指当分布式能源系统并网时，不会对公共电力系统的稳定性、安全性和电力品质产生负面影响。此外，政策上的难点也是不容忽视的。

第七步，安装和运行分布式能源系统。

2. DER-CAM 案例

利用 DER-CAM 网页版，以上海地区城区办公建筑为主体，研究在经济性最优的条件下，城区内各种可用能源资源和技术的适用性与全年的运行策略。图 10-27 为 DER-CAM 网页版的主界面。

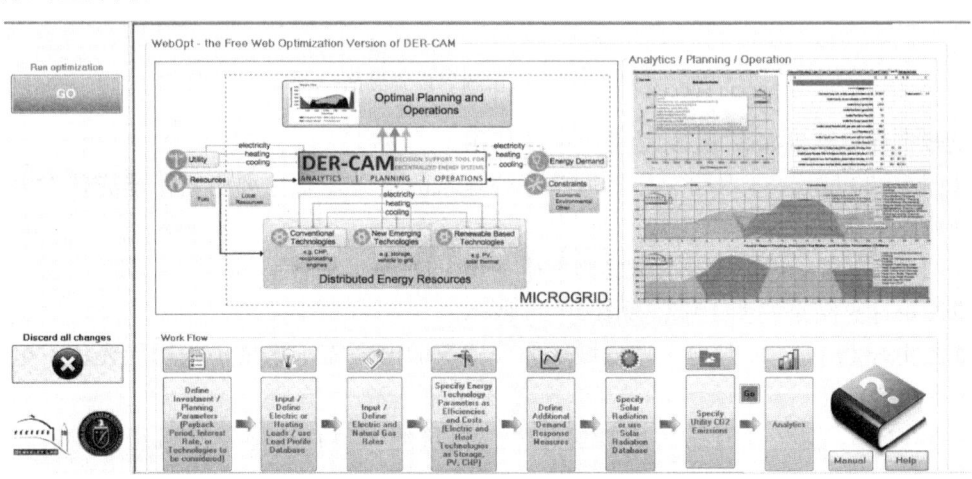

图 10-27　DER-CAM 网页版主界面

如图 10-28 和图 10-29 所示，根据项目实际参数和求解目标逐步设置软件参数。

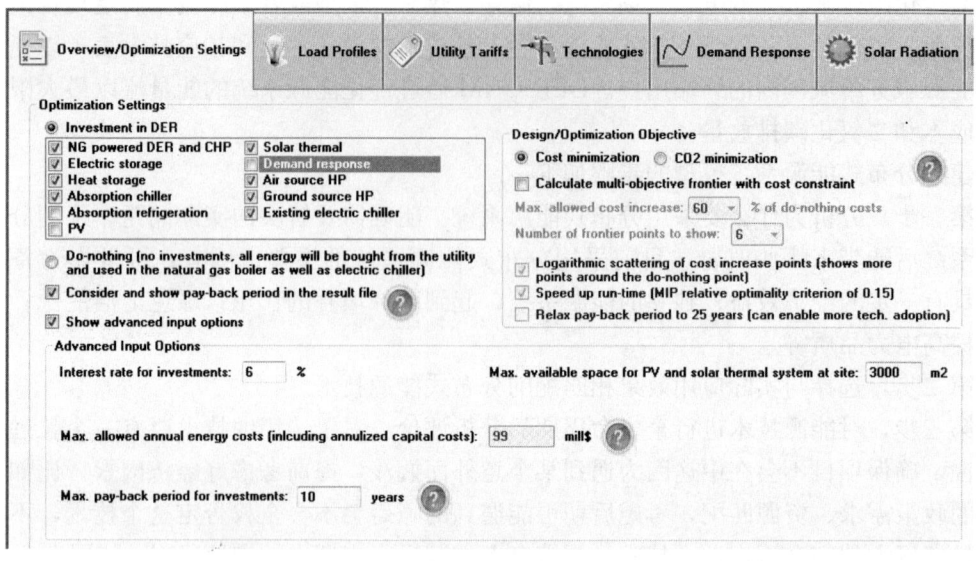

图 10-28　概况和优化目标设置界面

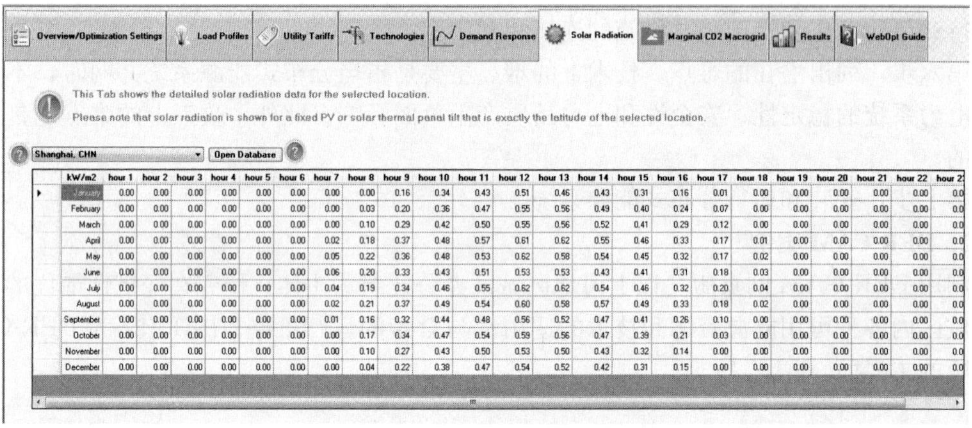

图 10-29　太阳辐射设置界面

供暖季计算结果如图 10-30 和图 10-31 所示。

如图 10-30 所示，1 月份工作日城区办公建筑的电力需求主要由太阳能光伏发电和从大电网购电来满足。

如图 10-31 所示，1 月份工作日热负荷主要由热泵和然气锅炉满足。

供冷季计算结果如图 10-32 和图 10-33 所示。

如图 10-32 所示，8 月份工作日城区办公建筑的电力需求主要由太阳能光伏发电和从大电网购电来满足。

如图 10-33 所示，8 月份工作日城区办公建筑的冷负荷由电制冷机组提供，经济性最好。

此外，DER-CAM 还输出了其他 10 个月份的详细数据，为城区能源系统的资源利用

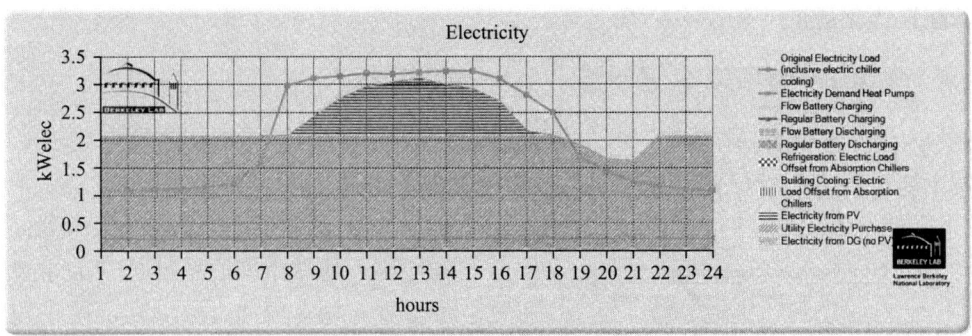

图 10-30　1月份工作日电力负荷构成及推荐采用的技术

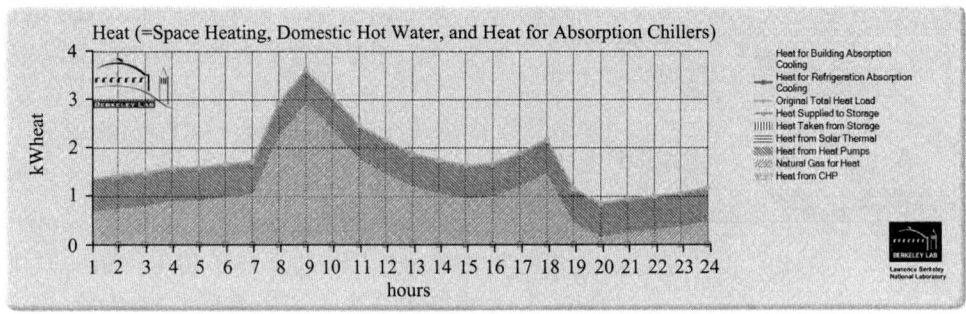

图 10-31　1月份工作日热负荷构成及推荐采用的技术

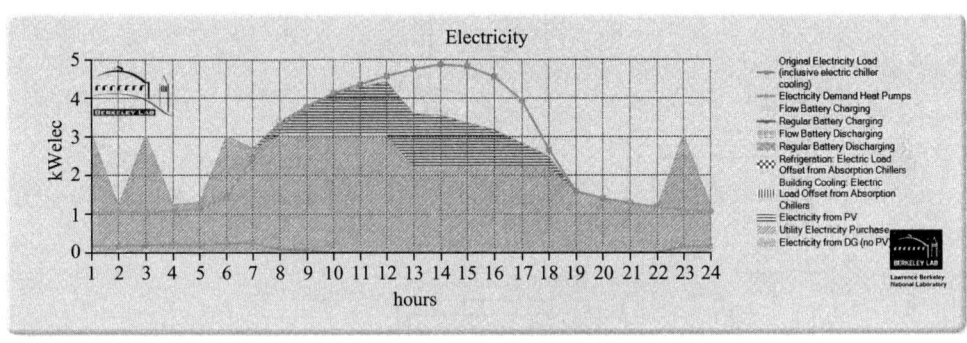

图 10-32　8月份工作日电负荷构成及推荐采用的技术

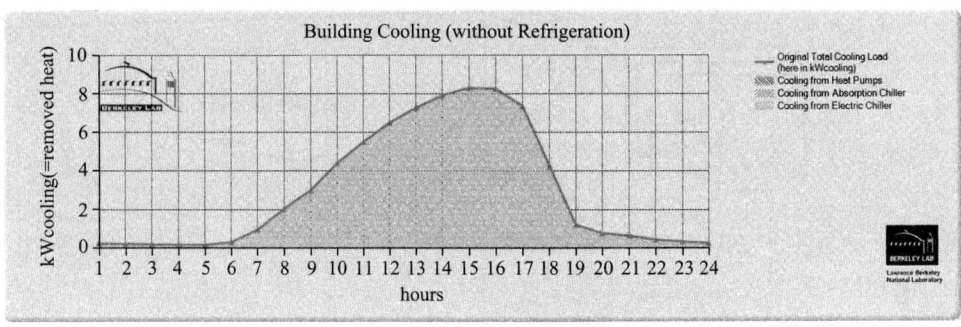

图 10-33　8月份工作日冷负荷构成及推荐采用的技术

和设备配置优化提供了有效的参考。

10.7.6 SynCity 模型及案例分析

1. SynCity 模型简介

城市能源系统集成模型（SynCity）是由伦敦帝国理工学院（Imperial College London）未来能源实验室（Future Energy Lab）开发[71]，基于城市尺度建筑能源规划的方法和原则，将城市能源系统设计的主要步骤和主要应用对象通过数学建模的手段集成在一个模块框架中，形成了一个工具包，既能够展示城市能源利用在时间和空间分布中的变化，又不依赖于大量的数据输入，同时具有宏观的综合指导意义。

SynCity 模型主要包括三个模块，每个模块解决城市能源系统规划中的一个主要问题。三个模块可以序列运行，为一个低碳生态城作全程模拟，有时候由于客观条件所限，也可以单独运行某一模块，在能源系统的某一方面给出建议。图 10-34 为 SynCity 模型各个模块的关系，图 10-35 为 SynCity 模型的架构。

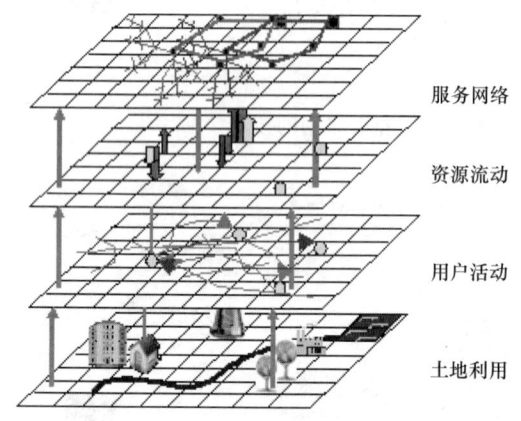

图 10-34 SynCity 模型的各个模块关系

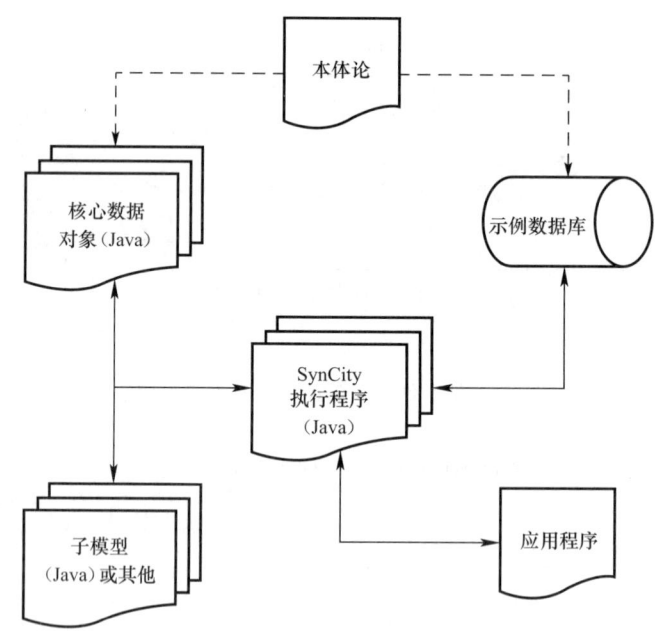

图 10-35 SynCity 模型的架构

（1）布局模型（Layout Model）

在某一目标函数下，求解城市中不同类型建筑和交通设施的最佳选址布局，以达到初投资和运行费用最低，或者是能耗和碳排放最低。根据城市规划图将目标城市的土地利用规划情况（包括办公建筑、住宅、工厂、绿地等）、城市交通设施的规划情况以及人口数量等信息输入模型，设置城市居民活动的几种情景，通过混合整数线性规划技术（MILP），给出各种建筑和交通设施在目标函数下新的布局方案。在这种方案下，城市建筑既能够满足城市居民居住、办公和生活娱乐的需求，也可以达到造价最低，或出行距离最短（能耗最低）等。

(2) 用户活动模型（Agent Activity Model）

用户活动模型用来对规划城市进行负荷预测。它改变了过去单纯以冷、热、电单位面积指标乘以规划面积进行需求预测的方式，而是通过情景分析设置城市居民的生活活动，如通过收入调查将城市居民分作不同种类，他们出行选用的交通方式不同就会导致各自产生的交通能耗不同，他们的住宅档次不同亦会产生不同的建筑能耗，等等。必须指出的是用户活动模型里需要输入的是布局模型的结果，如果是三个模块序列运行，它将按照布局模型生成的优化布局进行冷、热、电的需求预测，如果是单独运行此模块，即可输入规划方案中的布局进行预测。

(3) 资源—技术—网络模型（Resource-Technology-Network Model，RTN Model）[72~74]

该模型是在用户活动模型负荷预测的基础上，探索城市能源的最佳供应模式和方案。该模型认为，每一种城市能源系统均可以表述为某些资源和某些技术的组合。这些资源可以是化石能源（煤、石油、天然气等），也可以是可再生能源（太阳能、风能、生物质能、海洋能、地热等），还可以是城市未利用能源（地铁排热、工厂废热、浅层土壤或地表水温差热等），而这些技术是将这些输入资源转化为另外一些输出的资源（热电冷联供技术、热泵技术等）。因为任何城市在空间形态上都可以分割成一些不同的单元（其优化的结果由布局模型得出），而每一个单元又有着各自不同的随时间变化的动态负荷分布（其模拟结果由用户活动模型得出），资源技术网络模型正是通过混合线性规划技术解决在满足各个城市单元负荷需求的前提下，这些技术如何最佳配置以达到最优的供应方案，以及各个城市单元之间的能流调度模式。目标函数同样可以是费用最低、能耗最低或者是碳排放最低，也可以通过设置各目标的权重，得到一种综合的优化方案。模型输出图将显示每一种技术被配置在哪一个城市单元以及能流调度网络（包括能源流向和数量）。

2. SynCity 模型在上海临港新城中的应用[71]

(1) 上海临港新城简介

上海临港新城是上海国际航运中心的重要组成部分，是依托集装箱国际深水枢纽港、国际航空枢纽港和国家级现代装备业园区。规划面积约 296.6 km^2，规划人口 83 万人。分为四大片区布局，分别为中心区（主城区）、主产业区、综合区、重装备产业区和物流园区。中心区总面积 74.1 km^2，其中城市建设用地 36.3 km^2。土地利用规划如图 10-36 所示。

(2) 布局模拟结果

利用布局模型对该总体规划结果的初投资和年运行费用、能耗以及 CO_2 排放量进行初步估算，进而从多种角度对该设计进行综合评估，并给出可替代的规划布局。模型将临港新城规划城区分割成一个个小的独立单元，如图 10-37 所示，根据规划图中已经确定的各种建筑类型的功能布局，初步估算其成本费用、能耗和交通流等相关参数，为后续进行可替代的规划设计提供了比较基准。在单元划分上，根据建筑类型用不同颜色表示，例如，办公城区用紫色表示，休闲娱乐城区用绿色表示，住宅城区用蓝色表示（颜色越深表示居

第10章 城区能源规划的评价方法和工具

图 10-36 上海临港新城土地利用规划图❶

图片来源：http://planning.pudong.gov.cn/Upload/UploadFile/2011/08/201108231554259582.jpg。

住密度越高）。各个城区的功能情况用标签标识，城区之间连线的宽度表示了各个单元之间交通流的大小。布局模型通过对优化目标函数（如最低成本、最低排放等）以及相关约束条件（如必须为预估人口提供充足的住宅城区以及娱乐城区等）的设置，实现各单元城区最佳的布局结构。其中，基准布局（规划图布局）如图 10-38（a）所示，布局模型产生的优化布局如图 10-38（b）所示。

可见，与基准布局相比，优化布局中，办公城区与住宅城区的相对位置得到调整，办公城区与住宅城区的空间距离大幅缩短，这样有助于降低交通能耗，而娱乐城区的数量被略微削减，这是因为模型认为在满足规划城区人口娱乐需求的前提下，不需要更多的娱乐功能建筑。灰色城区部分表示在满足人口活动需求的前提下这些土地可以空出，用来进行改善居民生活的公共设施建设如公园等。

（3）用户活动模拟结果——负荷预测

临港新城的冷、热、电负荷预测结果如图 10-39 所示，冷热电负荷预测分布范围如图 10-40 所示。

将模型预测结果与按照不同功能类型建筑的冷、热、电负荷指标乘以建筑面积得到的

---

❶ 彩图见本书附录1。

10.7 城区能源规划的软件工具

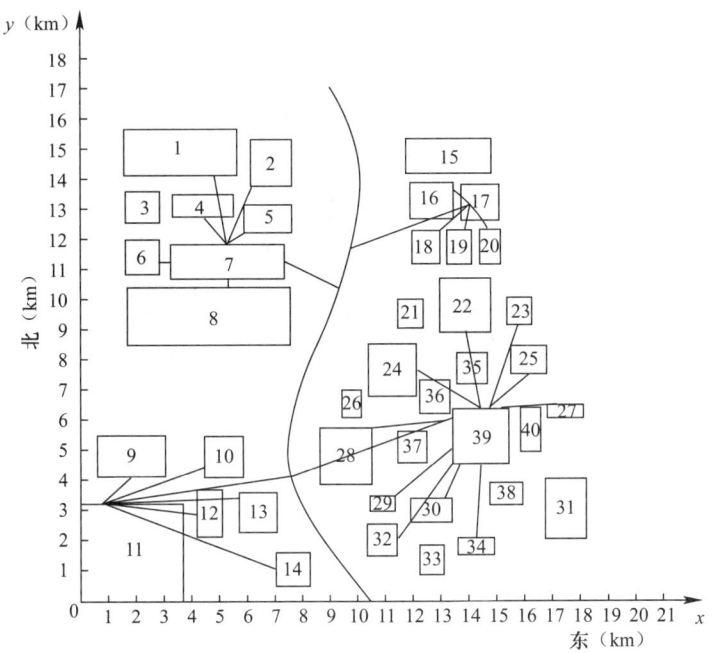

图 10-37 临港新城土地利用分区简化图

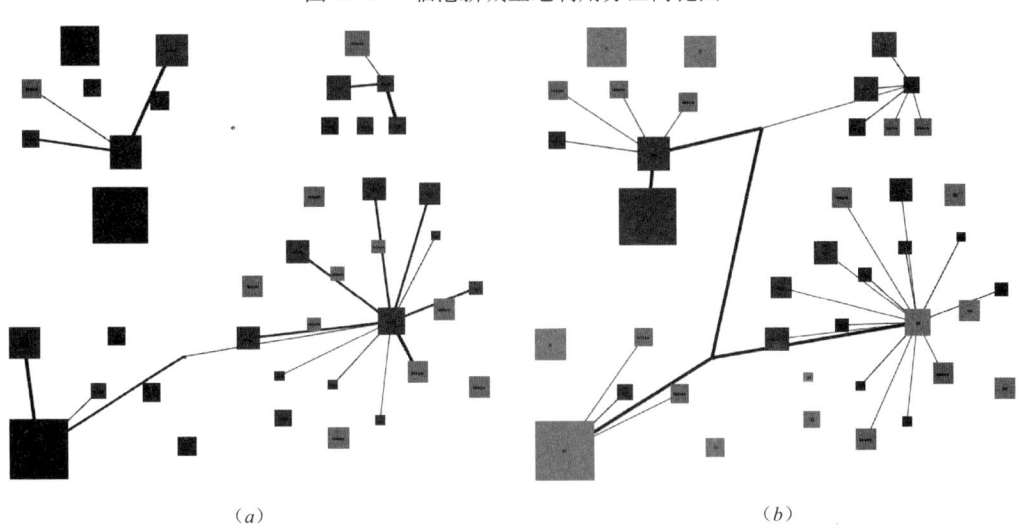

图 10-38 临港新城布局图❶
(a) 基准布局图；(b) 优化布局图

负荷计算结果相比，吻合性在 80% 以上，说明用户活动模型在负荷预测方面的功能可以信赖。

(4) 碳排放量最低目标下的资源技术网络模型模拟结果

该模型的优化目标为 CO_2 排放量最低。网络图中，网络线表示资源流动情况，线宽与资源流动量成比例。其中，红色代表燃气流，绿色代表电力流，深蓝色代表城区热流，浅蓝色代表城区冷流。图 10-41 为优化下的技术方案及容量配置，图 10-42 为燃气、电力、

---

❶ 彩图见本书附录 1。

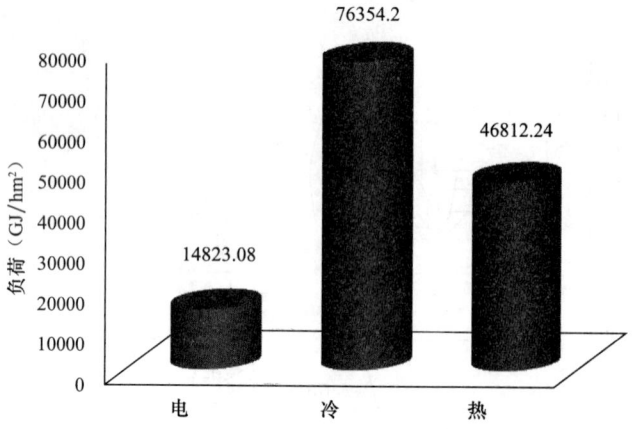

图 10-39　临港新城冷、热、电负荷预测图

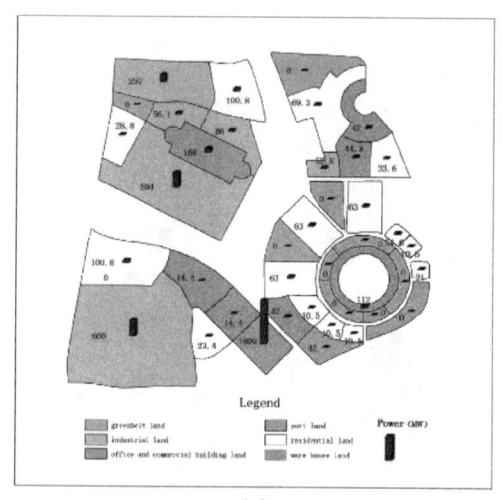

(a)

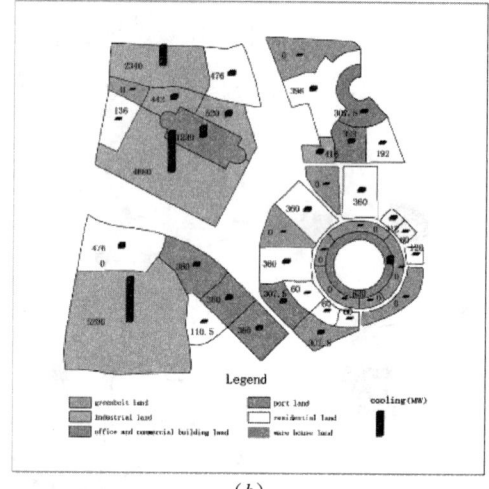

(b)

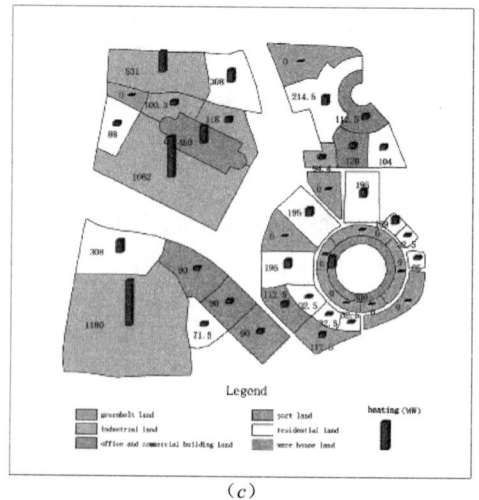

(c)

图 10-40　临港新城电、冷、热负荷预测分布范围图
(a) 电负荷预测分布图；(b) 冷负荷预测分布图；(c) 热负荷预测分布图

10.7 城区能源规划的软件工具

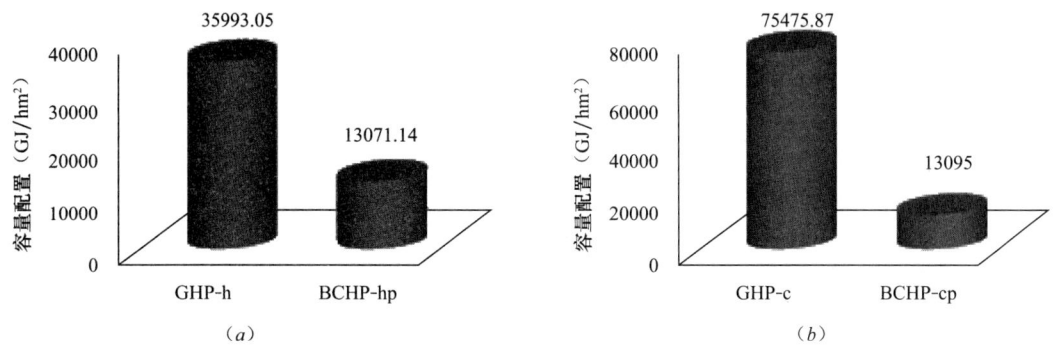

图 10-41 优化的技术方案及容量配置
(a) 供暖季能源方案及容量配置；(b) 供冷季能源方案及容量配置

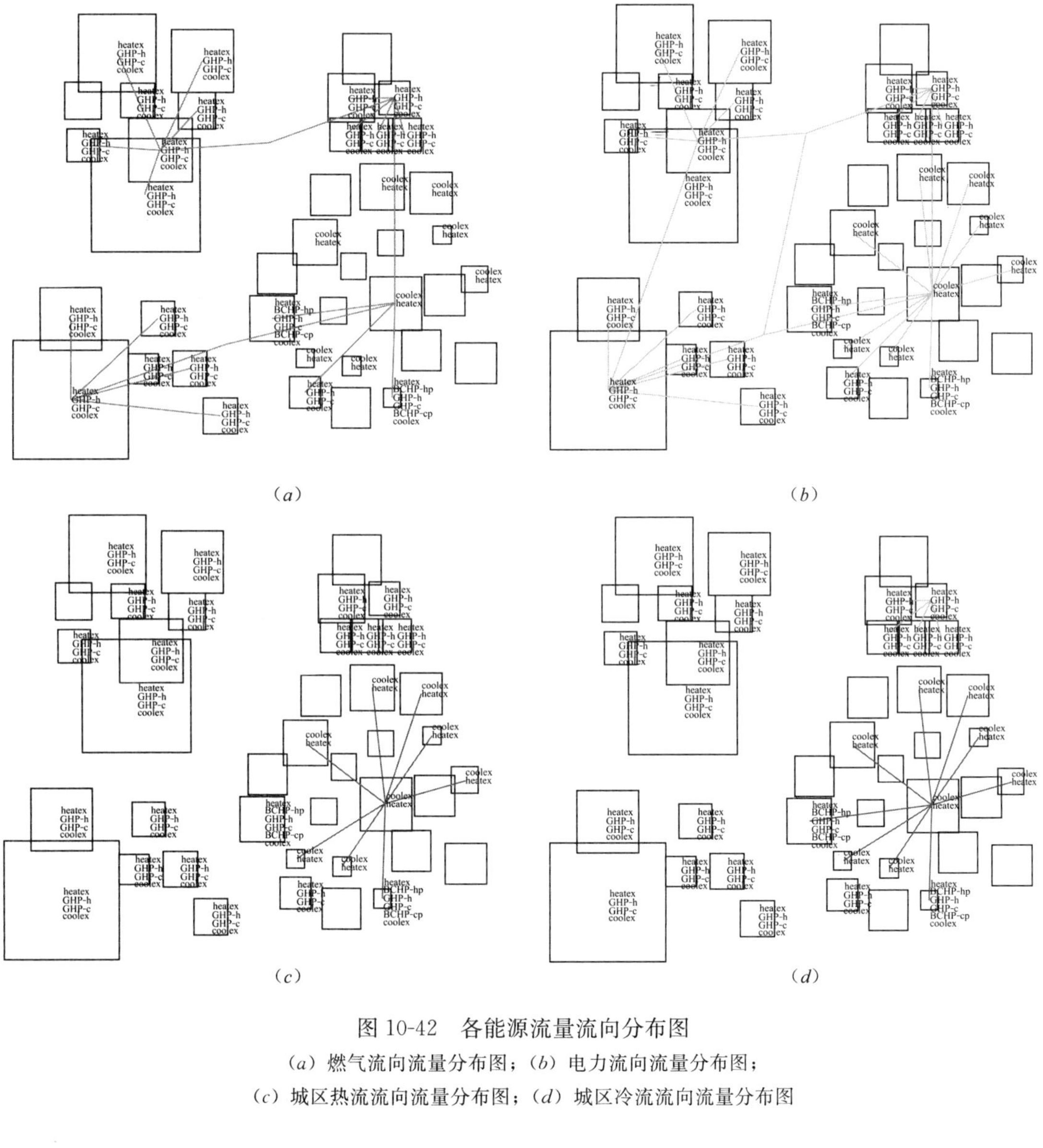

图 10-42 各能源流量流向分布图
(a) 燃气流向流量分布图；(b) 电力流向流量分布图；
(c) 城区热流流向流量分布图；(d) 城区冷流流向流量分布图

热量和冷量流量流向分布图，图 10-43 为方案成本与碳排放量的关系图。

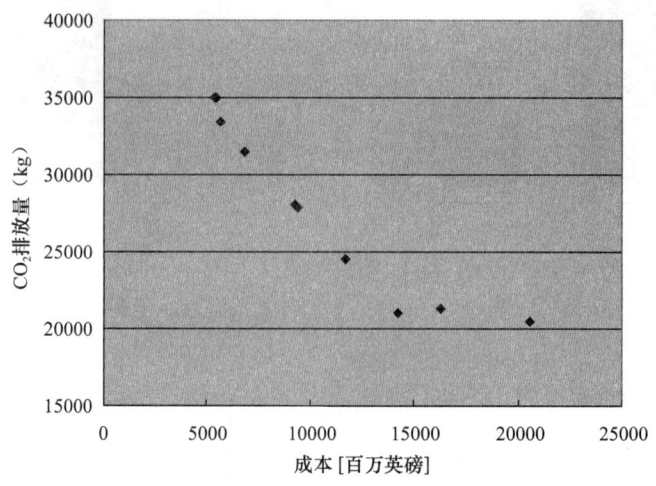

图 10-43　方案成本与碳排放量的关系图

10.7.7　总结和展望

关于能源规划模型工具的应用，国内外都有很多研究。如清华大学刘贞、张希良[75]等探讨了城区可再生能源的规划方法，提出将可再生能源规划结合到能源规划中去，综合运用城区和国家能源规划模型 MARKAL、LEAP、MESSAGE、RETSCreen、REEAM 模型进行城区可再生能源规划，构建了城区可再生能源规划框架。上海交通大学余岳峰、胡建一、章树容等[76]利用 MARKAL 模型基于两种 SO_2 排放限值条件下对上海市各类能源的供应情况进行了计算。清华大学李宁、刘大成[77]对北京市能源供应系统进行 3E-S 的综合分析，对城市能源建设资金、物质、污染物排放进行模拟分析，构建了北京市的 3E-S 系统模型。希腊学者[78]以基斯诺斯岛为例，分别以燃料电池、电解槽、H_2 储能组合和柴油机、光伏发电、储能电池组合作为供电系统进行了海岛能源规划。计算的经济—环境指标均表明，可再生能源的引入能够降低对化石能源的依赖程度，大幅减少购买燃料的经济成本，优化环境效益。Goncalo Mendes，Christos Ioakimidis 和 Paulo Ferrãoa[79]对用于社区能源系统综合规划的模型和工具 HOMER、DER-CAM、EAM、MARKAL/TIMES、RETScreen 和 H2RES 进行了总结和讨论，指出了模型各自的特点和适用对象。国外学者利用 SG、MESSAGE、MACRO 和 MAGICC 模型的组合，采用场景分析法进行了全球温室气体排放及能源消费结构的研究。

自上而下的能源规划模型能够更好地反映宏观层面上的相互影响，它更多地关注各经济部门之间的相互联系，也能够反映市场条件下不同经济部门之间的贸易及反馈关系。但是该类模型对能源技术的描述比较抽象，缺乏足够的细节。自下而上的能源规划模型在反映技术细节上具有很大的优势，在获得足够的数据支撑以后，可以将技术的经济性、利用效率及环境排放水平等一系列信息纳入到模型中，充分体现部门的产品结构和技术类型。但是该类模型缺乏和忽略了经济系统内的反馈关系，一些重要因素如部门产出服务量、能源价格等因素均在模型外给定，从而容易导致一定程度的主观性和不确定性。另一方面，由于能源模型是一个功能强大的工具支持系统模型,许多与能源有关的活动如能源供应、需求、定价等是复杂的,具有各种不确定性,在这种情况下,单纯运用任何一种建模方法都不能有效解决能源系统模型的所有问题。

混合能源模型可以兼顾两种模型在分析评价能源和环境政策时的优点,避免由于仅考虑宏观因素或微观细节而产生的偏差,这对提高我国在制定和实施能源及环境政策方面的能力具有很重要的意义。混合能源模型的应用范围更广,结果也更具有现实意义和参考价值。综合模型不仅可以探讨宏观经济结构下能源、经济、环境三者的关系,还能够对微观层面下的能源技术和环境减排技术等的选择进行比较分析,尤其是在城区层面;不仅能从经济、技术、环境、城区等多个层面对能源、经济和环境政策实施后的效果进行分析,还能对未来我国能源和环境的可能发展趋势和情景进行分析;不仅可以关注短期的如节能、能源价格调整等政策的实施效果,还能分析长期的如可再生能源政策等的影响。因此,今后应进一步加强对混合能源模型的实际应用,从而为能源系统模型提供更多的有效的决策支持。

本章参考文献

[1] 樊瑛,龙惟定. HVAC系统的碳足迹分析及环境评价指标. 暖通空调,2009,39(12):53-56.

[2] 2007 IPCC Fourth Assessment Report:the physical science basis,2007.

[3] 龙惟定,张改景,梁浩等. 低碳建筑的评价指标初探. 暖通空调,2010,40(3):6-11.

[4] 国家发展改革委员会应对气候变化司. 关于公布2010年中国低碳技术化石燃料并网发电项目城区电网基准线排放因子的公告,2010.

[5] 樊瑛. 地源热泵城区供热供冷系统的碳减排量基准线的确定. 制冷与空调,2013,27(1):24-28.

[6] 樊瑛. 城区建筑能源规划的评价研究. 上海:同济大学,2012.

[7] GB 12021.3—2010. 房间空气调节器能效限值及能效等级. 北京:中国标准出版社,2010.

[8] Ibrahim Dincer,Marc A. Rosen. Exergy—energy,environment and sustainable development. Elsevier Linacre House,Jordan Hill,Oxford OX2 8DP,UK,2011.

[9] Isam H. Aljundi. Energy and exergy analysis of a steam power plant in Jordan. Applied Thermal Engineering,2009,29:324-328.

[10] Ibrahim Dincer. The role of exergy in energy policy making. Energy Policy,2002,30:137-149.

[11] ThirapongMuangnoi,WanchaiAsvapoositkul,SomchaiWongwises. An exergy analysis on the performance of a counterflow wet cooling tower. Applied Thermal Engineering,2007,27:910-917.

[12] 全国勘察设计注册工程师公用设备专业管理委员会秘书处. 全国勘察设计注册公用设备工程师暖通空调专业考试复习教材. 北京:中国建筑工业出版社,2006.

[13] Adrian Bejan,George Tsatsaronis,Michael Moran. Thermal design and optimization. John Wiley & Sons,1996.

[14] Gilliland,M. W. Energy Analysis:a New Public Policy. Westibiew Press,Boulder,Colo,1978:

[15] Odum H. T. Self-organization,Transformity and Information. Science,1988,242:1132-1139.

[16] Odum H. T. Environmental Accounting:Emergy and Environmental Decision Making. New York:John Wilely,1996.

[17] Ulgiati S. Odum H. T. Bastianoni S. Energy Use,Environmental Loading and Sustainability:An Energy Analysis of Italy. Ecological Modeling,1994,73:215-268.

[18] 王灵梅,李政,倪维斗. 多联产系统的能值评估. 动力工程,2006:26(2):278-282.

[19] 陆宏芳，蓝盛芳，俞新华. 城市复合生态系统能值整合分析研究方法论. 城市环境与城市生态, 005，18（4）：34-37.

[20] 蓝盛芳，钦佩. 生态系统的能值分析. 应用生态学报，2001，12（1）：129-131.

[21] 彭建，刘松，吕婧. 城区可持续发展生态评估的能值分析研究进展与展望. 中国人口、资源与环境. 2006，16（5）：47-51.

[22] Brown M. T，Ulgiati S. Emergy Analysis and Environmental Accounting [J]. Encyclopedia of Energy，2004（2）：329-353.

[23] 李双成，傅小锋，郑度. 中国经济持续发展水平的能值分析. 自然资源学报，2001，16（4）：297-304.

[24] Brown. M. T，Ulgiati. S. Emergy-Based Indices and Rations to Evaluate Sustainability：Monitoring Economies and Technology Toward Environmentally Sound Innovation. Ecological Engineering，1997，9：51-69.

[25] Ulgiati S.，Brown M. T. Monitoring Patterns of Sustainability in Natural and Man-made Eco-system. Ecological Modelling，1998，108：23-26.

[26] 蓝盛芳，钦佩，陆宏芳. 生态经济系统能值分析. 北京：化学工业出版社，2002.

[27] 马明珠，张旭. 利用LCA评价方法对土壤源热泵节能减排效益的研究. 节能，2007，08：8-9.

[28] C. Paoli，P. Vassallo，M. Fabiano. Solar Power：an Approach to Transformity Evaluation. Ecological engineering，2008，34：191-206.

[29] Brown. M. T，Ulgiati. S. Emergy evaluation and environmental loading of electricity production systems. Journal of Cleaner Production，2002，10：321-334.

[30] Wackernagel M，William Rees. Our ecological footprint-reducing human impact on the earth. British Volumbia：New Society Publisher，1996.

[31] R. M. Pulselli，E. Simoncini，F. M. Pulselli，S. Bastianoni. Emergy analysis of building manufacturing, maintenance and use：Em-building indices to evaluation housing sustain ability. Energy and buildings，2007，39：620-628.

[32] 孙逊，成洪山，陈章和. 基于生态足迹模型的城市可持续发展定量评估与预测. 生态科学，2007，26（4）：343-350.

[33] 刘淼，胡远满，李月辉等. 生态足迹方法及研究进展. 生态学杂志，2006，25（3）：334-339.

[34] 包正君，赵和生. 基于生态足迹模型的城市适度人口规模研究. 华中科技大学学报（城市科学版），2009，26（2）：84-89.

[35] 陈秋林，毛德华. 生态足迹方法在土地利用总体规划实施评价中的应用. 资源环境与工程，2007，21（3）：348-351.

[36] Alonso-pippo. W，Rocha，J. D，etal. 2004. Emergy evaluation of bio-oil production using sugarcane biomass residues at fast pyrolysis pilot in Brazil. Proceedings of IV Biennial International Workshop "Advances in Energy Studies". Unicamp，Campinas，SP，Brazil. June 16-19，Pages 401-408.

[37] Bargigli，S and ulgiati，S.，2003. Emergy and life-cycle assessment of steel production. In Procceding of the Second Biennia Emergy Evaluation and Research Conference，Gainesville，FL.

[38] Bastianoni，S.，Use of thermodynamic orientors to assess the efficiency of ecosystems：a case study in the lagoon of Venice. Sci. World，2002，2：255-260.

[39] Brown，M. T and Buranakarn，V.，Emergy indices and ratios for sustainable material cycles and recycle options. Resources，Convervation and Recycling，2003，38：1-22.

[40] Brown，M. T.，Ulgiati，S.，Emergy-based indices and ratios to evaluate sustainability：monitoring economies and technology toward environmentally sound innovation. Ecol. Eng，1997，9：51-69.

- [41] Buranakarn, V. Evaluation of recycling and reuse of building materials using the emergy analysis method [Ph. D. Dissertation. University of Florida, 1998.
- [42] Campbell, D. E., A review solar transformity for tidel energy received by the earth and dissipated globally: implocations for emergy analysis. In: Brown, M. T. (Ed), Emergysysnthesis: theory and application of the emergy analysis research conference. Center for environmental policy, Department of environmental engineering sciences, University of Florida, Gainesville, FL, 2000.
- [43] Earth trends. Using data from earth policy institute, 2007.
- [44] Lan S F, Qin P, Lu H F. Emergy evaluation of economic-ecological system. Beijing: Chemical Industry Press, 2002.
- [45] Lapp, C. W., Emergy analysis of the nuclear power system in the united states. M. S. thesis, University of Florida, Department of Environmental Engineering Sciences, Gaineswille, FL, 1991.
- [46] Liu Sheng, Sun Dong-lin, Wan Shu-wen etal. Emergy evaluation of a kind of biodiesel production system and construction of new emergyindices. Journal of Nanjing University (natural science), 2007, 43 (2): 111-118.
- [47] Meilluad, F., Gay, J. B., Brown, M. T. Evaluation of a building using emergy method. Solar Energy, 2005, 79: 204-212.
- [48] Nilsson Daniel. Energy, exergy and emergy analysis of using straw as fuel in district heating plants. Biomass Bioenergy, 1997, 13 (1/2): 63-73.
- [49] Odum H T. Systems Ecology: An Introduction. New York: John Willey &Sons, 1983.
- [50] Odum H. T. Environmental accounting: Emergy and environmental decision making. New York: John Wiley and Sons, 1996.
- [51] Raugei, M. Bargigli, S,. Ulgiati, S, Technological improvement and innovation in phototovolatics-new emergy calculations, In: Brown, M. T., Bardi, E., Cambell, D. E., Comar, V., Huang, S., Rydberg, T., Tilley, D., Ulgiati, S., Emergy Synthesis 4: Theory and application of the Emergy Methodology. Proceedings of the 4th BiennialEmergy Conference. Center for Environmental Policy, University of Florida, Gainesville, 2007.
- [52] Sui Chunhua, Lan Sheng-fang. Emergy analysis of Guangzhou urban ecosystem. Chongqing Environment Science, 2001, 23 (5): 4-6.
- [53] Tiezzi, E. and coworkers. Sviluppo di unmodello di analisiemergetica per ilsistemaelettriconazionale. Final Report for CESI, 2001. Department of Chemical and Biosystem Sciences, University of Siena, Italy, 2001.
- [54] UFL. University of Florida database of emergy analysis of nations, 2007.
- [55] Ulgiati, S., 2003. "Emergy Analysis of Italy in the years 1984, 1989, 1991, 1995, and 2000." Unpublished manuscript, Energy and Environment Research Unit, Department of Chemistry, University of SIENA, Italy (ulgiati@unisi. it)
- [56] Wang L M, Zhang J T., Emergy evaluation of power plant eco-industrial park Chinese Journal of Applied Ecology,. 2004, 15 (6): 1047-1050.
- [57] Xiaobin Dong, Sergio Ulgiati, Maochao Yan, et al. Energy and emergy evaluation of bioethanol production from wheat in Henan Provice, China. Energy Policy, 2008, 36, 3882-3892.
- [58] 丁辉主编. 城市能源系统分析模型研究基于北京的案例分析. 北京: 科学出版社, 2012.
- [59] C CORMIO, M DICORATO, A MINOIA, et al. A regional energy planning methodology including renewable energy sources and environmental constraints. Renewable and Sustainable Energy Reviews, 2003 (7): 99-130

[60] 杨莉. 基于可持续发展的我国电源结构优化研究. 哈尔滨：哈尔滨工程大学，2010.

[61] Atom Mirakyan, RolandDeGuio. Integrated, energyplanningincitiesandterritories：Areviewofmethodsand tools. Renewable and Sustainable Energy Reviews, 2013, 22：289-297.

[62] Poulopoulos S G, Samaras D P, Philoppopoulos C J. Regulated and unregulated emissions from an internal combustion engine operating on ethanol containing fuels. Atmospheric Environment, 2001, 35（26）：4399-4406.

[63] 刘婧. 国外能源系统模型研究及启示. 经济研究. 2009：35-36.

[64] 陈长虹，杜静. 实施大气污染物排放总量控制后能源系统的减排效果. 能源研究与信息，2002，18（1）：10-16.

[65] Shin H, Park J, Kim H, et al. Environmental and economic assessment of landfill gas electricity generation in Korea using LEAP model. Energy Policy, 2005, 46（6）：363-364.

[66] 余岳峰，胡建一. 上海能源系统MARKAL模型与情景分析. 上海交通大学学报，2008，42（3）：360-369.

[67] LambertT, GilmanP, LilienthalP. MicropowersystemmodelingwithHOMER. http：//homerenergy.com/documents/MicropowerSystemModelingWithHOMER.pdf.

[68] 朱然. 基于TIMES模型的电力行业控制CO_2方案优选. 北京：北京交通大学，2011.

[69] RETScreenTrainMaterials. http：//www.retscreen.net/ang/dtinfo.php.

[70] StadlerM, MarnayC, DeForestN, EtoJ, CardosoG, KlappD, et al. Web-Based Economic and Environmental Optimization of Microgrids. In：proceedings of the 2012 IEEEPE Sinno vatives mart grid technologies conference；2012, WashingtonD. C., USA. http：//der.lbl.gov/sites/der.lbl.gov/files/rpt81431.PDF.

[71] Liang Hao, J. Keirstead, N. Samsatli, Nilay. Shah, Long Weiding. Application of a Novel, Optimisation-based Toolkit（"SynCity"）for Urban Energy System Design in Shanghai Lingang New City. Energy Education Science and Technology Part A：Energy Science and Research, 2011, 28（1）：311-318.

[72] Liang Hao, Long Weiding. Future Energy System in Low-carbon Community-Energy Internet. Proceedings of the International Conference on Energy and Environment Technology, 2011.

[73] Liang Hao, Long Weiding. Urban Energy System Planning and Chinese Low-carbon Eco-City Case Study. Proceedings of the International Conference on Energy and Environment Engineering, 2012.

[74] 梁浩，龙惟定. 城市能源系统综合规划模型的研究和应用. 山东建筑大学学报，2010，25（5）：524-528.

[75] 刘贞，张希良，高虎等. 城区可再生能源规划基本框架研究. 中国能源，2010，32（2）：38-41.

[76] 余岳峰，胡建一，章树容等. 上海能源系统MARKAL模型与情景分析. 上海交通大学学报，2008，42（3）：360-369.

[77] 李宁. 北京市3E-S（能源-经济-环境、安全）系统MARKAL模型研究开发. 北京：清华大学，2010.

[78] Zoulia E, Lymberopoulos N. Techno-economic analysis of the integration of hydrogen energy technologies in renewable energybased stand-alone power systems. Renewable Energy, 2007, 32（4）：680-696.

[79] Goncalo Mendes, Christos Ioakimidis, Paulo Ferrãoa. On the planning and analysis of Integrated Community Energy Systems：A review and survey of available tools. Renewable and Sustainable Energy Reviews, 2011, 15（9）：4836-4854.

第11章　需求侧能源规划在城市规划中的地位和作用

11.1　城市规划概述

11.1.1　城市规划

城市是人类社会发展到一定阶段的产物，随着人口的集聚和生产力的发展而产生，城市功能也在不断丰富和完善。随着城市规模的扩大以及功能的增强，城市在国家和地区中的社会经济地位逐渐提高。这时，为了满足城市发展和居民生活的需要，对城市空间结构、基础设施、城市发展方向的人为干预的城市规划逐步发展和完善。

城市规划作为一门具体学科的概念在20世纪初得以确立，经过半个多世纪的不断充实和完善，成为一门独立的学科。规划理论可分为规划中的理论（theory in planning）和规划过程的理论（theory of planning）[1]。前者关注的是规划活动的目标，是实质性的规划理论，如田园城市、广亩城、工业城市、卫星城市等，是对城市发展规律的认识论。后者关注的是规划活动的过程或程序方法，如何科学地进行城市规划活动，如公众参与、合作规划、动态规划等，更强调实现规划目标的方法论。

现代城市规划与社会实践密切相联系，关注实现城市发展愿景。对于低碳生态城市的能源系统未来形态的描述已有很多的论述[2,3]，本章则重点关注需求侧能源规划编制方法与城市规划编制的关系。

11.1.2　城市规划编制

城市规划编制实践需要城市形态设计理论的指导和一套操作性很强的分析方法。城市规划的对象是以城市土地为主要内容和基础的城市空间系统，城市规划学科领域应当限定为对城市土地使用的综合研究及在土地使用组合基础上的城市空间使用的规划。并且将空间系统与城市其他子系统的相互关系及这种关系在土地使用上的表现总结为"经济—空间系统"，"政治—空间系统"，"交通通信—空间系统"三个系统，这三者间的关系相辅相成，并且随着城市子系统概念界定的变换，会产生多个诸如此类不同系统的关系[4]。因此，城市规划编制是建立在对城市各种系统关系认识的基础上，在规划方法论指导下对城市中物质和社会关系进行疏导的工程实践。城市发展的目的性和规律性实际上是人类生存和发展的规律性，即人类存在的规律的实现。指导城市规划实践的方法论随着社会经济和科技的发展也在不断变化。

城市规划所勾画出的世界是一个可能的世界，所指向的是可能性而不是必然性。尽管人类可以描述人类整体社会的发展规律，但无法用确定性来描述每一个城市的发展规律。

决定人们的行为使人们做出某种选择的是其价值观和价值判断，城市居民的集体价值取向决定着城市的发展方向。因此，近年来城乡规划编制过程中还增加了对不确定性影响的考虑，力求规划成果能适应社会动态变化的需要，以维持城市规划的有效性。

11.1.3 我国的城市规划体系

我国首部《中华人民共和国城市规划法》于1990年4月1日起施行，是我国在城市规划、城市建设和城市管理方面的第一部法律，是涉及城市建设和发展全局的一部基本法。2008年1月1日《中华人民共和国城乡规划法》（以下简称《城乡规划法》）施行，《中华人民共和国城市规划法》同时废止。按照《城乡规划法》，我国当前城市规划的内容具体主要有以下几个方面：

（1）收集和调查基础资料，研究满足城市经济社会发展目标的条件和措施；
（2）研究确定城市发展战略，预测发展规模，拟定城市分期建设的技术经济指标；
（3）确定城市功能的空间布局，合理选择城市各项用地，并考虑城市空间的长远发展方向；
（4）提出市域城镇体系规划，确定城区性基础设施的规划原则；
（5）拟定新区开发和原有市区利用、改造的原则、步骤和方法；
（6）确定城市各项市政设施和工程措施的原则和技术方案；
（7）拟定城市建设艺术布局的原则和要求；
（8）根据城市基本建设的计划，为近期重要建设项目设计提供依据；
（9）根据建设的需要和可能，提出实施规划的措施和步骤。

从上述所要完成的工作内容可以看出，我国城市规划工作具有如下特点：

（1）综合性；
（2）法治性、政策性很强；
（3）具有地方性；
（4）长期性、经常性；
（5）实践性。

为了完成上述规划内容，调查研究是必要的初期工作，必须要弄清城市发展的自然、社会、历史、文化的背景以及经济发展的状况和生态条件。找出城市建设发展中拟解决的主要矛盾和问题。调查研究的过程也是城市规划方案的孕育过程。

调查研究是对城市从感性认识上升到理性认识的必要过程。调查研究所获得的基础资料是城市规划进行定性、定量分析的主要依据。城市的情况十分复杂，进行调查研究既要有实事求是、深入实际的精神，又要讲究合理的工作方法。要有针对性，切忌盲目繁琐。

城市规划的调查研究工作一般有三个方面：

（1）现场踏勘。城市规划工作者必须对城市的概貌、新发展地区和原有地区要有明确的形象概念，重要的工程必须进行现场踏勘。
（2）基础资料收集与整理。主要取自当地城市规划部门积累的资料和有关主管部门提供的专业性资料。
（3）分析研究。这是调查工作的关键，将收集到的各类资料和现场勘查中反映出来的问题，加以系统分析整理，去伪存真，由表及里，从定性到定量研究城市发展的内在决定性因素，从而提出解决问题的办法。

当现有资料不足以满足规划需要时，可以进行专项性的补充调查。必要时可以采取典型调查或进行抽样调查。一般地，城市规划应具备的基础资料包括以下部分：

（1）城市勘察资料：主要包括工程地质、地震地质、水文地质即城市所在地区地下水的存在形式、储量、水质、开采及补给条件等基础资料；

（2）城市测量资料：主要包括城市平面控制网和高程控制网、城市地下工程及地下管网等专业测量图以及编制城市规划必备的各种比例尺、地形图等；

（3）气象资料：主要包括温度、适度、降水、蒸发、风向、风速、日照、冰冻等基础资料；

（4）水文资料：主要包括江河湖海水位、流量、流速、水量、洪水淹没界线等；

（5）城市历史资料；

（6）经济与社会发展资料；

（7）城市人口资料，现状及历年城乡常住人口、暂住人口、人口年龄构成、劳动力构成、自然增长、机械增长、职工带眷系数等；

（8）市域自然资源资料；

（9）城市土地利用资料；

（10）工矿企事业单位现状及规划资料，主要包括用地面积、建筑面积、产值、职工数、用水量、用电量、运输量及污染情况；

（11）交通运输资料；

（12）仓储资料；

（13）城市行政、经济、社会、科教文卫、商业金融、涉外机构及团体的现状和规划资料；

（14）建筑物现状资料：主要公用建筑分布状况、用地面积、建筑质量，现有居住区情况集居住面积、建筑层数、建筑密度、建筑质量等；

（15）工程设施资料：市政工程、公用设施现状资料；

（16）城市园林、绿地、风景区、文物古迹、优秀近代建筑等资料；

（17）城市人防止设施及其他地下建筑物、构筑物资料；

（18）城市环境资料：环境监测成果、工矿单位污染物排放、城市垃圾数量及分布及其他影响城市环境的有害因素分布及状况。

在上述资料调研的基础上，城市规划工作的基本内容是依据城市的经济社会发展目标和环境保护的要求，根据城区规划等上层次的空间规划的要求，在充分研究城市的自然、经济、社会和技术发展条件的基础上制定城市发展战略，预测城市发展规模，选择城市用地的布局和发展方向，按照工程技术和环境的要求，综合安排城市各项工程设施，并提出近期控制引导措施[5]。城市规划的实践过程便是围绕着城市发展目标的实现，对现状相关考虑要素进行整合，以城市或是片区的整体分析为基础，最终通过各种方法及手段，落实到对城市空间尤其是城市土地使用的调整、安排及组织上[6]。即城市规划的工作可归结为制定并描述城市发展目标—阐述城市发展现状—规划实施策略—制定保证规划实施的政策几个主要环节，这些环节的循环修订和完善即构成城市规划的主要内容。

如图11-1所示，按照编制阶段及编制目的的不同，我国的城市规划体系主要分为总体规划和详细规划两个阶段，其中详细规划又可分为控制性详细规划和修建性详细规划。

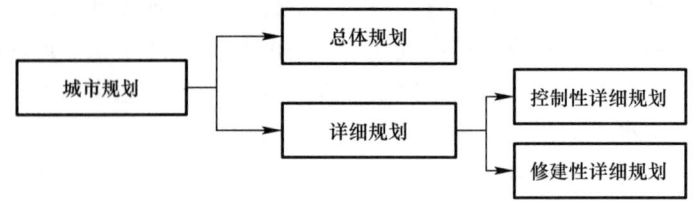

图 11-1　我国的城市规划体系

11.2　需求侧能源规划在城市规划体系中的功能定位

需求侧能源规划工作通过对近用户需求端二次能源生产、消费及分配系统的统筹考虑，进而对社区的能源利用提出了新的要求和目标，这一过程可视为传统城市能源规划工作的延伸和创新，在法律层面上仍隶属于城市规划中的能源专项。但是，由于社区能源规划同原有的城市能源规划相比是新生事物，这一部分的工作内容尚未纳入现有的城市规划体系，致使节能低碳的要求很难具体落实到项目开发建设中去。本书结合需求侧能源规划实践和我国城市规划体系的特点，探讨需求侧能源规划在当前城市规划体系中的功能定位。

在城市社区开发的不同阶段，需求侧能源规划的内容和要求有所不同，各阶段能源规划内容如图 11-2 所示[7]。在总体规划阶段，规划文件中需要包含有节能低碳的纲领性要求。在控制性详细规划阶段，针对社区整体和各个分地块设定具体的节能目标，提出控制和引导策略是该阶段能源规划的主要目的，也是将低碳目标落实到规划地块和具体项目的重要依据。在修建性详细规划阶段，通过城区能源基础设施规划，为城区能源系统节能提供物质载体。在具体的工程项目开发建设阶段，城区能源规划的主要内容围绕着建筑节能展开。在城区运营使用阶段，关注重点在于强调用户的行为节能和优化能源系统设备的运行控制策略。

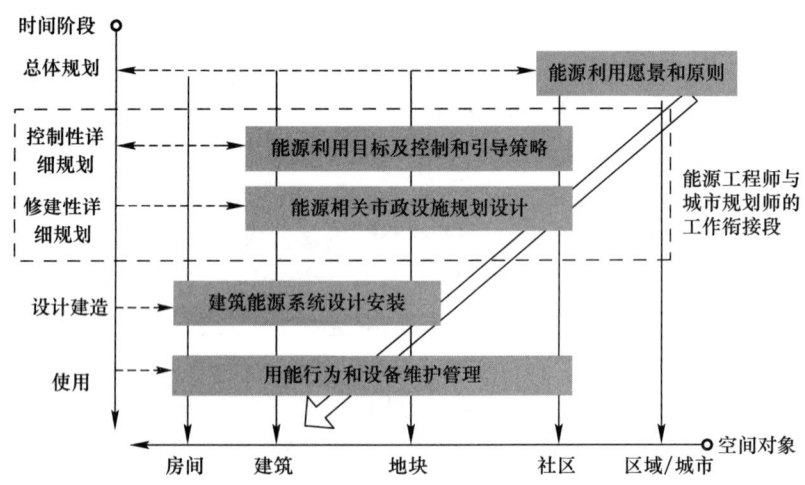

图 11-2　城区能源规划在各个时空阶段的规划重点示意图

11.2 需求侧能源规划在城市规划体系中的功能定位

在不同的规划阶段，所关注的城市用能类型也不同，在城市总体规划阶段，需要对建筑、产业、交通三大能耗进行统筹考虑，从总体上对规划区的用地功能进行协调安排，实现规划目标要求。在节能和生态环境要求较高的城区，仅仅通过节能的措施达不到规划指标，还需要考虑通过主动的产业调整，减少或取消高耗能、高污染产业以满足能源、环境目标。在详细性规划及后续的具体设计建造阶段，所关注的能耗主要是指满足生产生活所需的冷、热、电等二次能源需求。由于空间范围较小，纳入能源规划的用能行为不包括交通耗能。

需求侧能源规划所确立的规划目标在城市规划体系中的地位如图 11-3 所示。在城市职能和城市未来的形态确立之后，城市规划编制的过程就是对城市未来蓝图的主要方面进行分解的过程，然后围绕城市未来的经济、社会、生态、交通、环境、能源等诸多分目标确立规划路径，促使这些目标的最终实现。从图 11-3 可以看出，需求侧能源规划本质上是城市规划体系中的一部分，是为了实现城市的能源指标，在满足用户需求的前提下，从用户需求侧出发，将城市总体节能减排目标分解落实到具体的地块和具体的项目建设中去，以实现城镇节能减排的总目标。

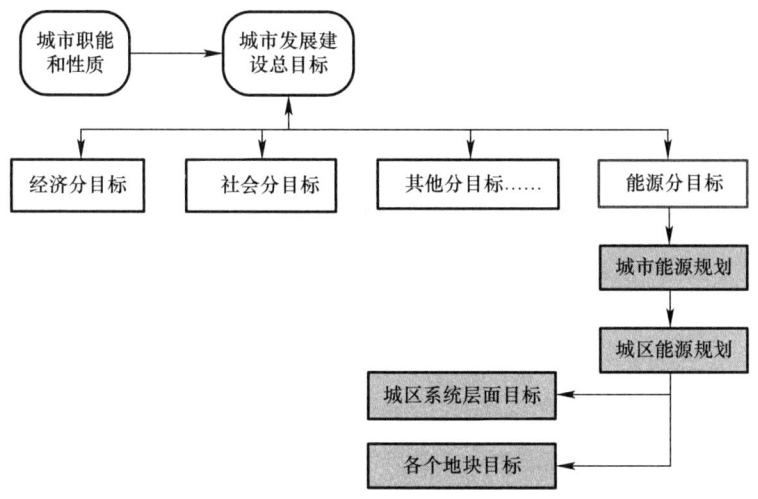

图 11-3 社区能源综合规划在城市规划中的功能和定位

但是，需求侧能源规划与宏观的城市能源规划、国家或者城区尺度的一次能源规划功能又有所不同。一次能源规划立足于供应侧，目标要求是能源供给满足能源需求，规划的重点在于通过统筹协调，获得足够的能源供应渠道并规划建设相应的能源设施，保证国家、城区或城市能源安全[8]。一次能源规划通过对一次能源的开发调运等手段解决能源供需矛盾，一般不考虑不同能源种类间的相互替代，各类能源（燃气、电力、热力）由对应的能源部门分项规划建设，满足各类用户的能源需求。

需求侧能源规划的目标是建立对需求侧能量的综合管理，通过用户间能源交易协调社区内部二次能源的生产和消费，提高能源有效利用率。它建立在一次能源规划的基础上，是对一次能源规划的补充和延伸。社区能源规划范围限定于目标社区，通过构建社区能源微网，实现用户侧二次能源的就地生产和输配。这里的二次能源生产是指将化石燃料以及太阳能、低品位能源等可再生能源资源转换为用户可以直接使用的冷（热）量、电力、家用燃料等能源产品。社区能源规划与一次能源规划的对比见表 11-1。

需求侧能源规划与城市一次能源规划的对比　　　　　　　　表 11-1

能源规划	能源生产	能源消费	能源运输	时空尺度
一次能源规划（供应侧能源规划）	矿藏开发，火电、水电、核电、风电等电厂建设	化石燃料需求，电力需求	公路、铁路、水运运输，长距离燃气管网，国家电网骨干网	国家、地区、城市等 10km 以上空间尺度，10 年或者 20 年中长期能源战略规划
需求侧能源规划（社区二次能源规划）	热量、冷量、燃料、部分电力生产	冷量、热量、电力及燃料	城市市政热力管网、配电网络、燃气输配管网	城区、社区、相邻建筑等 10km² 以下的空间尺度。较短期内能源设施建设规划

如图 11-4 所示，一次能源规划通过统筹协调，将所需的燃气、电力等能源输入城市，驱动城市的正常运转，为城市的发展提供能源安全的保障；需求侧二次能源规划以一次能源规划的物质输出为基础，通过对城区用户侧的能量需求进行综合分析，从具体的需求出发，为一次能源的高效利用提供保证。在一次能源规划的基础上，通过对用户侧二次能源的生产、分配、消费等行为进行顶层设计，引导用户采用更加合理的技术方案将商品燃料、本地可再生能源、低品位能源、电力等以高效的方式转化为满足生产生活需要的冷量、热量、电力。需求侧能源规划采用提升能效、削减需求、增加可再生能源利用的策略来降低社区化石能源消耗和碳排放。因此，需求侧能源规划是在城市一次能源规划工作的基础上，对城市元细胞——城区内的能源利用行为进行的更为具体的规划和指导。

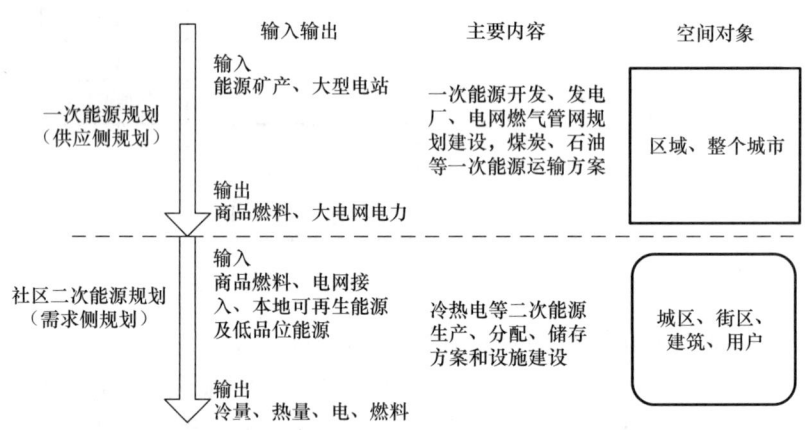

图 11-4　需求侧能源规划与一次能源规划的衔接关系示意图

11.3　城区总体规划中的需求侧能源规划

11.3.1　城市总体规划

城市总体规划是以城市整体角度考虑，对一定时期内城市的性质、未来发展目标及规模、土地利用与空间布局，以及各项建设等进行综合地部署和提出实施措施。长期以来，城市总体规划指导城市建设活动、研究城市发展战略、综合协调城市各方利益,为新中国成立后城市发展建设起到了至关重要的作用。

1. 地位

城市总体规划是城市规划体系中最具权威性和处于最高层次的规划,且具有明确的法律地位,是城市地块详细规划编制以及城市其他各专项规划编制的基础及依据,能够集中体现出城市规划工作的法制、政策、综合、整体等属性特征。经批准的城市总体规划产生法律效力,是我国城市规划立法、城市规划审批的重要内容,是统筹安排及指导城市范围内各项土地利用及工程建设的法定规划。

2. 作用

城市总体规划不仅能够统筹安排建设活动,还可以发挥规划工作的协调及调控作用,能够充当国家宏观调控的手段,能够重点解决关乎城市发展的重大经济社会问题。由于城市规划研究的主要对象是城市的物质空间系统,而城市整体范围内的土地使用与管理也是城市总体规划工作的核心,城市总体规划可以通过安排城市土地使用与建设活动来反映国家、政府的意志和政策,既有对城市物质空间的控制又有对城市建设行为的政策引导,既是执行者又是监督者。

3. 内容

作为一项规划编制工作,城市总体规划编制涉及的内容非常宽泛,依据新版《城市规划编制办法》的相关规定,可以将其编制的主要内容概括总结为以下几点:论证城市国民经济及社会发展条件,研究城市宏观发展战略;编制市域城镇体系规划;确定城市性质、发展目标及未来人口与用地规模,选择城市发展用地,提出城市规划区范围,统筹布局中心城区城市建设用地与功能分区,研究确定城市道路交通体系与绿地、水域、城市基础设施建设等重大原则问题,解决城市近期建设与远期发展的关系等。可以说城市总体规划编制及研究的内容可涉及关乎城市未来发展的城市主要系统要素,并且城市总体规划编制内容也在随着我国城市经济与社会发展不断演变更新。

城市总体规划纲要的主要任务是:研究确定城市总体规划的重大原则,并作为编制城市总体规划的依据,其主要内容有:

(1) 论证城市国民经济和社会发展条件,原则确定规划期内城市发展目标;

(2) 论证城市在城区发展中的地位,原则确定市(县)域城镇体系的结构与布局;

(3) 原则确定城市性质、规模、总体布局,选择城市发展用地,提出城市规划范围的初步意见;

(4) 研究分析确定城市能源、交通、供水等城市基础设施开发建设的重大原则问题,以及实施城市规划的重要措施。

纲要成果包括文字说明和必要的示意性图纸。

总体规划年限一般为20年,同时应对城市远景发展做出轮廓性的规划安排。近期建设规划是总体规划的一部分,应当对城市近期的发展布局和主要建设项目做出安排,年限一般为5年。城市总体规划的主要内容:

(1) 设市城市应当编制市域城镇体系规划,县政府所在地的镇应当编制县域城镇体系规划。市域和县域城镇体系规划的内容包括:分析城区发展条件和制约因素,提出城区城镇发展战略,确定资源开发、产业配置和保护生态环境、历史文化遗产的综合目标;预测城镇化水平,调整现有城镇体系的规模结构、职能分工和空间布局,确定重点发展的城镇;原则确定城区交通、通信、能源、供水、排水、防洪等设施的布局;提出实施规划的措施和有关技术经济政策的建议。

(2) 确定城市性质和发展方向,划定城市规划区范围。

(3) 提出规划区内城市人口及用地发展规模,确定城市建设与发展用地的空间功能分区以及市中心、区中心的位置。

(4) 确定城市对外交通系统的布局以及车站、铁路枢纽、港口、机场等主要交通设施的规模、位置,确定城市主次干道系统的走向、断面、主要交叉口形式,确定主要广场、停车场的位置、容量。

(5) 综合协调并确定城市供水、排水、防洪、供电、通信、燃气、供热、消防、环卫等设施的发展目标和总体布局。

(6) 确定城市河湖水系的治理目标和总体布局,分配沿海、沿江岸线。

(7) 确定城市园林绿地系统的发展目标及总体布局。

(8) 确定城市环境保护目标,提出防治污染措施。

(9) 根据城市防灾要求,提出人防建设、抗震防灾规划目标和总体布局。

(10) 确定需要保护的风景名胜、文物古迹、传统街区,划定保护和控制范围,提出保护措施,历史文化名城要编制专门的保护规划。

(11) 确定旧城改建、用地调整的原则、方法和步骤,提出改善旧城区生产、生活环境的要求和措施。

(12) 综合协调市区与近郊区村庄集镇的各项建设,统筹安排近郊区村庄、集镇的居住用地、公共服务设施、乡镇企业、基础设施和菜地、牧草地、副食品基地,划定需要保留和控制的绿色空间。

(13) 进行综合技术经济论证,提出规划实施步骤、措施和方法的建议。

(14) 编制近期建设规划,确定近期建设目标、内容和实施部署。

城市总体规划的文件及主要图纸:

(1) 总体规划文件包括规划文本和附件,规划说明及基础资料收入附件。规划文本是对规划的各项目标和内容提出规定性要求的文件,规划说明是对规划文本的具体解释。

(2) 总体规划图纸。现状图、用地评定图、城镇体系图、城市总体规划图、道路交通规划图、各专项规划图及近期建设规划图。

从城市总体规划的主要内容可以看出,总体规划的主要任务是:综合研究和确定城市性质、规模和空间发展状态,统筹安排城市各项建设用地,合理配置城市各项基础设施,处理好远期发展与近期建设的关系,指导城市合理发展。

11.3.2 城市总体规划中加入需求侧能源规划

能源是驱动城市生产生活正常运转的动力之源,能源利用作为城市规划中一项重要内容包含能源供应充足和高效利用两个层次的内容。首先需要确保城市能源供给可以满足和支撑城市未来的发展目标,需要在能源供给制约和不同的城市发展目标下的能源需求两个方面的综合权衡下确定。其次,还需要充分认识需求侧节能的意义,将节能作为一种能源资源来考虑,充分挖掘出节能这一第六大类能源的价值所在,缓解能源供给的压力。按照丹尼尔·耶金[9]的观点,将节能上升到某一类能源资源的高度,那么城市能源规划体系的结构将发生调整,从传统的由上而下集中的调配转变为自上而下与自下而上相结合的能源规划结构。如图 11-5 所示,传统的城市能源规划依据供应满足需求的理念,根据城市功能定位和发展需要,通过能源规划满足能源需求。增加需求侧能源规划之后,能源利用规划反馈的信息约束并协助制定城市功能定位和发展目标,实现供应侧、需求侧以及城市主题三个主体的反馈循环。

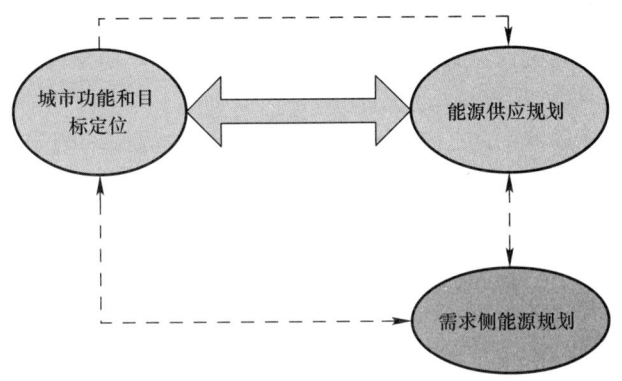

图 11-5　需求侧能源规划对城市能源规划体系结构的影响示意图

因此,城市总体规划中增加需求侧能源规划之后,在能源需求增加时,除了增加供应这一措施之外,还可以通过需求侧控制,减少需求,提升能效,挖掘可再生能源、城区低品位能源的利用潜力来减小能源供应。需求侧能源规划与供应侧能源规划的相互作用机制如图 11-6 所示,通过供应侧与需求侧的有机结合,使城市能源规划为城市节能低碳目标的实现提供更强有力的保证。

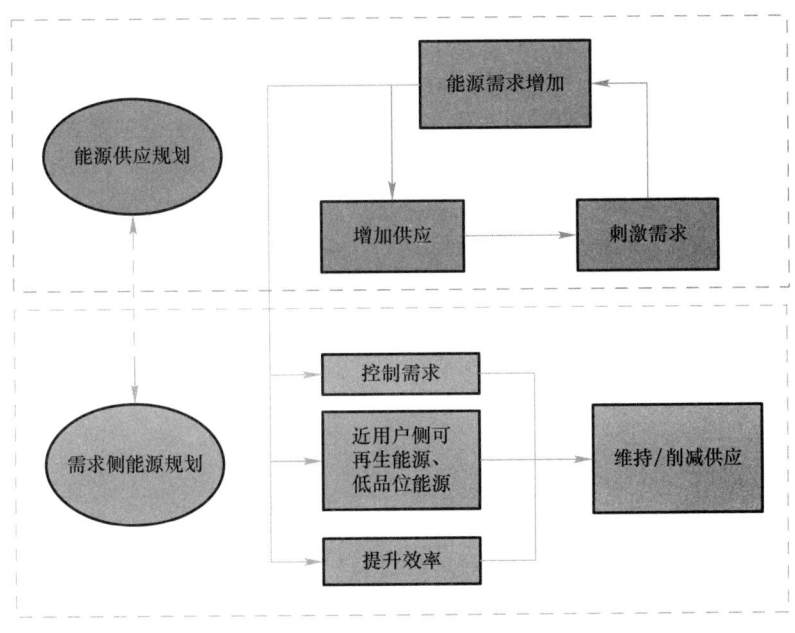

图 11-6　需求侧能源规划的作用机制示意图

11.4 控制性详细规划中的节能控制性指标

城镇详细规划的主要任务是以总体规划或者分区规划为依据，详细规定建设用地的各项控制指标和其他规划管理要求，或者直接对建设做出具体的安排和规划设计。详细规划分为控制性详细规划和修建性详细规划[9]。

根据城市规划的深化和管理的要求，一般应当编制控制性详细规划，以控制建设用地性质、使用强度和空间环境，作为城市规划管理的依据，并指导修建性详细规划的编制。控制性详细规划主要内容如下[9]：

（1）详细规定所规划范围内各类不同使用性质用地的界线，规定各类用地内适建、不适建或者有条件地允许建设的建筑类型；

（2）规定各地块建筑高度、建筑密度、容积率、绿地率等控制指标，规定交通出入口方位、停车泊位、建筑后退红线距离、建筑间距等要求；

（3）提出各地块的建筑体量、体型、色彩等要求；

（4）确定各级支路的红线位置、控制点坐标和标高；

（5）根据规划容量，确定工程管线的走向、管径和工程设施的用地界线；

（6）制定相应的土地使用与建筑管理规定。

控制性详细规划的文件和图纸：

（1）规划文本和附件，规划说明及基础资料收入附件；规划文本中应当包括规划范围内土地使用及建筑管理规定。

（2）图纸：规划区现状图、控制性详细规划图。

如图 11-7 所示，控制性详细规划的主要内容是与城市各项建设相关的一系列的控制指标。目前社区能源利用相关的指标还未纳入到城市详细规划阶段指标体系中，也是社区能源管理难以具体落实的原因之一。控制性详细规划中指标确定及其发挥作用的具体过程如图 11-8 所示，规划人员根据当地的具体条件、上位规划和相关法律法规制定各项指标，然后围绕这些具体目标的实现，制定相关的实施策略。这一过程可能需要反复进行，最终确定适宜的控制指标和规划方案。

从控制性详细规划和修建性详细规划所处的阶段及包含的规划内容可以看出，在城市详细规划确定后，规划城区将来的建设形态及主要内容已基本确定，对能源利用具有重要影响的用地性质、开发强度、建筑面积等基础数据的取值范围可以大致确定。控制性详细规划更侧重于从社区整体的角度，对各项建设给出具体要求。

需求侧的社区节能减排不仅要降低用能个体（如建筑）的碳排放，也需要考虑通过系统综合优化的方法降低整体（社区）的碳排放。国际能源署建筑和社区节能项目（IEA-ECBCS）的研究指出，社区能源系统整体优化所产生的节能潜力远大于单个用能对象节能改造所具有的节能效果[10]。随着分布式能源系统的应用以及能源转换利用技术的进步，社区低品位能、可再生能源的利用引起广泛的关注。由于低品位能源、社区可再生能源的空间分布的限制以及时间上的不稳定性，忽略用能单位间联系的各个建筑能源系统进行独立设计的方法不足以完全挖掘出系统节能的全部潜力。通过系统优化设计，将城区（这里城区是指用地性质混合、面积在几平方公里的城市片区）内多个用能、产能对象的能源利

11.4 控制性详细规划中的节能控制性指标

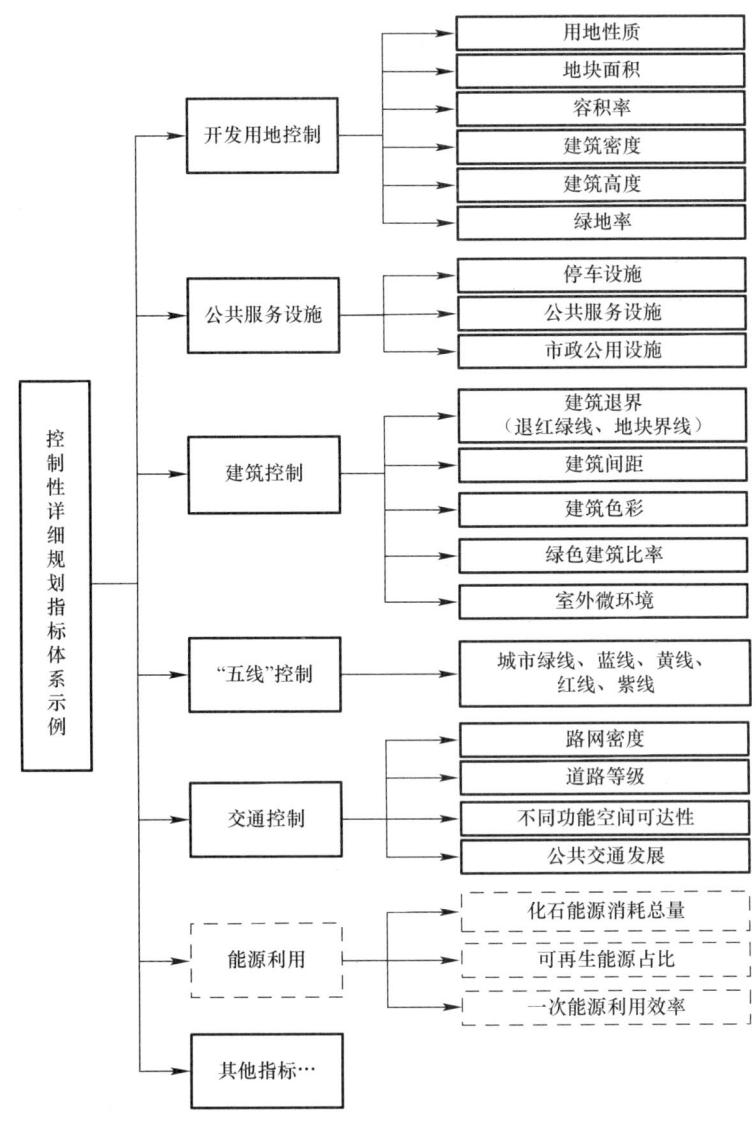

图 11-7 控制性详细规划的指标体系

用综合考虑，构建集中与分布式协同、可再生能源与化石能源相融合的城区能源系统更能充分利用本地可再生能源，提高能源综合利用效率[11]。该能源系统需将城区作为一个整体进行系统的综合设计，实现从单体建筑节能到城区整体节能。但是城区层面的能源系统优化和统筹建设存在用地属性、政策、权属、法律地位等诸多方面的问题，需要宏观层面的顶层设计进行协调，甚至于政策强制力的保证。因此，城区高效能源系统的构建需要做好顶层设计（早期规划）、系统结构优化设计、运行管理三个阶段层次的协同支撑，充分发挥出资源、设施和交易的价值，提升城区能源系统整体效率。

通过城区需求侧能源规划对社区范围内的能源资源利用的问题进行协调管理，在早期阶段对城区能源利用进行统筹规划，使政策、用地、产权等有利于社区能源系统的设计建造，对于城区低碳高效能源系统的构建具有重要意义。城区能源规划通过对城区需求侧二次能源生产、消费及分配系统的统筹考虑，获得城区最佳的能源系统配置方案，进而对城

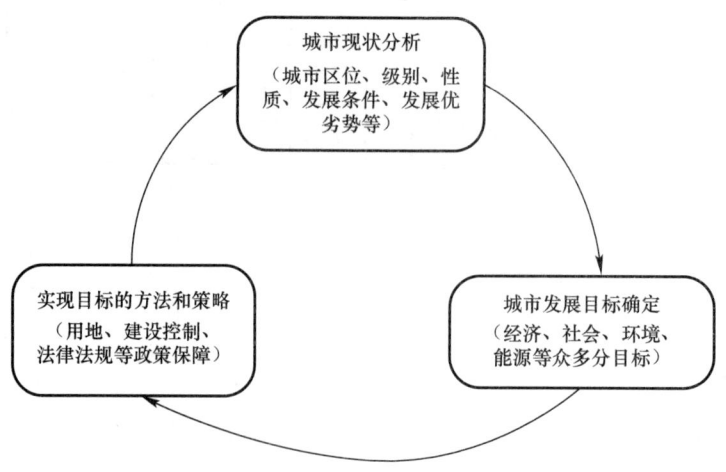

图 11-8 控制性详细规划的工作思路

区的能源利用提出目标要求,这一过程在法律层面上仍隶属于城市规划中的能源专项,可视为宏观城市能源规划的延伸和创新。由于城区能源规划的概念、方法和推行方式等还处于研究和探索阶段,尚未纳入现行城市规划体系,导致项目开发建设阶段的低碳节能目标缺乏规划保障。

如前所述,城区能源规划融入城市详细规划不能以牺牲城区能源规划内在创新性为代价,而是借助城市规划体系的成熟载体,将城区能源规划的规划要求反映出来。对城区能源规划融入城市详细规划的具体路径应该是:首先,依据城区详细规划的信息,通过城区能源系统模型的量化输出,获得社区层面和地块层面可再生能源占比、能源消耗强度等控制性指标,以及社区能源系统的结构形态;其次,将城区能源系统规划融入城市详细规划文件中,使之具有政策推动力和强制力;再次,制定实现城区能源规划目标的路径和策略。

在控制性详细规划阶段,需求侧能源规划融入的具体方法是:首先采用自下而上的方式,借助于城区能源系统优化分析模型,获得不同情景下社区的最优能流图,建立决策分析工具,获得城区能源利用的控制指标和城区能源基础设施规划方案。将这些指标和方案纳入法定的城市详细规划文件。然后借用自上而下的强制力,基于法定规划文件中控制指标和设施建设方案,制定可实现目标的控制引导策略和项目设计建设方案,用于指导城区项目的具体建设。这种自上而下与自下而上方式相融合的规划方法框架如图 11-9 所示。首先通过能量系统优化模型的技术分析获得量化指标,将这些量化指标纳入规划文件,从技术到政策这种自下而上的过程保证了规划指标的科学合理性;其次运用这些规划文件指导用于城区能源利用有关的项目的开发建设,引导后续建设采取科学合理的技术方案构建社区能源系统,并利用控制性指标对社区的能源消耗、可再生能源利用进行合理的控制,从政策到具体技术应用这一自上而下的过程有助于城区能源规划方案的具体落实和城区能源规划工作的广泛展开。

如前所述,需求侧能源规划作为城市规划的一部分,当代城市规划的理念也必然是社区能源规划所要遵循的理念。因此,需求侧能源规划指标的确定也应考虑到不确定的影响,考虑采用动态调整、弹性控制、引导为主的规划方式。

11.4 控制性详细规划中的节能控制性指标

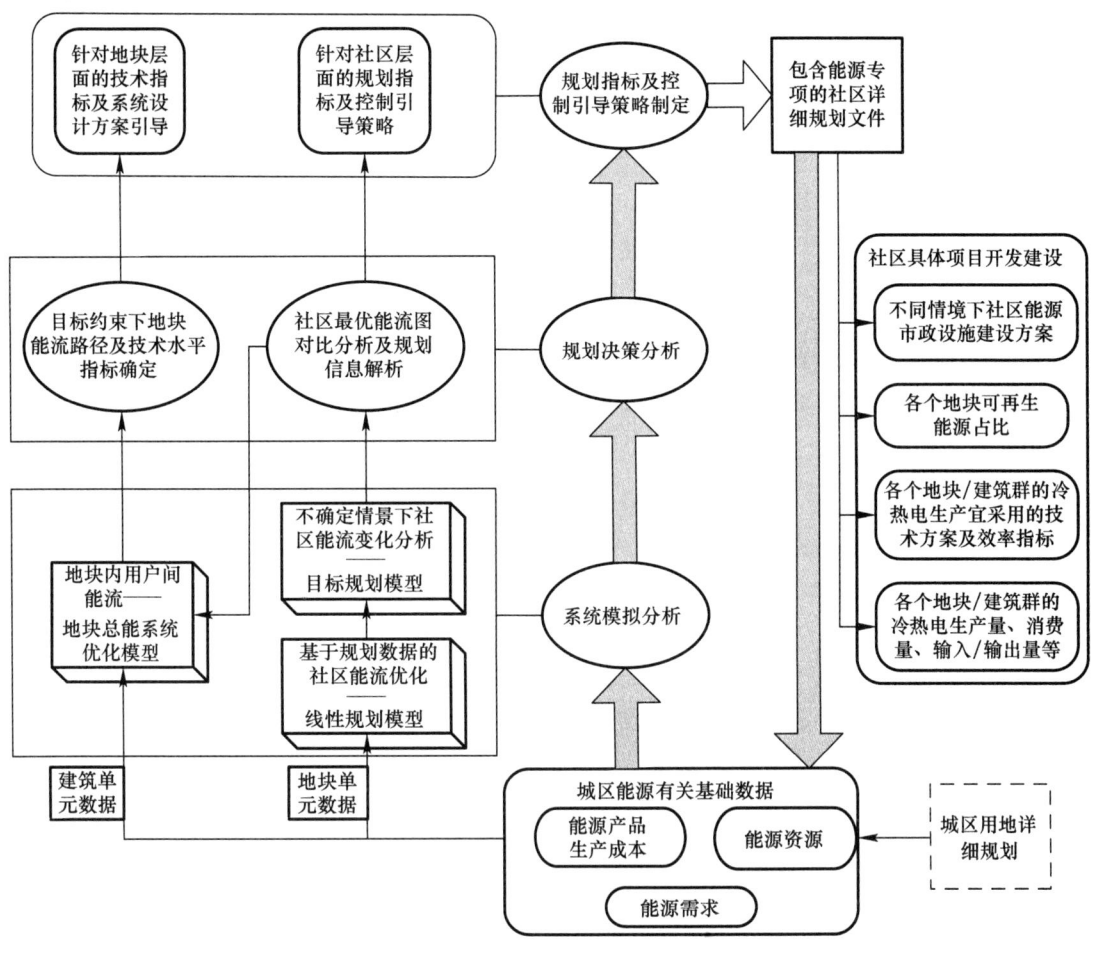

图 11-9 自上而下与自下而上相融合的需求侧能源规划模式

规划的前置性决定了规划不确定性的本质特征。这种不确定性反映在规划客体、规划主体身上，在规划阶段，客体的不确定性是主要的不确定性来源。Courtney H. 认为即使是最不确定的对象[12]，也包含着可以分析的信息，那些经过各种可能性分析之后仍然存在的不确定性称为"剩余不确定性"，并将剩余的不确定性分成四个层次，如表 11-2 所示。

剩余不确定性层次划分及对比　　　　表 11-2

剩余不确定性	状态	特点	分析方法
第一层次	前景清晰明确	可进行单一性预测	战略决策工具
第二层次	有几种更可能的情景	有限的、离散的情景	决策分析，定量评估，博弈论
第三层次	前景在一定范围内变化	未来情景在一定范围内变化，没有离散的情景	未来情景规划，潜在需求预测，技术预测
第四层次	前景模糊	无法预测未来情景，时间短暂	类比和类型确认，非线性动态模型

能源是现代城市生活必不可少的基本要素，"驱动"城市的正常运转和发展。需求侧能源规划的客体对象是未来的社区用户和设施。能源利用与城市用地规划密切相关，城市

用地规划的不确定性将直接或者间接地影响着社区能源规划编制工作。社区能源规划是需求侧的能源规划，通过对用户冷、热、电等二次能源需求的深入分析，采用系统优化的方法确定社区能源系统形式（分散式、集中式或者分散集中混合）及二次能源生产的技术方案和空间布局。因此，整个社区能源系统优化分析过程是由需求数据驱动的。对社区未来二次能源需求的预测，取决于同地区、同类社区能耗需求历史数据的准确性和完备性。另一方面，主观或客观因素的影响还可能引起部分地块功能调整，导致能源需求变动。

综合以上分析，城区能源系统（包括消费、生产、分配及管理等各个环节）作为需求侧能源规划的客体对象，其不确定性是客观存在的，但也并不是在没有任何约束下随机发展完全不可预测的。基于Courtney H.的不确定性分级，对象在某一范围内联系变化时，其处于第三层次的不确定性。第三层次的不确定性可以通过情景分析手段进行深入分析，弱化不确定性的影响，得到相对确定的规律性结论，进而通过规划的手段进行约束和引导。在城市智能化、信息化加速实现的背景下，随着基础数据完备性及数据处理分析能力的不断提高，城市规划对客体对象特征的把握更加准确，更有利于进一步减小预测未来的不确定性。

基于城区能源系统的不确定性特征，以及现代城市规划的不确定规划理念，情景规划可作为需求侧能源规划的主导模式。情景规划的主要特征是情景—方案相协同，该方式充分考虑未来可能的发展情景，并针对不同的情景给出对应的规划指标和方案。传统规划通过预设未来最终的发展蓝图，制定规划指标和方案，如果规划对象的发展偏离预设的蓝图，原有的规划方案将很难发挥作用。情景规划通过一种弹性的方式，在预设未来发展蓝图的同时，充分考虑了可能的发展情景。将初设的最终发展蓝图作为基础情景，并增设可能的发展情景，在未来发展偏离基础情景时仍能发挥规划的作用，增强规划的有效性。

11.5 修建性详细规划中的能源系统规划

对于当前要进行建设的地区，应编制修建性详细规划，用以指导各项建筑和工程设施的设计和施工。修建性详细规划的主要内容[9]：

（1）建设条件分析及综合技术经济论证；
（2）做出建筑、道路和绿地等的空间布局和景观规划设计，主要内容空间布置的总平面图；
（3）道路交通规划设计；
（4）绿地系统规划设计；
（5）工程管线规划设计；
（6）竖向规划设计；
（7）估算工程量、拆迁量和总造价，分析投资效益。

修建性详细规划文件和图纸：
（1）规划设计说明书；
（2）图纸：规划地区现状图、规划总平面图、专项规划图、竖向规划图、反映规划设计意图的透视图。

而修建性详细规划是基于具体的建设项目对象编制，可以基于项目的具体建设内容及基础性设计资料进行更为详细的规划设计。该阶段可以借助于城区能源系统模型针对具体的建设项目进行能源系统优化分析，以指导能源系统的构建。用于城区能源系统综合规划的模型和工具如 HOMER、DER-CAM、EAM、MARKAL/TIMES、RETScreen 和 H2RES，EnergyPLAN、E-GIS、SUNtool 等用于城区能源系统优化分析的模型结构如图 11-10 所示[4]。这类模型的构建思路是：按照能源生产、分配和消费三个环节进行划分，结合模型内置的能源转换利用技术库，在冷、热、电等需求确定的情况下，使用者从技术库中选择一种或几种技术进行组合形成技术方案，通过模型模拟计算比较，获得较优的社区能源供应系统。可以按照模型和软件分析计算的结果，对城区能源系统进行具体的设计。

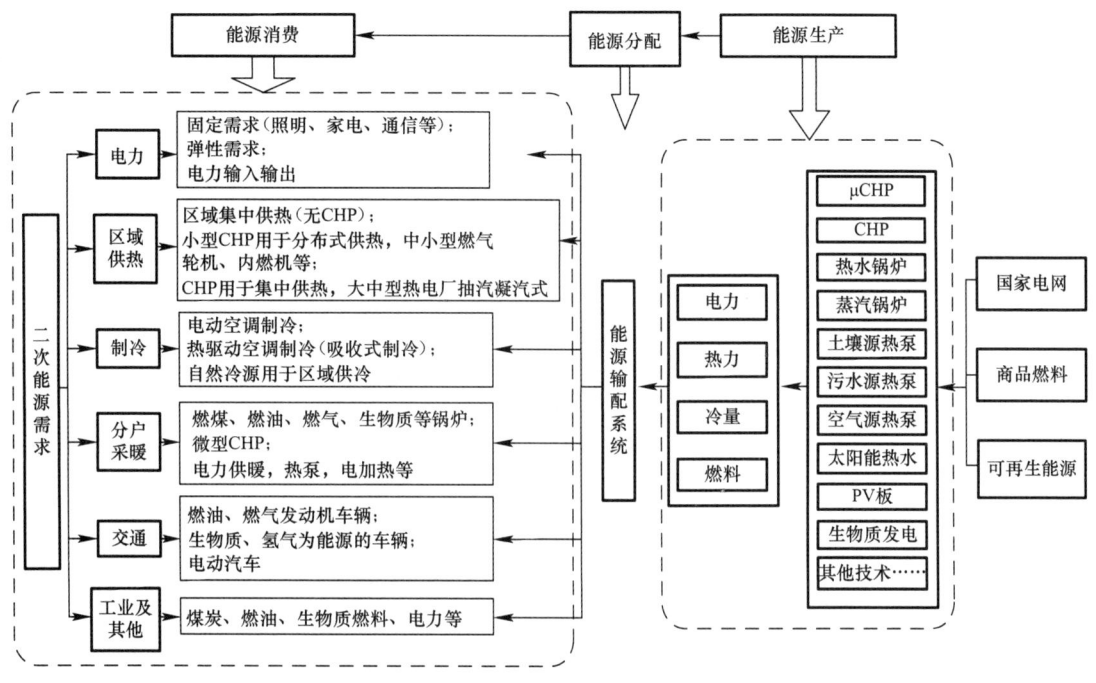

图 11-10 社区能源系统优化模型结构示意图

必须说，需求侧能源规划是城市规划的一部分，是对原有城市能源专项规划的规划内容和规划方法的创新。因此，需求侧能源规划不应游离于城市规划体系之外，而应在城市总体规划、详细规划的制定时分别给出规划成果。

需求侧能源规划在城市总体规划阶段的主要任务是从需求侧出发，与城市发展战略制定和供应侧能源规划相互作用，确立更为科学合理的城市发展定位和城市能源利用目标。在城市详细规划阶段的主要任务是给出规划控制指标和社区能源设施建设规划，约束并引导社区能源系统的建设。

本章参考文献

[1] 曹康，顾朝林. 西方现代城市规划史研究与回顾. 城市规划学刊，2005（1）：57-62.
[2] Zishuo Huang, Hang Yu, Zhenwei Peng et al. Method and tools for community energy planning, A review, Renewable and sustainable energy reviews, Renewable and sustainable energy reviews,

第11章 需求侧能源规划在城市规划中的地位和作用

2015, 42 (2): 1335-1348.

[3] 于航, 黄子硕, 彭震伟. 社区能源综合规划及其方法初探. 暖通空调, 2014 (12): 13-16.

[4] 孙施文. 城市规划不能承受之重——城市规划的价值观之辩. 城市规划学刊, 2006 (1): 11-17.

[5] 吴志强, 李德华. 城市规划原理 (第四版). 北京: 中国建筑工业出版社, 2010.

[6] 孙施文. 城市规划哲学. 北京: 中国建筑工业出版社, 1997.

[7] Huang Z, Yu H. Approach for integrated optimization of community heating system at urban detailed planning stage. Energy and Buildings, 2014, 77 (7): 103-111.

[8] 邱大雄. 能源规划与系统分析. 北京: 清华大学出版社, 1995.

[9] [美] 丹尼尔·耶金. 能源重塑世界. 朱玉犇, 阎志敏译. 北京: 石油工业出版社, 2012.

[10] IEA ECBCS. Annex 49: Low Exergy Systems for High Performance Buildings and Communities. http://www.ecbcs.org/annexes/annex49.htm.

[11] 龙惟定, 白玮, 范蕊等. 低碳城市的城区建筑能源规划. 北京: 中国建筑工业出版社, 2011.

[12] [美] Courtney H. 著. 不确定性管理. 北京新华信商业风险管理有限责任公司译. 北京: 中国人民大学出版社, 2004.

附录1 部分彩色插图

图 1-1 美国亚利桑那的生物圈 2 号实验生态城

图 1-5 瑞典马尔默的明日之城

图片来源：http://media.lab3.se/Flygfoto-Malmo-Skane.jpg

（说明：此图与原文中的图不一致）

附录 1　部分彩色插图

图 1-6　阿联酋马斯达尔市（Masdar City）

图 1-7　崇明东滩湿地

图 1-13　绿色建筑星级潜力布局图

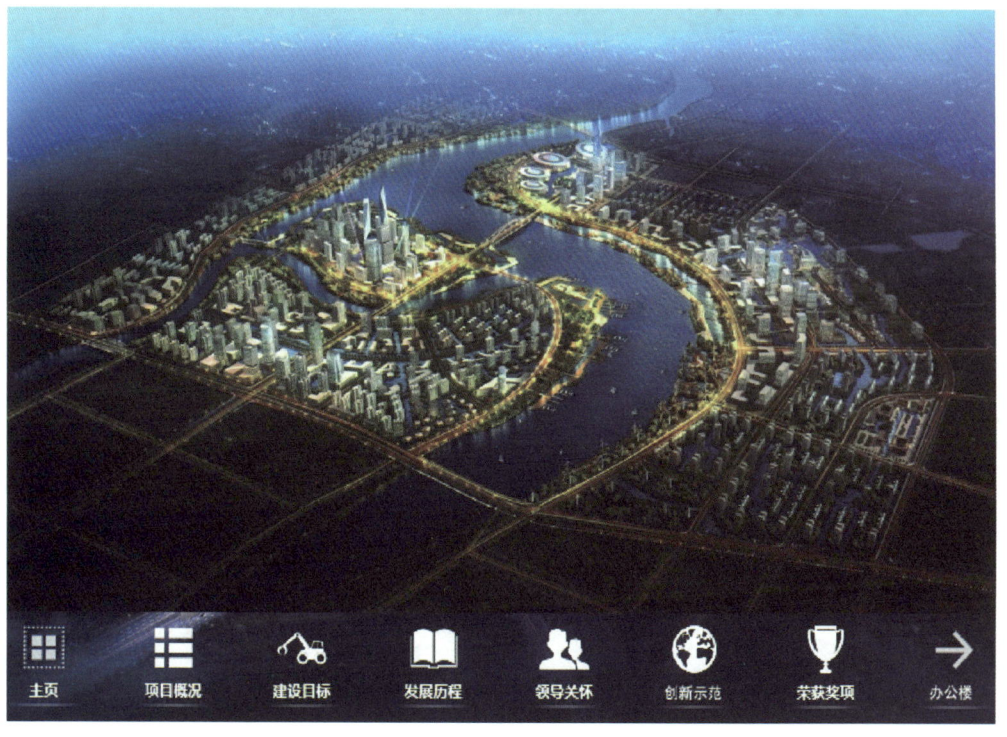

图 1-14　某绿色生态城展示平台界面示意

附录1　部分彩色插图

图 1-20　自行车停车设施

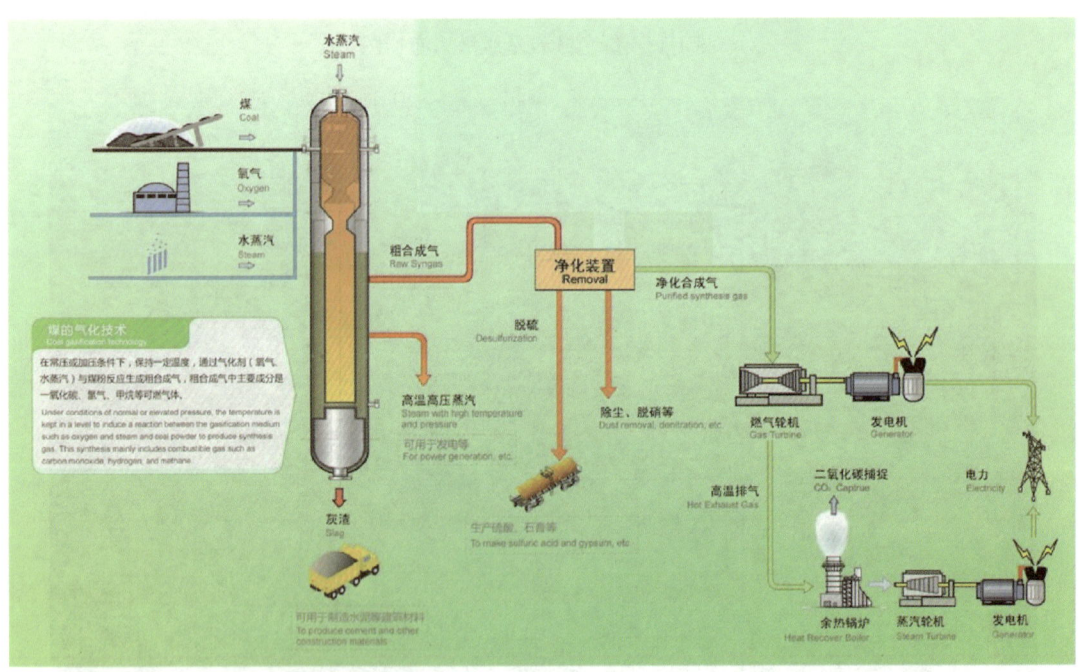

图 1-22　整体煤气化燃气-蒸汽联合循环（IGCC）发电技术流程示意

图 1-30　我国东海海上大型风力发电厂（上海东海大桥 100MW 海上风电示范项目）
资料来源：http://www.fishery.org.cn/shaquaria/article.jsp？id＝1345079437611。

图 1-31　我国新疆大型陆地风力发电厂（达坂城 125MW 风电项目）
资料来源：http://www.chinaxinjiang.cn/xjjj/jjxw/t20050927_58483.htm。

附录1　部分彩色插图

图 2-4　Google 公司数据中心巨大的制冷机房

图 2-5　纽约美洲银行大厦的交易楼层一瞥

附录 1 部分彩色插图

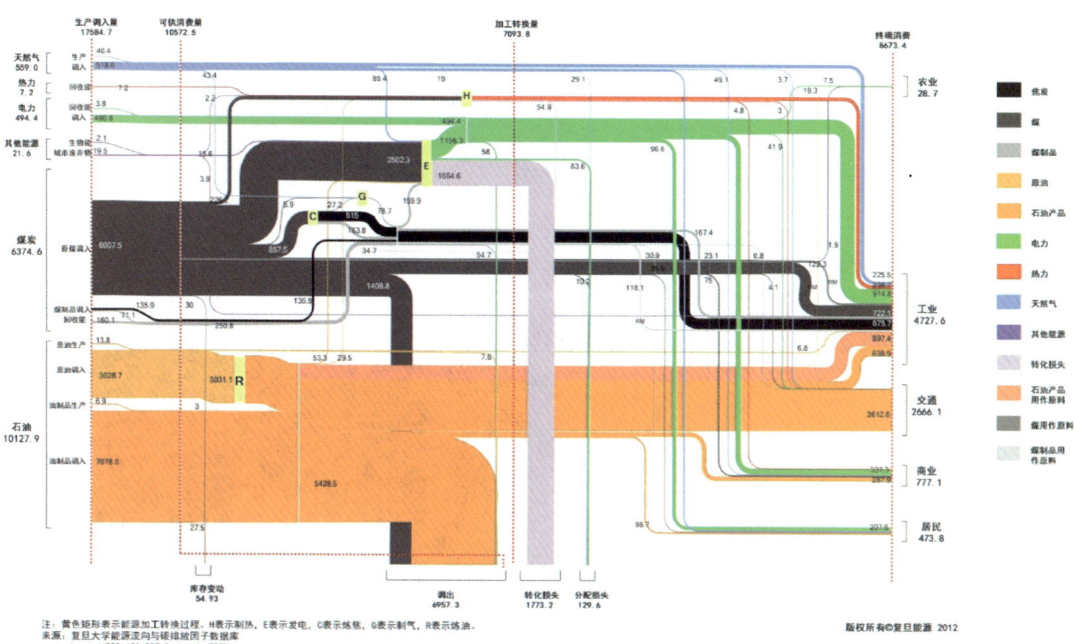

图 2-17　2010 年上海能流图（单位：万 tce）

图 2-22　未来的细胞城市

475

图 6-6 巴林世贸中心大厦风力发电系统

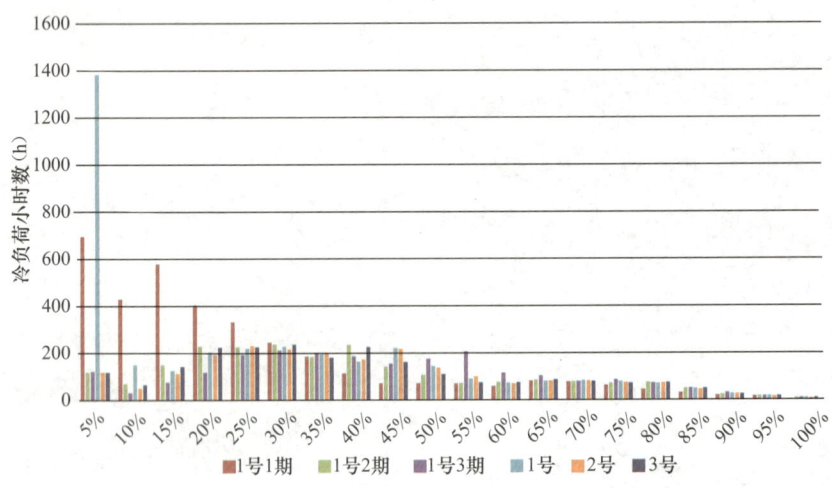

图 7-10 各能源站空调冷负荷率的时间分布

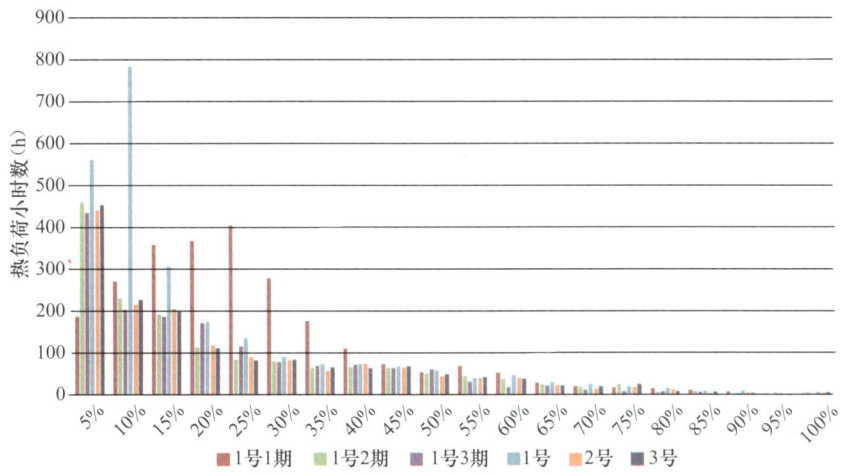

图 7-11 各能源站空调热负荷率的时间分布

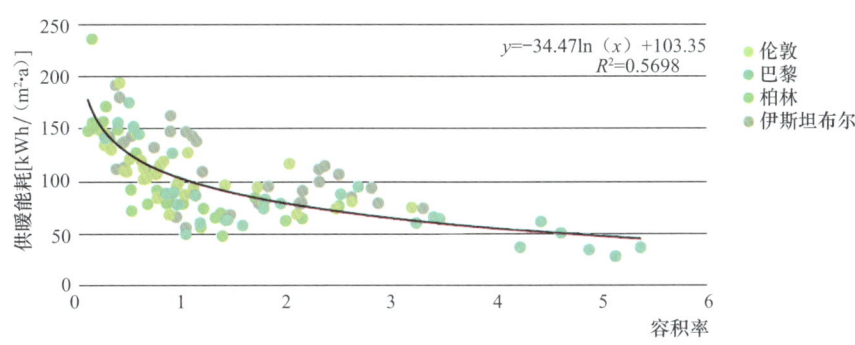

图 8-1 容积率与供暖能耗的关系

图 8-2 巴黎典型的庭院式围合建筑

附录1 部分彩色插图

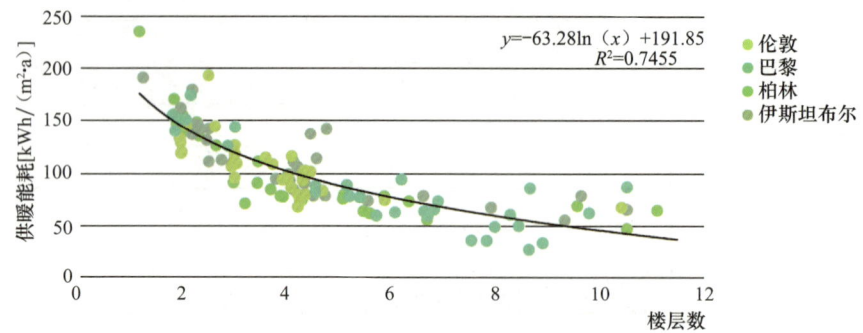

图 8-3 建筑高度（楼层数）与供暖能耗的关系

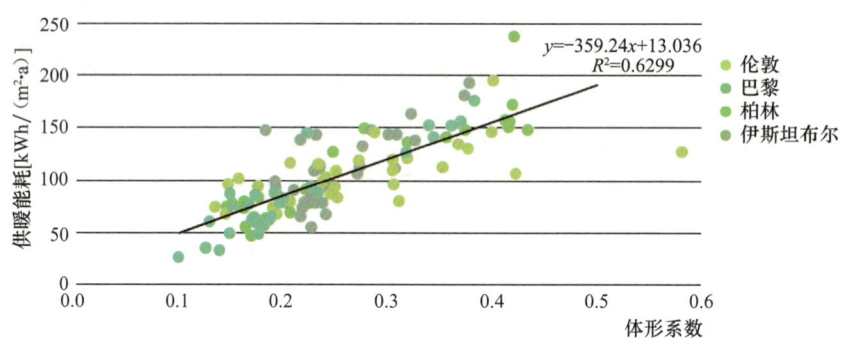

图 8-4 建筑体形系数（表面积与体积之比）与供暖能耗的关系

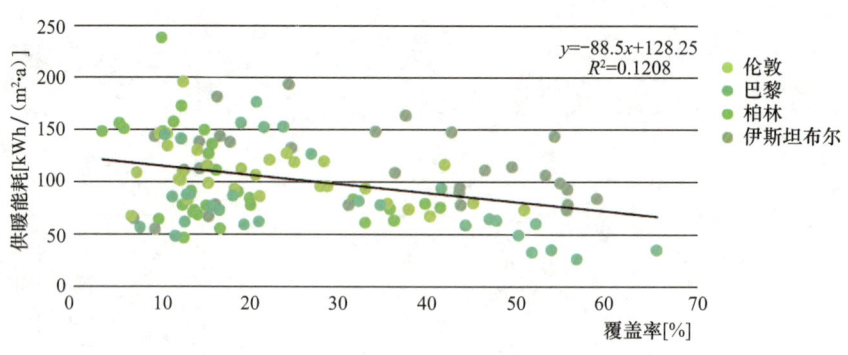

图 8-5 覆盖率（建筑密度）与供暖能耗的关系

图 8-9　法国图卢兹（Toulouse）市

图 9-41　巴黎拉德芳斯

附录1　部分彩色插图

图 9-42　在拉德芳斯，汽车道路在平台下面

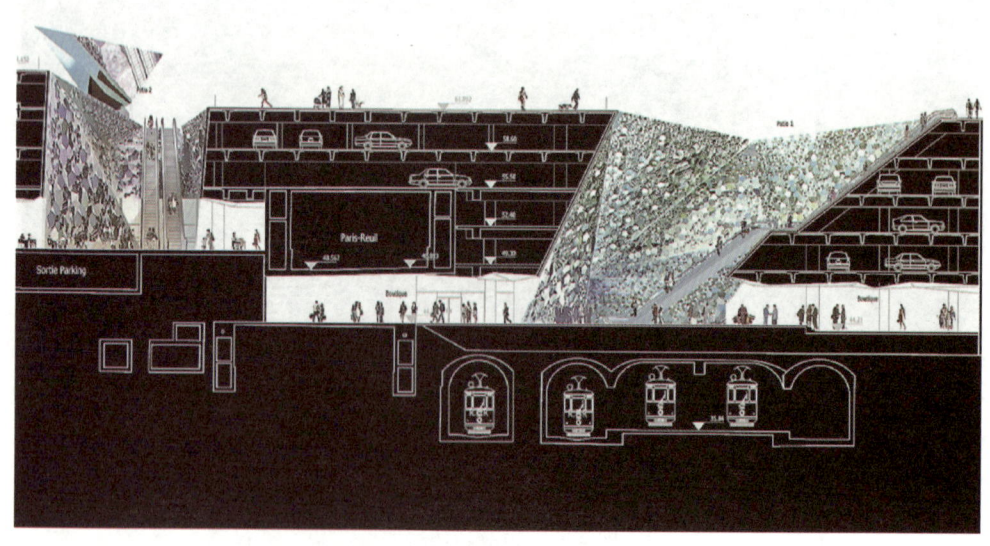

图 9-43　拉德芳斯平台某一断面的空间分布示意图

图 9-44　上海陆家嘴连廊

图 10-36　上海临港新城土地利用规划图

附录1 部分彩色插图

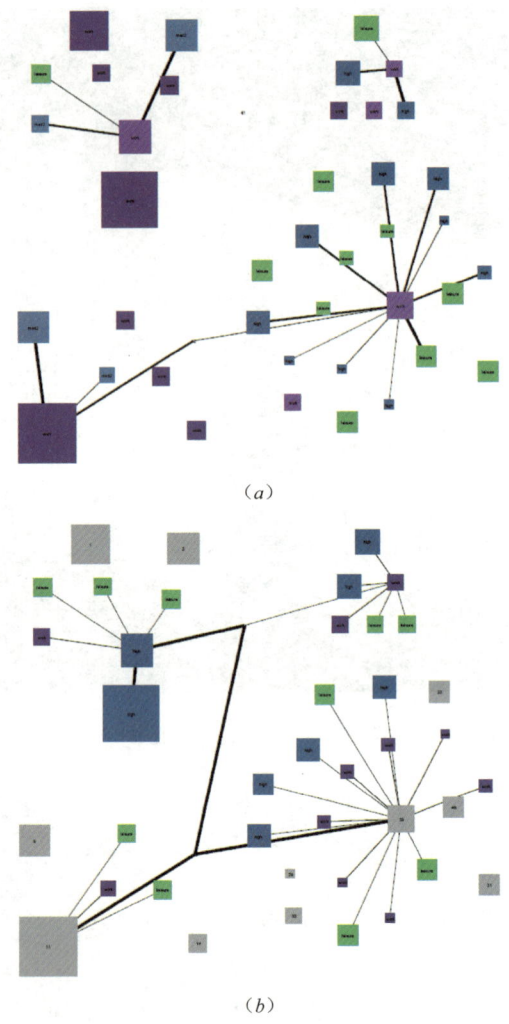

图 10-38 临港新城布局图
（a）基准布局图；（b）优化布局图

附录 2　下册目录

上篇　分布式能源与城区能源微网

第 12 章　城区能源系统和分布式能源
12.1　分布式能源的发展历程
12.2　我国城区为什么要发展分布式能源？

第 13 章　绿色生态城区的能源微网
13.1　能源互联网概念
13.2　绿色生态城区的能源微网结构
13.3　基于燃料电池的能源微网
13.4　基于可再生能源的电动汽车充电系统

第 14 章　能源微网的核心层——现场发电系统
14.1　热电联产系统存在问题解析
14.2　现场发电系统（包括可再生能源发电）的设备
14.3　现场发电系统（包括可再生能源发电）的并网和配电
14.4　高能效的热电联供＋热泵（CHP＋HP）系统
14.5　热电联供＋热泵系统的配置方法

第 15 章　能源微网的框架层——热泵能源总线系统
15.1　作为智能电网备份的热泵系统
15.2　能源总线系统
15.3　㶲网（Anergy Grid）

第 16 章　能源微网的管理层——泛在能源管理系统
16.1　能源微网管理系统的构成
16.2　能源微网能量管理系统的分层结构
16.3　微网管理系统的功能和任务
16.4　微网能源管理策略
16.5　UGCCNet 简介

第 17 章　绿色生态城区分布式能源的经济学问题
17.1　投资绿色生态城区的分布式能源能否赢利
17.2　城区分布式能源的投融资和运营模式
17.3　怎样设计多赢的能源定价和收费机制
17.4　政府应该怎样鼓励分布式能源的发展
17.5　城区能源经营者应如何平衡发展
17.6　普通用户如何考虑自己的利益

第 18 章　分布式能源系统的优化运行

18.1　燃气轮机的运行特性
18.2　燃气内燃机的运行特性
18.3　燃气轮机与燃气内燃机对比分析
18.4　吸收式冷温水机组运行特性
18.5　锅炉运行特性
18.6　热泵系统运行特性
18.7　分布式能源系统管网特性
18.8　城区能源系统的运营优化

下篇　国际经验和国内案例

第 19 章　绿色生态城区标准现状调研

19.1　国际经验：美国的 LEED ND
19.2　国际经验：英国的 BREEAM Communities
19.3　国际经验：日本的 CASBEE UD
19.4　国际经验：德国的 DGNB
19.5　国际经验：新加坡的 GREEM MARK-districts
19.6　国际经验：其他评价标准
19.7　中国的评价指标
19.8　体系对比

第 20 章　国际案例

20.1　瑞典案例
20.2　美国案例：芝加哥湖畔改造项目能源规划
20.3　日本案例

第 21 章　国内案例

21.1　能源总线技术集成与应用的崇明岛东滩案例
21.2　泰州医药城能源微网项目案例
21.3　常州紫融分布式能源站案例
21.4　从能源需求出发的城市能源规划——上海临港案例
21.5　上海崇明陈家镇低碳能源规划